KB148279

여러분의 합격을 응

해커스공무원의 특별 혜택

FREE 공무원 행정법 **특강**

해커스공무원(gosi.Hackers.com) 접속 후 로그인 ▶ 상단의 [무료강좌] 클릭 ▶ [교재 무료특강] 클릭

해커스공무원 온라인 단과강의 **20% 할인쿠폰**

48DDA86D53F523D7

해커스공무원(gosi.Hackers.com) 접속 후 로그인 ▶ 상단의 [나의 강의실] 클릭 ▶
좌측의 [쿠폰등록] 클릭 ▶ 위 쿠폰번호 입력 후 이용

* 등록 후 7일간 사용 가능(ID당 1회에 한해 등록 가능)

해커스 회독증강 콘텐츠 **5만원 할인쿠폰**

9BFBCA88BB658DBE

해커스공무원(gosi.Hackers.com) 접속 후 로그인 ▶ 상단의 [나의 강의실] 클릭 ▶
좌측의 [쿠폰등록] 클릭 ▶ 위 쿠폰번호 입력 후 이용

* 등록 후 7일간 사용 가능(ID당 1회에 한해 등록 가능)
* 특별 할인상품 적용 불가
* 월간 학습지 회독증강 행정학/행정법총론 개별상품은 할인대상에서 제외

합격예측 **온라인 모의고사 응시권 + 해설강의 수강권**

C563CF33A9CC4FKN

해커스공무원(gosi.Hackers.com) 접속 후 로그인 ▶ 상단의 [나의 강의실] 클릭 ▶
좌측의 [쿠폰등록] 클릭 ▶ 위 쿠폰번호 입력 후 이용

* ID당 1회에 한해 등록 가능

쿠폰 이용 관련 문의 **1588-4055**

단기 합격을 위한 해커스공무원 커리큘럼

입문

탄탄한 기본기와 핵심 개념 완성!

누구나 이해하기 쉬운 개념 설명과 풍부한 예시로 부담없이 쌩기초 다지기

TIP 베이스가 있다면 **기본 단계**부터!

▼

기본+심화

필수 개념 학습으로 이론 완성!

반드시 알아야 할 기본 개념과 문제풀이 전략을 학습하고
심화 개념 학습으로 고득점을 위한 응용력 다지기

▼

기출+예상 문제풀이

문제풀이로 집중 학습하고 실력 업그레이드!

기출문제의 유형과 출제 의도를 이해하고 최신 출제 경향을 반영한
예상문제를 풀어보며 본인의 취약영역을 파악 및 보완하기

▼

동형문제풀이

동형모의고사로 실전력 강화!

실제 시험과 같은 형태의 실전모의고사를 풀어보며 실전감각 극대화

▼

최종 마무리

시험 직전 실전 시뮬레이션!

각 과목별 시험에 출제되는 내용들을 최종 점검하며 실전 완성

PASS

* 커리큘럼 및 세부 일정은 상이할 수 있으며,
자세한 사항은 해커스공무원 사이트에서 확인하세요.

단계별 교재 확인 및
수강신청은 여기서!

gosi.Hackers.com

해커스공무원

황남기 행정법각론

기본서

해커스공무원

황남기

약력

현 | 해커스공무원 행정법, 헌법 강의
해커스경찰 헌법 강의

전 | 외교부 사무관
제27회 외무고시 수석합격
2012년 공무원 승진시험 출제위원
동국대 법대 겸임교수

저서

해커스공무원 황남기 행정법총론 기본서
해커스공무원 황남기 행정법총론 문제족보를 밝히다
해커스공무원 황남기 행정법각론 기본서
해커스공무원 황남기 행정법 모의고사 Season 1
해커스공무원 황남기 행정법 모의고사 Season 2
해커스공무원 황남기 행정법총론 최신 판례집
해커스공무원 황남기 헌법 기본서 1권
해커스공무원 황남기 헌법 기본서 2권
해커스공무원 황남기 헌법 진도별 모의고사 기본권편
해커스공무원 황남기 헌법 진도별 모의고사 통치구조론편
해커스공무원 황남기 헌법 단원별 기출문제집
해커스공무원 황남기 헌법족보
해커스공무원 황남기 헌법 최신 판례집
해커스경찰 황남기 경찰헌법 기본서
해커스경찰 황남기 경찰헌법 핵심요약집
해커스경찰 황남기 경찰헌법 Season 1 쟁점별 기출모의고사
해커스경찰 황남기 경찰헌법 Season 2 진도별 모의고사
해커스경찰 황남기 경찰헌법 Season 2 진도별 모의고사 플러스
해커스경찰 황남기 경찰헌법 Season 3 전범위 모의고사 Vol. 1 1차 대비
해커스경찰 황남기 경찰헌법 Season 3 전범위 모의고사 Vol. 2 2차 대비
해커스경찰 황남기 경찰헌법 최신 판례집 2023 하반기
황남기 행정법총론 기출문제집, 멘토링
황남기 행정법각론 기출문제집, 멘토링
황남기 경찰헌법 핵심기출 750제, 멘토링
황남기 경찰헌법 심화기출 1200제, 멘토링

PROLOGUE

이 책을 내면서...

행정법에서 소기의 성과를 거두려면 다음의 사항을 유의해야 합니다.

첫째, 기본이론은 간단히 정리해야 하나 뚜렷하게 알아야 합니다.
이론을 구체적 사례에 적용하는 능력을 키워야 합니다.

둘째, 판례는 통째로 공부해야 합니다.
단순 판례까지 그럴 필요는 없습니다만, 중요 판례는 전체적인 쟁점을 모두 한 번에 공부해야 합니다. 조각난 판례 공부로는 종합적인 사례 문제에 제대로 대처할 수 없습니다. 고득점을 할 수 있는지 여부는 사례형에서 결정된다는 것을 유념하고 종합적인 판례 공부에 역점을 두기 바랍니다.

셋째, 문제 접근성을 높여야 합니다.
아는 것과 정답 맞추기 간에 Gap을 줄여야 합니다. 안다고 해서 정답을 맞출 수 있는 것은 아닙니다. 수험생들도 공부를 해보면서 절실하게 느끼는 일이겠지만 안다고 해서 정답을 맞추는 것은 아니라는 겁니다. 아는 것과 정답을 맞추는 것 간의 Gap이 있기 때문입니다. 따라서 이를 줄이려면 이론, 판례, 문제를 삼위일체식으로 공부해야 합니다.

본서는 저자의 수험공부방법론에 입각하여 만들어졌습니다.

첫째, 행정법각론의 특성상 출제 가능한 법령을 문장화하지 않고 조문 형식으로 배열하였습니다.

둘째, 중요 판례는 전체적인 쟁점을 모두 보여 주려고 했습니다.

셋째, 출제 가능한 법령은 최근까지의 개정된 내용을 적극 반영하여 수험생들의 편리를 도모했습니다.

넷째, 중요 사항은 날개로 완벽하게 정리하여 최종 정리와 암기에 도움을 주려고 했습니다.

다섯째, 기출문제를 철저하게 분석하여 ○, ×식 지문으로 병기해 문제 접근성을 높였습니다.

본서의 출간에는 많은 분들의 도움이 있었습니다.

교정을 맡아준 7급·9급 합격생 여러분과 좋은 지적으로 집필에 도움을 준 황남기 공무원수험연구소 여러분, 내용 검토 및 자료 작성을 도와준 김용호, 정원석 변호사 등에 감사드립니다.
그리고 자신의 저서를 기꺼이 이용할 수 있도록 허락해 주신 서정욱 변호사에게도 감사의 말씀드립니다.
원고의 수정과 편집 틀을 여러 번 바꾸는 바람에 고생하신 해커스의 편집부 직원 여러분들께도 다시 한 번 감사의 마음을 전합니다.
수험생들은 여러 과목을 공부해야 하므로 시간적 여유가 없습니다. 여러분이 최소한의 시간투자로 좋은 결과를 낳을 수 있도록 여러분을 대신해 좋은 자료와 문제 정리를 꾸준히 할 예정입니다.
수험생 여러분은 공부방법론에서 제안한 공부방법을 충실히 이행하여 좋은 성과를 거두시기를 기원합니다.

2024년 6월

황남기

제1편 행정조직법

제1장 일반론

제2장 국가행정조직법

제3장 자치행정조직법

제4장 공무원법

제2편 특별행정작용법

제1장 경찰행정법

제5장 재무행정법

제6장 군사행정법

부록

해커스공무원
gosi.Hackers.com

제1편

행정조직법

제1장 일반론

제1편 행정조직법

제1절 개설

- 행정조직법의 의의
- 행정조직의 기본원리

제2절 행정기관

- 행정기관의 종류

제3절 행정청의 권한

- 서설
- 권한의 한계
- 권한의 효과

제4절 행정청의 권한의 대리와 위임

제5절 행정관청 상호간의 관계

상급관청의 감독권한

대등행정관청 간의 관계

제1절 개설

I 행정조직법의 의의

행정조직법이란 행정주체의 조직에 관한 법, 즉 행정기관의 설치·폐지·구성·권한 및 행정기관 상호간의 관계를 정한 법을 말한다.

II 행정조직의 기본원리

(1) 행정조직의 민주성

행정조직의 민주성은 행정조직에 있어 독립성·분권성 및 합의제적 구조의 확대를 요구하지만, 이를 능률성의 원리와 적절한 조화(예 독임제의 원칙성과 합의제의 예외성)를 이루도록 함이 필요하다.

(2) 행정조직법정주의

> **헌법 제96조** 행정각부의 설치·조직과 직무범위는 법률로 정한다.

(3) 독임제의 원칙성과 합의제의 보충성

① 우리의 행정조직은 독임제(1인의 행정청에 권한을 부여하는 제도)를 원칙으로 하고, 합의제를 보충으로 한다.

② 책임의 소재를 명확히 할 수 있는 독임제가 책임행정 차원에서는 바람직하다. 그러나 최근에는 합의제가 증가하고 있다.

제2절 행정기관

Ⅰ 행정기관의 종류

1 행정청

(1) 의미

① 행정청이란 행정주체인 국가나 지방자치단체의 의사를 결정하여 이를 자기의 이름으로 외부에 표시할 수 있는 권한을 가진 행정기관을 말한다.

② 그중 행정주체가 국가인 경우를 행정관청, 지방자치단체인 경우를 협의의 행정청이라 한다. 실정법상으로는 '행정기관의 장(기관장)'이라고 한다.

(2) 행정청의 종류

행정청	예
행정관청	• 독임제: 대통령, 국무총리, 각부의 장관, 각처의 처장, 각청의 청장, 경찰서장, 소방서장, 세무서장 등 • 합의제: 행정심판위원회, 토지수용위원회, 공무원소청심사위원회, 중앙선거관리위원회, 공정거래위원회, 금융위원회, 노동위원회, 한국저작권위원회, 감사원 등
협의의 행정청	• 광역자치단체장: 특별시장, 광역시장, 특별자치시장, 도지사, 특별자치도지사, 교육감 • 기초자치단체장: 시장, 군수, 구청장 • 자치단체장이 아닌 행정청: 행정시장(제주시장 · 서귀포시장), 자치구가 아닌 구청장, 동장, 읍장, 면장, 교육장

OX

① 행정각부의 장관과 지방자치단체의 장은 행정청에 해당한다. (○)

② 행정심판위원회는 행정관청에 해당하지 않는다. (×)

(3) 행정청의 지위

① 권리 · 의무의 주체가 아니다.

② 행정청의 구성원이 교체(예 기획재정부장관의 교체)되었다고 하더라도 기관으로서 한 행위는 변동되지 않는다.

③ 행정청이 폐지되었다고 하더라도 행정청이 행한 행위의 법적 효과는 영향을 받지 않는다.

행정청의 지위

① 권리 · 의무의 귀속주체(×)

② **행정청의 구성원 교체**: 기관으로서 한 행위는 불변동

③ **행정청의 폐지**: 행정청이 행한 행위의 법적 효과에 무영향

2 보조기관

(1) 의미

보조기관이란 스스로 국가나 지방자치단체의 의사를 결정하여 표시할 권한은 없고, 행정청의 사무를 보조하거나 그 명을 받아 사무에 종사하는 행정기관을 말한다.

> **정부조직법 제2조 【중앙행정기관의 설치와 조직 등】** ③ 중앙행정기관의 **보조기관**은 이 법과 다른 법률에 특별한 규정이 있는 경우를 제외하고는 **차관·차장·실장·국장 및 과장으로 한다.** 다만, 실장·국장 및 과장의 명칭은 대통령령으로 정하는 바에 따라 본부장·단장·부장·팀장 등으로 달리 정할 수 있으며, 실장·국장 및 과장의 명칭을 달리 정한 보조기관은 이 법을 적용할 때 실장·국장 및 과장으로 본다.

(2) 종류

행정각부의 차관·실장: 행정관청(×), 보조기관(○)

행정관청의 보조기관으로는 차관·차장·실장·국장·과장·팀장·반장·계장 등이 있고, 협의의 행정청의 보조기관으로는 부지사·부시장·부구청장·부군수 등이 있다.

(3) 지위

보조기관의 지위
① 행정청의 명의로 사무처리
② 보조기관의 언동도 공적 견해표명이 될 수 있다.

① 대외적으로는 행정청의 명의로 사무를 처리한다.
② 보조기관의 언동도 공적 견해표명이 될 수 있다.

시의 도시계획 국장과 과장의 환매 의사표명: 공적 견해표명(○)

판례

안산시의 **도시계획 국장과 과장**의 도시계획사업의 준공과 동시에 사업부지에 편입한 토지에 대한 **완충녹지 지정해제, 토지소유자에게 환매하겠다는 의사표명은 공적 표명**이다(대판 2008.10.9, 2008두6127).

3 보좌기관

(1) 의미

보좌기관이란 행정청 또는 그 보조기관의 직무수행을 간접적으로 지원하는 행정기관을 말하며, 참모기관 또는 막료기관이라고도 한다.

> **헌법 제87조** ② 국무위원은 국정에 관하여 대통령을 보좌하며, 국무회의의 구성원으로서 국정을 심의한다.
>
> **정부조직법 제2조 【중앙행정기관의 설치와 조직 등】** ⑤ 행정각부에는 대통령령으로 정하는 특정 업무에 관하여 장관과 차관을 직접 보좌하기 위하여 차관보를 둘 수 있으며, 중앙행정기관에는 그 기관의 장, 차관·차장·실장·국장 밑에 정책의 기획, 계획의 입안, 연구·조사, 심사·평가 및 홍보 등을 통하여 그를 보좌하는 **보좌기관**을 대통령령으로 정하는 바에 따라 둘 수 있다. 다만, 과에 상당하는 보좌기관은 총리령 또는 부령으로 정할 수 있다.

(2) 종류

OX 대통령비서실은 보좌기관이다. (○)

보좌기관에는 대통령비서실·대통령수석비서관, 국무조정실, 국무총리비서실, 각부의 차관보, 담당관 등이 있다.

4 의결기관

(1) 의미

① 의결기관이란 행정주체의 의사를 결정할 권한은 있으나 이를 자기의 이름으로 외부에 표시할 권한이 없는 행정기관을 말한다.

② 의결기관은 합의제 행정기관이지만 행정청이 아니며, 이 점에서 합의제 행정청과 구별된다.

의결기관: 합의제 행정기관(○), 행정청(×)

(2) 종류

의결기관에는 공무원징계위원회, 교육위원회, 경찰위원회, 보훈심사위원회, 도시계획위원회, 광업조정위원회, 지방의회 등이 있다.

OX 각종 징계위원회나 지방의회는 부속기관이다. (×)

국가보훈처 산하 보훈심사위원회는 행정청이라 할 수 없으므로 그 위원회 위원장은 피고적격이 없다.

판례

국가유공자 등 예우 및 지원에 관한 법률에 규정된 국가보훈처 산하 **보훈심사위원회**는 **국가보훈처장을 돕기 위해 필요한 사항을 심의·의결함에 불과하고 스스로 의사를 결정하고 이를 대외적으로 표시할 수 있는 기관이 아니**어서 독립하여 행정처분이나 재결을 할 수 있는 행정청이라 할 수 없으므로 보훈심사위원회 위원장은 피고적격이 없다(대판 1989.1.24. 88누3314).

(3) 의결의 구속력

① 행정청은 의결기관의 의결에 구속된다.

② 따라서 의결기관의 의결사항인데 그 의결을 거치지 않은 행정청의 결정은 위법하고 당연무효이다.

의결기관의 의결
① 구속력(○)
② **의결기관의 의결을 거치지 않은 행정청의 결정**: 위법, 당연무효

판례

국립교육대학의 학칙에 학장이 학생에 대한 징계처분을 하고자 할 때에는 교수회의 심의·의결을 먼저 거쳐야 하도록 규정되어 있는 경우, 교수회의 학생에 대한 무기정학처분의 징계의결에 대하여 학장이 징계의 재심을 요청하여 다시 개최된 교수회에서 학장이 교수회의 징계의결내용에 대한 직권조정권한을 위임하여 줄 것을 요청한 후 일부 교수들의 찬반토론은 거쳤으나 표결은 거치지 아니한 채 **자신의 책임 아래 직권으로 위 교수회의 징계의결내용을 변경하여 퇴학처분을 하였다면**, 위 **퇴학처분은 교수회의 심의·의결을 거침이 없이 학장이 독자적으로 행한 것에 지나지 아니하여 위법**하다(대판 1991.11.22. 91누2144).

거쳐야 할 교수회의 심의·의결을 거치지 않은 학장의 퇴학처분은 위법하다.

(4) 유사기관 관련 판례

① 심의기관의 심의절차는 필수적이나, 심의기관의 의견이 행정청을 구속하지는 않는다. 따라서 심의기관의 심의절차를 거치지 아니한 행정청의 행위는 위법한데, 이에 대해서는 무효설(다수설)과 취소설이 대립하고 있다. 판례는 심의기관의 심의를 거치지 않은 행정청의 결정은 취소사유가 된다고 한다.

심의기관의 심의
① 심의절차는 필수적이다.
② 심의기관의 의견은 행정청을 구속하지 않는다.
③ **심의절차를 거치지 아니한 행정청의 행위**: 위법 ⇨ 무효설(다수설)과 취소설(판례)의 대립

학교환경위생정화구역에서의 금지행위 및 시설의 해제 여부에 관한 행정처분을 하면서 절차상 학교환경위생정화위원회의 심의를 누락한 흠이 있는 경우, 특별한 사정이 없는 한 행정처분을 위법하게 하는 취소사유가 된다.

판례

행정청이 구 학교보건법(현 교육환경보호에 관한 법률) 소정의 학교환경위생정화구역(현 교육환경보호구역) 내에서 금지행위 및 시설의 해제 여부에 관한 행정처분을 함에 있어 학교환경위생정화위원회(현 지역교육환경보호위원회)의 심의를 거치도록 한 취지는 그에 관한 전문가 내지 이해관계인의 의견과 주민의 의사를 행정청의 의사결정에 반영함으로써 공익에 가장 부합하는 민주적 의사를 도출하고 행정처분의 공정성과 투명성을 확보하려는 데 있고, 나아가 그 심의의 요구가 법률에 근거하고 있을 뿐 아니라 심의에 따른 의결내용도 단순히 절차의 형식에 관련된 사항에 그치지 않고 금지행위 및 시설의 해제 여부에 관한 행정처분에 영향을 미칠 수 있는 사항에 관한 것임을 종합해 보면, **금지행위 및 시설의 해제 여부에 관한 행정처분을 하면서 절차상 위와 같은 심의를 누락한 흠이 있다면** 그와 같은 흠을 가리켜 위 **행정처분의 효력에 아무런 영향을 주지 않는다거나 경미한 정도에 불과하다고 볼 수는 없으므로, 특별한 사정이 없는 한 이는 행정처분을 위법하게 하는 취소사유가 된다**(대판 2007.3.15. 2006두15806).

② 동의기관의 결정에 따른 행정청의 결정도 재량권의 일탈·남용이 될 수 있다.

대학의 장이 대학인사위원회에서 임용동의안이 부결되었음을 이유로 교수의 임용 또는 임용제청을 거부하는 행위는 사회통념상 현저히 타당성을 잃었다고 볼 만한 특별한 사정이 없는 이상 재량권을 일탈·남용하였다고 볼 수 없다.

판례

대학교수 등에게는 고도의 전문적인 학식과 교수능력 및 인격 등을 갖출 것을 요구하고 있어서 임용기간이 만료되면 임용권자는 이와 같은 여러 가지 사정을 참작하여 재임용 여부를 결정할 필요성이 있으므로 임용기간이 만료된 자를 다시 임용할 것인지의 여부는 결국 임용권자의 판단에 따른 재량행위에 속하고, 특히 구 교육공무원법 제25조에서 대학의 장이 교수 등을 임용 또는 임용제청함에 있어 대학인사위원회의 동의를 얻도록 규정한 것은 교수 등 임용권자 또는 임용제청권자의 자의를 억제하고 객관적인 기준에 따른 인사질서를 확립함으로써 우수한 교원을 확보함과 동시에 대학의 자치 및 자율권과 교원의 신분보장을 도모하고자 하는 데 있으므로, **대학의 장이 대학인사위원회에서 임용동의안이 부결되었음을 이유로 하여 교수 등의 임용 또는 임용제청을 거부하는 행위**는 그것이 **사회통념상 현저히 타당성을 잃었다고 볼 만한 특별한 사정이 없는 이상 재량권을 일탈·남용하였다고 볼 수 없다**(대판 2012.5.24. 2012두2399 ; 대판 2006.9.28. 2004두7818).

5 자문기관

(1) 의미

자문기관이란 행정청에 대해 의견을 제시하는 것을 임무로 하는 행정기관을 말한다.

(2) 자문기관의 의견의 비구속력

자문기관의 의견
① 구속력(×)
② **자문기관의 자문을 거치지 않은 행정청의 행위**: 위법, 취소

① 자문기관의 자문절차는 거치지 아니하여도 되고, 또 행정청은 자문기관의 의견에 구속되지도 않는다.

② 다만, 법령이 자문절차를 거치도록 규정하고 있는 경우에 이를 거치지 아니하면 위법하며 원칙적으로 취소할 수 있는 행위이다.

제3절 행정청의 권한

Ⅰ 서설

1 권한의 의의

행정청의 권한이라 함은 행정청이 행정주체를 대표하여 의사를 결정하고 표시할 수 있는 범위를 말한다.

2 행정권한법정주의

① 행정청의 권한은 헌법·법률 또는 이에 근거한 법규명령에 의해 결정된다.

② 행정청에 부여된 권한범위 내의 것이라 해도 행정청이 국민의 권리침해를 가져오는 행위를 하기 위해서는 조직법적 근거(**직무규범**) 외에 그러한 행위를 할 수 있는 작용법적 근거(**권한규범**)가 필요하다.

행정청이 국민의 권리침해를 가져오는 행위를 하기 위해서는 직무규범 외에 권한규범이 필요하다.

Ⅱ 권한의 한계

1 사항적 한계(사물관할)

① 사항적 한계란 행정사무의 내용 또는 종류에 따라 권한을 각 행정관청에 분속시킨 것을 말한다.

② 행정청은 법령에 의해 자기에게 맡겨진 사무에 관한 권한만을 가지며, 다른 행정청의 권한에 속하는 사무를 처리할 수 없다.

OX 행정청의 권한은 그 권한이 부여된 특정의 행정청만이 행사할 수 있고, 타 행정청은 특별한 사유가 없는 한 이를 행사할 수 없다. (O)

③ 예컨대, 법무부장관은 검찰·행형·인권옹호·출입국관리 그 밖에 법무에 관한 사무를 관장하고, 보건복지부장관은 생활보호·자활지원·사회보장·아동·노인·장애인·보건위생·의정(醫政) 및 약정(藥政)에 관한 사무를 관장한다(정부조직법 제32조 제1항, 제38조 제1항).

④ 상급관청이 특별한 규정 없이 하급관청의 권한을 대행하는 것은 사항적 한계에 위배된다.

상급관청의 하급관청의 권한대행: 사항적 한계 위배

2 지역적 한계(토지관할)

지역적 한계란 행정청의 권한이 일정한 지역범위 내에서만 그 효력을 발생할 수 있는 것을 말한다.

지방자치단체의 행정청의 권한: 일정한 지역에 한정

행정청에 의한 처분의 효과가 처분행정청의 관할 구역을 넘어 미치는 경우: 운전면허

3 대인적 한계(인적 관할)

대인적 한계란 행정청의 권한이 미치는 인적 범위를 말한다.

행정권한의 대인적 한계: 행정청의 권한이 미치는 인적 범위

행정권한의 형식적 한계
① 대통령령은 대통령만이, 총리령은 국무총리만이, 부령은 각부 장관만이 제정 가능
② 청장·처장의 법규명령 제정(×)

4 형식적 한계

① 형식적 한계란 행정청의 권한행사가 형식에 따른 한계가 있는 것을 말한다.

② 예컨대, 대통령령은 대통령만이, 총리령은 국무총리만이, 부령은 각부 장관만이 제정할 수 있다. 따라서 청장이나 처장은 법규명령을 제정할 권한이 없다.

Ⅲ 권한의 효과

행정청의 대외적 행위의 법적 효과의 귀속: 행정청이 아니라 행정주체에 귀속

행정청의 권한의 범위를 넘어서는 권한유월의 행위는 무권한 행위로서 원칙적으로 무효이다.

1 외부적 효과

① 행정청의 대외적 행위의 법적 효과는 행정청 자신이 아니라 행정주체에 귀속된다.

② 행정권한의 한계를 넘는 무권한의 행위는 원칙적으로 무효가 된다.

판례

행정청의 권한에는 사무의 성질 및 내용에 따르는 제약이 있고, 지역적·대인적으로 한계가 있으므로 이러한 **권한의 범위를 넘어서는 권한유월의 행위는 무권한 행위로서 원칙적으로 무효라고 할 것이다**(대판 2007.7.26. 2005두15748).

2 내부적 효과

행정청의 권한은 행정청 상호간에 있어서 활동범위의 한계를 정한다.

제4절 행정청의 권한의 대리와 위임

제1항 권한의 대리

Ⅰ 권한대리의 의의

권한의 대리란 행정청의 권한의 전부 또는 일부를 다른 행정기관(다른 행정청 또는 보조기관)이 피대리행정청을 위한 것임을 표시하여 자기의 이름으로 대신 행사하고 그 행위가 피대리행정청의 행위로서 효력을 발생하는 것을 말한다.

대리행정청은 피대리행정청을 위한 것임을 표시하여 대리행정청 자기의 이름으로 행사

Ⅱ 권한대리의 종류

1 임의대리(수권대리)

(1) 의의

① 임의대리 또는 수권대리는 피대리청의 수권에 의해 대리관계가 발생하는 경우이다.
② 수권행위는 상대방인 대리기관의 동의를 요하지 않는 일방적 행위이다.
③ 통상 권한의 대리라고 하면 임의대리를 의미한다.

권한대리는 통상 임의대리를 의미한다.

(2) 근거

법령의 근거가 없음에도 임의대리가 허용되는지에 대해서는 견해가 대립하고 있다. 다수설은 대리로는 권한의 이전이 발생하지 않으므로 법령의 근거 없이도 임의대리가 허용된다고 한다.

법령의 근거 없이도 임의대리가 허용된다(다수설).

(3) 대리권의 범위

임의대리의 경우 수권은 권한의 일부에 한하여 인정되며, 권한의 전부를 대리시킬 수는 없다.

임의대리의 경우, 권한의 전부를 대리시킬 수 없다.

(4) 대리행위의 효과

① 대리기관은 자기의 이름으로 권한을 행사하고, 다만 그 효과는 피대리청에 귀속된다.
② 피대리청은 대리기관을 지휘·감독하는 권한을 가진다. 또한 대리기관의 권한행사에 책임을 진다.

임의대리행위의 효과
① 피대리청에 귀속
② 피대리청의 대리기관에 대한 지휘·감독권(O)
③ 대리기관의 권한행사에 피대리청의 책임(O)

2 법정대리

(1) 의의

법정대리는 일정한 법정사실이 발생한 경우에 수권행위 없이 법령의 규정에 의해 대리관계가 발생하는 경우이다.

(2) 종류

1) 협의의 법정대리

> **헌법 제71조** 대통령이 궐위되거나 사고로 인하여 직무를 수행할 수 없을 때에는 국무총리, 법률이 정한 국무위원의 순서로 그 권한을 대행한다.
>
> **정부조직법 제7조 【행정기관의 장의 직무권한】** ② 차관 또는 차장은 그 기관의 장을 보좌하여 소관 사무를 처리하고 소속 공무원을 지휘·감독하며, 그 **기관의 장이 사고로 직무를 수행할 수 없으면 그 직무를 대행한다.** 다만, 차관 또는 차장이 2명 이상인 기관의 장이 사고로 직무를 수행할 수 없으면 대통령령으로 정하는 순서에 따라 그 직무를 대행한다.

협의의 법정대리
① **예**: 대통령의 궐위시 국무총리의 권한대행, 국무총리의 사고시 대통령의 지명이 없는 경우에 국무위원의 권한대행
② 대리자에 대한 별도의 지정행위가 필요하지 않다는 점에서 지정대리와 구별

① 법정사실이 발생한 경우에 법률상 당연히 대리관계가 발생하는 경우(예 대통령의 궐위시 국무총리의 권한대행, 국무총리의 사고시 대통령의 지명이 없는 경우에 국무위원의 권한대행)이다.

② 대리자에 대한 별도의 지정행위가 요구되지 않는다는 점에서 지정대리와 구별된다.

2) 지정대리

> **정부조직법 제22조 【국무총리의 직무대행】** 국무총리가 사고로 직무를 수행할 수 없는 경우에는 기획재정부장관이 겸임하는 부총리, 교육부장관이 겸임하는 부총리의 순으로 직무를 대행하고, 국무총리와 부총리가 모두 사고로 직무를 수행할 수 없는 경우에는 **대통령의 지명이 있으면 그 지명을 받은 국무위원이**, 지명이 없는 경우에는 제26조 제1항에 규정된 순서에 따른 국무위원이 그 직무를 대행한다.

① 법정사실이 발생한 경우에 일정한 자가 대리자를 지정하여 대리관계가 발생하는 경우이다.

지정대리는 보통 일시적인 사고시 행해진다.

② 지정대리는 피대리청의 구성자에게 일시적인 사고가 있는 때에 행해지는 것이 보통이다.

(3) 대리권의 범위

법정대리권의 범위: 피대리청의 권한 전부에 미친다(전부대리).

대리기관의 행위는 피대리청의 권한 전부에 미친다. 즉, 법정대리는 전부대리이다.

(4) 피대리청과 대리기관의 관계

법정대리의 경우 피대리청과 대리기관의 관계
① 원칙적으로 피대리청의 대리기관에 대한 지휘·감독권(×)
② 원칙적으로 피대리청은 대리자의 행위에 대해 책임(×)

① 피대리청은 대리자를 지휘·감독할 수 없다.

② 대리자는 자기책임하에 권한을 행사한다. 따라서 피대리청은 대리자의 행위에 책임을 지지 않는다.

③ 다만, 피대리청에 해외출장 같은 사유가 발생한 경우에는 전화 기타 가능한 수단에 의해 피대리청이 대리자를 지휘·감독할 수 있다. 이러한 경우에는 피대리청은 책임을 진다.

Ⅲ 대리권의 행사방식

1 현명주의(顯名主義)

민법 제114조【대리행위의 효력】 ① 대리인이 그 권한 내에서 본인을 위한 것임을 표시한 의사표시는 직접 본인에게 대하여 효력이 생긴다.
② 전항의 규정은 대리인에게 대한 제3자의 의사표시에 준용한다.

제115조【본인을 위한 것임을 표시하지 아니한 행위】 대리인이 본인을 위한 것임을 표시하지 아니한 때에는 그 의사표시는 자기를 위한 것으로 본다. 그러나 상대방이 대리인으로서 한 것임을 알았거나 알 수 있었을 때에는 전조 제1항의 규정을 준용한다.

① 대리자는 자신의 명의로 권한을 행사하나 피대리청과의 대리관계를 표시하여 대리권을 행사하여야 한다(예 서울특별시장 대리 서울특별시 부시장 김아무개). 이와 같이 대리자가 권한을 행사함에 있어 피대리관청의 명의를 밝히는 것을 현명주의라고 한다.

② 대리자가 현명을 하지 않고 자신의 이름으로 행정권을 행사한 경우 무권한의 행위이므로 무효가 된다.

현명의 방법: 서울특별시장 대리 서울특별시 부시장 김아무개

대리자가 현명을 하지 않고 자신의 이름으로 행정권을 행사한 경우: 무효

2 표현대리

① 대리자(B)가 피대리자(A)의 명의를 밝히지 않으면 무권한의 권한행사가 된다.

② 대리자가 권한 없이 행정권을 행사한 경우에도 이해관계인이 피대리행정청의 행위로 믿을 만한 사정이 있을 때에는 민법상 표현대리에 관한 규정을 유추적용하여 적법한 대리행위로 볼 수 있다.

행정권한의 대리에도 민법상 표현대리에 관한 규정이 유추적용된다.

Ⅳ 대리권 행사의 효과

(1) 피대리청에 귀속

대리기관의 대리권 행사의 효과는 피대리청에 귀속된다.

(2) 항고소송의 피고적격

1) 일반적인 경우

대리기관이 대리관계를 표시하고 피대리행정청을 대리하여 행정처분을 한 때에는 피대리행정청이 피고로 되어야 한다(대판 2018.10.25. 2018두43095). 즉, 처분청은 피대리청이므로 항고소송의 피고도 피대리청이다.

2) 대리기관이 대리관계를 밝히지 않은 경우

① **원칙**: 대리기관이 피고가 된다.

② **예외**: 처분의 상대방이 대리기관의 처분이 피대리청의 행위인 줄 알고서 받아들인 경우 피대리청이 피고가 된다.

대리권 행사의 효과는 피대리청에 귀속한다.

행정권한의 대리에 있어서 항고소송의 피고

일반적인 경우	피대리청
대리청이 대리관계를 밝히지 않고 자신 명의로 처분을 한 경우	• 원칙: 대리청 • 예외: 상대방이 대리청의 처분이 피대리청의 행위인 줄 알면서 받아들인 경우 피대리청

도지사로부터 대리권을 수여받은 시장이 대리관계를 밝히지 않고 자신의 명의로 행정처분을 한 경우, 항고소송의 피고는 시장이 되어야 하는 것이 원칙이다.

대리관계를 명시적으로 밝히지는 아니하였다 해도 처분명의자가 피대리행정청을 대리한다는 의사로 처분을 하였고 처분명의자는 물론 상대방도 피대리행정청을 대리하여 한 것임을 알고서 이를 받아들인 경우에는 피대리행정청이 피고가 된다.

판례

대리권을 수여받은 데 불과하여 그 자신의 명의로는 행정처분을 할 권한이 없는 행정청의 경우 **대리관계를 밝힘이 없이 그 자신의 명의로 행정처분을 하였다면** 그에 대하여는 **처분명의자인 당해 행정청이 항고소송의 피고가 되어야 하는 것이 원칙**이지만, 비록 대리관계를 명시적으로 밝히지는 아니하였다 하더라도 **처분명의자가 피대리행정청 산하의 행정기관으로서 실제로 피대리행정청으로부터 대리권한을 수여받아 피대리행정청을 대리한다는 의사로 행정처분을 하였고 처분명의자는 물론 그 상대방도 그 행정처분이 피대리행정청을 대리하여 한 것임을 알고서 이를 받아들인 예외적인 경우**에는 **피대리행정청이 피고가 되어야 한다**(대결 2006.2.23. 2005부4).

V 대리권의 소멸

대리권의 소멸사유
① **임의대리**: 대리권 수여의 철회, 수권행위의 실효
② **법정대리**: 대리권을 발생케 한 법정사실의 소멸

(1) 임의대리의 경우

대리권 수여의 철회, 수권행위의 실효(종기의 도래) 등으로 대리권은 소멸한다.

(2) 법정대리의 경우

대리권을 발생하게 한 법정사실이 소멸하면, 대리권은 별도의 의사표시 없이 소멸한다.

VI 권한의 복대리

(1) 의의

복대리한 대리자가 대리권 행사를 다른 기관으로 하여금 대리케 하는 것을 말한다.

복대리의 허용 여부
① **임의대리**: 불허
② **법정대리**: 허용

(2) 허용 여부

1) 임의대리의 경우

임의대리는 피대리청의 대리기관에 대한 신임에 기초해 이루어지므로 복대리는 허용되지 않는다.

2) 법정대리의 경우

법정대리는 피대리청의 대리자에 대한 신임에 기초한 것이 아니고, 일정한 법정사실에 따라 성립하는 것이다. 따라서 법정대리의 경우 복대리는 원칙적으로 허용된다.

임의대리와 법정대리의 비교

구분	임의대리	법정대리
발생	대리권수여행위(수권행위): 통상 대리는 임의대리를 의미	법정사실에 의해 당연히(협의의 법정대리) 또는 지정으로(지정대리, 서리) 발생
법적 근거의 요부	×	○
전부대리의 허부	×(일부대리만 가능)	○
피대리관청의 지휘 · 감독권	○	• 원칙: × • 예외: ○
책임	피대리청	• 원칙: 대리청 • 예외: 피대리청
복대리의 허용 여부	×	○
대통령령 · 부령 제정권의 위임	×	○

제2항 권한의 위임

I 서설

1 의의

① 행정청이 그의 권한의 일부를 다른 행정기관에 위임하여 수임기관이 권한을 행사하게 하는 것을 말한다.

② 위임하는 기관을 위임청이라고 하고, 위임받은 기관을 수임청이라고 한다.

2 위임의 형태

① 권한의 위임은 통상적으로 상하행정기관 사이에서 이루어진다.

② 그러나 행정의 적정성·능률성·민주성의 요구로 대등행정관청(위탁)이나 보조기관, 지휘·감독계통을 달리하는 하급행정관청과 지방자치단체(단체위임) 또는 그 기관(기관위임) 및 사인(민간위탁), 법원(촉탁)에 대하여도 널리 권한의 위임이 인정되고 있다.

정부조직법 제6조【권한의 위임 또는 위탁】 ③ 행정기관은 법령으로 정하는 바에 따라 그 소관 사무 중 조사·검사·검정·관리업무 등 **국민의 권리·의무와 직접 관계되지 아니하는 사무를 지방자치단체가 아닌 법인·단체 또는 그 기관이나 개인에게 위탁할 수 있다.**

지방자치법 제117조【사무의 위임 등】 ③ 지방자치단체의 장은 조례나 규칙으로 정하는 바에 따라 그 권한에 속하는 사무 중 **조사·검사·검정·관리업무 등 주민의 권리·의무와 직접 관련되지 아니하는 사무를 법인·단체 또는 그 기관이나 개인에게 위탁할 수 있다.**

OX 국가행정관청의 권한의 위임은 보조기관, 하급행정기관, 지방자치단체, 지방자치단체의 기관 등에 위임될 수 있으나, 민간에 위임될 수는 없다. (×)

OX 중앙관서장뿐만 아니라 지방자치단체장도 자신의 사무 중 조사·검사·검정·관리업무 등 주민의 권리·의무와 직접 관련되지 아니하는 사무를 개인에게 위탁할 수 있다. (○)

OX 권한의 위임은 권한 자체가 수임자에게 이전된다는 점에서 권한 자체를 이전하지 않는 권한의 대리와 구별된다. (○)

OX 권한의 이양의 경우에는 수권규범의 변경이 있으나, 권한의 위임의 경우에는 수권규범의 변경 없이 위임근거규정을 통해 이루어진다. (○)

Ⅱ 유사개념과의 구별

1 권한의 위임과 대리의 비교

구분	권한의 위임	권한의 대리
효과	• 권한 자체의 이전(위임) • 수임청의 권한 불행사시 위임청의 권한 행사(×)	권한의 일시적 행사 위임 ⇨ 권한 자체의 이전(×)
법적 근거	○	• 임의대리: 법적 근거(×) • 법정대리: 법적 근거(○)
현명주의	×	○
범위	일부위임만 가능	• 임의대리: 일부대리만 가능 • 법정대리: 전부대리 가능
수권기관	• 보통 하급행정기관 • 민간에의 위임(○)	보통 보조기관
권한의 귀속	수임청	피대리청
항고소송의 피고	수임청	피대리청
재위임/복대리	법령의 근거가 있으면 재위임 가능	• 임의대리: 복대리(×) • 법정대리: 복대리(○)

2 권한의 이양(이관)

권한의 이양은 법령의 제정·개정으로 권한 자체가 법령에 따라 다른 기관으로 변경되는 경우이다. 권한을 정하는 법령의 규정, 즉 수권규범을 제정·개정하여 권한을 다른 행정기관의 고유한 권한으로 이관시키는 것이 권한의 이양이다.

구분	권한의 위임	권한의 이양
권한이전의 성격	잠정적 권한이전	확정적 권한이전
수권규범의 변경	×	○
위임기관의 수임기관에 대한 지휘·감독	○	×
권한의 회수	언제든지 회수할 수 있음.	수권규범의 변경이 없는 한 회수할 수 없음.

Ⅲ 위임의 근거

1 법적 근거

① **권한의 위임**에 의하여 **위임청의 권한이 수임청의 권한으로 이전**된다. 즉, 권한의 위임은 법령으로 정하여진 권한분배를 실질적으로 변경하는 것이므로 **반드시 법령의 명시적 근거를 필요로 한다.** 법령의 근거가 없는 권한의 위임은 무효이다.

② 그러나 권한의 위임은 위임청의 일방적 위임행위에 의하여 성립하고 수임기관의 동의를 요하지 않는다. 다만, 민간위탁에 있어서는 사인의 신청이나 동의가 필요하다.

행정권한의 위임은 법률에 근거가 있는 경우에 한하여 인정된다.

원칙적으로 권한의 위임에 수임기관의 동의는 필요하지 않다.

2 개별규정의 필요 여부

(1) 일반규정

정부조직법 제6조【권한의 위임 또는 위탁】 ① **행정기관은 법령으로 정하는 바에 따라 그 소관 사무의 '일부'를 보조기관 또는 하급행정기관에 위임하거나 다른 행정기관·지방자치단체 또는 그 기관에 위탁 또는 위임할 수 있다.**

행정권한의 위임 및 위탁에 관한 규정 제3조【위임 및 위탁의 기준 등】 ① 행정기관의 장은 허가·인가·등록 등 민원에 관한 사무, 정책의 구체화에 따른 집행사무 및 일상적으로 반복되는 사무로서 그가 직접 시행하여야 할 사무를 제외한 **'일부' 권한을 그 보조기관 또는 하급행정기관의 장, 다른 행정기관의 장, 지방자치단체의 장에게 위임 및 위탁한다.**

지방자치법 제117조【사무의 위임 등】 ① 지방자치단체의 장은 조례나 규칙으로 정하는 바에 따라 그 **권한에 속하는 사무의 '일부'를 보조기관, 소속 행정기관 또는 하부행정기관에 위임할 수 있다.**
② 지방자치단체의 장은 조례나 규칙으로 정하는 바에 따라 그 권한에 속하는 사무의 '일부'를 관할 지방자치단체나 공공단체 또는 그 기관(사업소·출장소를 포함한다)에 위임하거나 위탁할 수 있다.

OX 도지사는 조례에 의해서도 그 권한에 속하는 자치사무의 일부를 소속 행정기관에 위임할 수 있다. (O)

① 권한의 위임에 관한 일반적 근거법령으로는 정부조직법 제6조 제1항과 이에 기한 행정권한의 위임 및 위탁에 관한 규정 제3조, 지방자치법 제117조 등이 있다.

② 권한의 위임에 관한 개별 법령으로는 식품위생법 제91조, 도로법 제110조, 의료법 제86조, 약사법 제84조 등이 있다.

권한위임의 일반규정: 정부조직법 제6조 제1항, 지방자치법 제117조

판례

약사법 제84조 제4항은 "시장·군수·구청장은 이 법에 따른 권한의 일부를 대통령령으로 정하는 바에 따라 보건소장에게 위임할 수 있다."라고 규정하고 있으나, 그 조항의 문언과 취지, 지방자치법과 약사법의 관계 등에 비추어 보면, 위 **약사법 규정이 그 법에 따른 시장 등의 권한의 위임에 관하여 지방자치법 제117조 제1항의 적용을 배제하고 반드시 대통령령으로 정하는 바에 따라야 한다는 취지로 볼 수 없다**(대판 2014.10.27. 2012두15920).

시장 등이 약사법 따른 권한 일부를 대통령령으로 정하는 바에 따라 보건소장에게 위임할 수 있도록 한 약사법 규정이 지방자치법의 적용을 배제하고 반드시 대통령령으로 정하는 바에 따라야 한다는 취지로 볼 수 없다.

(2) 개별규정이 없는 경우 권한위임의 허용 여부

개별 법령이 없어도 정부조직법 제6조 제1항에 근거한 권한의 위임이 가능하다.

판례

> 권한의 위임 및 재위임에 관하여 규정하고 있는 정부조직법 제6조 제1항의 규정은 개별적인 권한위임의 법률상 근거가 될 수 있다.

1. **정부조직법 제6조 제1항**의 규정은 법문상 **행정권한의 위임 및 재위임의 근거규정임이 명백**하고 정부조직법이 국가행정기관의 설치, 조직과 직무범위의 대강을 정하는 데 목적이 있다고 하여 그 이유만으로 위 권한의 위임 및 재위임에 관한 규정마저 권한의 위임 및 재위임 등에 관한 대강을 정한 것에 불과할 뿐 권한의 위임 및 재위임의 근거규정이 아니라고 할 수 없다(대판 1990.6.26. 88누12158).

> 광역시장이 조례로 정하는 바에 따라 그 권한에 속하는 액화석유가스 충전사업에 관한 허가권한을 구청장에게 위임한 경우, 그 구청장은 적법한 권한자이다.

2. 부산광역시장이 지방자치법에 따라 '부산광역시 사무의 위임·위탁에 관한 조례'로 정하는 바에 따라 그 권한에 속하는 **액화석유가스 충전사업에 관한 허가권한을 구청장에게 위임하였다면,** 그 **구청장은 부산광역시장으로부터 위 허가처분권을 수임한 자로서 적법한 권한자**라고 할 것이다(대판 1990.4.10. 89누7023).

> 사무위임조례에 의하여 무허가 건축물에 대한 철거대집행사무를 군수가 읍·면장에게 위임한 경우, 읍·면장은 그 철거대집행을 위한 계고처분을 할 권한이 있다.

3. 군수가 군사무위임조례의 규정에 따라 무허가 건축물에 대한 철거대집행사무를 하부행정기관인 읍·면에 위임하였다면, 읍·면장에게는 관할 구역 내의 무허가 건축물에 대하여 그 철거대집행을 위한 계고처분을 할 권한이 있다(대판 1997.2.14. 96누15428).

> 교육감의 학교법인 임원취임의 승인취소권은 국가사무가 아니므로, 조례가 아닌 규칙에 의하여 교육장에게 권한위임을 한 것은 무효이다.

4. 구 사립학교법 제4조 제1항, 제20조의2 제1항에 규정된 교육감의 학교법인 임원취임의 승인취소권은 교육감이 지방자치단체의 교육·학예에 관한 사무의 특별집행기관으로서 가지는 권한이고 정부조직법상의 국가행정기관의 일부로서 가지는 권한이라고 할 수 없으므로 국가행정기관의 사무나 지방자치단체의 기관위임사무 등에 관한 권한위임의 근거규정인 정부조직법 제6조 제1항, 행정권한의 위임 및 위탁에 관한 규정 제3조에 의하여 교육장에게 권한위임을 할 수 없고, 구 **지방교육자치에 관한 법률 제36조 제1항, 제44조에 의하여 조례에 의하여서만 교육장에게 권한위임이 가능하다 할 것이므로,** 행정권한의 위임 및 위탁에 관한 규정 제3조에 근거하여 **교육감의 학교법인 임원취임의 승인취소권을 교육장에게 위임함을 규정한 대전직할시 교육감 소관 행정권한의 위임에 관한 규칙 제6조 제4호는 조례로 정하여야 할 사항을 규칙으로 정한 것이어서 무효이다**(대판 전합 1997.6.19. 95누8669).

Ⅳ 위임의 한계

1 권한 전부의 위임금지

> 위임청은 권한의 전부를 위임하는 것은 허용되지 않는다.

권한의 위임은 위임청의 권한의 일부에 한해서만 가능하고, 권한의 전부를 위임할 수는 없다. 행정청의 권한은 법령에 의해 부여되는데, 권한 전부를 위임하면 법령을 폐지하는 결과를 가져오기 때문이다.

2 재위임

(1) 개별 법령이 없는 경우 정부조직법에 근거하여 재위임할 수 있는지 여부

정부조직법 제6조 제1항과 이에 기한 행정권한의 위임 및 위탁에 관한 규정 제4조는 재위임에 관한 일반규정이므로, 개별 법령상의 근거규정이 없어도 위임받은 처분권한을 재위임할 수 있다.

정부조직법 제6조 【권한의 위임 또는 위탁】 ① 행정기관은 법령으로 정하는 바에 따라 그 소관 사무의 일부를 보조기관 또는 하급행정기관에 위임하거나 다른 행정기관·지방자치단체 또는 그 기관에 위탁 또는 위임할 수 있다. 이 경우 위임 또는 위탁을 받은 기관은 **특히 필요한 경우에는 법령으로 정하는 바에 따라 위임 또는 위탁을 받은 사무의 '일부'를 보조기관 또는 하급행정기관에 재위임할 수 있다.**

행정권한의 위임 및 위탁에 관한 규정 제4조 【재위임】 특별시장·광역시장·특별자치시장·도지사 또는 특별자치도지사(특별시·광역시·특별자치시·도 또는 특별자치도의 교육감을 포함한다)나 시장·군수 또는 구청장(자치구의 구청장을 말한다)은 **행정의 능률향상과 주민의 편의를 위하여 필요하다고 인정될 때에는 수임사무의 '일부'를 그 위임기관의 장의 승인을 받아 '규칙'으로 정하는 바에 따라 시장·군수·구청장**(교육장을 포함한다) **또는 읍·면·동장, 그 밖의 소속 기관의 장에게 다시 위임할 수 있다.**

판례

건설부장관의 권한에 속하는 구 건설업법 제50조 제2항 제3호 소정의 영업정지(구 도시재개발법 제41조의 규정에 의한 관리처분계획의 인가) 등 처분권한은 서울특별시장·직할시장 또는 도지사에게 위임되었을 뿐 시·도지사가 이를 구청장·시장·군수에게 재위임할 수 있는 근거규정은 없으나, **정부조직법 제6조 제1항과 이에 기한 행정권한의 위임 및 위탁에 관한 규정 제4조에 재위임에 관한 일반적인 근거규정이 있으므로 시·도지사는 그 재위임에 관한 일반적인 규정에 따라 위임받은 위 처분권한을 구청장 등에게 재위임할 수 있다**(대판 전합 1995.7.11. 94누4615 ; 대판 전합 1995.8.22. 94누5694).

OX 권한을 위임받은 기관은 특히 필요한 경우에는 법령으로 정하는 바에 따라 위임받은 사무의 일부를 하급행정기관에 재위임할 수 있다. (O)

OX 수임청은 위임받은 권한의 일부를 하급행정청에 재위임할 수 있다. (O)

재위임할 수 있는 개별 법령의 근거규정이 없어도 정부조직법 제6조 제1항과 이에 기한 행정권한의 위임 및 위탁에 관한 규정 제4조의 재위임에 관한 일반적 규정에 따라 위임받은 처분권한을 재위임할 수 있다.

(2) 기관위임사무의 재위임

시·도지사는 국가가 시·도지사에게 위임한 **기관위임사무**를 위임기관의 승인을 얻어 **규칙으로 재위임할 수 있으나, 조례로 재위임하는 것은 위법하다.**

판례

1. 충청남도지사가 자기의 수임권한을 위임기관인 동력자원부장관의 승인을 얻은 후 **'충청남도의 사무 시·군위임규칙'에 따라 군수에게 재위임하였다면** 이는 정부조직법 제6조 제1항 후문 및 행정권한의 위임 및 위탁에 관한 규정 제4조에 근거를 둔 것으로서 **적법한 권한의 재위임에 해당하는 것이다**(대판 1990.2.27. 89누5287).
2. [1] 서울특별시장이 건설부장관으로부터 위임받은 관리처분계획의 인가 등 처분권한을 행정권한의 위임 및 위탁에 관한 규정 제4조에 의하여 규칙을 제정해서 구청장에게 재위임하지 아니하고, '서울특별시행정권한위임조례'의 규정에 의하여 구청장에게 재위임하였다면, '서울특별시행정권한위임조례' 중 위 처분권한의 재위임에 관한 부분은 조례제정권의 범위를 벗어난 국가사무(기관위임사무)를 대상으로 한 것이어서 무효이다.

기관위임사무를 규칙으로 재위임할 수는 있으나 조례로 재위임할 수는 없고, 조례로 위임한 수임기관의 처분행위는 취소할 수 있다.

도지사가 자기의 수임권한을 위임기관의 승인을 얻은 후 '도의 사무 시·군위임규칙'에 따라 군수에게 재위임하였다면 적법한 권한의 재위임에 해당한다.

기관위임사무는 조례에 의하여 재위임할 수 없고, 위임기관의 장의 승인을 받은 후 지방자치단체장이 제정한 규칙이 정하는 바에 따라 재위임하는 것만이 가능하다.

서울특별시장이 건설부장관으로부터 위임받은 관리처분계획의 인가 등 처분권한을 조례의 규정에 의하여 구청장에게 재위임한 경우, 그 조례 중 처분권한의 재위임에 관한 부분은 무효이다.

조례제정권의 범위를 벗어나 국가사무를 대상으로 한 무효인 '서울특별시행정권한위임조례'의 규정에 근거하여 구청장이 처분을 한 경우, 당연무효는 아니다.

OX 법령상 규칙의 방식으로 위임하여야 함에도 조례의 방식으로 위임하여 행해진 수임기관의 처분은 중대명백설에 따라 위법하여 당연무효이다. (×)

[2] **조례제정권의 범위를 벗어나 국가사무를 대상으로 한 무효인 '서울특별시행정권한위임조례'의 규정에 근거하여 구청장이 건설업영업정지처분(관리처분계획인가처분)을 한 경우**, 그 처분은 결과적으로 **적법한 위임 없이 권한 없는 자에 의하여 행하여진 것과 마찬가지가 되어 그 하자가 중대**하나, 지방자치단체의 사무에 관한 조례와 규칙은 조례가 보다 상위규범이라고 할 수 있고, 또한 헌법 제107조 제2항의 '규칙'에는 지방자치단체의 조례와 규칙이 모두 포함되는 등 이른바 규칙의 개념이 경우에 따라 상이하게 해석되는 점 등에 비추어 보면 위 **처분의 위임 과정의 하자가 객관적으로 명백한 것이라고 할 수 없**으므로 이로 인한 하자는 결국 당연무효사유는 아니라고 봄이 상당하다(대판 전합 1995.7.11. 94누4615 ; 대판 전합 1995.8.22. 94누5694).

V 위임의 효과

1 권한의 이전

권한의 위임이 있으면 그 권한은 수임청의 권한이 된다.

위임된 권한을 행사하는 보조기관: 행정청의 지위(○)

① 위임청이 수임청에 권한을 위임하면 그 권한은 수임청의 권한이 된다. 따라서 수임청이 권한을 행사하지 않는 경우에도 위임청이 권한을 행사할 수는 없다.

② 설령 보조기관이라도 행정청으로부터 위임된 권한을 행사하는 경우에는 그 한도에서 행정청의 지위를 가진다.

도로의 유지·관리에 관한 상위 지자체장의 행정권한이 '행정권한위임조례'에 의하여 하위 지자체장에게 위임된 경우, 사무귀속의 주체는 상위 지자체장이라 해도 권한을 위임받은 하위 지자체장이 도로의 관리청이 되고 위임관청은 사무처리의 권한을 잃는다.

판례

도로의 유지·관리에 관한 상위 지방자치단체장의 행정권한이 '행정권한위임조례'에 의하여 하위 지방자치단체장에게 위임되었다면 사무귀속의 주체는 상위 지방자치단체장이라 하더라도 권한을 위임받은 하위 지방자치단체장이 도로의 관리청이 되고 **위임관청은 사무처리의 권한을 잃는 것**이므로, 권한을 위임받은 도로의 관리청이 속하는 지방자치단체가 그 도로의 관리·유지를 위하여 하는 점유가 점유보조자의 지위에서 하는 점유라고 할 수 없다(대판 1999.4.23. 98다61562).

2 행정쟁송의 상대방

행정권한의 위임에 있어서 행정쟁송의 피청구인·피고는 수임청이 된다.

OX 수임청은 그 권한을 위임청의 이름으로 행사하며 그에 관한 소송의 피고는 위임청이 된다. (×)

① 처분을 함에 있어 실제로 처분청으로 표시된 행정관청이 행정쟁송법상의 피청구인 또는 피고가 된다.

② 따라서 **권한의 위임이 있으면** 위임청의 권한은 상실되고 수임청의 권한으로 이전되어 **수임청이 자기의 이름으로 권한을 행사**하게 되므로, **취소심판·취소소송 등 행정쟁송의 피청구인 또는 피고도 수임청이 된다.**

3 위임청의 지휘·감독권

행정권한의 위임 및 위탁에 관한 규정 제6조는 수임기관이 하급행정기관이거나 독립적인 행정기관이거나를 불문하고 위임청의 지휘·감독권을 인정하고 있다.

행정권한의 위임 및 위탁에 관한 규정 제6조【지휘 · 감독】 위임 및 위탁기관은 수임 및 수탁기관의 수임 및 수탁사무 처리에 대하여 지휘·감독하고, 그 처리가 위법하거나 부당하다고 인정될 때에는 이를 취소하거나 정지시킬 수 있다.

판례

정부조직법 제6조 등에 따른 행정권한의 위임 및 위탁에 관한 규정 제6조에서 수임 및 수탁사무의 처리가 부당한지 여부의 판단은 위법성 판단과 달리 합목적적·정책적 고려도 포함되므로, **위임 및 위탁기관이 그 사무처리에 관하여 일반적인 지휘·감독을 하는 경우는 물론이고 나아가 수임 및 수탁사무의 처리가 부당하다는 이유로 그 사무처리를 취소하는 경우**에도 **광범위한 재량이 허용된다**고 보아야 한다. 다만, 그 **사무처리로 인하여 이해관계 있는 제3자나 이미 형성된 법률관계가 존재하는 경우**에는 **위임 및 위탁기관이 일반적인 지휘·감독을 하는 경우와 비교하여 그 사무처리가 부당하다는 이유로 이를 취소할 때 상대적으로 엄격한 재량통제의 필요성이 인정**된다. 따라서 위임 및 위탁기관이 이러한 취소 여부를 결정할 때에는 위임 및 위탁의 취지, 수임 및 수탁기관 사무처리의 부당한 정도, 취소되는 사무의 성격과 내용, 취소로 이익이 제한·침해되는 제3자의 존재 여부 및 제한·침해의 정도 등을 종합적으로 고려하여야 하고, 이러한 취소에 재량권 일탈·남용이 인정된다면 취소처분은 위법하다고 판단할 수 있다(대판 2017.9.21. 2016두55629).

위임 및 위탁기관이 수임 및 수탁사무의 처리가 부당하다는 이유로 그 사무처리를 취소하는 경우에도 광범위한 재량이 허용되나, 그 사무처리로 인하여 이해관계 있는 제3자나 이미 형성된 법률관계가 존재하는 경우에는 상대적으로 엄격한 재량통제의 필요성이 인정된다.

판례 감독권의 범위

[1] **동일한 지방자치단체 내에서 상급행정관청이 하급행정관청에 사무를 위임한 경우, 위임관청으로서의 수임관청에 대한 지휘 · 감독권의 범위**

지방자치법은 행정의 통일적 수행을 기하기 위하여 군수에게 읍·면장에 대한 일반적 지휘·감독권을 부여함으로써 군수와 읍·면장은 상급행정관청과 하급행정관청의 관계에 있어 상명하복의 기관계층체를 구성하는 것이고, 지방자치법이 상급지방자치단체의 장에게 하급지방자치단체의 장의 위임사무 처리에 대한 지휘·감독권을 규정하면서 하급지방자치단체의 장의 자치사무 이외의 사무처리에 관한 위법하거나 현저히 부당한 명령·처분에 대하여 취소·정지권을 부여하고 있는 점에 비추어 볼 때, **동일한 지방자치단체 내에서 상급행정관청이 하급행정관청에 사무를 위임한 경우에도 위임관청으로서의 수임관청에 대한 지휘·감독권의 범위는 그 사무처리에 관한 처분의 합법성뿐만 아니라 합목적성의 확보에까지 미친다.**

[2] **군수가 읍 · 면장에게 위임한 사무에 관하여 읍 · 면장의 위법처분에 대하여만 군수의 취소 · 중지권을 부여하고 부당처분에 대하여는 이를 배제한 조례안의 효력(무효)**

하급행정관청으로서 군수의 일반적 지휘·감독을 받는 읍·면장의 위임사무 처리에 관한 위법한 처분에 대하여만 군수에게 취소·정지권을 부여하고 부당한 처분에 대하여는 이를 배제한 조례안은, 지방자치법에 위배되어 허용되지 않으므로 그 효력이 없다(대판 1996.12.23. 96추114).

동일한 지방자치단체 내에서 상급행정관청이 하급행정관청에 사무를 위임한 경우, 위임관청으로서의 수임관청에 대한 지휘·감독권의 범위는 그 사무처리에 관한 처분의 합법성뿐만 아니라 합목적성의 확보에까지 미친다.

하급행정관청으로서 군수의 일반적 지휘·감독을 받는 읍·면장의 위임사무 처리에 관한 위법한 처분에 대하여만 군수에게 취소·정지권을 부여하고 부당한 처분에 대하여는 이를 배제한 조례안은 효력이 없다.

Ⅵ 내부위임

1 의의

① 권한의 내부위임은 행정청이 내부적으로 사무처리의 편의를 도모하기 위하여 그 보조기관 또는 하급행정청으로 하여금 그 권한을 사실상 행사하게 하는 것이다.

② 내부위임은 권한의 위임과 달리, 권한의 법적 귀속을 변경시키는 것이 아니므로 법적 근거를 요하지 않는다.

권한의 내부위임은 법적 근거를 요하지 않는다.

OX 권한의 내부위임은 위임전결과는 달리 법률적 근거가 필요하다. (×)

2 내부전결과 비교

① 내부전결은 보조기관이 권한을 행사하도록 하는 것을 말한다.

② 내부전결은 권한의 변동을 가져오지 않는다는 점에서 내부위임과 비슷하다. 그러나 내부위임은 통상 소속 하급행정관청에 대해 행해지나, 내부전결 또는 위임전결은 보조기관에 대해 행해진다.

③ 내부위임과 위임전결에 대해, 양자를 동일시하는 견해와 구별하는 견해가 있다.

판례

행정관청 내부의 사무처리규정에 불과한 전결규정에 위반하여 원래의 전결권자 아닌 보조기관 등이 처분권자인 행정관청의 이름으로 행정처분을 한 경우, 그 처분이 무효인지 여부(소극)

전결과 같은 행정권한의 내부위임은 법령상 처분권자인 행정관청이 내부적인 사무처리의 편의를 도모하기 위하여 그의 보조기관 또는 하급행정관청으로 하여금 그의 권한을 사실상 행사하게 하는 것으로서 **법률이 위임을 허용하지 않는 경우에도 인정되는 것이므로, 설사 행정관청 내부의 사무처리규정에 불과한 전결규정에 위반하여 원래의 전결권자 아닌 보조기관 등이 처분권자인 행정관청의 이름으로 행정처분을 하였다고 하더라도 그 처분이 권한 없는 자에 의하여 행하여진 무효의 처분이라고는 할 수 없다**(대판 1998.2.27. 97누1105).

전결과 같은 행정권한의 내부위임은 법률이 위임을 허용하지 않는 경우에도 인정된다.

행정관청 내부의 사무처리규정에 불과한 전결규정에 위반하여 원래의 전결권자 아닌 보조기관 등이 처분권자인 행정관청의 이름으로 행정처분을 하였다고 해도 그 처분이 무효라고 할 수 없다.

3 내부위임의 효과

① 내부위임의 경우 대외적으로는 권한이 위임되지 않는다.

② 따라서 위임청의 이름으로 권한을 행사해야 한다.

내부위임의 효과
① 대외적 권한의 위임(×)
② 위임청의 이름으로 권한행사

판례 행정권한이 내부위임된 경우 권한행사의 방법

행정권한의 위임은 행정관청이 법률에 따라 특정한 권한을 다른 행정관청에 이전하여 수임관청의 권한으로 행사하도록 하는 것이어서 권한의 법적인 귀속을 변경하는 것이므로 **법률이 위임을 허용하고 있는 경우에 한하여 인정된다** 할 것이고, 이에 반하여 행정권한의 내부위임은 법률이 위임을 허용하고 있지 아니한 경우에도 행정관청의 내부적인 사무처리의 편의를 도모하기 위하여 그의 보조기관 또는 하급행정관청으로 하여금 그의 권한을 사실상 행사하게 하는 것이므로, **권한위임의 경우에는 수임관청이 자기의 이름으로 그 권한행사를 할 수 있지만 내부위임의 경우에는 수임관청은 위임관청의 이름으로만 그 권한을 행사할 수 있을 뿐 자기의 이름으로는 그 권한을 행사할 수 없다**(대판 1995.11.28. 94누6475).

행정권한의 내부위임은 행정청의 내부적인 사무처리의 편의를 도모하기 위해 보조기관 또는 하급행정관청으로 하여금 그 권한을 사실상 행사하게 하는 것이다.

OX 권한위임과 내부위임 모두 법률의 위임이 있는 경우에만 할 수 있다. (×)

행정권한의 위임의 경우에는 수임자가 자기의 명의로 권한을 행사할 수 있으나, 내부위임의 경우 수임자는 위임관청의 명의로 그 권한을 행사할 수 있을 뿐이다.

4 내부위임과 권한행사의 범위

(1) 내부위임을 받은 자가 자신의 이름으로 처분을 한 경우

① 내부위임을 받은 자는 위임한 행정청의 명의로 처분을 해야 한다.

② 만약 자신의 이름으로 처분을 한 경우에는 무효가 된다.

내부위임을 받은 수임기관이 자신의 이름으로 처분을 한 경우 그 처분은 무권한의 행위로서 무효이다.

사례연구 01

- **사건개요**: 석유판매업의 허가취소권은 동력자원부장관에게 있고, 동력자원부장관은 허가취소권을 도지사에게 위임하였다.
- **쟁점**: 도지사가 다시 시장, 군수에게 내부위임한 경우, 시장이 자신의 이름으로 허가취소한 경우 허가취소는 무효인가?
  - ▸ **그렇다.** 행정권한의 위임은 위임관청이 법률에 따라 특정한 권한을 수임관청에 이전하는 권한에 대한 법적 귀속의 변경임에 대하여, 그 **내부위임은 행정관청의 내부적인 사무처리의 편의를 도모하기 위하여 그 보조기관 또는 하급행정관청으로 하여금 그 권한을 사실상 행하게 하는 데 그치는 것이므로 권한위임의 경우에는 수임자가 자기의 이름으로 그 권한을 행사할 수 있다 할 것이나, 내부위임의 경우에는 수임자는 위임관청의 이름으로 이를 할 수 있을 뿐이지 자기의 이름으로는 할 수 없다 할 것이다.** 그리고 위와 같이 권한의 위임이 권한에 대한 법적 귀속의 변경인 이상 그것은 법률이 그 위임을 허용하고 있는 경우에 한하여 인정된다고 할 것이다. 따라서 **피고의 이 사건 처분은 권한 없는 자에 의하여 행하여진 위법·무효의 것이다**(대판 1986.12.9. 86누569).

내부위임의 경우에는 수임자는 위임관청의 이름으로 위임된 권한을 할 수 있을 뿐 자기의 이름으로는 행사할 수 없다.

판례

체납취득세에 대한 압류처분권한은 도지사로부터 시장에게 권한위임된 것이고 시장으로부터 압류처분권한을 **내부위임받은 데 불과한 구청장으로서는** 시장 명의로 압류처분을 대행처리할 수 있을 뿐이고 자신의 명의로 이를 할 수 없다 할 것이므로 구청장이 자신의 명의로 한 압류처분은 권한 없는 자에 의하여 행하여진 **위법·무효의 처분이다**(대판 1993.5.27. 93누6621).

시장으로부터 체납취득세에 대한 압류처분권한을 내부위임받은 구청장이 자신의 이름으로 한 압류처분은 권한 없는 자에 의하여 행하여진 위법 무효의 처분이다.

권한위임과 내부위임의 비교

구분	권한의 위임	권한의 내부위임
의미	행정청이 특정한 권한을 다른 행정청에 이전하여 수임청의 권한으로 행사하도록 하는 것	행정청이 그의 보조기관 또는 하급행정청으로 하여금 권한을 사실상 행사하게 하는 것
법적 근거	○	×
권한의 이전	○	×
권한행사의 명의	수임청의 이름으로 행사	• 위임청의 이름으로 행사 • 수임청의 이름으로 한 처분: 무효(93누6621)
항고소송의 피고	수임청	• 위임청 • 권한 없이 수임청의 이름으로 한 처분: 수임청(95누14688)

전결규정에 위반하여 원래의 전결권자 아닌 보조기관이 처분권자인 행정관청의 이름으로 한 행정처분이라 해도 무효라고 할 수 없다.

(2) 전결권자가 아닌 보조기관이 행정청의 이름으로 처분한 경우

행정관청 내부의 사무처리규정에 불과한 전결규정에 위반하여 원래의 전결권자 아닌 보조기관 등이 처분권자인 행정관청의 이름으로 행정처분을 하였다고 하더라도 그 처분이 권한 없는 자에 의하여 행하여진 무효의 처분이라고는 할 수 없다(대판 1998.2.27. 97누1105).

수임관청이 내부위임된 바에 따라 위임관청의 이름으로 권한을 행사하였다면, 그 처분의 취소나 무효확인을 구하는 소송의 피고는 위임관청이다.

내부위임을 받은 행정청이 그의 명의로 한 처분에 대하여도 처분명의자인 행정청이 피고가 되어야 한다.

5 내부위임과 항고소송의 피고

① 내부위임의 경우에 수임관청이 그 위임된 바에 따라 위임관청의 이름으로 권한을 행사하였다면 그 처분청은 위임관청이므로 그 처분의 취소나 무효확인을 구하는 소송의 피고는 위임관청으로 삼아야 한다(대판 1991.10.8. 91누520).

② 원행정청(A)으로부터 내부위임을 받은 행정청(B)이 자신의 이름으로 행정처분을 한 경우, 항고소송의 피고는 처분명의자인 행정청(B)이다(대판 1994.6.14. 94누1197).

Ⅶ 비용부담

지방재정법 제21조【부담금과 교부금】 ① 지방자치단체나 그 기관이 법령에 따라 처리하여야 할 사무로서 국가와 지방자치단체 간에 이해관계가 있는 경우에는 원활한 사무처리를 위하여 국가에서 부담하지 아니하면 아니 되는 경비는 국가가 그 전부 또는 일부를 부담한다.
② 국가가 스스로 하여야 할 사무를 지방자치단체나 그 기관에 위임하여 수행하는 경우 그 경비는 국가가 전부를 그 지방자치단체에 교부하여야 한다.

OX 국가가 스스로 하여야 할 사무를 지방자치단체나 그 기관에 위임하여 수행하는 경우, 국가가 그 경비의 일부를 그 지방자치단체에 교부하여야 한다. (×)

행정기관의 장은 행정권한을 위임 및 위탁할 때에는 필요한 인력 및 예산을 이관하여야 하나, 법인격을 달리하는 국가와 지방자치단체 간의 권한위임에는 인력 및 예산의 이관이 허용되지 않는다.

① 행정기관의 장은 행정권한을 위임 및 위탁할 때에는 위임 및 위탁하기 전에 수임기관의 수임능력 여부를 점검하고, 필요한 인력 및 예산을 이관하여야 한다(행정권한의 위임 및 위탁에 관한 규정 제3조 제2항).

② 그러나 **법인격을 달리하는 국가와 지방자치단체 간의 권한위임**에는 **인력 및 예산의 이관이 허용되지 아니**하므로 지방재정법 제21조 제2항을 두고 있다.

Ⅷ 권한위임의 종료

권한위임의 종료사유: 위임의 해제, 종기의 도래, 근거법령의 소멸

OX 권한의 위임이 기간의 도래에 의해 종료되면 위임된 권한은 다시 위임기관에 회복된다. (○)

① 위임의 해제, 종기의 도래, 근거법령의 소멸로 권한의 위임은 종료된다.

② 권한의 위임이 종료되면 수임기관은 더 이상 위임사무를 처리할 수 없게 되고, 그 위임되었던 권한은 다시 위임기관의 권한으로 환원된다.

Ⅸ 행정권한의 위임 및 위탁에 관한 규정

제2조【정의】 이 영에서 사용하는 용어의 뜻은 다음과 같다.

3. '민간위탁'이란 법률에 규정된 행정기관의 사무 중 일부를 지방자치단체가 아닌 법인·단체 또는 그 기관이나 개인에게 맡겨 그의 명의로 그의 책임 아래 행사하도록 하는 것을 말한다.

제3조【위임 및 위탁의 기준 등】 ② 행정기관의 장은 행정권한을 위임 및 위탁할 때에는 위임 및 위탁하기 전에 수임기관의 수임능력 여부를 점검하고, **필요한 인력 및 예산을 이관하여야 한다.**

③ 행정기관의 장은 행정권한을 위임 및 위탁할 때에는 위임 및 위탁하기 전에 단순한 사무인 경우를 제외하고는 수임 및 수탁기관에 대하여 수임 및 수탁사무 처리에 필요한 교육을 하여야 하며, 수임 및 수탁사무의 처리지침을 통보하여야 한다.

제7조【사전승인 등의 제한】 수임 및 수탁사무의 처리에 관하여 위임 및 위탁기관은 수임 및 수탁기관에 대하여 사전승인을 받거나 협의를 할 것을 요구할 수 없다.

제8조【책임의 소재 및 명의 표시】 ① **수임 및 수탁사무의 처리에 관한 책임은 수임 및 수탁기관에 있으며, 위임 및 위탁기관의 장은 그에 대한 감독책임을 진다.**

② 수임 및 수탁사무에 관한 권한을 행사할 때에는 **수임 및 수탁기관의 명의**로 하여야 한다.

제9조【권한의 위임 및 위탁에 따른 감사】 위임 및 위탁기관은 위임 및 위탁사무 처리의 적정성을 확보하기 위하여 필요한 경우에는 수임 및 수탁기관의 수임 및 수탁사무 처리 상황을 **수시로 감사할 수 있다.**

제10조【다른 법령과의 관계】 민간위탁사무에 관하여는 다른 법령에 특별한 규정이 없으면 이 영에서 정하는 바에 따른다.

제11조【민간위탁의 기준】 ① **행정기관은 법령으로 정하는 바에 따라 그 소관 사무 중 조사·검사·검정·관리 사무 등 국민의 권리·의무와 직접 관계되지 아니하는 다음 각 호의 사무를 민간위탁할 수 있다.**

1. 단순 사실행위인 행정작용
2. 공익성보다 능률성이 현저히 요청되는 사무
3. 특수한 전문지식 및 기술이 필요한 사무
4. 그 밖에 국민 생활과 직결된 단순 행정사무

제13조【계약의 체결 등】 ① 행정기관은 민간수탁기관이 선정되면 민간수탁기관과 위탁에 관한 계약을 체결하여야 한다.

제14조【지휘·감독】 ① 위탁기관은 민간위탁사무의 처리에 대하여 민간수탁기관을 지휘·감독하며, 필요하다고 인정될 때에는 민간수탁기관에 민간위탁사무에 관하여 필요한 지시를 하거나 조치를 명할 수 있다.

② 위탁기관은 민간수탁기관에 대하여 필요한 사항을 보고하게 할 수 있다.

③ **위탁기관은 민간수탁기관의 사무 처리가 위법하거나 부당하다고 인정될 때에는 이를 취소하거나 정지시킬 수 있다.**

④ 위탁기관이 제3항에 따라 취소하거나 정지시킬 때에는 그 취소 또는 정지의 사유를 문서로 민간수탁기관에 통보하고 사전에 의견 진술의 기회를 주어야 한다.

제16조【처리 상황의 감사】 ① 위탁기관의 장은 민간위탁사무의 처리 결과에 대하여 매년 1회 이상 감사를 하여야 한다.

제5절 행정관청 상호간의 관계

I 상급관청의 감독권한

1 서설

(1) 의의

감독은 상급관청이 하급관청의 권한행사의 적법성과 합목적성을 확보하기 위하여 행하는 지시·통제적 작용을 말한다.

(2) 법적 근거

상급관청이 하급관청을 감독하기 위한 개별적·구체적 법적 근거는 요하지 않는다. 다만, 일반적인 근거는 필요하다.

상급관청의 하급관청에 대한 감독권: 개별적·구체적 법적 근거(×), 일반적 근거(○)

상급관청의 감독수단
① 감시권
② 훈령권
③ 인가권(승인권)
④ 주관쟁의결정권
⑤ **취소 · 정지권**: 사후감독수단

> **정부조직법 제11조 【대통령의 행정감독권】** ① 대통령은 정부의 수반으로서 법령에 따라 모든 중앙행정기관의 장을 지휘·감독한다.

2 훈령권

(1) 의의

훈령은 하급행정청의 권한행사를 일반적으로 지휘하기 위하여 상급행정청이 감독권의 당연한 작용으로서 사전에 발하는 명령이다.

(2) 법적 근거

상급기관의 훈령은 특별한 법적 근거를 요하지 않는다.

훈령은 법적 근거 없이도 발할 수 있다.

(3) 직무명령과의 구별

훈령의 주요 특성
① 상급행정청이 하급행정청에 발령
② 일반적·추상적 명령
③ 하급행정청의 권한에 속하는 사항을 대상으로 함.
④ 구성원이 바뀌더라도 효력 유지

구분	훈령	직무명령
개념	상급행정청이 하급행정청의 권한행사를 지휘하기 위하여 미리 발하는 명령	상관이 부하인 공무원 개인에 대하여 직무상 발하는 명령
발령기관(자)과 수명기관(자)	상급행정청이 하급행정청에	상관이 부하 공무원 개인에게
형식	일반적·추상적 명령(원칙)	개별적·구체적 명령
대상	하급행정청의 권한에 속하는 사항	공무원의 직무에 관한 사항: 공무원의 권한행사뿐만 아니라 그 직무수행과 관련한 활동(예 출장명령, 제복착용, 직무태도 등)
구성원의 변경	효력 유지 ∵ 훈령은 행정청(기관)을 구속	효력 상실 ∵ 직무명령은 공무원(구성원) 개인을 구속
양자의 관계	훈령은 수명기관을 구성하는 공무원에 대하여는 동시에 직무명령의 성질도 가짐.	직무명령이 반드시 훈령의 성질을 갖는 것은 아님.

① 훈령은 부하 공무원까지도 구속하는 명령이라는 점에서 직무명령으로서의 성질도 가진다.

② 따라서 훈령은 직무명령을 포함한다.

훈령은 동시에 직무명령으로서의 성질을 갖는다.

(4) 훈령의 종류

훈령의 종류
① 협의의 훈령
② 지시
③ 예규
④ 일일명령

1) 협의의 훈령

상급기관이 하급기관에 대하여 장기간에 걸쳐 그 권한행사를 일반적으로 지시하기 위하여 발하는 것이다.

2) 지시

상급기관이 하급기관에 대하여 개별적·구체적으로 발하는 명령이다.

3) 예규

행정사무의 통일을 기하기 위하여 반복적 행정사무의 처리기준을 제기하는 명령이다.

4) 일일명령

당직·출장·특근휴가 등 일일업무에 관하여 발하는 명령이다.

감사원법 제2조 【지위】 ① 감사원은 대통령에 소속하되, 직무에 관하여는 독립의 지위를 가진다.

(5) 훈령의 적법요건

형식적 요건	① 훈령권이 있는 상급행정청이 발령할 것 ② 하급행정청의 권한에 속하는 사항일 것 ③ 권한행사의 독립성이 보장되고 있는 하급행정청(예 감사원)에 대한 것이 아닐 것
실질적 요건	① 내용이 적법·타당한 것일 것 ② 내용이 가능하고 명백한 것일 것

(6) 훈령의 형식·절차

1) 문서 또는 구술

훈령은 문서 또는 구술로 행한다.

상급관청이 발하는 훈령은 구술로도 가능하다.

2) 공포는 효력발생요건이 아니다

훈령은 관보에 게재해야 하나 공포를 효력발생요건으로 하지 않는다.

공포는 훈령의 효력발생요건이 아니다.

(7) 훈령의 효력

훈령의 효력
① **대외적 효력(×)**: 훈령 위반은 위법(×), 다만 법령보충적 훈령은 대외적 효력(○)
② **대내적 효력(○)**: 훈령을 위반한 공무원의 징계(○)

1) 효력

① 협의의 훈령은 일반적·추상적 성질을 가지는 행정규칙이다.

② 따라서 대외적 효력을 가지지 못하므로 훈령에 반하더라도 위법은 아니다.

③ 다만, 법령을 보충하는 훈령은 대외적 효력을 가진다.

④ 훈령은 대내적 효력을 가지므로 훈령에 위반한 공무원을 징계할 수 있다.

2) 훈령에 대한 하급기관의 심사권

훈령에 하자가 있는 경우 하급행정기관이 심사하여 복종을 거부할 수 있는가가 문제된다.

훈령에 대한 하급기관(공무원)의 심사권

형식적 요건을 갖추지 못한 훈령	① 심사권(○) ② 복종거부(○)
실질적 요건을 갖추지 못한 훈령	① 심사권(×) ② 당연무효가 아닌 한 복종거부(×) ③ 중대하고 명백한 하자가 있는 훈령에 복종한 공무원 개인의 책임: 면제(×)

하관은 명백한 위법 내지 불법한 상관의 명령에 따라야 할 의무는 없다.

훈령의 경합시 따라야 할 훈령

상하기관의 훈령경합	직근 상급행정청
동위기관의 훈령경합	주관 상급행정청

법적 근거 없이도 하급행정청이 권한행사를 하려면 미리 상급행정청의 인가를 받게 할 수 있다.

인가를 받지 않은 행위의 효과

법령에 인가를 받도록 규정되어 있는 경우	무효(○)
법령에 인가를 받도록 규정되어 있지 않은 경우	위법 · 무효(×)

① **형식적 요건의 심사권:** 권한이 없는 관청이 발하였거나 하급행정관청의 권한에 속하지 않는 사항에 관한 훈령은 형식적 요건을 충족하지 못한 훈령이다. 공무원은 형식적 하자가 있는 훈령에 복종하지 않아도 된다. 따라서 공무원의 훈령에 대해 형식적 심사권을 가진다.

② **실질적 요건의 심사권:** **실질적 요건**(적법·타당하여 법령에 위반되지 않아야 하고, 가능하고 명백한 것이어야 함)**을 갖추지 못한 훈령**에 대해서는 중대·명백한 하자가 있어 **당연무효가 아닌 한 이를 심사하여 복종을 거부할 수 없다**(다수설). 따라서 중대하고 명백한 하자가 있는 훈령에 복종한 공무원 개인의 책임은 면제되지 않는다. 다만, 판례는 명백설을 취하고 있다.

판례

공무원이 그 직무를 수행함에 있어 상관은 하관에 대하여 범죄행위 등 위법한 행위를 하도록 명령할 직권이 없는 것이고, 하관은 소속 상관의 적법한 명령에 복종할 의무는 있으나 그 명령이 참고인으로 소환된 사람에게 가혹행위를 가하라는 등과 같이 **명백한 위법 내지 불법한 명령인 때에는 이는 벌써 직무상의 지시명령이라 할 수 없으므로 이에 따라야 할 의무는 없다**(대판 1988.2.23, 87도2358).

(8) 훈령의 경합

상하기관의 훈령경합	둘 이상의 상급관청의 훈령이 경합하면 직근 상급행정청의 훈령에 따라야 한다.
동위기관의 훈령경합	주관 상급행정청의 훈령에 따라야 한다.

3 승인권(인가권)

(1) 의의

① 행정청이 일정한 권한행사를 하는 경우에 상급관청의 인가·승인을 받는 경우를 말한다.

② 상급행정청은 법령의 근거가 없는 경우에도 하급행정청이 권한행사를 함에 있어 미리 상급행정청의 인가를 받게 할 수 있다는 것이 통설이다.

(2) 인가를 받지 않은 행위의 효과

법령에 인가를 받도록 규정되어 있는 경우	인가를 받지 않은 행위는 무효가 된다.
법령에 인가를 받도록 규정되어 있지 않은 경우	인가를 받지 않은 행위는 위법·무효가 되는 것은 아니다.

4 주관쟁의결정권

(1) 의의

상급행정청은 하급행정청 상호간에 권한에 관한 다툼이 있을 때에 권한 있는 기관을 결정하는 권한을 갖는데, 이 권한을 주관쟁의결정권이라 한다.

(2) 주관쟁의결정방법

상급행정청	권한분쟁이 있는 행정청들을 공통으로 감독하는 상급행정청이 한다.
상급행정청 간의 협의	공통의 상급행정청이 없는 경우에는 쌍방 하급행정청의 각 상급행정청의 협의로 결정한다.
국무회의의 심의	협의 불성립시에는 행정각부 간의 주관쟁의가 되어 최종적으로 국무회의의 심의를 거쳐 대통령이 결정한다.

행정절차법 제6조【관할】 ① 행정청이 그 관할에 속하지 아니하는 사안을 접수하였거나 이송받은 경우에는 지체 없이 이를 관할 행정청에 이송하여야 하고 그 사실을 신청인에게 통지하여야 한다. 행정청이 접수하거나 이송받은 후 관할이 변경된 경우에도 또한 같다.
② 행정청의 관할이 분명하지 아니한 경우에는 **해당 행정청을 공통으로 감독하는 상급행정청이 그 관할을 결정**하며, **공통으로 감독하는 상급행정청이 없는 경우**에는 **각 상급행정청이 협의하여 그 관할을 결정**한다.

헌법 제89조 다음 사항은 국무회의의 심의를 거쳐야 한다.
10. 행정각부 간의 권한의 획정

주관쟁의결정방법

공통의 상급행정청이 있는 경우	상급행정청
공통의 상급행정청이 없는 경우	① 각 상급행정청의 협의로 결정 ② 협의 불성립시 국무회의의 심의를 거쳐 대통령이 결정

(3) 권한쟁의심판

헌법 제111조 ① 헌법재판소는 다음 사항을 관장한다.
4. 국가기관 상호간, 국가기관과 지방자치단체 간 및 지방자치단체 상호간의 권한쟁의에 관한 심판

헌법재판소법 제62조【권한쟁의심판의 종류】 ① 권한쟁의심판의 종류는 다음 각 호와 같다.
1. 국가기관 상호간의 권한쟁의심판
   국회, 정부, 법원 및 중앙선거관리위원회 상호간의 권한쟁의심판
2. 국가기관과 지방자치단체 간의 권한쟁의심판
   가. 정부와 특별시·광역시·특별자치시·도 또는 특별자치도 간의 권한쟁의심판
   나. 정부와 시·군 또는 지방자치단체인 구(이하 '자치구'라 한다) 간의 권한쟁의심판
3. 지방자치단체 상호간의 권한쟁의심판
   가. 특별시·광역시·특별자치시·도 또는 특별자치도 상호간의 권한쟁의심판
   나. 시·군 또는 자치구 상호간의 권한쟁의심판
   다. 특별시·광역시·특별자치시·도 또는 특별자치도와 시·군 또는 자치구 간의 권한쟁의심판

② 권한쟁의가 「지방교육자치에 관한 법률」 제2조에 따른 교육·학예에 관한 지방자치단체의 사무에 관한 것인 경우에는 교육감이 제1항 제2호 및 제3호의 당사자가 된다.

5 취소·정지권

정부조직법 제11조【대통령의 행정감독권】 ② 대통령은 국무총리와 중앙행정기관의 장의 명령이나 처분이 위법 또는 부당하다고 인정하면 이를 중지 또는 취소할 수 있다.

Ⅱ 대등행정관청 간의 관계

1 협의

(1) 협의에 의한 의견의 구속력

협의에 의한 의견은 주무 행정관청을 구속하지 않는다.

관계 기관의 협의 의견은 주무 행정관청을 구속하지 않는다.

(2) 협의절차의 하자

협의를 거치지 않은 행위의 효과

법령에 협의를 거치도록 규정되어 있는 경우	위법 · 취소(판례)
법령에 협의를 거치도록 규정되어 있지 않은 경우	위법(×)

1) **법령에 협의를 거치도록 규정되어 있는 경우**

협의절차를 거치지 아니한 행정청의 행위는 위법하다. 취소사유라는 것이 판례의 입장이다.

환경영향평가법상 환경영향평가를 거쳐야 할 대상사업에 대하여 환경영향평가를 거치지 아니하였음에도 불구하고 승인 등 처분을 한 경우, 그 처분의 하자는 당연무효이다.

보전임지를 다른 용도로 이용하기 위한 사업에 대하여 승인 등 처분을 하기 전에 미리 산림청장과 협의를 하라고 관련 법령에 규정되어 있는 경우, 그 협의를 거치지 아니한 처분은 취소할 수 있다.

판례

[1] **환경영향평가를 거쳐야 할 대상사업에 대하여 환경영향평가를 거치지 아니하였음에도 불구하고 승인 등 처분이 이루어진다면, 이러한 행정처분의 하자는 법규의 중요한 부분을 위반한 중대한 것이고 객관적으로도 명백한 것이라고 하지 않을 수 없어, 이와 같은 행정처분은 당연무효이다.**

[2] 국방·군사시설 사업에 관한 법률 및 구 산림법에서 보전임지를 다른 용도로 이용하기 위한 사업에 대하여 승인 등 처분을 하기 전에 미리 산림청장과 협의를 하라고 규정한 의미는 그의 자문을 구하라는 것이지 그 의견을 따라 처분을 하라는 의미는 아니라 할 것이므로, 이러한 **협의를 거치지 아니하였다고 하더라도** 이는 **당해 승인처분을 취소할 수 있는 원인이 되는 하자 정도에 불과하고 그 승인처분이 당연무효가 되는 하자에 해당하는 것은 아니**라고 봄이 상당하다(대판 2006.6.30, 2005두14363).

2) **법령에 협의를 거치도록 규정되어 있지 않은 경우**

협의를 거치지 않았다 하더라도 위법한 행위가 아니다.

2 동의

(1) 동의기관의 의견의 구속력

동의기관의 의견은 처분청을 구속한다.

처분청은 동의기관의 의견에 구속된다.

건설공사시 문화재보전의 영향 검토에 관한 구 문화재보호법에서 정한 '문화재청장과 협의'는 '문화재청장의 동의'를 의미한다.

판례

문화재보호법의 입법목적과 문화재의 보존·관리 및 활용은 원형유지라는 문화재보호의 기본원칙 등에 비추어, **건설공사시 문화재보존의 영향 검토에 관한 구 문화재보호법 제74조 제2항 및 같은 법 시행령 제43조의2 제1항에서 정한 '문화재청장과 협의'**는 **'문화재청장의 동의'를 말한다**(대판 2006.3.10, 2004추119).

(2) 동의 없는 처분의 효력

동의 없는 처분의 효력: 위법(○), 취소설과 무효설의 대립

동의 없는 처분은 위법하다. 취소설과 무효설이 대립한다.

(3) 부동의에 대한 권리구제

처분권을 가진 기관이 다른 기관의 부동의를 사유로 거부처분한 경우 해당 거부처분의 취소를 구해야 한다.

3 사무위탁(촉탁)

① 행정청이 대등한 지위에 있는 다른 행정청에 사무를 위탁하는 것을 말한다(예 세무서장이 체납처분을 재산소재지 세무서장에게 위탁하는 것).

② 사법관청과 행정관청 간의 위탁을 특히 촉탁이라고 한다(예 세무관청이 압류한 부동산의 등기를 법원에 촉탁하는 것).

4 행정응원

(1) 의의

행정청이 대등한 행정관청에 통계자료 요구와 같은 특정한 행위 또는 공무원의 파견 등을 요청하고 다른 행정청이 이에 협력하는 것을 말하는데, 행정상 공조라고도 한다.

(2) 법적 근거

① 법적 근거가 필요 없으나, 행정절차법 제8조가 행정응원에 관한 일반규정이라 할 수 있다.

② 그 밖에 소방기본법 제11조와 같은 개별 법령도 있다.

처분권을 가진 기관이 다른 기관의 부동의를 사유로 거부처분한 경우 해당 거부처분의 취소를 구해야 한다.

사무위탁

① **사무위탁의 예**: 세무서장이 체납처분을 재산소재지 세무서장에게 위탁하는 것

② **촉탁의 예**: 세무관청이 압류한 부동산의 등기를 법원에 촉탁하는 것

행정응원의 법적 근거

① 불요

② **일반법**: 행정절차법 제8조

③ **개별법**: 소방기본법 제11조

소방기본법 제11조 【소방업무의 응원】

① 소방본부장이나 소방서장은 소방활동을 할 때에 긴급한 경우에는 이웃한 소방본부장 또는 소방서장에게 소방업무의 응원을 요청할 수 있다.

제2장 국가행정조직법

제1편 행정조직법

1. 대통령
2. 국무회의
3. 국무총리
4. 국가행정조직법의 법원

19부 3처 19청 / 2원 4실 7위원회

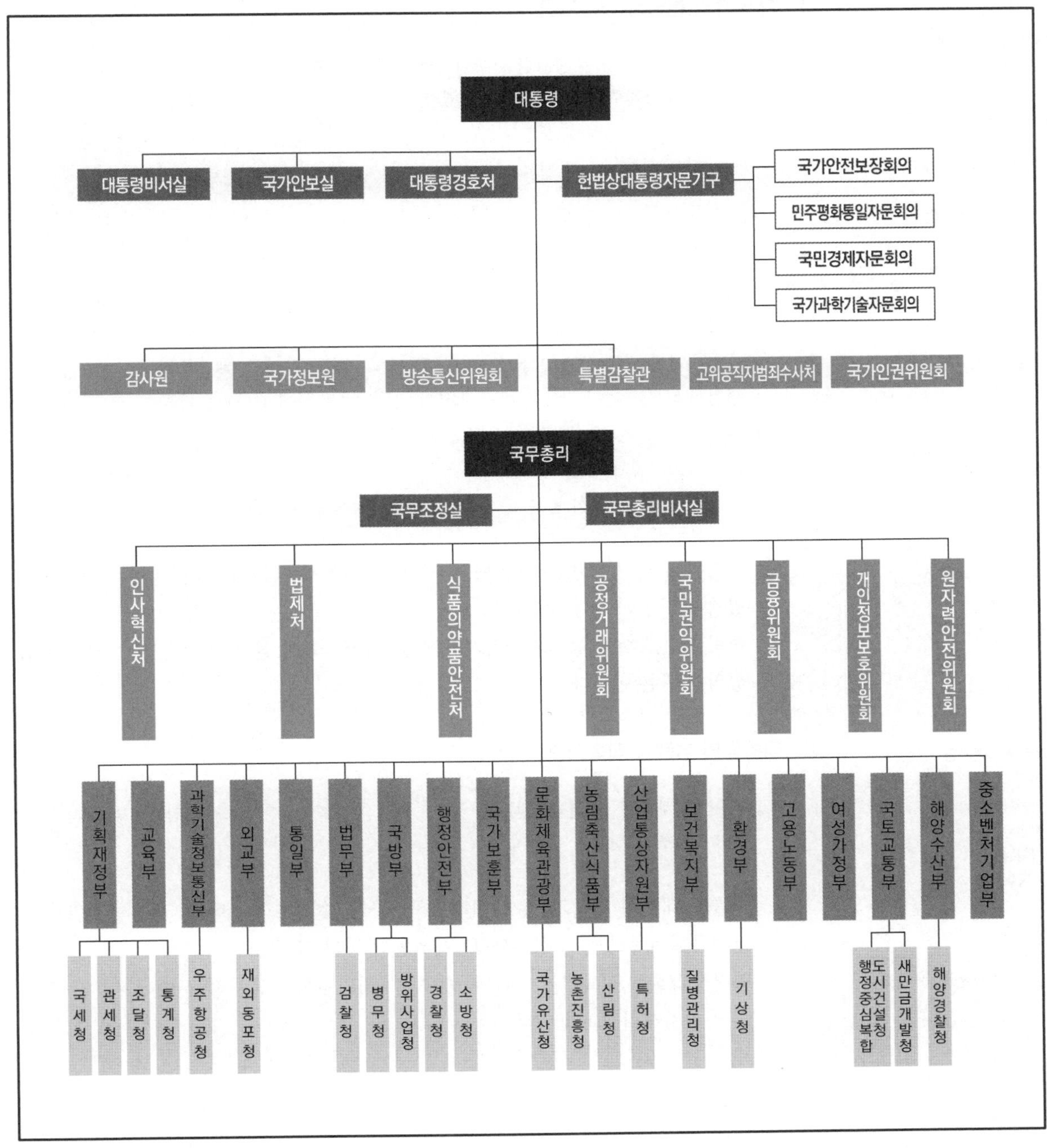

I 대통령

1 대통령의 헌법상 직속기관

헌법상 대통령 직속기관
① 중앙선거관리위원회는 대통령 소속 기관이 아니다.
② 국가안전보장회의는 필수적 자문기관이다.
③ 현재 국가원로자문회의는 설치되어 있지 않다.
④ 국가과학기술자문회의는 헌법상 기관이 아니다.

헌법 제90조 ① 국정의 중요한 사항에 관한 대통령의 자문에 응하기 위하여 국가원로로 구성되는 국가원로자문회의를 둘 수 있다.

제91조 ① 국가안전보장에 관련되는 대외정책·군사정책과 국내정책의 수립에 관하여 국무회의의 심의에 앞서 대통령의 자문에 응하기 위하여 국가안전보장회의를 둔다.

제92조 ① 평화통일정책의 수립에 관한 대통령의 자문에 응하기 위하여 민주평화통일자문회의를 둘 수 있다.

제93조 ① 국민경제의 발전을 위한 중요정책의 수립에 관하여 대통령의 자문에 응하기 위하여 국민경제자문회의를 둘 수 있다.

제97조 국가의 세입·세출의 결산, 국가 및 법률이 정한 단체의 회계검사와 행정기관 및 공무원의 직무에 관한 감찰을 하기 위하여 대통령 소속하에 감사원을 둔다.

제127조 ① 국가는 과학기술의 혁신과 정보 및 인력의 개발을 통하여 국민경제의 발전에 노력하여야 한다.
③ 대통령은 제1항의 목적을 달성하기 위하여 필요한 자문기구를 둘 수 있다.

① 국가원로자문회의법은 폐지되었다. 따라서 현재 국가원로자문회의는 설치되어 있지 않다.
② 헌법 제127조에 근거하여 국가과학기술자문회의가 설치되어 있다. 그러나 **헌법상의 기관은 아니다.**

2 대통령의 법령상 직속기관

법률상 대통령 직속기관
① 국가정보원
② 국가과학기술자문회의
③ 방송통신위원회
④ 행정규제개혁위원회
⑤ 경제사회노동위원회

중앙선거관리위원회와 감사원은 헌법의 근거에 의하여 설치되나, 대통령비서실과 대통령경호처는 정부조직법에 설치근거를 두고 있다.

정부조직법 제17조 【국가정보원】 ① 국가안전보장에 관련되는 정보·보안 및 범죄수사에 관한 사무를 담당하기 위하여 대통령 소속으로 국가정보원을 둔다.

① **법률상 대통령 직속기관:** 국가정보원, 국가과학기술자문회의, 방송통신위원회, 행정규제개혁위원회, 경제사회노동위원회 등이 있다.
② **명령상 대통령 직속기관:** 대통령령인 일자리위원회의 설치 및 운영에 관한 규정에 의한 일자리위원회가 있다.

Ⅱ 국무회의

헌법 제88조 ① 국무회의는 정부의 권한에 속하는 중요한 정책을 심의한다.
② 국무회의는 대통령·국무총리와 15인 이상 30인 이하의 국무위원으로 구성한다.
③ 대통령은 국무회의의 의장이 되고, 국무총리는 부의장이 된다.

제89조 다음 사항은 국무회의의 심의를 거쳐야 한다.
1. 국정의 기본계획과 정부의 일반정책
17. 기타 대통령·국무총리 또는 국무위원이 제출한 사항

정부조직법 제13조 【국무회의의 출석권 및 의안제출】 ① 국무조정실장·인사혁신처장·법제처장·식품의약품안전처장 그 밖에 법률로 정하는 공무원은 필요한 경우 국무회의에 출석하여 발언할 수 있다.
② 제1항에 규정된 공무원은 소관사무에 관하여 국무총리에게 의안의 제출을 건의할 수 있다.

Ⅲ 국무총리

1 국무총리의 지위

헌법 제86조 ① 국무총리는 국회의 동의를 얻어 대통령이 임명한다.
② 국무총리는 대통령을 보좌하며, 행정에 관하여 대통령의 명을 받아 행정각부를 통할한다.
③ 군인은 현역을 면한 후가 아니면 국무총리로 임명될 수 없다.

판례

안기부를 대통령 소속하에 두도록 한 정부조직법 제14조

(가) 헌법 제86조 제2항의 국무총리의 통할을 받는 행정각부에 모든 행정기관이 포함된다고 볼 수 없다.

(나) 헌법 제86조 제2항에서 행정각부는 국무총리의 통할을 받도록 하고 있는데, 행정각부는 그 장이 국무위원이어야 하고, 행정각부의 장은 부령을 발할 권한이 있어야 한다. 안기부는 그 장이 국무위원도 아니고 부령발포권도 없으므로 행정각부라고 할 수 없다. 따라서 안기부를 대통령 직속하에 두더라도 헌법 제86조 제2항에 위반되지 아니한다.

(다) 헌법은 대통령 직속기관으로 국가안전보장회의, 감사원을 필요적 기관으로, 국가원로자문회의, 민주평화통일자문회의, 국민경제자문회의를 임의적 기관으로 설치하도록 규정하고 있는바, 이는 그 기관이 담당하는 업무의 중요성을 감안하여 헌법에 설치근거를 명시한 것에 불과하고 헌법이 이 기관들 외에 대통령 직속기관을 설치할 수 없다는 의미는 아니다(헌재 1994.4.28. 89헌마221).

대통령 직속기관 설치 여부
① 국무총리의 통할을 받는 행정각부에 모든 행정기관이 포함된다고 볼 수 없다.
② 안기부는 행정각부라고 할 수 없다.
③ 안기부를 대통령 직속하에 두더라도 헌법 제86조 제2항에 위반되지 아니한다.
④ 헌법에 규정되어 있는 대통령 직속기관들 외에도 대통령 직속기관을 설치할 수 있다.

2 정부조직법상 국무총리 관련 규정

정부조직법 제18조 【국무총리의 행정감독권】 ① 국무총리는 대통령의 명을 받아 각 중앙행정기관의 장을 지휘·감독한다.
② 국무총리는 중앙행정기관의 장의 명령이나 처분이 위법 또는 부당하다고 인정될 경우에는 대통령의 승인을 받아 이를 중지 또는 취소할 수 있다.

제20조 【국무조정실】 ① 각 중앙행정기관의 행정의 지휘·감독, 정책 조정 및 사회위험·갈등의 관리, 정부업무평가 및 규제개혁에 관하여 국무총리를 보좌하기 위하여 국무조정실을 둔다.

제22조 【국무총리의 직무대행】 국무총리가 사고로 직무를 수행할 수 없는 경우에는 기획재정부장관이 겸임하는 부총리, 교육부장관이 겸임하는 부총리의 순으로 직무를 대행하고, 국무총리와 부총리가 모두 사고로 직무를 수행할 수 없는 경우에는 대통령의 지명이 있으면 그 지명을 받은 국무위원이, 지명이 없는 경우에는 제26조 제1항에 규정된 순서에 따른 국무위원이 그 직무를 대행한다.

3 국무총리 소속 기관

국무총리 소속 기관
① 인사혁신처
② 법제처
③ 식품의약품안전처
④ 공정거래위원회
⑤ 금융위원회
⑥ 국민권익위원회
⑦ 개인정보보호위원회
⑧ 원자력안전위원회

정부조직법 제22조의3 【인사혁신처】 ① 공무원의 인사·윤리·복무 및 연금에 관한 사무를 관장하기 위하여 **국무총리 소속으로** 인사혁신처를 둔다.

제23조 【법제처】 ① 국무회의에 상정될 법령안·조약안과 총리령안 및 부령안의 심사와 그 밖에 법제에 관한 사무를 전문적으로 관장하기 위하여 **국무총리 소속으로** 법제처를 둔다.

제25조 【식품의약품안전처】 ① 식품 및 의약품의 안전에 관한 사무를 관장하기 위하여 **국무총리 소속으로** 식품의약품안전처를 둔다.

인사혁신처, 법제처, 식품의약품안전처, 공정거래위원회, 금융위원회, 국민권익위원회, 개인정보보호위원회, 원자력안전위원회 등이 국무총리 소속 기관이다.

Ⅳ 국가행정조직법의 법원

헌법, 법규, 명령 등이 법원이 된다.

정부조직법 제2조 【중앙행정기관의 설치와 조직 등】 ① 중앙행정기관의 설치와 직무범위는 법률로 정한다.
② 중앙행정기관은 이 법에 따라 설치된 부·처·청과 다음 각 호의 행정기관으로 하되, 중앙행정기관은 이 법 및 다음 각 호의 법률에 따르지 아니하고는 설치할 수 없다.
1. 「방송통신위원회의 설치 및 운영에 관한 법률」 제3조에 따른 방송통신위원회
2. 「독점규제 및 공정거래에 관한 법률」 제54조에 따른 공정거래위원회
3. 「부패방지 및 국민권익위원회의 설치와 운영에 관한 법률」 제11조에 따른 국민권익위원회

4. 「금융위원회의 설치 등에 관한 법률」 제3조에 따른 금융위원회
5. 「개인정보 보호법」 제7조에 따른 개인정보 보호위원회
6. 「원자력안전위원회의 설치 및 운영에 관한 법률」 제3조에 따른 원자력안전위원회
7. 「우주항공청의 설치 및 운영에 관한 특별법」 제6조에 따른 우주항공청
8. 「신행정수도 후속대책을 위한 연기·공주지역 행정중심복합도시 건설을 위한 특별법」 제38조에 따른 행정중심복합도시건설청
9. 「새만금사업 추진 및 지원에 관한 특별법」 제34조에 따른 새만금개발청

③ 중앙행정기관의 보조기관은 이 법과 다른 법률에 특별한 규정이 있는 경우를 제외하고는 차관·차장·실장·국장 및 과장으로 한다. 다만, 실장·국장 및 과장의 명칭은 대통령령으로 정하는 바에 따라 본부장·단장·부장·팀장 등으로 달리 정할 수 있으며, 실장·국장 및 과장의 명칭을 달리 정한 보조기관은 이 법을 적용할 때 실장·국장 및 과장으로 본다.

④ 제3항에 따른 보조기관의 설치와 사무분장은 법률로 정한 것을 제외하고는 대통령령으로 정한다. 다만, 과의 설치와 사무분장은 총리령 또는 부령으로 정할 수 있다.

제3조 【특별지방행정기관의 설치】 ① 중앙행정기관에는 소관 사무를 수행하기 위하여 필요한 때에는 특히 법률로 정한 경우를 제외하고는 대통령령으로 정하는 바에 따라 지방행정기관을 둘 수 있다.

제7조 【행정기관의 장의 직무권한】 ① 각 행정기관의 장은 소관 사무를 통할하고 소속 공무원을 지휘·감독한다.

⑤ 부·처의 장은 그 소관 사무의 효율적 추진을 위하여 필요한 경우에는 국무총리에게 소관 사무와 관련되는 다른 행정기관의 사무에 대한 조정을 요청할 수 있다.

제9조 【예산조치와의 병행】 행정기관 또는 소속기관을 설치하거나 공무원의 정원을 증원할 때에는 **반드시 예산상의 조치가 병행되어야 한다.**

판례

공수처법이 제정될 당시의 구 정부조직법(2020.6.9. 법률 제17384호로 개정되기 전의 것)은 제2조 제2항에서 "중앙행정기관은 이 법과 다른 법률에 특별한 규정이 있는 경우를 제외하고는 부·처 및 청으로 한다."라고 규정하여 정부조직법 외의 다른 법률로 중앙행정기관을 설치하는 것을 금지하고 있지 않았다. 그러나 이후 2020.6.9. 법률 제17384호로 개정된 정부조직법 제2조 제2항은 "중앙행정기관은 이 법에 따라 설치된 부·처·청과 다음 각 호의 행정기관으로 하되, 중앙행정기관은 이 법 및 다음 각 호의 법률에 따르지 아니하고는 설치할 수 없다."라고 규정하였고, 여기에 공수처법과 수사처는 열거되어 있지 않다.

그런데 중앙행정기관이란 '국가의 행정사무를 담당하기 위하여 설치된 행정기관으로서 그 관할권의 범위가 전국에 미치는 행정기관'을 말하는데(행정기관의 조직과 정원에 관한 통칙 제2조 제1호), 어떤 행정기관이 중앙행정기관에 해당하는지 여부는 기관 설치의 형식이 아니라 해당 기관이 실질적으로 수행하는 기능에 따라 결정되어야 한다. 또한 정부조직법은 국가행정기관의 설치와 조직에 관한 일반법으로서 공수처법보다 상위의 법이라 할 수 없고, 정부조직법의 2020.6.9.자 개정도 정부조직 관리의 통일성을 확보하고 정부 구성에 대한 국민의 알 권리를 보장하기 위하여 중앙행정기관을 명시하는 일반원칙을 규정하기 위한 것으로 볼

수 있다. 따라서 개정된 정부조직법 제2조 제2항을 들어 정부조직법에서 정하지 않은 중앙행정기관을 다른 법률로 설치하는 것이 헌법상 금지된다고 보기는 어렵다.

그렇다면 비록 정부조직법에 수사처의 설치에 관한 규정이 없더라도 수사처는 국가의 행정사무 중 고위공직자범죄등에 대한 수사와 공소제기 및 그 유지에 관한 사무를 담당하고 그 관할권의 범위가 전국에 미치는 중앙행정기관으로 보아야 한다(헌재 2021.1.28. 2020헌마264).

MEMO

제3장 자치행정조직법

제1편 행정조직법

제1절 개설

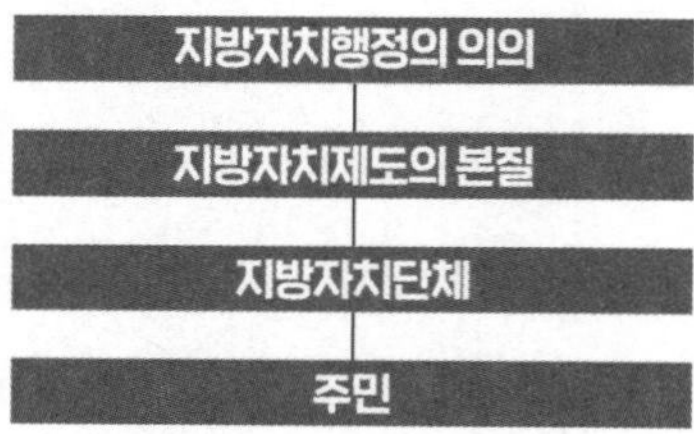

제2절 지방자치단체의 권한

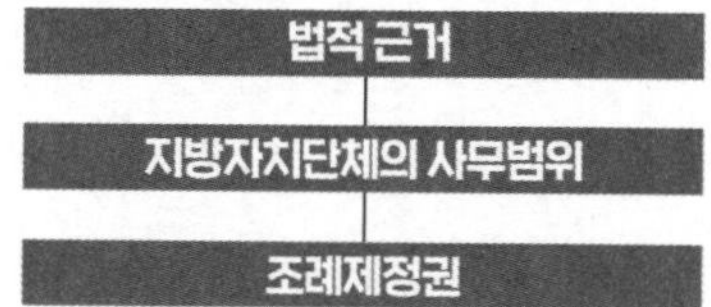

제3절 지방자치단체의 기관

제4절 국가와 지방자치단체 간의 관계

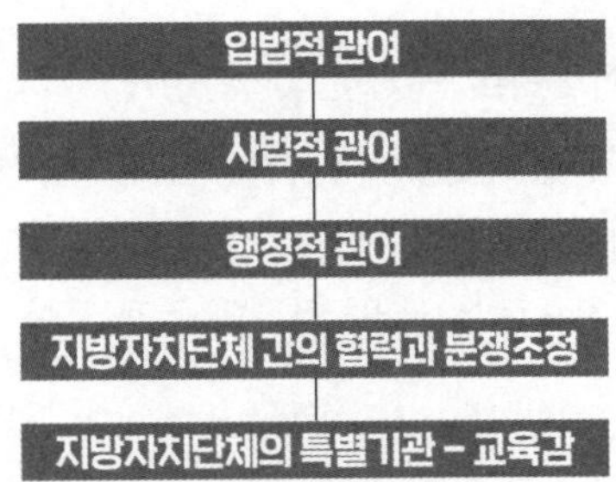

제1절 개설

Ⅰ 지방자치행정의 의의

지방자치단체가 중앙정부로부터 독립하여 스스로 행정을 자율적으로 행사하는 경우를 말한다.

Ⅱ 지방자치제도의 본질

지방자치제도를 법률로 폐지할 수 없다.

① 지방자치제도는 헌법상 제도적 보장이다.
② 따라서 지방자치제도를 법률로 폐지할 수 없다.

Ⅲ 지방자치단체

지방자치단체의 법적 지위

행정주체	• 공공단체(○), 지역적 권력단체(○) • 국가의 지방행정기관(×) ⇨ 지방자치단체의 장이나 교육감은 행정청에 불과
법인	권리·의무의 주체(○) ⇨ 공법상·사법상 배상책임의 주체(○)
각종 능력	• 권리능력(○), 행위능력(○) • 불법행위능력(○): 양벌규정에 의한 처벌대상 • 소송상 당사자능력(○), 소송능력(○)
기본권의 주체성(×)	• 지방자치단체나 지방의회의 기본권 주체성(×) • 헌법소원의 청구적격(×)

OX 지방자치단체는 독립된 법주체이므로 소송의 당사자가 될 수 있다. (○)

도 교육감이 도를 대표하여 도지사가 대표하는 도를 상대로 제기한 소유권확인의 소는 부적법하다.

1 지방자치단체의 법적 지위

지방자치법 제3조 【지방자치단체의 법인격과 관할】 ① 지방자치단체는 법인으로 한다.

(1) 행정주체

① 지방자치단체는 법인으로서 행정주체이다. 따라서 지방자치단체는 권리·의무의 주체가 될 수 있는 권리능력이 인정된다. 그 결과, 공법상·사법상 배상책임의 주체가 될 수 있다.
② 지방자치단체는 행위능력·불법행위능력의 주체도 될 수 있다.
③ 지방자치단체는 소송상 원고·피고가 될 수 있는 당사자능력과 소송상 행위를 하거나 받을 수 있는 소송능력도 인정된다.
④ 지방자치단체장이나 교육감은 행정청으로서 권리·의무의 주체는 아니다.

판례

경상남도 교육감이 도를 대표하여 도지사가 대표하는 경상남도를 상대로 소유권의 확인을 구하는 이 사건 청구에 대하여 지방자치단체로서의 경상남도는 1개의 법인이 존재할 뿐이고, 다만 사무의 영역에 따라 도지사와 교육감이 별개의 집행 및 대표기관으로 병존할 뿐이므로 이 사건 소는 결국 자기가 자기를 상대로 제기한 것으로 권리보호의 이익이 없어 부적법하다 (대판 2001.5.8, 99다69341).

(2) 기본권 주체성

판례

지방자치단체나 지방의회는 기본권의 주체가 될 수 없다. 따라서 헌법소원심판을 청구할 수 없다. 또한 지방자치단체는 재산권의 주체가 될 수 없다(헌재 1998.3.26. 96헌마345 ; 헌재 2006.2.23. 2004헌바50).

OX 지방자치단체도 기본권 주체성이 인정되어 헌법소원심판청구권이 인정된다. (×)

(3) 양벌규정의 대상

판례

국가가 본래 그의 사무의 일부를 지방자치단체의 장에게 위임하여 처리하게 하는 기관위임사무의 경우 지방자치단체는 국가기관의 일부로 볼 수 있고, **지방자치단체가 그 고유의 자치사무를 처리하는 경우** 지방자치단체는 국가기관의 일부가 아니라 **국가기관과는 별도의 독립한 공법인으로서 양벌규정에 의한 처벌대상이 되는 법인에 해당**한다(대판 2009.6.11. 2008도6530).

지방자치단체도 양벌규정의 대상이 된다.

2 지방자치단체의 관할 구역

지방자치단체의 자치권이 미치는 관할 구역의 범위는 육지는 물론 바다, 공유수면, 제방을 포함한다(헌재 2004.9.23. 2000헌라2).

지자체의 자치권이 미치는 관할 구역의 범위: 육지, 바다, 공유수면, 제방

3 지방자치단체의 종류

지방자치법 제2조 【지방자치단체의 종류】 ① 지방자치단체는 다음의 두 가지 종류로 구분한다.
1. 특별시, 광역시, 특별자치시, 도, 특별자치도
2. 시, 군, 구

② 지방자치단체인 구(이하 "자치구"라 한다)는 특별시와 광역시의 관할 구역의 구만을 말하며, 자치구의 자치권의 범위는 법령으로 정하는 바에 따라 시·군과 다르게 할 수 있다.

③ 제1항의 지방자치단체 외에 특정한 목적을 수행하기 위하여 필요하면 따로 특별지방자치단체를 설치할 수 있다.

OX 지방자치법에서 명시하고 있는 지방자치단체의 종류는 특별시, 광역시, 특별자치시, 도, 특별자치도 및 시, 군, 구이다. (○)

지방자치단체의 종류와 관할

구분	관할
특별시, 광역시, 특별자치시, 도, 특별자치도(광역자치단체)	정부의 직할로 둠.
시, 군, 구(기초자치단체)	• 시: 도의 관할 구역 안에 둠. • 군: 광역시나 도의 관할 구역 안에 둠. • 자치구: 특별시와 광역시의 관할 구역 안에 둠.
특별지방자치단체	특정한 목적을 수행하기 위하여 필요하면 따로 특별지방자치단체를 설치할 수 있음.

(1) 특별시, 광역시, 특별자치시, 도, 특별자치도

① 광역자치단체이다.

② 정부의 직할로 둔다.

(2) 시, 군, 자치구

지방자치법 제3조 【지방자치단체의 법인격과 관할】 ② 특별시, 광역시, 특별자치시, 도, 특별자치도(이하 "시·도"라 한다)는 정부의 직할(直轄)로 두고, 시는 도 또는 특별자치도의 관할 구역 안에, 군은 광역시·도 또는 특별자치도의 관할 구역 안에 두며, 자치구는 특별시와 광역시의 관할 구역 안에 둔다. 다만, 특별자치도의 경우에는 법률이 정하는 바에 따라 관할 구역 안에 시 또는 군을 두지 아니할 수 있다.

1) **시, 군**

① 시는 도에 둔다.

② 군은 광역시나 도에 둔다.

2) **자치구**

① 자치구는 특별시와 광역시에 둔다.

② 특별시, 광역시가 아닌 일반시에 있는 구(예 성남시 분당구, 부천시 소사구 등)는 지방자치단체인 자치구가 아니라 행정구역으로서 구이다.

OX 경기도 성남시 분당구는 지방자치단체가 아니다. (○)

(3) 특별지방자치단체

지방자치법 제199조【설치】 ① 2개 이상의 지방자치단체가 공동으로 특정한 목적을 위하여 광역적으로 사무를 처리할 필요가 있을 때에는 특별지방자치단체를 설치할 수 있다. 이 경우 특별지방자치단체를 구성하는 지방자치단체(이하 "구성 지방자치단체"라 한다)는 상호 협의에 따른 규약을 정하여 구성 지방자치단체의 지방의회 의결을 거쳐 **행정안전부장관의 승인**을 받아야 한다.

③ 특별지방자치단체는 법인으로 한다.

제204조【의회의 조직 등】 ① 특별지방자치단체의 의회는 규약으로 정하는 바에 따라 구성 지방자치단체의 의회 의원으로 구성한다.

② 제1항의 지방의회의원은 제43조 제1항에도 불구하고 특별지방자치단체의 의회 의원을 겸할 수 있다.

제205조【집행기관의 조직 등】 ① 특별지방자치단체의 장은 규약으로 정하는 바에 따라 특별지방자치단체의 의회에서 선출한다.

② 구성 지방자치단체의 장은 제109조에도 불구하고 특별지방자치단체의 장을 겸할 수 있다.

제208조【가입 및 탈퇴】 ① 특별지방자치단체에 가입하거나 특별지방자치단체에서 탈퇴하려는 지방자치단체의 장은 해당 지방의회의 의결을 거쳐 특별지방자치단체의 장에게 가입 또는 탈퇴를 신청하여야 한다.

② 제1항에 따른 가입 또는 탈퇴의 신청을 받은 특별지방자치단체의 장은 특별지방자치단체 의회의 동의를 받아 신청의 수용 여부를 결정하되, 특별한 사유가 없으면 가입하거나 탈퇴하려는 지방자치단체의 의견을 존중하여야 한다.

제209조【해산】 ① 구성 지방자치단체는 특별지방자치단체가 그 설치 목적을 달성하는 등 해산의 사유가 있을 때에는 해당 지방의회의 의결을 거쳐 행정안전부장관의 승인을 받아 특별지방자치단체를 해산하여야 한다.

(4) 지방자치단체가 아닌 행정구역

지방자치법 제3조【지방자치단체의 법인격과 관할】 ③ 특별시·광역시 또는 특별자치시가 아닌 인구 50만 이상의 시에는 자치구가 아닌 구를 둘 수 있고, 군에는 읍·면을 두며, 시와 구(자치구를 포함한다)에는 동을, 읍·면에는 리를 둔다.

④ 제10조 제2항에 따라 설치된 시에는 도시의 형태를 갖춘 지역에는 동을, 그 밖의 지역에는 읍·면을 두되, 자치구가 아닌 구를 둘 경우에는 그 구에 읍·면·동을 둘 수 있다.

지방자치단체가 아닌 행정구역의 종류와 관할

구분	내용
자치구가 아닌 구, 읍·면, 동, 리	• 자치구가 아닌 구: 특별시·광역시 및 특별자치시가 아닌 인구 50만 이상의 시에 둘 수 있음(예 부천시 소사구). • 읍·면: 군에 둠. • 동: 시와 구(자치구를 포함)에 둠. • 리: 읍·면에 둠.
제주특별자치도 내의 시, 군	행정구역이지만 지방자치단체는 아님.

1) **자치구가 아닌 구, 읍·면, 동, 리**

① 자치구가 아닌 구나 읍·면은 행정주체가 아니다.

② 따라서 당사자소송과 민사소송에서 당사자능력이 없다(대판 2002.3.29, 2001다83258).

2) **제주특별자치도 내의 시, 군**

> **제주특별자치도 설치 및 국제자유도시 조성을 위한 특별법 제10조 【행정시의 폐지·설치·분리·합병 등】** ① 제주자치도는 「지방자치법」 제2조 제1항 및 제3조 제2항에도 불구하고 그 관할 구역에 지방자치단체인 시와 군을 두지 아니한다.
> ② 제주자치도의 관할 구역에 지방자치단체가 아닌 시(이하 '행정시'라 한다)를 둔다.
>
> **제16조 【읍·면·동의 폐지·설치·분리·합병 등】** ① 행정시에는 도시의 형태를 갖춘 지역에는 동을, 그 밖의 지역에는 읍·면을 둔다.

① 제주특별자치도 내의 시와 군은 행정구역이나 지방자치단체는 아니다.

② 따라서 제주특별자치도에 있는 제주시와 서귀포시는 행정구역일 뿐 지방자치단체는 아니다.

OX 읍(邑)은 지방자치법상 지방자치단체에 해당하지 않는다. (○)

자치구가 아닌 구나 읍·면은 당사자소송과 민사소송에서 당사자능력이 없다.

OX 제주특별자치도의 제주시와 서귀포시는 기초지방자치단체이다. (×)

4 지방자치단체의 기관구성 형태의 특례

> **지방자치법 제4조 【지방자치단체의 기관구성 형태의 특례】** ① 지방자치단체의 의회(이하 '지방의회'라 한다)와 집행기관에 관한 **이 법의 규정에도 불구하고 따로 법률로 정하는 바에 따라** 지방자치단체의 장의 선임방법을 포함한 지방자치단체의 기관구성 형태를 달리 할 수 있다.
> ② 제1항에 따라 지방의회와 집행기관의 구성을 달리하려는 경우에는 「**주민투표법**」**에 따른 주민투표를 거쳐야 한다.**

5 지방자치단체의 폐치·분합·구역경계변경

(1) 지방자치단체의 폐치·분합

1) **형식**

지방자치단체의 폐치·분합 등은 법률로 정한다.

> **지방자치법 제5조 【지방자치단체의 명칭과 구역】** ① 지방자치단체의 명칭과 구역은 종전과 같이 하고, 명칭과 구역을 바꾸거나 지방자치단체를 폐지하거나 설치하거나 나누거나 합칠 때에는 법률로 정한다.
> ② 제1항에도 불구하고 지방자치단체의 구역변경 중 관할 구역 경계변경(이하 '경계변경'이라 한다)과 지방자치단체의 한자 명칭의 변경은 대통령령으로 정한다. 이 경우 경계변경의 절차는 제6조에서 정한 절차에 따른다.

지방자치단체의 명칭·구역의 변경 및 폐치·분합의 형식

구분	형식
지자체의 명칭과 구역은 종전과 같이 하고, 명칭과 구역의 변경이나 폐치·분합	법률로 정함.
지자체의 관할 구역 경계변경과 한자 명칭의 변경	대통령령으로 정함.
공유수면 관리 및 매립에 관한 법률에 따른 매립지나 공간정보의 구축 및 관리 등에 관한 법률상의 지적공부에 등록이 누락되어 있는 토지가 속할 지방자치단체	• 행정안전부장관이 결정 • 결정에 이의가 있으면 그 결과를 통보받은 날부터 15일 이내에 대법원에 소송을 제기할 수 있음.

지방자치단체를 폐치·분합할 때 지방자치단체의회의 의견은 국회를 법적으로 구속하지 않는다.

일정 지역 내의 지자체인 시·군을 모두 폐지하여 지자체의 중층구조를 단층화하는 것은 헌법상 지방자치제도의 보장에 위반되지 않는다.

판례

1. 지방자치단체의 폐치·분합

① 지방자치단체를 폐지·분합하는 법률은 헌법 제10조의 인간의 존엄과 가치 및 행복추구권에서 파생되는 인간다운 생활공간에서 살 권리, 헌법 제11조의 평등권, 헌법 제12조의 적법절차 보장에서 파생되는 정당한 청문권, 헌법 제24조, 제25조의 선거권, 공무담임권을 침해할 수 있으므로 기본권 관련성이 인정된다.

② 이 사건 법률이 1994년 8월 3일 공포되었고, 1995년 1월 2일 시행될 예정이므로 공포 후 시행 전 법률이나 현재 시점에서 청구인들의 기본권 침해가 예상되므로 현재성이 인정된다.

③ 지방자치단체를 폐치·분합할 때 지방자치단체의회의 의견은 국회를 법적으로 구속하는 것은 아니다(헌재 1994.12.29. 94헌마201).

2. 일정 지역 내의 지방자치단체인 시·군을 모두 폐지하여 지방자치단체의 중층구조를 단층화하는 것이 헌법상 지방자치제도의 보장에 위반되는지 여부(소극)

헌법 제117조 제2항은 지방자치단체의 종류를 법률로 정하도록 규정하고 있을 뿐 지방자치단체의 종류 및 구조를 명시하고 있지 않으므로 이에 관한 사항은 기본적으로 입법자에게 위임된 것으로 볼 수 있다. 헌법상 지방자치제도 보장의 핵심영역 내지 본질적 부분이 특정 지방자치단체의 존속을 보장하는 것이 아니며 지방자치단체에 의한 자치행정을 일반적으로 보장하는 것이므로, 현행법에 따른 지방자치단체의 중층구조 또는 지방자치단체로서 특별시·광역시 및 도와 함께 시·군 및 구를 계속하여 존속하도록 할지 여부는 결국 입법자의 입법형성권의 범위에 들어가는 것으로 보아야 한다. 같은 이유로 일정 구역에 한하여 당해 지역 내의 지방자치단체인 시·군을 모두 폐지하여 중층구조를 단층화하는 것 역시 입법자의 선택범위에 들어가는 것이다(헌재 2006.4.27. 2005헌마1190).

지자체의 폐치·분합 등에 있어서 주민투표절차는 임의적 절차이다.

2) **주민투표**

주민투표절차는 임의적 절차이므로 주민투표를 거치지 아니하였다 하여 적법절차원칙에 위반되는 것은 아니다(헌재 1994.12.29. 94헌마201).

지방자치단체의 명칭·구역의 변경 및 폐치·분합의 절차

주민투표를 하지 않은 경우	• 지방의회의 의견청취(○) • 지방의회의 의견은 국회를 법적으로 구속(×)
주민투표를 한 경우	지방의회의 의견청취(×)

OX 지방자치단체를 분리하기 위하여 주민투표를 실시하고자 하는 경우에는 먼저 지방의회의 의견을 들어야 한다. (×)

주민투표법 제8조 【국가정책에 관한 주민투표】 ① 중앙행정기관의 장은 **지방자치단체를 폐지하거나 설치하거나 나누거나 합치는 경우 또는 지방자치단체의 구역을 변경하거나 주요시설을 설치하는 등 국가정책의 수립에 관하여 주민의 의견을 듣기 위하여 필요하다고 인정하는 때**에는 주민투표의 실시구역을 정하여 관계 지방자치단체의 장에게 **주민투표의 실시를 요구할 수 있다.** 이 경우 중앙행정기관의 장은 미리 행정안전부장관과 협의하여야 한다.

② 지방자치단체의 장은 제1항의 규정에 의하여 주민투표의 실시를 요구받은 때에는 지체 없이 이를 공표하여야 하며, **공표일부터 30일 이내에 그 지방의회의 의견을 들어야 한다.**

③ 제2항의 규정에 의하여 지방의회의 의견을 들은 지방자치단체의 장은 그 결과를 관계 중앙행정기관의 장에게 통지하여야 한다.

3) **지방의회의 의견**

① 주민투표를 거치지 않은 경우, 지방의회 의견을 반드시 들어야 한다.

② 다만, 지방의회의 의견은 법적 구속력이 없다(헌재 1994.12.29. 94헌마201).

> **지방자치법 제5조【지방자치단체의 명칭과 구역】** ③ 다음 각 호의 어느 하나에 해당할 때에는 관계 지방의회의 의견을 들어야 한다. 다만, 「주민투표법」 제8조에 따라 주민투표를 한 경우에는 그러하지 아니하다.
> 1. 지방자치단체를 폐지하거나 설치하거나 나누거나 합칠 때
> 2. 지방자치단체의 구역을 변경할 때(경계변경을 할 때는 제외한다)
> 3. 지방자치단체의 명칭을 변경할 때(한자 명칭을 변경할 때를 포함한다)

(2) 폐치·분합·구역변경의 효과

> **지방자치법 제8조【구역의 변경 또는 폐지·설치·분리·합병시의 사무와 재산의 승계】** ① 지방자치단체의 구역을 변경하거나 지방자치단체를 폐지하거나 설치하거나 나누거나 합칠 때에는 새로 그 지역을 관할하게 된 지방자치단체가 그 사무와 재산을 승계한다.
> ② 제1항의 경우에 지역으로 지방자치단체의 사무와 재산을 구분하기 곤란하면 시·도에서는 행정안전부장관이, 시·군 및 자치구에서는 특별시장·광역시장·특별자치시장·도지사·특별자치도지사(이하 '시·도지사'라 한다)가 그 사무와 재산의 한계 및 승계할 지방자치단체를 지정한다.

1) 자치사무와 단체위임사무는 승계되고, 기관위임사무는 승계되지 않는다

국가로부터 관할 지방자치단체의 장에게 기관위임된 국가사무까지 **관할 구역의 변경에 따라 당연히 이전된다고 볼 수 없다**(대판 1991.10.22. 91다5594).

2) 승계되는 재산

① **행정재산 · 일반재산(구 잡종재산)은 모두 승계된다: 폐치·분합된 지역 내에 있는 재산은 행정재산, 보존재산, 잡종재산 등의 종류를 가리지 않고 특별한 사정이 없는 한 새로운 관할 지방자치단체가 승계**하도록 규정한 취지라고 보아야 한다(대판 1999.5.14. 98다8486).

② **채무승계**

㉠ **원칙적으로 채무는 승계되지 않는다:** '**재산**'이라 함은 **현금 이외의 모든 재산적 가치가 있는 물건 및 권리만을 말하는 것**으로서 **채무는 포함되지 않는다**(대판 1993.2.26. 92다45292 ; 대판 2008.2.1. 2007다8914).

㉡ **종전의 두 지방자치단체가 완전히 폐지되고 그 전체 구역을 관할하는 지방자치단체가 신설된 경우, 종전 지방자치단체가 부담하던 채무도 승계된다:** 종전의 두 지방자치단체가 완전히 폐지되고 그 지방자치단체들이 관할하는 전 구역을 그 관할 구역으로 하여 새로운 지방자치단체가 설치되는 흡수합병 내지 합체의 경우에는, **그 채무를 부담할 주체인 기존의 지방자치단체는 소멸되었으므로 그 기존의 지방자치단체가 부담하고 있던 채무는 새로운 지방자치단체가 이를 승계한다**(대판 1995.12.8. 95다36053).

지방자치단체의 구역변경, 폐치·분합시 사무와 재산의 승계
① 새로 그 지역을 관할하게 된 지자체가 승계
② 지역으로 지자체의 사무와 재산을 구분하기 곤란한 경우 시·도에서는 행정안전부장관이, 시·군 및 자치구에서는 시·도지사가 지정

별개의 법률규정에 의하여 국가로부터 지자체의 장에게 기관위임된 국가사무는 승계되지 않는다.

폐치·분합된 지역 내에 있는 재산은 행정재산, 보존재산, 일반재산 등의 종류를 가리지 않고 원칙적으로 새로운 관할 지방자치단체가 승계한다.

지방자치단체의 구역변경이나 폐치·분합에 따라 새로 그 지역을 관할하게 된 지방자치단체가 승계하게 되는 '재산'이란 현금 외의 모든 재산적 가치가 있는 물건 및 권리만을 말하고, 채무는 포함되지 않는다.

채무의 승계

원칙	×
예외	○

종전의 두 지자체가 완전히 폐지되고 그 전체 구역을 관할하는 새로운 지자체가 설치되는 흡수합병의 경우, 그 기존의 지자체가 부담하고 있던 채무는 새로운 지자체에 승계된다.

(3) 매립지 귀속결정

OX 공유수면 관리 및 매립에 관한 법률에 따른 매립지가 속할 지방자치단체는 행정안전부장관이 정한다. (○)

OX 공유수면매립면허관청이나 관련 지방자치단체의 장은 매립공사가 완료되어 준공검사를 받은 토지에 대해서 행정안전부장관에게 해당 지역이 속할 지방자치단체의 결정을 신청하여야 한다. (×)

OX 공유수면 관리 및 매립에 관한 법률에 따른 매립지의 지방자치단체 귀속과 관련된 분쟁이 있는 경우 지방자치단체중앙분쟁조정위원회의 심의·의결에 따라 행정안전부장관이 그 귀속 여부를 정하고, 이에 대하여서 관계 지방자치단체의 장이 이의가 있을 때에는 헌법재판소에 제소할 수 있다. (×)

- **이의제기가 된 경우**: 분쟁조정위원회의 의결을 거쳐 결정
- **이의제기가 되지 않은 경우**: 의결 없이 결정

지방자치법 제5조 【지방자치단체의 명칭과 구역】 ④ 제1항 및 제2항에도 불구하고 다음 각 호의 지역이 속할 지방자치단체는 제5항부터 제8항까지의 규정에 따라 행정안전부장관이 결정한다.

1. 「공유수면 관리 및 매립에 관한 법률」에 따른 매립지
2. 「공간정보의 구축 및 관리 등에 관한 법률」 제2조 제19호의 지적공부(이하 '지적공부'라 한다)에 등록이 누락된 토지

⑤ 제4항 제1호의 경우에는 「공유수면 관리 및 매립에 관한 법률」 제28조에 따른 매립면허관청(이하 이 조에서 '면허관청'이라 한다) 또는 관련 지방자치단체의 장이 같은 법 제45조에 따른 준공검사를 하기 전에, 제4항 제2호의 경우에는 「공간정보의 구축 및 관리 등에 관한 법률」 제2조 제18호에 따른 지적소관청(이하 이 조에서 '지적소관청'이라 한다)이 지적공부에 등록하기 전에 각각 해당 지역의 위치, 귀속희망 지방자치단체(복수인 경우를 포함한다) 등을 명시하여 행정안전부장관에게 그 지역이 속할 지방자치단체의 결정을 신청하여야 한다. 이 경우 제4항 제1호에 따른 매립지의 매립면허를 받은 자는 면허관청에 해당 매립지가 속할 지방자치단체의 결정 신청을 요구할 수 있다.

⑥ 행정안전부장관은 제5항에 따른 신청을 받은 후 지체 없이 제5항에 따른 신청내용을 20일 이상 관보나 인터넷 홈페이지에 게재하는 등의 방법으로 널리 알려야 한다. 이 경우 알리는 방법, 의견 제출 등에 관하여는 「행정절차법」 제42조·제44조 및 제45조를 준용한다.

⑦ 행정안전부장관은 제6항에 따른 기간이 끝나면 다음 각 호에서 정하는 바에 따라 결정하고, 그 결과를 면허관청이나 지적소관청, 관계 지방자치단체의 장 등에게 통보하고 공고하여야 한다.

1. **제6항에 따른 기간 내에 신청내용에 대하여 이의가 제기된 경우**: 제166조에 따른 지방자치단체중앙분쟁조정위원회(이하 이 조 및 제6조에서 '위원회'라 한다)의 심의·의결에 따라 제4항 각 호의 지역이 속할 지방자치단체를 결정
2. **제6항에 따른 기간 내에 신청내용에 대하여 이의가 제기되지 아니한 경우**: 위원회의 심의·의결을 거치지 아니하고 신청내용에 따라 제4항 각 호의 지역이 속할 지방자치단체를 결정

⑧ 위원회의 위원장은 제7항 제1호에 따른 심의과정에서 필요하다고 인정되면 관계 중앙행정기관 및 지방자치단체의 공무원 또는 관련 전문가를 출석시켜 의견을 듣거나 관계 기관이나 단체에 자료 및 의견 제출 등을 요구할 수 있다. 이 경우 관계 지방자치단체의 장에게는 의견을 진술할 기회를 주어야 한다.

⑨ **관계 지방자치단체의 장은** 제4항부터 제7항까지의 규정에 따른 행정안전부장관의 결정에 이의가 있으면 그 결과를 통보받은 날부터 15일 이내에 **대법원**에 소송을 제기할 수 있다.

⑩ 행정안전부장관은 제9항에 따른 소송 결과 대법원의 인용결정이 있으면 그 취지에 따라 다시 결정하여야 한다.

⑪ 행정안전부장관은 제4항 각 호의 지역이 속할 지방자치단체 결정과 관련하여 제7항 제1호에 따라 위원회의 심의를 할 때 같은 시·도 안에 있는 관계 시·군 및 자치구 상호 간 매립지 조성 비용 및 관리 비용 부담 등에 관한 조정이 필요한 경우 제165조 제1항부터 제3항까지의 규정에도 불구하고 당사자의 신청 또는 직권으로 위원회의 심의·의결에 따라 조정할 수 있다. 이 경우 그 조정 결과의 통보 및 조정결정사항의 이행은 제165조 제4항부터 제7항까지의 규정에 따른다.

판례

1. 구 수산업법 제61조 제1항 제2호, 제2항, 제98조 제8호, 수산업법 시행령 제40조 제1항 [별표 3]을 종합하면, 기선권현망어업의 조업구역의 경계가 되는 '경상남도와 전라남도의 도 경계선'은 지방자치법 제4조 제1항에 따라 결정되는 경상남도와 전라남도의 관할 구역의 경계선을 의미한다. 한편 지방자치법 제4조 제1항은 지방자치단체의 관할 구역 경계를 결정할 때 '종전'에 의하도록 하고 있고, 지방자치법 제4조 제1항 등의 개정 연혁에 비추어 보면 '종전'이라는 기준은 최초로 제정된 법률 조항까지 순차 거슬러 올라가게 되므로, 1948.8.15. 당시 존재하던 관할 구역의 경계가 원천적인 기준이 되며(헌재 2011.9.29. 2009헌라5), 공유수면에 대한 지방자치단체의 관할 구역 경계 역시 같은 기준에 따라 1948.8.15. 당시 존재하던 경계가 먼저 확인되어야 하는데, 이는 결국 당시 해상경계선의 존재와 형태를 확인하는 사실인정의 문제이다(대판 2015.6.11. 2013도14334).
2. 지방자치단체가 법령상의 의무에 위반하여 국가가 관리하는 자연공물인 바닷가를 매립하고도 구 공유수면매립법 제26조 제1항 제2호 등에 의하여 집합구획하여 위치와 지목 등을 특정하고 **국가에 소유권을 귀속시켜야 하는 바닷가 매립지에 관한 내용을 누락한 채 매립된 공유수면 전부를 자신 앞으로 소유권을 귀속시키는 내용의 위법한 준공인가신청을 하여 그와 같은 내용의 준공인가가 나게 함**으로써 국가로 하여금 자연공물인 바닷가의 관리권을 상실하게 하고 집합구획한 바닷가 매립지에 관한 소유권을 취득하지 못하게 하는 한편, 자신은 위 준공인가일에 바닷가 매립지에 관한 소유권을 원시취득한 것은 자연공물인 바닷가의 관리권자이자 매립공사의 준공인가에 의하여 바닷가 매립지에 대한 소유권을 취득할 지위에 있는 **국가에 대한 불법행위가 될 수 있다.** 이는 국가가 준공인가권자의 지위를 동시에 가지고 있더라도 마찬가지이다(대판 2014.5.29. 2011다35258).

기선권현망어업의 조업구역의 경계가 되는 '경상남도와 전라남도의 도 경계선'은 경상남도와 전라남도의 관할 구역의 경계선을 의미한다.

지방자치법 제4조 제1항상 '종전'이라는 기준은 1948.8.15. 당시 존재하던 관할 구역의 경계가 원천적인 기준이 된다.

OX 지방자치단체가 법령상의 의무에 위반하여 국가가 관리하는 자연공물인 바닷가를 매립함과 동시에 준공인가신청 및 준공인가를 하여 지방자치단체에 귀속시키더라도 불법이 아니다. (×)

판례

새만금방조제 일부구간 귀속 지방자치단체 결정취소(대판 2013.11.14. 2010추73)

[1] 매립지가 속할 지방자치단체를 정하는 결정에 대하여 대법원에 소송을 제기할 수 있는 주체(= 지방자치단체장)

지방자치단체의 구역에 관하여 지방자치법은, 공유수면 관리 및 매립에 관한 법률에 따른 매립지가 속할 지방자치단체는 행정안전부장관이 결정한다고 규정하면서 관계 지방자치단체의 장은 그 결정에 이의가 있으면 결과를 통보받은 날로부터 15일 이내에 대법원에 소송을 제기할 수 있다고 규정하고 있다 따라서 **매립지가 속할 지방자치단체를 정하는 결정에 대하여 대법원에 소송을 제기할 수 있는 주체**는 **관계 지방자치단체의 장일 뿐 지방자치단체가 아니다.**

매립지가 속할 지방자치단체를 정하는 결정에 대하여 대법원에 소송을 제기할 수 있는 주체는 관계 지방자치단체의 장일 뿐 지방자치단체가 아니다.

OX 관계 지방자치단체는 관할 구역 결정에 이의가 있으면 그 결과를 통보받은 날부터 15일 이내에 대법원에 소송을 제기할 수 있다. (×)

행정안전부장관은 매립지가 속할 지방자치단체를 결정할 때 관계 지방의회의 의견청취절차를 반드시 거칠 필요는 없다.

행정안전부장관은 매립이 예정되어 있기는 하지만 매립공사가 완료되지 않은 토지에 대해서는 귀속 지방자치단체를 결정할 수 없다.

하나의 계획으로 전체적인 매립사업계획이 수립되고 그 구도하에서 사업내용이나 지구별로 단계적·순차적으로 진행되는 매립사업에서 매립이 완료된 부분에 대한 행정적 지원의 필요 등 때문에 전체 매립대상지역이 아니라 매립이 완료된 일부 지역에 대한 관할 귀속결정을 먼저 할 수밖에 없는 경우에도 당해 매립사업의 총체적 추진계획, 매립지의 구역별 토지이용계획 및 용도, 항만의 조성과 이용계획 등을 종합적으로 고려하여야 한다.

매립지귀속결정: 사업목적의 효과적 달성을 우선적으로 고려

OX 매립지가 속할 지방자치단체를 결정할 때에는 국가기본도(지형도)상의 해상경계선이 정한 대로 따라야 한다. (×)

[2] 행정안전부장관이 매립지가 속할 지방자치단체를 결정할 때 관계 지방의회의 의견청취절차를 거쳐야 하는지 여부(소극)
지방자치법에 따르면, 행정안전부장관은 공유수면 관리 및 매립에 관한 법률에 따른 **매립지가 속할 지방자치단체를 지방자치법 제5조 제4항부터 제7항까지의 규정 및 절차에 따라 결정하면 되고, 관계 지방의회의 의견청취절차를 반드시 거칠 필요는 없다.**

[3] 행정안전부장관이 매립공사가 완료되지 않은 토지에 대하여 귀속 지방자치단체를 결정할 수 있는지 여부(소극)
지방자치법 제5조 제4항, 공유수면 관리 및 매립에 관한 법률 제45조에 따르면 **행정안전부장관은 매립공사가 완료된 토지에 대해서만 준공검사 전에 그 귀속 지방자치단체를 결정할 수 있고, 매립이 예정되어 있기는 하지만 매립공사가 완료되지 않은 토지**에 대해서는 **귀속 지방자치단체를 결정할 수 없다고 보아야 한다.**

[4] 하나의 계획으로 전체적인 매립사업계획이 수립되고 그 구도하에서 사업내용이나 지구별로 단계적·순차적으로 진행되는 매립사업에서 매립이 완료된 일부 지역에 대한 관할 귀속 결정을 먼저 하는 경우 고려해야 할 사항
일부 구역에 대해서만 관할 결정을 할 경우에도 **당해 매립사업의 총체적 추진계획, 매립지의 구역별 토지이용계획 및 용도, 항만의 조성과 이용계획 등을 종합적으로 고려하여 매립예정지역의 전체적인 관할구도의 틀을 감안한 관할 결정이 이루어지도록 하는 것이 합리적이다.**

판례

공유수면의 매립은 막대한 사업비와 장기간의 시간 등이 투입될 뿐 아니라 해당 해안지역의 갯벌 등 가치 있는 자연자원의 상실 내지 환경의 파괴를 동반하는 등 국가 전체적으로 중대한 영향을 미치는 사업이다. 그러한 사업으로 새로이 확보된 매립지는 그 본래 사업목적에 적합하도록 최선의 활용계획을 세워 잘 이용될 수 있도록 하여야 할 것이어서, **매립지의 귀속 주체 내지 행정 관할 등을 확정함에 있어서도 사업목적의 효과적 달성이 우선적으로 고려되어야 한다.** 인접 지방자치단체가 매립 전 해상에서 누렸던 관할권한과 관련하여서는 매립절차를 진행하는 과정에서 충분히 보상될 필요가 있지만, 매립 전 공유수면을 청구인이 관할하였다 하여 매립지에 대한 관할 권한을 인정하여야 한다고 볼 수는 없다. 헌법재판소가 이 결정과 견해를 달리하여, 이미 소멸되어 사라진 종전 공유수면의 해상경계선을 매립지의 관할경계선으로 인정해 온 헌재 2011.9.29. 2009헌라3 결정 등은 이 결정의 견해와 저촉되는 범위 내에서 이를 변경하기로 한다(헌재 2019.4.11. 2015헌라2).

판례

평택당진항매립지 일부구간 귀속 지방자치단체 결정취소(대판 2021.2.4. 2015추528)

[1] 지방자치법 제5조 제3항부터 제7항에서 행정안전부장관 및 소속 위원회의 매립지 관할 귀속에 관한 의결·결정의 실체적 결정기준이나 고려요소를 구체적으로 규정하지 않은 것이 헌법상 보장된 지방자치제도의 본질을 침해하거나 명확성 원칙, 법률유보원칙에 반하는지 여부(소극)

국가는 해상 공유수면 매립지의 관할 지방자치단체를 결정할 때 관련 지방자치단체나 주민들의 이해관계 외에도 국토의 효율적이고 균형 있는 이용·개발과 보전(헌법 제120조 제2항, 제122조), 지역 간의 균형 있는 발전(헌법 제123조 제2항)까지도 고려하여 비교 형량하여야 하는데 이러한 고려요소나 실체적 결정기준을 법률에 더 구체적으로 규정하는 것은 입법기술적으로도 곤란한 측면이 있는 점 등을 종합하면, 지방자치법 제4조 제3항부터 제7항이 행정안전부장관 및 그 소속 위원회의 매립지 관할 귀속에 관한 의결·결정의 실체적 결정기준이나 고려요소를 구체적으로 규정하지 않았다고 하더라도 지방자치제도의 본질을 침해하였다거나 명확성 원칙, 법률유보원칙에 반한다고 볼 수 없다.

[2] 매립지 관할 귀속에 관하여 이해관계가 있는 매립면허관청이나 관련 지방자치단체의 장이 준공검사 전까지 행정안전부장관에게 관할 귀속결정을 신청하도록 한 지방자치법 제4조 제4항의 입법 취지 및 위 규정에서 정한 대로 매립면허관청이나 관련 지방자치단체의 장이 준공검사 전까지 관할 귀속결정을 신청하지 않은 것이 행정안전부장관의 관할 귀속결정을 취소해야 할 위법사유인지 여부(소극)

해상 공유수면 매립지의 경우 지방자치법 제5조 제1항에 의하여 법률의 형식으로 관할 지방자치단체를 정하지 않는 이상 지방자치법 제5조 제3항에 의하여 행정안전부장관의 관할 귀속결정이 반드시 있어야 하므로, 지방자치법 제5조 제4항이 정한 대로 신청이 이루어지지 않았다고 하더라도 해당 매립지에 관하여 관할 귀속결정을 하여야 할 행정안전부장관의 권한·의무에 어떤 영향을 미친다고 볼 수 없다. 매립면허관청이나 관련 지방자치단체의 장이 준공검사 전까지 관할 귀속결정을 신청하지 않았다고 하더라도 그것이 행정안전부장관의 관할 귀속결정을 취소하여야 할 위법사유는 아니라고 보아야 한다.

[3] 지방자치법 제4조 제4항에서 매립지 관할 귀속 결정의 신청권자로 규정한 '관련 지방자치단체의 장'에 기초 지방자치단체의 장이 포함되는지 여부(적극)

어떤 매립지가 특정 기초지방자치단체의 관할 구역으로 결정되면 그와 동시에 그 기초지방자치단체가 속한 광역 지방자치단체의 관할 구역에도 포함되는 것으로 보아야 하는 점 등을 고려하면, 지방자치법 제5조 제4항에서 매립지 관할 귀속결정의 신청권자로 규정한 '관련 지방자치단체의 장'에는 해당 매립지와 인접해 있어 그 매립지를 관할하는 지방자치단체로 결정될 가능성이 있는 '기초 및 광역지방자치단체의 장'을 모두 포함한다.

[4] 행정안전부장관 및 소속 위원회가 매립지가 속할 지방자치단체를 정할 때 폭넓은 형성의 재량을 가지는지 여부(적극) 및 그 재량의 한계 / 행정안전부장관 및 소속 위원회가 매립지가 속할 지방자치단체를 결정할 때 고려할 사항

행정안전부장관및 소속 위원회는 매립지가 속할 지방자치단체를 정할 때 폭넓은 형성의 재량을 가진다. 다만, 그 형성의 재량은 무제한적인 것이 아니라, 관련되는 제반 이익을 종합적으로 고려하여 비교·형량하여야 하는 제한이 있다. 행정안전부장관 및 소속 위원회가 그러한 이익형량을 전혀 하지 않았거나 이익형량의 고려대상에 마땅히 포함해야 할 사항을 누락한 경우 또는 이익형량을 하였으나 정당성·객관성이 결여된 경우에는 그 관할 귀속결정은 재량권을 일탈·남용한 것으로 위법하다.

(4) 관할 구역의 경계변경

지방자치법 제6조 【지방자치단체의 관할 구역 경계변경 등】 ① 지방자치단체의 장은 관할 구역과 생활권과의 불일치 등으로 인하여 주민생활에 불편이 큰 경우 등 대통령령으로 정하는 사유가 있는 경우에는 행정안전부장관에게 경계변경이 필요한 지역 등을 명시하여 경계변경에 대한 **조정을 신청할 수 있다.** 이 경우 지방자치단체의 장은 지방의회 **재적의원 과반수의 출석과 출석의원 3분의 2 이상**의 동의를 받아야 한다.

② 관계 중앙행정기관의 장 또는 둘 이상의 지방자치단체에 걸친 **개발사업 등의 시행자**는 대통령령으로 정하는 바에 따라 관계 지방자치단체의 장에게 제1항에 따른 경계변경에 대한 조정을 신청하여 줄 것을 요구할 수 있다.

③ 행정안전부장관은 제1항에 따른 경계변경에 대한 조정 신청을 받으면 지체 없이 그 신청 내용을 관계 지방자치단체의 장에게 통지하고, 20일 이상 관보나 인터넷 홈페이지에 게재하는 등의 방법으로 널리 알려야 한다. 이 경우 알리는 방법, 의견의 제출 등에 관하여는 「행정절차법」 제42조·제44조 및 제45조를 준용한다.

④ 행정안전부장관은 제3항에 따른 기간이 끝난 후 지체 없이 대통령령으로 정하는 바에 따라 관계 지방자치단체 등 당사자 간 경계변경에 관한 사항을 효율적으로 협의할 수 있도록 경계변경자율협의체(이하 이 조에서 '협의체'라 한다)를 구성·운영할 것을 관계 지방자치단체의 장에게 요청하여야 한다.

⑤ 관계 지방자치단체는 제4항에 따른 협의체 구성·운영 요청을 받은 후 지체 없이 협의체를 구성하고, 경계변경 여부 및 대상 등에 대하여 같은 항에 따른 행정안전부장관의 요청을 받은 날부터 120일 이내에 협의를 하여야 한다. 다만, 대통령령으로 정하는 부득이한 사유가 있는 경우에는 30일의 범위에서 그 기간을 연장할 수 있다.

⑥ 제5항에 따라 협의체를 구성한 지방자치단체의 장은 같은 항에 따른 협의 기간 이내에 협의체의 협의 결과를 행정안전부장관에게 알려야 한다.

⑦ 행정안전부장관은 다음 각 호의 어느 하나에 해당하는 경우에는 위원회의 심의·의결을 거쳐 경계변경에 대하여 조정할 수 있다.

1. 관계 지방자치단체가 제4항에 따른 행정안전부장관의 요청을 받은 날부터 120일 이내에 협의체를 구성하지 못한 경우
2. 관계 지방자치단체가 제5항에 따른 협의 기간 이내에 경계변경 여부 및 대상 등에 대하여 합의를 하지 못한 경우

⑧ 위원회는 제7항에 따라 경계변경에 대한 사항을 심의할 때에는 **관계 지방의회의 의견을 들어야 하며**, 관련 전문가 및 지방자치단체의 장의 의견 청취 등에 관하여는 제5조 제8항을 준용한다.

⑨ 행정안전부장관은 다음 각 호의 어느 하나에 해당하는 경우 지체 없이 그 내용을 검토한 후 이를 반영하여 경계변경에 관한 대통령령안을 입안하여야 한다.

1. 제5항에 따른 협의체의 협의 결과 관계 지방자치단체 간 경계변경에 합의를 하고, 관계 지방자치단체의 장이 제6항에 따라 그 내용을 각각 알린 경우
2. 위원회가 제7항에 따른 심의 결과 경계변경이 필요하다고 의결한 경우

⑩ 행정안전부장관은 경계변경의 조정과 관련하여 제7항에 따라 위원회의 심의를 할 때 같은 시·도 안에 있는 관계 시·군 및 자치구 상호간 경계변경에 관련된 비용 부담, 행정적·재정적 사항 등에 관하여 조정이 필요한 경우 제165조 제1항부터 제3항까지의 규정에도 불구하고 당사자의 신청 또는 직권으로 위원회의 심의·의결에 따라 조정할 수 있다. 이 경우 그 조정 결과의 통보 및 조정결정사항의 이행은 제165조 제4항부터 제7항까지의 규정에 따른다.

판례 해양경계선 관련 권한쟁의

1. 청구인이 자신의 관할 구역이라고 주장하는 천수만 내 해역에 대하여 행한 태안군수의 어업면허처분이 청구인의 자치권한을 침해할 가능성이 있는지 여부(적극)

수산업법에서 어업면허가 시장·군수·구청장의 권한임을 명시하고 있는 점, 시장·군수·구청장이 면허한 어업을 제한·정지하거나 어업면허를 취소할 수 있는 점 등을 종합하면 **어업면허사무는 지방자치단체의 사무에 해당**하고, 만약 이 사건 쟁송해역에 대한 헌법 및 법률상의 자치권한이 청구인에게 있음이 인정된다면 태안군수의 어업면허처분은 청구인의 자치권한을 침해하게 될 가능성이 있다(헌재 2015.7.30. 2010헌라2 ; 헌재 2019.4.11. 2015헌라2).

> 어업면허사무는 지방자치단체의 사무에 해당한다.

2. 공유수면에 대한 지방자치단체의 관할 구역과 자치권한 인정 여부(적극)

지방자치법 제4조 제1항에 규정된 지방자치단체의 구역은 주민·자치권과 함께 자치단체의 구성요소이고, 자치권이 미치는 관할 구역의 범위에는 육지는 물론 바다도 포함되므로, **공유수면에 대해서도 지방자치단체의 자치권한이 미친다**(헌재 2015.7.30. 2010헌라2 ; 헌재 2019.4.11. 2015헌라2).

> 공유수면에 대해서도 지방자치단체의 자치권한이 미친다.

3. 공유수면에 대한 지방자치단체의 관할 구역 경계 및 그 기준

① 지방자치법 제45조 제1항은 지방자치단체의 관할 구역 경계를 결정함에 있어서 '종전'에 의하도록 하고 있고, 지방자치법의 개정연혁에 비추어 보면 위 '종전'이라는 기준은 최초로 제정된 법률조항까지 순차 거슬러 올라가게 되므로 1948.8.15. 당시 존재하던 관할 구역의 경계가 원천적인 기준이 된다. 그런데 지금까지 우리 법체계에서는 공유수면의 행정구역 경계에 관한 명시적인 법령상의 규정이 존재한 바 없으므로, **공유수면에 대한 행정구역 경계**가 **불문법상으로 존재한다면 그에 따라야 한다**. 그리고 만약 **해상경계에 관한 불문법도 존재하지 않으면**, 주민, 구역과 자치권을 구성요소로 하는 지방자치단체의 본질에 비추어 지방자치단체의 관할 구역에 경계가 없는 부분이 있다는 것을 상정할 수 없으므로, **헌법재판소가 지리상의 자연적 조건, 관련 법령의 현황, 연혁적인 상황, 행정권한 행사 내용, 사무 처리의 실상, 주민의 사회·경제적 편익 등을 종합하여 형평의 원칙에 따라 합리적이고 공평하게 해상경계선을 획정할 수밖에 없다**(헌재 2015.7.30. 2010헌라2).

> 해상경계에 관한 불문법도 존재하지 않으면, 헌법재판소가 형평의 원칙에 따라 합리적이고 공평하게 해상경계선을 획정할 수밖에 없다.

② 대규모 공유수면의 매립은 막대한 사업비와 장기간의 시간 등이 투입될 뿐 아니라 해당 해안지역의 갯벌 등 가치 있는 자연자원의 상실 내지 환경의 파괴를 동반하는 등 국가 전체적으로 중대한 영향을 미치는 사업이다. 그러한 사업으로 새로이 확보된 매립지는 본래 사업목적에 적합하도록 최선의 활용계획을 세워 잘 이용될 수 있도록 하여야 할 것이어서, 매립지의 귀속주체 내지 행정 관할 등을 획정함에 있어서도 사업목적의 효과적 달성이 우선적으로 고려되어야 한다. 매립 전 공유수면을 청구인이 관할하

매립지의 관할경계선은 공유수면의 해상경계선이 기준이 아니고 사업목적의 효과적 달성이 우선적으로 고려되어야 한다.

였다 하여 매립지에 대한 관할 권한을 인정하여야 한다고 볼 수는 없고, 공유수면의 매립목적, 그 사업목적의 효과적 달성, 매립지와 인근 지방자치단체의 교통관계나 외부로부터의 접근성 등 지리상의 조건, 행정권한의 행사 내용, 사무 처리의 실상, 매립 전 공유수면에 대한 행정권한의 행사 연혁이나 주민들의 사회적·경제적 편익 등을 모두 종합하여 형평의 원칙에 따라 합리적이고 공평하게 그 경계를 획정할 수밖에 없다. 헌법재판소가 이 결정과 견해를 달리하여, 이미 소멸되어 사라진 **종전 공유수면의 해상경계선을 매립지의 관할경계선으로 인정해 온 헌재 2011.9.29. 2009헌라3 결정** 등은 이 결정의 견해와 **저촉되는 범위 내에서 이를 변경하기**로 한다(헌재 2019.4.11. 2015헌라2).

4. 국가기본도상의 해상경계선을 공유수면에 대한 불문법상 해상경계선으로 보아온 선례를 변경한 사례

① **국가기본도상의 해상경계선**은 국토지리정보원이 국가기본도상 도서 등의 소속을 명시할 필요가 있는 경우 해당 행정구역과 관련하여 표시한 선으로서, 여러 도서 사이의 적당한 위치에 각 소속이 인지될 수 있도록 실지측량 없이 표시한 것에 불과하므로, 이 **해상경계선을 공유수면에 대한 불문법상 행정구역의 경계로 인정해 온 종전의 결정은 이 결정의 견해와 저촉되는 범위 내에서 이를 변경하기로 한다**(헌재 2015.7.30. 2010헌라2).

② 공유수면에 대한 지방자치단체의 관할 구역 경계획정은 명시적인 법령상의 규정이 존재한다면 그에 따르고, 명시적인 법령상의 규정이 존재하지 않는다면 불문법상 해상경계에 따라야 한다. 불문법상 해상경계마저 존재하지 않는다면, 주민·구역·자치권을 구성요소로 하는 지방자치단체의 본질에 비추어 지방자치단체의 관할 구역에 경계가 없는 부분이 있다는 것은 상정할 수 없으므로, 권한쟁의심판권을 가지고 있는 헌법재판소가 형평의 원칙에 따라 합리적이고 공평하게 해상경계선을 획정하여야 한다. 지방자치단체 사이의 불문법상 해상경계가 성립하기 위해서는 관계 지방자치단체·주민들 사이에 해상경계에 관한 일정한 관행이 존재하고, 그 해상경계에 관한 관행이 장기간 반복되어야 하며, 그 해상경계에 관한 관행을 법규범이라고 인식하는 관계 지방자치단체·주민들의 법적 확신이 있어야 한다. 국가기본도에 표시된 해상경계선은 그 자체로 불문법상 해상경계선으로 인정되는 것은 아니나, 관할 행정청이 국가기본도에 표시된 해상경계선을 기준으로 하여 과거부터 현재에 이르기까지 반복적으로 처분을 내리고, **지방자치단체가 허가, 면허 및 단속 등의 업무를 지속적으로 수행하여 왔다면 국가기본도상의 해상경계선은 여전히 지방자치단체 관할 경계에 관하여 불문법으로서 그 기준이 될 수 있다**(헌재 2021.2.25. 2015헌라7).

5. 제반 사정을 종합적으로 고려하여 형평의 원리에 따라 청구인과 피청구인 사이의 관할 구역 경계를 확인한 사례

① 형평의 원칙에 따라서 해상경계선을 획정하면, 이 사건 쟁송해역의 해상경계선은 청구인과 피청구인의 육상지역과 죽도, 안면도, 황도의 각 현행법상 해안선[약최고고조면(일정기간 조석을 관측하여 분석한 결과 가장 높은 해수면) 기준]만을 고려하여 등거리 중간선 원칙에 따라 획정한 선으로 함이 타당하다(헌재 2015.7.30. 2010헌라2).

② 청구인의 관할 권한을 확정하면서 이를 침해한 태안군수의 어업면허처분이 무효임을 확인한 사례
태안군수가 행한 태안마을 제136호, 제137호의 어업면허처분 중 청구인의 관할 권한에 속하는 구역에 대해서 이루어진 부분은 청구인의 지방자치권을 침해하여 권한이 없는 자에 의하여 이루어진 것이므로 그 효력이 없다(헌재 2015.7.30. 2010헌라2).

③ 이 사건 쟁송매립지는 삼천포화력발전소 부지조성 및 진입도로 축조사업의 일환으로 매립·형성되었고, 위 발전소의 운행과정에서 필연적으로 생성되는 부산물 처리를 위한 화력발전소 회처리장과 이에 통하는 도로 중 일부로서 다른 목적으로는 사용되지 않고 있으며, 향후에도 위 발전소가 폐쇄되지 않는 한 그러한 사정이 달라질 가능성은 없다. 청구인 관할 구역에서 피청구인 관할 구역을 거치지 않고는 이 사건 쟁송매립지로의 접근이 어렵다. 특히 매립지 내 각 구획과 인접 지역과의 연접관계, 기반시설의 설치관리, 행정서비스의 제공 등 여러 요소를 고려하여 행정의 효율성이 보장되어야 하는데, 이 사건에서 사업목적의 효과적 달성과 일관되고 효율적이며 공공성에 부합하는 행정작용의 실현을 위해서는 삼천포화력발전소와 회처리장 등 기반시설의 관할 지방자치단체를 일치시킬 필요가 있다. 이 사건 쟁송매립지를 청구인 관할로 인정하게 된다면, 위 발전소의 부산물을 처리하기 위한 회처리장 시설 중 일부만을 청구인이 관리하게 되어 행정업무가 청구인과 피청구인으로 분산되어 결국 행정의 비효율화만 발생할 우려가 매우 크다. 청구인이나 피청구인에게 매립 전 공유수면에 대한 행정권한의 행사연혁이 있었다고 볼 만한 자료가 없고 쟁송매립지의 용도는 회처리장과 진입도로이므로, 거주하는 주민도 존재하지 않는다. 이상의 사정들을 종합하면, 쟁송매립지에 대한 관할 권한이 청구인(사천시)에게 귀속된다고 볼 수 없고, 따라서 피청구인(경남 고성군)이 이 사건 쟁송매립지에서 행사할 장래처분으로 인하여 헌법상 및 법률상 부여받은 청구인의 자치권한이 침해될 현저한 위험성이 존재한다고 볼 수 없다(헌재 2019.4.11. 2015헌라2).

Ⅳ 주민

1 의의

지방자치법 제16조 【주민의 자격】 지방자치단체의 구역에 주소를 가진 자는 그 지방자치단체의 주민이 된다.

① 지방자치단체의 구역 안에 주소를 가진 자가 주민이므로, 주소를 가진 외국인이나 법인도 주민에 해당한다.

② 주민과 달리 공민은 참정권 주체로서의 주민이다. 따라서 법인은 참정권의 주체가 아니므로 공민에 해당하지 않는다. 외국인은 공민에 포함되는 경우도 있고, 포함되지 않는 경우도 있다.

지자체의 구역 안에 주소를 가진 외국인이나 법인도 주민에 해당한다.

2 주민의 권리

(1) 공공시설이용권과 균등한 행정수혜권

지방자치법 제17조 【주민의 권리】 ① 주민은 법령으로 정하는 바에 따라 주민생활에 영향을 미치는 지방자치단체의 정책의 결정 및 집행 과정에 참여할 권리를 가진다.
② 주민은 법령으로 정하는 바에 따라 소속 지방자치단체의 재산과 공공시설을 이용할 권리와 그 지방자치단체로부터 균등하게 행정의 혜택을 받을 권리를 가진다.
③ 주민은 법령으로 정하는 바에 따라 그 지방자치단체에서 실시하는 지방의회의원과 지방자치단체의 장의 선거(이하 '지방선거'라 한다)에 참여할 권리를 가진다.

지방자치법 제17조 재산을 주민들의 이용에 제공되어 있는 공공시설로 보아 재산과 공공시설을 동일시하는 견해(다수설)와 양자를 구별하는 견해가 대립한다.

판례

지방자치법 제17조 제2항은 주민이 지방자치단체로부터 행정적 혜택을 균등하게 받을 수 있다는 권리를 추상적이고 선언적으로 규정한 것으로서, 위 규정에 의하여 **주민이 지방자치단체에 대하여 구체적이고 특정한 권리가 발생하는 것이 아닐** 뿐만 아니라, 지방자치단체가 주민에 대하여 균등한 행정적 혜택을 부여할 구체적인 법적 의무가 발생하는 것도 아니다(대판 2008.6.12. 2007추42).

(2) 선거권과 피선거권

1) 선거권

공직선거법 제15조 【선거권】 ② 18세 이상으로서 제37조 제1항에 따른 선거인명부작성기준일 현재 다음 각 호의 어느 하나에 해당하는 사람은 그 구역에서 선거하는 지방자치단체의 의회의원 및 장의 선거권이 있다.
1. 「주민등록법」 제6조 제1항 제1호 또는 제2호에 해당하는 사람으로서 해당 지방자치단체의 관할 구역에 주민등록이 되어 있는 사람
2. 「주민등록법」 제6조 제1항 제3호에 해당하는 사람으로서 주민등록표에 3개월 이상 계속하여 올라 있고 해당 지방자치단체의 관할 구역에 주민등록이 되어 있는 사람
3. **「출입국관리법」 제10조에 따른 영주의 체류자격 취득일 후 3년이 경과한 외국인으로서 같은 법 제34조에 따라 해당 지방자치단체의 외국인등록대장에 올라 있는 사람**

주민등록법 제6조 【대상자】 ① 시장·군수 또는 구청장은 30일 이상 거주할 목적으로 그 관할 구역에 주소나 거소(이하 '거주지'라 한다)를 가진 다음 각 호의 사람을 이 법의 규정에 따라 등록하여야 한다. 다만, 외국인은 예외로 한다.
1. 거주자: 거주지가 분명한 사람(제3호의 재외국민은 제외한다)
3. 재외국민: 「재외동포의 출입국과 법적 지위에 관한 법률」 제2조 제1호에 따른 국민으로서 「해외이주법」 제12조에 따른 영주귀국의 신고를 하지 아니한 사람 중 다음 각 목의 어느 하나의 경우
   가. 주민등록이 말소되었던 사람이 귀국 후 재등록 신고를 하는 경우
   나. 주민등록이 없었던 사람이 귀국 후 최초로 주민등록 신고를 하는 경우

주민의 권리
① 공공시설이용권
② 균등한 행정수혜권
③ 선거권, 피선거권
④ 주민투표권
⑤ 조례제정·개폐청구권
⑥ 주민감사청구권
⑦ 주민소송제기권
⑧ 주민소환권
⑨ 청원권

지방자치법 제17조 제2항에서 정한 '주민의 권리' 조항은 권리를 추상적·선언적으로 규정한 것으로, 이 규정에 의해 주민에게 지자체에 대하여 구체적이고 특정한 권리가 발생하는 것은 아니다.

OX 외국인에게도 일정 요건하에서 지방자치단체의 의회의원 및 장의 선거권이 인정된다. (O)

판례

주민자치제를 본질로 하는 민주적 지방자치제도가 안정적으로 뿌리내린 현 시점에서 지방자치단체의 장 선거권을 지방의회의원 선거권, 나아가 국회의원 선거권 및 대통령 선거권과 구별하여 하나는 법률상의 권리로, 나머지는 헌법상의 권리로 이원화하는 것은 허용될 수 없다. 그러므로 **지방자치단체의 장 선거권** 역시 다른 선거권과 마찬가지로 헌법 제24조에 의해 보호되는 **기본권으로 인정하여야 한다**(헌재 2016.10.27. 2014헌마797).

지방자치단체의 장 선거권은 헌법상 보장되는 기본권이다.

2) 피선거권

공직선거법 제16조【피선거권】 ③ 선거일 현재 계속하여 60일 이상(공무로 외국에 파견되어 선거일 전 60일 후에 귀국한 자는 선거인명부작성기준일부터 계속하여 선거일까지) 해당 지방자치단체의 관할 구역에 주민등록이 되어 있는 주민으로서 **18세 이상**의 국민은 그 지방의회의원 및 지방자치단체의 장의 피선거권이 있다. 이 경우 60일의 기간은 그 지방자치단체의 설치·폐지·분할·합병 또는 구역변경(제28조 각 호의 어느 하나에 따른 구역변경을 포함한다)에 의하여 중단되지 아니한다.
④ 제3항 전단의 경우에 지방자치단체의 사무소 소재지가 다른 지방자치단체의 관할 구역에 있어 해당 지방자치단체의 장의 주민등록이 다른 지방자치단체의 관할 구역에 있게 된 때에는 해당 지방자치단체의 관할 구역에 주민등록이 되어 있는 것으로 본다.

선거일 현재 계속하여 60일 이상 해당 지방자치단체의 관할 구역에 주민등록이 되어 있는 주민으로서 18세 이상의 국민은 지방의회의원 및 지방자치단체의 장의 피선거권이 있다.

재외국민의 피선거권과 선거권을 인정하지 않는 공직선거법 조항은 선거권, 피선거권의 침해이다(헌재 2007.6.28. 2004헌마644).

재외국민의 피선거권과 선거권을 인정하지 않는 공직선거법 조항은 선거권, 피선거권의 침해이다.

(3) 주민투표권

지방자치법 제18조【주민투표】 ① 지방자치단체의 장은 주민에게 과도한 부담을 주거나 중대한 영향을 미치는 지방자치단체의 주요 결정사항 등에 대하여 주민투표에 부칠 수 있다.
② 주민투표의 대상·발의자·발의요건, 그 밖에 투표절차 등에 관한 사항은 따로 법률로 정한다.

OX 지방자치단체의 장은 주민에게 과도한 부담을 주거나 중대한 영향을 미치는 지방자치단체의 주요 결정사항 등을 주민투표에 부쳐야 한다. (×)

OX 지방자치단체 주민의 주민투표권의 행사절차는 지방자치법이 정하는 바에 따른다. (×)

1) 주민투표권은 법률상 권리이다

① 헌법재판소는 국민투표권과 달리 주민투표권은 헌법상의 권리가 아닌 법률적 차원의 권리라고 한다.
② 또한 주민투표권은 헌법이 보장하는 지방자치제도에도 포함되지 않는다고 한다.
③ 따라서 국회는 주민투표법을 제정해야 할 헌법상 의무가 없다 하여, 주민투표법 입법부작위는 헌법소원의 대상이 되지 않는다고 한다(헌재 2001.6.28. 2000헌마735).

국민투표권과 달리 주민투표권은 헌법상의 권리가 아닌 법률적 차원의 권리이다.

주민투표권은 헌법이 보장하는 지방자치제도에도 포함되지 않는다.

국회는 주민투표법을 제정해야 할 헌법상 의무는 없다.

판례

지방자치법 제18조에서 규정한 주민투표권이 헌법이 보장하는 지방자치제도에 포함되는지 여부(소극)

헌법은 지역 주민들이 자신들이 선출한 자치단체의 장과 지방의회를 통하여 자치사무를 처리할 수 있는 대의제 또는 대표제 지방자치를 보장하고 있을 뿐이지 주민투표에 대하여는 어떠한 규정도 두고 있지 않다. 따라서 지방자치법이 주민투표의 법률적 근거를 마련하면서, 주민투표에 관련된 구체적 절차와 사항에 관하여는 따로 법률로 정하도록 하였다고 하더라도 **주민투표에 관련된 구체적인 절차와 사항에 대하여 입법하여야 할 헌법상 의무가 국회에게 발생하였다고 할 수는 없다**(헌재 2001.6.28. 2000헌마735).

지자체의 장은 어떠한 사항이나 모두 주민투표에 부칠 수 있는 것은 아니고, 지자체의 폐치·분합 또는 주민에게 과도한 부담을 주거나 중대한 영향을 미치는 지자체의 주요 결정사항 등에 한하여 주민투표를 부칠 수 있다.

미군부대이전은 주민투표의 대상이 될 수 없다.

주민투표의 대상이 되는 사항이라 해도 주민투표의 시행 여부는 지자체의 장의 임의적 재량에 맡겨져 있다.

지방의회가 조례로 정한 특정한 사항에 관하여는 일정한 기간 내에 반드시 투표를 실시하도록 규정한 조례안은 지자체의 장의 고유권한을 침해하는 규정이다.

OX 일정 자격을 갖춘 외국인도 주민투표권이 있다. (○)

④ **주민투표권은 헌법이 보장하는 주관적 공권으로 볼 수 없다**(헌재 2005.12.22. 2004헌마530).

⑤ **미군부대이전**: 지방자치법에 의하면, 지방자치단체의 장은 어떠한 사항이나 모두 주민투표에 부칠 수 있는 것은 아니고, 지방자치단체의 폐치·분합 또는 주민에게 과도한 부담을 주거나 중대한 영향을 미치는 지방자치단체의 주요 결정사항 등에 한하여 주민투표를 부칠 수 있도록 하여 그 대상을 한정하고 있음을 알 수 있는바, 위 규정의 취지는 지방자치단체의 장이 권한을 가지고 결정할 수 있는 사항에 대하여 주민투표에 붙여 주민의 의사를 물어 행정에 반영하려는 데에 있다. 그런데 미군부대이전은 지방자치단체의 장의 권한에 의하여 결정할 수 있는 사항이 아님이 명백하므로 **주민투표의 대상이 될 수 없다**(대판 2002.4.26. 2002추23).

⑥ **지방의회가 조례로 정한 특정한 사항에 관하여 지방자치단체의 장이 일정한 기간 내에 반드시 주민투표를 실시하도록 규정한 조례안이 지방자치단체의 장의 고유권한을 침해하는 것으로서 법령에 위반되는지 여부(적극)**: 지방자치법은 지방의회와 지방자치단체의 장에게 독자적 권한을 부여하고 상호 견제와 균형을 이루도록 하고 있으므로, 법률에 특별한 규정이 없는 한 조례로써 견제의 범위를 넘어서 고유권한을 침해하는 규정을 둘 수 없다 할 것인바, **위 지방자치법에 의하면, 주민투표의 대상이 되는 사항이라 하더라도 주민투표의 시행 여부는 지방자치단체의 장의 임의적 재량에 맡겨져 있음이 분명하므로, 지방자치단체의 장의 재량으로서 투표실시 여부를 결정할 수 있도록 한 법규정에 반하여 지방의회가 조례로 정한 특정한 사항에 관하여는 일정한 기간 내에 반드시 투표를 실시하도록 규정한 조례안은 지방자치단체의 장의 고유권한을 침해하는 규정이다**(대판 2002.4.26. 2002추23).

2) 주민투표권의 투표권자

주민투표법 제5조 【주민투표권】 ① 18세 이상의 주민 중 제6조 제1항에 따른 투표인명부 작성기준일 현재 다음 각 호의 어느 하나에 해당하는 사람에게는 주민투표권이 있다. 다만, 「공직선거법」 제18조에 따라 선거권이 없는 사람에게는 주민투표권이 없다.
1. 그 지방자치단체의 관할 구역에 주민등록이 되어 있는 사람
2. 출입국관리 관계 법령에 따라 대한민국에 계속 거주할 수 있는 자격(체류자격변경허가 또는 체류기간연장허가를 통하여 계속 거주할 수 있는 경우를 포함한다)을 갖춘 **외국인으로서 지방자치단체의 조례로 정한 사람**

판례 재외국민의 주민투표권을 부정하는 법률

이 사건 법률조항 부분은 주민등록만을 요건으로 주민투표권의 행사 여부가 결정되도록 함으로써 '주민등록을 할 수 없는 국내거주 재외국민'을 '주민등록이 된 국민인 주민'에 비해 차별하고 있고, 나아가 '주민투표권이 인정되는 외국인'과의 관계에서도 차별을 행하고 있는바, 그와 같은 차별에 아무런 합리적 근거도 인정될 수 없으므로 국내거주 재외국민의 헌법상 기본권인 평등권을 침해하는 것으로 위헌이다(헌재 2007.6.28. 2004헌마643).

주민등록을 할 수 없는 국내거주 재외국민의 주민투표권을 부정하는 법률조항은 평등권을 침해하는 것으로 위헌이다.

3) 주민투표의 대상

주민투표법 제7조 【주민투표의 대상】 ① 주민에게 과도한 부담을 주거나 중대한 영향을 미치는 지방자치단체의 주요 결정사항은 **주민투표에 부칠 수 있다.**

② 제1항에도 불구하고 다음 각 호의 어느 하나에 해당하는 사항은 **주민투표에 부칠 수 없다.**

1. 법령에 위반되거나 재판 중인 사항
2. 국가 또는 다른 지방자치단체의 권한 또는 사무에 속하는 사항
3. **지방자치단체가 수행하는 다음 각 목의 어느 하나에 해당하는 사무의 처리에 관한 사항**
   가. **예산 편성·의결 및 집행**
   나. **회계·계약 및 재산관리**

3의 2. **지방세·사용료·수수료·분담금 등 각종 공과금의 부과 또는 감면에 관한 사항**

4. **행정기구의 설치·변경에 관한 사항과 공무원의 인사·정원 등 신분과 보수에 관한 사항**
5. 다른 법률에 의하여 주민대표가 직접 의사결정주체로서 참여할 수 있는 공공시설의 설치에 관한 사항. 다만, 제9조 제5항의 규정에 의하여 지방의회가 주민투표의 실시를 청구하는 경우에는 그러하지 아니하다.
6. **동일한 사항**(그 사항과 취지가 동일한 경우를 포함한다)**에 대하여 주민투표가 실시된 후 2년이 경과되지 아니한 사항**

주민투표의 대상

주민투표에 부칠 수 있는 사항	• 주민에게 과도한 부담을 주거나 중대한 영향을 미치는 지자체의 주요 결정사항(주민투표법 제7조 제1항) • 지방자치단체의 폐치·분합 또는 구역변경, 주요시설의 설치 등 국가정책의 수립(주민투표법 제8조 제1항) • 주민투표의 대상이 되는 사항이라 하더라도 주민투표의 시행 여부는 지방자치단체의 장의 임의적 재량(2002추23)
주민투표에 부칠 수 없는 사항	• 주민투표법 제7조 제2항 • 미군부대이전(2002추23)

4) 주민투표의 실시요구

주민투표법 제8조 【국가정책에 관한 주민투표】 ① 중앙행정기관의 장은 **지방자치단체를 폐지하거나 설치하거나 나누거나 합치는 경우 또는 지방자치단체의 구역을 변경하거나 주요시설을 설치하는 등 국가정책의 수립에 관하여 주민의 의견을 듣기 위하여 필요하다고 인정하는 때에는 주민투표의 실시구역을 정하여 관계 지방자치단체의 장에게 주민투표의 실시를 요구할 수 있다.** 이 경우 중앙행정기관의 장은 미리 행정안전부장관과 협의하여야 한다.

② 지방자치단체의 장은 제1항의 규정에 의하여 **주민투표의 실시를 요구받은 때**에는 **지체 없이 이를 공표하여야 하며, 공표일부터 30일 이내에 그 지방의회의 의견을 들어야 한다.**

③ 제2항의 규정에 의하여 지방의회의 의견을 들은 지방자치단체의 장은 그 결과를 관계 중앙행정기관의 장에게 통지하여야 한다.

국가정책에 관한 주민투표

① 중앙행정기관의 장은 국가정책의 수립에 관하여 주민의 의견을 듣기 위하여 필요하다고 인정하는 때 ⇨ 행정안전부장관과 협의 ⇨ 주민투표의 실시요구
② 실시요구를 받은 지자체장은 지체 없이 공표, 공표일부터 30일 이내 지방의회의 의견청취
③ 의견을 들은 지자체장은 그 결과를 관계 중앙행정기관의 장에게 통지

① 지방자치단체가 중앙행정기관의 장으로부터 주민투표법 제8조의 주민투표 실시요구를 받지 않은 상태에서 일정한 경우 중앙행정기관에게 실시요구를 해 줄 것을 요구할 수 있는 권한까지 가지고 있다고 보기는 어렵다.

중앙행정기관의 장으로부터 주민투표의 실시요구를 받지 않은 상태에서 지자체가 중앙행정기관에게 실시요구를 해 줄 것을 요구할 수 있는 권한은 없다.

② 그렇다면 주민투표법 제8조의 주민투표 실시가 자치사무인지 여부를 떠나 피청구인 행정안전부장관이 청구인들(제주시장 등)에게 주민투표 실시요구를 하지 않은 상태에서 청구인들에게 실시권한이 발생하였다고 볼 수는 없다(헌재 2005.12.22. 2005헌라5).

5) 주민투표의 실시청구

주민투표의 실시

청구	• 주민의 청구: 주민투표청구권자 총수의 20분의 1 이상 5분의 1 이하의 범위 안에서 지방자치단체의 조례로 정하는 수 이상의 서명으로 청구 • 지방의회의 청구: 재적의원 과반수의 출석과 출석의원 3분의 2 이상의 찬성으로 청구
직권	지방의회 재적의원 과반수의 출석과 출석의원 과반수의 동의를 얻어 지방자치단체의 장의 직권

주민투표법 제9조【주민투표의 실시요건】 ① 지방자치단체의 장은 다음 각 호의 어느 하나에 해당하는 경우에는 주민투표를 실시할 수 있다. 이 경우 제1호 또는 제2호에 해당하는 경우에는 주민투표를 실시하여야 한다.
1. 주민이 제2항에 따라 주민투표의 실시를 청구하는 경우
2. 지방의회가 제5항에 따라 주민투표의 실시를 청구하는 경우
3. 지방자치단체의 장이 주민의 의견을 듣기 위하여 필요하다고 판단하는 경우

② **18세 이상 주민 중** 제5조 제1항 각 호의 어느 하나에 해당하는 사람(같은 항 각 호 외의 부분 단서에 따라 주민투표권이 없는 자는 제외한다. 이하 '주민투표청구권자'라 한다)은 **주민투표청구권자 총수의 20분의 1 이상 5분의 1 이하의 범위에서 지방자치단체의 조례로 정하는 수 이상의 서명으로 그 지방자치단체의 장에게 주민투표의 실시를 청구할 수 있다.**

⑤ **지방의회는 재적의원 과반수의 출석과 출석의원 3분의 2 이상의 찬성**으로 그 지방자치단체의 장에게 주민투표의 실시를 청구할 수 있다.

⑥ **지방자치단체의 장은 직권에 의하여** 주민투표를 실시하고자 하는 때에는 그 **지방의회 재적의원 과반수의 출석과 출석의원 과반수의 동의**를 얻어야 한다.

6) 주민투표의 발의

주민투표의 발의

① 지자체장은 주민투표를 발의하고자 하는 때에는 공표일부터 7일 이내에 투표일과 주민투표안을 공고하여야 한다.
② 지자체장 또는 지방의회가 주민투표청구의 목적을 수용하는 결정을 한 때에는 주민투표를 발의하지 아니한다.
③ 지자체의 관할 구역의 전부 또는 일부에 대하여 선거가 실시되는 때에는 그 선거일 전 60일부터 선거일까지의 기간 동안에는 주민투표를 발의할 수 없다.

주민투표법 제13조【주민투표의 발의】 ① 지방자치단체의 장은 다음 각 호의 어느 하나에 해당하는 경우에는 지체 없이 그 요지를 공표하고 관할 선거관리위원회에 통지하여야 한다.
1. 제8조 제3항의 규정에 의하여 관계 중앙행정기관의 장에게 주민투표를 발의하겠다고 통지한 경우
2. 제9조 제2항 또는 제5항의 규정에 의한 주민투표청구가 적법하다고 인정되는 경우
3. 제9조 제6항의 규정에 의한 동의를 얻은 경우

② **지방자치단체의 장은** 제1항에 따라 **공표한 날부터 7일 이내**(제3항에 따라 주민투표의 발의가 금지되는 기간은 산입하지 아니한다)에 투표일과 주민투표안을 공고함으로써 주민투표를 발의한다. 다만, **지방자치단체의 장 또는 지방의회가 주민투표청구의 목적을 수용하는 결정을 한 때**에는 **주민투표를 발의하지 아니한다.**

③ 지방자치단체의 관할 구역의 전부 또는 일부에 대하여 「공직선거법」의 규정에 의한 **선거가 실시되는 때**에는 그 선거의 **선거일 전 60일부터 선거일까지의 기간 동안에는 주민투표를 발의할 수 없다.**

7) 주민투표의 형식 및 확정

주민투표법 제15조 【주민투표의 형식】 주민투표는 특정한 사항에 대하여 찬성 또는 반대의 의사표시를 하거나 두 가지 사항 중 하나를 선택하는 형식으로 실시하여야 한다.

제24조 【주민투표결과의 확정】 ① **주민투표에 부쳐진 사항은 주민투표권자 총수의 4분의 1 이상의 투표와 유효투표수 과반수의 득표로 확정된다.** 다만, 다음 각 호의 어느 하나에 해당하는 경우에는 찬성과 반대 양자를 모두 수용하지 아니하거나, 양자택일의 대상이 되는 사항 모두를 선택하지 아니하기로 확정된 것으로 본다.

1. 전체 투표수가 주민투표권자 총수의 4분의 1에 미달되는 경우
2. 주민투표에 부쳐진 사항에 관한 유효득표수가 동수인 경우

> 주민투표의 형식 및 확정
> ① 특정한 사항에 대하여 찬성 또는 반대의 의사표시를 하거나 두 가지 사항 중 하나를 선택하는 형식
> ② 주민투표권자 총수의 4분의 1 이상의 투표와 유효투표수 과반수의 득표로 확정

8) 주민투표의 효력

주민투표법 제24조 【주민투표결과의 확정】 ⑤ **지방자치단체의 장 및 지방의회는 주민투표결과 확정된 내용대로 행정·재정상의 필요한 조치를 하여야 한다.**

⑥ 지방자치단체의 장 및 지방의회는 주민투표결과 확정된 사항에 대하여 **2년 이내에는 이를 변경하거나 새로운 결정을 할 수 없다.** 다만, 제1항 단서의 규정에 의하여 찬성과 반대 양자를 모두 수용하지 아니하거나 양자택일의 대상이 되는 사항 모두를 선택하지 아니하기로 확정된 때에는 그러하지 아니하다.

> 주민투표의 효력
> ① 지자체장 및 지방의회는 주민투표결과 확정된 내용대로 행정·재정상의 필요한 조치를 하여야 한다.
> ② 지자체장 및 지방의회는 주민투표결과 확정된 사항에 대하여 2년 이내에는 변경하거나 새로운 결정을 할 수 없다.

주민투표법 제8조에 따른 국가정책에 대한 주민투표는 주민의 의견을 묻는 의견수렴을 가지는 것일 뿐이므로, 국가정책에 대한 주민투표는 법적 구속력이 인정되지 않는다(헌재 2008.12.26. 2005헌마1158).

> 국가정책에 대한 주민투표는 법적 구속력이 없다.

9) 주민투표에 관한 쟁송

주민투표법 제25조 【주민투표소송 등】 ① 주민투표의 효력에 관하여 이의가 있는 주민투표권자는 주민투표권자 총수의 100분의 1 이상의 서명으로 제24조 제3항에 따라 주민투표결과가 공표된 날부터 14일 이내에 관할 선거관리위원회 위원장을 피소청인으로 하여 **시·군·구**의 경우에는 **시·도선거관리위원회에, 시·도**의 경우에는 **중앙선거관리위원회에** 소청할 수 있다.

② **소청인은** 제1항에 따른 소청에 대한 결정에 불복하려는 경우 **관할 선거관리위원회 위원장을 피고로 하여 그 결정서를 받은 날**(결정서를 받지 못한 때에는 결정기간이 종료된 날을 말한다)**부터 10일 이내에 시·도**의 경우에는 **대법원에, 시·군·구**의 경우에는 **관할 고등법원**에 소를 제기할 수 있다.

주민투표에 관한 소청과 소송

구분	소청	소송
주체	주민투표의 효력에 관하여 이의가 있는 주민투표권자	소청에 대한 결정에 불복이 있는 소청인
기간	주민투표결과가 공표된 날부터 14일 이내	소청결정서를 받은 날부터 10일 이내
피소청인(피고)	관할 선거관리위원회 위원장	관할 선거관리위원회 위원장
상대기관	① 시·군·구의경우시·도 선거관리위원회 ② 시·도의 경우 중앙선거관리위원회	① 시·도의 경우 대법원 ② 시·군·구의 경우 관할 고등법원

(4) 조례의 제정·개폐청구권

지방자치법 제19조 【조례의 제정과 개정·폐지 청구】 ① 주민은 지방자치단체의 조례를 제정하거나 개정하거나 폐지할 것을 청구할 수 있다.

② 조례의 제정·개정 또는 폐지 청구의 청구권자·청구대상·청구요건 및 절차 등에 관한 사항은 따로 법률로 정한다.

OX

① 시·군 및 자치구에서는 19세 이상 주민 총수의 50분의 1 이상 20분의 1 이하의 범위에서 대통령령으로 정하는 19세 이상의 주민 수 이상의 연서로 조례의 제정·개폐를 청구할 수 있다. (×)

② 조례의 제정 또는 개폐에 관한 주민의 청구는 조례의 제정권을 가진 지방의회에 하여야 한다. (×)

③ 조례개폐청구권은 지방세 및 부담금 등의 부과·징수를 포함한 조례제정권이 미치는 모든 조례규정사항을 대상으로 한다. (×)

④ 공공시설의 설치를 반대하는 사항에 관하여 조례의 제정청구권이 있다. (×)

지방자치법상의 직접민주제

① 주민투표
② 주민의 조례제정·개폐청구권
③ 주민감사청구권
④ 주민소송
⑤ 주민소환권

주민조례발안에 관한 법률 제2조 【주민조례청구권자】 18세 이상의 주민으로서 다음 각 호의 어느 하나에 해당하는 사람(「공직선거법」 제18조에 따른 선거권이 없는 사람은 제외한다. 이하 '청구권자'라 한다)은 해당 지방자치단체의 의회(이하 '지방의회'라 한다)에 조례를 제정하거나 개정 또는 폐지할 것을 청구(이하 '주민조례청구'라 한다)할 수 있다.
1. 해당 지방자치단체의 관할 구역에 주민등록이 되어 있는 사람
2. 출입국관리법 제10조에 따른 영주(永住)할 수 있는 체류자격 취득일 후 3년이 지난 외국인으로서 같은 법 제34조에 따라 해당 지방자치단체의 외국인등록대장에 올라 있는 사람

제4조 【주민조례청구 제외 대상】 다음 각 호의 사항은 주민조례청구 대상에서 제외한다.
1. 법령을 위반하는 사항
2. 지방세·사용료·수수료·부담금을 부과·징수 또는 감면하는 사항
3. 행정기구를 설치하거나 변경하는 사항
4. 공공시설의 설치를 반대하는 사항

제12조 【청구의 수리 및 각하】 ① 지방의회의 의장은 다음 각 호의 어느 하나에 해당하는 경우로서 제4조, 제5조 및 제10조 제1항(제11조 제5항에서 준용하는 경우를 포함한다)에 따른 요건에 적합한 경우에는 주민조례청구를 수리하고, 요건에 적합하지 아니한 경우에는 주민조례청구를 각하하여야 한다. 이 경우 수리 또는 각하 사실을 대표자에게 알려야 한다.
1. 제11조 제2항(같은 조 제5항에 따라 준용되는 경우를 포함하며, 이하 같다)에 따른 이의신청이 없는 경우
2. 제11조 제2항에 따라 제기된 모든 이의신청에 대하여 같은 조 제3항(같은 조 제5항에 따라 준용되는 경우를 포함한다)에 따른 결정이 끝난 경우

② 지방의회의 의장은 제1항에 따라 주민조례청구를 각하하려면 대표자에게 의견을 제출할 기회를 주어야 한다.

③ 지방의회의 의장은 「지방자치법」 제76조 제1항에도 불구하고 이 조 제1항에 따라 주민조례청구를 수리한 날부터 30일 이내에 지방의회의 의장 명의로 주민청구조례안을 발의하여야 한다.

제13조 【주민청구조례안의 심사 절차】 ① 지방의회는 제12조 제1항에 따라 주민청구조례안이 수리된 날부터 1년 이내에 주민청구조례안을 의결하여야 한다. 다만, 필요한 경우에는 본회의 의결로 1년 이내의 범위에서 한 차례만 그 기간을 연장할 수 있다.

② 지방의회는 심사 안건으로 부쳐진 주민청구조례안을 의결하기 전에 대표자를 회의에 참석시켜 그 청구의 취지(대표자와의 질의·답변을 포함한다)를 들을 수 있다.

③ 지방자치법 제79조 단서에도 불구하고 주민청구조례안은 제12조 제1항에 따라 주민청구조례안을 수리한 당시의 지방의회의원의 임기가 끝나더라도 다음 지방의회의원의 임기까지는 의결되지 못한 것 때문에 폐기되지 아니한다.

(5) 주민감사청구권

지방자치법 제21조【주민의 감사청구】 ① 지방자치단체의 18세 이상의 주민으로서 다음 각 호의 어느 하나에 해당하는 사람(공직선거법 제18조에 따른 선거권이 없는 사람은 제외한다. 이하 이 조에서 '18세 이상의 주민'이라 한다)은 시·도는 300명, 제198조에 따른 인구 50만 이상 대도시는 200명, 그 밖의 시·군 및 자치구는 150명 이내에서 그 지방자치단체의 조례로 정하는 수 이상의 18세 이상의 주민이 연대 서명하여 그 지방자치단체와 그 장의 권한에 속하는 사무의 처리가 법령에 위반되거나 공익을 현저히 해친다고 인정되면 시·도의 경우에는 주무부장관에게, 시·군 및 자치구의 경우에는 시·도지사에게 감사를 청구할 수 있다.

1. 해당 지방자치단체의 관할 구역에 주민등록이 되어 있는 사람
2. 출입국관리법 제10조에 따른 영주(永住)할 수 있는 체류자격 취득일 후 3년이 경과한 외국인으로서 같은 법 제34조에 따라 해당 지방자치단체의 외국인등록대장에 올라 있는 사람

② 다음 각 호의 사항은 감사청구의 대상에서 제외한다.

1. 수사나 재판에 관여하게 되는 사항
2. 개인의 사생활을 침해할 우려가 있는 사항
3. 다른 기관에서 감사하였거나 감사 중인 사항. 다만, 다른 기관에서 감사한 사항이라도 새로운 사항이 발견되거나 중요 사항이 감사에서 누락된 경우와 제22조 제1항에 따라 주민소송의 대상이 되는 경우에는 그러하지 아니하다.
4. 동일한 사항에 대하여 제22조 제2항 각 호의 어느 하나에 해당하는 소송이 진행 중이거나 그 판결이 확정된 사항

③ 제1항에 따른 청구는 사무처리가 있었던 날이나 끝난 날부터 3년이 지나면 제기할 수 없다.

⑨ 주무부장관이나 시·도지사는 감사청구를 수리한 날부터 60일 이내에 감사청구된 사항에 대하여 감사를 끝내야 하며, 감사 결과를 청구인의 대표자와 해당 지방자치단체의 장에게 서면으로 알리고, 공표하여야 한다. 다만, 그 기간에 감사를 끝내기가 어려운 정당한 사유가 있으면 그 기간을 연장할 수 있으며, 기간을 연장할 때에는 미리 청구인의 대표자와 해당 지방자치단체의 장에게 알리고, 공표하여야 한다.

⑪ 주무부장관이나 시·도지사는 주민감사청구를 처리(각하를 포함한다)할 때 청구인의 대표자에게 반드시 증거제출 및 의견진술의 기회를 주어야 한다.

⑫ 주무부장관이나 시·도지사는 제9항에 따른 감사 결과에 따라 기간을 정하여 해당 지방자치단체의 장에게 필요한 조치를 요구할 수 있다. 이 경우 그 지방자치단체의 장은 이를 성실히 이행하여야 하고, 그 조치 결과를 지방의회와 주무부장관 또는 시·도지사에게 보고하여야 한다.

지방자치단체와 그 장의 권한에 속하는 사무인 이상, 자치사무는 물론이고 단체위임사무와 기관위임사무도 주민감사청구의 대상이 될 수 있다.

OX 지방자치단체의 19세 이상의 주민은 특별시·광역시·특별자치시·도·특별자치도는 500명, 시·군 및 자치구는 200명을 넘지 아니하는 범위에서 대통령령으로 정하는 19세 이상의 주민 수 이상의 연서로 주무부장관 또는 시·도지사에게 그 지방자치단체와 그 장의 권한에 속하는 사무의 처리가 법령에 위반되거나 공익을 현저히 해친다고 인정되면 감사를 청구할 수 있다. (×)

OX 주민감사청구의 상대방은 시·도에서는 행정안전부장관, 시·군 및 자치구에서는 시·도지사이다. (×)

OX 주민감사청구권은 지방자치단체에 있는 감사기관에 대한 청구권 행사를 말한다. (×)

OX 주민감사청구는 당해 사무처리가 있었던 날 또는 끝난 날부터 2년 이내에 하여야 하나, 정당한 사유가 있는 경우에는 그러하지 아니하다. (×)

주민감사청구의 대상: 자치사무(○), 단체위임사무(○), 기관위임사무(○)

지방자치법 제21조 제1항에 따라 주민감사를 청구할 때 '해당 사무의 처리가 법령에 위반되거나 공익을 현저히 해친다고 인정될 것'은 주민감사청구 또는 주민소송의 적법요건이 아니다.

판례

지방자치법 제21조 제1항에서 규정한 **'해당 사무의 처리가 법령에 위반되거나 공익을 현저히 해친다고 인정되면'**이란 **감사기관이 감사를 실시한 결과 피감기관에 대하여 시정요구 등의 조치를 하기 위한 요건 및 주민소송에서 법원이 본안에서 청구를 인용하기 위한 요건일 뿐**이고, 주민들이 주민감사를 청구하거나 주민소송을 제기하는 단계에서는 '해당 사무의 처리가 법령에 반하거나 공익을 현저히 해친다고 인정될 가능성'을 주장하는 것으로 족하며, '해당 사무의 처리가 법령에 반하거나 공익을 현저히 해친다고 인정될 것'이 **주민감사청구 또는 주민소송의 적법요건이라고 볼 수는 없다.** 왜냐하면 '해당 사무의 처리가 법령에 위반되거나 공익을 현저히 해친다고 인정되는지 여부'는 감사기관이나 주민소송의 법원이 구체적인 사실관계를 조사·심리해 보아야지 비로소 판단할 수 있는 사항이기 때문이다. 만약 이를 주민감사청구의 적법요건이라고 볼 경우 본안의 문제가 본안 전(前) 단계에서 먼저 다루어지게 되는 모순이 발생할 뿐만 아니라, 주민감사를 청구하는 주민들로 하여금 주민감사청구의 적법요건으로서 '해당 사무의 처리가 법령에 위반되거나 공익을 현저히 해친다고 인정될 것'을 증명할 것까지 요구하는 불합리한 결과가 야기될 수 있다(대판 2020.6.25. 2018두67251).

(6) 주민소송제도

1) 대상

OX 주민소송과 관련한 세부사항은 주민소송법에서 별도로 정하고 있다. (×)

OX 지방자치법 제21조 제1항에 따라 공금의 지출에 관한 사항 등을 감사청구한 주민은 주민소송의 원고적격이 있다. (○)

OX 주민소송은 지자체장의 부당이나 위법행위로 인해 권익이 침해되거나 재산상 손실을 입은 자만이 제기할 수 있다. (×)

지방자치법 제22조 【주민소송】 ① 제21조 제1항에 따라 공금의 지출에 관한 사항, 재산의 취득·관리·처분에 관한 사항, 해당 지방자치단체를 당사자로 하는 매매·임차·도급 계약이나 그 밖의 계약의 체결·이행에 관한 사항 또는 지방세·사용료·수수료·과태료 등 공금의 부과·징수를 게을리한 사항을 감사청구한 주민은 다음 각 호의 어느 하나에 해당하는 경우에 그 감사청구한 사항과 관련이 있는 위법한 행위나 업무를 게을리한 사실에 대하여 해당 지방자치단체의 장(해당 사항의 사무처리에 관한 권한을 소속 기관의 장에게 위임한 경우에는 그 소속 기관의 장을 말한다. 이하 이 조에서 같다)을 상대방으로 하여 소송을 제기할 수 있다.

1. 주무부장관이나 시·도지사가 감사청구를 수리한 날부터 60일(제21조 제9항 단서에 따라 감사기간이 연장된 경우에는 연장된 기간이 끝난 날을 말한다)이 지나도 감사를 끝내지 아니한 경우
2. 제21조 제9항 및 제10항에 따른 감사 결과 또는 같은 조 제12항에 따른 조치 요구에 불복하는 경우
3. 제21조 제12항에 따른 주무부장관이나 시·도지사의 조치 요구를 지방자치단체의 장이 이행하지 아니한 경우
4. 제21조 제12항에 따른 지방자치단체의 장의 이행 조치에 불복하는 경우

OX 주민의 감사청구에 의한 감사 결과를 지자체의 장이 이행하지 아니한 경우 주민은 감사 결과의 이행소송을 제기할 수 있다. (×)

특별한 사정이 없는 한 지출원인행위 등에 선행하여 지출원인행위를 수반하게 하는 당해 지방자치단체의 장 및 직원, 지방의회 의원의 결정 등과 같은 행위는 주민소송의 대상에 포함되지 않는다.

판례

1. 지출원인행위 등에 선행하는 당해 지방자치단체의 장 및 직원, 지방의회 의원의 결정 등과 같은 행위

[1] 구 지방자치법 제22조 제1항에 규정된 주민소송의 대상으로서 **'공금의 지출에 관한 사항'**이란 **지출원인행위, 즉 지방자치단체의 지출원인이 되는 계약 그 밖의 행위로서 당해 행**

위에 의하여 지방자치단체가 지출의무를 부담하는 예산집행의 최초 행위와 그에 따른 지급명령 및 지출 등에 한정되고, **특별한 사정이 없는 한 이러한 지출원인행위 등에 선행하여 그러한 지출원인행위를 수반하게 하는 당해 지방자치단체의 장 및 직원, 지방의회의원의 결정 등과 같은 행위는 포함되지 않는다**고 보아야 한다.

[2] 구 지방자치법 제22조 제1항에 규정된 주민소송의 대상인 '공금의 지출에 관한 사항'에는 지출원인행위에 선행하는 당해 지방자치단체의 장 및 직원, 지방의회의원의 결정 등과 같은 행위가 포함되지 않으므로 **선행행위에 위법사유가 존재하더라도 이는 주민소송의 대상이 되지 않는다.** 그러나 **선행행위가 현저하게 합리성을 결하여 그 때문에 지방재정의 적정성 확보라는 관점에서 지나칠 수 없는 하자가 존재하는 경우**에는 **지출원인행위 단계에서 선행행위를 심사하여 이를 시정해야 할 회계 관계 법규상 의무가 있다**고 보아야 한다. 따라서 이러한 **하자를 간과하여 그대로 지출원인행위 및 그에 따른 지급명령·지출 등 행위에 나아간 경우**에는 그러한 **지출원인행위 등 자체가 회계 관계 법규에 반하여 위법하다**고 보아야 하고, 이러한 위법사유가 존재하는지를 판단할 때에는 선행행위와 지출원인행위의 관계, 지출원인행위 당시 선행행위가 위법하여 직권으로 취소하여야 할 사정이 있었는지 여부, 지출원인행위 등을 한 당해 지방자치단체의 장 및 직원 등이 선행행위의 위법성을 명백히 인식하였거나 이를 인식할 만한 충분한 객관적인 사정이 존재하여 선행행위를 시정할 수 있었는지 등을 종합적으로 고려해야 한다.

[3] 시장 甲이 도시개발에 따른 교통난을 해소하기 위해 도로확장공사계획을 수립하고, 건설회사와 공사도급계약을 체결하여 공정을 마무리하였으나 해당 도로가 군용항공기지법 제8조에 반하여 비행안전구역에 개설되었다는 이유로 개통이 취소되자, 주민 乙 등이 甲을 비롯한 시청 소속 공무원들이 도로 개설 사업을 강행함으로써 예산을 낭비하였다며 지방자치법 제21조에 따른 주민감사청구를 한 후 시장을 상대로 지방자치법 제22조 제2항 제4호에 따라 甲에게 손해배상청구를 할 것을 요구하는 소송을 제기한 사안에서, 선행행위인 도로확장계획 등에 일부 위법사유가 존재하더라도 현저하게 합리성을 결하여 지출원인행위인 공사도급계약 체결에 지나칠 수 없는 하자가 있다고 보기 어렵고, 공사도급계약 체결 단계에서 선행행위를 다시 심사하여 이를 시정해야 할 회계 관계 법규상 의무를 위반하여 그대로 지출원인행위 등으로 나아간 경우에 해당한다고 보기 어렵다는 이유로 乙 등의 청구를 배척하였다(대판 2011.12.22. 2009두14309).

> 선행행위가 현저하게 합리성을 결하여 그 때문에 지방재정의 적정성 확보라는 관점에서 지나칠 수 없는 하자가 존재하는 경우, 이러한 하자를 간과하여 그대로 지출원인행위 및 그에 따른 지급명령·지출 등 행위에 나아간 경우에는 그러한 지출원인행위 등 자체가 회계 관계 법규에 반하여 위법하다.

> 시장이 도로확장공사계획을 수립하고 건설회사와 공사도급계약을 체결하여 공정을 마무리하였으나 해당 도로가 군용항공기지법에 반하여 개설되었다는 이유로 개통이 취소된 경우, 선행행위인 도로확장계획에 일부 위법사유가 존재하더라도 현저하게 합리성을 결하여 지출원인행위인 공사도급계약체결에 지나칠 수 없는 하자가 있다고 보기 어렵다.

2. 도로점용허가

주민소송제도는 지방자치단체 주민이 지방자치단체의 위법한 재무회계행위의 방지 또는 시정을 구하거나 그로 인한 손해의 회복 청구를 요구할 수 있도록 함으로써 지방자치단체 재무행정의 적법성, 지방재정의 건전하고 적정한 운영을 확보하려는 데 목적이 있다. 그러므로 **주민소송은 원칙적으로 지방자치단체의 재무회계에 관한 사항의 처리를 직접 목적으로 하는 행위에 대하여 제기할 수 있고,** 지방자치법 제22조 제1항에서 주민 소송의 대상으로 규정한 '재산의 취득·관리·처분에 관한 사항', '해당 지방자치단체를 당사자로 하는 계약의 체결·이행에 관한 사항' 등에 해당하는지 여부도 그 기준에 의하여 판단하여야 한다(대판 2020.7.29. 2017두63467). 특히 **도로 등 공물이나 공공용물을 특정 사인이 배타적으로 사용하도록 하는 점용허가가 도로 등의 본래 기능 및 목적과 무관하게 그 사용가치를 실현·활용하기 위한 것으로 평가되는 경우**에는 **주민소송의 대상이 되는 재산의 관리·처분에 해당**한다(대판 2016.5.27. 2014두8490).

> **OX** 주민소송이 진행 중이라도 다른 주민도 같은 사항에 대하여 별도의 소송을 제기할 수 있다. (×)

> **OX** 주민소송의 계속 중에 소송을 제기한 주민이 사망해도 소송대리인이 있는 경우에는 소송절차가 중단되지 아니한다. (×)

재무회계와 관련이 없는 행위는 그것이 지방자치단체의 재정에 어떤 영향을 미친다고 하더라도, 주민소송의 대상이 되는 '재산의 관리·처분에 관한 사항' 또는 '공금의 부과·징수를 게을리한 사항'에 해당하지 않는다.

이행강제금의 부과·징수를 게을리한 행위는 주민소송의 대상이 되는 공금의 부과·징수를 게을리한 사항에 해당한다.

주민소송의 대상은 주민감사를 청구한 사항과 관련이 있는 것으로 충분하고, 주민감사를 청구한 사항과 반드시 동일할 필요는 없다.

3. 이행강제금의 부과·징수를 게을리한 행위

[1] 주민소송제도는 주민으로 하여금 지방자치단체의 위법한 재무회계행위의 방지 또는 시정을 구할 수 있도록 함으로써 지방재무회계에 관한 행정의 적법성을 확보하려는 데 목적이 있다. 그러므로 지방자치법 제22조 제1항, 제2항 제2호, 제3호 등에 따라 **주민소송의 대상이 되는 '재산의 관리·처분에 관한 사항'이나 '공금의 부과·징수를 게을리한 사항'**이란 **지방자치단체의 소유에 속하는 재산의 가치를 유지·보전 또는 실현함을 직접 목적으로 하는 행위 또는 그와 관련된 공금의 부과·징수를 게을리한 행위**를 말하고, 그 밖에 **재무회계와 관련이 없는 행위**는 그것이 **지방자치단체의 재정에 어떤 영향을 미친다고 하더라도, 주민소송의 대상이 되는 '재산의 관리·처분에 관한 사항' 또는 '공금의 부과·징수를 게을리한 사항'에 해당하지 않는다.**

[2] 이행강제금은 지방자치단체의 재정수입을 구성하는 재원 중 하나로서 지방세외수입금의 징수 등에 관한 법률에서 이행강제금의 효율적인 징수 등에 필요한 사항을 특별히 규정하는 등 부과·징수를 재무회계 관점에서도 규율하고 있으므로, **이행강제금의 부과·징수를 게을리한 행위**는 **주민소송의 대상이 되는 공금의 부과·징수를 게을리한 사항에 해당**한다.

[3] 지방자치법의 **주민소송 요건인 위법하게 공금의 부과·징수를 게을리한 사실이 인정되기 위해서는** 전제로서, **관련 법령상의 요건이 갖추어져 지방자치단체의 집행기관 등의 공금에 대한 부과·징수가 가능하여야 한다**(대판 2015.9.10. 2013두16746).

4. 주민감사청구의 대상과 주민소송의 대상

주민감사청구가 '지방자치단체와 그 장의 권한에 속하는 사무의 처리'를 대상으로 하는 데 반하여, 주민소송은 '그 감사청구한 사항과 관련이 있는 위법한 행위나 업무를 게을리한 사실'에 대하여 제기할 수 있는 것이므로, **주민소송의 대상은 주민감사를 청구한 사항과 관련이 있는 것으로 충분하고, 주민감사를 청구한 사항과 반드시 동일할 필요는 없다.** 주민감사를 청구한 사항과 관련성이 있는지는 주민감사청구사항의 기초인 사회적 사실관계와 기본적인 점에서 동일한지에 따라 결정되는 것이며 그로부터 파생되거나 후속하여 발생하는 행위나 사실은 주민감사청구사항과 관련이 있다고 보아야 한다(대판 2020.7.29. 2017두63467).

5. 지방자치법 제22조 제1항 중 '재산의 취득·관리·처분에 관한 사항' 부분이 '재산의 취득·관리·처분'이라는 일반·추상적 용어를 사용하고 있더라도, '재산', '취득', '관리', '처분' 개념은 다수의 법률에서 널리 사용하는 용어이고, 특히 지방자치단체의 재산에 관한 사항을 규율하고 있는 지방자치법과 구 공유재산 및 물품 관리법 등 관련 법률의 조항들을 통해 의미를 파악하는 것이 가능하며, 어떤 '재산의 취득·관리·처분'에 관한 행위가 주민소송의 대상이 되는지는 결국 법원이 주민소송제도의 입법취지를 고려하여 구체적으로 심리하여 판단해야 할 영역이다. 나아가 대법원은 "도로 등 공물이나 공공용물을 특정 사인이 배타적으로 사용하도록 하는 점용허가가 도로 등의 본래 기능 및 목적과 무관하게 그 사용가치를 실현·활용하기 위한 것으로 평가되는 경우에는 주민소송의 대상이 되는 재산의 관리·처분에 해당한다고 보아야 한다."라고 판시하여 주민소송의 대상에 관하여 구체적인 판단기준을 제시한 바 있다. 따라서 지방자치법 제22조 제1항 중 '재산의 취득·관리·처분에 관한 사항' 부분은 명확성원칙에 반하지 아니한다(대판 2019.10.17. 2018두104).

2) **전치요건**

주민소송은 감사청구한 주민만이 제기할 수 있다(지방자치법 제22조 제1항 참조). 따라서 법인 등 단체는 당사자적격이 없고, 감사청구를 필요적 전치절차로 한다(**감사청구전치주의**).

감사청구권과 주민소송의 비교

구분	주민의 감사청구권	주민소송
청구(제소)권자	다수의 주민	감사청구한 주민인 이상 1인도 제기할 수 있음.
상대방	감독청(시·도에서는 주무부장관에게, 시·군 및 자치구에서는 시·도지사)	해당 지방자치단체의 장
대상	지방자치단체와 그 장의 권한에 속하는 사무의 처리가 법령에 위반되거나 공익을 현저히 해친다고 인정되는 경우	감사청구한 사항과 관련이 있는 위법한 행위나 업무를 게을리한 사실

판례

지방자치법 제22조 제1항은 주민감사를 청구한 주민에 한하여 주민소송을 제기할 수 있도록 하여 '주민감사청구 전치'를 주민소송의 소송요건으로 규정하고 있으므로, **주민감사청구 전치 요건을 충족하였는지 여부**는 주민소송의 **수소법원이 직권으로 조사하여 판단하여야 한다.** 주민소송이 주민감사청구 전치요건을 충족하였다고 하려면 주민감사청구가 지방자치법 제21조에서 정한 적법요건을 모두 갖추고, 나아가 지방자치법 제22조 제1항 각 호에서 정한 사유에도 해당하여야 한다. 지방자치법 제22조 제1항 제2호에 정한 '감사 결과'에는 감사기관이 주민감사청구를 수리하여 일정한 조사를 거친 후 주민감사청구사항의 실체에 관하여 본안판단을 하는 내용의 결정을 하는 경우뿐만 아니라, 감사기관이 주민감사청구가 부적법하다고 오인하여 위법한 각하결정을 하는 경우까지 포함한다. **주민감사청구가 지방자치법에서 정한 적법요건을 모두 갖추었음에도, 감사기관이 해당 주민감사청구가 부적법하다고 오인하여 더 나아가 구체적인 조사·판단을 하지 않은 채 각하하는 결정을 한 경우**에는, **감사청구한 주민은 위법한 각하결정 자체를 별도의 항고소송으로 다툴 필요 없이, 지방자치법이 규정한 다음 단계의 권리구제절차인 주민소송을 제기할 수 있다**고 보아야 한다(대판 2020.6.25. 2018두67251).

주민감사청구가 지방자치법에서 정한 적법요건을 모두 갖추었음에도, 감사기관이 해당 주민감사청구가 부적법하다고 오인하여 더 나아가 구체적인 조사 · 판단을 하지 않은 채 각하하는 결정을 한 경우에는, **감사청구한 주민은 위법한 각하결정 자체를 별도의 항고소송으로 다툴 필요 없이, 지방자치법이 규정한 다음 단계의 권리구제절차인 주민소송을 제기할 수 있다.**

3) **주민소송의 유형**

지방자치법 제22조 【주민소송】 ② 제1항에 따라 주민이 제기할 수 있는 소송은 다음 각 호와 같다.

1. 해당 행위를 계속하면 회복하기 어려운 손해를 발생시킬 우려가 있는 경우에는 그 행위의 전부나 일부를 중지할 것을 요구하는 소송
2. 행정처분인 해당 행위의 취소 또는 변경을 요구하거나 그 행위의 효력 유무 또는 존재 여부의 확인을 요구하는 소송
3. 게을리한 사실의 위법 확인을 요구하는 소송

4. 해당 지방자치단체의 장 및 직원, 지방의회의원, 해당 행위와 관련이 있는 상대방에게 손해배상청구 또는 부당이득반환청구를 할 것을 요구하는 소송. 다만, 그 지방자치단체의 직원이 「회계관계직원 등의 책임에 관한 법률」 제4조에 따른 변상책임을 져야 하는 경우에는 변상명령을 할 것을 요구하는 소송을 말한다.

③ 제2항 제1호의 중지청구소송은 해당 행위를 중지할 경우 생명이나 신체에 중대한 위해가 생길 우려가 있거나 그 밖에 공공복리를 현저하게 해칠 우려가 있으면 제기할 수 없다.

지방자치법 제22조 제2항 제4호 주민소송을 제기하는 자는 상대방, 재무회계행위의 내용, 감사청구와의 관련성, 상대방에게 요구할 손해배상금 내지 부당이득금 등을 특정하여야 한다.

지방자치법 제23조 제2항 제4호 주민소송에 따른 손해배상청구의 경우, 위법한 재무회계행위와 관련이 있는 상대방인 지방자치단체의 장이나 공무원에게 위법행위에 대한 고의 또는 중대한 과실이 있어야 손해배상책임이 성립한다.

판례

[1] 지방자치법 제22조 제2항 제1호부터 제3호까지의 주민소송은 해당 지방자치단체의 장을 상대방으로 하여 위법한 재무회계행위의 방지, 시정 또는 확인 등을 직접적으로 구하는 것인 데 반하여, **제4호 주민소송**은 감사청구한 사항과 관련이 있는 위법한 행위나 업무를 게을리한 사실에 대하여 지방자치단체의 장 및 직원, 지방의회의원, 해당 행위와 관련이 있는 상대방(이하 '상대방'이라 통칭한다)에게 손해배상청구, 부당이득반환청구, 변상명령 등을 할 것을 요구하는 소송이다. 따라서 제4호 주민소송 판결이 확정되면 지방자치단체의 장인 피고는 상대방에 대하여 판결에 따라 결정된 손해배상금이나 부당이득반환금의 지불 등을 청구할 의무가 있으므로, **제4호 주민소송을 제기하는 자는 상대방, 재무회계행위의 내용, 감사청구와의 관련성, 상대방에게 요구할 손해배상금 내지 부당이득금 등을 특정하여야 한다.**

[2] 지방자치단체의 장은 지방자치법 제23조 제2항 제4호 주민소송에 따라 손해배상청구나 부당이득반환청구를 명하는 판결 또는 회계관계직원 등의 책임에 관한 법률(이하 '회계직원책임법'이라 한다)에 따른 변상명령을 명하는 판결이 확정되면 위법한 재무회계행위와 관련이 있는 상대방에게 손해배상금이나 부당이득반환금을 청구하여야 하거나 변상명령을 할 수 있다(지방자치법 제24조 제2항 제4호, 회계직원책임법 제6조 제1항). 그리고 이에 더 나아가 상대방이 손해배상금 등의 지급을 이행하지 않으면 지방자치단체의 장은 손해배상금 등을 청구하는 소송을 제기하여야 한다(지방자치법 제23조 제2항). 이때 상대방인 지방자치단체의 장이나 공무원은 국가배상법 제2조 제2항, 회계직원책임법 제4조 제1항의 각 규정 내용 및 취지 등에 비추어 볼 때, 그 **위법행위에 대하여 고의 또는 중대한 과실이 있는 경우에 제4호 주민소송의 손해배상책임을 부담하는 것**으로 보아야 한다(대판 2020.7.29. 2017두63467).

4) 주민소송의 제소기간

지방자치법 제22조 【주민소송】 ④ 제2항에 따른 소송은 다음 각 호의 구분에 따른 날부터 90일 이내에 제기하여야 한다.

1. 제1항 제1호: 해당 60일이 끝난 날(제21조 제9항 단서에 따라 감사기간이 연장된 경우에는 연장기간이 끝난 날을 말한다)
2. 제1항 제2호: 해당 감사 결과나 조치 요구 내용에 대한 통지를 받은 날
3. 제1항 제3호: 해당 조치를 요구할 때에 지정한 처리기간이 끝난 날
4. 제1항 제4호: 해당 이행 조치 결과에 대한 통지를 받은 날

판례

원고들이 피고가 이 사건 도로점용허가처분을 한 2010.4.9.부터 2년 이내인 2011.12.7. 주민감사청구를 제기하였으므로 지방자치법 제21조 제3항의 주민감사청구 기간을 준수하였고, 서울특별시장이 감사결과를 통보한 2012.6.1.부터 90일 이내인 2012.8.29. 이 사건 주민소송을 제기하였으므로 지방자치법 제22조 제4항의 주민소송 제소기간을 준수하였으며, 주민감사청구 및 이를 전제로 한 **주민소송에 대해서는** 행정소송법 제20조 제1항에서 정한 일반 **취소소송의 제소기간이 적용되지 않는다**고 판단하였다(대판 2019.10.17. 2018두104).

주민소송에 대해서는 행정소송법 제20조 제1항에서 정한 일반 **취소소송의 제소기간이 적용되지 않는다.**

5) 동일사항에 대한 중복제소금지

지방자치법 제22조【주민소송】 ⑤ 제2항 각 호의 소송이 진행 중이면 다른 주민은 같은 사항에 대하여 별도의 소송을 제기할 수 없다.

OX 주민소송이 진행 중이라도 다른 주민도 같은 사항에 대하여 별도의 소송을 제기할 수 있다. (×)

6) 주민소송중단과 소 종료

지방자치법 제22조【주민소송】 ⑥ 소송의 계속(繫屬) 중에 소송을 제기한 주민이 사망하거나 제16조에 따른 주민의 자격을 잃으면 소송절차는 중단된다. 소송대리인이 있는 경우에도 또한 같다.

⑦ 감사청구에 연대 서명한 다른 주민은 제6항에 따른 사유가 발생한 사실을 안 날부터 6개월 이내에 소송절차를 수계(受繼)할 수 있다. 이 기간에 수계절차가 이루어지지 아니할 경우 그 소송절차는 종료된다.

⑧ 법원은 제6항에 따라 소송이 중단되면 감사청구에 연대 서명한 다른 주민에게 소송절차를 중단한 사유와 소송절차 수계방법을 지체 없이 알려야 한다. 이 경우 법원은 감사 청구에 적힌 주소로 통지서를 우편으로 보낼 수 있고, 우편물이 통상 도달할 수 있을 때에 감사청구에 연대 서명한 다른 주민은 제6항의 사유가 발생한 사실을 안 것으로 본다.

OX 주민소송의 계속 중에 소송을 제기한 주민이 사망해도 소송대리인이 있는 경우에는 소송절차가 중단되지 아니한다. (×)

7) 관할법원

지방자치법 제22조【주민소송】 ⑨ 제2항에 따른 소송은 해당 **지방자치단체의 사무소 소재지를 관할하는 행정법원**(행정법원이 설치되지 아니한 지역에서는 행정법원의 권한에 속하는 사건을 관할하는 지방법원 본원을 말한다)의 관할로 한다.

8) 심사기준

지방자치법은 제22조 제1항에서 주민소송의 대상을 열거하고 있을 뿐 주민소송에서 처분의 위법성 심사기준을 별도로 규정하고 있지 않으며, 제22조 제2항 제2호에서도 행정처분의 취소 또는 변경을 요구하기 위한 요건으로 지방자치단체의 재정에 손실을 야기하였을 것을 요하도록 규정하고 있지 않다. 지방자치법 제21조, 제22조 제1항, 제2항 제2호, 제22항의 내용과 체계에다가 주민소송 제도의 입법 취지와 법적 성질 등을 종합하면, 주민소송에서 다툼의 대상이 된 처분의 위법성은 행정소송법상 항고소송에서와 마찬가지로 헌법, 법률, 그 하위의 법규명령, 법의 일반원칙 등 객관적 법질서를 구성하는 모든 법규범에 위반되는지 여부를 기준으로 판단하여야 하는 것이지, 해당 처분으로 지방자치단체의 재정에 손실이 발생하였는지만을 기준으로 판단할 것은 아니다(대판 2019.10.17. 2018두104).

주민소송에서 다툼의 대상이 된 처분의 위법성은 **모든 법규범에 위반되는지 여부를 기준으로 판단하여야 하는 것이지, 해당 처분으로 지방자치단체의 재정에 손실이 발생하였는지만을 기준으로 판단할 것은 아니다.**

9) **소의 취하, 소송의 화해 또는 청구의 포기**

> **지방자치법 제22조 【주민소송】** ⑭ 제2항에 따른 소송에서 당사자는 법원의 허가를 받지 아니하고는 소의 취하, 소송의 화해 또는 청구의 포기를 할 수 없다.

10) **행정소송법 적용**

> **지방자치법 제22조 【주민소송】** ⑱ 제1항에 따른 소송에 관하여 이 법에 규정된 것 외에는 「행정소송법」에 따른다.

주민소송법은 행정소송법 제3조의 민중소송이므로 지방자치법에 규정된 것 외에는 행정소송법이 적용된다.

11) **판결의 집행**

> **지방자치법 제23조 【손해배상금 등의 지급청구 등】** ① 지방자치단체의 장(해당 사항의 사무처리에 관한 권한을 소속 기관의 장에게 위임한 경우에는 그 소속 기관의 장을 말한다. 이하 이 조에서 같다)은 제22조 제2항 제4호 본문에 따른 소송에 대하여 손해배상청구나 부당이득반환청구를 명하는 판결이 확정되면 판결이 확정된 날부터 60일 이내를 기한으로 하여 당사자에게 그 판결에 따라 결정된 손해배상금이나 부당이득반환금의 지급을 청구하여야 한다. 다만, 손해배상금이나 부당이득반환금을 지급하여야 할 당사자가 지방자치단체의 장이면 지방의회의 의장이 지급을 청구하여야 한다.
> ② 지방자치단체는 제1항에 따라 지급청구를 받은 자가 같은 항의 기한까지 손해배상금이나 부당이득반환금을 지급하지 아니하면 손해배상·부당이득반환의 청구를 목적으로 하는 **소송을 제기하여야 한다**. 이 경우 그 소송의 상대방이 지방자치단체의 장이면 그 지방의회의 의장이 그 지방자치단체를 대표한다.
>
> **제24조 【변상명령 등】** ① 지방자치단체의 장은 제22조 제2항 제4호 단서에 따른 소송에 대하여 변상할 것을 명하는 판결이 확정되면 판결이 확정된 날부터 60일 이내를 기한으로 하여 당사자에게 그 판결에 따라 결정된 금액을 변상할 것을 명령하여야 한다.
> ② 제1항에 따라 변상할 것을 명령받은 자가 같은 항의 기한까지 변상금을 지급하지 아니하면 지방세 체납처분의 예에 따라 징수할 수 있다.
> ③ 제1항에 따라 변상할 것을 **명령받은 자는 그 명령에 불복하는 경우 행정소송을 제기할 수 있다**. 다만, 행정심판법에 따른 행정심판청구는 제기할 수 없다.

손해배상금이나 부당이득반환금을 지불하지 아니하면 소송을 제기하여야 하고, 변상금을 지불하지 아니하면 지방세 체납처분의 예에 따라 징수할 수 있다.

주민소송
① 민중소송, 객관적 소송
② 감사청구전치주의

OX 주민소송에 대하여 부당이득반환청구를 명하는 판결에도 불구하고 기한 내에 해당 당사자가 부당이득반환금을 지불하지 아니하는 때에는 지방자치단체의 장은 지방세 체납처분의 예에 따라 징수할 수 있다. (×)

판례

이 사건 주민소송에서 이 사건 도로점용허가를 취소하는 판결이 확정되면, 피고는 취소판결의 기속력에 따라 위법한 결과를 제거하는 조치의 일환으로서 피고 보조참가인에 대하여 도로법 제73조, 제96조, 제100조 등에 의하여 이 사건 도로의 점용을 중지하고 원상회복할 것을 명령하고, 이를 이행하지 않을 경우 행정대집행이나 이행강제금 부과 조치를 하는 등 이 사건 도로점용허가로 인한 위법상태를 제거하는 것이 가능하게 된다(대판 2019.10.17. 2018두104).

(7) 주민소환권

지방자치법 제25조 【주민소환】 ① 주민은 그 지방자치단체의 장 및 지방의회의원(**비례대표 지방의회의원은 제외한다**)을 소환할 권리를 가진다.
② 주민소환의 투표 청구권자·청구요건·절차 및 효력 등에 관한 사항은 따로 법률로 정한다.

OX 비례대표 지방의회의원은 주민소환의 대상자가 된다. (×)

1) 주민소환투표권자

주민소환에 관한 법률 제3조 【주민소환투표권】 ① 제4조 제1항의 규정에 의한 주민소환투표인명부 작성기준일 현재 다음 각 호의 어느 하나에 해당하는 자는 주민소환투표권이 있다.
1. 19세 이상의 주민으로서 당해 지방자치단체 관할 구역에 주민등록이 되어 있는 자(「공직선거법」 제18조의 규정에 의하여 선거권이 없는 자를 제외한다)
2. 19세 이상의 외국인으로서 「출입국관리법」 제10조의 규정에 따른 영주의 체류자격 취득일 후 3년이 경과한 자 중 같은 법 제34조의 규정에 따라 당해 지방자치단체 관할 구역의 외국인등록대장에 등재된 자

2) 주민소환의 청구

주민소환에 관한 법률 제7조 【주민소환투표의 청구】 ① 전년도 12월 31일 현재 주민등록표 및 외국인등록표에 등록된 제3조 제1항 제1호 및 제2호에 해당하는 자(이하 '주민소환투표청구권자'라 한다)는 해당 지방자치단체의 장 및 지방의회의원(비례대표선거구시·도의회의원 및 비례대표선거구자치구·시·군의회의원은 제외하며, 이하 '선출직 지방공직자'라 한다)에 대하여 다음 각 호에 해당하는 **주민의 서명으로 그 소환사유를 서면에 구체적으로 명시하여 관할 선거관리위원회에 주민소환투표의 실시를 청구할 수 있다.**
1. **특별시장·광역시장·도지사: 당해 지방자치단체의 주민소환투표청구권자 총수의 100분의 10 이상**
2. **시장·군수·자치구의 구청장: 당해 지방자치단체의 주민소환투표청구권자 총수의 100분의 15 이상**
3. **지역선거구시·도의회의원 및 지역선거구자치구·시·군의회의원: 당해 지방의회의원의 선거구 안의 주민소환투표청구권자 총수의 100분의 20 이상**

지방교육자치에 관한 법률 제24조의2 【교육감의 소환】 ① 주민은 교육감을 소환할 권리를 가진다.

주민소환에 관한 법률에서는 주민소환의 청구사유에 제한을 두고 있지 않다.

판례

입법자는 주민소환제의 형성에 광범위한 입법재량을 가지고, 주민소환제는 대표자에 대한 신임을 묻는 것으로 그 속성이 재선거와 같아 그 사유를 묻지 않는 것이 제도의 취지에도 부합하며, 비민주적·독선적인 정책추진 등을 광범위하게 통제한다는 주민소환제의 필요성에 비추어 청구사유에 제한을 둘 필요가 없고, 업무의 광범위성이나 입법기술적인 측면에서 소환사유를 구체적으로 적시하기 쉽지 않으며, 청구사유를 제한하는 경우 그 해당 여부를 사법기

주민소환에 관한 법률상 주민소환의 청구사유에는 제한이 없다.

관에서 심사하게 될 것인데 그것이 적정한지 의문이 있고 절차가 지연될 위험성이 크므로, 주민소환에 관한 법률이 주민소환의 청구사유에 제한을 두지 않는 데에는 나름대로 상당한 이유가 있고, 청구사유를 제한하지 아니한 입법자의 판단이 현저하게 잘못되었다고 볼 사정 또한 찾아볼 수 없다(헌재 2009.3.26. 2007헌마843).

주민소환의 대상자
① **지자체장, 지역구 지방의회의원, 교육감**: (○)
② **비례대표 지방의회의원**: (×)

OX 임기개시일부터 1년이 경과하지 아니하였거나 또는 임기만료일부터 1년 미만이 남아 있는 지방자치단체의 장에 대해선 주민소환투표의 실시를 청구할 수 없다. (○)

OX 주민소환투표대상자는 관할 선거관리위원회가 주민소환투표 결과를 공표할 때까지는 그 권한을 행사할 수 있다. (×)

3) 주민소환의 대상자

① 지방자치단체의 장, 지역구 지방의회의원, 교육감이 주민소환의 대상자이다.

② 비례대표 지방의회의원은 주민소환대상자가 아니다.

4) 청구기간의 제한

주민소환에 관한 법률 제8조 【주민소환투표의 청구제한기간】 제7조 제1항 내지 제3항의 규정에 불구하고, 다음 각 호의 어느 하나에 해당하는 때에는 주민소환투표의 실시를 청구할 수 없다.

1. **선출직 지방공직자의 임기개시일부터 1년이 경과하지 아니한 때**
2. 선출직 지방공직자의 **임기만료일부터 1년 미만일 때**
3. 해당 선출직 지방공직자에 대한 **주민소환투표를 실시한 날부터 1년 이내인 때**

5) 주민투표의 발의와 실시

주민소환에 관한 법률 제12조 【주민소환투표의 발의】 ② 관할 선거관리위원회는 제1항의 규정에 따른 통지를 받은 선출직 지방공직자에 대한 주민소환투표를 발의하고자 하는 때에는 제14조 제2항의 규정에 의한 주민소환투표대상자의 소명요지 또는 소명서 제출기간이 경과한 날부터 7일 이내에 주민소환투표일과 주민소환투표안(소환청구서 요지를 포함한다)을 공고하여 주민소환투표를 발의하여야 한다.

제13조 【주민소환투표의 실시】 ① 주민소환투표일은 제12조 제2항의 규정에 의한 공고일부터 20일 이상 30일 이하의 범위 안에서 관할 선거관리위원회가 정한다. 다만, 주민소환투표대상자가 자진사퇴, 피선거권 상실 또는 사망 등으로 궐위된 때에는 주민소환투표를 실시하지 아니한다.

② 제12조 제2항의 규정에 의한 주민소환투표 공고일 이후 90일 이내에 다음 각 호의 어느 하나에 해당하는 투표 또는 선거가 있을 때에는 제1항의 규정에 불구하고 주민소환투표를 그에 병합하거나 동시에 실시할 수 있다.

1. 「주민투표법」에 의한 주민투표
2. 「공직선거법」에 의한 선거·재선거 및 보궐선거(대통령 및 국회의원 선거를 제외한다)
3. 동일 또는 다른 선출직 지방공직자에 대한 주민소환투표

6) 주민소환투표청구의 효력

주민소환에 관한 법률 제21조 【권한행사의 정지 및 권한대행】 ① 주민소환투표대상자는 관할 선거관리위원회가 제12조 제2항의 규정에 의하여 **주민소환투표안을 공고한 때부터** 제22조 제3항의 규정에 의하여 **주민소환투표결과를 공표할 때까지 그 권한행사가 정지된다.**

② 제1항의 규정에 의하여 지방자치단체의 장의 권한이 정지된 경우에는 부지사·부시장·부군수·부구청장(이하 '부단체장'이라 한다)이 「지방자치법」 제124조 제4항의 규정을 준용하여 그 권한을 대행하고, 부단체장이 권한을 대행할 수 없는 경우에는 「지방자치법」 제124조 제5항의 규정을 준용하여 그 권한을 대행한다.
③ 제1항의 규정에 따라 권한행사가 정지된 지방의회의원은 그 정지기간 동안 공직선거법 제111조의 규정에 의한 의정활동보고를 할 수 없다. 다만, 인터넷에 의정활동보고서를 게재할 수는 있다.

7) 주민소환투표의 확정

주민소환에 관한 법률 제22조 【주민소환투표결과의 확정】 ① 주민소환은 제3조의 규정에 의한 **주민소환투표권자 총수의 3분의 1 이상의 투표와 유효투표 총수 과반수의 찬성으로 확정된다.**
② 전체 주민소환투표자의 수가 주민소환투표권자 총수의 3분의 1에 미달하는 때에는 개표를 하지 아니한다.

제23조 【주민소환투표의 효력】 ① 제22조 제1항의 규정에 의하여 주민소환이 확정된 때에는 **주민소환투표대상자는 그 결과가 공표된 시점부터 그 직을 상실한다.**
② 제1항의 규정에 의하여 그 직을 상실한 자는 그로 인하여 실시하는 이 법 또는 공직선거법에 의한 해당 보궐선거에 후보자로 등록할 수 없다.

주민소환투표의 확정 및 효력
① 주민소환투표권자 총수의 3분의 1 이상의 투표와 유효투표 총수 과반수의 찬성으로 확정
② 전체 투표자의 수가 주민소환투표권자 총수의 3분의 1에 미달하는 때에는 개표(×)
③ 주민소환이 확정되면 대상자는 그 결과가 공표된 시점부터 직을 상실

8) 주민소환투표의 쟁송

주민소환에 관한 법률 제24조 【주민소환투표소송 등】 ① 주민소환투표의 효력에 관하여 이의가 있는 해당 주민소환투표대상자 또는 주민소환투표권자(주민소환투표권자 총수의 100분의 1 이상의 서명을 받아야 한다)는 제22조 제3항의 규정에 의하여 주민소환투표결과가 공표된 날부터 14일 이내에 **관할 선거관리위원회 위원장을 피소청인으로 하여 지역구시·도의원, 지역구자치구·시·군의원 또는 시장·군수·자치구의 구청장을 대상으로 한 주민소환투표에 있어서는 특별시·광역시·도선거관리위원회에, 시·도지사를 대상으로 한 주민소환투표에 있어서는 중앙선거관리위원회에 소청할 수 있다.**
② 제1항의 규정에 따른 소청에 대한 결정에 관하여 불복이 있는 소청인은 관할 선거관리위원회 위원장을 피고로 하여 그 결정서를 받은 날(결정서를 받지 못한 때에는 「공직선거법」 제220조 제1항의 규정에 의한 결정기간이 종료된 날을 말한다)부터 10일 이내에 **지역구시·도의원, 지역구자치구·시·군의원 또는 시장·군수·자치구의 구청장을 대상으로 한 주민소환투표에 있어서는 그 선거구를 관할하는 고등법원에, 시·도지사를 대상으로 한 주민소환투표에 있어서는 대법원에 소를 제기할 수 있다.**

주민소환투표에 관한 소청과 소송
① **지역구시·도의원, 지역구자치구·시·군의원 또는 시장·군수·자치구의 구청장 주민소환투표**: 특별시·광역시·도선거관리위원회에 소청 ⇨ 고등법원에 제소
② **특별시장·광역시장·도지사(시·도지사) 주민소환투표**: 중앙선거관리위원회에 소청 ⇨ 대법원에 제소

9) 비용

주민소환에 관한 법률 제26조 【주민소환투표관리경비】 ① 주민소환투표사무의 관리에 필요한 다음 각 호의 비용은 당해 지방자치단체가 부담하되, 소환청구인대표자 및 주민소환투표대상자가 주민소환투표운동을 위하여 지출한 비용은 각자 부담한다.
1. 주민소환투표의 준비·관리 및 실시에 필요한 비용

비용부담
① **주민소환투표사무의 관리에 필요한 비용**: 해당 지자체가 부담
② **소환청구인대표자 및 주민소환투표대상자가 주민소환투표운동을 위하여 지출한 비용**: 각자 부담

2. 주민소환투표공보의 발행, 토론회 등의 개최 및 불법 주민소환투표운동의 단속에 필요한 경비
3. 주민소환투표에 관한 소청 및 소송과 관련된 경비
4. 주민소환투표결과에 대한 자료의 정리, 그 밖에 주민소환투표사무의 관리를 위한 관할 선거관리위원회의 운영 및 사무처리에 필요한 경비

OX 지방의회에 대한 주민의 청원권은 19세 이상의 주민이 할 수 있다. (×)

(8) 청원권

지방자치법 제85조 【청원서의 제출】 ① 지방의회에 청원을 하려는 자는 지방의회의원의 소개를 받아 청원서를 제출하여야 한다.

제86조 【청원의 불수리】 재판에 간섭하거나 법령에 위배되는 내용의 청원은 수리하지 아니한다.

헌법재판소는 지방자치법 제73조(현 제85조)를 합헌으로 결정한 바 있다.

주민이 본회의 또는 위원회의 안건 심의 중 안건에 관하여 방청인으로서 발언하는 것은 허용될 수 없으나, 공청회에서 발언하거나 본회의·위원회에서 참고인·증인·청원인의 자격으로 발언하는 것은 허용된다.

판례

주민이 지방의회 본회의 또는 위원회의 안건 심의 중 참고인 · 청원인 등의 자격이 아닌 방청인으로서 안건에 관하여 발언하는 것이 허용되는지 여부(소극)

지방자치법상의 의회대표제하에서 의회의원과 주민은 엄연히 다른 지위를 지니는 것으로서 의원과는 달리 정치적·법적으로 아무런 책임을 지지 아니하는 **주민이 본회의 또는 위원회의 안건 심의 중 안건에 관하여 발언한다는 것**은 선거제도를 통한 대표제원리에 정면으로 위반되는 것으로서 **허용될 수 없고**, 다만 간접민주제를 보완하기 위하여 의회대표제의 본질을 해하지 않고 의회의 기능수행을 저해하지 아니하는 범위 내에서 주민이 의회의 기능수행에 참여하는 것 – 예컨대, **공청회에서 발언하거나 본회의, 위원회에서 참고인, 증인, 청원인의 자격으로 발언하는 것** – 은 **허용된다**(대판 1993.2.26. 92추109).

3 주민의 의무

지방자치법 제27조 【주민의 의무】 주민은 법령으로 정하는 바에 따라 소속 지방자치단체의 비용을 분담하여야 하는 의무를 진다.

제152조 【지방세】 지방자치단체는 법률로 정하는 바에 따라 지방세를 부과·징수할 수 있다.

제153조 【사용료】 지방자치단체는 공공시설의 이용 또는 재산의 사용에 대하여 사용료를 징수할 수 있다.

제154조 【수수료】 ① 지방자치단체는 그 지방자치단체의 사무가 특정인을 위한 것이면 그 사무에 대하여 수수료를 징수할 수 있다.
② 지방자치단체는 국가나 다른 지방자치단체의 위임사무가 특정인을 위한 것이면 그 사무에 대하여 수수료를 징수할 수 있다.
③ 제2항에 따른 수수료는 그 지방자치단체의 수입으로 한다. 다만, 법령에 달리 정해진 경우에는 그러하지 아니하다.

제155조【분담금】 지방자치단체는 그 재산 또는 공공시설의 설치로 주민의 일부가 특히 이익을 받으면 이익을 받는 자로부터 그 이익의 범위에서 분담금을 징수할 수 있다.

제156조【사용료의 징수조례 등】 ① 사용료·수수료 또는 분담금의 징수에 관한 사항은 조례로 정한다. 다만, 국가가 지방자치단체나 그 기관에 위임한 사무와 자치사무의 수수료 중 전국적으로 통일할 필요가 있는 수수료는 다른 법령의 규정에도 불구하고 대통령령으로 정하는 표준금액으로 징수하되, 지방자치단체가 다른 금액으로 징수하려는 경우에는 표준금액의 50% 범위에서 조례로 가감 조정하여 징수할 수 있다.
② 사기나 그 밖의 부정한 방법으로 사용료·수수료 또는 분담금의 징수를 면한 자에게는 그 징수를 면한 금액의 5배 이내의 과태료를, 공공시설을 부정사용한 자에게는 50만원 이하의 과태료를 부과하는 규정을 조례로 정할 수 있다.
③ 제2항에 따른 과태료의 부과·징수, 재판 및 집행 등의 절차에 관한 사항은 「질서위반행위규제법」에 따른다.

제157조【사용료 등의 부과·징수, 이의신청】 ① 사용료·수수료 또는 분담금은 공평한 방법으로 부과하거나 징수하여야 한다.
② 사용료·수수료 또는 분담금의 부과나 징수에 대하여 이의가 있는 자는 그 처분을 통지받은 날부터 90일 이내에 그 지방자치단체의 장에게 이의신청할 수 있다.
③ 지방자치단체의 장은 제2항의 이의신청을 받은 날부터 60일 이내에 결정을 하여 알려야 한다.
④ 사용료·수수료 또는 분담금의 부과나 징수에 대하여 행정소송을 제기하려면 제3항에 따른 결정을 통지받은 날부터 90일 이내에 처분청을 당사자로 하여 소를 제기하여야 한다.
⑤ 제3항에 따른 결정기간에 결정의 통지를 받지 못하면 제4항에도 불구하고 그 결정기간이 지난 날부터 90일 이내에 소를 제기할 수 있다.
⑥ 제2항과 제3항에 따른 이의신청의 방법과 절차 등에 관하여는 지방세기본법 제90조와 제94조부터 제100조까지의 규정을 준용한다.
⑦ 지방자치단체의 장은 사용료·수수료 또는 분담금을 내야 할 자가 납부기한까지 그 사용료·수수료 또는 분담금을 내지 아니하면 지방세 체납처분의 예에 따라 징수할 수 있다.

경우에 따라서는 주민이 일정한 시설을 이용하도록 강제되기도 하는데(예 공설상하수도의 이용강제, 공설화장장의 이용강제 등), 지방자치법에는 이용강제의무에 관한 규정이 없다.

OX 지방자치법상 주민의 의무로서 소속 지방자치단체의 비용분담의무와 상하수도와 같은 공적 시설의 이용강제의무가 규정되어 있다. (×)

판례

1. **공공시설의 사용료 요율을 조례로 정하도록 위임한 지방자치법 및 그에 따라 제정된 서울특별시의 체육시설에 대한 사용료징수조례의 효력(유효)**

지방자치법에서 조례로 정하도록 한 '**사용료의 징수에 관한 사항**'에는 **사용료의 요율에 관한 사항도 포함**되어 있으므로 사용료의 요율을 정하고 있는 '서울특별시립체육시설에 대한 사용료징수조례' 제5조를 법률의 위임근거 없이 제정된 무효의 규정이라고 볼 수 없고, **자치단체가 관리하는 공공시설의 사용료의 요율을 법률로 정하지 아니하고 주민들의 대의기관인 지방의회의 자치입법인 조례로 정하도록 위임하였다고 하여 그 위임에 관한 지방자치법 제154조 제1항의 규정을 무효라고 볼 수도 없다**(대결 1997.7.9. 97마1110).

지방자치법에서 조례로 정하도록 한 '사용료의 징수에 관한 사항'에는 사용료의 요율에 관한 사항도 포함되어 있다.

자치단체가 관리하는 공공시설의 사용료의 요율을 법률로 정하지 아니하고 조례로 정하도록 위임하고 있는 지방자치법 제154조 제1항의 규정을 무효라고 볼 수 없다.

2. **지방자치법 제157조의 이의신청을 제기해야 할 사람이 처분청에 표제를 '행정심판청구서'로 한 서류를 제출한 경우, 서류의 내용에 이의신청 요건에 맞는 불복취지와 사유가 충분히 기재되어 있다면 이를 처분에 대한 이의신청으로 볼 수 있는지 여부(적극)**

   지방자치법에서 정한 이의신청은 행정청의 위법·부당한 처분에 대하여 행정기관이 심판하는 행정심판과는 구별되는 별개의 제도이나, 이의신청과 행정심판은 모두 본질에 있어 행정처분으로 인하여 권리나 이익을 침해당한 상대방의 권리구제에 목적이 있고, 행정소송에 앞서 먼저 행정기관의 판단을 받는 데에 목적을 둔 엄격한 형식을 요하지 않는 서면행위이므로, **이의신청을 제기해야 할 사람이 처분청에 표제를 '행정심판청구서'로 한 서류를 제출한 경우라 할지라도 서류의 내용에 이의신청 요건에 맞는 불복취지와 사유가 충분히 기재되어 있다면 표제에도 불구하고 이를 처분에 대한 이의신청으로 볼 수 있다**(대판 2012.3.29. 2011두26886).

지방자치법 제157조 제3항의 이의신청을 제기해야 할 사람이 처분청에 표제를 '행정심판청구서'로 한 서류를 제출한 경우라 할지라도 서류의 내용에 이의신청 요건에 맞는 불복취지와 사유가 충분히 기재되어 있다면 표제에도 불구하고 처분에 대한 이의신청으로 볼 수 있다.

3. 지방자치법에 따른 참여권 등의 경우 지방자치법 자체나 관련 법률에서 일정한 연령 이상 또는 주민등록을 참여자격으로 정하고 있으므로(공직선거법 제15조, 주민투표법 제5조, 주민소환에 관한 법률 제3조 참조) 자연인만을 대상으로 함이 분명하다. 그러나 **제17조 제2항에서 정한 재산·공공시설이용권, 균등한 혜택을 받을 권리와 제27조에서 정한 비용분담의무의 경우 자연인만을 대상으로 한 규정이라고 볼 수 없다.** 지방자치법 제155조에 따른 분담금제도의 취지와 균등분 주민세 제도와의 관계 등을 고려하면, 지방자치법 제155조에 따른 분담금 납부의무자인 '주민'은 균등분 주민세의 납부의무자인 '주민'과 기본적으로 동일하되, 다만 '지방자치단체의 재산 또는 공공시설의 설치로 주민의 일부가 특히 이익을 받은 경우'로 한정된다는 차이점이 있을 뿐이다. 따라서 법인의 경우 해당 지방자치단체의 구역 안에 주된 사무소 또는 본점을 두고 있지 않더라도 '사업소'를 두고 있다면 지방자치법 제138조에 따른 분담금 납부의무자인 '주민'에 해당한다. 지방자치법 제16조가 '주민의 자격'을 '지방자치단체의 구역 안에 주소를 가진 자'로 정하고 있으나 이는 위에서 본 바와 같이 주로 자연인의 참여권 등을 염두에 두고 만들어진 규정이고, 지방자치법은 주소의 의미에 관하여 별도의 규정을 두고 있지 않다. 민법 제36조가 '법인의 주소'를 '주된 사무소의 소재지'로, 상법 제171조는 '회사의 주소'를 '본점 소재지'로 정하고 있으나, 이는 민법과 상법의 적용에서 일정한 장소를 법률관계의 기준으로 삼기 위한 필요에서 만들어진 규정이다. 따라서 지방자치법 제155조에 따른 분담금 납부의무와 관련하여 법인의 주소가 주된 사무소나 본점의 소재지로 한정된다고 볼 것은 아니다. 어떤 법인이 해당 지방자치단체에서 인적·물적 설비를 갖추고 계속적으로 사업을 영위하면서 해당 지방자치단체의 재산 또는 공공시설의 설치로 특히 이익을 받는 경우에는 지방자치법 제155조에 따른 분담금 납부의무자가 될 수 있다. 특히 지방자치법 제156조에 근거하여 분담금 제도를 구체화한 조례에서 정한 분담금 부과요건을 충족하는 경우에는 부담금 이중부과 등과 같은 특별한 사정이 없는 한 조례 규정에 따라 분담금을 납부할 의무가 있다(대판 2021.4.29. 2016두45240).

지방자치단체 재산·공공시설 이용권비용분담과 의무의 주체

① 자연인만을 대상으로 한 규정은 아니다.
② 법인도 분담금납부의무자인 법인에 해당한다.
③ 해당 지방자치단체의 구역 안에 사무소 또는 본점을 두고 있지 않더라도 사업소를 두고 있다면 분담금납부의무를 지는 법인이다.

제2절 지방자치단체의 권한

I 법적 근거

1 헌법

헌법 제117조 ① 지방자치단체는 주민의 복리에 관한 사무를 처리하고 재산을 관리하며, 법령의 범위 안에서 자치에 관한 규정을 제정할 수 있다.

헌법 제117조 제1항은 지방자치단체에 **자치사무 처리권한**을 부여하고 있다.

> 헌법 제117조 제1항은 지자체에 자치사무 처리권한을 부여하고 있다.

2 지방자치법

지방자치법 제13조【지방자치단체의 사무 범위】 ① 지방자치단체는 관할 구역의 자치사무와 법령에 따라 지방자치단체에 속하는 사무를 처리한다.

제115조【국가사무의 위임】 시·도와 시·군 및 자치구에서 시행하는 국가사무는 시·도지사와 시장·군수 및 자치구의 구청장에게 위임하여 수행하는 것을 원칙으로 한다. 다만, 법령에 다른 규정이 있는 경우에는 그러하지 아니하다.

(1) 자치사무

1) 법적 근거

헌법에서 위임된 사무로서 주민의 복리에 관한 사무이다. 법령에서 위임된 사무가 아니므로 법령의 규정 없이 지방자치단체의 사무가 된다.

2) 조례제정

법령의 위임 없이도 자치사무에 관한 조례의 제정이 가능하다.

3) 비용

자치사무처리를 위한 비용은 지방자치단체가 부담한다.

4) 국가기관의 감독

자치사무에 대해서는 합법성 감독만 할 수 있지 합목적성 감독을 할 수 없다. 그러나 감사원은 자치사무에 대한 합목적성 감독을 할 수 있다.

> **자치사무**
> ① 법령의 위임 없이도 지자체의 사무가 된다.
> ② 법령의 위임 없이도 조례를 제정할 수 있다.
> ③ 사무처리를 위한 비용은 지자체가 부담한다.
> ④ 국가기관의 합법성 감독(○), 합목적성 감독(×) ⇨ 감사원은 합목적성 감독(○)

(2) 단체위임사무

1) 법적 근거

단체위임사무는 법령에서 지방자치단체에 위임한 사무이다. 지방자치법 제13조를 일반적인 근거로 하고, 개별 법령에서 지방자치단체의 사무로 위임해야 한다.

2) 조례제정

법령의 위임 없이도 지방의회는 단체위임사무에 대해 조례를 제정할 수 있다.

3) 비용

단체위임사무비용에 대해서는 위임한 단체가 부담해야 한다는 설(다수설), 위임한 단

> **단체위임사무**
> ① 법령의 위임이 있어야 한다.
> ② 법령의 위임 없이도 조례를 제정할 수 있다.
> ③ 사무처리를 위한 비용은 위임한 단체가 부담한다(다수설).
> ④ 국가기관의 합법성 감독(○), 합목적성 감독(○)

OX 국가가 위임한 단체위임사무는 국가사무가 지방자치단체에 위임되었기 때문에 국가의 감독은 적법성 감독과 더불어 합목적성 감독을 포함한다. (O)

OX 다른 자치단체로부터 위임받아 행하는 사무는 모두 자치사무이다. (×)

지방자치단체가 국가기관의 일부인지 여부

기관위임 사무의 경우	국가기관의 일부(O)
자치사무의 경우	국가기관의 일부(×), 별도의 독립한 공법인(O)

지자체 소속 공무원이 고유의 자치사무를 수행하다가 법규를 위반한 경우, 지자체는 양벌규정의 적용대상이 된다.

기관위임사무
① 법령의 위임이 있어야 한다.
② 국가의 사무이나 수임청의 명의로 사무처리 ⇨ 사무처리의 효과는 국가에 귀속
③ 수임청인 지자체장이 항고소송의 피고
④ 법령의 위임이 없는 한 조례를 제정할 수 없다.
⑤ 사무처리를 위한 비용은 위임한 단체가 부담한다.
⑥ 국가기관의 합법성 감독(O), 합목적성 감독(O) ⇨ 지방의회의 예외적 감사권(O)
⑦ 지자체는 사무와 관련된 권한이 침해되었음을 이유로 권한쟁의심판청구(×)
⑧ 지자체는 사무수행과정의 불법행위에 대해 비용부담자로서 배상책임(O)

체와 지방자치단체가 분담해야 한다는 설이 대립한다.

4) 감독

단체위임사무에 대해서는 합법성 감독뿐 아니라 합목적성 감독도 허용된다. 사전적인 감독은 인정되지 않는다.

(3) 기관위임사무

1) 법적 근거

법령에서 지방자치단체장에게 위임한 사무이다. 따라서 법령의 위임이 필요하다.

2) 사무귀속

① 기관위임사무는 국가(또는 광역단체)의 사무로서, 사무처리만 지방자치단체장에게 위임한 사무이다. 지방자치단체장은 국가기관의 하급행정기관으로서 기관위임사무를 처리할 뿐이다.

② 기관위임사무의 처리효과는 국가에 귀속된다.

③ 사무처리는 수임청의 명의로 하고, 항고소송의 피고는 수임청인 지방자치단체장이다.

판례

지방자치단체가 도로법 제116조의 양벌규정의 적용대상이 되는 법인에 해당하는지 여부(한정 적극)

국가가 본래 그의 사무의 일부를 지방자치단체의 장에게 위임하여 그 사무를 처리하게 하는 **기관위임사무의 경우**에는 **지방자치단체는 국가기관의 일부로 볼 수 있는 것**이지만, **지방자치단체가 그 고유의 자치사무를 처리하는 경우**에는 **지방자치단체는 국가기관의 일부가 아니라 국가기관과는 별도의 독립한 공법인**이므로, **지방자치단체 소속 공무원이 지방자치단체 고유의 자치사무를 수행하던 중 도로법 제113조부터 제115조까지의 규정에 따른 위반행위를 한 경우**에는 **지방자치단체는 도로법 제116조의 양벌규정에 따라 처벌대상이 되는 법인에 해당**한다. 따라서 지방자치단체 소속 공무원이 압축트럭 청소차를 운전하여 고속도로를 운행하던 중 제한축중을 초과 적재 운행함으로써 도로관리청의 차량운행제한을 위반한 경우, 해당 지방자치단체는 도로법 제100조의 양벌규정에 따른 처벌대상이 된다(대판 2005.11.10. 2004도2657).

3) 조례제정

기관위임사무는 수임한 지방자치단체의 사무가 아니므로 지방의회는 기관위임사무에 대해 조례를 제정할 수 없다. 다만, 법령에서 조례로 정하도록 위임을 한 경우 조례제정이 가능하다.

4) 비용

기관위임사무는 수임한 지방자치단체의 사무가 아니므로 지방자치단체가 부담하지 않는다.

지방자치법 제158조 【경비의 지출】 지방자치단체는 자치사무 수행에 필요한 경비와 위임된 사무에 필요한 경비를 지출할 의무를 진다. 다만, 국가사무나 지방자치단체사무를 위임할 때에는 사무를 위임한 국가나 지방자치단체에서 그 경비를 부담하여야 한다.

5) **감독**

① **국가의 감독**: 기관위임사무는 지방자치단체사무가 아니므로 국가가 사전에 사무처리기준을 제시하고, 지휘 · 감독할 수 있다. 즉, **기관위임사무**는 국가사무이므로 지방자치단체장에게 자율권이 인정될 수 없고, 따라서 기관위임사무에 대하여는 **국가의 적법성 통제뿐만 아니라 합목적성의 통제도 행해진다.**

② **지방의회의 감독**: 기관위임사무는 지방자치단체사무가 아니므로 **지방의회의 감사권은 인정되지 않는다.** 그러나 **지방자치법 제49조 제3항은 예외적으로 지방의회의 감사권을 규정하고 있다.**

> **지방자치법 제49조【행정사무 감사권 및 조사권】** ① 지방의회는 매년 1회 그 지방자치단체의 사무에 대하여 시·도에서는 14일의 범위에서, 시·군 및 자치구에서는 9일의 범위에서 감사를 실시하고, 지방자치단체의 사무 중 특정 사안에 관하여 본회의 의결로 본회의나 위원회에서 조사하게 할 수 있다.
> ② 제1항의 조사를 발의할 때에는 이유를 밝힌 서면으로 하여야 하며, 재적의원 3분의 1 이상의 찬성이 있어야 한다.
> ③ 지방자치단체 및 그 장이 위임받아 처리하는 국가사무와 시·도의 사무에 대하여 국회와 시·도의회가 직접 감사하기로 한 사무 외에는 그 감사를 각각 해당 시·도의회와 시·군 및 자치구의회가 할 수 있다. 이 경우 국회와 시·도의회는 그 감사 결과에 대하여 그 지방의회에 필요한 자료를 요구할 수 있다.

> OX 국가의 기관위임사무에 대한 감독은 국가의 하급행정기관에 대한 감독에 해당하기 때문에 적법성 여부뿐만 아니라 합목적성 여부에 대한 감독까지 포함한다. (○)

> OX 지방의회는 그 지방자치단체의 사무에 대하여 행정사무 감사권 및 조사권을 갖는다. (○)

> OX 지방의회는 지방자치단체 및 그 장이 위임받아 처리하는 국가사무와 시·도의 사무에 대하여 국회와 시·도의회가 직접 감사하기로 한 사무도 감사할 수 있다. (×)

6) **권한쟁의심판**

기관위임사무는 지방자치단체의 사무가 아니므로 지방자치단체는 기관위임사무와 관련된 권한을 침해당했다는 이유로 권한쟁의심판을 청구할 수 없다.

판례

1. 지방자치단체가 권한쟁의심판을 청구하기 위해서는 헌법 또는 법률에 의하여 부여받은 권한, 즉 지방자치단체의 사무에 관한 권한이 침해되거나 침해될 우려가 있어야 한다. 그런데 지방자치단체의 사무 중 **국가가 지방자치단체의 장 등에게 위임한 기관위임사무는 그 처리의 효과가 국가에 귀속되는 국가의 사무로서 지방자치단체의 사무라 할 수 없고**, 지방자치단체의 장 등은 기관위임사무의 집행권한과 관련된 범위에서는 그 사무를 위임한 국가기관의 지위에 서게 될 뿐 지방자치단체의 기관이 아니므로, **지방자치단체는 기관위임사무의 집행에 관한 권한의 존부 및 범위에 관한 권한분쟁을 이유로 기관위임사무를 집행하는 국가기관 또는 다른 지방자치단체의 장을 상대로 권한쟁의심판을 청구할 수 없다** 할 것이다(헌재 2011.9.29. 2009헌라5).

2. 권한쟁의심판청구는 헌법과 법률에 의하여 권한을 부여받은 자가 그 권한의 침해를 다투는 헌법소송으로서 이러한 권한쟁의심판을 청구할 수 있는 자에 대하여는 헌법 제111조 제1항 제4호와 헌법재판소법 제62조 제1항 제3호가 정하고 있는바, 이에 의하면 지방자치단체의 장은 원칙적으로 권한쟁의심판청구의 당사자가 될 수 없다. 다만, **지방자치단체의 장이 국가위임사무에 대해 국가기관의 지위에서 처분을 행한 경우**에는 **권한쟁의심판청구의 당사자가 될 수 있다**(헌재 2006.8.31. 2003헌라1).

> 지방자치단체는 기관위임사무의 집행에 관한 권한의 존부 및 범위에 관한 권한분쟁을 이유로 기관위임사무를 집행하는 국가기관을 상대로 권한쟁의심판을 청구할 당사자적격이 없다.

> OX 지방자치단체의 장이 국가가 위임한 사무에 대해 국가기관의 지위에서 처분을 한 경우 그 지방자치단체의 장은 권한쟁의 심판청구의 당사자가 될 수 없다. (×)

7) **국가배상법상 손해배상**

① 기관위임사무의 수행과정상 불법행위에 대하여, 국가는 사무의 관리주체 또는 실질적 비용부담자로서 피해자에게 배상책임을 지고, 지방자치단체는 형식적 비용부담자로서 배상책임을 진다.

② 종국적 배상책임은 사무의 관리주체인 국가가 진다.

국가배상법 제6조 【비용부담자 등의 책임】 ① 제2조·제3조 및 제5조에 따라 **국가나 지방자치단체가 손해를 배상할 책임이 있는 경우에 공무원의 선임·감독 또는 영조물의 설치·관리를 맡은 자와 공무원의 봉급·급여, 그 밖의 비용 또는 영조물의 설치·관리 비용을 부담하는 자가 동일하지 아니하면 그 비용을 부담하는 자도 손해를 배상하여야 한다.**

기관위임의 경우 사무귀속의 주체가 달라지는 것은 아니다.

판례

도로의 유지·관리에 관한 상위 지방자치단체의 행정권한이 행정권한위임조례로 하위 지방자치단체장에게 위임되었다면 그것은 **기관위임이지 단순한 내부위임이 아니다. 기관위임의 경우 위임받은 하위 지방자치단체장은 상위 지방자치단체 산하 행정기관의 지위에서 그 사무를 처리하는 것이므로 사무귀속의 주체가 달라진다고 할 수 없다.** 따라서 하위 지방자치단체장을 보조하는 그 지방자치단체 소속 공무원이 위임사무를 처리하면서 고의 또는 과실로 타인에게 손해를 가하거나 위임사무로 설치·관리하는 영조물의 하자로 타인에게 손해를 발생하게 한 경우에는 권한을 위임한 상위 지방자치단체가 그 손해배상책임을 진다(대판 2017.9.21. 2017다223538).

고유사무·단체위임사무·기관위임사무의 비교

구분	자치사무(고유사무)	위임사무	
		단체위임사무	기관위임사무
의미	• 지방자치단체의 고유사무 • 필요사무(의무적 자치사무)와 수의사무(임의적 자치사무)	지방자치단체에 위임된 사무	• 지방자치단체의 장에게 위임된 사무 • 사무처리의 명의: 수임청 • 사무처리의 효과: 국가에 귀속 • 항고소송의 피고: 수임청
법적 근거	헌법 제117조 제1항	지방자치법 제13조 등 개별 법령상 근거 필요	지방자치법과 개별 법령상 근거 필요
국가의 감독	사후의 합법성만 감독(소극적 감독)	사후의 합법성과 합목적성 감독	• 사전의 지휘·감독 • 사후의 합법성과 합목적성 감독
지방의회의 감독	○	○	• 원칙: × • 예외: ○ ㅡ 행정사무 감사권(지방자치법 제49조 제3항)
경비의 부담	지방자치단체 전액 부담	위임청부담설과 국가·지자체분담설	위임청
국정감사	배제	허용	허용

조례의 제정	가능	가능	• 원칙: × • 예외: 개별 법령의 위임이 있는 경우 ○
배상 책임자	지방자치단체	지방자치단체	국가. 다만, 지방자치단체도 비용부담자로서 배상책임을 짐.

Ⅱ 지방자치단체의 사무범위

1 사무배분의 원칙

(1) 불경합성

사무를 배분함에 있어 지방자치단체 간 서로 경합하지 않도록 해야 한다. 이를 불경합성의 원칙이라 한다.

(2) 보충성

국가와 지방자치단체 간 사무가 경합하는 경우, 지방자치단체가 우선적으로 사무를 처리해야 하고, 국가는 보충적으로 사무를 처리해야 한다. 시·도와 시·군·구 간에도 시·군·구가 우선적으로 사무를 처리해야 한다. 이를 보충성의 원칙이라 한다.

(3) 전권능성

국가사무로 법에 규정이 없는 한 지방자치단체의 사무이다.

사무배분의 원칙
① 불경합성
② 보충성
③ 전권능성

2 자치사무와 단체위임사무

> **지방자치법 제13조【지방자치단체의 사무 범위】** ① 지방자치단체는 관할 구역의 자치사무와 법령에 따라 지방자치단체에 속하는 사무를 처리한다.
> ② 제1항에 따른 지방자치단체의 사무를 예시하면 다음 각 호와 같다. 다만, 법률에 이와 다른 규정이 있으면 그러하지 아니하다.
> 1. 지방자치단체의 구역, 조직, 행정관리 등
> 2. 주민의 복지증진
> 가. 주민복지에 관한 사업
> 나. 사회복지시설의 설치·운영 및 관리
> 다. 생활이 어려운 사람의 보호 및 지원
> 3. 농림·수산·상공업 등 산업 진흥
> 4. 지역개발과 자연환경보전 및 생활환경시설의 설치·관리
> 5. 교육·체육·문화·예술의 진흥
> 가. 어린이집·유치원·초등학교·중학교·고등학교 및 이에 준하는 각종 학교의 설치·운영·지도
> 나. 도서관·운동장·광장·체육관·박물관·공연장·미술관·음악당 등 공공교육·체육·문화시설의 설치 및 관리
> 다. 지방문화재의 지정·등록·보존 및 관리
> 라. 지방문화·예술의 진흥
> 마. 지방문화·예술단체의 육성

자치사무 중 필요사무와 수의사무

의무적 자치사무(필요사무)	임의적 자치사무(수의사무)
① 감염병의 예방 및 관리에 관한 법률에 의한 예방접종시행·예방시설설치의무 ② 장사 등에 관한 법률에 의한 묘지·화장장 및 봉안당의 운영·관리 ③ 폐기물관리법에 의한 폐기물처리시설의 설치·운영(청소, 오물의 수거 및 처리) ④ 하천법에 의한 지방1급하천, 지방2급하천 및 소하천의 관리 ⑤ 수도법·하수도법에 의한 상수도·하수도의 설치 및 관리 ⑥ 초·중등교육법에 의한 초·중등학교의 설치·운영 ⑦ 소방기본법에 의한 소방사무	① 지역경제의 육성 및 지원 ② 도서관·운동장·광장·체육관·박물관·공연장·미술관·음악당 등 공공교육·체육·문화시설의 설치 및 관리 ③ 문화지원(지방문화재의 지정·보존 및 관리, 지방문화·예술의 진흥, 지방문화·예술단체의 육성) ④ 소득증대사업 ⑤ 고등학교의 설치·운영

판례

1. [1] 지방자치단체가 지방자치법 제13조 제2항에 정한 주민의 복지증진에 관한 사무로서 특정 개인이나 단체가 아니라 일정한 조건을 충족한 주민 일반을 대상으로 일정한 지원을 하겠다는 것은 그 조건이 사실상 특정 개인이나 단체를 위해 설정한 것이라는 등의 특별한 사정이 없는 한 구 지방재정법 제17조 제1항 본문(지방자치단체는 개인 또는 단체에 대한 기부·보조·출연, 그 밖의 공금 지출을 할 수 없다)에서 정한 '개인 또는 단체에 대한 공금 지출'에 해당하지 아니한다.
   [2] 지방재정법 제3조 제1항 전단은 "지방자치단체는 주민의 복리증진을 위하여 그 재정을 건전하고 효율적으로 운영하여야 한다."라고 규정함으로써 건전재정운영원칙을 선언하고 있다. 그런데 **지방의회가 주민의 복지증진을 위해 조례를 제정·시행하는 것**은 지방자치제도의 본질에 부합하므로 이로 인하여 지방자치단체 재정의 건전한 운영에 막대한 지장을 초래하는 것이 아니라면 조례제정을 무조건 제한할 수는 없다(대판 2016.5.12. 2013추531).

지방의회가 주민의 복지증진을 위해 조례를 제정하는 것은 원칙적으로 제한할 수 없다.

2. [1] 기초지방자치단체가 교육에 관한 사무로서 설립·운영할 수 있는 학교는 공립학교 형태의 초등학교나 중학교라고 해석되며, 이에 불구하고 **기초지방자치단체가 재산을 출연하여 학교법인을 직접 설립·운영하면서 그 학교법인을 통하여 실질적으로 사립고등학교를 설치·경영하는 행위**는 지방자치법령 및 교육 관련 법령의 해석상 **허용되지 아니하는 행위**로서 결국 이를 위반한 행위라고 보아야 한다. 지방자치법령과 교육 관련 법령을 위반하여 사립고등학교 설치를 위한 학교법인을 설립하는 행위는 '지방자치단체의 소관에 속하는 사무'라 할 수 없으므로, 그 설립을 위한 출연행위는 허용될 수 없다.
   [2] 기초지방자치단체가 사립고등학교를 설립하는 것은 기초지방자치단체의 사무에 관한 지방자치법 제13조를 위반하는 것이고, 지방자치단체가 직접 학교법인을 설립하고 이를 통하여 사립고등학교를 설치·운영하는 것 역시 지방자치법령 및 구 사립학교법 취지를 잠탈할 우려가 있어 제한된다(대판 2017.9.21. 2014두43073).

기초지방자치단체가 재산을 출연하여 학교법인을 직접 설립·운영하면서 그 학교법인을 통하여 실질적으로 사립고등학교를 설치·경영하는 행위는 허용되지 않는다.

3 지방자치단체의 종류별 사무배분기준

지방자치법 제14조 【지방자치단체의 종류별 사무배분기준】 ① 제13조에 따른 지방자치단체의 사무를 지방자치단체의 종류별로 배분하는 기준은 다음 각 호와 같다. 다만, 제13조 제2항 제1호의 사무는 각 지방자치단체에 공통된 사무로 한다.

1. 시·도
   가. 행정처리 결과가 2개 이상의 시·군 및 자치구에 미치는 광역적 사무
   나. 시·도 단위로 동일한 기준에 따라 처리되어야 할 성질의 사무
2. 시·군 및 자치구
   제1호에서 시·도가 처리하는 것으로 되어 있는 사무를 제외한 사무. 다만, 인구 50만 이상의 시에 대해서는 도가 처리하는 사무의 일부를 직접 처리하게 할 수 있다.

② 제1항의 배분기준에 따른 지방자치단체의 종류별 사무는 대통령령으로 정한다.

③ 시·도와 시·군 및 자치구는 사무를 처리할 때 서로 겹치지 아니하도록 하여야 하며, 사무가 서로 겹치면 시·군 및 자치구에서 먼저 처리한다.

OX 지방자치법상 시·도가 처리하는 것으로 되어 있는 사무를 제외한 사무는 기초지방자치단체(시·군 및 자치구)의 사무로 한다. 다만, 인구 50만 이상의 시에 대하여는 도가 처리하는 사무의 일부를 직접 처리하게 할 수 있다. (O)

OX 지방자치단체의 사무를 처리함에 있어서 광역지방자치단체와 기초지방자치단체가 경합하는 경우에는 기초지방자치단체가 처리한다. (O)

4 국가사무의 처리 제한

> **지방자치법 제15조 【국가사무의 처리 제한】** 지방자치단체는 다음 각 호의 국가사무를 처리할 수 없다. 다만, 법률에 이와 다른 규정이 있는 경우에는 국가사무를 처리할 수 있다.
> 1. 외교, 국방, 사법(司法), 국세 등 국가의 존립에 필요한 사무
> 2. 물가정책, 금융정책, 수출입정책 등 전국적으로 통일적 처리를 할 필요가 있는 사무
> 3. 농산물·임산물·축산물·수산물 및 양곡의 수급조절과 수출입 등 전국적 규모의 사무
> 4. 국가종합경제개발계획, 국가하천, 국유림, 국토종합개발계획, 지정항만, 고속국도·일반국도, 국립공원 등 전국적 규모나 이와 비슷한 규모의 사무
> 5. 근로기준, 측량단위 등 전국적으로 기준을 통일하고 조정하여야 할 필요가 있는 사무
> 6. 우편, 철도 등 전국적 규모나 이와 비슷한 규모의 사무
> 7. 고도의 기술이 필요한 검사·시험·연구, 항공관리, 기상행정, 원자력개발 등 지방자치단체의 기술과 재정능력으로 감당하기 어려운 사무

OX 농산물·임산물·축산물·수산물 및 양곡의 수급조절과 수출입 등의 사무는 지방자치단체만이 처리할 수 있다. (×)

5 자치사무와 위임사무 관련 판례

(1) 자치사무와 기관위임사무의 구별기준

법령상 지방자치단체의 장이 처리하도록 규정하고 있는 사무가 자치사무인지 기관위임사무인지를 판단할 때 그에 관한 **법령의 규정 형식과 취지를 우선 고려**하여야 하지만, 그 밖에도 사무의 성질이 전국적으로 통일적인 처리가 요구되는 사무인지 여부나 그에 관한 경비부담과 최종적인 책임귀속의 주체 등도 아울러 고려하여야 한다(대판 2020.9.3. 2019두58650).

자치사무와 기관위임사무의 구별: 법령의 규정 형식과 취지 + 통일적 처리가 요구되는 사무인지 여부 + 경비부담 등

(2) 자치사무

1) 공유재산의 사용허가에 관한 사용료율을 정하는 사무

공유재산의 사용허가에 관한 사용료율을 정하는 것은 자치사무인 공유재산의 관리에 속한다(대판 2003.5.27. 2002두7135).

공유재산의 사용허가에 관한 사용료율을 정하는 것은 지자체의 자치사무인 공유재산의 관리에 속한다.

2) 가족관계사무(구 호적사무)

① 구 호적법 및 지방자치법의 제 규정에 비추어 보면 **호적사무**는 **국가의 사무로서 국가의 기관위임에 의하여 수행되는 사무가 아니고 지방자치법 제9조가 정하는 지방자치단체의 사무라 할 것**이고, 단지 일반 행정사무와는 달리 사법적 성질이 강하여 법원의 감독을 받게 하는 데 지나지 아니한다(대판 1995.3.28. 94다45654).

② 그러나 **가족관계의 등록 등에 관한 법률 제2조는 가족관계 등록사무를 대법원이 관장하도록 하여 국가사무로 규정하고 있다.**

> **가족관계의 등록 등에 관한 법률 제2조 【관장】** 가족관계의 발생 및 변동사항에 관한 등록과 그 증명에 관한 사무(이하 '등록사무'라 한다)는 대법원이 관장한다.

종전 판례는 호적사무는 국가의 사무로서 국가의 기관위임에 의하여 수행되는 사무가 아니고 지자체의 사무라고 하였다. 그러나 가족관계의 등록 등에 관한 법률은 가족관계 등록사무를 국가사무로 규정하고 있다.

3) 약사법을 위반한 약국개설자에 대한 업무정지명령이나 과징금을 부과하는 사무

약사법 제76조 제1항 제3호, 제81조 제1항에 의하면, 시장·군수 또는 구청장(이하 '시장 등'이라고 한다)은 **약국개설자가 약사법을 위반한 경우 업무의 정지를 명하거나 그 업무**

약국개설자가 약사법을 위반한 경우 시장·군수 또는 구청장이 업무의 정지를 명하거나 과징금을 부과하는 사무는 지방자치단체 고유의 자치사무이다.

정지처분을 갈음하여 과징금을 부과할 수 있는바, 이러한 시장 등의 사무는 지방자치법 제9조 제2항 제2호 (가)목의 '주민복지에 관한 사업'으로서 주민의 복지증진에 관한 사무에 해당한다고 볼 수 있는 점, 그 사무의 성질이 반드시 전국적으로 통일적인 처리가 요구되는 사무라고 볼 수 없는 점, 과징금을 내야 할 자가 납부하지 않는 경우 지방세외수입금의 징수 등에 관한 법률에 따라 징수하고 징수한 과징금은 징수한 시장 등이 속한 지방자치단체에 귀속되는 점(약사법 제81조 제4항·제5항) 등을 고려하면, **지방자치단체 고유의 자치사무**라고 보는 것이 타당하다(대판 2014.10.27. 2012두15920).

4) **도지사의 의료기관감독사무**

도지사의 의료기관감독에 관한 사무는 지자체의 사무에 속하고 국가사무에는 속한다고 할 수 없으므로, 도지사의 의료업정지명령의 권한은 조례로써 관할 지자체나 공공단체 또는 그 기관에 위임 또는 위탁할 수 있다.

구 의료법 제30조 제3항, 제51조 제1항에 의하면 도지사에게 신고함으로써 개설하는 의료기관에 대한 의료업정지명령 등의 권한은 보건복지부장관이 아닌 도지사에게 있고, 이러한 **도지사의 의료기관감독에 관한 사무**는 헌법 제117조, 지방자치법 제9조 제1항·제2항 등 관련 법규와 그 사무의 성질 등에 비추어 볼 때, **주민의 복지에 관한 사업으로 지방자치단체의 사무에 속하고 국가사무에는 속한다고 할 수 없으므로, 도지사의 의료업정지명령의 권한은 지방자치법 제104조 제2항에 의하여 조례로써 관할 지방자치단체나 공공단체 또는 그 기관에 위임 또는 위탁할 수 있다**(대판 1994.9.13. 94누3599).

5) **지역주민에 대한 통행료지원사무**

지역주민에게 통행료를 지원하는 내용의 사무는 주민복지에 관한 사업으로서 지방자치사무이다.

인천광역시의회가 의결한 '인천광역시 공항고속도로 통행료지원 조례안'이 규정하고 있는 인천국제공항고속도로를 이용하는 **지역주민에게 통행료를 지원하는 내용의 사무는**, 구 지방자치법 제9조 제2항 제2호 (가)목에 정한 **주민복지에 관한 사업으로서 지방자치사무이다**. '인천광역시 공항고속도로 통행료지원 조례안'은 그 내용이 현저하게 합리성을 결여하여 자의적인 기준을 설정한 것이라고 볼 수 없으므로 헌법의 평등원칙에 위배된다고 할 수 없고, 구 지방자치법 제13조 제1항 등에도 위배되지 않는다(대판 2008. 6.12. 2007추42).

6) **학교급식실시사무와 학교급식시설의 지원에 관한 사무**

학교급식
① **학교급식 실시**: 지방자치단체 중 특별시·광역시·도의 사무
② **학교급식시설 지원에 관한 사무**: 시·군·자치구의 자치사무

OX 학교급식시설의 지원에 관한 사무는 광역자치단체의 자치사무이다. (×)

학교급식의 실시에 관한 사항은 고등학교 이하 각급학교의 설립·경영·지휘·감독에 관한 사무로서 **지방자치단체 중 특별시·광역시·도의 사무에 해당**하나, **학교급식시설의 지원에 관한 사무는 고등학교 이하 각급학교에서 학교급식의 실시에 필요한 경비의 일부를 보조하는 것이어서 그것이 곧 학교급식의 실시에 관한 사무에 해당한다고 보기 어려울** 뿐만 아니라, 지방교육재정교부금법 제11조 제6항은 시·군·자치구가 관할 구역 안에 있는 고등학교 이하 각급학교의 교육에 소요되는 경비의 일부를 보조할 수 있다고 규정하고 있으므로, 학교급식시설의 지원에 관한 사무는 **시·군·자치구의 자치사무에 해당**한다(대판 1996.11.29. 96추84).

7) **수업료, 입학금의 지원에 관한 사무**

수업료, 입학금
① **수업료, 입학금 그 자체에 관한 사무**: 지방자치단체 중 특별시·광역시·도의 사무
② **수업료, 입학금의 지원에 관한 사무**: 지방자치단체 고유의 자치사무

수업료, 입학금 그 자체에 관한 사무는 **교육·학예에 관한 사무로서 지방자치단체 중 특별시·광역시·도의 사무에 해당**하나, **수업료, 입학금의 지원에 관한 사무**는 학생 자녀를 둔 주민의 수업료, 입학금 등에 관한 부담을 경감시킴으로써 청소년에 대한 기본적인 교육여건을 형성함과 동시에 청소년이 평등하게 교육을 받을 수 있도록 하는

것이므로, 이와 같은 사무는 **지방자치단체 고유의 자치사무인 지방자치법 제9조 제2항 제2호에서 정한 주민의 복지증진에 관한 사무 중 주민복지에 관한 사업('가'목) 및 노인·아동·심신장애인·청소년 및 부녀의 보호와 복지증진('라'목)에 해당되는 사무**이다(대판 2013.4.11. 2012추22).

8) **학기당 2시간 정도의 인권교육의 편성·실시사무**

초·중등교육법 제7조, 제23조, 교육부장관이 고시한 '초·중등학교 교육과정'의 내용 및 체계와 아울러, 학교는 교육과정을 운영하는 주체로서 대통령령이 정하는 교과를 포함하여 교육부장관이 고시하는 기본적인 교육과정을 구성하는 과목 외의 내용을 교육내용에 포함시킬 수 있는 재량이 있다고 보이는 점, 교육감은 지방자치단체의 교육·학예에 관한 사무를 담당하는 주체로서 교육부장관이 정한 교육과정의 범위 안에서 지역의 실정에 맞는 교육과정의 기준과 내용을 정할 수 있을 뿐만 아니라 관할 구역 내 학교의 교육과정 운영에 대한 장학지도를 할 수 있는 점, 교육부장관이 정한 기본적인 교육과정과 대통령령에 정한 교과 외의 교육내용에 관한 결정 및 그에 대한 지도는 전국적으로 통일하여 규율되어야 할 사무가 아니라 각 지역과 학교의 실정에 맞는 규율이 허용되는 사무라고 할 것인 점 등에 비추어 보면, **학기당 2시간 정도의 인권교육의 편성·실시는 지방자치법 제9조 제2항 제5호가 지방자치단체의 사무로 예시한 교육에 관한 사무로서 초등학교·중학교·고등학교 등의 운영·지도에 관한 사무에 속한다**(대판 2015.5.14. 2013추98).

> 학기당 2시간 정도의 인권교육의 편성·실시는 자치사무에 속한다.

9) **사립 초등학교·중학교·고등학교 등을 설치·경영하는 학교법인의 임시이사 선임에 관한 교육감의 권한**

지방자치법, 지방교육자치에 관한 법률 및 사립학교법의 관련 규정들의 형식과 취지, 임시이사 선임제도의 내용과 성질 등에 비추어 살펴보면, **사립 초등학교·중학교·고등학교 및 이에 준하는 각종 학교를 설치·경영하는 학교법인의 임시이사 선임에 관한 교육감의 권한**은 자치사무라고 보는 것이 타당하다(대판 2020.9.3. 2019두58650).

> 사립 초등학교·중학교·고등학교 및 이에 준하는 각종 학교를 설치·경영하는 학교법인의 임시이사 선임에 관한 교육감의 권한은 자치사무이다.

10) **지방자치단체가 설립·경영하는 학교의 부지 확보, 부지의 사용료 지급 등의 사무**

지방자치단체가 설립·경영하는 학교의 부지 확보, 부지의 사용료 지급 등의 사무는 **특별한 사정이 없는 한 지방교육자치의 주체인 지방자치단체의 고유사무인 자치사무**이고, 국가는 법률과 예산의 범위 안에서 지방교육자치를 실현하고 있는 지방자치단체에 재정을 지원할 의무가 있으며, 이러한 국가의 지원범위를 벗어나 지방자치단체가 법률상 원인 없이 국유재산을 학교부지로 임의 사용하는 경우에는 민법상 부당이득이 성립될 수 있다(대판 2014.12.24. 2010다69704).

> 지방자치단체가 설립·경영하는 학교의 부지 확보, 부지의 사용료 지급 등의 사무는 특별한 사정이 없는 한 지방자치단체의 고유사무인 자치사무이다.

11) **지방선거사무**

지방의회의원과 지방자치단체장을 선출하는 지방선거는 지방자치단체의 기관을 구성하고 그 기관의 각종 행위에 정당성을 부여하는 행위라 할 것이므로 **지방선거사무는 지방자치단체의 존립을 위한 자치사무에 해당하고**, 따라서 법률을 통하여 예외적으로 다른 행정주체에게 위임되지 않는 한, 원칙적으로 지방자치단체가 처리하고 그에 따른 비용도 지방자치단체가 부담하여야 한다. **이 사건의 경우와 같이 지방선거의 선거**

> 지방선거사무는 지자체의 존립을 위한 자치사무에 해당한다.

사무를 구·시·군선거관리위원회가 담당하는 경우에도 그 비용은 지방자치단체가 부담하여야 하고, 이에 피청구인 대한민국국회가 지방선거의 선거비용을 지방자치단체가 부담하도록 공직선거법을 개정한 것은 지방자치단체의 자치권한을 침해한 것이라고 볼 수 없다(헌재 2008.6.26. 2005헌라7).

(3) 기관위임사무

1) 교육감의 도교육청 교육국장 및 그 하급자들에 대한 징계의결요구 신청사무

교육감이 담당 교육청 소속 국가공무원인 도교육청 교육국장 및 그 하급자들에 대하여 하는 징계의결요구 신청사무는 기관위임 국가사무라고 보아야 한다.

교육공무원 징계사무의 성격, 권한의 위임에 관한 교육공무원법령의 규정 형식과 내용 등에 비추어 보면, 국가공무원인 도교육청 교육국장 및 그 하급자인 장학관, 장학사에 대한 징계는 국가사무이고, 그 일부인 징계의결요구의 신청 역시 국가사무에 해당한다. 따라서 **교육감이 담당 교육청 소속 국가공무원인 도교육청 교육국장 및 그 하급자들에 대하여 하는 징계의결요구 신청사무**는 **기관위임 국가사무**라고 보아야 한다(대판 2015.9.10. 2013추517).

2) 교육감의 학교생활기록부 작성에 관한 지도·감독사무

공립·사립학교의 장이 행하는 학생생활기록부 작성에 관한 교육감의 지도·감독사무는 국가사무로서 교육감에 위임된 기관위임사무이다.

학교생활기록에 관한 초·중등교육법, 고등교육법 및 각 시행령의 규정 내용에 의하면, 어느 학생이 시·도 상호간 또는 국립학교와 공립·사립학교 상호간 전출하는 경우에 학교생활기록의 체계적·통일적인 관리가 필요하고, 중학생이 다른 시·도 지역에 소재한 고등학교에 진학하는 경우에도 학교생활기록은 고등학교의 입학전형에 반영되며, 고등학생의 학교생활기록은 교육부장관의 지도·감독을 받는 대학교의 입학전형자료로 활용되므로, 학교의 장이 행하는 학교생활기록의 작성에 관한 사무는 국민 전체의 이익을 위하여 통일적으로 처리되어야 할 성격의 사무이다. 따라서 전국적으로 통일적 처리를 요하는 학교생활기록의 작성에 관한 사무에 대한 감독관청의 지도·감독사무도 국민 전체의 이익을 위하여 통일적으로 처리되어야 하므로, **공립·사립학교의 장이 행하는 학교생활기록부 작성에 관한 교육감의 지도·감독사무**는 **국립학교의 장이 행하는 학교생활기록부 작성에 관한 교육부장관의 지도·감독사무와 마찬가지로 국가사무로서, 시·도 교육감에 위임된 사무**이다(대판 2015.9.10. 2013추517 ; 대판 2014.2.27. 2012추183).

3) 교원능력개발평가사무

교원능력개발평가는 국가사무로서 각 시·도 교육감에게 위임된 기관위임사무이다.

구 교원 등의 연수에 관한 규정 제18조에 따른 교원능력개발평가사무와 관련된 법령의 규정 내용과 취지, 그 사무의 내용 및 성격 등에 비추어 보면, 교원능력개발평가는 국가사무로서 각 시·도 교육감에게 위임된 기관위임사무라고 보는 것이 타당하다(대판 2013.5.23. 2011추56).

4) 국도의 유지·수선사무

지자체장인 시장이 국도의 관리청이 되었다 해도 이는 시장이 국가로부터 관리업무를 위임받아 국가행정기관의 지위에서 집행하는 것이다.

도로법 제23조 제2항에 의하여 **지방자치단체의 장인 시장이 국도의 관리청이 되었다 하더라도** 이는 **시장이 국가로부터 관리업무를 위임받아 국가행정기관의 지위에서 집행하는 것**이므로 국가는 도로관리상 하자로 인한 손해배상책임을 면할 수 없다(대판 1993.1.26. 92다2684).

5) **골재채취업 등록 및 골재채취허가사무**

골재채취법상 골재채취업 등록 및 골재채취허가사무는 **전국적으로 통일적 처리가 요구되는 중앙행정기관인 국토교통부장관의 고유업무인 국가사무로서 지방자치단체의 장에게 위임된 기관위임사무에 해당한다**고 할 것이다(대판 2004.6.11. 2004추34).

골재채취법상 골재채취업 등록 및 골재채취허가사무는 기관위임사무이다.

6) **도의 묘지허가사무는 자치사무, 시장 · 군수의 묘지허가사무는 기관위임사무**

① **묘지 등의 허가사무는 도의 자치사무이다:** 종중 등이 설치하는 **묘지 등의 허가사무도 구 매장 및 묘지 등에 관한 법률 제8조에 의하여 도의 고유사무인 자치사무라고 해석할 것이다.**

② **도지사로부터 시장 · 군수에게 묘지 등의 허가권을 위임한 것은 기관위임사무이다:** 도지사로부터 시장·군수에게 묘지 등의 허가권을 위임한 것은 **단체위임이 아니라 기관위임이라고 보아야 할 것이다**(대판 1995.12.22. 95추32).

묘지허가

① **도의 묘지허가사무:** 도의 자치사무

② **도지사의 시장 · 군수에 대한 묘지허가권의 위임:** 단체위임(×), 기관위임(○)

7) **부랑인선도시설 및 정신질환자요양시설에 대한 지방자치단체장의 지도 · 감독사무**

부랑인선도시설 및 정신질환자요양시설의 지도·감독사무에 관한 법규의 규정 형식과 취지가 보건사회부장관 또는 보건복지부장관이 위 각 시설에 대한 지도·감독권한을 시장·군수·구청장에게 위임 또는 재위임하고 있는 것으로 보이는 점, 위 각 시설에 대한 지도·감독사무가 성질상 전국적으로 통일적인 처리가 요구되는 것인 점, 위 각 시설에 대한 대부분의 시설운영비 등의 보조금을 국가가 부담하고 있는 점, 장관이 정기적인 보고를 받는 방법으로 최종적인 책임을 지고 있는 것으로 보이는 점 등을 종합하여 볼 때, **부랑인선도시설 및 정신질환자요양시설에 대한 지방자치단체장의 지도·감독사무는 보건복지부장관 등으로부터 기관위임된 국가사무이다**(대판 2006.7.28. 2004다759).

부랑인선도시설 및 정신질환자요양시설에 대한 지자체장의 지도·감독사무는 보건복지부장관 등으로부터 기관위임된 국가사무이다.

8) **서울신용보증재단의 업무감독**

서울신용보증재단의 사무 중 특히, 업무감독과 감독상 필요한 명령에 관한 사무는 중소기업청장의 위임에 의하여 **국가사무가 지방자치단체의 장에게 위임된 기관위임사무에 해당한다**(대판 2003.4.22. 2002두10483).

서울신용보증재단의 사무 중 특히, 업무감독과 감독상 필요한 명령에 관한 사무는 기관위임사무에 해당한다.

9) **국가하천에 관한 사무**

국가하천을 '전국적 규모나 이와 비슷한 규모의 사무'로서 지방자치단체가 처리할 수 없는 국가사무의 예로 정하고 있다. 하천법은 국가하천의 하천관리청은 국토교통부장관이고(제8조 제1항), 하천공사와 하천의 유지·보수는 원칙적으로 하천관리청이 시행한다고 정하고 있다(제27조 제5항). 위와 같은 규정에 따르면, 국가하천에 관한 사무는 다른 법령에 특별한 정함이 없는 한 국가사무로 보아야 한다. **지방자치단체가 비용 일부를 부담한다고 해서 국가사무의 성격이 자치사무로 바뀌는 것은 아니다**(대판 2020.12.30. 2020두37406).

국가하천사무는 국가사무이다. 지방자치단체가 비용 일부를 부담하더라도 국가사무가 자치사무가 되는 것은 아니다.

Ⅲ 조례제정권

1 조례의 법적 근거

헌법 제117조 ① 지방자치단체는 주민의 복리에 관한 사무를 처리하고 재산을 관리하며, 법령의 범위 안에서 자치에 관한 규정을 제정할 수 있다.

지방자치법 제28조 【조례】 ① 지방자치단체는 법령의 범위에서 그 사무에 관하여 조례를 제정할 수 있다. 다만, 주민의 권리 제한 또는 의무 부과에 관한 사항이나 벌칙을 정할 때에는 법률의 위임이 있어야 한다.

헌법 제117조 제1항상 법령의 의미: 법률 + 법규명령 + 법규명령으로서 기능하는 행정규칙

판례

헌법 제117조 제1항에서 규정하고 있는 '법령'에 법률 이외에 헌법 제75조 및 제95조 등에 의거한 대통령령·총리령 및 부령과 같은 법규명령이 포함되는 것은 물론이지만, 헌법재판소의 "법령의 직접적인 위임에 따라 수임행정기관이 그 법령을 시행하는 데 필요한 구체적 사항을 정한 것이면, 그 제정 형식은 비록 법규명령이 아닌 고시·훈령·예규 등과 같은 행정규칙이더라도, 그것이 상위법령의 위임한계를 벗어나지 아니하는 한, 상위법령과 결합하여 대외적인 구속력을 갖는 법규명령으로서 기능하게 된다고 보아야 한다."라고 판시한 바에 따라, **헌법 제117조 제1항에서 규정하는 '법령'에는 법규명령으로서 기능하는 행정규칙이 포함**된다(헌재 2002.10.31. 2001헌라1).

OX 판례는 헌법 제117조 제1항에서 규정하는 법령에는 법규명령으로서 기능하는 행정규칙이 포함된다고 한다. (O)

2 조례의 법적 성질

조례의 법적 성질
① 자주법성
② 법률우위원칙의 적용
③ 규칙보다 상위규범
④ 명령보다 하위규범이나, 규율범위는 더 넓다.
⑤ **주민의 권리 제한 · 의무 부과에 관한 사항이나 벌칙을 규정한 조례**: 법규적 성질, **내부적 사무를 규정한 조례**: 행정규칙의 성질

① 지방의회는 법령의 범위 안에서 법령에 저촉되지 않는 한 지방자치단체의 사무에 관한 조례를 제정할 수 있으므로 조례는 **자치입법의 하나로서 자주법의 성격을 갖는다.**

② 법률우위의 원칙은 법규명령은 물론이고 행정규칙에도 적용되는데, 조례도 법규명령으로서 행정입법에 해당하므로 당연히 법률우위의 원칙이 적용된다.

③ 지방자치단체의 사무에 관한 조례와 규칙은 조례가 보다 상위규범이라고 할 수 있다(대판 전합 1995.8.22. 94누5694 ; 대판 전합 1995.7.11. 94누4615).

④ 조례는 **명령보다 하위규범이지만, 명령보다 규율범위는 더 넓다.**

⑤ 조례가 주민의 권리 제한·의무 부과에 관한 사항이나 벌칙을 규정한 때에는 법규적 성질을 가지나, 내부적 사무를 규정한 때에는 행정규칙의 성질을 가진다.

3 조례로 제정할 수 있는 사무

(1) 자치사무와 단체위임사무

"지방자치단체는 법령의 범위에서 그 사무에 관하여 조례를 제정할 수 있다."라는 지방자치법 제28조 본문상 '그 사무'의 의미는 자치사무와 단체위임사무를 뜻한다.

① 자치단체의 사무에는 자치단체의 고유사무와 국가의 위임사무(단체위임사무와 기관위임사무)가 있는데, 조례로써 규율이 가능한 사무는 원칙적으로 자치사무와 단체위임사무이다.

② 지방의회는 자치사무와 단체위임사무에 대해 법령의 위임이 없더라도 법령에 저촉되지 않으면 조례를 제정할 수 있다.

지방의회는 자치사무에 관하여 법률에 특별한 규정이 없는 한 조례로써 지자체장의 고유권한을 침해하지 않는 범위 내에서 조례를 제정할 수 있다.

판례

헌법 제117조 제1항과 지방자치법 제28조에 의하면 지방자치단체는 법령의 범위 안에서 그 사무에 관하여 조례를 제정할 수 있고, 지방자치법은 의결기관으로서의 지방의회와 집행기관으로서의 지방자치단체장에게 독자적 권한을 부여하는 한편, 지방의회는 행정사무감사와 조사권 등에 의하여 지방자치단체장의 사무집행을 감시 통제할 수 있게 하고 지방자치단체장은 지방의회의 의결에 대한 재의요구권 등으로 의회의 의결권 행사에 제동을 가할 수 있게 함으로써 상호 견제와 균형을 유지하도록 하고 있으므로, **지방의회는 자치사무에 관하여 법률에 특별한 규정이 없는 한 조례로써 위와 같은 지방자치단체장의 고유권한을 침해하지 않는 범위 내에서 조례를 제정할 수 있다**고 할 것이다(대판 2013.4.11. 2012추22).

③ 지방자치법 제28조, 제13조에 따르면, 지방자치단체가 조례를 제정할 수 있는 사항은 지방자치단체의 고유사무인 자치사무와 개별 법령에 따라 지방자치단체에 위임된 단체위임사무에 한정된다.

OX 지자체는 원칙적으로 그 고유사무인 자치사무에 대하여는 자치조례를 제정할 수 있으나, 법령에 의하여 위임된 단체위임사무에 관하여는 조례를 제정할 수 없다. (×)

판례 청주시의회 정보공개안조례

청주시의회가 법률의 근거 없이 자치사무에 관한 행정정보공개조례안을 재의결하자, 청주시장이 대법원에 제소한 사건에서 대법원은 법률의 근거 없이도 자치사무에 관한 사항에 대한 조례제정은 위법하지 않다는 입장이다. 지방자치단체는 그 내용이 주민의 **권리의 제한 또는 의무의 부과에 관한 사항이거나 벌칙에 관한 사항이 아닌 한, 법률의 위임이 없더라도 조례를 제정할 수 있다 할 것인데, 청주시의회에서 의결한 청주시행정정보공개조례안은 행정에 대한 주민의 알 권리의 실현을 그 근본내용으로 하면서도 이로 인한 개인의 권익침해 가능성을 배제하고 있으므로 이를 들어 주민의 권리를 제한하거나 의무를 부과하는 조례라고는 단정할 수 없고,** 따라서 그 제정에 있어서 반드시 법률의 개별적 위임이 따로 필요한 것은 아니다. 행정정보공개조례안이 **국가위임사무가 아닌 자치사무 등에 관한 정보만을 공개대상으로 하고 있다고 풀이되는 이상 반드시 전국적으로 통일된 기준에 따르게 할 것이 아니라 지방자치단체가 각 지역의 특성을 고려하여 자기 고유사무와 관련된 행정정보의 공개사무에 관하여 독자적으로 규율할 수 있다**(대판 1992.6.23. 92추17).

청주시의회에서 의결한 청주시행정정보공개조례안은 주민의 권리를 제한하거나 의무를 부과하는 조례라고는 단정할 수 없어 그 제정에 있어서 반드시 법률의 개별적 위임이 따로 필요한 것은 아니다.

(2) 기관위임사무

① 국가사무가 지방자치단체의 장에게 위임되거나 상위 지방자치단체의 사무가 하위 지방자치단체의 장에게 위임된 기관위임사무에 관한 사항은 원칙적으로 조례의 제정범위에 속하지 않는다(대판 2020.9.3. 2019두58650).

② 다만, **기관위임사무에 있어서도 그에 관한 개별 법령에서 일정한 사항을 조례로 정하도록 위임하고 있는 경우**에는 **위임받은 사항에 관하여 개별 법령의 취지에 부합하는 범위 내에서 이른바 위임조례를 정할 수 있다**(대판 2008.1.17. 2007다59295 ; 대판 2014.2.27. 2012추145).

기관위임사무는 원칙적으로 조례제정의 대상이 아니다. ⇨ 기관위임사무에 있어서도 그에 관한 개별 법령에서 일정한 사항을 조례로 정하도록 위임하고 있는 경우에는 그 범위 내에서 위임조례를 제정할 수 있다.

판례

주택건설사업 승인대상인 분양을 목적으로 하는 20세대 이상의 공동주택을 대상으로 하여 필요한 사항을 규정한 조례안이 지방자치법 제22조 단서, 주택건설촉진법 제1조, 제4조, 제5조, 제32조에 위반되는지 여부

주택의 공급조건·방법·절차 등에 관한 사항은 건설교통부장관(현 국토교통부장관)의 고유업무인 국가사무이고 주택건설촉진법 제50조, 같은 법 시행령 제45조에 의한 **권한위임의 경우라도 이는 기관위임사무라 할 것인바,** 국가사무(기관위임사무)는 자치사무와 달리 헌법 제117조 제1항에 의하여 법령의 범위를 벗어나지 아니하는 범위 내에서 조례로 제정할 수 있는 대상이라고 볼 수 없으므로, **법령에 의하여 국가사무가 지방자치단체에게 위임된 바가 없음에도 주택건설사업 승인대상인 분양을 목적으로 하는 20세대 이상의 공동주택을 대상으로 하여 필요한 사항을 규정한 '전라북도 공동주택입주자보호를 위한 조례안'은 지방자치법 제28조 단서, 주택건설촉진법 제1조, 제4조, 제5조, 제32조를 위반한 것으로 그 구체적 조항이 법령에 위반된 여부에 나아가 살펴볼 필요 없이 전체적으로 무효이다**(대판 1995.5.12. 94추28).

주택의 공급조건·방법·절차 등에 관한 사항은 국토교통부장관의 고유업무인 국가사무이고, 권한위임의 경우라도 이는 기관위임사무이다.

4 주민의 권리 제한·의무 부과에 관한 조례제정

지방자치법 제28조 【조례】 ① 지방자치단체는 법령의 범위에서 그 사무에 관하여 조례를 제정할 수 있다. 다만, **주민의 권리 제한 또는 의무 부과에 관한 사항이나 벌칙을 정할 때에는 법률의 위임이 있어야 한다.**

OX 주민의 권리 제한 또는 의무 부과에 관한 조례를 제정하기 위하여는 법률의 위임이 있어야 하나, 벌칙을 정할 때에는 그러하지 않다. (×)

(1) 주민의 권리 제한·의무 부과에 관한 사항

① 주민의 권리를 제한하거나 의무를 부과하는 조례를 제정하려면 법률의 위임이 필요하다. 따라서 **법률의 위임 없이 주민의 권리 제한 또는 의무 부과에 관한 사항을 정한 조례는 효력이 없다**(대판 전합 2012.11.22. 2010두19270 ; 대판 2018.11.29. 2016두35229).

② 그러나 주민의 권리 제한, 의무 부과에 관한 사항, 벌칙에 관한 사항이 아니라면 법률의 위임이 필요 없다.

법률의 위임 없이 주민의 권리 제한 또는 의무 부과에 관한 사항을 정한 조례는 무효이다.

판례

1. **'부천시 담배자동판매기 설치금지 조례'**와 **'강남구 담배자동판매기 설치금지 조례'**는 담배소매업을 영위하는 주민들에게 자판기 설치를 제한하는 것을 내용으로 하고 있으므로 주민의 직업선택의 자유, 특히 직업수행의 자유를 제한하는 것이 되어 **지방자치법 제28조 단서 소정의 주민의 권리·의무에 관한 사항을 규율하는 조례라고 할 수 있으므로** 지방자치단체가 이러한 조례를 제정함에 있어서는 법률의 위임을 필요로 한다(헌재 1995.4.20. 92헌마264).

담배자판기 설치금지 조례는 주민의 권리의무에 관한 사항을 규율하는 조례이므로 법률의 위임이 필요하다.

2. 구 주차장법 제19조의4 제1항 단서 및 구 주차장법 시행령 제12조 제1항 제3호가 일정한 경우 건축물·골프연습장 기타 주차수요를 유발하는 시설 부설주차장의 용도변경을 허용하면서 그에 관하여 **조례에 위임하지 않고 있음에도, '순천시(여수시) 주차장 조례' 제13조 제2항이 당해 시설물이 소멸될 때까지 부설주차장의 용도를 변경할 수 없도록 규정**하였다.

위 조례 규정이 부설주차장의 용도변경 제한에 관하여 정한 것은 법 제19조 제4항 및 시행령 제7조 제2항에서 위임한 '시설물의 부지 인근의 범위'와는 무관한 사항이고, 나아가 부설주차장의 용도변경 제한에 관하여는 법 제19조의4 제1항 및 시행령 제12조 제1항에서 지방자치단체의 조례에 위임하지 않고 직접 명확히 규정하고 있으므로, 위 조례 규정은 **법률의 위임 없이 주민의 권리 제한에 관한 사항을 정한 것으로서 법률유보의 원칙에 위배되어 효력이 없다**(대판 전합 2012.11.22. 2010두19270, 2010두22962).

3. 위 조례안에는 **주민의 편의 및 복리증진에 관한 내용**을 담고 있어 그 **제정에 있어서 반드시 법률의 개별적 위임이 따로 필요한 것은 아니다.** 따라서 **군민의 출산을 적극 장려하기 위하여 세 자녀 이상의 세대 중 세 번째 이후 자녀에게 양육비 등을 지원할 수 있도록 하는 내용의 '정선군 세 자녀 이상 세대 양육비 등 지원에 관한 조례안'은 법령에 위반되지 않는다**(대판 2006.10.12. 2006추38).

4. 교육부장관이 전자파 취약계층의 보호를 위해 경기도 내 유치원 및 초등학교 등을 전자파 안심지대로 지정하고 그곳에서는 누구든지 기지국을 설치할 수 없도록 하는 내용의 '경기도교육청 전자파 취약계층보호 조례안'에 대하여 법령에 반한다는 이유로 재의결을 요구하였으나 경기도의회가 원안대로 재의결하였다. 위 조례안 중 지방자치단체의 공유재산이 아니고 초·중등교육법의 적용대상도 아닌 '사립유치원과 개인이 소유하거나 관리하는 복합 건물'에 관한 부분은 기지국 설치와 관련하여 기지국 설치자가 가지는 영업의 자유와 그 상대방이 가지는 계약의 자유를 제한할 수 있도록 조례에 위임하는 법령 규정은 존재하지 않는다. 따라서 사립유치원과 복합 건물에 관하여 법률의 위임 없이 주민의 권리 제한에 관한 사항을 규정하였으므로 효력을 인정할 수 없다(대판 2017.12.5. 2016추5162).

5. 법률에서 위임받은 사항을 전혀 규정하지 않고 재위임하는 것은 복위임금지원칙에 반할 뿐 아니라 위임명령의 제정 형식에 관한 수권법의 내용을 변경하는 것이 되므로 허용되지 않으나 **위임받은 사항에 관하여 대강을 정하고 그중의 특정사항을 범위를 정하여 하위법령에 다시 위임하는 경우에는 재위임이 허용된다.** 이러한 법리는 **조례가 지방자치법 제22조 단서에 따라 주민의 권리 제한 또는 의무 부과에 관한 사항을 법률로부터 위임받은 후, 이를 다시 지방자치단체장이 정하는 '규칙'이나 '고시' 등에 재위임하는 경우에도 마찬가지이다**(대판 2015.1.15. 2013두14238).

> 주차장법령이 일정한 경우 주차수요를 유발하는 시설 부설주차장의 용도변경을 허용하면서 그에 관하여 조례에 위임하지 않고 있음에도, '순천시 주차장 조례'가 당해 시설물이 소멸될 때까지 부설주차장의 용도를 변경할 수 없도록 규정한 것은 법률유보의 원칙에 위배되어 효력이 없다.

> 법률의 위임 없이 전자파 취약계층의 보호를 위해 경기도 내 유치원 및 초등학교 등을 전자파 안심지대로 지정하고 그곳에서는 누구든지 기지국을 설치할 수 없도록 하는 내용의 조례안은 무효이다.

> 조례가 주민의 권리제한 또는 의무부과에 관한 사항을 법률로부터 위임받은 후, 위임받은 사항에 관하여 대강을 정하고 그중의 특정사항을 범위를 정하여 '규칙'이나 '고시' 등에 재위임하는 것은 허용된다.

(2) 형벌에 관한 조례제정

지방자치법 제34조【조례 위반에 대한 과태료】 ① 지방자치단체는 조례를 위반한 행위에 대하여 조례로써 1천만 원 이하의 과태료를 정할 수 있다.

① 구법에서는 조례위반행위에 대해 조례로써 징역·벌금형을 부과할 수 있도록 규정한 바 있다. 그러나 이는 **죄형법정주의에 반한다는 지적에 따라 삭제되었고, 과태료만 부과할 수 있도록 규정**하고 있다.

② 법률에서 구체적 위임이 없는 경우, 조례로 형벌을 규정할 수 없다.

> 조례로 조례위반행위에 대해 징역·벌금형을 부과할 수 없고, 과태료만 부과할 수 있다.

판례

조례 위반에 형벌을 가할 수 있도록 규정한 조례안 규정들은 **현행 지방자치법 제34조에 위반**되고, **적법한 법률의 위임 없이 제정된 것이 되어 지방자치법 제28조 단서에 위반**되고, 나아가 **죄형법정주의를 선언한 헌법 제12조 제1항에도 위반된다**(대판 1995.6.30, 93추83).

5 조례제정의 한계

(1) 법령에 반하는 조례는 위법하다

1) 법령의 의미

지방자치단체는 법령의 범위에서 그 사무에 관하여 조례를 제정할 수 있는데(지방자치법 제28조 본문), 여기서 **'법령의 범위 안에서'**란 **'법령에 위배되지 아니하는 범위 내에서'**를 말하고, **지방자치단체가 제정한 조례가 법령에 위배되는 경우**에는 **효력이 없다**(대판 2013.9.27, 2011추94). 즉, 조례는 행정행위가 아니므로 공정력이 인정되지 않는다.

지방자치법 제28조 제1항 본문에서의 '법령의 범위에서'란 '법령에 위배되지 아니하는 범위 내에서'를 말하고, 조례가 법령에 위배되는 경우에는 무효이다.

OX 지방자치단체가 제정한 조례가 법령에 위반되는 경우에도 그 조례가 취소되기 전까지는 유효하다. (×)

판례

[1] 지방자치법 제28조 본문은 "지방자치단체는 법령의 범위에서 그 사무에 관하여 조례를 제정할 수 있다."라고 규정한다. 여기서 **'법령의 범위 안에서'**란 **'법령에 위배되지 아니하는 범위 내에서'**를 말하고, **지방자치단체가 제정한 조례가 법령에 위배되는 경우**에는 **효력이 없다.**

[2] 시·도지사의 승인을 받을 필요 없는 경미한 조성계획의 변경을 신설하는 내용의 제주특별자치도 조례안에 대하여 제주특별자치도지사가 재의를 요구하였으나 제주특별자치도 의회가 원안대로 재의결하였다. 이 경우 관광진흥법 제54조 제1항이 조성계획을 변경할 때에는 시·도지사의 승인을 받을 필요가 없는 '경미한 사항'을 대통령령으로 정하도록 규정하고 있고, 같은 법 시행령 제47조 제1항에서 '경미한 사항'을 제1호부터 제3호까지 열거하고 있음에도, 위 조례안이 관광진흥법 시행령 제47조 제1항에 없는 내용을 규정한 것은 상위법령에 위배되어 효력이 없다(대판 2013.9.27, 2011추94).

법령의 위임 없이 시·도지사의 승인을 받을 필요 없는 경미한 조성계획의 변경을 신설하는 내용의 조례안은 상위법령에 위배되어 효력이 없다.

2) 침익적 조례

차고지확보 대상을 자가용자동차 중 승차정원 16인 미만의 승합자동차와 적재정량 2.5t 미만의 화물자동차까지로 정하여 자동차운수사업법령이 정한 기준보다 확대하고, **차고지확보 입증서류의 미제출을 자동차등록 거부사유로 정하여 자동차관리법령이 정한 자동차 등록기준보다 더 높은 수준의 기준을 부가하고 있는 차고지확보제도에 관한 조례안**은 비록 그 법률적 위임근거는 있지만 그 내용이 차고지 확보기준 및 자동차 등록기준에 관한 상위법령의 제한범위를 초과하여 무효이다(대판 1997.4.25, 96추251).

차고지확보제도를 규정한 조례안이 법률의 위임근거는 있으나, 그 내용이 자동차등록기준 및 차고지 확보기준에 관한 상위법령의 제한범위를 초과하면 무효이다.

OX 판례에 따르면 조례로써 자동차관리법 및 동 시행령이 정한 자동차등록기준보다 더 강화된 수준의 차고지확보를 정하는 것은 적법하다. (×)

3) 수익적 조례

① 조례안의 내용이 생활보호법과 그 목적 및 취지를 같이하는 것이나, 보호대상자 선정의 기준 및 방법, 보호의 내용을 생활보호법의 그것과는 다르게 규정함과 동시에 생활보호법 소정의 자활보호대상자 중에서 사실상 생계유지가 어려운 자에게 생활보호법과는 별도로 생계비를 지원하는 것을 그 내용으로 하는 것이라는 점

지자체에 생활보호법과 모순·저촉되지 않는 별도의 생활보호제도를 두면서 그 재원은 전액 지자체의 부담으로 하되, 예산결정권은 지자체장에게 부여한 조례안의 내용은 생활보호법에 위반되지 않는다.

에서 생활보호법과는 다른 점이 있고, **당해 조례안에 의하여 생활보호법 소정의 자활보호대상자 중 일부에 대하여 생계비를 지원한다고 하여 생활보호법이 의도하는 목적과 효과를 저해할 우려는 없다고 보여지며,** 비록 생활보호법이 자활보호대상자에게는 생계비를 지원하지 아니하도록 규정하고 있다고 할지라도 그 규정에 의한 자활보호대상자에게는 전국에 걸쳐 일률적으로 동일한 내용의 보호만을 실시하여야 한다는 취지로는 보이지 아니하고, 각 지방자치단체가 그 지방의 실정에 맞게 별도의 생활보호를 실시하는 것을 용인하는 취지라고 보아야 할 것이라는 이유로, 당해 조례안의 내용이 생활보호법의 규정과 모순·저촉되는 것이라고 할 수 없다(대판 1997.4.25. 96추244).

② 지방재정법 시행령 제29조 제5항은 지방자치단체의 보조금 또는 그 밖의 공금의 지출에 대한 교부신청, 교부결정 및 사용 등에 관하여 필요한 사항은 조례로 정하도록 규정하고 있는데, 이 위임에 근거한 구 홍성군 보조금 관리조례는 제20조에서 "군수는 보조금을 교부받은 자가 '보조사업의 성공 가능성이 없을 때', '사업의 전부 또는 일부를 정지하였을 때'에는 보조금의 교부를 중지하거나 이미 교부한 보조금의 전부 또는 일부의 반환을 명할 수 있다."라고 규정하고 있다. 그런데 보조금 교부는 수익적 행정행위로서 교부대상의 선정과 취소, 기준과 범위 등에 관하여 교부기관에 상당히 폭넓은 재량이 부여되어 있으므로 법령의 위임에 따라 교부기관이 보조금의 교부 및 사후 감독 등에 관한 업무를 수행할 수 있는 이상, 그 교부결정을 취소하고 보조금을 반환받는 업무도 교부기관의 업무에 포함된다고 볼 수 있고, 또 **'보조금 반환'과 관련한 사항이 지방재정법 시행령 제29조 제5항의 '보조금에 대한 교부신청, 교부결정 및 사용 등에 관하여 필요한 사항'에 포함되는 것으로 본다**고 하여 그 **위임범위를 벗어났다고 할 수 없다**(대판 2018.8.30. 2017두56193).

지방자치단체의 보조금에 대한 교부신청, 교부결정 및 사용 등에 관하여 필요한 사항은 조례로 정하도록 규정하고 있는 지방재정법 시행령 제29조 제5항에 근거한 구 홍성군 보조금 관리조례가 교부한 '보조금 반환'과 관련한 사항을 규정하고 있다고 하여 위임범위를 벗어났다고 할 수 없다.

(2) 법령이 규율되어 있는 경우 조례제정의 가능성

① **법률선점론**: 법률이 이미 규율하고 있는 사항에 대해서는 법률의 명시적 위임이 없는 한 조례를 제정할 수 없다.

② **수정법률선점이론**: 법률이 이미 규정하고 있는 사항이라도 법률의 취지를 해하지 않는 조례제정도 허용된다.

③ **판례**: 수정법률선점이론

판례

지방자치단체의 조례는 그것이 자치조례에 해당하는 것이라도 법령에 위반되지 않는 범위 안에서만 제정할 수 있어서 법령에 위반되는 조례는 그 효력이 없지만, **조례가 규율하는 특정사항에 관하여 그것을 규율하는 국가의 법령이 이미 존재하는 경우**에도 **조례가 법령과 별도의 목적에 기하여 규율함을 의도하는 것으로서 그 적용에 의하여 법령의 규정이 의도하는 목적과 효과를 전혀 저해하는 바가 없는 때 또는 양자가 동일한 목적에서 출발한 것이라고 할지라도 국가의 법령이 반드시 그 규정에 의하여 전국에 걸쳐 일률적으로 동일한 내용을 규율하려는 취지가 아니고 각 지방자치단체가 그 지방의 실정에 맞게 별도로 규율하는 것을 용인하**

조례가 규율하는 특정사항에 관하여 규율하는 국가의 법령이 이미 존재하는 경우에도 조례가 그 적용에 의하여 법령의 규정이 의도하는 목적과 효과를 전혀 저해하는 바가 없는 때 또는 국가의 법령이 반드시 전국에 걸쳐 일률적으로 동일한 내용을 규율하려는 취지가 아니고 각 지자체가 그 지방의 실정에 맞게 별도로 규율하는 것을 용인하는 취지라고 해석되는 경우에는 그 조례가 국가의 법령에 위배되지 않는다.

는 **취지라고 해석되는 때**에는 그 조례가 국가의 법령에 위배되는 것은 아니라고 보아야 한다 (대판 2007.12.13. 2006추52 ; 대판 2014.12.24. 2013추81 등).

(3) 포괄적 위임금지원칙의 적용 여부(소극)

포괄적 위임입법금지원칙이 조례제정에 적용되는가에 대해 학설이 대립하나, 다수설과 판례는 적용되지 않는다고 한다.

판례

지방자치법 제13조 제1항과 제28조 등의 관련 규정에 의하면 지방자치단체는 원칙적으로 그 고유사무인 자치사무와 법령에 의하여 위임된 단체위임사무에 관하여 이른바 자치조례를 제정할 수 있는 외에, 개별 법령에서 특별히 위임하고 있을 경우에는 그러한 사무에 속하지 아니하는 기관위임사무에 관하여도 그 위임의 범위 내에서 이른바 위임조례를 제정할 수 있지만, **조례가 규정하고 있는 사항이 그 근거 법령 등에 비추어 볼 때 자치사무나 단체위임사무에 관한 것**이라면 이는 **자치조례**로서 지방자치법 제28조가 규정하고 있는 '법령의 범위 안'이라는 사항적 한계가 적용될 뿐, **위임조례와 같이 국가법에 적용되는 일반적인 위임입법의 한계가 적용될 여지는 없다**(대판 2000.11.24. 2000추29).

조례가 자치사무나 단체위임사무에 관한 것이라면 이는 자치조례로서, 위임조례와 같이 국가법에 적용되는 일반적인 위임입법의 한계가 적용될 여지는 없다.

(4) 형벌사항

① 법률의 위임을 받은 경우 조례로 형벌사항을 규정할 수 있다.

② 그러나 위임이 없는 경우 조례로 형벌사항을 정하는 것은 죄형법정주의에 위반된다. 형벌사항은 구체적 위임이 있어야 조례제정이 가능하다.

법률의 위임이 없는 한 조례로 형벌사항을 규정할 수 없다.

(5) 법령상의 제도에 중대한 변경을 초래하는 사항

지방의회의원에 대하여 **유급보좌인력을 두는 것**은 지방의회의원의 신분·지위 및 그 처우에 관한 현행 법령상의 제도에 중대한 변경을 초래하는 것으로서, 이는 **개별 지방의회의 조례로써 규정할 사항이 아니라** 국회의 법률로써 규정하여야 할 입법사항이다 (대판 2013.1.16. 2012추84).

(6) 조례와 규칙의 입법한계

지방자치법 제30조 【조례와 규칙의 입법한계】 시·군 및 자치구의 조례나 규칙은 시·도의 조례나 규칙을 위반해서는 아니 된다.

광역자치단체의 조례·규칙이 기초자치단체의 조례·규칙보다 우위적 효력이 있다.

시·도의 조례나 규칙이 시·군 및 자치구의 조례나 규칙보다 우위적 효력이 있다.

OX 기초지방자치단체의 조례는 광역자치단체장의 규칙과 대등한 효력이 있다. (×)

(7) 집행기관의 고유권한을 침해하는 조례

① 지방자치법은 지방의회와 지방자치단체의 장에게 독자적 권한을 부여하고 상호견제와 균형을 이루도록 하고 있으므로, **지방의회는 법률에 특별한 규정이 없는 한 견제의 범위를 넘어서 상대방의 고유권한을 침해하는 내용의 조례를 제정할 수 없다.**

지방의회와 지자체장은 법률에 특별한 규정이 없는 한 조례로써 견제의 범위를 넘어서 상대방의 고유권한을 침해하는 규정을 제정할 수 없다.

② 따라서 **정부업무평가기본법 제18조에서 지방자치단체의 장의 권한으로 정하고 있는 자체평가업무에 관한 사항에 대하여 지방의회가 견제의 범위 내에서 소극적·사후적으로 개입한 정도가 아니라 사전에 적극적으로 개입하는 내용을 지방자치단체의 조례로 정하는 것은 허용되지 않는다**(대판 2007.2.9. 2006추45).

지자체장의 권한으로 정하고 있는 자체평가업무에 관한 사항에 대하여 지방의회가 사전에 적극적으로 개입하는 내용을 지자체의 조례로 정하는 것은 허용되지 않는다.

판례

1. 지방자치법은 지방자치단체의 의사를 내부적으로 결정하는 최고의결기관으로 지방의회를, 외부에 대하여 지방자치단체의 대표로서 지방자치단체의 의사를 표명하고 그 사무를 통할하는 집행기관으로 단체장을 독립한 기관으로 두고, **의회와 단체장에게 독자적인 권한을 부여하여 상호 견제와 균형**을 이루도록 하고 있으므로, **법률에 특별한 규정이 없는 한 조례로써 견제의 범위를 넘어서 상대방의 고유권한을 침해하는 규정을 제정할 수 없다.** 지방의회는 조례의 제정 및 개폐, 예산의 심의·확정, 결산의 승인, 기타 지방자치법 제47조에 규정된 사항에 대한 의결권을 가지는 외에 지방자치법 제49조 등의 규정에 의하여 지방자치단체사무에 관한 행정사무감사 및 조사권 등을 가지므로, 이처럼 **법령에 의하여 주어진 권한의 범위 내에서 집행기관을 견제할 수 있는 것이지 법령에 규정이 없는 새로운 견제장치를 만드는 것은 집행기관의 고유권한을 침해하는 것이 되어 허용할 수 없다**(대판 2012.11.29. 2011추87 ; 대판 2011.4.28. 2011추18).

2. 지방자치단체가 그 자치사무에 관하여 조례로 제정할 수 있다고 하더라도 상위법령에 위배할 수는 없고, 특별한 규정이 없는 한 지방자치법이 규정하고 있는 **지방자치단체의 집행기관과 지방의회의 고유권한**에 관하여는 **조례로 이를 침해할 수 없고**, 나아가 지방의회가 **지방자치단체장의 고유권한이 아닌 사항에 대하여도 그 사무집행에 관한 집행권을 본질적으로 침해하는 것**은 지방자치법의 관련 규정에 위반되어 **허용될 수 없다**(대판 2001.11.27. 2001추57).

3. **상위법령에서 지방자치단체의 장에게 기관구성원 임명·위촉권한을 부여하면서도 임명·위촉권의 행사에 대한 지방의회의 동의를 받도록 하는 등의 견제나 제약을 규정하고 있거나 그러한 제약을 조례 등에서 할 수 있다고 규정하고 있지 아니하는 한**, 당해 법령에 의한 임명·위촉권은 지방자치단체의 장에게 전속적으로 부여된 것이라고 보아야 한다. 따라서 **하위법규인 조례로써는 지방자치단체장의 임명·위촉권을 제약할 수 없고**, 지방의회의 지방자치단체 사무에 대한 비판, 감시, 통제를 위한 행정사무감사 및 조사권 행사의 일환으로 위와 같은 제약을 규정하는 조례를 제정할 수도 없다(대판 2017.12.13. 2014추644).

4. 지방자치법령은 지방자치단체의 장으로 하여금 지방자치단체의 대표자로서 당해 지방자치단체의 사무와 법령에 의하여 위임된 사무를 관리·집행하는 데 필요한 행정기구를 설치할 고유한 권한과 이를 위한 조례안의 제안권을 가지도록 하는 반면 지방의회로 하여금 지방자치단체의 장의 행정기구의 설치권한을 견제하도록 하기 위하여 지방자치단체의 장이 조례안으로서 제안한 행정기구의 축소, 통폐합의 권한을 가지는 것으로 하고 있으므로, **지방의회의원이 지방자치단체의 장이 조례안으로서 제안한 행정기구를 종류 및 업무가 다른 행정기구로 전환하는 수정안을 발의하여 지방의회가 의결 및 재의결하는 것은 지방자치단체의 장의 고유권한에 속하는 사항의 행사에 관하여 사전에 적극적으로 개입하는 것으로서 허용되지 아니한다**(대판 2005.8.19. 2005추48).

지방의회는 법령에 의하여 주어진 권한의 범위 내에서 집행기관을 견제할 수 있는 것이지 법령에 규정이 없는 새로운 견제장치를 만드는 것은 집행기관의 고유권한을 침해하는 것이 되어 허용할 수 없다.

OX 판례는 법률에 특별한 규정이 없는 한 지방의회가 조례로써 지방자치단체장의 고유권한을 침해할 수 없고, 또한 지방의회 또는 지방자치단체장 어느 한 쪽의 고유권한을 다른 한 쪽이 행사하도록 규정할 수 없다고 한다. (○)

지자체의 자치사무에 해당하더라도 집행기관과 지방의회의 고유권한에 관하여는 조례로 침해할 수 없고, 지자체장의 고유권한이 아닌 사항도 그 사무집행에 관한 권한을 본질적으로 침해하는 조례제정은 허용되지 아니한다.

상위법령에서 지자체의 장에게 부여한 기관구성원 임명·위촉권을 조례로써 제약할 수 없고, 지방의회가 행정사무감사 및 조사권 행사의 일환으로 위와 같은 제약을 규정하는 조례를 제정할 수도 없다.

지방의회의원이 지방자치단체의 장이 조례안으로서 제안한 행정기구를 종류 및 업무가 다른 행정기구로 전환하는 수정안을 발의하여 지방의회가 의결 및 재의결하는 것은 허용되지 아니한다.

조례의 제정절차

조례안의 제안권자	지방의회	조례로 정하는 수 이상의 지방의회의원의 찬성
	지자체의 장	조례의 제안권 있음.
	위원회의 의결	직무에 속하는 사항에 관하여 의안을 제출
	주민	주민의 조례제정 청구: 지자체장이 지방의회에 부의
	교육감	교육·학예에 관한 조례안의 작성 및 제출
의결 정족수	① 재적의원 과반수의 출석과 출석의원 과반수의 찬성(일반의결정족수) ② 새로운 재정부담을 수반하는 조례안을 의결하려면 미리 지자체장의 의견을 들어야 함.	
이송	조례안이 지방의회에서 의결되면 의장은 의결된 날부터 5일 이내에 그 지자체의 장에게 이송	
공포	지자체의 장은 조례안을 이송받으면 20일 이내에 공포 ⇨ 즉시 해당 지방의회의 의장에게 통지	

이송받은 조례안에 대하여 이의가 있는 경우

환부거부 및 재의요구	① 지자체의 장은 20일 이내에 이유를 붙여 지방의회로 환부하고, 재의를 요구할 수 있음. ② 일부에 대하여 또는 수정하여 재의요구(×)
의결 정족수	① 지방의회가 재의에 부쳐 재적의원 과반수의 출석과 출석의원 3분의 2 이상의 찬성으로 전과 같은 의결을 하면 조례로 확정 ② 재의결의 내용 전부가 아니라 그 일부만이 위법한 경우에도 대법원은 의결 전부의 효력을 부인(92추31)
공포	① 지자체의 장은 확정된 조례를 지체 없이 공포 ⇨ 즉시 해당 지방의회의 의장에게 통지 ② 지자체의 장에게 이송된 후 5일 이내에 지자체의 장이 공포하지 아니하면 지방의회의 의장이 공포 ⇨ 즉시 해당 지자체의 장에게 통지

6 조례제정절차

(1) 조례안의 제안

지방자치법 제76조 【의안의 발의】 ① 지방의회에서 의결할 의안은 지방자치단체의 장이나 조례로 정하는 수 이상의 지방의회의원의 찬성으로 발의한다.

① **지방의회**: 조례로 정하는 수 이상의 지방의회의원의 찬성으로 발의한다.
② **지방자치단체의 장**: 조례의 제안권이 있다.
③ **위원회의 의결**: 소관사항에 대한 조례안
④ **주민**: 주민이 조례개폐를 청구하면 지방자치단체장이 조례개폐안을 지방의회에 부의(지방자치법 제19조)
⑤ **교육감**: 교육감은 교육·학예에 관한 조례안의 작성 및 제출에 관한 사항에 관한 사무를 관장한다(지방교육자치에 관한 법률 제20조 제1호).

(2) 의결

① 지방의회는 일반의결정족수에 의하여 조례안을 의결한다.
② 지방의회는 새로운 재정부담을 수반하는 조례나 안건을 의결하려면 미리 지방자치단체의 장의 의견을 들어야 한다.

(3) 조례안의 이송

지방자치법 제32조 【조례와 규칙의 제정 절차 등】 ① 조례안이 지방의회에서 의결되면 지방의회의 의장은 의결된 날부터 5일 이내에 그 지방자치단체의 장에게 이송하여야 한다.
② 지방자치단체의 장은 제1항의 조례안을 이송받으면 20일 이내에 공포하여야 한다.
③ 지방자치단체의 장은 이송받은 조례안에 대하여 이의가 있으면 제2항의 기간에 이유를 붙여 지방의회로 환부(還付)하고, 재의(再議)를 요구할 수 있다. 이 경우 지방자치단체의 장은 조례안의 일부에 대하여 또는 조례안을 수정하여 재의를 요구할 수 없다.
④ 지방의회는 제3항에 따라 재의 요구를 받으면 조례안을 재의에 부치고 재적의원 과반수의 출석과 출석의원 3분의 2 이상의 찬성으로 전(前)과 같은 의결을 하면 그 조례안은 조례로서 확정된다.
⑤ 지방자치단체의 장이 제2항의 기간에 공포하지 아니하거나 재의 요구를 하지 아니하더라도 그 조례안은 조례로서 확정된다.
⑥ 지방자치단체의 장은 제4항 또는 제5항에 따라 확정된 조례를 지체 없이 공포하여야 한다. 이 경우 제5항에 따라 조례가 확정된 후 또는 제4항에 따라 확정된 조례가 지방자치단체의 장에게 이송된 후 5일 이내에 지방자치단체의 장이 공포하지 아니하면 지방의회의 의장이 공포한다.
⑦ 제2항 및 제6항 전단에 따라 지방자치단체의 장이 조례를 공포하였을 때에는 즉시 해당 지방의회의 의장에게 통지하여야 하며, 제6항 후단에 따라 지방의회의 의장이 조례를 공포하였을 때에는 그 사실을 즉시 해당 지방자치단체의 장에게 통지하여야 한다.
⑧ 조례와 규칙은 특별한 규정이 없으면 공포한 날부터 20일이 지나면 효력을 발생한다.

제33조 【조례와 규칙의 공포 방법 등】 ① 조례와 규칙의 공포는 해당 지방자치단체의 공보에 게재하는 방법으로 한다. 다만, 제32조 제6항 후단에 따라 지방의회의 의장이 조례를 공포하는 경우에는 공보나 일간신문에 게재하거나 게시판에 게시한다.
② 제1항에 따른 공보는 종이로 발행되는 공보(이하 이 조에서 '종이공보'라 한다) 또는 전자적인 형태로 발행되는 공보(이하 이 조에서 '전자공보'라 한다)로 운영한다.
③ 공보의 내용 해석 및 적용 시기 등에 대하여 종이공보와 전자공보는 동일한 효력을 가진다.
④ 조례와 규칙의 공포에 관하여 그 밖에 필요한 사항은 대통령령으로 정한다.

조례안이 의결되면 의장은 의결된 날부터 5일 이내에 지방자치단체의 장에게 이를 이송하여야 한다(지방자치법 제32조 제1항).

(4) 공포와 재의요구

지방자치단체장은 이송받은 날부터 20일 이내에 공포하거나 이의가 있으면 이유를 붙여 지방의회로 환부하고 재의를 요구할 수 있다. 이 경우 일부거부나 수정거부는 할 수 없다.

판례

지방교육자치에 관한 법률 제28조 제1항 제1문이 규정한 교육·학예에 관한 시·도의회의 의결사항에 대한 교육감의 재의요구권한과, 같은 항 제2문이 규정한 교육부장관의 재의요구요청권한은 중복하여 행사될 수 있는 별개의 독립된 권한이다. **지방의회의 조례안 의결에 대하여 재의요구를 한 교육감은 지방의회가 재의결을 하기 전까지 재의요구를 철회할 수 있다.** 그렇다면, 서울특별시교육감의 재의요구철회가 교육부장관의 재의요구요청권한을 침해하지 아니한다(헌재 2013.9.26. 2012헌라1).

(5) 주무부장관의 재의요구 지시

① 주무부장관 또는 시·도지사는 지방자치단체장에게 재의요구를 지시할 수 있고, 이 경우 지방자치단체장은 재의를 요구하여야 한다.
② 재의요구 지시를 받은 지방자치단체장이 재의를 요구하지 아니한 경우 주무부장관 또는 시·도지사는 지방의회의결에 대하여 대법원에 직접 제소할 수 있다. 이는 일종의 추상적 규범통제의 성격을 가진다.

(6) 지방의회의 재의결

재의의 요구가 있을 때에는 지방의회는 재의에 붙여 재적의원 과반수의 출석과 출석의원 3분의 2 이상의 찬성으로 전과 같은 의결을 하면 그 조례안은 조례로서 확정된다.

판례

인천광역시의회가 의결한 공무상 병가, 공무상 질병휴직을 사용하고 있는 공상소방공무원 중 선발된 자에게 요양기간 동안 위로금을 지급하는 내용의 '인천광역시 공사상소방공무원 지원에 관한 조례안'에 대하여 인천광역시장이 지방재정법 제17조에 반한다는 이유 등으로 재의를 요구하였으나, 시의회가 조례안을 재의결함으로써 확정하였다. 이 경우, **조례안 규정에 따**

OX 지방자치단체의 조례와 규칙을 지방의회의 의장이 공포하는 경우에는 일간신문에 게재함과 동시에 해당 지방자치단체의 인터넷 홈페이지에 게시하여야 한다. (×)

OX 교육감이 지방교육자치에 관한 법률에 따라 독자적인 권한으로 지방의회의 조례안 의결에 대해 재의요구를 한 경우 지방의회가 재의결하기 전이라도 교육감은 그 재의요구를 철회할 수 없다. (×)

지방재정법 제17조 【기부 또는 보조의 제한】 ① 지방자치단체는 그 소관에 속하는 사무와 관련하여 다음 각 호의 어느 하나에 해당하는 경우와 공공기관에 지출하는 경우에만 개인 또는 법인·단체에 기부·보조, 그 밖의 공금 지출을 할 수 있다. 다만, 제4호에 따른 지출은 해당 사업에의 지출근거가 조례에 직접 규정되어 있는 경우로 한정한다.
1. 법률에 규정이 있는 경우
3. 용도가 지정된 기부금의 경우

지방공무원법 제44조 【보수결정의 원칙】 ④ 이 법이나 그 밖의 법령에서 정한 보수에 관한 규정에 따르지 아니하고는 어떠한 금전이나 유가물도 공무원의 보수로 지급될 수 없다.

지방의회가 의결한 공무상 병가, 공무상 질병휴직을 사용하고 있는 공상소방공무원 중 선발된 자에게 요양기간 동안 위로금을 지급하는 내용의 공사상소방공무원 지원에 관한 조례안은 위법하다.

라 지급하는 위로금은 비록 인천광역시 소속 소방공무원 일반에게 상시로 지급하는 것은 아니라고 할지라도 공상소방공무원 중 선발된 자에 대하여 공무상 병가, 공무상 질병휴직에 따른 요양기간 동안 계속적으로 지급하는 것일 뿐만 아니라, 지급방법도 요양기간 동안 계급별로 차등을 두어 높은 계급일수록 높은 일일단가로 계산한 금원을 지급하는 것이므로, 명칭과 관계없이 그 실질이 지방공무원인 공상소방공무원에게 법령에서 정하지 않은 명목의 금전을 변형된 보수로 지급하는 것과 다르지 않아 공상소방공무원에 대한 지원의 필요성은 별론으로 하더라도 **지방공무원법 제44조 제4항에 반하고,** 그 밖에 조례안 규정에 따라 위로금을 지급하는 것이 **지방재정법 제17조 제1항 단서에 따라 예외적으로 허용된다고 볼 아무런 사정도 없다**(대판 2012.5.24. 2011추117).

지자체장의 불공포나 부재의요구에 의한 조례확정

조례확정	지자체의 장이 조례안을 이송받은 후 20일 이내에 공포하지 아니하거나 재의요구를 하지 아니할 때에도 조례로 확정
공포	① 지자체의 장은 확정된 조례를 지체 없이 공포 ⇨ 즉시 해당 지방의회의 의장에게 통지 ② 조례가 확정된 후 5일 이내에 지자체의 장이 공포하지 아니하면 지방의회의 의장이 공포 ⇨ 즉시 해당 지자체의 장에게 통지

(7) 공포와 제소

① 지방자치단체의 장은 재의결된 조례가 이송된 날부터 5일 이내에 공포하여야 하고, 지방자치단체의 장이 그 기간 내에 공포하지 아니한 경우 지방의회의 의장이 조례를 공포하여야 한다.

② 다만, 재의결된 조례가 법령에 위반될 경우에는 대법원에 제소할 수 있다.

(8) 주무부장관과 시·도지사의 제소지시

① 지방자치단체의 조례안에 대한 재의결이 법령에 위반되는 경우 주무부장관 또는 시·도지사는 지방자치단체의 장에게 제소를 지시할 수 있고, 지방자치단체의 장이 제소지시를 받은 날부터 7일 이내에 제소하여야 한다.

② 이 기간 내에 지방자치단체의 장이 제소하지 아니한 경우 주무부장관, 시·도지사는 7일 이내에 직접 대법원에 제소 및 집행정지결정을 신청할 수 있다.

7 조례에 대한 통제

(1) 통제절차

조례가 헌법과 법률에 위반되는지 여부가 재판의 전제가 된 경우 법원이 조례의 위헌·위법 여부를 심사할 수 있다.

① **헌법 제107조 제2항의 명령·규칙심사:** 조례가 헌법과 법률에 위반되는지 여부가 재판의 전제가 된 경우 법원이 조례의 위헌·위법 여부를 심사할 수 있다. 위헌·위법이라고 결정한 경우 당해 사건에 한해 효력이 상실된다.

조례가 상위법령에 위배된다는 사정은 그 조례의 규정을 위법하여 무효라고 선언한 대법원 판결이 선고되지 아니한 상태에서는 그 위법 여부가 객관적으로 명백하다고 할 수 없으므로, 이러한 조례에 근거한 행정처분의 하자는 취소사유에 해당한다.

판례

일반적으로 **조례가 법률 등 상위법령에 위배된다는 사정은 그 조례의 규정을 위법하여 무효라고 선언한 대법원의 판결이 선고되지 아니한 상태**에서는 그 **조례 규정의 위법 여부가 해석상 다툼의 여지가 없을 정도로 명백하였다고 인정되지 아니하는 이상 객관적으로 명백한 것이라 할 수 없으므로, 이러한 조례에 근거한 행정처분의 하자는 취소사유에 해당할 뿐 무효사유가 된다고 볼 수는 없다**(대판 2009.10.29. 2007두26285).

위법한 조례는 행정소송을 통해 무효확인소송의 제기가 가능하다.

② **행정소송:** 행정처분에 해당하는 조례는 행정소송의 대상이 된다. 이 경우, 취소소송(대판 1996.9.20. 95누7994)과 무효확인소송(대판 1996.9.20. 95누8003)은 지방의회가 아니라 **그 집행기관인 지방자치단체장**(교육에 관한 조례의 경우 시·도 교육감)**을 피고로 하여야 한다.**

판례

1. [1] 조례는 통상 그 규정 내용이 일반적이고 추상적이기 때문에 그 조례 자체의 유·무효는 법률상의 쟁송에 해당하지 아니하므로 무효확인을 구하는 소의 대상이 될 수 없는 것이 원칙이지만, 예외적으로 **조례가 집행행위의 개입 없이도 그 자체로서 직접 국민의 구체적인 권리·의무나 법적 이익에 영향을 미치는 등의 법률상 효과를 발생하는 경우** 그 조례는 **항고소송의 대상이 되는 행정처분에 해당**하고, 이러한 조례에 대한 무효확인소송을 제기함에 있어서 행정소송법 제38조 제1항, 제13조에 의하여 피고적격이 있는 처분 등을 행한 행정청은, 행정주체인 지방자치단체 또는 지방자치단체의 내부적 의결기관으로서 지방자치단체의 의사를 외부에 표시한 권한이 없는 지방의회가 아니라, 구 지방자치법 제19조 제2항, 제92조에 의하여 지방자치단체의 집행기관으로서 조례로서의 효력을 발생시키는 공포권이 있는 지방자치단체의 장이다.
[2] 구 지방교육자치에 관한 법률 제14조 제5항, 제25조에 의하면 시·도의 교육·학예에 관한 사무의 집행기관은 시·도 교육감이고 시·도 교육감에게 지방교육에 관한 조례안의 공포권이 있다고 규정되어 있으므로, 교육에 관한 조례의 무효확인소송을 제기함에 있어서는 그 집행기관인 시·도 교육감을 피고로 하여야 한다(대판 1996.9.20. 95누8003).

2. [1] 구 지방자치법, 구 지방교육자치에 관한 법률, 구 교육법 등의 여러 규정들을 종합하면, **공립초등학교는 공공시설로서 그 설치·폐지**에 관하여는 **다른 법령에 규정이 없는 경우 지방자치단체인 시·도가 제정하는 조례의 형식으로 정하여야 하고, 그러한 학교의 설치·폐지는 지방의회에 의한 조례의 의결 및 그 공포로써 효력이 발생하여 완결되는 것**이며, 구 지방교육자치에 관한 법률 제27조 제1호, 제5호에서 조례안의 작성 및 학교의 설치·폐지에 관한 사항을 교육감의 관장사무로 규정하고 있더라도 그 규정을 시·도 교육감이 학교의 설치·폐지에 관한 결정 자체를 할 권한이 있는 것이라고 볼 수 없다.
[2] 공립초등학교 분교의 폐지는 지방의회가 이를 폐지하는 내용의 개정조례를 의결하고 교육감이 이를 공포하여 그 효력이 발생함으로써 완결되고, 그 조례 공포 후 교육감이 하는 분교장의 폐쇄, 직원에 대한 인사이동 및 급식학교의 변경지정 등 일련의 행위는 분교의 폐지에 따르는 사후적인 사무처리에 불과할 뿐이므로, 이를 독립하여 항고소송의 대상이 되는 행정처분으로서의 폐교처분이라고 할 수 없다(대판 1996.9.20. 95누7994).

> 조례가 집행행위의 개입 없이도 그 자체로서 직접 국민의 구체적인 권리·의무나 법적 이익에 영향을 미치는 등의 법률상 효과를 발생하는 경우 그 조례는 항고소송의 대상이 되는 행정처분에 해당한다.

> 조례에 대한 무효확인소송의 피고는 지방의회가 아니라 지자체의 장이다.

> 교육에 관한 조례의 취소소송에서 피고는 시·도 교육감이 된다.

> 공립초등학교의 설치·폐지에 관하여는 다른 법령에 규정이 없는 경우 지자체인 시·도가 제정하는 조례의 형식으로 정하여야 한다.

> 공립초등학교 분교의 폐지는 지방의회가 폐지하는 내용의 개정조례를 의결하고 교육감이 이를 공포하여 그 효력이 발생함으로써 완결되고, 그 조례 공포 후 교육감이 하는 분교장의 폐쇄, 직원에 대한 인사이동 및 급식학교의 변경지정 등 일련의 행위는 독립하여 항고소송의 대상이 되는 행정처분으로서의 폐교처분이라고 할 수 없다.

> 기초자치단체의 사무인 초등학교의 설립 및 운영과 관련하여 A군의회가 취학아동의 감소에 따라 1읍·면당 1학교만 남기고, 나머지 초등학교 및 분교는 모두 폐지한다는 내용으로 개정한 A군 '학교설립조례안'은 위법하지 않다.

③ **조례에 대한 헌법재판소의 통제**: 헌법재판소는 위헌법률심판과 헌법재판소법 제68조 제2항의 헌법소원 심판에서는 조례를 대상으로 할 수 없으나, 헌법재판소법 제68조 제1항의 헌법소원심판의 대상으로는 할 수 있다. 헌법재판소가 위헌결정한 경우 조례는 일반적 효력이 상실된다.

> 조례도 헌법재판소법 제68조 제1항의 헌법소원심판의 대상이 된다.

판례

조례는 지방자치단체가 그 자치입법권에 근거하여 자주적으로 지방의회의 의결을 거쳐 제정한 법규이기 때문에 **조례 자체로 인하여 기본권을 침해받은 자는 그 권리구제의 수단으로서 조례에 대한 헌법소원을 제기할 수 있다**고 할 것이다. 다만, 이 경우에 그 적법요건으로서 **조례가 별도의 구체적인 집행행위를 기다리지 아니하고 직접 그리고 현재 자기의 기본권을 침해하는 것이어야 함**을 요한다(헌재 2003.9.25. 2003헌마338).

> 조례 자체로 인하여 직접 그리고 현재 자기의 기본권을 침해받은 자는 그 권리구제의 수단으로서 조례에 대한 헌법소원을 제기할 수 있다.

주민들은 위법한 조례안의 개정·폐지를 청구할 수 있다.

④ **주민의 조례개폐청구**: 주민들은 위법한 조례안의 개정·폐지를 청구할 수 있다.

(2) 위법한 조례안의 효력

① 의결 일부에 대한 재의요구나 수정 재의요구는 허용되지 않는다. 이러한 점들을 종합하면, **재의결 내용 전부가 아니라 일부만 위법한 경우**에도 **대법원은 의결 전부의 효력을 부인하여야 한다**(대판 2017.12.5. 2016추5162). 즉, 조례안의 일부가 법령에 위반되어 위법한 경우에는 그 조례안에 대한 재의결은 전부 효력이 부인된다(대판 1994.4.26. 93추175 ; 대판 1996.5.14. 96추15 ; 대판 2000.11.10. 2000추36).

조례안재의결 무효확인소송에서의 대법원의 심판대상은 재의요구시에 이의사항으로 지적하여 재의결에서 심의의 대상이 된 것에 국한된다.

② 그러나 조례안재의결 무효확인소송에서의 심리대상은 지방자치단체의 장이 지방의회에 재의를 요구할 당시 이의사항으로 지적하여 재의결에서 심의의 대상이 된 것에 국한된다(대판 2015.5.14. 2013추98 ; 대판 2007.12.13. 2006추52).

8 판례

(1) 조례안이 위법하다고 본 판례

1) 제주특별자치도 연구위원회 설치·운영조례안

① **지방의회가 합의제 행정기관의 설치에 관한 조례안을 발의하여 이를 의결, 재의결하는 것이 허용되는지 여부(소극)**: 지방자치법상 지방자치단체의 집행기관과 지방의회는 서로 분립되어 각기 그 고유권한을 행사하되 상호 견제의 범위 내에서 상대방의 권한행사에 대한 관여가 허용되나, **지방의회는 집행기관의 고유권한에 속하는 사항의 행사에 관하여는 견제의 범위 내에서 소극적·사후적으로 개입할 수 있을 뿐 사전에 적극적으로 개입하는 것은 허용되지 않는다. 지방자치단체의 장은 합의제 행정기관을 설치할 고유의 권한을 가지며** 이러한 고유권한에는 그 설치를 위한 조례안의 제안권이 포함된다고 봄이 상당하므로, **지방의회가 합의제 행정기관의 설치에 관한 조례안을 발의하여 이를 그대로 의결, 재의결하는 것은 지방자치단체장의 고유권한에 속하는 사항의 행사에 관하여 지방의회가 사전에 적극적으로 개입하는 것으로서 관련 법령에 위반되어 허용되지 않는다**(대판 2014.11.13. 2013추111).

지방의회는 집행기관의 고유권한에 속하는 사항의 행사에 관하여 견제의 범위 내에서 소극적·사후적으로 개입할 수 있을 뿐 사전에 적극적으로 개입할 수는 없다.

지방의회가 합의제 행정기관의 설치에 관한 조례안을 발의하여 이를 그대로 의결, 재의결하는 것은 지방자치단체의 장의 고유권한에 속하는 사항의 행사에 관하여 지방의회가 사전에 적극적으로 개입하는 것으로서 관련 법령에 위반되어 허용하지 않는다.

② **지방의회가 집행기관의 인사권을 독자적으로 행사하거나 동등한 지위에서 합의하여 행사할 수 있는지 및 그에 관하여 사전에 적극적으로 개입하는 것이 허용되는지 여부(소극)**: 지방의회가 집행기관의 인사권에 관하여 견제의 범위 내에서 소극적·사후적으로 개입하는 것은 허용되나, **집행기관의 인사권을 독자적으로 행사하거나 동등한 지위에서 합의하여 행사할 수는 없고, 그에 관하여 사전에 적극적으로 개입하는 것도 원칙적으로 허용되지 아니한다**(대판 2014.11.13. 2013추111).

제주특별자치도의회가 발의하여 의결 및 재의결한 '제주특별자치도 연구위원회 설치 및 운영에 관한 조례안'은 일부가 법령에 위배되어 위법하다.

③ **제주특별자치도의회가 발의하여 의결 및 재의결한 '제주특별자치도 연구위원회 설치 및 운영에 관한 조례안'은 그 일부가 법령에 위배되어 위법하므로, 그 조례안에 대한 재의결은 효력이 없다고 한 사례**: 제주특별자치도의회가 발의하여 의결 및 재의결한 '제주특별자치도 연구위원회 설치 및 운영에 관한 조례안'은, 제주특별자치도지사의 고유권한에 속하는 사항과 인사권에 관하여 제주특별자치도의회가 사

전에 적극적으로 개입한 것으로서 그 일부가 법령에 위배되어 위법하므로, 그 조례안에 대한 재의결은 효력이 없다(대판 2009.9.24. 2009추53).

2) **행정불만처리조정위원회 위원 일부의 위촉권을 도의회 의장에게 부여한 조례안**

지방의회가 집행기관의 인사권에 관하여 소극적·사후적으로 개입하는 것은 그것이 견제의 범위 안에 드는 경우에는 허용되나, 집행기관의 인사권을 독자적으로 행사하거나 동등한 지위에서 합의하여 행사할 수는 없으며, 사전에 적극적으로 개입하는 것도 원칙적으로 허용되지 아니하므로 **조례안에 규정된 행정불만처리조정위원회 위원의 위촉, 해촉에 지방의회의 동의를 받도록 한 것은 사후에 소극적으로 개입하는 것으로서 지방의회의 집행기관에 대한 견제권의 범위에 드는 적법한 규정**이라고 보아야 될 것이나, 그 **일부를 지방의회의장이 위촉하도록 한 것**은 **지방의회가 집행기관의 인사권에 사전에 적극적으로 개입하는 것으로서 지방자치법이 정한 의결기관과 집행기관 사이의 권한분리 및 배분의 취지에 배치되는 위법한 규정**이며, 또 집행기관의 인사권에 의장 개인의 자격으로는 관여할 수 있는 권한이 없고 조례로써 이를 허용할 수도 없으며, 따라서 의장 개인이 위원의 일부를 위촉하도록 한 조례안의 규정은 그 점에서도 위법하다. 따라서 교육감은 도의 교육·학예에 관한 사무를 고유적으로 분장하게 하기 위하여 설치한 특별지방행정기관인 집행기관으로서 교육·학예에 관한 도의 사무 및 국가에서 위임한 교육·학예에 관한 행정사무를 독자적으로 관장하도록 하고 있으므로, **지방자치단체의 일반집행기관인 도지사가 위와 같은 교육감의 고유업무에 대한 행정불만처리사무까지 관장하도록 한 것은 법률 등에 규정된 교육감의 고유권한을 침해하는 것으로서 위법하다**(대판 1994.4.26. 93추175).

> ① 조례안에 규정된 행정불만처리조정위원회 위원의 위촉, 해촉에 지방의회의 동의를 받도록 한 것은 적법한 규정이다.
> ② 행정불만처리조정위원회 위원 일부의 위촉권을 도의회 의장에게 부여한 조례규정은 위법하다.

> 지자체의 일반집행기관인 도지사가 교육감의 고유업무에 대한 행정불만처리사무까지 관장하도록 한 조례규정은 위법하다.

3) **시의회의장에게 공유재산심의회 위원의 추천권을 부여한 조례안**

지방의회의장과 의원 개인의 지위 및 권한에 비추어 볼 때 집행기관의 인사권에 의장 개인의 자격으로는 관여할 수 있는 권한이 없고, 조례로서 이를 허용할 수도 없다. 그렇다면 공유재산심의회 위원 중 9명을 시의원으로 구성하고 그 위원이 될 시의원을 의장이 추천하여 시장이 위촉하도록 한 것은 **사실상 인사권을 공동행사하자는 것으로서**, 공유재산심의회가 시장의 자문에 응하여 또는 자발적으로 시장의 의사결정에 참고가 될 의견을 제공하는 것에 불과하고 시장이 그 의견에 기속되는 것은 아니라고 하더라도, 공유재산심의회의 활동은 지방자치단체의 집행사무에 속하고, 그에 대한 책임은 궁극적으로 집행기관의 장이 지게 되는 것임에 비추어 볼 때, **공유재산심의회 위원이 될 시의원 9명을 의장이 추천하게 하는 것은 집행기관의 인사권에 사전에 적극적으로 개입하는 것으로서 특별한 사정이 없는 한 허용될 수 없다**(대판 1996.5.14. 96추15).

> 공유재산심의회 위원이 될 시의원 9명을 지방의회 의장이 추천하게 하는 조례규정은 특별한 사정이 없는 한 허용될 수 없다.

4) **정보공개위원회 위원구성 조례안**

공공기관의 장이 정보공개심의회 위원의 과반수 이상을 반드시 외부인사로 위촉하여야 하고 부위원장을 시민복지국장으로 한다고 규정한 조례안은 지방의회가 단순한 견제의 범위를 넘어 집행기관의 장의 인사권의 본질적 부분을 **사전에 적극적으로 침해한 것으로 관련 법령의 규정 취지에 위배된다**(대판 2002.3.15. 2001추95).

> 공공기관의 장이 정보공개심의회 위원의 과반수 이상을 반드시 외부인사로 위촉하여야 하고 부위원장을 시민복지국장으로 한다고 규정한 조례안은 위법하다.

5) **공사 · 공단의 사장 또는 이사장 후보자에 대한 인사청문위원회 및 공청절차를 신설하는 내용의 조례안**

상위법령에서 지방자치단체장에게 기관구성원 임명·위촉권한을 부여하면서도 임명·위촉권의 행사에 지방의회의 동의를 받도록 하는 등의 견제나 제약을 규정하고 있거나 그러한 제약을 조례 등에서 할 수 있다고 규정하고 있지 않는 한 당해 법령에 의한 임명·위촉권은 지방자치단체의 장에게 전속적으로 부여된 것이라고 보아야 한다. 따라서 **하위법규인 조례로는 지방자치단체장의 임명·위촉권을 제약할 수 없고, 지방의회의 지방자치단체 사무에 대한 비판, 감시, 통제를 위한 행정사무감사 및 조사권 행사의 일환으로 위와 같은 제약을 규정하는 조례를 제정할 수도 없다.** 따라서 **지방공기업법에 따라 설립한 공사·공단의 사장 또는 이사장 후보자에 대한 인사청문위원회 및 공청절차를 신설하는 내용의 광주광역시 조례안**에 대하여 행정안전부장관이 재의를 요구하였으나 광주광역시의회가 원안대로 재의결한 사안에서, 조례로 광주광역시의회의원이 위원의 과반수를 이루는 인사검증위원회가 사장 등 후보자에 관한 공청회를 거쳐 장단점을 경과보고서에 기재하고, 임원추천위원회 위원장이 지방자치단체장에게 후보를 추천하면서 위 경과보고서를 첨부하도록 하는 것은 **지방자치단체장의 임명권 행사에 대하여 상위법령에서 허용하지 않는 견제나 제약을 가한 것이므로 위 조례안은 구 지방공기업법 제58조 제2항, 지방자치법 제28조에 위배된다**고 하였다(대판 2013.9.27. 2012추169).

상위법령에 따라 기관구성원의 임명·위촉권한이 지자체장에게 전속적으로 부여된 경우, 조례로 지자체장의 임명·위촉권한을 제약할 수 없다.

지방공기업법에 따라 설립한 공사·공단의 사장 또는 이사장 후보자에 대한 인사청문위원회 및 공청절차를 신설하는 내용의 조례안은 위법하다.

6) **직할시장이 도시계획위원회위원을 위촉하기 전에 시의회의 동의를 얻도록 한 조례안**

지방자치단체장의 기관구성원 임명·위촉권한이 조례에 의하여 비로소 부여되는 경우는 조례에 의하여 단체장의 임명권한에 견제나 제한을 가하는 규정을 둘 수 있다고 할 것이나 상위법령에서 단체장에게 기관구성원 임명·위촉권한을 부여하면서도 임명·위촉권의 행사에 대한 의회의 동의를 받도록 하는 등의 견제나 제약을 규정하고 있거나 그러한 제약을 조례 등에서 할 수 있다고 규정하고 있지 아니하는 한 당해 **법령에 의하여 임명·위촉권은 단체장에게 전속적으로 부여된 것이라고 보아야 할 것이어서 하위법규인 조례로써는 단체장의 임명·위촉권을 제약할 수 없다 할 것이고 지방의회의 지방자치단체 사무에 대한 비판, 감시, 통제를 위한 행정사무감사 및 조사권의 행사의 일환으로 위와 같은 제약을 규정하는 조례를 제정할 수도 없다.** 직할시장이 도시계획위원회 위원을 위촉하기 전에 시의회의 동의를 얻도록 규정한 대구직할시도시계획위원회조례가 도시계획법 제76조 제2항, 같은 법 시행령 제58조의2 제3항, 지방자치법 제28조에 위반되어 위법하다(대판 1993.2.9. 92추93).

시장이 지방도시계획위원회 위원을 임명·위촉하기 전에 시의회의 동의를 얻도록 규정한 시도시계획위원회조례는 위법하다.

7) **지방공기업 대표 임명시 지방의회의 인사청문회를 거치도록 한 조례안**

지방자치단체의 장으로 하여금 지방자치단체가 설립한 지방공기업 등의 대표에 대한 임명권의 행사에 앞서 지방의회의 인사청문회를 거치도록 한 조례안은 **지방자치단체의 장의 임명권에 대한 견제나 제약에 해당하므로 법령에 위반된다**(대판 2004.7.22. 2003추44).

시장의 소속 공무원에 대한 독단적 인사권을 견제할 목적으로 시장의 5급 이상 공무원 임용 이전에 지방의회의 인사청문을 거치도록 한 E시 '인사청문회조례안'은 위법하다.

8) **공무원 파견시 지방의회의 동의를 얻도록 한 조례안**

조례안에서 지방자치단체의 장이 **재단법인 광주비엔날레의 업무수행을 지원하기 위하**

지자체장이 소속 공무원을 파견함에 있어 그 파견기관과 인원을 정하여 지방의회의 동의를 얻도록 한 조례안은 위법하다.

여 소속 지방공무원을 위 재단법인에 파견함에 있어 그 파견기관과 인원을 정하여 지방의회의 동의를 얻도록 하고, 이미 위 재단법인에 파견된 소속 지방공무원에 대하여는 조례안이 조례로서 시행된 후 최초로 개회되는 지방의회에서 동의를 얻도록 규정하고 있는 경우, 그 조례안 규정은 지방자치단체의 장의 고유권한에 속하는 소속 지방공무원에 대한 임용권 행사에 대하여 지방의회가 동의 절차를 통하여 **단순한 견제의 범위를 넘어 적극적으로 관여하는 것을 허용하고 있다는 이유로 법령에 위반된다**(대판 2001.2.23. 2000추67).

9) **구청장이 주민자치위원회 위원을 위촉함에 있어 동장과 당해 지역 구의원 개인과의 사전 협의절차가 필요한 것으로 한 조례안의 규정이 법령에 위반되는지 여부(적극)**

집행기관을 비판·감시·견제하기 위한 의결권·승인권·동의권 등의 권한도 **지방자치법상 의결기관인 지방의회에 있는 것이지 의원 개인에게 있는 것이 아니므로, 지방의회가 재의결한 조례안에서 구청장이 주민자치위원회 위원을 위촉함에 있어 동장과 당해 지역 구의원 개인과의 사전 협의절차가 필요한 것으로 규정함으로써** 지방의회의원 개인이 구청장의 고유권한인 인사권 행사에 사전 관여할 수 있도록 규정하고 있는 것 또한 지방자치법상 허용되지 아니하는 것이다(대판 2000.11.10. 2000추36).

구청장이 주민자치위원회 위원을 위촉함에 있어 동장과 당해 지역 구의원 개인과의 사전 협의절차가 필요한 것으로 규정한 조례안은 위법하다.

10) **구의원 개인이 주민자치센터운영위원회의 당연직 위원장이 된다고 규정한 조례안**

주민자치센터설치·운영조례안에서 당해 동 구의원 개인이 그 운영위원회의 당연직 위원장이 된다고 규정하고 있는 것은 지방의회의원 개인이 하부 행정기관인 동장의 권한에 속하는 **주민자치센터의 설치와 운영을 심의하는 보조기관인 운영위원회의 구성과 운영에 적극적·실질적으로 사전에 개입하여 관여할 수 있게 함을 내용으로 하는 것으로서 지방의회의원의 법령상 권한범위를 넘어 법령에 위반된다**(대판 2001.12.11. 2001추64).

구의원 개인이 주민자치센터운영위원회의 당연직 위원장이 된다고 규정하고 있는 조례안은 위법하다.

11) **지방의회가 감사·조사 후 필요한 경우 관계자의 문책을 요구할 수 있도록 한 조례안**

지방자치법 시행령 제19조 제2항에서 "관계자의 문책 등을 포함한다."라는 문구를 규정하지 않은 것은 지방자치법 제96조에서 지방자치단체의 장이 소속 직원에 대한 임면·징계권을 가지도록 하고, 지방공무원법 제69조 및 제72조에서 지방공무원에 대한 징계는 인사위원회의 징계의결을 거쳐 임용권자가 행하도록 하고 있기 때문에 집행기관의 소속직원에 대한 인사나 징계에 관한 고유권한을 침해하지 않도록 하기 위하여 의도적으로 배제한 것이지 단순히 착오로 이를 누락한 것이 아니라 할 것이므로, **지방의회로 하여금 시정뿐만 아니라 관계자의 문책 등까지 요구할 수 있도록 한 개정조례안은 지방의회가 법령에 의하여 주어진 권한의 범위를 넘어 집행기관의 행정작용에 대하여 직접 간섭하는 것으로서 법령에 없는 새로운 견제장치를 만드는 것이 되어 결국 상위법령인 지방자치법 시행령 제19조 제2항에 위반된다**(대판 2003.9.23. 2003추13).

지방의회로 하여금 시정뿐만 아니라 관계자의 문책 등까지 요구할 수 있도록 한 조례안은 위법하다.

12) **검사위원의 시정조치에 관한 조례안**

지방의회가 선임한 검사위원이 결산에 대한 검사 결과, 필요한 경우 결산검사의견서에 추징, 환수, 변상 및 책임공무원에 대한 징계 등의 시정조치에 관한 의견을 담을 수 있고, 그 의견에 대하여 시장이 시정조치 결과나 시정조치 계획을 의회에 알리도록 하는 내용의 개정조례안은, 사실상 지방의회가 단체장에 대하여 직접 추징 등이나 책임공무원에 대한 징계 등을 요구하는 것으로서 지방의회가 법령에 의하여 주어진 권한

지방의회가 선임한 검사위원이 결산검사의견서에 추징, 환수, 변상 및 책임공무원에 대한 징계 등의 시정조치에 관한 의견을 담을 수 있도록 하는 등의 내용의 조례안은 위법하다.

의 범위를 넘어서 집행기관에 대하여 새로운 견제장치를 만드는 것에 해당하여 위법하다(대판 2009.4.9. 2007추103).

13) **'인천광역시 민간투자사업 추진에 관한 조례안' 제2조 (다)목, (마)목, 제9조 제2항, 제3항, 제10조는 국가사무에 관하여 법령의 위임 없이 조례로 정한 것이고, 제11조 제3항은 의장이 개인 자격으로 시장의 인사권에 개입하여 그 고유권한을 침해하고 있어 조례제정권의 한계를 일탈한 것으로서 위법하다고 한 사례**

지방의회가 집행기관의 인사권에 사전에 적극적으로 개입하는 것은 의결기관과 집행기관 사이의 권한분리 및 배분의 취지에 배치되고, 또 **집행기관의 인사권에 의장이 개인 자격으로 관여할 수 있는 권한은 없고 조례로써 이를 허용할 수도 없다.** 이 사건 조례안 제11조 제3항은 의회의장이 5인 이내의 시의원을 민간투자위원회 위원으로 추천하여 시장이 임명 또는 위촉하도록 규정하고 있는바, 위 규정은 의장이 개인 자격으로 시장의 인사권에 사전에 적극적으로 개입할 수 있도록 하여 시장의 고유권한을 침해하고 있으므로 조례제정권의 한계를 일탈하여 위법하다(대판 2009.12.24. 2007추141).

> 국가사무에 관하여 법령의 위임 없이 정한 조례규정이나 의장이 개인 자격으로 시장의 인사권에 개입하여 그 고유권한을 침해하는 조례규정은 위법하다.

14) **지방의회의원의 유급보좌관을 두는 조례안**

지방자치법 제32조는 우리나라의 지방재정상태와 지방의회의 의원정수 및 지방의회의 조직(대의회제)을 고려하여 지방의회의원을 명예직으로 한다고 규정(현재는 삭제되었음)하고 있는바, 지방의회의원에 대하여 유급보좌관을 두는 것은 지방의회의원을 명예직으로 한다고 한 위 규정에 위반되고, 나아가 **조례로써 지방의회의원에 유급보좌관을 둘 경우에는 지방의회의원에 대하여 같은 법이 예정하고 있지 않는 전혀 새로운 항목의 비용을 변칙적으로 지출하는 것이고, 이는 결국 법령의 범위 안에서 그 사무에 관하여 조례를 제정하도록 한 같은 법 제15조의 규정에 위반된다**(대판 1996.12.10. 96추121).

> 종래의 지방자치법에서는 지방의회의원을 명예직으로 한다고 규정하고 있었으므로, 지방의회의원에 대하여 유급보좌관을 두는 조례안은 위법하다.

15) **지방의회가 사무감사 · 조사 방법으로 감사위원회의 의결에 의하여 3일 이상의 준비기간을 부여하지 않도록 한 조례안**

헌법 제117조 제1항, 지방자치법 제28조에 의하면, 지방자치단체는 법령에 구체적인 위임근거가 없더라도 법령에 위반되지 아니하는 범위 안에서 그 사무에 관한 조례를 제정할 수 있고, 다만 주민의 권리 제한 또는 의무 부과에 관한 사항이나 벌칙을 정할 때에는 법령의 위임이 있어야 하는 것인바, **지방의회가 사무감사 · 조사방법으로 감사 · 조사위원회의 의결에 의하여 3일 이상의 준비기간을 부여하지 아니하고 또한 지방의회의장을 통하지 아니하고도 현지확인, 보고 · 서류제출의 요구 등을 할 수 있도록 규정한 조례안은 법령의 위임근거 없이 주민의 권리를 제한하는 것**이고, 또한 지방자치법 시행령 제17조의4 제1항 · 제3항에 위반되므로 위법하다(대판 1997.9.26. 97추43).

> 지방의회가 사무감사 · 조사방법으로 감사 · 조사위원회의 의결에 의하여 3일 이상의 준비기간을 부여하지 아니하고 또한 지방의회의장을 통하지 아니하고도 현지확인, 보고 · 서류제출의 요구 등을 할 수 있도록 규정한 조례안은 위법하다.

16) **지방의회가 지방자치단체의 장에게 일정한 기간 내 주민투표를 실시하도록 요구할 수 있도록 한 조례안**

지방자치법 제18조 제1항에 의하면, 주민투표의 대상이 되는 사항이라 하더라도 주민투표의 시행 여부는 지방자치단체의 장의 임의적 재량에 맡겨져 있음이 분명하므로, 지방자치단체의 장의 재량으로서 투표실시 여부를 결정할 수 있도록 한 법규정에 반

> 지방의회가 조례로 정한 특정한 사항에 관하여 지자체의 장이 일정한 기간 내에 반드시 주민투표를 실시하도록 규정한 조례안은 위법하다.

하여 **지방의회가 조례로 정한 특정한 사항에 관하여는 일정한 기간 내에 반드시 투표를 실시하도록 규정한 조례안은 지방자치단체의 장의 고유권한을 침해하는 규정이다**(대판 2002.4.26. 2002추23).

17) **당해 주민을 상대로 한 모든 행정기관의 행정처분에 대한 행정심판청구 지원, 또는 지방의회 스스로의 정당성 여부 판단을 기초로 당해 지방자치단체의 행정처분에 대한 행정심판청구 지원을 내용으로 한 조례안과 행정심판청구의 재정적 지원을 위한 행정심판청구지원위원회의 설치와 변호사 자문수당의 지급을 규정한 조례안**

① 당해 지방자치단체의 주민을 상대로 한 모든 행정기관의 행정처분에 대한 행정심판청구를 지원하는 것을 내용으로 하는 조례안은 지방자치단체의 사무에 관한 조례제정권의 한계를 벗어난 것일 뿐 아니라, 가사 그 조례안이 당해 지방자치단체의 행정처분에 대한 행정심판청구만을 지원한다는 의미로 이해한다고 하더라도, 그 지원 여부를 결정하기 위한 전제로서 당해 행정처분의 정당성 여부를 지방의회에서 판단하도록 규정하고 있다면 이는 결국 지방의회가 스스로 행정처분의 정당성 판단을 함으로써 자치단체의 장을 견제하려는 것으로서 이는 **법률에 규정이 없는 새로운 견제장치를 만드는 것이 되어 지방자치단체의 장의 고유권한을 침해하는 것이 되어 효력이 없다.**

② 행정심판청구를 재정적으로 지원하기 위하여 행정심판청구지원위원회를 두고 고문변호사의 자문에 대하여 수당을 지급할 수 있도록 한 조례안의 규정은 지방재정법 제17조에서 금지하고 있는 개인 또는 공공기관이 아닌 단체에의 기부·보조에 해당할 뿐 아니라 지방자치단체 재정의 건전한 운영에 지장을 초래하는 것이 되어 허용될 수 없다(대판 1997.3.28. 96추60).

18) **지방의회의장의 동행명령장 발부**

① 지방의회 불출석 증인에 대한 동행명령장제도는 이에 의하여 불출석 증인을 그 의사에 반하여 일정한 장소에 인치하는 것을 내용으로 하므로, 헌법 제12조가 보장하고 있는 신체의 자유권에 대한 중대한 제한을 가하는 것이 분명하여 지방자치법 제28조 단서에 의하여 법률상 위임이 있어야 할 것인바, 지방자치법이 제49조 제7항에서 행정사무의 감사·조사를 위하여 필요한 사항 및 선서·증언·감정 등에 관한 절차를 대통령령으로 정하도록 위임하여, 같은 법 시행령은 제41조 내지 제50조에서 이에 관한 중요한 사항에 관하여 규정한 다음 제52조에서 법 및 영에 규정한 것 외에 감사 또는 조사에 필요한 사항은 해당 지방자치단체의 조례로 정한다고 규정하여 그 나머지 세부절차를 부분적으로 조례에 재위임하였고, 조례에 위임하고 있는 '감사 또는 조사에 필요한 사항'은 광의의 것으로서 협의의 감사·조사절차와 증언·감정 등에 관한 절차를 포괄하는 것으로 보아야 하므로, 동행명령장제도는 지방의회에서의 증언·감정 등에 관한 절차에서 증인·감정인 등의 출석을 확보하기 위한 절차로서 규정된 것으로 같은 법 시행령 제52조 규정의 '감사 또는 조사에 필요한 사항'에 해당한다고 보아야 할 것이어서, 결국 **같은 법 제41조 제7항, 같은 법 시행령 제52조의 규정**이 비록 **포괄적이고 일반**

당해 지자체의 주민을 상대로 한 모든 행정기관의 행정처분에 대한 행정심판청구를 지원하는 것을 내용으로 하는 조례안은 지자체의 사무에 관한 조례제정권의 한계를 벗어난 것이다.

조례안에 주민들의 행정심판청구에 대한 지원 여부를 결정하기 위한 전제로서 당해 행정처분의 정당성 여부를 지방의회에서 판단하도록 규정하고 있다면 법률에 근거가 없는 새로운 견제장치를 만드는 것이 된다.

행정심판청구의 재정적 지원을 위한 행정심판청구지원위원회의 설치와 변호사 자문수당의 지급을 규정한 조례안은 위법하다.

관계 법령이 감사 또는 조사에 필요한 사항을 조례로 위임하는 경우에 다소 포괄적이어도 조례안의 법률적 위임의 근거가 된다.

적이기는 하지만 **동행명령장제도를 규정한 조례안의 법률적 위임근거가 된다**고 보는 것이 타당하다.

② 지방의회에서의 사무감사·조사를 위한 증인의 동행명령장제도도 증인의 신체의 자유를 억압하여 일정 장소로 인치하는 것으로서 헌법 제12조 제3항의 '체포 또는 구속'에 준하는 사태로 보아야 하고, 거기에 현행범 체포와 같이 사후에 영장을 발부받지 아니하면 목적을 달성할 수 없는 긴박성이 있다고 인정할 수는 없으므로, 헌법 제12조 제3항에 의하여 법관이 발부한 영장의 제시가 있어야 함에도 불구하고 **동행명령장을 법관이 아닌 지방의회의장이 발부하고 이에 기하여 증인의 신체의 자유를 침해하여 증인을 일정 장소에 인치하도록 규정된 조례안은 영장주의원칙을 규정한 헌법 제12조 제3항에 위반**된 것이다(대판 1995.6.30. 93추83).

지방의회 증인에 대한 동행명령장을 지방의회의장이 발부하도록 한 조례는 영장주의원칙을 규정한 헌법 제12조 제3항에 위배된다.

19) **지방자치단체 소속 공무원의 대학생 자녀에게 학비를 지급하기 위한 장학기금출연조례안**

지역주민이 부담하는 지방세 등으로 조성된 지방자치단체의 수입 일부를 출연하여 **소속 공무원의 대학생 자녀에 한정하여 학비를 지급한다면**, 이는 지역주민 중 대학생 자녀를 둔 소속 공무원에 한정하여 특혜를 베푸는 조치로서 일반주민은 물론 대학생 자녀를 두지 아니한 다른 공무원과의 관계에서 형평에 반하고, 이는 결과적으로 공익에도 부합되지 아니하므로, 그러한 내용의 장학기금출연조례안은 지방자치법 제159조 제1항 소정의 기금설치를 위한 요건을 구비하였다고 볼 수 없다(대판 1996.10.25. 96추107).

지자체가 소속 공무원의 대학생 자녀에게 학비를 지급하기 위하여 만든 장학기금출연조례안은 위법하다.

20) **국내우수농수산물을 사용하는 학교급식운영자에게 식재료와 구입비의 일부를 지원하는 조례안**

특정 지방자치단체의 초·중·고등학교에서 실시하는 학교급식을 위해 위 지방자치단체에서 생산되는 우수 농수축산물과 이를 재료로 사용하는 가공식품을 우선적으로 사용하도록 하고 그러한 우수농산물을 사용하는 자를 선별하여 식재료나 식재료 구입비의 일부를 지원하며 지원을 받은 학교는 지원금을 반드시 우수농산물을 구입하는 데 사용하도록 하는 것을 내용으로 하는 위 지방자치단체의 조례안은 **내국민대우원칙을 규정한 '1994년 관세 및 무역에 관한 일반협정(General Agreement on Tariffs and Trade 1994)'에 위반되어 그 효력이 없다**(대판 2005.9.9. 2004추10).

A도의 도의회가 학교급식을 위해 국내 우수농산물을 사용하는 자에게 식재료나 구입비의 일부를 지원하는 것 등을 내용으로 하는 조례안을 의결하였다. 위 조례안은 '1994년 관세 및 무역에 관한 일반협정'에 위반되어 효력이 없다.

21) **법률의 위임 없이 보육시설 종사자의 정년을 규정한 조례안**

영유아보육법이 보육시설 종사자의 정년에 관한 규정을 두거나 이를 지방자치단체의 조례에 위임한다는 규정을 두고 있지 않음에도 보육시설 종사자의 정년을 규정한 '서울특별시 중구 영유아 보육조례 일부개정조례안' 제17조 제3항은, **법률의 위임 없이 헌법이 보장하는 직업을 선택하여 수행할 권리의 제한에 관한 사항을 정한 것이어서** 그 효력을 인정할 수 없으므로, 위 조례안에 대한 재의결은 무효이다(대판 2009.5.28. 2007추134).

법률의 위임 없이 보육시설 종사자의 정년을 규정한 조례안은 효력이 없다.

22) **교원인사에 관한 사항을 심의하기 위하여 공립학교에 교원인사자문위원회를 두도록 하고 그 심의사항에 관하여 규정한 조례안**

교원의 지위에 관한 사항은 법률로 정하여 전국적으로 통일적인 규율이 필요하고 또 국가가 이를 위하여 상당한 경비를 부담하고 있으므로, 이에 관한 사무는 **국가사무**로 보아야 한다. 따라서 '광주광역시 학교자치에 관한 조례안' 제10조가 **교원인사에 관한 사항을 심의하기 위하여 공립학교에 교원인사자문위원회를 두도록 하고 그 심의사항**

법령의 위임 없이, 교원인사에 관한 사항을 심의하기 위하여 공립학교에 교원인사자문위원회를 두도록 하고 그 심의사항에 관하여 규정한 조례는 조례제정권의 한계를 벗어나 위법하다.

에 관하여 규정한 것은 **국가사무에 관하여 법령의 위임 없이 조례로 정한 것으로 조례제정권의 한계를 벗어나 위법**하다(대판 2016.12.29. 2013추36).

23) 교권보호와 교육활동 지원에 필요한 제반 사항을 정한 조례안

교권보호와 교육활동 지원에 필요한 제반 사항을 정한 조례안에 대하여 교육부장관의 재의요구 지시에 따라 교육감이 재의를 요구하였으나 시의회가 원안대로 재의결한 사안에서, 교원의 지위에 관한 사항은 법률로 정하여 전국적으로 통일적인 규율이 필요한 것이고 국가가 이를 위하여 상당한 경비를 부담하고 있으므로, 이에 관한 사무는 국가사무로 보아야 하는데, 위 조례안 제5조가 교원의 지위에 관한 사항에 속하는 교원의 차별 및 불이익 금지 등에 관하여 규정하고, 제6조·제9조·제10조가 교원의 지위 보호를 위하여 교권보호위원회 및 교권보호지원센터의 설치·구성·운영에 관한 사항 등을 규정한 것은 국가사무에 관하여 법령의 위임 없이 조례로 정한 것으로 조례제정권의 한계를 벗어나 위법하다고 하였다(대판 2014.2.27. 2012추145).

> 교권보호와 교육활동 지원에 필요한 제반 사항을 정한 조례안은 국가사무에 관하여 법령의 위임 없이 조례로 정한 것으로 조례제정권의 한계를 벗어나 위법하다.

24) 구청장의 국 · 시비보조금의 예산계상 신청절차에 있어 구의회의 사전 의결 또는 사후 승인을 받도록 규정한 구조례의 효력

지방자치단체인 구(자치구)에 교부되는 국·시비보조금은 국가 또는 광역시의 예산에 계상되므로 국·시비보조금의 예산계상 신청은 집행기관인 구청장의 고유권한인 예산안 편성권의 한 내용을 이룬다. 이 사건 조례안 제4조 제1항, 제2항 및 제5조는 집행기관인 구청장에게 예산안 편성과 관련하여 국·시비보조금의 예산계상 신청을 함에 있어 구의회의 사전 의결 또는 사후 승인을 받도록 하는 등의 법령에 없는 의무를 부과함과 동시에 구의회로 하여금 집행기관의 사무집행에 사전에, 실질적으로 관여하도록 함으로써 집행기관의 권능을 제약하는 것이어서 각 법률 및 광역시 조례의 관계 규정에 위반된다(대판 1996.5.10. 95추87).

> 구청장의 국·시비보조금의 예산계상 신청절차에 있어 구의회의 사전 의결 또는 사후 승인을 받도록 규정한 구조례는 위법하다.

25) 수도사업자인 지방자치단체가 급수장치에 관한 공사의 비용부담에 관한 규정을 조례로 정하면서 수도시설의 설치비용을 급수공사를 하고자 하는 자에게 부담시키는 것이 상위법령인 구 수도법 제23조 및 제52조의2 제1항의 규정에 위반되는지 여부(적극)

구 수도법 등 관계 법령에 다른 특별한 규정이 없는 한, **수도사업자인 지방자치단체는 수도의 설치비용을 자신이 부담하여야 하고**, 다만 급수장치에 관한 공사의 비용부담에 관하여는 이를 조례로 정하도록 되어 있을 뿐이므로, 수도사업자인 지방자치단체가 급수장치에 관한 공사의 비용부담에 관한 규정을 조례로 정하면서 급수장치가 아닌 수도시설의 설치비용을 급수공사를 하고자 하는 자에게 부담시키는 것은 상위법령인 구 수도법 제23조 및 제52조의2 제1항의 규정에 위반된다(대판 전합 2006.6.22. 2003두8128).

> ① **수도법상 수도의 설치비용**: 지방자치단체 부담
> ② **수도의 설치비용을 급수공사를 하고자 하는 자에게 부담시키는 조례**: 수도법 위반

26) 폐기물처리시설 설치비용 산정의 기준이 되는 부지면적에 주민편익시설의 면적을 포함시켜 산정한 폐기물처리시설 부담금을 부과하도록 한 조례

구청장이 구 폐기물처리시설 설치촉진 및 주변지역지원 등에 관한 법률 제6조에 따라 폐기물처리시설을 설치하거나 그 설치비용에 해당하는 금액을 납부할 의무를 부담하는 보금자리주택지구 조성사업을 시행하는 사업시행자에게 서울특별시 서초구 폐기물처리시설 설치비용 징수와 기금설치 및 운용에 관한 조례 규정에 따라 **폐기물처리시설 설치비용 산정의 기준이 되는 부지면적에 주민편익시설의 면적을 포함시켜 산정한 폐기**

> 폐기물처리시설 설치비용 산정의 기준이 되는 부지면적에 주민편익시설의 면적을 포함시켜 산정한 폐기물처리시설 부담금을 부과하도록 한 조례 규정은 위법하여 무효이다.

물처리시설 부담금을 부과한 사안에서, 위 조례 규정은 **폐기물시설촉진법령의 가능한 해석범위를 넘어 이를 확장함으로써 위임의 한계를 벗어난 새로운 입법을 한 것과 다름없으므로 효력이 없다**고 하였다(대판 2018.11.29. 2016두35229).

27) **경상남도지사가 '경상남도 업무협약 체결 및 관리에 관한 조례안' 중 도의회가 지방자치법 제48조, 제49조에 따라 자료를 요구할 경우 도지사는 업무협약에 비밀조항을 둔 경우라도 이를 거부할 수 없도록 규정한 제6조 제1항이 법률유보원칙 등에 위반된다며 재의를 요구하였으나 도의회가 원안대로 재의결함으로써 이를 확정한 사안에서, 조례안 제6조 제1항은 공무원의 비밀유지의무를 규정한 지방공무원법 제52조, 공공기관의 정보공개에 관한 법률 제9조 제1항 제7호, 사회기반시설에 대한 민간투자법 제51조의3 제1항 등에 위반된다고 한 사례**

지방자치단체의 장이 지방의회의 요구에 따라 지방의회에 제출할 자료 중에 직무상 알게 된 비밀이 포함된 경우, 위 조례안 제6조 제1항에 따르면 지방자치단체의 장이 이를 지방의회에 제출하여야 하는 반면, 지방공무원법 제52조 등에 따르면 지방자치단체의 장이 지방의회의 제출요구를 거부함으로써 직무상 알게 된 비밀을 엄수해야 한다는 측면에서 위 조례안 제6조 제1항이 지방공무원법 제52조 등과 충돌한다고 볼 여지가 큰 점, 공공기관의 정보공개에 관한 법률은 법인 등의 경영상·영업상 비밀에 관한 사항으로서 공개될 경우 법인 등의 정당한 이익을 현저히 해칠 우려가 있다고 인정되는 정보를 비공개 대상 정보로 규정하고(제9조 제1항 제7호), 사회기반시설에 대한 민간투자법 역시 사업시행자의 경영상·영업상 비밀에 해당하는 정보는 비공개하도록 규정하여 사업시행자의 정당한 이익을 보호하는 범위 내에서 정보공개를 의무화하고 있는데(제51조의3 제1항), 위 조례안 제6조 제1항은 서류제출 요구에 응할 경우 기업의 자유 등이 침해될 수 있다는 점에 대한 어떠한 고려도 없이 도지사에게 도의회의 서류제출 요구에 응하도록 하고 있어 기본권에 의한 한계를 규정하고 있는 위 법률 조항들과도 충돌하는 점 등을 종합하면, 위 조례안 제6조 제1항은 공무원의 비밀유지의무를 규정한 지방공무원법 제52조, 공공기관의 정보공개에 관한 법률 제9조 제1항 제7호, 사회기반시설에 대한 민간투자법 제51조의3 제1항 등에 위반되므로 조례안에 대한 재의결은 효력이 없다(대판 2023.7.13. 2022추5149).

도의회가 지방자치법 제48조, 제49조에 따라 자료를 요구할 경우 도지사는 업무협약에 비밀조항을 둔 경우라도 이를 거부할 수 없도록 규정한 조례안은 위법하다.

(2) 조례안이 위법하지 않다고 본 판례

1) 대중교통 소외지역 주민 교통복지 증진에 관한 조례안

甲지방자치단체 내 대중교통 소외지역에 거주하는 주민들의 사전 요청에 따른 택시 운행과 해당 주민에 대한 운행요금의 보조 등에 관한 사항을 정한 '甲지방자치단체 대중교통 소외지역 주민 교통복지 증진에 관한 조례안'에 대하여 甲지방자치단체장이 법령에 위배된다는 등의 이유로 재의를 요구하였으나 甲지방의회가 재의결한 사안에서, 위 조례안의 보조금 지급사무는 지방자치법 제13조 제2항 제2호 (가)목에서 정한 '주민복지에 관한 사업'에 속하는 것으로 지방자치단체가 법령의 위임 없이도 조례로 규율할 수 있는 자치사무에 해당하고, 합승을 허용하거나 권장한다고 볼 만한 규정을 두고 있지 않고 택시운송사업자의 합승금지를 전제로 한 것이며, 마을택시란 '운행계통을 정하지 않고' 운행되는 것임을 명문으로 규정하고 있는 점 등을 종합하면, 위 조

甲지방자치단체 내 대중교통 소외지역에 거주하는 주민들의 사전 요청에 따른 택시 운행과 해당 주민에 대한 운행요금의 보조 등에 관한 사항을 정한 '甲 지방자치단체 대중교통 소외지역 주민 교통복지 증진에 관한 조례안'은 위법하지 않다.

례안이 마을택시를 '운행계통을 정하여' 운행하도록 규정하였다고 볼 수 없으므로, **여객자동차 운수사업법상 합승금지 조항 및 여객자동차 운수사업법 시행령상 구역 여객자동차 운송사업의 사업형태에 관한 규정에 위배되지 않는다**고 하였다(대판 2015.6.24. 2014추545).

2) **인천광역시 공항고속도로 통행료지원 조례안**

'인천광역시 공항고속도로 통행료지원 조례안'에 의하면 영종·용유지역 등 주민이 인천국제공항고속도로의 북인천 IC(북인천영업소)를 통과하여 인천(서울 포함)을 왕래하는 때에 납부하는 통행요금을 지원하되, 지원액은 예산의 범위 안에서 1가구에 차량 2대 이내로 지원하고, 감면횟수는 감면대상차량 1대당 1일 왕복 1회로 하며, 감면횟수를 초과한 차량은 정상요금을 납부하도록 되어 있는바, 위 조례안 제정의 목적, 수혜자의 상황, 예산 등 여러 상황을 고려할 때, 위 **조례안의 시행으로 인하여 다른 지역에 거주하는 주민과의 사이에 다소 규율의 차이가 발생하기는 하나, 위 조례안은 그에 정한 일정한 조건에 해당하는 경우에는 아무런 차별 없이 지원하겠다는 것으로서, 위와 같이 통행요금 지원대상의 조건으로 정한 내용이 현저하게 합리성이 결여되어 자의적인 기준을 설정한 것이라고 볼 수 없으므로 평등원칙에 위배된다고 할 수 없다.** 그리고 주민은 법령이 정하는 바에 의하여 지방자치단체로부터 균등하게 행정의 혜택을 받을 권리를 가진다는 지방자치법 제17조 제2항은 주민이 지방자치단체로부터 행정적 혜택을 균등하게 받을 수 있다는 권리를 추상적이고 선언적으로 규정한 것으로서, 위 규정에 의하여 주민이 지방자치단체에 대하여 구체적이고 특정한 권리가 발생하는 것이 아닐 뿐만 아니라, 지방자치단체가 주민에 대하여 균등한 행정적 혜택을 부여할 구체적인 법적 의무가 발생하는 것도 아니므로, 위 **조례안으로 인하여 주민들 가운데 일정한 조건에 해당하는 일부 주민이 지원을 받게 되는 혜택이 발생하였다고 하여 위 조례안이 위 제13조 제1항에 위반한 것이라고 볼 수 없다**(대판 2008.6.12. 2007추42).

> '인천광역시 공항고속도로 통행료지원 조례안'은 헌법의 평등원칙에 위배된다고 할 수 없고, 또 주민의 균등한 행정수혜권에 위반되지도 않는다.

3) **인천광역시 중구의 수도 미설치 지역에 거주하는 주민들의 지하수 개발·이용에 따른 경제적 부담을 해소시키기 위한 재정적 지원을 내용으로 하는 조례안**

인천광역시 중구의 수도 미설치 지역에 거주하는 주민들의 지하수 개발·이용에 따른 경제적 부담을 해소시키기 위한 재정적 지원을 내용으로 하는 '인천광역시 중구 지하수 개발·이용 주민 조례안'은 그 조례안에 의해 혜택을 받게 되는 지역이 인천광역시 중구 지역 중 아직까지 상수도가 설치되지 않은 수도 미설치 지역으로 '인천광역시 수도급수조례'(급수공사비용은 당해 급수공사 신청인의 부담으로 한다)가 적용될 수 없는 지역이어서 위 조례안은 수도급수조례와 그 규율대상을 서로 달리하고 있으므로 **그 상위법령인 지방자치법 제12조 제3항**(지방자치단체는 법령이나 상급지방자치단체의 조례를 위반하여 그 사무를 처리할 수 없다) **등에 위배되지 않는다**(대판 2009.12.24. 2008추87).

> 인천광역시 중구의 수도 미설치 지역에 거주하는 주민들의 지하수 개발·이용에 따른 경제적 부담을 해소시키기 위한 재정적 지원을 내용으로 하는 '인천광역시 중구 지하수 개발·이용 주민 조례안'은 상위법령인 지방자치법에 위배되지 않는다.

4) **군(郡) 관내 고등학교 학생 교육비 지원 조례안**

'군 관내 고등학교 학생 교육비 지원 조례안'이 교육비 지원대상에 해당하는 경우에는 군수로 하여금 교육비를 지급하도록 규정하였다는 이유만으로는 집행기관인 지방자치단체장 고유의 재량권을 침해하였다거나 예산배분의 우선순위 결정에 관한 지방자치단체장의 권한을 본질적으로 침해하여 위법하다고 볼 수 없다.

조례안 제6조 제3항이 교육비 지원대상에 해당하는 경우에는 군수로 하여금 교육비를 지급하도록 규정하였다는 이유만으로는 집행기관인 지방자치단체장 고유의 재량권을 침해하였다거나 예산배분의 우선순위 결정에 관한 지방자치단체장의 권한을 본질적으로 침해하여 위법하다고 볼 수 없다(대판 2013.4.11. 2012추22).

5) **학교급식시설의 지원대상학교를 확대하고 있는 조례안**

초등학교·중학교 외의 학교에 대하여도 급식시설·설비경비를 지원할 수 있고, 따라서 학교급식시설의 지원에 관하여 규정하고 있는 조례안은 지방교육재정교부금법 제11조 제5항 및 '시·군 및 자치구의 교육경비보조에 관한 규정' 제2조에 위반된 것이라고 할 수 없다(대판 1996.11.29. 96추84).

6) **합의제 옴부즈맨을 도지사 소속으로 설치하는 조례안**

합의제 행정기관인 옴부즈맨을 도지사 소속으로 설치하는 데 있어서는 당해 지자체의 조례로 정하면 되지 별도의 설치근거가 필요한 것은 아니다.

① 합의제 행정기관인 옴부즈맨(Ombudsman)을 집행기관의 장인 도지사 소속으로 설치하는 데 있어서는 지방자치법 제129조 제1항의 규정에 따라 당해 지방자치단체의 조례로 정하면 되는 것이지, 헌법이나 다른 법령상으로 별도의 설치근거가 있어야 되는 것은 아니다.

지방의회가 조례로써 옴부즈맨의 위촉(임명)·해촉시에 지방의회의 동의를 얻도록 정하였다고 해서 집행기관의 인사권을 침해한 것이라 할 수 없다.

② **옴부즈맨 구성원의 임면시 지방의회의 사전 동의를 얻도록 조례로써 정한 것이 집행기관의 인사권을 침해한 것인지 여부(소극)**: 집행기관의 구성원의 전부 또는 일부를 지방의회가 임면하도록 하는 것은 지방의회가 집행기관의 인사권에 사전에 적극적으로 개입하는 것이어서 원칙적으로 허용되지 않지만, 지방자치단체의 집행기관의 구성원을 집행기관의 장이 임면하되, 다만 그 임면에 지방의회의 동의를 얻도록 하는 것은 지방의회가 집행기관의 인사권에 소극적으로 개입하는 것으로서 지방자치법이 정하고 있는 지방의회의 집행기관에 대한 견제권의 범위 안에 드는 적법한 것이므로, 지방의회가 조례로써 옴부즈맨의 위촉(임명)·해촉시에 지방의회의 동의를 얻도록 정하였다고 해서 집행기관의 인사권을 침해한 것이라 할 수 없다.

옴부즈맨조례안이 내무부장관의 사전승인 없이 지방자치법령상의 지방공무원의 총정원을 늘리는 것을 내용으로 하고 있으면 무효이다.

③ **옴부즈맨조례안이 내무부장관(현 행정안전부장관)의 사전승인 없이 지방공무원의 총정원을 늘리는 것을 내용으로 하고 있어 무효라고 한 사례**: 집행기관의 하나인 옴부즈맨에 4급 이상의 지방공무원 1명을 상임 옴부즈맨으로 임명하도록 하고 있는 옴부즈맨조례안에 대하여, 그 조례안이 당해 지방자치단체에 두는 지방공무원의 현 정원이 지방자치법령상의 산식에 의한 총정원을 초과하고 있는 상태에서 의결됨으로써 지방자치단체에 두는 지방공무원의 총정원을 결과적으로 늘리는 것을 내용으로 하고 있다는 이유로, 그 의결시 내무부장관의 사전승인을 얻지 아니하여 무효라고 하였다(대판 1997.4.11. 96추138).

7) **지방자치단체가 합의제 행정기관의 일종인 민간위탁적격자심사위원회의 위원 정수 및 위원의 구성비를 어떻게 정할 것인지에 대한 조례안**

지방자치법에서 합의제 행정기관의 설치·운영에 관하여 필요한 사항을 조례로 정하도록 위임한 취지는 각 지방자치단체의 특수성을 고려하여 그 실정에 맞게 합의제 행정기관을 조직하도록 한 것이어서, 당해 지방자치단체가 합의제 행정기관의 일종인 민간위탁적격자심사위원회의 공평한 구성 및 그 운영에 대한 적절한 통제를 위하여 민간위탁적격자심사위원회 위원의 정수 및 그 위원의 구성비를 어떻게 정할 것인지는 당해 지방의회가 조례로써 정할 수 있는 입법재량에 속하는 문제로서 조례제정권의 범위 내라고 봄이 타당하다. 따라서 **조례안 규정에서 민간위탁적격자심사위원회의 위원 중 2명을 시의원 중에서 위촉하도록 정하고 있다고 하더라도,** 이것만으로는 위 조례안 규정이 **법령상 근거 없는 새로운 견제장치에 해당한다고 볼 수 없다**(대판 2012.11.29. 2011추87).

> 조례안 규정에서 민간위탁적격자심사위원회의 위원 중 2명을 시의원 중에서 위촉하도록 정한 것은 법령상 근거 없는 새로운 견제장치에 해당한다고 볼 수 없다.

8) **지방자치단체 사무의 민간위탁에 관하여 지방의회의 사전 동의를 받도록 한 조례안**

'서울특별시 중구 사무의 민간위탁에 관한 조례안'이 **지방자치단체 사무의 민간위탁에 관하여 지방의회의 사전 동의를 받도록 한 것**은 지방자치단체장의 민간위탁에 대한 일방적인 독주를 제어하여 민간위탁의 남용을 방지하고 그 효율성과 공정성을 담보하기 위한 장치에 불과하고, 민간위탁의 권한을 지방자치단체장으로부터 박탈하려는 것이 아니므로, **지방자치단체장의 집행권한을 본질적으로 침해하는 것으로 볼 수 없다.** 또한 **지방자치단체장이 동일 수탁자에게 위탁사무를 재위탁하거나 기간연장 등 기존 위탁계약의 중요한 사항을 변경하고자 할 때 지방의회의 동의를 받도록** 한 목적은 민간위탁에 관한 지방의회의 적절한 견제기능이 최초의 민간위탁시뿐만 아니라 그 이후에도 지속적으로 이루어질 수 있도록 하는 데 있으므로, 이에 관한 이 사건 조례안 역시 **지방자치단체장의 집행권한을 본질적으로 침해하는 것으로 볼 수 없다**(대판 2011.2.10. 2010추11).

> 지자체 사무의 민간위탁에 관하여 지방의회의 사전 동의를 받도록 한 것은 지자체장의 집행권한을 본질적으로 침해하는 것으로 볼 수 없다.

9) **구청장이 도시계획위원회 위원으로 임명·위촉할 수 있는 '구의회 의원'을 '구의회 의장이 추천한 구의원'으로 개정하는 조례안**

구청장이 도시계획위원회 위원으로 임명·위촉할 수 있는 '구의회 의원'을 '서울특별시 서초구의회 의장이 추천한 구의원 3명'으로 개정하는 '서울특별시 서초구 도시계획조례 일부 개정 조례안'에 대하여 서초구청장이 국토의 계획 및 이용에 관한 법률 등에 위배된다는 이유로 재의를 요구하였으나 서초구의회가 재의결하여 확정한 사안에서, 위 조례안 제4조 제4항이 구 국토의 계획 및 이용에 관한 법률 시행령 제112조 제3항에서 **구청장이 도시계획위원회의 위원으로 임명 또는 위촉할 수 있는 대상으로 규정한 '당해 시·군·구 지방의회의 의원'을 '서울특별시 서초구의회 의장이 추천한 구의원 3명'으로 규정한 것 외에는 구청장이 이들을 포함한 대상자 중에서 도시계획위원회 위원을 임명 또는 위촉할 수 있다고 규정하였다는 점에서 위 시행령 제112조 제3항과 차이가 없어 그에 위배된다고 볼 수 없고, 서초구청장이 서초구의회 의장이 추천하는 구의원을 반드시 도시계획위원회 위원으로 임명 또는 위촉할 필요가 없으므로** 위 조례안 제4조 제4항이 지방자치단체장의 도시계획위원 임명 또는 위촉에 관한 고유한 인사권을 침해하거나 사실상 인사권을 공동으로 행사하도록 한 것이라고 볼 수 없다고 하였다(대판 2013.9.12. 2013추50).

> 구청장이 도시계획위원회 위원으로 임명·위촉할 수 있는 '구의회 의원'을 '구의회 의장이 추천한 구의원'으로 개정하는 '서울특별시 서초구 도시계획조례 일부 개정 조례안'은 위법하지 않고 또 지방자치단체장의 고유한 인사권을 침해한다고 볼 수 없다.

10) **예산낭비 사례 등을 공개하도록 하고 예산성과금의 지급 한도를 제한하는 내용의 조례안**

예산낭비 사례 등을 공개하도록 하고 예산성과금의 지급 한도를 제한하는 내용의 '서울특별시 서초구 예산절감 및 낭비사례 공개에 관한 조례안'에 대하여 구청장이 지방자치법에 위배된다는 이유 등으로 재의를 요구하였으나 구의회가 원안대로 재의결한 사안에서, 위 조례안 제2조 제3호에서 정한 예산낭비에 관한 정의가 불명확하다거나 예산낭비의 해당성 여부가 전적으로 지방의회의 추상적 가치판단에 따라 정해진다고 보기 어렵고, 예산낭비 사례 공개 부분 조례안은 관계 법령에서 부여한 지방자치단체의 예산집행 등에 관한 지방의회의 감시 통제권의 일환으로 예산낭비사례를 공개하라는 것에 불과하여 지방자치법 제28조에서 정하고 있는 법령의 범위 내의 규정이므로 **지방자치단체장의 예산집행 등에 관한 권한을 본질적으로 침해한다고 할 수 없으며,** 지방의회는 지방자치단체 예산의 수입과 집행에 대하여 폭넓은 견제 권한을 가지는 점 등에 비추어 **예산성과금 지급 부분 조례안이 비록 지방재정법령에서 정한 공무원에 대한 지출절약에 따른 예산성과금의 상한액을 제한하였다고 하여 지방재정법령에 위배된다거나 지방자치단체장의 예산성과금 지급에 관한 권한을 본질적으로 침해하였다고 볼 수 없다**고 하였다(대판 2014.2.13. 2013추67).

> 예산낭비 사례 등을 공개하도록 하고 예산성과금의 지급 한도를 제한하는 내용의 조례안은 지방자치단체장의 예산집행 등에 관한 권한 및 예산성과금 지급에 관한 권한을 본질적으로 침해한다고 볼 수 없다.

11) **원주 혁신도시 및 기업도시 편입지역 주민지원 조례안**

국가나 지방자치단체가 국민이나 주민을 수혜대상자로 하여 재정적 지원을 하는 정책을 실행하는 경우 그 정책은 재정상태에 따라 영향을 받을 수밖에 없다고 할 것인바, 국가나 지방자치단체가 합리적인 기준에 따라 능력이 허용하는 범위 내에서 법적 가치의 상향적 구현을 위한 제도의 단계적인 개선을 추진할 수 있는 길을 선택할 수 없다면, 모든 사항과 계층을 대상으로 하여 동시에 제도의 개선을 추진하는 예외적인 경우를 제외하고는 어떠한 제도의 개선도 그 시행이 불가능하다는 결과에 이르게 되어 불합리할 뿐만 아니라 평등의 원칙이 실현하고자 하는 가치에도 어긋난다. 따라서 **'원주 혁신도시 및 기업도시 편입지역 주민지원 조례안'이 원주시 내에 건설되는 혁신도시, 기업도시의 주민 등에게만 일정한 지원을 하도록 하고 있더라도 그것만으로 위 조례안이 평등원칙을 위반하고 있다고 보기는 어렵다**(대판 2009.10.15. 2008추32).

> '원주 혁신도시 및 기업도시 편입지역 주민지원 조례안'이 원주시 내에 건설되는 혁신도시, 기업도시의 주민 등에게만 일정한 지원을 하도록 규정하고 있다고 해서 평등원칙을 위반한다고 볼 수 없다.

12) **국도 이외 도로의 점용료 산정기준을 정한 조례 규정이 도로법 시행령 개정에 맞추어 개정되지 않아 도로법 시행령과 불일치하게 된 경우**

국도가 아닌 도로의 점용료 산정기준에 관하여 대통령령이 정하는 범위에서 지방자치단체의 조례로 정하도록 규정한 구 도로법 제41조 제2항 및 구 도로법 시행령 제42조 제2항의 위임에 따라 **국도 이외 도로의 점용료 산정기준을 정한 구 '서울특별시 양천구 도로점용허가 및 점용료 징수 조례' 규정이 구 도로법 시행령이 개정되었음에도 그에 맞추어 개정되지 않은 채 유지되어 구 도로법 시행령과 불일치하게 된 경우,** 구 도로법 제41조 제2항의 '대통령령으로 정하는 범위에서'라는 문언상 대통령령에서 정한 '점용료 산정기준'은 각 지방자치단체 조례가 규정할 수 있는 점용료의 상한을 뜻하는 것이므로, 구 양천구 조례 규정은 **구 도로법 시행령이 정한 산정기준에 따른 점용료 상한의 범위 내에서 유효하고, 이를 벗어날 경우 그 상한이 적용된다는 취지에서 유효하다**고 할 것이다(대판 2013.9.27. 2012두15234).

> 구 도로법 시행령의 위임에 따라 국도 이외 도로의 점용료 산정기준을 정한 조례 규정이 그 시행령의 개정에 맞추어 개정되지 않아 시행령과 불일치하게 된 경우, 위 조례 규정은 그 시행령이 정한 산정기준에 따른 점용료 상한의 범위 내에서 유효하고, 이를 벗어날 경우 그 상한이 적용된다는 취지에서 유효하다.

13) 주요도로와 주거밀집지역 등으로부터 일정한 거리 내에 태양광발전시설의 입지를 제한함으로써 토지의 이용 · 개발을 제한하고 있는 조례

① **주요도로와 주거밀집지역 등으로부터 일정한 거리 내에 태양광발전시설의 입지를 제한함으로써 토지의 이용·개발을 제한하고 있는 '청송군 도시계획 조례'** 제23조의2 제1항 제1호, 제2호는, 비록 국토의 계획 및 이용에 관한 법률이 태양광발전시설 설치의 이격거리 기준에 관하여 조례로써 정하도록 명시적으로 위임하고 있지는 않으나, 조례에의 위임은 포괄 위임으로 충분한 점, 도시·군계획에 관한 사무의 자치사무로서의 성격, 국토의 계획 및 이용에 관한 법령의 다양한 규정들의 문언과 내용 등을 종합하면, 위 조례 조항은 **국토의 계획 및 이용에 관한 법령이 위임한 사항을 구체화한 것**이라고 할 것이다.

② '청송군 도시계획 조례' 제23조의2 제1항 제1호, 제2호의 위임근거가 되는 국토의 계획 및 이용에 관한 법령 규정들의 문언과 내용, 체계, 입법 취지 및 지방자치단체가 개발행위에 관한 세부기준을 조례로 정할 때 형성의 여지가 보다 넓게 인정되어야 하는 점, 태양광발전시설이 가져올 수 있는 환경훼손의 문제점과 청송군의 지리적·환경적 특성, 조례 조항에 따른 이격거리 기준을 적용하지 않는 예외사유를 인정하고 있는 점, 국토의 계획 및 이용에 관한 법령에서 개발행위허가기준의 대강과 한계만을 정하고 구체적인 세부기준은 각 지방자치단체가 지역의 특성, 주민 의견 등을 고려하여 지방자치단체의 실정에 맞게 정할 수 있도록 위임하고 있는 취지 등을 관련 법리에 비추어 살펴보면, 위 조례 조항이 **'고속도로, 국도, 지방도, 군도, 면도 등 주요도로에서 1,000m 내'와 '10호 이상 주거 밀집지역, 관광지, 공공시설 부지 경계로부터 500m 내'의 태양광발전시설 입지를 제한**하고 있다고 하여 국토의 계획 및 이용에 관한 법령에서 **위임한 한계를 벗어난 것이라고 볼 수 없다**(대판 2019.10.17. 2018두40744).

> '주요도로에서 1,000m 내'와 '10호 이상 주거 밀집지역 등으로부터 500m 내'의 태양광발전시설 입지를 제한하고 있는 '청송군 도시계획 조례'의 규정이 국토의 계획 및 이용에 관한 법령에서 위임한 한계를 벗어난 것이라고 볼 수 없다.

14) 시 · 도 교육청의 직속기관을 포함한 행정기구의 설치가 조례로 결정할 사항인지 여부(적극) 및 지방교육행정기관의 행정기구 설치와 관련하여 교육감과 지방의회가 가지는 권한 / 지방의회가 집행기관의 고유 권한에 속하는 사항의 행사에 관하여 사전에 적극적으로 개입할 수 있는지 여부(소극) 및 개입이 허용되는 범위

① 시·도교육청의 직속기관을 포함한 지방교육행정기관의 행정기구(이하 '기구'라 한다)의 설치는 기본적으로 법령의 범위 안에서 조례로써 결정할 사항이다. 교육감은 시·도의 교육·학예에 관한 사무를 집행하는 데 필요한 때에는 법령 또는 조례가 정하는 바에 따라 기구를 직접 설치할 권한과 이를 위한 조례안의 제안권을 가지며, 설치된 기구 전반에 대하여 조직편성권을 가질 뿐이다. 지방의회는 교육감의 지방교육행정기구 설치권한과 조직편성권을 견제하기 위하여 조례로써 직접 교육행정기관을 설치·폐지하거나 교육감이 조례안으로써 제안한 기구의 축소, 통폐합, 정원 감축의 권한을 가진다.

> 시·도교육청의 직속기관을 포함한 행정기구의 설치가 조례로 결정할 사항이다.

② 지방자치법상 지방자치단체의 집행기관과 지방의회는 서로 분립되어 각기 그 고유권한을 행사하되 상호 견제의 범위 내에서 상대방의 권한행사에 대한 관여가 허용된다. 지방의회는 집행기관의 고유권한에 속하는 사항의 행사에 관하여 사전에

적극적으로 개입하는 것은 허용되지 않으나, 견제의 범위 내에서 소극적·사후적으로 개입하는 것은 허용된다(대판 2021.9.16. 2020추5138).

15) **닭의 가축사육제한구역을 '주거밀집지역으로부터 900m'로 규정한 조례**

가축분뇨의 관리 및 이용에 관한 법률 제8조 제1항 제1호의 위임에 따라 **닭의 가축사육제한구역을 '주거밀집지역으로부터 900m'로 규정한 '금산군 가축사육 제한구역 조례' 제3조 제1항 제1호 [별표 2] '주거밀집지역 설정에 따른 가축종류별 거리제한'**이 위임조항의 위임범위를 벗어난 것인지가 문제된 사안에서, 위 조례 조항은 위임조항의 '지역주민의 생활환경보전'을 위하여 '주거밀집지역으로 생활환경의 보호가 필요한 지역'을 그 의미 내에서 구체화한 것이고, 위임조항에서 정한 가축사육 제한구역 지정의 목적 및 대상에 부합하고 **위임조항에서 위임한 한계를 벗어났다고 볼 수 없다**고 하였다(대판 2019.1.31. 2018두43996).

닭의 가축사육제한구역을 '주거밀집지역으로부터 900m'로 규정한 '금산군 가축사육제한구역 조례' 제3조 제1항 제1호 [별표 2] '주거밀집지역 설정에 따른 가축종류별 거리제한'은 위임의 한계를 벗어났다고 볼 수 없다.

16) **지방자치단체에 생활보호법과 모순·저촉되지 않는 별도의 생활보호제도를 두면서 그 재원은 전액 지방자치단체의 부담으로 하되 예산 결정권은 지방자치단체장에게 부여한 조례가 생활보호법 제36조의 규정에 위배되는지 여부(소극)**

지방의회가 2년 이상 당해 지방자치단체의 관내에 거주하는 자로서 법률상 부양의무자가 있으나 부양의무를 이행할 수 없는 자로 인정되어 사실상 생활에 어려움이 있는 자활보호대상자 중 65세 이상의 노쇠자·18세 미만의 아동·임산부·폐질 또는 심신장애로 인하여 근로능력이 없는 자를 보호대상자로 결정하여 그들에게 구 생활보호법 소정의 생계비 수준에 준하여 당해 지방자치단체 예산의 범위 내에서 생계비를 지원하도록 하는 내용의 **'저소득주민생계보호지원조례안'**을 의결한 경우, 그 조례안의 내용은 생활유지의 능력이 없거나 생활이 어려운 자에게 보호를 행하여 이들의 최저생활을 보장하고 자활을 조성함으로써 구민의 사회복지의 향상에 기여함을 목적으로 하는 것으로서 구 생활보호법과 그 목적 및 취지를 같이 하는 것이나, 보호대상자 선정의 기준 및 방법·보호의 내용을 구 생활보호법의 그것과는 다르게 규정함과 동시에 구 생활보호법 소정의 자활보호대상자 중에서 사실상 생계유지가 어려운 자에게 구 생활보호법과는 별도로 생계비를 지원하는 것을 그 내용으로 하는 것이라는 점에서 구 생활보호법과는 다른 점이 있고, 당해 조례안에 의하여 구 생활보호법 소정의 자활보호대상자 중 일부에 대하여 생계비를 지원한다고 하여 구 생활보호법이 의도하는 목적과 효과를 저해할 우려는 없다고 보여지며, 비록 **구 생활보호법이 자활보호대상자에게는 생계비를 지원하지 아니하도록 규정하고 있다고 할지라도 그 규정에 의한 자활보호대상자에게는 전국에 걸쳐 일률적으로 동일한 내용의 보호만을 실시하여야 한다는 취지로는 보이지 아니하고, 각 지방자치단체가 그 지방의 실정에 맞게 별도의 생활보호를 실시하는 것을 용인하는 취지라고 보아야 할 것**이므로, 당해 조례안의 내용이 구 생활보호법의 규정과 모순·저촉되는 것이라고 할 수 없다(대판 1997.4.25. 96추244).

법률상 부양의무자로부터 부양을 받을 수 없어 생활이 어려운 2년 이상 관내에 거주하는 65세 이상 자에게, 국민기초생활 보장법 소정의 최저생계비 수준에 준하여 지방자치단체 예산의 범위 내에서 생계비를 지원하도록 하는 내용의 D구(區) '저소득주민생계보호지원조례안'은 위법하지 않다.

OX 생활보호법 소정의 자활보호대상자 중에서 사실상 생계유지가 어려운 자에게 생활보호법과는 별도로 생계비를 지원하는 것을 내용으로 하는 조례안은 생활보호법에 저촉된다. (×)

제3절 지방자치단체의 기관

I 지방의회

1 지방의회의 법적 지위

(1) 헌법기관이다

헌법 제118조 ① 지방자치단체에 의회를 둔다.

지방의회는 지방자치단체의 구성부분으로 헌법이 인정하는 기관이다(헌법 제118조 제1항). 따라서 법률로 폐지할 수 없다.

(2) 주민의 대표기관이다

지방자치법 제37조 【의회의 설치】 지방자치단체에 주민의 대의기관인 의회를 둔다.

지방의회는 주민에 의해 선출된 의원으로 구성되므로 주민의 대표기관이다.

(3) 의결기관이다

① 지방의회는 의결기관이다. 따라서 행정청인 지방자치단체장이 외부로 지방의회의 의결을 표시해야 대외적으로 효력을 가진다.

지방자치법 제47조 【지방의회의 의결사항】 ① 지방의회는 다음 각 호의 사항을 의결한다.
1. 조례의 제정·개정 및 폐지
2. 예산의 심의·확정
3. 결산의 승인
4. 법령에 규정된 것을 제외한 사용료·수수료·분담금·지방세 또는 가입금의 부과와 징수
5. 기금의 설치·운용
6. 대통령령으로 정하는 중요 재산의 취득·처분
7. 대통령령으로 정하는 공공시설의 설치·처분
8. 법령과 조례에 규정된 것을 제외한 예산 외의 의무부담이나 권리의 포기
9. 청원의 수리와 처리
10. 외국 지방자치단체와의 교류·협력
11. 그 밖에 법령에 따라 그 권한에 속하는 사항

② 지방자치단체는 제1항 각 호의 사항 외에 조례로 정하는 바에 따라 지방의회에서 의결되어야 할 사항을 따로 정할 수 있다.

지방의회의 법적 지위
① 헌법기관
② 주민의 대표기관
③ 의결기관
④ 자치입법기관
⑤ 집행기관의 감시·통제기관

OX 지방의회는 헌법과 법률에 근거하여 설치된다. (O)

공유재산의 관리는 그 행위의 성질 등에 있어 그 취득이나 처분과는 달리 지자체장의 고유권한에 속하는 것으로서 지방의회가 사전에 관여하여서는 아니 되는 사항이라고 볼 수 없다.

공유재산의 관리행위는 조례로 지방의회의 의결사항으로 정할 수 있다.

지방의회의 의결권과 집행기관에 대한 행정감사 · 조사권: 의회의 권한(○), 의원의 권한(×)

판례

1. 지방자치법 제47조 제2항에서 그 제1항이 정하고 있는 사항 이외에 지방의회에서 의결되어야 할 사항을 조례로써 정할 수 있도록 규정하고 있을 뿐만 아니라, 일반적으로 **공유재산의 관리**가 그 행위의 성질 등에 있어 그 **취득이나 처분과는 달리 지방자치단체장의 고유권한에 속하는 것으로서 지방의회가 사전에 관여하여서는 아니 되는 사항이라고 볼 근거는 없는 것**이므로, 지방자치법과 구 지방재정법 등의 국가 법령에서 위와 같이 중요 재산의 취득과 처분에 관하여 지방의회의 의결을 받도록 규정하면서 공유재산의 관리행위에 관하여는 별도의 규정을 두고 있지 아니하더라도 이는 **공유재산의 관리행위를 지방의회의 의결사항으로 하는 것을 일률적으로 배제하고자 하는 취지는 아니고 각각의 지방자치단체에서 그에 관하여 조례로써 별도로 정할 것을 용인하고 있는 것**이라고 보아야 한다(대판 2000.11.24. 2000추29).
2. 지방자치법은 의결기관으로서의 의회의 권한과 집행기관으로서의 단체장의 권한을 분리하여 배분하는 한편, 의회는 행정사무감사와 조사권 등에 의하여 단체장의 사무집행을 감시·통제할 수 있게 하고 단체장은 의회의 의결에 대한 재의요구권 등으로 의회의 의결권 행사에 제동을 가할 수 있게 함으로써 상호 견제와 균형을 유지하도록 하고 있는 것인바, 위와 같은 **의회의 의결권과 집행기관에 대한 행정감사 및 조사권**은 **의결기관인 의회 자체의 권한이고 의회를 구성하는 의원 개개인의 권한이 아닌바,** 의원은 의회의 본회의 및 위원회의 의결과 안건의 심사 처리에 있어서 발의권·질문권·토론권 및 표결권을 가지며 의회가 행하는 지방자치단체 사무에 대한 행정감사 및 조사에서 직접 감사 및 조사를 담당하여 시행하는 권능이 있으나, 이는 **의회의 구성원으로서 의회의 권한행사를 담당하는 권능이지 의원 개인의 자격으로 가지는 권능이 아니**므로 의원은 의회의 본회의 및 위원회의 활동과 아무런 관련 없이 의원 개인의 자격에서 집행기관의 사무집행에 간섭할 권한이 없으며, 이러한 권한은 법이 규정하는 의회의 권한 밖의 일로서 집행기관과의 권한 한계를 침해하는 것이어서 허용될 수 없다(대판 1992.7.28. 92추31).

② 지방채의 발행은 지방자치단체의 장의 권한에 속하나, 지방자치단체의 장이 지방채를 발행하려면 지방의회의 의결을 얻어야 한다(지방재정법 제11조 제2항 본문).

지방자치법 제139조 【지방채무 및 지방채권의 관리】 ① 지방자치단체의 장이나 지방자치단체조합은 따로 법률로 정하는 바에 따라 지방채를 발행할 수 있다.

지방재정법 제11조 【지방채의 발행】 ② 지방자치단체의 장은 제1항에 따라 지방채를 발행하려면 재정 상황 및 채무 규모 등을 고려하여 대통령령으로 정하는 지방채 발행 한도액의 범위에서 지방의회의 의결을 얻어야 한다. 다만, 지방채 발행 한도액 범위더라도 외채를 발행하는 경우에는 지방의회의 의결을 거치기 전에 행정안전부장관의 승인을 받아야 한다.

(4) 자치입법기관이다

지방의회는 조례의 제정·개폐에 대하여 의결하는 자치입법기관이다.

(5) 집행기관의 감시·통제기관이다

지방의회는 집행기관을 감시·통제하는 기관이기도 하다.

2 지방의회의원

(1) 의원의 임기

지방자치법 제39조【의원의 임기】 지방의회의원의 임기는 4년으로 한다.

(2) 의원의 권리

지방자치법 제40조【의원의 의정활동비 등】 ① 지방의회의원에게는 다음 각 호의 비용을 지급한다.
1. 의정(議政) 자료를 수집하고 연구하거나 이를 위한 보조활동에 사용되는 비용을 보전(補塡)하기 위하여 매월 지급하는 의정활동비
2. 지방의회의원의 직무활동에 대하여 지급하는 월정수당
3. 본회의 의결, 위원회 의결 또는 지방의회의 의장의 명에 따라 공무로 여행할 때 지급하는 여비

판례

[1] 구 지방자치법의 규정 형식과 내용 및 지방의회의원에게 지급할 의정활동비, 여비, 월정수당의 지급기준을 조례로 정하기에 앞서 결정 범위를 미리 제시하기 위하여 해당 지방자치단체의 의정비심의위원회를 독립성을 갖춘 별도의 심의·의결기구로 마련한 취지 등을 고려하면, 시행령 제34조 제1항에서 심의회의 위원을 선정할 때 학계 등으로부터 추천을 받도록 규정한 취지는 심의회 구성의 다양성과 객관성을 확보하기 위한 데 있다고 할 것이므로, **심의위원 선정절차가 위 규정에 엄격히 부합하지 아니하더라도 심의회의 구성에 관한 위와 같은 입법 취지를 실질적으로 훼손하였다고 평가할 정도에 이르지 아니하는 한 해당 심의회의 의결이 위법하다거나 이를 기초로 한 의정활동비 등에 관한 조례가 위법하다고 판단할 수는 없다.**

[2] **심의회가 관계 법령에서 정한 절차에 의하여 구성되고 자율적으로 '의정활동비 등의 상한액'을 결정한 경우**에는 **결정 과정에서 주민들의 정서나 여론조사 결과에 일부 부합하지 아니한 부분이 있다고 하더라도 법령에서 심의회의 의결을 반영하는 절차를 둔 입법 취지를 달성할 수 없을 정도로 형식적인 절차를 거친 것에 불과하여 실질적으로 절차를 거치지 아니한 것과 다름없다고 볼 정도에 이르지 아니한다면, 심의회가 행한 '의정활동비 등의 상한액' 결정이 위법하다고 볼 수는 없다**(대판 2014.2.27. 2011두7489).

(3) 의원의 의무

지방자치법 제43조【겸직 등 금지】 ① 지방의회의원은 다음 각 호의 어느 하나에 해당하는 직(職)을 겸할 수 없다.
1. 국회의원, 다른 지방의회의원
2. 헌법재판소 재판관, 각급 선거관리위원회 위원

지방의원과 국회의원의 비교

구분	지방의원	국회의원
불체포특권, 면책특권	×	○
징계시 법원에 제소	○	×

지방자치법 제45조【의원체포 및 확정판결의 통지】 ① 수사기관의 장은 체포되거나 구금된 지방의회의원이 있으면 지체 없이 해당 지방의회의 의장에게 영장의 사본을 첨부하여 그 사실을 알려야 한다. ② 각급 법원장은 지방의회의원이 형사사건으로 공소가 제기되어 판결이 확정되면 지체 없이 해당 지방의회의 의장에게 그 사실을 알려야 한다.

의정비심의위원 선정절차가 구 지방자치법 시행령 제34조 제1항에 엄격히 부합하지 아니해도 심의회의 구성에 관한 입법 취지를 실질적으로 훼손하였다고 평가할 정도에 이르지 아니하는 한 해당 심의회의 의결이 위법하다거나 이를 기초로 한 의정활동비 등에 관한 조례가 위법하다고 판단할 수는 없다.

의정비심의위원회가 관계 법령에서 정한 절차에 의하여 구성되고 자율적으로 '의정활동비 등의 상한액'을 결정한 경우, 결정 과정에서 주민들의 정서나 여론조사 결과에 일부 부합하지 아니한 부분이 있다고 해도 실질적으로 절차를 거치지 아니한 것과 다름없다고 볼 정도에 이르지 아니한다면, 심의회가 행한 '의정활동비 등의 상한액' 결정이 위법하다고 볼 수는 없다.

3. 「국가공무원법」 제2조에 따른 국가공무원과 「지방공무원법」 제2조에 따른 지방공무원(「정당법」 제22조에 따라 정당의 당원이 될 수 있는 교원은 제외한다)
4. 「공공기관의 운영에 관한 법률」 제4조에 따른 공공기관(한국방송공사, 한국교육방송공사 및 한국은행을 포함한다)의 임직원
5. 「지방공기업법」 제2조에 따른 지방공사와 지방공단의 임직원
6. 농업협동조합, 수산업협동조합, 산림조합, 엽연초생산협동조합, 신용협동조합, 새마을금고(이들 조합·금고의 중앙회와 연합회를 포함한다)의 임직원과 이들 조합·금고의 중앙회장이나 연합회장
7. 「정당법」 제22조에 따라 정당의 당원이 될 수 없는 교원

② 「정당법」 제22조에 따라 정당의 당원이 될 수 있는 교원이 지방의회의원으로 당선되면 임기 중 그 교원의 직은 휴직된다.

③ 지방의회의원이 당선 전부터 제1항 각 호의 직을 제외한 다른 직을 가진 경우에는 임기 개시 후 1개월 이내에, 임기 중 그 다른 직에 취임한 경우에는 취임 후 15일 이내에 지방의회의 의장에게 서면으로 신고하여야 하며, 그 방법과 절차는 해당 지방자치단체의 조례로 정한다.

(4) 지방의회의원에 대한 징계

지방자치법 제100조 【징계의 종류와 의결】 ① 징계의 종류는 다음과 같다.
1. 공개회의에서의 경고
2. 공개회의에서의 사과
3. 30일 이내의 출석정지
4. 제명

② 제1항 제4호에 따른 제명 의결에는 재적의원 3분의 2 이상의 찬성이 있어야 한다.

제91조 【의원의 자격심사】 ① 지방의회의원은 다른 의원의 자격에 대하여 이의가 있으면 재적의원 4분의 1 이상의 찬성으로 지방의회의 의장에게 자격심사를 청구할 수 있다.
② 심사 대상인 지방의회의원은 자기의 자격심사에 관한 회의에 출석하여 의견을 진술할 수 있으나, 의결에는 참가할 수 없다.

제92조 【자격상실 의결】 ① 제91조 제1항의 심사 대상인 지방의회의원에 대한 자격상실 의결은 재적의원 3분의 2 이상의 찬성이 있어야 한다.
② 심사 대상인 지방의회의원은 제1항에 따라 자격상실이 확정될 때까지는 그 직을 상실하지 아니한다.

지방의회의원의 제명과 자격상실 의결: 재적의원 3분의 2 이상의 찬성

① 지방의회의원에 대한 징계의결이나 지방의회의 의장선거 및 불신임의결은 항고소송의 대상이 되는 행정처분이고, 그 피고는 지방의회이다.

지방의회의원에 대한 징계의결 취소소송과 지방의회 의장선임의결의 무효확인을 구하는 소송의 피고는 지방의회이다.

판례

1. **지방의회의 의원징계의결**은 그로 인해 의원의 권리에 직접 법률효과를 미치는 **행정처분의 일종으로서 행정소송의 대상이 된다**(대판 1993.11.26. 93누7341).
2. **지방의회의 의장선거**는 **행정처분의 일종으로서 항고소송의 대상이 된다**고 할 것이다(대판 1995.1.12. 94누2602).

지방의회의 의원징계의결은 행정처분의 일종으로서 행정소송의 대상이 된다.

지방의회의 의장선거는 행정처분의 일종으로서 항고소송의 대상이 된다.

3. **지방의회의장에 대한 불신임의결**은 의장으로서의 권한을 박탈하는 **행정처분의 일종으로서 항고소송의 대상이 된다**(대결 1994.10.11. 94두23).

② 지방의원 A가 지방의회에서 제명당하고 의원의 임기가 만료한 경우 승소하더라도 지방의원의 지위를 회복할 수 없다고 하여 종래의 대법원은 소의 이익을 부정했다(대판 1996.2.9. 95누14978). 그러나 최근 지방자치법에 따라 월정수당이 도입된 이후 대법원은 제명처분을 취소하면 월정수당의 지급을 구할 수 있다고 하여 소의 이익을 인정했다(대판 2009.1.30. 2007두13487).

지방의회의원에 대한 제명의결 취소소송 계속 중 의원의 임기가 만료된 경우에도, 제명의결의 취소로 의원의 지위를 회복할 수는 없다 해도 제명의결시부터 임기만료일까지의 기간에 대한 월정수당의 지급을 구할 수 있는 등 여전히 그 제명의결의 취소를 구할 법률상 이익이 있다.

3 지방의회의 회의

지방자치법 제53조【정례회】 ① 지방의회는 매년 2회 정례회를 개최한다.
② 정례회의 집회일, 그 밖에 정례회 운영에 필요한 사항은 해당 지방자치단체의 조례로 정한다.

제54조【임시회】 ① 지방의회의원 총선거 후 최초로 집회되는 임시회는 지방의회 사무처장·사무국장·사무과장이 지방의회의원 임기 개시일부터 25일 이내에 소집한다.
② 지방자치단체를 폐지하거나 설치하거나 나누거나 합쳐 새로운 지방자치단체가 설치된 경우에 최초의 임시회는 지방의회 사무처장·사무국장·사무과장이 해당 지방자치단체가 설치되는 날에 소집한다.
③ 지방의회의 의장은 지방자치단체의 장이나 조례로 정하는 수 이상의 지방의회의원이 요구하면 15일 이내에 임시회를 소집하여야 한다. 다만, 지방의회의 의장과 부의장이 부득이한 사유로 임시회를 소집할 수 없을 때에는 지방의회의원 중 최다선의원이, 최다선의원이 2명 이상인 경우에는 그중 연장자의 순으로 소집할 수 있다.
④ 임시회 소집은 집회일 3일 전에 공고하여야 한다. 다만, 긴급할 때에는 그러하지 아니하다.

제72조【의사정족수】 ① 지방의회는 재적의원 3분의 1 이상의 출석으로 개의(開議)한다.

정례회: 매년 2회

총선거 후 최초로 집회되는 임시회: 사무처장·사무국장·사무과장이 의원 임기 개시일부터 25일 이내에 소집

의장과 부의장이 사고로 임시회를 소집할 수 없는 경우: 최다선의원이, 최다선의원이 2명 이상이면 연장자가 임시회 소집

의사정족수: 재적의원 3분의 1 이상

의결정족수: 재적의원 과반수의 출석과 출석의원 과반수의 찬성

지방의회의 회의는 공개가 원칙이지만, 의원 3명 이상의 발의로 출석의원 3분의 2 이상이 찬성한 경우에는 공개하지 않을 수 있다.

4 예산심의확정권

지방자치법 제142조【예산의 편성 및 의결】 ① 지방자치단체의 장은 회계연도마다 예산안을 편성하여 시·도는 회계연도 시작 50일 전까지, 시·군 및 자치구는 회계연도 시작 40일 전까지 지방의회에 제출하여야 한다.
② 시·도의회는 제1항의 예산안을 회계연도 시작 15일 전까지, 시·군 및 자치구의회는 회계연도 시작 10일 전까지 의결하여야 한다.

판례

[1] 지방재정법 제36조 제1항은 "지방자치단체는 법령 및 조례로 정하는 범위에서 합리적인 기준에 따라 그 경비를 산정하여 예산에 계상하여야 한다."라고 규정하고 있다. 여기서 '법령 및 조례로 정하는 범위에서'란 예산안이 예산편성기준 등에 관하여 직접 규율하는

법령이나 조례에 반해서는 안 될 뿐만 아니라 당해 세출예산의 집행목적이 법령이나 조례에 반해서도 안 된다는 것을 의미한다고 보는 것이 타당하므로, **지방의회가 의결한 예산의 집행목적이 법령이나 조례에 반하는 경우 당해 예산안 의결은 효력이 없다.**

[2] 甲광역시의회가 '상임(특별)위원회 행정업무보조 기간제근로자 42명에 대한 보수 예산안'을 포함한 2012년도 광역시 예산안을 재의결하여 확정하였다. 위 근로자의 담당 업무, 채용규모 등을 종합해 보면, 지방의회에서 위 근로자를 두어 의정활동을 지원하는 것은실질적으로 유급보좌인력을 두는 것과 마찬가지여서 개별 지방의회에서 정할 사항이 아니라 국회의 법률로 규정하여야 할 입법사항에 해당하는데, 지방자치법이나 다른 법령에 위 근로자를 지방의회에 둘 수 있는 법적 근거가 없으므로, 위 예산안 중 '상임(특별)위원회 운영 기간제근로자 등 보수' 부분은 법령 및 조례로 정하는 범위에서 지방자치단체의 경비를 산정하여 예산에 계상하도록 한 지방재정법 제36조 제1항의 규정에 반하고, 이에 관하여 한 재의결은 효력이 없다(대판 2013.1.16. 2012추84).

甲광역시의회가 '상임(특별)위원회 행정업무보조 기간제근로자 42명에 대한 보수 예산안'을 포함한 광역시 예산안을 재의결하여 확정한 경우, 위 예산안 중 '상임(특별)위원회 운영 기간제근로자 등 보수' 부분에 관한 재의결은 효력이 없다.

5 의원의 정책지원 전문인력

지방자치법 제41조 【의원의 정책지원 전문인력】 ① 지방의회의원의 의정활동을 지원하기 위하여 지방의회의원 정수의 2분의 1 범위에서 해당 지방자치단체의 조례로 정하는 바에 따라 지방의회에 정책지원 전문인력을 둘 수 있다.

6 사무직원의 정원과 임면 등

지방자치법 제103조 【사무직원의 정원과 임면 등】 ② 지방의회의 의장은 지방의회 사무직원을 지휘·감독하고 법령과 조례·의회규칙으로 정하는 바에 따라 그 임면·교육·훈련·복무·징계 등에 관한 사항을 처리한다.

Ⅱ 지방자치단체의 집행기관

1 지방자치단체의 장

(1) 법적 지위

1) 지방자치단체의 대표기관

지방자치단체의 장은 대외적으로 지방자치단체를 대표하는 기관이다.

2) 국가행정기관

국가의 기관위임사무를 처리하는 국가행정기관이다.

(2) 선출과 임기

1) 지방자치단체의 장의 선출

지방자치단체의 장은 주민이 보통·평등·직접·비밀선거로 선출한다(지방자치법 제107조).

2) 지방자치단체의 장의 임기

임기는 4년이며 계속 재임은 3기에 한한다.

판례

지방자치단체장의 계속 재임을 3기로 제한한 규정의 입법취지는 장기집권으로 인한 지역발전저해 방지와 유능한 인사의 자치단체장 진출 확대로 대별할 수 있는바, 그 목적의 정당성, 방법의 적절성, 피해의 최소성, 법익의 균형성이 충족되므로 헌법에 위반되지 아니한다(헌재 2006.2.23. 2005헌마403).

지자체장의 계속 재임을 3기로 제한한 규정은 헌법에 위반되지 아니한다.

3) 권한대행과 직무대리

지방자치법 제124조 【지방자치단체의 장의 권한대행 등】 ① 지방자치단체의 장이 다음 각 호의 어느 하나에 해당되면 부지사·부시장·부군수·부구청장(이하 이 조에서 '부단체장'이라 한다)이 그 권한을 대행한다.

1. 궐위된 경우
2. 공소 제기된 후 구금상태에 있는 경우
3. 「의료법」에 따른 의료기관에 60일 이상 계속하여 입원한 경우

② 지방자치단체의 장이 그 직을 가지고 그 지방자치단체의 장 선거에 입후보하면 예비후보자 또는 후보자로 등록한 날부터 선거일까지 부단체장이 그 지방자치단체의 장의 권한을 대행한다.

③ 지방자치단체의 장이 출장·휴가 등 일시적 사유로 직무를 수행할 수 없으면 부단체장이 그 직무를 대리한다.

판례

헌법 제27조 제4항은 "형사피고인은 유죄의 판결이 확정될 때까지는 무죄로 추정된다."라고 선언함으로써, 공소가 제기된 피고인이 비록 1심이나 2심에서 유죄판결을 선고받았더라도 그 유죄판결이 확정되기 전까지는 원칙적으로 죄가 없는 자에 준하여 취급해야 함은 물론, 유죄임을 전제로 하여 해당 피고인에 대하여 유형·무형의 일체의 불이익을 가하지 못하도록 하고 있다. 그런데 이 사건 법률조항은 '금고 이상의 형이 선고되었다'는 사실 자체에 주민의 신뢰가 훼손되고 자치단체장으로서 직무의 전념성이 해쳐질 것이라는 부정적 의미를 부여한 후, 그러한 판결이 선고되었다는 사실만을 유일한 요건으로 하여, 형이 확정될 때까지의 불확정한 기간 동안 자치단체장으로서의 직무를 정지시키는 불이익을 가하고 있으며, 그와 같이 불이익을 가함에 있어 필요최소한에 그치도록 엄격한 요건을 설정하지도 않았으므로, 무죄추정의 원칙에 위배된다(헌재 2010.9.2. 2010헌마418).

금고 이상의 형이 선고되면 그 형이 확정될 때까지 지자체장으로서의 직무를 정지시키는 조항은 무죄추정의 원칙에 위배된다.

(3) 선결처분권

지방자치법 제122조 【지방자치단체의 장의 선결처분】 ① 지방자치단체의 장은 지방의회가 지방의회의원이 구속되는 등의 사유로 제73조에 따른 의결정족수에 미달될 때와 지방의회의 의결사항 중 주민의 생명과 재산 보호를 위하여 긴급하게 필요한 사항으로서 지방의회를 소집할 시간적 여유가 없거나 지방의회에서 의결이 지체되어 의결되지 아니할 때에는 선결처분(先決處分)을 할 수 있다.

의원이 구속되는 사유로 의결정족수에 미달하게 된 때에는, 그것만으로도 선결처분권 행사가 가능하다.

② 제1항에 따른 선결처분은 지체 없이 지방의회에 보고하여 승인을 받아야 한다.
③ 지방의회에서 제2항의 승인을 받지 못하면 그 선결처분은 그때부터 효력을 상실한다.

① 선결처분권은 지방자치단체장의 집행권을 보장해 주기 위한 제도로 지방의회에 대한 견제의 기능을 갖는 것이다.

지방의회가 성립되어도 지방자치단체장이 선결처분권을 행사할 수 있는 경우가 있다.

② 지방의회가 성립되지 아니하거나 성립되었다 해도 긴급한 상황하에서 지방자치단체장에 의한 주민의 생명과 재산을 보호하기 위해 인정된 것이다.

③ 선결처분의 대상이 되는 '처분'은 행정소송법이나 행정절차법상의 처분이 아니라 지방의회의 의결이 필요한 지방자치단체장의 결정을 의미한다.

④ 선결처분이 행정소송법상의 처분에 해당하는 경우에는 권익을 침해받은 자가 항고소송을 제기할 수 있다.

제3자효 행정행위의 성질을 가진 선결처분이 지방의회에서 승인이 거부된 경우, 그 처분의 제3자는 지방의회의 승인거부에 대하여 항고소송을 제기할 수 있다.

⑤ **선결처분이 수익적 행정행위이거나 제3자효 행정행위인 경우에 지방의회의 승인 거부는 그 행위의 효력을 상실시키므로 행정소송법상 처분이라고 볼 수 있다.** 따라서 수익적 행정행위의 상대방이거나 제3자효 행정행위로 인하여 이익을 받은 자는 지방의회의 승인거부에 대하여 항고소송을 제기할 수 있다.

(4) 규칙제정권

지방자치법 제29조 【규칙】 지방자치단체의 장은 법령 또는 조례의 범위에서 그 권한에 속하는 사무에 관하여 규칙을 제정할 수 있다.

1) 법적 근거

지방자치단체장은 자치사무·단체위임사무·기관위임사무에 대해 법령 또는 조례가 위임한 범위 내에서 규칙을 제정할 수 있다.

2) 규율범위

① **자치사무, 단체위임사무, 기관위임사무**: 법령이나 조례의 위임이 있다면 자치사무, 단체위임사무, 기관위임사무를 규칙으로 정할 수 있다.

지자체장은 규칙으로 형벌을 규율할 수 없다.

② **형벌**: 조례로는 법률의 위임을 받아 형벌을 규율할 수 있으나, 지방자치단체장은 규칙으로 형벌을 규율할 수 없다.

2 보조기관, 소속 행정기관, 하부행정기관

① 보조기관은 행정청인 집행기관의 장의 의사결정을 보조하는 기관이다.

OX 지방자치단체의 보조기관 중 부군수와 부구청장은 조례에 의하여 설치된다. (×)

② 특별시·광역시 및 특별자치시에 부시장, 도와 특별자치도에 부지사, 시에 부시장, 군에 부군수, 자치구에 부구청장을 둔다.

OX 정무직 또는 일반직 공무원으로 보하는 부시장·부지사는 시·도지사의 제청으로 행정안전부장관을 거쳐 대통령이 임명한다. (○)

③ 특별시·광역시 및 특별자치시의 부시장, 도와 특별자치도의 부지사는 대통령령으로 정하는 바에 따라 정무직 또는 일반직 국가공무원으로 보한다. 이 정무직 또는 일반직 국가공무원으로 보하는 부시장·부지사는 시·도지사의 제청으로 행정

안전부장관을 거쳐 대통령이 임명한다. 이 경우 제청된 자에게 법적 결격사유가 없으면 30일 이내에 그 임명절차를 마쳐야 한다.

④ 시의 부시장, 군의 부군수, 자치구의 부구청장은 일반직 지방공무원으로 보하되, 그 직급은 대통령령으로 정하며 시장·군수·구청장이 임명한다.

제4절 국가와 지방자치단체 간의 관계

Ⅰ 입법적 관여

국회는 지방자치법 등을 개정하여 지방자치에 관여할 수 있다.

Ⅱ 사법적 관여

1 항고소송

지방자치단체의 사무처리로 법률상 이익을 침해받은 자는 소를 제기할 수 있다.

2 기관소송

지방의회와 지방자치단체장 간 법률상 분쟁은 대법원에 제소하여 해결할 수 있다.

3 권한쟁의

헌법 제111조 ① 헌법재판소는 다음 사항을 관장한다.
4. 국가기관 상호간, 국가기관과 지방자치단체 간 및 지방자치단체 상호간의 권한쟁의에 관한 심판

Ⅲ 행정적 관여

1 사전적 관여수단

지방자치법 제184조 【지방자치단체의 사무에 대한 지도와 지원】 ① 중앙행정기관의 장이나 시·도지사는 지방자치단체의 사무에 관하여 조언 또는 권고하거나 지도할 수 있으며, 이를 위하여 필요하면 지방자치단체에 자료 제출을 요구할 수 있다.

사전적 관여수단인 지도
① 자치사무, 단체위임사무, 기관위임사무
② 법령 위반 + 타당성 결여
③ 법적 구속력(×)

① 중앙행정기관의 장 등은 지방자치단체의 자치사무·단체위임사무뿐 아니라 기관위임사무에 대해서도 지도를 할 수 있다.
② 사무처리가 법령에 위반되는 경우는 물론 타당성이 없는 경우에도 지도는 가능하다.
③ 지도는 법적 구속력이 없다.

2 사후적 감독권

(1) 행정안전부장관의 자치사무감사

OX 행정안전부장관은 지자체의 자치사무의 적법성과 타당성에 대하여 감사를 실시할 수 있다. (×)

지방자치법 제190조 【지방자치단체의 자치사무에 대한 감사】 ① 행정안전부장관이나 시·도지사는 지방자치단체의 자치사무에 관하여 보고를 받거나 서류·장부 또는 회계를 감사할 수 있다. 이 경우 감사는 법령 위반사항에 대해서만 한다.

② 행정안전부장관 또는 시·도지사는 제1항에 따라 감사를 하기 전에 해당 사무의 처리가 법령에 위반되는지 등을 확인하여야 한다.

판례

1. **중앙행정기관의 지방자치단체의 자치사무에 대한 지방자치법 제190조 단서 규정의 감사권은 사전적·일반적인 포괄감사권이 아니라 그 대상과 범위가 한정적인 제한된 감사권이라 해석함이 마땅하다.** 중앙행정기관이 지방자치법 제171조 단서 규정상의 감사에 착수하기 위해서는 자치사무에 관하여 특정한 법령 위반행위가 확인되었거나 위법행위가 있었으리라는 합리적 의심이 가능한 경우이어야 하고, 또한 그 감사대상을 특정해야 한다. 따라서 전반기 또는 후반기 감사와 같은 포괄적·사전적 일반감사나 위법사항을 특정하지 않고 개시하는 감사 또는 **법령 위반사항을 적발하기 위한 감사**는 모두 **허용될 수 없다**(헌재 2009.5.28. 2006헌라6).
2. 폐기물 관련 사업장에 대한 행정기관의 감사의 근거인 폐기물관리법 제39조 제1항은 감사의 주체를 환경부장관, 시·도지사, 시장·군수·구청장으로 규정하고 있을 뿐, 감사의 횟수나 시기·방법 등 감사의 구체적인 내용에 대하여는 별다른 제한을 두고 있지 아니하다. 그 결과 **과다감사 및 중복감사로 인하여 국민들의 영업의 자유를 침해할 소지가 있다**(헌재 2003.12.18. 2001헌마754).

중앙행정기관의 지방자치단체의 자치사무에 대한 감사권: 사전적·일반적인 포괄감사권(×), 대상과 범위가 한정적인 제한된 감사권(○)

중앙행정기관은 포괄적·사전적 일반감사나 위법사항을 특정하지 않고 개시하는 감사 또는 법령 위반사항을 적발하기 위한 감사는 허용되지 않는다.

(2) 감사원의 감사

판례

감사원법은 **지방자치단체의 위임사무나 자치사무의 구별 없이 합법성 감사뿐만 아니라 합목적성 감사도 허용**하고 있는 것으로 보이므로, 감사원의 지방자치단체에 대한 감사는 법률상 권한 없이 이루어진 것은 아니다. 헌법이 감사원을 독립된 외부감사기관으로 정하고 있는 취지, 중앙정부와 지방자치단체는 서로 행정기능과 행정책임을 분담하면서 중앙행정의 효율성과 지방행정의 자주성을 조화시켜 국민과 주민의 복리증진이라는 공동목표를 추구하는 협력관계에 있다는 점을 고려하면 **지방자치단체의 자치사무에 대한 합목적성 감사의 근거가 되는 이 사건 관련 규정은 그 목적의 정당성과 합리성을 인정할 수 있다.** 또한 감사원법에서 지방자치단체의 자치권을 존중할 수 있는 장치를 마련해두고 있는 점, 국가재정지원에 상당부분 의존하고 있는 우리 지방재정의 현실, 독립성이나 전문성이 보장되지 않은 지방자치단체 자체 감사의 한계 등으로 인한 외부감사의 필요성까지 감안하면, 이 **사건 관련 규정이 지방자치단체의 고유한 권한을 유명무실하게 할 정도로 지나친 제한을 함으로써 지방자치권의 본질적 내용을 침해하였다고는 볼 수 없다**(헌재 2008.5.29. 2005헌라3).

OX 감사원이 지방자치단체를 상대로 감사를 하면서 위임사무에 대하여뿐만 아니라 자치사무에 대하여도 합법성 감사와 더불어 합목적성 감사까지 하는 것은 그것이 법률에 근거하여 이루어진 감사행위라고 하여도 헌법상 보장된 지방자치권의 본질적 내용을 침해한 것이다. (×)

(3) 시·도지사 감사(헌재 2023.3.23. 2020헌라5)

1) 시·도지사의 지방자치단체의 자치사무 감사의 범위

상급지방자치단체에 의한 자치사무 감사 또한 중앙행정기관의 감독권과 마찬가지로 그 대상과 범위가 한정적인 감사임을 명시하고 있다.

따라서 헌법재판소 2006헌라6 결정의 내용은 광역지방자치단체의 기초지방자치단체의 자치사무에 대한 감사에 대해서도 그대로 적용되어야 할 것으로, 광역지방자치단체가 기초지방자치단체의 자치사무에 대한 감사에 착수하기 위해서는 자치사무에 관하여 특정한 법령위반행위가 확인되었거나 위법행위가 있었으리라는 합리적 의심이 가능한 경우이어야 하고 그 감사대상을 특정하여야 하며, 위법사항을 특정하지 않고 개시하는 감사 또는 법령위반사항을 적발하기 위한 감사는 허용될 수 없다.

2) **광역지방자치단체가 기초지방자치단체의 자치사무에 대하여 실시하는 감사 중 연간 감사계획에 포함되지 아니하고 사전조사도 수행되지 아니한 감사의 경우 감사대상의 사전 통보가 감사의 개시요건인지 여부(소극)**

① 피청구인은 이 사건 감사에 착수하기 전인 2020.11.11. 청구인에게 이 사건 조사개시 통보를 하면서 조사내용을 '언론보도 의혹사항, 주민감사청구 및 익명제보사항 등'으로 밝혔을 뿐 내부적으로 특정한 감사대상을 통보하지 않았다. 피청구인이 청구인에게 통보한 위와 같은 내용은 매우 추상적이고 포괄적이어서 감사대상이 특정되어 통보되었다고 보기 어렵다. 여기서 사전에 감사대상 지방자치단체에게 특정된 감사대상을 통보하는 것이 감사의 개시요건인지 여부가 문제된다.

② 행정감사규정 제5조에 의하면 시·도지사 등은 연간 감사계획의 주요 내용을 매년 1월 31일까지 감사대상 지방자치단체의 장에게 통보하여야 하고(제1항 본문), 연간 감사계획을 통보한 후 이를 변경하였을 경우에는 지체 없이 그 내용을 감사대상 지방자치단체의 장에게 통보하여야 하는데(제2항 본문), 이 사건 감사와 같이 연간 감사계획에 포함되지 아니한 감사의 경우 감사대상이나 내용을 통보할 것을 요구하는 명시적인 규정을 발견할 수 없다.

③ 이상의 사정을 종합하면, 광역지방자치단체가 기초지방자치단체의 자치사무에 대한 감사에 착수하기 위해서는 감사대상을 특정하여야 하나, 이에 더하여 감사대상 지방자치단체에게 특정된 감사대상을 사전에 통보할 것까지 요구된다고 볼 수는 없다. 따라서 피청구인이 이 사건 조사개시 통보를 하면서 내부적으로 특정한 감사대상을 통보하지 않았다고 하더라도, 그러한 사정만으로는 이 사건 감사가 위법하다고 할 수 없다.

따라서 연간 감사계획에 포함되지 아니하고 사전조사가 수행되지 아니한 감사의 경우 지방자치법에 따른 감사의 절차와 방법 등에 관한 사항을 규정하는 '지방자치단체에 대한 행정감사규정' 등 관련 법령에서 감사대상이나 내용을 통보할 것을 요구하는 명시적인 규정이 없다. 광역지방자치단체가 자치사무에 대한 감사에 착수하기 위해서는 감사대상을 특정하여야 하나, 특정된 감사대상을 사전에 통보할 것까지 요구된다고 볼 수는 없다.

3) **감사 진행 중에 감사대상을 확장 내지 추가하는 것이 허용되는지 여부(적극) 및 그 요건**

지방자치단체의 자치사무에 대한 무분별한 감사권의 행사는 헌법상 보장된 지방자치권을 침해할 가능성이 크므로, 원칙적으로 감사 과정에서 사전에 감사대상으로 특정되지 아니한 사항에 관하여 위법사실이 발견되었다고 하더라도 감사대상을 확장하거나 추가하는 것은 허용되지 않는다. 다만, 자치사무의 합법성 통제라는 감사의 목적이나 감사의 효율성 측면을 고려할 때, 당초 특정된 감사대상과 관련성이 인정되는 것으로서 당해 절차에서 함께 감사를 진행하더라도 감사대상 지방자치단체가 절차적인 불이익을 받을 우려가 없고, 해당 감사대상을 적발하기 위한 목적으로 감사가 진행된 것으로 볼 수 없는 사항에 대하여는 감사대상의 확장 내지 추가가 허용된다.

4) **감사를 개시하기 위하여 요구되는 위법성 확인의 방법과 확인의 정도**

구 지방자치법 제171조 제2항은 감사를 실시하기 전에 해당 사무의 처리가 법령에 위반되는지 여부 등을 확인하여야 한다고 규정하고 있는데, 구체적으로 어떠한 방법으로 어느 범위까지 위법성의 확인이 필요한지는 규정하고 있지 않다.

구 행정감사규정 제7조 제2항은 자치사무에 대한 감사를 위한 사전조사를 규정하면서, 자치사무 처리가 법령에 위반되는지 여부 등을 확인하기 위하여 필요하다고 인정되는 경우에는 사실관계를 파악하기 위한 서류나 장부 등의 확인을 할 수 있다고 규정하고 있으나, 이는 감사기관의 필요에 따라 선택할 수 있는 임의적인 절차로 봄이 타당하므로, 시·도지사 등은 사전조사 외에 다양한 방법으로 법령 위반 여부를 확인할 수 있다고 할 것이다.

나아가 구 지방자치법 제171조가 규정하는 지방자치단체의 자치사무에 대한 감사는 법령위반사항에 대한 감사로서 시·도지사 등이 감사를 통해 구체적인 법령위반사항을 확인하고 필요한 조치를 취함으로써 자치사무의 합법성을 보장함을 그 목적으로 하는 점, 자치사무의 위법성은 궁극적으로 감사라는 조사절차를 통해 확인할 수 있는 점 등을 고려하면, **감사 개시 전 단계에서 위법이 의심되는 사항에 대하여 엄격한 의미의 위법성 확인이 필요하다고 볼 경우에는 감사제도의 존재가 무의미해질 우려가 있다.** 헌법재판소 2006헌라6 결정이 **'특정한 법령위반행위가 확인되었거나 위법행위가 있었으리라는 합리적 의심이 가능한 경우'에 감사에 착수할 수 있다고 판시한 것도 이러한 사정을 고려한 것으로 볼 수 있다.**

따라서 시·도지사 등이 제보나 언론보도 등을 통해 감사대상 지방자치단체의 자치사무의 위법성에 관한 정보를 수집하고, 객관적인 자료에 근거하여 해당 정보가 믿을 만하다고 판단함으로써 위법행위가 있었으리라는 합리적 의심이 가능한 경우라면, 의혹이 제기된 사실관계가 존재하지 않거나 위법성이 문제되지 않는다는 점이 명백하지 아니한 이상 감사를 개시할 수 있을 정도의 위법성 확인은 있었다고 봄이 타당하다.

5) **피청구인이 2020.11.16.부터 2020.12.7.까지 청구인에 대하여 실시한 감사가 헌법 및 지방자치법에 의하여 부여된 청구인의 지방자치권을 침해한 것인지 여부(일부 적극)**

이 사건 감사 중 [별지 1] 목록 순번 1 내지 8 기재 각 항목에 대한 감사는 감사 착수시에 감사대상이 특정되고 감사 개시에 필요한 정도의 법령 위반 여부 확인도 있어 감사의 개시요건을 갖추었으나, 같은 목록 순번 9 내지 14 기재 각 항목에 대한 감사는 감사대상이 특정되지 않거나 당초 특정된 감사대상과의 관련성이 인정되지 않아 감사의 개시요건을 갖추지 못하였다.

(4) 재의요구와 제소 지시 · 직접 제소

OX 도지사는 지방의회에서 의결한 조례안이 법령에 위반된다고 인정되면 지방의회에 재의를 요구할 수 있다. (○)

OX 지방의회가 재의결한 사항에 대해 감독기관이 직접 소를 제기할 수 있는 경우가 있다. (○)

OX 지방자치법상 지방자치단체의 장이 제기하는 조례안 재의결에 대한 무효확인소송의 관할 법원은 대법원이다. (○)

OX 지자체 장은 지방자치법 제192조 제3항에 따라 재의결된 사항이 법령에 위반되거나 공익을 현저히 해친다고 판단되면 재의결된 날부터 20일 이내에 대법원에 소를 제기할 수 있다. (×)

OX 시 · 도의회에 의하여 재의결된 사항이 법령에 위반된다고 판단되면 주무부장관은 시 · 도지사에게 대법원에 제소를 지시하거나 직접 제소할 수 있다. 다만, 재의결된 사항이 둘 이상의 부처와 관련되거나 주무부장관이 불분명하면 행정안전부장관이 제소를 지시하거나 직접 제소할 수 있다. (○)

지방자치법 제120조【지방의회의 의결에 대한 재의 요구와 제소】 ① 지방자치단체의 장은 지방의회의 의결이 월권이거나 법령에 위반되거나 공익을 현저히 해친다고 인정되면 그 의결사항을 이송받은 날부터 20일 이내에 이유를 붙여 재의를 요구할 수 있다.
② 제1항의 요구에 대하여 재의한 결과 재적의원 과반수의 출석과 출석의원 3분의 2 이상의 찬성으로 전과 같은 의결을 하면 그 의결사항은 확정된다.
③ 지방자치단체의 장은 제2항에 따라 재의결된 사항이 법령에 위반된다고 인정되면 대법원에 소(訴)를 제기할 수 있다. 이 경우에는 제192조 제4항을 준용한다.

제121조【예산상 집행 불가능한 의결의 재의 요구】 ① 지방자치단체의 장은 지방의회의 의결이 예산상 집행할 수 없는 경비를 포함하고 있다고 인정되면 그 의결사항을 이송받은 날부터 20일 이내에 이유를 붙여 재의를 요구할 수 있다.

제192조【지방의회 의결의 재의와 제소】 ① 지방의회의 의결이 법령에 위반되거나 공익을 현저히 해친다고 판단되면 시 · 도에 대해서는 주무부장관이, 시 · 군 및 자치구에 대해서는 시 · 도지사가 해당 지방자치단체의 장에게 재의를 요구하게 할 수 있고, 재의 요구 지시를 받은 지방자치단체의 장은 의결사항을 이송받은 날부터 20일 이내에 지방의회에 이유를 붙여 재의를 요구하여야 한다.
② 시 · 군 및 자치구의회의 의결이 법령에 위반된다고 판단됨에도 불구하고 시 · 도지사가 제1항에 따라 재의를 요구하게 하지 아니한 경우 주무부장관이 직접 시장 · 군수 및 자치구의 구청장에게 재의를 요구하게 할 수 있고, 재의 요구 지시를 받은 시장 · 군수 및 자치구의 구청장은 의결사항을 이송받은 날부터 20일 이내에 지방의회에 이유를 붙여 재의를 요구하여야 한다.
③ 제1항 또는 제2항의 요구에 대하여 재의한 결과 재적의원 과반수의 출석과 출석의원 3분의 2 이상의 찬성으로 전과 같은 의결을 하면 그 의결사항은 확정된다.
④ 지방자치단체의 장은 제3항에 따라 재의결된 사항이 법령에 위반된다고 판단되면 재의결된 날부터 20일 이내에 대법원에 소를 제기할 수 있다. 이 경우 필요하다고 인정되면 그 의결의 집행을 정지하게 하는 집행정지결정을 신청할 수 있다.
⑤ 주무부장관이나 시 · 도지사는 재의결된 사항이 법령에 위반된다고 판단됨에도 불구하고 해당 지방자치단체의 장이 소를 제기하지 아니하면 시 · 도에 대해서는 주무부장관이, 시 · 군 및 자치구에 대해서는 시 · 도지사(제2항에 따라 주무부장관이 직접 재의 요구 지시를 한 경우에는 주무부장관을 말한다. 이하 이 조에서 같다)가 그 지방자치단체의 장에게 제소를 지시하거나 직접 제소 및 집행정지결정을 신청할 수 있다.
⑥ 제5항에 따른 제소의 지시는 제4항의 기간이 지난 날부터 7일 이내에 하고, 해당 지방자치단체의 장은 제소 지시를 받은 날부터 7일 이내에 제소하여야 한다.
⑦ 주무부장관이나 시 · 도지사는 제6항의 기간이 지난 날부터 7일 이내에 제5항에 따른 직접 제소 및 집행정지결정을 신청할 수 있다.
⑧ 제1항 또는 제2항에 따라 지방의회의 의결이 법령에 위반된다고 판단되어 주무부장관이나 시 · 도지사로부터 재의 요구 지시를 받은 해당 지방자치단체의 장이 재의를 요구하지 아니하는 경우(법령에 위반되는 지방의회의 의결사항이 조례안인 경우로서 재의 요구 지시를 받기 전에 그 조례안을 공포한 경우를 포함한다)에는 주무부장관이나 시 · 도지사는 제1항 또는 제2항에 따른 기간이 지난 날부터 7일 이내에 대법원에 직접 제소 및 집행정지결정을 신청할 수 있다.

> ⑨ 제1항 또는 제2항에 따른 지방의회의 의결이나 제3항에 따라 재의결된 사항이 둘 이상의 부처와 관련되거나 주무부장관이 불분명하면 행정안전부장관이 재의 요구 또는 제소를 지시하거나 직접 제소 및 집행정지결정을 신청할 수 있다.

1) **지방자치단체장의 대법원에 대한 제소의 법적 성격**

지방자치단체 내 소송이므로 기관소송이라는 것이 통설이다.

2) **주무부장관의 제소의 법적 성격**

기관소송으로 보는 견해와 특수한 소송형태로 보는 견해가 대립한다.

판례

1. 구 지방교육자치에 관한 법률 제28조 제1항, 제3조, 지방자치법의 내용, 형식, 체제 및 취지와 헌법이 지방자치를 보장하는 취지 등을 함께 종합해 보면, **교육·학예에 관한 시·도의회의 의결사항에 대한 교육감의 재의요구 권한과 교육부장관의 재의요구 요청 권한은 별개의 독립된 권한**이다. 한편, 교육부장관의 재의요구 요청이 있는 경우 교육감이 그 요청에 따라 재의요구를 할 수 있어야 하므로, 교육부장관의 재의요구 요청기간은 교육감의 재의요구기간과 마찬가지로 시·도의회의 의결사항을 이송받은 날부터 20일 이내라고 보아야 한다. 따라서 **교육부장관이 시·도의회의 의결사항에 대하여 대법원에 직접 제소하기 위해서는 교육감이 그 의결사항을 이송받은 날부터 20일 이내에 시·도의회에 재의를 요구할 것을 교육감에게 요청하였음에도 교육감이 원고의 재의요구 요청을 이행하지 아니한 경우이어야 한다**(대판 2013.11.28. 2012추15).
2. 지방의회 의결의 재의와 제소에 관한 지방자치법 제192조 제4항, 제6항의 문언과 입법취지, 제·개정 연혁 및 지방자치법령의 체계 등을 종합적으로 고려하여 보면, 지방자치법 제192조 제4항, 제6항에서 **지방의회 재의결에 대하여 제소를 지시하거나 직접 제소할 수 있는 주체로 규정된 '주무부장관이나 시·도지사'는 시·도에 대하여는 주무부장관을, 시·군 및 자치구에 대하여는 시·도지사를 각 의미**한다. 이와 달리 주무부장관의 경우 재의요구 지시 권한과 상관없이 모든 지방의회의 재의결에 대한 제소 등 권한이 있다고 본다면 시·군 및 자치구의회의 재의결에 관하여는 주무부장관과 시·도지사의 제소 등 권한이 중복됨에도 지방자치법은 상호관계를 규율하는 규정을 두고 있지 아니하다. 이는 주무부장관과 시·도지사의 지도·감독권한이 중복되는 경우에 관한 지방자치법 제185조 제1항이 "1차로 시·도지사의, 2차로 행정안전부장관 또는 주무부장관의 지도·감독을 받는다."라는 명시적인 규정을 두어 중복되는 권한 사이의 상호관계를 규율하고 있는 입법태도와 명백하게 다르다(대판 2016.9.22. 2014추521).
3. 지방의회에 의하여 재의결된 사항이 법령에 위반된다고 판단되면 주무부장관이 지방자치단체의 장에게 대법원에 제소를 지시하거나 직접 제소할 수 있다(지방자치법 제192조 제4항). 다만, 재의결된 사항이 둘 이상의 부처와 관련되거나 주무부장관이 불분명하면 행정안전부장관이 재의요구 또는 제소를 지시하거나 직접 제소와 집행정지결정을 신청할 수 있다(지방자치법 제192조 제8항). 이는 **주무부처가 중복되거나 주무부장관이 불분명한 경우**에 행정안전부장관이 소송상의 필요에 따라 재량으로 주무부장관의 권한을 대신 행사할 수 있다는 것일 뿐이고, **언제나 주무부장관의 권한행사를 배제하고 오로지 행정안전부장관만이 그러한 권한을 전속적으로 행사하도록 하려는 취지가 아니다**(대판 2017.12.5. 2016추5162).

지자체장의 제소는 기관소송이다.

교육부장관이 시·도의회의 의결사항에 대하여 대법원에 직접 제소하기 위해서는 교육감이 그 의결사항을 이송받은 날부터 20일 이내에 시·도의회에 재의를 요구할 것을 교육감에게 요청하였음에도 교육감이 원고의 재의요구 요청을 이행하지 아니한 경우이어야 한다.

지방자치법 제172조 제4항, 제6항에서 지방의회 재의결에 대하여 제소를 지시하거나 직접 제소할 수 있는 주체로 규정된 '주무부장관이나 시·도지사'가 시·도에 대하여는 주무부장관을, 시·군 및 자치구에 대하여는 시·도지사를 각 의미한다.

지방의회에 의하여 재의결된 사항이 둘 이상의 부처와 관련되거나 주무부장관이 불분명한 경우 언제나 주무부장관의 권한행사는 배제되고 행정안전부장관만이 재의요구 또는 제소를 지시하거나 직접 제소와 집행정지결정을 신청할 수 있는 것은 아니다.

사례연구 02

▸ 조례안재의결 무효확인소송에서의 심리대상은 지방자치단체의 장이 지방의회에 재의를 요구할 당시 이의사항으로 지적하여 재의결에서 심의의 대상이 된 것에 국한된다. 이러한 법리는 주무부장관이 지방자치법 제172조 제7항에 따라 지방의회의 의결에 대하여 직접 제소함에 따른 조례안의결 무효확인소송에도 마찬가지로 적용되므로, **조례안의결 무효확인소송의 심리대상은 주무부장관이 재의요구 요청에서 이의사항으로 지적한 것에 한정된다**(대판 2015.5.14, 2013추98).

OX 자치사무에 대한 시·도의 명령이나 처분이 법령에 위반되거나, 현저히 공익을 해친다고 인정되면 주무부장관은 해당 명령이나 처분을 취소할 수 있다. (×)

(5) 위법·부당한 명령·처분의 시정제도

지방자치법 제188조【위법·부당한 명령이나 처분의 시정】 ① 지방자치단체의 사무에 관한 지방자치단체의 장(제103조 제2항에 따른 사무의 경우에는 지방의회의 의장을 말한다. 이하 이 조에서 같다)의 명령이나 처분이 법령에 위반되거나 현저히 부당하여 공익을 해친다고 인정되면 시·도에 대해서는 주무부장관이, 시·군 및 자치구에 대해서는 시·도지사가 기간을 정하여 서면으로 시정할 것을 명하고, 그 기간에 이행하지 아니하면 이를 취소하거나 정지할 수 있다.

② 주무부장관은 지방자치단체의 사무에 관한 시장·군수 및 자치구의 구청장의 명령이나 처분이 법령에 위반되거나 현저히 부당하여 공익을 해침에도 불구하고 시·도지사가 제1항에 따른 시정명령을 하지 아니하면 시·도지사에게 기간을 정하여 시정명령을 하도록 명할 수 있다.

③ 주무부장관은 시·도지사가 제2항에 따른 기간에 시정명령을 하지 아니하면 제2항에 따른 기간이 지난 날부터 7일 이내에 직접 시장·군수 및 자치구의 구청장에게 기간을 정하여 서면으로 시정할 것을 명하고, 그 기간에 이행하지 아니하면 주무부장관이 시장·군수 및 자치구의 구청장의 명령이나 처분을 취소하거나 정지할 수 있다.

④ 주무부장관은 시·도지사가 시장·군수 및 자치구의 구청장에게 제1항에 따라 시정명령을 하였으나 이를 이행하지 아니한 데 따른 취소·정지를 하지 아니하는 경우에는 시·도지사에게 기간을 정하여 시장·군수 및 자치구의 구청장의 명령이나 처분을 취소하거나 정지할 것을 명하고, 그 기간에 이행하지 아니하면 주무부장관이 이를 직접 취소하거나 정지할 수 있다.

⑤ 제1항부터 제4항까지의 규정에 따른 자치사무에 관한 명령이나 처분에 대한 주무부장관 또는 시·도지사의 시정명령, 취소 또는 정지는 법령을 위반한 것에 한정한다.

⑥ 지방자치단체의 장은 제1항, 제3항 또는 제4항에 따른 자치사무에 관한 명령이나 처분의 취소 또는 정지에 대하여 이의가 있으면 그 취소처분 또는 정지처분을 통보받은 날부터 15일 이내에 대법원에 소를 제기할 수 있다.

시정명령의 대상: 자치사무(○), 단체위임사무(○), 기관위임사무(×)

1) **주무부장관 등의 시정명령의 대상**

① 자치사무와 단체위임사무는 시정명령의 대상이 된다. 기관위임사무는 지방자치법 제188조가 적용되지 않는다.

② 다만, 지방자치법 제185조에 따라 국가기관은 지휘·감독권을 행사할 수 있다.

2) **시정명령의 요건**

① **단체위임사무**: 법령 위반 또는 현저히 부당하여 공익을 해치는 경우이다.

② **자치사무**: 법령을 위반하는 경우에 한한다.

판례

지방교육자치에 관한 법률 제3조, 지방자치법에 따르면, 시·도의 교육·학예에 관한 사무에 대한 교육감의 명령이나 처분이 법령에 위반되거나 현저히 부당하여 공익을 해친다고 인정되면 교육부장관이 기간을 정하여 서면으로 시정할 것을 명하고, 그 기간에 이행하지 아니하면 이를 취소하거나 정지할 수 있다. 특히 교육·학예에 관한 사무 중 '자치사무'에 대한 명령이나 처분에 대하여는 법령 위반사항이 있어야 한다. 여기서 교육감의 명령이나 처분이 **법령에 위반되는 경우**란, '명령·처분이 현저히 부당하여 공익을 해하는 경우', 즉 합목적성을 현저히 결하는 경우와 대비되는 개념으로서, 교육감의 사무집행이 **명시적인 법령의 규정을 구체적으로 위반한 경우뿐만 아니라 그러한 사무의 집행이 재량권을 일탈·남용하여 위법하게 되는 경우를 포함**한다(대판 2018.7.12, 2014추33).

③ **시정명령의 형식**: 시정명령은 서면으로 해야 한다.

사례연구 03

- **사건개요**: 울산광역시장은 전국공무원노동조합의 총파업에 참여하여 복귀명령에 응하지 아니한 A를 징계하도록 요구하였다. 울산광역시 북구청장은 이에 의하지 않고 A를 승진 임용하였다. 울산시장은 지방자치법 제188조에 근거해 승진처분을 철회할 것을 지시하였으나 울산광역시 북구청장이 이에 응하지 않자, A의 승진처분을 취소하였다. 울산광역시 북구청장은 대법원에 제소하였다.
- **쟁점**: 이 경우, 지방자치법 제188조 제1항의 후문의 법령 위반에 재량권의 일탈·남용도 포함되는가?
  - ▸ **그렇다**. 지방자치법 제188조 제1항 전문 및 후문에서 규정하고 있는 **'지방자치단체의 사무에 관한 그 장의 명령이나 처분이 법령에 위반되는 경우'**라 함은 명령이나 처분이 현저히 부당하여 공익을 해하는 경우, 즉 합목적성을 현저히 결하는 경우와 대비되는 개념으로 **시·군·구의 장의 사무의 집행이 명시적인 법령의 규정을 구체적으로 위반한 경우뿐만 아니라 그러한 사무의 집행이 재량권을 일탈·남용하여 위법하게 되는 경우를 포함한다**고 할 것이므로, 시·군·구의 장의 자치사무의 일종인 당해 지방자치단체 소속 공무원에 대한 승진처분이 재량권을 일탈·남용하여 위법하게 된 경우 시·도지사는 지방자치법 제169조 제1항 후문에 따라 그에 대한 시정명령이나 취소 또는 정지를 할 수 있다(대판 전합 2007.3.22, 2005추62).

3) **시정명령의 내용**

시정명령을 내리고 이를 이행하지 않으면 지방자치단체장의 명령이나 처분을 취소하거나 정지할 수 있다.

지방자치법 제185조【국가사무나 시·도 사무 처리의 지도·감독】 ① 지방자치단체나 그 장이 위임받아 처리하는 국가사무에 관하여 시·도에서는 주무부장관, 시·군 및 자치구에서는 1차로 시·도지사, 2차로 주무부장관의 지도·감독을 받는다.
② 시·군 및 자치구나 그 장이 위임받아 처리하는 시·도의 사무에 관하여는 시·도지사의 지도·감독을 받는다.

시정명령의 요건
① **자치사무**: 법령 위반
② **단체위임사무**: 법령 위반 또는 현저히 부당하여 공익을 해치는 경우

시정명령이나 그 취소·정지의 요건인 '법령에 위반되는 경우'란, 사무집행이 명시적인 법령의 규정을 구체적으로 위반한 경우뿐만 아니라 그러한 사무의 집행이 재량권을 일탈·남용하여 위법하게 되는 경우를 포함한다.

OX 지방자치법 제188조 제1항에서 규정하고 있는 '지방자치단체의 사무에 관한 그 장의 명령이나 처분이 법령에 위반되는 경우'라 함은 그 장의 사무의 집행이 명시적인 법령의 규정을 구체적으로 위반한 경우만을 말하고, 그러한 사무의 집행이 재량권을 일탈·남용하여 위법하게 되는 경우는 포함되지 아니한다. (×)

'자치사무'에 관한 명령이나 처분의 취소·정지에 대해 이의가 있으면 대법원에 제소할 수 있다.

교육감이 학교생활기록 작성사무에 대한 지도·감독사무의 성격에 관한 선례 등이 확립되지 않은 상황에서 이를 자치사무로 보아 사무를 집행하였는데 사후에 기관위임 국가사무임이 밝혀진 경우, 기존에 행한 사무의 구체적인 집행행위가 징계사유에 해당하지 않는다.

지방자치법 제188조 제1항에 따른 자치사무에 관한 명령이나 처분에 대한 취소 또는 정지의 적용대상은 항고소송의 대상이 되는 행정처분으로 제한되지 않는다.

지방의회의원에 대하여 유급 보좌 인력을 두는 것은 국회의 법률로 규정하여야 할 입법사항이다.

지방자치단체 인사위원회위원장이 행한 지방의회의원에 대한 유급 보좌 인력 채용공고는 위법하고, 행정안전부장관이 채용공고를 취소하라는 내용의 시정명령 후 직권으로 행한 채용공고 취소처분은 적법하다.

4) 자치사무에 대한 취소 · 정지에 대한 대법원에의 제소

① 자치사무에 한한다.

판례

교육감의 학교생활기록의 작성에 관한 사무에 대한 지도·감독사무는 기관위임 국가사무에 해당하지만, 지방자치법 제188조에 규정된 취소처분에 대한 이의소송의 입법취지 등을 고려할 때, **교육감이 지도·감독사무의 성격에 관한 선례나 학설, 판례 등이 확립되지 않은 상황에서 이를 자치사무라고 보아 사무를 집행하였는데, 사후에 사법절차에서 그 사무가 기관위임 국가사무임이 밝혀졌다**는 이유만으로는 곧바로 **기존에 행한 사무의 구체적인 집행행위가 위법하다고 보아 징계사유에 해당한다고 볼 수는 없다**(대판 2015.9.10. 2013추517).

② 자치사무에 관한 명령이나 처분에 대한 취소 또는 정지의 적용대상은 항고소송의 대상이 되는 행정처분으로 제한되지 않는다.

사례연구 04

- **사건개요**: 지방자치단체 인사위원회 위원장이 시간선택제임기제공무원 40명을 '정책지원요원'으로 임용하여 지방의회 사무처에 소속시킨 후 상임위원회별 입법지원요원(입법조사관)에 대한 업무지원 업무를 담당하도록 한다는 내용의 채용공고를 하였다. 그러자 행정안전부장관이 위 채용공고가 법령에 위반된다며 지방자치단체장에게 채용공고를 취소하라는 내용의 시정명령을 하였고, 이에 응하지 않자 채용공고를 직권으로 취소하였다.
- **쟁점 1**: 위 채용공고는 지방자치법 제188조 제1항의 직권취소의 대상이 되는가?
  - ▸ **그렇다.** 행정소송법상 항고소송은 행정청이 행하는 구체적 사실에 관한 법집행으로서의 공권력의 행사 또는 거부와 그 밖에 이에 준하는 행정작용을 대상으로 하여 위법상태를 배제함으로써 국민의 권익을 구제함을 목적으로 하는 것과 달리, **지방자치법 제188조 제1항은 지방자치단체의 자치행정 사무처리가 법령 및 공익의 범위 내에서 행해지도록 감독하기 위한 규정이므로 적용대상을 항고소송의 대상이 되는 행정처분으로 제한할 이유가 없다. 따라서 위 채용공고는 지방자치법 제188조 제1항의 직권취소의 대상이 될 수 있는 지방자치단체의 사무에 관한 '처분'에 해당한다.**
- **쟁점 2**: 위 직권취소는 적법한가?
  - ▸ **적합하다. 지방의회의원에 대하여 유급보좌인력을 두는 것**은 지방의회의원의 신분·지위 및 처우에 관한 현행 법령상의 제도에 중대한 변경을 초래하는 것으로서 **국회의 법률로 규정하여야 할 입법사항**이다. 그런데 위 공무원의 담당 업무, 채용규모, 전문위원을 비롯한 다른 사무직원들과의 업무관계와 채용공고의 경위 등을 종합하면, 지방의회에 위 공무원을 두어 의정활동을 지원하게 하는 것은 지방의회의원에 대하여 전문위원이 아닌 유급보좌인력을 두는 것과 마찬가지로 보아야 하므로, 위 공무원의 임용은 개별 지방의회에서 정할 사항이 아니라 국회의 법률로써 규정하여야 할 입법사항에 해당하는데, 지방자치법은 물론 다른 법령에서도 위 공무원을 지방의회에 둘 수 있는 법적 근거를 찾을 수 없으므로, 위 **공무원의 임용을 위한 채용공고**는 **위법**하고, 이에 대한 **직권취소처분**은 **적법**하다(대판 2017.3.30. 2016추5087).

③ 주무부장관이 지방자치법 제188조 제1항에 따라 시·도에 대하여 행한 시정명령의 취소를 구하는 소송은 허용되지 않는다.

판례

1. 지방자치법 제188조 제6항은 '시·도(시·군 및 자치구)의 자치사무에 관한 지방자치단체의 장의 명령이나 처분에 대하여 주무부장관(시·도지사)이 행한 취소 또는 정지'에 대하여 해당 지방자치단체의 장이 대법원에 소를 제기할 수 있다고 규정하고 있을 뿐 **'주무부장관(시·도지사)이 지방자치법 제188조 제1항에 따라 시·도(시·군 및 자치구)에 대하여 행한 시정명령'**에 대하여도 대법원에 소를 제기할 수 있다고 규정하고 있지 않으므로, 이러한 **시정명령의 취소를 구하는 소송은 허용되지 않는다**(대판 2014.2.27. 2012추183 ; 대판 2017.10.12. 2016추5148).
2. 새로 취임한 교육감은 법정부담금의 납부가 불확실하고, 고교평준화정책에 부정적인 영향을 미치며, 불평등 교육을 심화시킨다는 이유로 전임자가 한 자율형 사립고등학교 지정·고시처분을 취소하자 교육부장관 대리인 정부법무공단은 전라북도 교육감에 대하여 이 사건 취소처분은 재량권을 현저히 일탈·남용한 것이므로 이를 취소하라는 취지의 시정명령을 하였으나, 이에 응하지 않자 시정기한을 정하여 다시 같은 내용의 시정명령을 하였다. 전라북도 **교육감은 제1차 시정명령에 응하지 않은 채, 지방자치법 제188조 제6항에 따라 대법원에 이에 대한 이의의 소를 제기하였으나, 시정명령에 대한 소 제기의 규정이 없다는 이유로 각하하였다**(대판 2011.1.27. 2010추42).

④ 이는 행정소송법상의 항고소송이 아니라 지방자치법상 인정되는 특수한 형태의 항고소송으로 보는 것이 다수설이다.

(6) 기관위임사무에 대한 직무이행명령권

지방자치법 제189조 【지방자치단체의 장에 대한 직무이행명령】 ① 지방자치단체의 장이 법령에 따라 그 의무에 속하는 국가위임사무나 시·도위임사무의 관리와 집행을 명백히 게을리하고 있다고 인정되면 시·도에 대해서는 주무부장관이, 시·군 및 자치구에 대해서는 시·도지사가 기간을 정하여 서면으로 이행할 사항을 명령할 수 있다.
② 주무부장관이나 시·도지사는 해당 지방자치단체의 장이 제1항의 기간에 이행명령을 이행하지 아니하면 그 지방자치단체의 비용부담으로 대집행 또는 행정상·재정상 필요한 조치(이하 이 조에서 '대집행 등'이라 한다)를 할 수 있다. 이 경우 행정대집행에 관하여는 「행정대집행법」을 준용한다.
③ 주무부장관은 시장·군수 및 자치구의 구청장이 법령에 따라 그 의무에 속하는 국가위임사무의 관리와 집행을 명백히 게을리하고 있다고 인정됨에도 불구하고 시·도지사가 제1항에 따른 이행명령을 하지 아니하는 경우 시·도지사에게 기간을 정하여 이행명령을 하도록 명할 수 있다.
④ 주무부장관은 시·도지사가 제3항에 따른 기간에 이행명령을 하지 아니하면 제3항에 따른 기간이 지난 날부터 7일 이내에 직접 시장·군수 및 자치구의 구청장에게 기간을 정하여 이행명령을 하고, 그 기간에 이행하지 아니하면 주무부장관이 직접 대집행 등을 할 수 있다.

주무부장관(시·도지사)이 지방자치법 제188조 제1항에 따라 시·도(시·군 및 자치구)의 자치사무에 대하여 행한 시정명령의 취소를 구하는 소송은 허용되지 않는다.

대법원은 전라북도 교육감이 행한 자율형 사립고등학교 지정·고시처분의 취소처분에 대해 정부가 내린 시정명령에 대하여 전라북도 교육감이 취소를 구한 사건에서 시정명령에 대한 소 제기 규정이 없다는 이유로 각하하였다.

지방자치법상의 각 규정과 사무의 관계

구분	자치사무	단체위임사무	기관위임사무
직무이행명령 (제170조)	×	×	○
시정명령 (제169조 제1항)	○	○	×
시정명령 불이행시 취소·정지에 대한 대법원 제소 (제169조 제2항)	○	×	×
지방의회의 행정감사권 (제41조 제3항)	○	○	○
주민의 감사청구 (제16조)	○	○	○
지자체의 폐치·분합시 사무승계 (제5조 제1항)	○	○	×

⑤ 주무부장관은 시·도지사가 시장·군수 및 자치구의 구청장에게 제1항에 따라 이행명령을 하였으나 이를 이행하지 아니한 데 따른 대집행 등을 하지 아니하는 경우에는 시·도지사에게 기간을 정하여 대집행 등을 하도록 명하고, 그 기간에 대집행 등을 하지 아니하면 주무부장관이 직접 대집행 등을 할 수 있다.
⑥ 지방자치단체의 장은 제1항 또는 제4항에 따른 이행명령에 이의가 있으면 이행명령서를 접수한 날부터 15일 이내에 대법원에 소를 제기할 수 있다. 이 경우 지방자치단체의 장은 이행명령의 집행을 정지하게 하는 집행정지결정을 신청할 수 있다.

1) 직무이행명령의 대상

단체위임사무와 기관위임사무로 보는 견해도 있으나, 다수설과 판례는 지방자치법 제189조의 사무를 기관위임사무로 한정해석한다.

직무이행명령의 대상사무: 기관위임사무(○), 자치사무(×), 단체위임사무(×)

국가공무원인 교사에 대한 징계는 국가사무이고, 그 일부인 징계의결요구 역시 국가사무에 해당하므로 교육감이 담당 교육청 소속 국가공무원인 교사에 대하여 하는 징계의결요구사무는 국가위임사무이다.

사립 초등·중·고등학교 교사의 징계에 관하여 규정한 교육감의 징계요구 권한은 국·공립학교 교사에 대한 징계와 균형 있게 처리되어야 할 국가사무로서 시·도 교육감에 위임된 사무이다.

판례

[1] 지방교육자치에 관한 법률 제3조, 지방자치법 제189조 제1항에 따르면, 교육부장관이 교육감에 대하여 할 수 있는 **직무이행명령의 대상사무**는 **'국가위임사무의 관리와 집행'**이다. 그 규정의 문언과 함께 직무이행명령제도의 취지, 즉 교육감이나 지방자치단체의 장 등, 기관에 위임된 국가사무의 통일적 실현을 강제하고자 하는 점 등을 고려하면, 여기서 **국가위임사무란 교육감 등에 위임된 국가사무, 즉 기관위임 국가사무를 뜻한다**고 보는 것이 타당하다.

[2] 교육공무원 징계사무의 성격, 그 권한의 위임에 관한 교육공무원법령의 규정 형식과 내용 등에 비추어 보면, **국가공무원인 교사에 대한 징계**는 **국가사무**이고, **그 일부인 징계의결요구** 역시 국가사무에 해당한다고 보는 것이 타당하다. 따라서 **교육감이 담당 교육청 소속 국가공무원인 교사에 대하여 하는 징계의결요구사무**는 **국가위임사무**라고 보아야 한다.

[3] 사립학교 교원의 복무나 징계 등은 국·공립학교 교원과 같이 전국적으로 통일하여 규율되어야 한다. 이를 고려할 때, 구 사립학교법 제54조 제3항이 **사립 초등·중·고등학교 교사의 징계에 관하여 규정한 교육감의 징계요구 권한**은 위 사립학교 교사의 자질과 복무태도 등을 국·공립학교 교사와 같이 일정 수준 이상 유지하기 위한 것으로서 국·공립학교 교사에 대한 징계와 균형 있게 처리되어야 할 **국가사무로서 시·도 교육감에 위임된 사무라고 보아야 한다**(대판 2013.6.27. 2009추206).

2) **요건**

① 지방자치단체장이 의무를 이행하지 않고 있는 경우이다. 즉, 시정명령 및 취소·정지권은 지방자치단체장이 이미 행한 명령이나 처분이라는 적극적 작위를 대상으로 하나, 직무이행명령은 위임사무의 관리와 집행을 명백히 게을리하고 있다는 소극적 부작위를 대상으로 한다.

② 위임사무를 이행하기 위해 준비 중이거나 재정사정으로 집행하고 있지 않은 경우는 포함되지 않는다.

판례

1. 직무이행명령의 요건 중 '법령의 규정에 따라 지방자치단체의 장에게 특정 국가위임사무나 시·도위임사무를 관리·집행할 의무가 있는지' 여부의 판단대상은 문언대로 법령상 의무의 존부이지, 지방자치단체의 장이 사무의 관리·집행을 하지 아니한 데 합리적 이유가 있는지 여부가 아니다. 법령상 의무의 존부는 원칙적으로 직무이행명령 당시의 사실관계에 관련 법령을 해석·적용하여 판단하되, 직무이행명령 이후의 정황도 고려할 수 있다(대판 2020.3.27. 2017추5060).

2. 여기서 '국가위임사무의 관리와 집행을 명백히 게을리하고 있다'는 요건은 국가위임사무를 관리·집행할 의무가 성립함을 전제로 하는데, 지방자치단체의 장(교육감)은 그 의무에 속한 국가위임사무를 이행하는 것이 원칙이므로, 지방자치단체의 장(교육감)이 '특별한 사정'이 없이 그 의무를 이행하지 아니한 때에는 이를 충족한다고 해석하여야 한다. 여기서 '특별한 사정'이란, 국가위임사무를 관리·집행할 수 없는 법령상 장애사유 또는 지방자치단체의 재정상 능력이나 여건의 미비, 인력의 부족 등 사실상의 장애사유를 뜻한다고 보아야 하고, 지방자치단체의 장(교육감)이 특정 국가위임사무를 관리·집행할 의무가 있는지 여부에 관하여 주무부장관(교육부장관)과 다른 견해를 취하여 이를 이행하고 있지 아니한 사정은 이에 해당한다고 볼 것이 아니다. 왜냐하면, 직무이행명령에 대한 이의소송은 그와 같은 견해의 대립을 전제로 지방자치단체의 장에게 제소권을 부여하여 성립하는 것이므로, 그 소송의 본안판단에서 그 사정은 더는 고려할 필요가 없기 때문이다(대판 2013.6.27. 2009추206 ; 대판 2015.9.10. 2013추517).

3. 교육부장관은 교육감이 직무이행명령을 이행하지 아니하면 지방자치단체의 비용부담으로 대집행하거나 행정상·재정상 필요한 조치를 할 수 있지만, 교육감의 징계의결요구신청은 의사의 진술에 해당하고 이러한 의사의 진술을 명하는 직무이행명령을 이행하지 않았다고 하여 법령의 근거 없이 의사의 진술이 있는 것으로 의제할 수는 없는 점을 고려할 때, 교육부장관이 할 수 있는 행정상 필요한 조치에 교육감의 징계의결요구신청 없이 곧바로 징계의결요구를 하는 것이 포함된다고 볼 수 없다(대판 2015.9.10. 2013추524).

OX 직무이행명령은 명백한 직무부작위뿐만 아니라 위법 또는 부당한 직무집행 행위에 대해서도 가능하다. (×)

직무이행명령의 요건 중 '법령의 규정에 따라 지자체의 장에게 특정 국가위임사무나 시·도위임사무를 관리·집행할 의무가 있는지' 여부의 판단대상은 법령상 의무의 존부이지, 지자체의 장이 사무의 관리·집행을 하지 아니한 데 합리적 이유가 있는지 여부가 아니다. ⇨ 법령상 의무의 존부를 판단할 때 직무이행명령 이후의 정황도 고려할 수 있다.

교육부장관이 지방자치법 제170조 제2항에 따라 할 수 있는 '행정상 필요한 조치'에 교육감의 징계의결요구신청 없이 징계의 결요구를 하는 것은 포함되지 않는다.

3) **소송의 성질**

지방자치법 제189조의 소송을 기관소송으로 보는 견해(박균성 · 한견우)도 있으나, 동일한 행정주체 내의 기관 상호간의 소송이 아니므로 기관소송으로 볼 수는 없으며 지방자치법이 인정한 특수한 종류의 항고소송으로 보는 견해가 다수설이다.

사례연구 05

- **사건개요:** 교육부장관이 '2011년 교원능력개발평가제 시행 기본계획(이하 '2011년 기본계획'이라 한다)'을 수립한 후 각 시 · 도에 대하여 교원능력개발평가제 추진계획을 제출하게 하였다. 그러자 전라북도교육감이 '2011년 교원능력개발 평가제 추진계획(이하 '전북추진계획'이라 한다)'을 제출하였으나 교육부장관이 전북추진계획이 교원 등의 연수에 관한 규정(이하 '교원연수규정'이라고 한다) 등에 위반된다는 이유로 위 추진계획을 취소하고 시정하여 새로 제출하라는 시정명령과 2011년 전북교육청 교원능력개발평가 추진계획에 대한 직무이행명령을 하였다.
- **쟁점 1:** 위 시정명령에 대한 취소청구 부분은 적법한가?

▶ **부적합하다.** 위 시정명령은 기관위임사무에 관하여 행하여진 것이어서, 지방자치법 제188조 제6항 소정의 소를 제기할 수 있는 대상에 해당하지 않으므로, 시정명령에 대한 취소청구 부분은 부적법하다.

- **쟁점 2:** 위 직무이행명령은 적법한가?

▶ **적합하다.** 전북추진계획이 여러 항목에서 교원연수규정과 이에 따른 2011년 기본계획에 반하므로, 전라북도교육감으로서는 교원연수규정 및 2011년 기본계획을 준수한 2011년 교원능력개발평가 추진계획을 제출하지 않았다고 볼 수 있고 전라북도교육감이 교육부장관으로부터 교원연수규정 등을 준수한 추진계획을 제출하라는 취지의 시정명령을 받았으나 이를 제대로 이행하지 않았으므로, 전라북도교육감은 기관위임사무인 교원능력개발평가사무의 관리와 집행을 명백히 게을리하였다고 인정할 수 있으므로 직무이행명령은 지방자치법 제189조 제1항에 정해진 요건을 충족한 것으로서 적법하다(대판 2013.5.23. 2011추56).

도교육감이 제출한 '2011년 교원능력개발 평가제 추진계획'에 대해 교육부장관이 위 추진계획을 취소하고 시정하여 새로 제출하라는 시정명령은 기관위임사무에 관하여 행하여진 것이어서 그에 대한 취소청구 부분은 부적법하다.

교육부장관으로부터 교원 등의 연수에 관한 규정 등을 준수한 추진계획을 제출하라는 취지의 시정명령을 받고도 제대로 이행하지 않고 있는 도교육감에 대한 직무이행명령은 적법하다.

사례연구 06

- **사건개요:** 국토이용계획은 국가가 지방자치단체에 위임한 사무이다. 충북대학교 총장이 연기군수에게 국토이용변경을 요구했으나 거부당했다.
- **쟁점 1:** 지방자치단체의 기관위임사무 관련 거부처분에 대해 국가가 제기한 소는 적법한가?
  - ▶ **부적합하다.** 국토교통부장관은 지방자치단체의 장이 기관위임사무인 국토이용계획 사무를 처리함에 있어 자신과 의견이 다를 경우 행정협의조정위원회에 협의·조정 신청을 하여 그 협의·조정 결정에 따라 의견불일치를 해소할 수 있다. 법원에 의한 판결을 받지 않고 지도·감독을 통하여 직접 지방자치단체의 장의 사무처리에 대하여 시정명령을 발하고 그 사무처리를 취소 또는 정지할 수 있으며, 지방자치단체의 장에게 기간을 정하여 직무이행명령을 하고 지방자치단체의 장이 이를 이행하지 아니할 때에는 직접 필요한 조치를 할 수도 있다. 따라서 **국가가 국토이용계획과 관련한 지방자치단체의 장의 기관위임사무의 처리에 관하여 지방자치단체의 장을 상대로 취소소송을 제기하는 것은 허용되지 않는다.**
- **쟁점 2:** 충북대학교 총장은 당사자능력이 인정되는가?
  - ▶ **인정되지 않는다.** 예비적 원고 **충북대학교 총장의 소는, 원고 충북대학교 총장이 원고 대한민국이 설치한 충북대학교의 대표자일 뿐 항고소송의 원고가 될 수 있는 당사자능력이 없어 부적법하다**(대판 2007.9.20. 2005두6935).

국가가 국토이용계획과 관련한 지자체장의 기관위임사무의 처리에 관하여 지자체장을 상대로 취소소송을 제기하는 것은 허용되지 않는다.

국립대학교 총장은 대한민국이 설치한 대학교의 대표자일 뿐 항고소송의 원고가 될 수 있는 당사자능력이 없다.

Ⅳ 지방자치단체 간의 협력과 분쟁조정

1 분쟁조정

지방자치법 제165조【지방자치단체 상호간의 분쟁조정】 ① 지방자치단체 상호간 또는 지방자치단체의 장 상호간에 사무를 처리할 때 의견이 달라 다툼(이하 '분쟁'이라 한다)이 생기면 다른 법률에 특별한 규정이 없으면 행정안전부장관이나 시·도지사가 당사자의 신청을 받아 조정할 수 있다. 다만, 그 분쟁이 공익을 현저히 해쳐 조속한 조정이 필요하다고 인정되면 당사자의 신청이 없어도 직권으로 조정할 수 있다.

② 제1항 단서에 따라 행정안전부장관이나 시·도지사가 분쟁을 조정하는 경우에는 그 취지를 미리 당사자에게 알려야 한다.

③ 행정안전부장관이나 시·도지사가 제1항의 분쟁을 조정하려는 경우에는 관계 중앙행정기관의 장과의 협의를 거쳐 제166조에 따른 지방자치단체중앙분쟁조정위원회나 지방자치단체지방분쟁조정위원회의 의결에 따라 조정을 결정하여야 한다.

④ 행정안전부장관이나 시·도지사는 제3항에 따라 조정을 결정하면 서면으로 지체 없이 관계 지방자치단체의 장에게 통보하여야 하며, 통보를 받은 지방자치단체의 장은 그 조정결정사항을 이행하여야 한다.

⑤ 제3항에 따른 조정결정사항 중 예산이 필요한 사항에 대해서는 관계 지방자치단체는 필요한 예산을 우선적으로 편성하여야 한다. 이 경우 연차적으로 추진하여야 할 사항은 연도별 추진계획을 행정안전부장관이나 시·도지사에게 보고하여야 한다.

OX 분쟁조정은 헌법재판소에 권한쟁의심판에 대한 청구를 하기 전에 반드시 거쳐야 하는 필수적인 절차이다. (×)

⑥ 행정안전부장관이나 시·도지사는 제3항의 조정 결정에 따른 시설의 설치 또는 서비스의 제공으로 이익을 얻거나 그 원인을 일으켰다고 인정되는 지방자치단체에 대해서는 그 시설비나 운영비 등의 전부나 일부를 행정안전부장관이 정하는 기준에 따라 부담하게 할 수 있다.
⑦ 행정안전부장관이나 시·도지사는 제4항부터 제6항까지의 규정에 따른 조정결정사항이 성실히 이행되지 아니하면 그 지방자치단체에 대하여 제189조를 준용하여 이행하게 할 수 있다.

제166조 【지방자치단체중앙분쟁조정위원회 등의 설치와 구성 등】 ① 제165조 제1항에 따른 분쟁의 조정과 제173조 제1항에 따른 협의사항의 조정에 필요한 사항을 심의·의결하기 위하여 행정안전부에 지방자치단체중앙분쟁조정위원회(이하 '중앙분쟁조정위원회'라 한다)를, 시·도에 지방자치단체지방분쟁조정위원회(이하 '지방분쟁조정위원회'라 한다)를 둔다.
② 중앙분쟁조정위원회는 다음 각 호의 분쟁을 심의·의결한다.
1. 시·도 간 또는 그 장 간의 분쟁
2. 시·도를 달리하는 시·군 및 자치구 간 또는 그 장 간의 분쟁
3. 시·도와 시·군 및 자치구 간 또는 그 장 간의 분쟁
4. 시·도와 지방자치단체조합 간 또는 그 장 간의 분쟁
5. 시·도를 달리하는 시·군 및 자치구와 지방자치단체조합 간 또는 그 장 간의 분쟁
6. 시·도를 달리하는 지방자치단체조합 간 또는 그 장 간의 분쟁

제187조 【중앙행정기관과 지방자치단체 간 협의·조정】 ① 중앙행정기관의 장과 지방자치단체의 장이 사무를 처리할 때 의견을 달리하는 경우 이를 협의·조정하기 위하여 국무총리 소속으로 행정협의조정위원회를 둔다.

판례

1. [1] 지방자치법의 내용 및 체계에다가 지방자치법이 분쟁조정절차를 둔 입법취지가 지방자치단체 상호간이나 지방자치단체의 장 상호간 사무처리 과정에서 분쟁이 발생하는 경우 당사자의 신청 또는 직권으로 구속력 있는 조정절차를 진행하여 이를 해결하고자 하는 데 있는 점, 분쟁조정 대상에서 자치사무를 배제하고 있지 않은 점 등을 종합하면, **지방자치단체의 자치사무라도 당해 지방자치단체에 내부적인 효과만을 발생시키는 것이 아니라 그 사무로 인하여 다른 지방자치단체나 그 주민의 보호할 만한 가치가 있는 이익을 침해하는 경우**에는 지방자치법 **제165조에서 정한 분쟁조정 대상 사무가 될 수 있다.**
[2] 지방자치법 제165조 제7항, 제170조 제1항에 의하면, 지방자치법 제165조에서 정한 **분쟁조정 대상 사무가 될 수 있는 자치사무에 관하여 분쟁조정결정이 있었음에도 조정결정사항을 성실히 이행하지 않은 지방자치단체에 대하여**는 제165조 제7항에 따라 제189조를 준용하여 지방자치단체를 대표하는 **지방자치단체의 장에 대하여 조정결정사항의 이행을 위하여 직무이행명령을 할 수 있다**(대판 2016.7.22. 2012추121).

지자체의 자치사무가 다른 지자체나 그 주민의 보호할 만한 가치가 있는 이익을 침해하는 경우, 분쟁조정 대상 사무가 될 수 있다.

분쟁조정 대상 사무인 자치사무에 관하여 분쟁조정결정이 있었으나 지자체가 조정결정사항을 성실히 이행하지 않은 경우, 지자체장에 대하여 조정결정사항의 이행을 위한 직무이행명령을 할 수 있다.

2. [1] 지방자치법 제165조 제4항, 제7항, 제189조 제3항의 내용과 체계, 지방자치법 제165조 제1항에 따른 지방자치단체 또는 지방자치단체의 장 상호간 분쟁에 대한 조정결정(이하 '분쟁조정결정'이라 한다)의 법적 성격 및 분쟁조정결정과 이행명령 사이의 관계 등에 비추어 보면, **행정안전부장관이나 시·도지사의 분쟁조정결정**에 대하여는 **후속의 이행명령을 기다려 대법원에 이행명령을 다투는 소를 제기한 후 그 사건에서 이행의무의 존부와 관련하여 분쟁조정결정의 위법까지 함께 다투는 것이 가능**할 뿐, **별도로 분쟁조정결정 자체의 취소를 구하는 소송을 대법원에 제기하는 것은 지방자치법상 허용되지 아니한다.**
[2] 나아가 **분쟁조정결정**은 상대방이나 내용 등에 비추어 행정소송법상 **항고소송의 대상이 되는 처분에 해당한다고 보기 어려**우므로, 통상의 항고소송을 통한 불복의 여지도 없다 (대판 2015.9.24. 2014추613).

분쟁조정결정에 대하여는 후속의 이행명령을 기다려 대법원에 이행명령을 다투는 소를 제기한 후 그 사건에서 이행의무의 존부와 관련하여 분쟁조정결정의 위법까지 함께 다투는 것이 가능할 뿐, 별도로 분쟁조정결정 자체의 취소를 구하는 소송을 대법원에 제기하는 것은 허용되지 아니한다.

분쟁조정결정은 처분이 아니므로 항고소송을 제기할 수 없다.

2 행정협의회

지방자치법 제169조【행정협의회의 구성】 ① 지방자치단체는 2개 이상의 지방자치단체에 관련된 사무의 일부를 공동으로 처리하기 위하여 관계 지방자치단체 간의 행정협의회(이하 '협의회'라 한다)를 구성할 수 있다. 이 경우 지방자치단체의 장은 시·도가 구성원이면 행정안전부장관과 관계 중앙행정기관의 장에게, 시·군 또는 자치구가 구성원이면 시·도지사에게 이를 보고하여야 한다.

3 지방자치단체조합

지방자치법 제176조【지방자치단체조합의 설립】 ① 2개 이상의 지방자치단체가 하나 또는 둘 이상의 사무를 공동으로 처리할 필요가 있을 때에는 규약을 정하여 지방의회의 의결을 거쳐 시·도는 행정안전부장관의 승인, 시·군 및 자치구는 시·도지사의 승인을 받아 지방자치단체조합을 설립할 수 있다. 다만, 지방자치단체조합의 구성원인 시·군 및 자치구가 2개 이상의 시·도에 걸쳐 있는 지방자치단체조합은 행정안전부장관의 승인을 받아야 한다.
② 지방자치단체조합은 법인으로 한다.

제178조【지방자치단체조합회의와 지방자치단체조합장의 권한】 ① 지방자치단체조합회의는 지방자치단체조합의 규약으로 정하는 바에 따라 지방자치단체조합의 중요 사무를 심의·의결한다.

제180조【지방자치단체조합의 지도·감독】 ① 시·도가 구성원인 지방자치단체조합은 행정안전부장관, 시·군 및 자치구가 구성원인 지방자치단체조합은 1차로 시·도지사, 2차로 행정안전부장관의 지도·감독을 받는다. 다만, 지방자치단체조합의 구성원인 시·군 및 자치구가 2개 이상의 시·도에 걸쳐 있는 지방자치단체조합은 행정안전부장관의 지도·감독을 받는다.

V 지방자치단체의 특별기관 - 교육감

지방교육자치에 관한 법률 제18조 【교육감】 ① 시·도의 교육·학예에 관한 사무의 집행기관으로 시·도에 교육감을 둔다.

② 교육감은 교육·학예에 관한 소관 사무로 인한 소송이나 재산의 등기 등에 대하여 당해 시·도를 대표한다.

제20조 【관장사무】 교육감은 교육·학예에 관한 다음 각 호의 사항에 관한 사무를 관장한다.

1. 조례안의 작성 및 제출에 관한 사항
2. 예산안의 편성 및 제출에 관한 사항
3. 결산서의 작성 및 제출에 관한 사항

17. 그 밖에 당해 시·도의 교육·학예에 관한 사항과 위임된 사항

제21조 【교육감의 임기】 교육감의 임기는 4년으로 하며, 교육감의 계속 재임은 3기에 한한다.

제24조의2 【교육감의 소환】 ① 주민은 교육감을 소환할 권리를 가진다.

제43조 【선출】 교육감은 주민의 보통·평등·직접·비밀선거에 따라 선출한다.

제45조 【선거구】 교육감은 시·도를 단위로 하여 선출한다.

MEMO

공무원법

제1편 행정조직법

제1절 개설

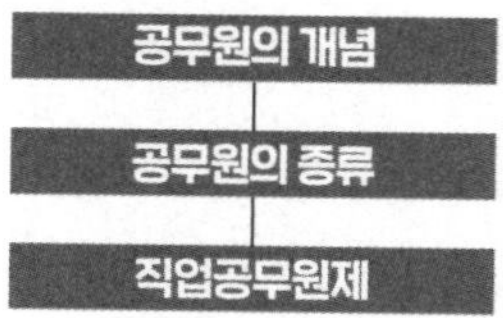

제2절 공무원관계의 발생 · 변경 · 소멸

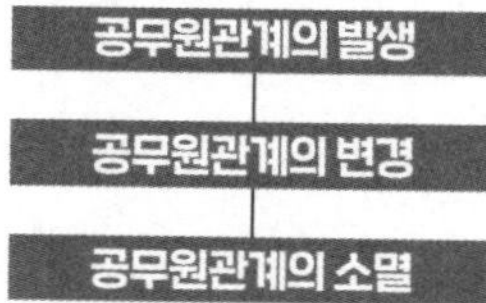

제3절 공무원의 권리 · 의무 및 책임

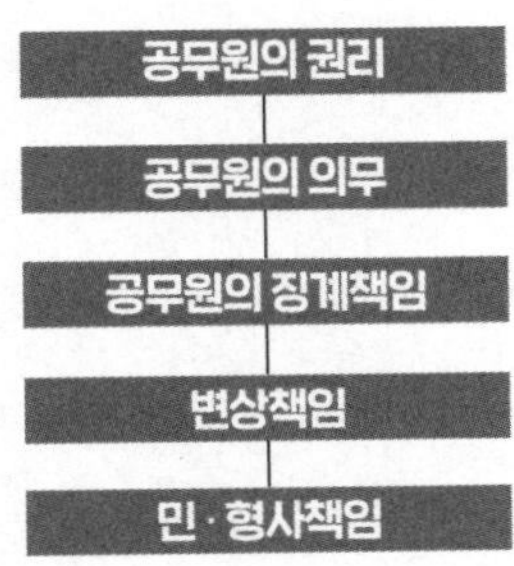

제1절 개설

Ⅰ 공무원의 개념

헌법 제7조 ① 공무원은 국민 전체에 대한 봉사자이며, 국민에 대하여 책임을 진다.
② 공무원의 신분과 정치적 중립성은 법률이 정하는 바에 의하여 보장된다.

1 광의의 공무원

공무를 수행하는 모든 공무원과 공무수탁사인을 포함한 자를 포함한다(헌법 제7조 제1항의 공무원, 국가배상법상 공무원).

2 협의의 공무원

국가공무원법이 적용되는 경력직 공무원이다.

Ⅱ 공무원의 종류

1 경력직공무원

기능직공무원을 경력직공무원에서 삭제하였다.

국가공무원법 제2조 【공무원의 구분】 ① 국가공무원은 경력직공무원과 특수경력직공무원으로 구분한다.
② '경력직공무원'이란 실적과 자격에 따라 임용되고 그 신분이 보장되며 평생 동안(근무기간을 정하여 임용하는 공무원의 경우에는 그 기간 동안을 말한다) 공무원으로 근무할 것이 예정되는 공무원을 말하며, 그 종류는 다음 각 호와 같다.
1. 일반직공무원: 기술·연구 또는 행정 일반에 대한 업무를 담당하는 공무원
2. 특정직공무원: 법관, 검사, 외무공무원, 경찰공무원, 소방공무원, 교육공무원, 군인, 군무원, 헌법재판소 헌법연구관, 국가정보원의 직원, 경호공무원과 특수 분야의 업무를 담당하는 공무원으로서 다른 법률에서 특정직공무원으로 지정하는 공무원

2 특수경력직공무원

계약직공무원을 특수경력직공무원에서 삭제하였다.

국가공무원법 제2조 【공무원의 구분】 ③ '특수경력직공무원'이란 경력직공무원 외의 공무원을 말하며, 그 종류는 다음 각 호와 같다.
1. 정무직공무원
   가. 선거로 취임하거나 임명할 때 국회의 동의가 필요한 공무원
   나. 고도의 정책결정 업무를 담당하거나 이러한 업무를 보조하는 공무원으로서 법률이나 대통령령(대통령비서실 및 국가안보실의 조직에 관한 대통령령만 해당한다)에서 정무직으로 지정하는 공무원
2. 별정직공무원: 비서관·비서 등 보좌업무 등을 수행하거나 특정한 업무 수행을 위하여 법령에서 별정직으로 지정하는 공무원

국회수석전문위원은 정무직공무원이 아니라 별정직공무원이다.

3 고위공무원단

국가공무원법 제2조의2【고위공무원단】 ② 제1항의 '고위공무원단'이란 직무의 곤란성과 책임도가 높은 다음 각 호의 직위에 임용되어 재직 중이거나 파견·휴직 등으로 인사관리되고 있는 **일반직공무원, 별정직공무원 및 특정직공무원**(특정직공무원은 다른 법률에서 고위공무원단에 속하는 공무원으로 임용할 수 있도록 규정하고 있는 경우만 해당한다)의 군(群)을 말한다.

1. 「정부조직법」 제2조에 따른 중앙행정기관의 실장·국장 및 이에 상당하는 보좌기관
2. 행정부 각급 기관(감사원은 제외한다)의 직위 중 제1호의 직위에 상당하는 직위
3. 「지방자치법」 제110조 제2항·제112조 제5항 및 「지방교육자치에 관한 법률」 제33조 제2항에 따라 국가공무원으로 보하는 지방자치단체 및 지방교육행정기관의 직위 중 제1호의 직위에 상당하는 직위
4. 그 밖에 다른 법령에서 고위공무원단에 속하는 공무원으로 임용할 수 있도록 정한 직위

판례

직업공무원제도에서 말하는 공무원은 국가 또는 공공단체와 근로관계를 맺고 이른바 공법상 특별관계 아래 공무를 담당하는 것을 직업으로 하는 협의의 공무원을 말하며 **정치적 공무원이라든가 임시적 공무원은 포함되지 아니한다**(헌재 1989.12.18. 89헌마32).

직업공무원제도에서 말하는 공무원에 정치적 공무원과 임시적 공무원은 포함되지 않는다.

Ⅲ 직업공무원제

1 직업공무원의 범위

국가공무원법 제3조【적용범위】 ① 특수경력직공무원에 대하여는 이 법 또는 다른 법률에 특별한 규정이 없으면 제33조, 제43조 제1항, 제44조, 제45조, 제45조의2, 제45조의3, 제46조부터 제50조까지, 제50조의2, 제51조부터 제59조까지, 제59조의2, 제60조부터 제67조까지, 제69조, 제84조 및 제84조의2에 한정하여 이 법을 적용한다.

직업공무원: 경력직공무원

직업공무원은 경력직공무원이다.

2 직업공무원제의 내용

(1) 공무원의 정치적 중립

판례

정당법 제6조 제1호가 청구인들과 같은 초·중등학교 교원의 정당가입 및 선거운동의 자유를 금지함으로써 정치적 기본권을 제한하는 측면이 있는 것은 사실이나, 공무원의 정치적 중립성 등을 규정한 헌법 제7조 제1항·제2항, 교육의 정치적 중립성을 규정한 헌법 제31조 제4항의 규정취지에 비추어 보면, 감수성과 모방성 그리고 수용성이 왕성한 초·중등학교 학생들에게 교원이 미치는 영향은 매우 크고, 교원의 활동은 근무시간 내외를 불문하고 학생들의 인격 및 기본생활습관 형성 등에 중요한 영향을 끼치는 잠재적 교육과정의 일부분인 점을 고려하고, 교원의 정치활동은 교육수혜자인 학생의 입장에서는 수업권의 침해로 받아들여질 수 있다는 점

경력직공무원인 초·중등학교 교원에게 정당가입을 금할 뿐 아니라 지지하는 정당에 당비를 납부하는 행위도 금지하는 것이 정치적 기본권에 대한 과도한 제한은 아니며, 공무원의 정치적 중립의무를 규정한 헌법의 취지에 합치한다.

에서 현 시점에서는 국민의 교육기본권을 더욱 보장함으로써 얻을 수 있는 공익을 우선시해야 할 것이라는 점 등을 종합적으로 감안할 때, **초·중등학교 교육공무원의 정당가입 및 선거운동의 자유를 제한하는 것은 헌법적으로 정당화될 수 있다**(헌재 2004.3.25. 2001헌마710).

(2) 공무원의 신분보장

1) 공무원의 의사에 반한 휴직·강임·면직의 금지

국가공무원법 제68조 【의사에 반한 신분 조치】 공무원은 형의 선고, 징계처분 또는 이 법에서 정하는 사유에 따르지 아니하고는 본인의 의사에 반하여 휴직·강임 또는 면직을 당하지 아니한다. 다만, 1급 공무원과 제23조에 따라 배정된 직무등급이 가장 높은 등급의 직위에 임용된 고위공무원단에 속하는 공무원은 그러하지 아니하다.

2) 시보의 신분

국가공무원법 제29조 【시보 임용】 ③ 시보 임용기간 중에 있는 공무원이 근무성적·교육훈련성적이 나쁘거나 이 법 또는 이 법에 따른 명령을 위반하여 공무원으로서의 자질이 부족하다고 판단되는 경우에는 제68조(의사에 반한 신분 조치)와 제70조(직권면직)에도 불구하고 **면직시키거나 면직을 제청할 수 있다.** 이 경우 구체적인 사유 및 절차 등에 필요한 사항은 대통령령등으로 정한다.

제2절 공무원관계의 발생·변경·소멸

I 공무원관계의 발생

1 임용(임명)의 의의

국가·공공단체가 공법상 관계를 설정하는 행위이다.

2 임용의 법적 성질

① 일반직공무원의 임용은 공무원이 되려는 자의 신청에 따른 **특허행위**이다. 따라서 공무원의 임용은 쌍방적 행정행위이다.

② 정규공무원 임용행위는 **시보 임용행위와는 별도의 임용행위이므로 그 요건과 효력은 개별적으로 판단하여야 한다**(대판 2005.7.28, 2003두469).

일반직공무원 임용의 성질
① 특허행위 ⇨ 쌍방적 행정행위
② 정규공무원 임용행위는 시보 임용행위와는 별도의 임용행위

3 임용요건

(1) 소극적 요건: 임용결격사유가 없을 것

국가공무원법 제33조 【결격사유】 다음 각 호의 어느 하나에 해당하는 자는 공무원으로 임용될 수 없다.

1. 피성년후견인
2. 파산선고를 받고 복권되지 아니한 자
3. 금고 이상의 실형을 선고받고 그 집행이 종료되거나 집행을 받지 아니하기로 확정된 후 **5년**이 지나지 아니한 자
4. 금고 이상의 형을 선고받고 그 집행유예기간이 끝난 날부터 **2년**이 지나지 아니한 자
5. 금고 이상의 형의 선고유예를 받은 경우에 그 선고유예기간 중에 있는 자
6. 법원의 판결 또는 다른 법률에 따라 자격이 상실되거나 정지된 자

6의2. 공무원으로 재직기간 중 직무와 관련하여 「형법」 제355조(횡령, 배임) 및 제356조(업무상의 횡령과 배임)에 규정된 죄를 범한 자로서 300만 원 이상의 벌금형을 선고받고 그 형이 확정된 후 **2년**이 지나지 아니한 자

6의3. 「성폭력범죄의 처벌 등에 관한 특례법」 제2조에 규정된 죄를 범한 사람으로서 100만 원 이상의 벌금형을 선고받고 그 형이 확정된 후 **3년**이 지나지 아니한 사람

6의4. 미성년자에 대한 다음 각 목의 어느 하나에 해당하는 죄를 저질러 파면·해임되거나 형 또는 치료감호를 선고받아 그 형 또는 치료감호가 확정된 사람(집행유예를 선고받은 후 그 집행유예기간이 경과한 사람을 포함한다)
 가. 「성폭력범죄의 처벌 등에 관한 특례법」 제2조에 따른 성폭력범죄
 나. 「아동·청소년의 성보호에 관한 법률」 제2조 제2호에 따른 아동·청소년대상 성범죄

7. 징계로 파면처분을 받은 때부터 **5년**이 지나지 아니한 자
8. 징계로 해임처분을 받은 때부터 **3년**이 지나지 아니한 자

※ **6의4.에 대한 헌법불합치 결정**: 아동에 대한 성희롱 등의 성적 학대행위로 형을 선고받은 경우라고 하여도 범죄의 종류, 죄질 등은 다양하므로, 개별 범죄의 비난가능성 및

국가공무원법 제33조 제5호가 '금고 이상의 형의 선고유예를 받은 경우에 그 선고유예기간 중에 있는 자'를 임용결격사유로 정하고, 이러한 사유에 해당하는 자에 대한 임용을 당연무효로 하는 것은 공무담임권을 침해한 것이라고 볼 수 없다(헌재 2016.7.28, 2014헌바437).

재범 위험성 등을 고려하여 상당한 기간 동안 임용을 제한하는 덜 침해적인 방법으로도 입법목적을 충분히 달성할 수 있다. 따라서 심판대상조항은 과잉금지원칙에 위배되어 청구인의 공무담임권을 침해한다(헌재 2022.11.24. 2020헌마1181).

제26조의3 【외국인과 복수국적자의 임용】 ① 국가기관의 장은 국가안보 및 보안·기밀에 관계되는 분야를 제외하고 대통령령 등으로 정하는 바에 따라 **외국인을 공무원으로 임용할 수 있다.**

② 국가기관의 장은 다음 각 호의 어느 하나에 해당하는 분야로서 대통령령 등으로 정하는 분야에는 **복수국적자**(대한민국 국적과 외국 국적을 함께 가진 사람을 말한다)**의 임용을 제한할 수 있다.**

1. 국가의 존립과 헌법 기본질서의 유지를 위한 국가안보 분야
2. 내용이 누설되는 경우 국가의 이익을 해하게 되는 보안·기밀 분야
3. 외교, 국가 간 이해관계와 관련된 정책결정 및 집행 등 복수국적자의 임용이 부적합한 분야

외무공무원법 제9조 【임용자격 및 결격사유】 ① 외무공무원은 국가관과 사명감이 투철하고 그 직무수행에 필요한 자질과 적성을 갖춘 사람 중에서 임용한다.

② 다음 각 호의 어느 하나에 해당하는 사람은 외무공무원으로 임용될 수 없다.

1. 「국가공무원법」 제33조 각 호의 어느 하나에 해당하는 사람
2. 대한민국 국적을 가지지 아니한 사람

1) 임용결격사유가 있는 자에 대한 공무원 임용행위

임용결격사유가 있었다면 임용은 무효이다.

허위의 고등학교 졸업증명서를 제출하는 사위의 방법에 의한 하사관 지원의 하자를 이유로 하사관 임용일로부터 33년이 경과한 후에 행정청이 행한 하사관 및 준사관 임용취소처분은 적법하다.

판례

1. 경찰공무원법에 규정되어 있는 경찰관임용결격사유는 경찰관으로 임용되기 위한 **절대적인 소극적 요건**으로서 임용 당시 경찰관임용결격사유가 있었다면 비록 임용권자의 과실에 의하여 임용결격자임을 밝혀내지 못하였다 하더라도 그 임용행위는 당연무효로 보아야 한다(대판 2005.7.28. 2003두469).

2. **원고가 허위의 고등학교 졸업증명서를 제출하는 사위의 방법에 의하여 하사관을 지원하여 입대**한 이상, 원고로서는 자신에 대한 하사관 임용이 소정의 지원요건을 갖추지 못한 자에 대하여 위법하게 이루어진 것을 알고 있어 그 취소가능성도 예상할 수 있었다 할 것이므로, 피고(국방부장관)가 **33년이 경과한 후 뒤늦게 원고에 대한 하사관 및 준사관 임용을 취소함으로써 원고가 입는 불이익이 적지 않다 하더라도 위 취소행위가 신뢰이익을 침해하였다고 할 수 없음**은 물론 비례의 원칙에 위배하거나 재량권을 남용하였다고 볼 수 없어, 결국 원고에 대한 하사관 및 준사관 임용을 취소한 처분은 적법하다(대판 2002.2.5. 2001두5286).

사례연구 07

- **사건개요:** A는 공무원으로 임용되었으나 임용결격사유가 있어 당연퇴직되었다. 그 이후 행정청이 다시 A를 공무원 경력을 바탕으로 특별임용하였다.
- **쟁점 1:** 특별임용은 새로운 임명처분인가?
  - ▸ **그렇다.**
- **쟁점 2:** 특별임용할 때 임용결격사유가 없었다면 특별임용은 무효인가?
  - ▸ **무효가 아니다.** 당초 **임용 당시 공무원결격사유가 있었던 자를 그 후의 공무원 경력을 바탕으로 특별임용하였으나 특별임용 당시에는 공무원결격사유가 없는 경우,** 위 **특별임용은 당연무효라고 할 수 없다.** 즉, 당초 임용 이래 공무원으로 근무하여 온 경력에 바탕을 두고 지방공무원법 제27조 제2항 제3호 등을 근거로 하여 특별임용방식으로 임용이 이루어졌다면 이는 **당초 임용과는 별도로 그 자체가 하나의 신규임용이라고 할 것**이므로, 그 효력도 특별임용이 이루어질 당시를 기준으로 판단하여야 할 것인데, 당초 임용 당시에는 집행유예기간 중에 있었으나 특별임용 당시 이미 집행유예기간 만료일로부터 2년이 경과하였다면 같은 법 제31조 제4호에서 정하는 공무원결격사유에 해당할 수 없고, 다만 당초 임용과의 관계에서는 공무원결격사유에 해당하여 당초 처분 이후 공무원으로 근무하였다고 하더라도 그것이 적법한 공무원 경력으로 되지 아니하는 점에서 특별임용의 효력에 영향을 미친다고 할 수 있으나, 위 특별임용의 하자는 결국 소정의 경력을 갖추지 못한 자에 대하여 특별임용시험의 방식으로 신규임용을 한 하자에 불과하여 취소사유가 된다고 함은 별론으로 하고, 그 하자가 중대·명백하여 특별임용이 당연무효로 된다고 할 수는 없다(대판 1998.10.23. 98두12932).

📝 당초 임용 당시 공무원 결격사유가 있었던 자를 그 후의 공무원 경력을 바탕으로 특별임용하였으나 특별임용 당시에는 공무원 결격사유가 없는 경우, 당연무효는 아니다.

2) 임용결격사유의 판단시점

공무원임용결격사유가 있었는지 여부는 공무원 채용후보자명부에 등록한 때가 아니라, 국가의 임용이 있는 때에 설정되는 것이다. 따라서 채용후보자명부에 등록한 때가 아닌 **임용 당시에 시행되던 법률을 기준으로 임용결격 여부를 판단해야 한다**(대판 1987.4.14. 86누459).

OX 공무원임용결격사유가 있는지의 여부는 임용 당시가 아니라 채용후보자명부에 등록된 때를 기준으로 판단하여야 한다. (×)

3) 임용결격사유가 있는 자에 대한 임용행위의 취소의 법적 성질

판례

국가가 공무원임용결격사유가 있는 자에 대하여 결격사유가 있는 것을 알지 못하고 공무원으로 임용하였다가 사후에 결격사유가 있는 자임을 발견하고 공무원임용행위를 취소하는 것은 당사자에게 원래의 임용행위가 당초부터 **당연무효이었음을 통지하여 확인시켜 주는 행위에 지나지 아니하는 것이므로, 그러한 의미에서 당초의 임용처분을 취소함에 있어서는 신의칙 내지 신뢰의 원칙을 적용할 수 없고 또 그러한 의미의 취소권은 시효로 소멸하는 것도 아니다**(대판 1987.4.14. 86누459).

📝 국가가 임용결격사유가 있는 것을 알지 못하고 공무원으로 임용하였다가 사후에 이를 발견하고 임용행위를 취소하는 것은 원래의 임용행위가 당초부터 당연무효이었음을 통지하여 확인시켜 주는 행위에 불과하다. ⇨ 임용결격자에 대한 임용취소처분은 항고소송의 대상이 되지 않는다.

OX 임용 당시 공무원임용결격사유가 있었더라도 국가의 과실로 임용결격자임을 밝혀내지 못하였다면 신뢰보호의 원칙이 적용되고 임용취소권은 시효로 소멸된다. (×)

4) 임용결격자의 퇴직금청구 불가

① 공무원연금법이나 구 근로기준법(현 근로자퇴직급여 보장법)에 의한 퇴직금은 적법한 공무원으로서 근무하다가 퇴직한 경우에 지급되는 것이다. **임용결격사유가 있는 자에 대한 공무원 임명행위는 당연무효이므로 공무원 신분을 취득했다고 볼**

📝 임용결격자가 공무원으로 임용되어 사실상 근무하였다 해도 공무원연금법이나 근로자퇴직급여 보장법 소정의 퇴직금청구를 할 수 없다.

수 없다. 따라서 퇴직금을 청구할 수 없다(대판 1987.4.14. 86누459 ; 대판 1995.10.12. 95누5905). 그러나 임용시부터 퇴직시까지의 사실상의 근로에 대하여 민법상 부당이득으로 반환을 청구할 수 있다(대판 2004.7.22. 2004다10350).

임용결격자가 공무원으로 임용되어 사실상 근무하여 왔거나 임용행위의 하자로 임용행위가 취소되어 소급적으로 지위를 상실한 공무원은 공무원연금법이나 근로자퇴직급여 보장법에서 정한 퇴직급여를 청구할 수 없다.

임용결격사유가 소멸된 후에 계속 근무하여 왔다 해도 그때부터 무효인 임용행위가 유효로 되어 적법한 공무원의 신분을 회복하고 퇴직급여를 청구할 수 있는 것은 아니다.

OX 공무원 임용 당시 결격사유가 있었음에도 임용권자가 과실로 임용결격자임을 밝혀내지 못하였고 임용 후 70일만에 사면으로 결격사유가 소멸되었다면 그 임용의 하자는 치유된 것이다. (×)

임용행위가 당연무효이거나 취소된 공무원의 임용시부터 퇴직시까지의 사실상의 근로에 대하여 국가 또는 지방자치단체가 부당이득반환의무를 진다.

판례

1. 공무원연금법이나 근로자퇴직급여 보장법에서 정한 퇴직급여는 적법한 공무원으로서의 신분을 취득하거나 근로고용관계가 성립하여 근무하다가 퇴직하는 경우에 지급되는 것이다. 임용 당시 공무원 임용결격사유가 있었다면, 비록 국가의 과실에 의하여 임용결격자임을 밝혀내지 못하였다 하더라도 임용행위는 당연무효로 보아야 하고, 당연무효인 임용행위에 의하여 공무원의 신분을 취득한다거나 근로고용관계가 성립할 수는 없다. 따라서 **임용결격자가 공무원으로 임용되어 사실상 근무하여 왔다 하더라도** 적법한 공무원으로서의 신분을 취득하지 못한 자로서는 **공무원연금법이나 근로자퇴직급여 보장법에서 정한 퇴직급여를 청구할 수 없다.** 나아가 이와 같은 법리는 임용결격사유로 인하여 임용행위가 당연무효인 경우뿐만 아니라 **임용행위의 하자로 임용행위가 취소되어 소급적으로 지위를 상실한 경우에도 마찬가지**로 적용된다(대판 2017.5.11. 2012다200486).
2. **임용결격사유가 소멸된 후에 계속 근무하여 왔다고 하더라도 그때부터 무효인 임용행위가 유효로 되어 적법한 공무원의 신분을 회복하고 퇴직급여 등을 청구할 수 있다고 볼 수는 없다.** 따라서 경찰공무원으로 임용된 후 70일만에 선고받은 형이 사면으로 실효되어 공무원 임용결격사유가 소멸된 후 30년 3개월 동안 사실상 계속 근무했다고 하더라도 묵시적 임용처분을 추인했다고 볼 수도 없고, 새로운 임용을 했다고 볼 수 없다(대판 1996.2.27. 95누9617).
3. 임용행위가 당연무효이거나 취소된 공무원의 **임용시부터 퇴직시까지의 사실상의 근로는** 법률상 원인 없이 제공된 것으로서, 국가 및 지방자치단체는 이 사건 근로를 제공받아 이득을 얻은 반면 임용결격공무원 등은 이 사건 근로를 제공하는 손해를 입었다 할 것이므로, 손해의 범위 내에서 국가 및 지방자치단체는 위 이득을 **민법 제741조에 의한 부당이득으로 반환할 의무가 있다**(대판 2017.5.11. 2012다200486).

② 임용시 차별금지

국가공무원법 제26조의6【차별금지】 국가기관의 장은 소속 공무원을 임용할 때 합리적인 이유 없이 성별, 종교 또는 사회적 신분 등을 이유로 차별해서는 아니 된다.

③ 채용 비위 관련자의 합격 등 취소

국가공무원법 제45조의3【채용 비위 관련자의 합격 등 취소】 ① 시험실시기관의 장 또는 임용권자는 누구든지 공무원 채용과 관련하여 대통령령등으로 정하는 비위를 저질러 유죄판결이 확정된 경우에는 그 비위 행위로 인하여 채용시험에 합격하거나 임용된 사람에 대하여 대통령령등으로 정하는 바에 따라 합격 또는 임용을 취소할 수 있다. 이 경우 취소 처분을 하기 전에 미리 그 내용과 사유를 당사자에게 통지하고 소명할 기회를 주어야 한다.
② 제1항에 따른 취소 처분은 합격 또는 임용 당시로 소급하여 효력이 발생한다.

5) **급여**

임용결격사유가 있는 공무원의 급여는 부당이득이라는 견해도 있으나, 급여를 노무에 대한 대가로 보아 부당이득으로 보지 않는 것이 다수설이다.

6) **사실상 공무원이론**

① 임용결격사유가 있는 공무원의 직무행위는 무권한자의 행위로서 **무효인 것이 원칙**이나, 그의 행위를 신뢰한 **국민의 이익을 보호할 필요가 있는 경우에는 유효한 공무원의 공적 행위**로 볼 수 있다.

② 또한 임용결격사유가 있는 자의 행위로 손해를 받은 국민은 국가등을 상대로 손해배상을 청구할 수 있다.

> **판례**
>
> 법령에 기한 **임명권자에 의하여 임용되어 공무에 종사하여 온 사람이 나중에 그가 임용결격자이었음이 밝혀져 당초의 임용행위가 무효라고 하더라도,** 그가 임용행위라는 외관을 갖추어 실제로 공무를 수행한 이상 공무수행의 공정과 그에 대한 사회의 신뢰 및 직무행위의 불가매수성은 여전히 보호되어야 한다. 따라서 이러한 사람은 **형법 제129조(수뢰, 사전수뢰)에서 규정한 공무원으로 봄**이 타당하고, 그가 그 직무에 관하여 뇌물을 수수한 때에는 수뢰죄로 처벌할 수 있다(대판 2014.3.27. 2013도11357).

(2) **적극적 요건**

① 시험성적, 그 밖의 능력은 공무원 임용의 적극적 요건이다.

② 국가유공자에 대한 가산점은 허용되나 제대군인에 대한 가산점은 헌법에 위반된다.

> **국가공무원법 제42조【국가유공자 우선 임용】** ① 공무원을 임용할 때에 법령으로 정하는 바에 따라 국가유공자를 우선 임용하여야 한다.

4 임용권자

> **국가공무원법 제32조【임용권자】** ① 행정기관 소속 5급 이상 공무원 및 고위공무원단에 속하는 일반직공무원은 소속 장관의 제청으로 인사혁신처장과 협의를 거친 후에 국무총리를 거쳐 대통령이 임용하되, 고위공무원단에 속하는 일반직공무원의 경우 소속 장관은 해당 기관에 소속되지 아니한 공무원에 대하여도 임용제청할 수 있다.** 이 경우 국세청장은 국회의 인사청문을 거쳐 대통령이 임명한다.
> ② 소속 장관은 소속 공무원에 대하여 제1항 외의 모든 임용권을 가진다.

5 임용의 형식

공무원의 임용은 임용장의 교부에 의해 이루어지는 것이 보통이다.

임용결격사유가 있는 공무원의 직무행위는 무효인 것이 원칙이나, 그의 행위를 신뢰한 국민의 이익을 보호할 필요가 있는 경우에는 유효한 공무원의 행위로 볼 수 있다.
⇨ 사실상 공무원이론

임명권자에 의하여 임용되어 공무에 종사하여 온 사람이 나중에 임용결격자이었음이 밝혀져 당초의 임용행위가 무효인 경우 형법 제129조에서 규정한 '공무원'에 해당한다.

6 임용의 효력발생시기

공무원임용령 제6조 【임용시기】 ① 공무원은 임용장이나 임용통지서에 **적힌 날짜에 임용된 것으로 보며**, 임용일자를 소급해서는 아니 된다.
② 사망으로 인한 면직은 사망한 다음 날에 면직된 것으로 본다.
③ 임용할 때에는 임용일자까지 그 임용장 또는 임용통지서가 임용될 사람에게 도달할 수 있도록 발령하여야 한다.

제7조 【임용시기의 특례】 제6조 제1항에도 불구하고 다음 각 호의 어느 하나에 해당하는 경우에는 다음 각 호의 구분에 따른 일자에 임용된 것으로 본다.
1. 법 제40조의4 제1항 제5호(재직 중 공적이 특히 뚜렷한 자가 공무로 사망한 때)에 따라 다음 각 목의 어느 하나에 해당하는 날을 임용일자로 하여 특별승진임용하는 경우
   가. 재직 중 사망한 경우: 사망일의 전날
   나. 퇴직 후 사망한 경우: 퇴직일의 전날
2. 법 제70조 제1항 제4호(휴직기간이 끝나거나 휴직사유가 소멸된 후에도 직무에 복귀하지 아니하거나 직무를 감당할 수 없을 때)에 따라 직권으로 면직시키는 경우: 휴직기간의 만료일 또는 휴직사유의 소멸일
3. 시보임용이 될 사람이 제24조 제1항에 따른 공무원의 직무수행과 관련된 실무수습 중 사망한 경우: 사망일의 전날

① 임용장의 교부는 임용행위의 효력요건이 아니다. 임용행위를 확인하는 의미일 뿐이다.

② **임용의 효력발생시기는 임용한다는 의사표시가 공무원에게 도달된 시점**이다. 즉, 임용의 의사표시가 상대방에게 도달되지 아니하면 그 효력을 발생할 수 없다(대판 1962.11.15. 62누165).

③ 따라서 임용장에 기재된 일자보다 늦게 도달된 경우, 도달된 시점에 임용의 효력이 발생한다.

임용의 효력발생
① 임용장의 교부는 임용행위의 효력요건이 아니다.
② 임용의 효력은 임용의 의사표시가 공무원에게 도달된 시점에 발생한다.
③ 임용장에 기재된 일자보다 늦게 도달된 경우, 도달된 시점에 임용의 효력이 발생한다.

Ⅱ 공무원관계의 변경

국가공무원법 제27조 【결원보충방법】 국가기관의 결원은 신규채용·승진임용·강임·전직 또는 전보의 방법으로 보충한다.

지방공무원법 제26조 【결원보충방법】 임용권자는 공무원의 결원을 신규임용·승진임용·강임·전직 또는 전보의 방법으로 보충한다.

1 승진

하위직급에서 상위직급으로 임용되는 것을 승진이라 한다.

판례

1. **시험승진후보자명부에 등재되어 있던 자가 그 명부에서 삭제됨으로써 승진임용의 대상에서 제외되었다 하더라도, 그와 같은 시험승진후보자명부에서의 삭제행위는** 결국 그 **명부에 등재된 자에 대한 승진 여부를 결정하기 위한 행정청 내부의 준비과정에 불과**하고, **그 자체가 어떠한 권리나 의무를 설정하거나 법률상 이익에 직접적인 변동을 초래하는 별도의 행정처분이 된다고 할 수 없다**(대판 1997.11.14. 97누7325).
2. **4급 공무원이 당해 지방자치단체 인사위원회의 심의를 거쳐 3급 승진대상자로 결정되고 임용권자가 그 사실을 대내외에 공표까지 하였다면,** 그 공무원은 승진임용에 관한 법률상 이익을 가진 자로서 임용권자에 대하여 3급 승진임용을 신청할 조리상의 권리가 있다(대판 2009.7.23. 2008두10560).

승진대상자로 결정되어 대내외에 그 사실이 공표된 공무원이 실제 발령일에 승진하지 못한 경우, 그 공무원은 임용권자에 대하여 승진임용을 신청할 조리상 권리를 가진다.

2 전직 · 전보 · 전입 · 파견

(1) 전직(轉職)

직렬을 바꾸는 것을 전직이라 한다.

(2) 전보

같은 직급에서 보직을 변경하는 것을 전보라 한다.

공무원임용령 제45조【필수보직기간의 준수 등】 ① 임용권자 또는 임용제청권자는 소속 공무원을 해당 직위에 **임용된 날부터 필수보직기간**(휴직기간, 직위해제처분기간, 강등 및 정직 처분으로 인하여 직무에 종사하지 않은 기간은 포함하지 않는다)**이 지나야 다른 직위에 전보**(소속 장관이 다른 기관으로 전보하는 경우는 제외한다)**할 수 있다.** 이 경우 **필수보직기간은 3년**으로 하되, 「정부조직법」 제2조 제3항 본문에 따라 실장·국장 밑에 두는 보조기관 또는 이에 상당하는 보좌기관인 직위에 보직된 3급 또는 4급 공무원, 연구관 및 지도관과 고위공무원단 직위에 재직 중인 공무원의 **필수보직기간은 2년**으로 한다.

전보에 필요한 필수보직기간
① **원칙**: 3년
② **예외**: 2년

(3) 전입 · 전출

① 국회, 법원, 헌법재판소, 선거관리위원회 및 행정부 상호간에 다른 기관 소속으로 소속을 바꾸는 것을 전입 · 전출이라 한다(국가공무원법 제28조의2).
② **지방공무원의 전입 · 전출에는 해당 공무원의 동의가 필요하다**(지방공무원법 제29조의3). 지방공무원의 동의 없는 전출은 위법하므로 취소되어야 한다(대판 2001.12.1. 99두1823).

지방공무원의 동의 없는 전출은 위법하므로 취소되어야 한다.

판례

1. **"지방자치단체의 장은 다른 지방자치단체의 장의 동의를 받아 그 소속 공무원을 전입하도록 할 수 있다."라고 규정한 지방공무원법 제29조의3**

[1] 지방공무원을 전출하기 위해서는 해당 공무원의 동의를 받아야 하고 **동의 없이 전출시키는 것은 공무담임권의 침해**이다.

[2] 대법원은 이 사건 법률조항을 당해 공무원의 동의를 전제하는 것으로 해석하고 있고, 이 사건 법률조항은 당해 공무원의 동의를 전제로 하고 있는 것으로 해석되는바, 이 사건 법률 조항이 공무원의 공무담임권을 침해하는 것은 아니다(헌재 2002.11.23. 98헌바101).

해당 공무원의 동의를 받아 지방공무원을 전출시키는 것은 공무담임권을 침해하는 것이 아니다.

지방공무원의 동의 없는 전출명령이 적법함을 전제로 내린 징계처분은 징계양정에 있어 재량권을 일탈하여 위법하다.

지방공무원법상의 인사교류에 의한 전출도 당해 공무원의 동의를 요한다.

2. 해당 공무원의 동의 없는 지방공무원법 제29조의3의 규정에 의한 전출명령은 위법하여 취소되어야 하므로, 그 전출명령이 적법함을 전제로 내린 감봉 3월의 징계처분은 그 전출명령이 공정력에 의하여 취소되기 전까지는 유효하다고 하더라도 징계양정에 있어 재량권을 일탈하여 위법하다고 할 것이다(대판 2001.12.11. 99두1823).

3. 지방공무원법 제30조의2 제2항에 정한 **인사교류에 따라 지방자치단체의 장이 소속 공무원을 전출하는 것**은 임명권자를 달리하는 지방자치단체로의 이동인 점에 비추어 **반드시 당해 공무원 본인의 동의를 전제로 하는 것**이고, 따라서 위 법 규정의 위임에 따른 지방공무원 임용령 제27조의5 제1항도 본인의 동의를 배제하는 취지의 규정은 아니라고 해석하여야 한다(대판 2008.9.25. 2008두5759).

(4) 파견

소속기관은 유지하면서 다른 행정기관 등에서 근무하는 것을 파견이라 한다.

3 휴직

(1) 직권휴직

국가공무원법 제71조 【휴직】 ① 공무원이 다음 각 호의 어느 하나에 해당하면 **임용권자는 본인의 의사에도 불구하고 휴직을 명하여야 한다.**
1. 신체·정신상의 장애로 장기 요양이 필요할 때
3. 「병역법」에 따른 병역 복무를 마치기 위하여 징집 또는 소집된 때
4. 천재지변이나 전시·사변, 그 밖의 사유로 생사 또는 소재가 불명확하게 된 때
5. 그 밖에 법률의 규정에 따른 의무를 수행하기 위하여 직무를 이탈하게 된 때
6. 「공무원의 노동조합 설립 및 운영 등에 관한 법률」 제7조에 따라 노동조합 전임자로 종사하게 된 때

(2) 의원휴직

국가공무원법 제71조 【휴직】 ② 임용권자는 공무원이 다음 각 호의 어느 하나에 해당하는 사유로 휴직을 원하면 휴직을 명할 수 있다. 다만, 제4호의 경우에는 대통령령으로 정하는 특별한 사정이 없으면 휴직을 명하여야 한다.
1. 국제기구, 외국기관, 국내외의 대학·연구기관, 다른 국가기관 또는 대통령령으로 정하는 민간기업, 그 밖의 기관에 임시로 채용될 때
2. 국외 유학을 하게 된 때
3. 중앙인사관장기관의 장이 지정하는 연구기관이나 교육기관 등에서 연수하게 된 때
4. 만 8세 이하 또는 초등학교 2학년 이하의 자녀를 양육하기 위하여 필요하거나 여성공무원이 임신 또는 출산하게 된 때
5. 조부모, 부모(배우자의 부모를 포함한다), 배우자, 자녀 또는 손자녀를 부양하거나 돌보기 위하여 필요한 경우. 다만, 조부모나 손자녀의 돌봄을 위하여 휴직할 수 있는 경우는 본인 외에 돌볼 사람이 없는 등 대통령령등으로 정하는 요건을 갖춘 경우로 한정한다.
6. 외국에서 근무·유학 또는 연수하게 되는 배우자를 동반하게 된 때

OX 의원휴직사유 중 만 8세 이하의 자녀를 양육하기 위하여 필요하거나 여성공무원이 임신 또는 출산하게 된 때에는 다른 사유와 달리 임용권자의 휴직명령이 재량이다. (×)

7. 대통령령등으로 정하는 기간 동안 재직한 공무원이 직무 관련 연구과제 수행 또는 자기개발을 위하여 학습·연구 등을 하게 된 때

(3) 휴직의 효력

국가공무원법 제73조【휴직의 효력】 ① 휴직 중인 공무원은 **신분은 보유하나 직무에 종사하지 못한다.**

② 휴직기간 중 그 사유가 없어지면 **30일 이내**에 임용권자 또는 임용제청권자에게 신고하여야 하며, **임용권자는 지체 없이 복직을 명하여야 한다.**

③ 휴직기간이 끝난 공무원이 30일 이내에 복귀 신고를 하면 당연히 복직된다.

국가공무원법 제73조 제2항의 문언에 비추어 복직명령은 기속행위이므로 휴직사유가 소멸하였음을 이유로 신청하는 경우 임용권자는 지체 없이 복직명령을 하여야 한다(대판 2014.6.12. 2012두4852).

판례

출산휴가와 육아휴직은 그 목적과 근거 법령을 달리하는 제도이므로 여성 교육공무원은 육아휴직과 별도로 출산휴가를 신청할 수 있으나, 휴직 중인 공무원은 직무에 종사하지 못하므로, 직무에 종사하는 것을 전제로 하여 일정한 사유가 발생한 경우 그 의무를 면제해 주는 휴가를 받을 수 없고, **육아휴직 중인 여성 교육공무원이 출산휴가를 받기 위해서는 복직이 선행되어야 한다.** 그리고 자녀양육을 위한 육아휴직기간 중 다른 자녀를 출산하거나 또는 출산이 예정되어 있어 국가공무원 복무규정 제20조 제2항에 따른 출산휴가 요건을 갖춘 경우에는 더 이상 기존 자녀의 양육을 위하여 휴직할 필요가 없는 사유가 발생한 때에 해당한다. 따라서 **육아휴직 중인 여성 교육공무원이 출산휴가 요건을 갖추어 복직신청을 하는 경우는 물론 그 이전에 미리 출산을 이유로 복직신청을 하는 경우**에도 임용권자는 **출산휴가 개시시점에 휴직사유가 없어졌다고 보아 복직명령과 동시에 출산휴가를 허가하여야 한다**(대판 2014.6.12. 2012두4852).

휴직사유 소멸을 이유로 한 신청에 대한 복직명령: 기속행위

국가공무원복무규정 제20조【특별휴가】

② 행정기관의 장은 임신 중인 공무원에게 출산 전과 출산 후를 통하여 90일의 출산휴가를 승인하되, 출산 후의 휴가기간이 45일 이상이 되게 하여야 한다.

여성 공무원이 육아휴직 기간 중 다른 자녀를 출산하거나 또는 출산이 예정되어 있어 국가공무원 복무규정에 따른 출산휴가요건을 갖추어 복직신청을 하거나 미리 출산을 이유로 복직신청을 하는 경우, 임용권자는 출산휴가개시시점에 복직명령과 동시에 출산휴가를 허가해야 한다.

4 직위해제

(1) 의의

① 공무원의 신분은 유지하면서 직위를 부여받지 못한 경우를 직위해제라 한다.

② 복직이 보장되지 않으므로 휴직과 구별되며, 신분을 유지하므로 면직과도 구별된다.

직위해제는 복직이 보장되지 않는다는 점에서 휴직과 구별되며, 신분을 유지하므로 면직과도 구별된다.

(2) 직위해제사유

국가공무원법 제73조의3【직위해제】 ① 임용권자는 다음 각 호의 어느 하나에 해당하는 자에게는 **직위를 부여하지 아니할 수 있다.**

2. **직무수행능력이 부족하거나 근무성적이 극히 나쁜 자**
3. 파면·해임·강등 또는 정직에 해당하는 징계의결이 요구 중인 자
4. **형사사건으로 기소된 자(약식명령이 청구된 자는 제외한다)**
5. 고위공무원단에 속하는 일반직공무원으로서 제70조의2 제1항 제2호부터 제5호까지의 사유로 적격심사를 요구받은 자

OX

① 형사상 약식명령이 청구된 자는 직위해제사유에 해당된다. (×)

② 형사사건으로 기소된 자는 반드시 직위를 해제하여야 한다. (×)

③ 금품비위, 성범죄 등 대통령령으로 정하는 비위행위로 인하여 감사원 및 검찰·경찰 등 수사기관에서 조사나 수사 중인 자는 직위해제 대상이 되지 않는다. (×)

6. 금품비위, 성범죄 등 대통령령으로 정하는 비위행위로 인하여 감사원 및 검찰·경찰 등 수사기관에서 조사나 수사 중인 자로서 비위의 정도가 중대하고 이로 인하여 정상적인 업무수행을 기대하기 현저히 어려운 자

③ 임용권자는 제1항 제2호에 따라 직위해제된 자에게 **3개월의 범위**에서 대기를 명한다.

⑤ 공무원에 대하여 제1항 제2호의 직위해제사유와 같은 항 제3호·제4호 또는 제6호의 직위해제사유가 **경합(競合)할 때**에는 같은 항 **제3호·제4호 또는 제6호의 직위해제처분을 하여야 한다.**

① 직위해제는 임용권자의 재량행위이다.
② 형사사건으로 기소되면 ⇨ 필요적 직위해제: 위헌(○), 임의적 직위해제: 위헌(×)
③ 형사사건으로 기소되었다는 이유만으로 직위해제처분을 하는 것은 재량권의 일탈·남용이다.

① **현행 국가공무원법상 공무원의 직위해제는 임용권자의 재량행위이다.**

② 다른 직위해제사유와는 달리 형사사건으로 기소되면 필요적으로 직위해제처분을 하도록 한 구 국가공무원법상의 규정에 대해 위헌결정을 하였다(헌재 1998.5.28. 96헌가12). 그러나 다른 직위해제사유와 마찬가지로 형사사건으로 기소된 국가공무원을 직위해제할 수 있도록 규정한 현재의 국가공무원법 제73조의2 제1항 제4호는 공무담임권을 침해한다고 볼 수 없고, 적법절차의 원칙이나 무죄추정의 원칙에 위배되지 않는다(헌재 2006.5.25. 2004헌바12).

③ **형사사건으로 기소되었다는 이유만으로 직위해제처분하는 것은 재량권의 일탈·남용이다**(대판 1999.9.17. 98두15412).

징계요구로 직위를 해제한 경우 징계의결이 종료되면 직위해제는 그 효력을 상실한다.

판례

국가공무원법 제73조의3 제2항의 직위해제 사유의 소멸과 관련하여 같은 조 제1항 제3호에서 정한 '중징계의결이 요구 중인 자'는 같은 법 제82조 제1항 및 공무원 징계령 제12조에 따른 징계의결이 이루어질 때까지로 한정되는지 여부(적극)

국가공무원법 제73조의3 제2항은 직위해제처분을 한 경우에도 그 사유가 소멸되면 지체 없이 직위를 부여하여야 함을 명시하였다. 이는 같은 조 제1항 제3호의 요건 중 하나인 '중징계의결이 요구 중인 자'의 의미 및 '중징계의결 요구'의 종기에 관한 해석과 관계된다. 국가공무원법은 '징계의결 요구(제78조), 징계의결(제82조 제1항), 징계의결 통보(공무원 징계령 제18조), 징계처분(제78조 및 공무원 징계령 제19조) 또는 심사·재심사 청구(제82조 제2항 및 공무원 징계령 제24조)' 등 징계절차와 그 각 단계를 명확히 구분하여 규정하였고, '재징계의결 요구(제78조의3)'는 징계처분이 무효·취소된 경우에 한하는 것으로 명시함으로써 '심사·재심사 청구'가 이에 포함되지 않는다는 점 역시 문언상 분명하다. 이러한 관련 규정의 문언 내용·체계에 비추어 보면, '중징계의결이 요구 중인 자'는 국가공무원법 제82조 제1항 및 공무원 징계령 제12조에 따른 징계의결이 이루어질 때까지로 한정된다고 보는 것이 타당하다. '중징계의결이 요구 중인 자'에 해당하여 직위해제처분을 받은 대상자에 대하여 적법한 절차에 따라 '경징계의결'이 이루어진 경우에는, 비록 재심사 청구에 의한 변경 가능성을 고려하더라도 '중징계처분을 받을 고도의 개연성'이 있다고 쉽게 인정하기 어려운 상태가 되었다고 봄이 타당하다. 잠정적 조치인 직위해제처분의 특성상 그 사유·목적에 부합하는 적정한 범위 내에서 필요 최소한으로 운용되어야만 한다는 점에서 보더라도, 당초 직위해제를 한 시점에는 적법한 처분에 해당하였더라도 그 사유의 소멸·상실일에 해당하는 징계의결이 있은 다음 날부터는 직위해제처분이 효력을 상실하게 된다고 볼 수밖에 없다(대판 2022.10.14. 2022두45623).

'중징계의결이 요구 중인 자'에 해당하여 직위해제처분을 받은 대상자에 대하여 적법한 절차에 따라 '경징계의결'이 이루어진 경우에는 징계의결이 있은 다음 날부터는 직위해제처분이 효력을 상실하게 된다.

(3) 직위해제의 절차

① 직위해제사유를 기재한 설명서를 교부해야 한다(국가공무원법 제75조).

② 직위해제사유를 통보하지 않은 직위해제는 무효이다(대판 1992.7.28. 91다30729).

③ 직위해제처분에 처분의 사전통지 및 의견청취 등에 관한 행정절차법의 규정이 적용되지 않는다(대판 2014.5.16. 2012두26180).

판례

[1] **직위해제**는 계속 직무를 담당하게 될 경우 예상되는 업무상의 장애, 공무집행 및 행정의 공정성과 그에 대한 국민의 신뢰저해 등을 예방하기 위하여 일시적인 인사조치로서 당해 **공무원에게 직위를 부여하지 아니함으로써 직무에 종사하지 못하도록 하는 잠정적이고 가처분적인 성격을 가진 조치**이다. 따라서 그 성격상 과거공무원의 비위행위에 대한 공직질서 유지를 목적으로 행하여지는 **징벌적 제재로서의 징계 등에서 요구되는 것과 같은 동일한 절차적 보장을 요구할 수는 없는**바, 국가공무원법에는 그 절차적 보장이 강화되어 있다.

[2] 국가공무원법상 **직위해제처분**은 행정절차법 제3조 제2항 제9호, 행정절차법 시행령 제2조 제3호에 의하여 당해 행정작용의 성질상 행정절차를 거치기 곤란하거나 불필요하다고 인정되는 사항 또는 행정절차에 준하는 절차를 거친 사항에 해당하므로, **처분의 사전통지 및 의견청취 등에 관한 행정절차법의 규정이 별도로 적용되지 않는다**(대판 2014.5.16. 2012두26180).

④ 직위해제를 하기 위해 징계위원회의 의결을 거칠 필요는 없다. 직위해제는 징계가 아니기 때문이다.

(4) 직위해제의 법적 성질

1) 직위해제는 징계는 아니다.

① 직위해제는 당해 공무원의 직무수행에 업무상 장애가 예상되는 경우, 일시적으로 당해 공무원의 직위를 부여하지 아니하는 **보직의 해제**를 의미한다.

② 직위해제는 공무원의 비위에 대한 징벌적 제재로서의 **징계와는 그 성질이 다르다**(대판 2003.10.10. 2003두5945).

2) 직위해제와 징계는 일사부재리원칙에 위반되지 않는다.

① 직위해제처분은 징계처분과 같은 성질의 처분은 아니므로 동일한 사유에 대한 직위해제처분이 있은 후 다시 징계(해임·감봉)처분이 있었다 하여 **일사부재리의 법리에 어긋난다고 할 수 없다**(대판 1984.2.28. 83누489 ; 대판 1983.10.25. 83누184).

② 즉, 직위해제 중인 자에 대한 징계처분은 위법하지 않다.

판례

직위해제처분은 징벌적 제재인 **징계처분과는 그 성질을 달리하는 별개의 처분**이고, 직위해제처분의 적법 여부는 **그 처분시를 기준으로 판단**하여야 하고, **직위해제처분 이후 관련 징계처분이 법원의 판결로 징계사유의 부존재, 징계시효의 만료 등을 이유로 취소되었다**고 하여 바로 **직위해제처분이 위법하게 되는 것은 아니다**(대판 2014.10.30. 2012두25552).

---

① 직위해제사유를 기재한 설명서를 교부해야 한다.
② 직위해제사유를 통보하지 않은 직위해제는 무효이다.

직위해제처분은 당해 공무원에게 직위를 부여하지 아니함으로써 직무에 종사하지 못하도록 하는 잠정적이고 가처분적인 성격을 갖는 조치이므로, 징벌적 제재로서의 징계 등에서 요구되는 것과 같은 동일한 절차적 보장을 요구할 수는 없다.

행정절차법 제3조【적용 범위】 ② 이 법은 다음 각 호의 어느 하나에 해당하는 사항에 대하여는 적용하지 아니한다.
9. 「병역법」에 따른 징집·소집, 외국인의 출입국·난민인정·귀화, 공무원 인사관계 법령에 따른 징계와 그 밖의 처분, 이해 조정을 목적으로 하는 법령에 따른 알선·조정·중재·재정 또는 그 밖의 처분 등 해당 행정작용의 성질상 행정절차를 거치기 곤란하거나 거칠 필요가 없다고 인정되는 사항과 행정절차에 준하는 절차를 거친 사항으로서 대통령령으로 정하는 사항

국가공무원법상 직위해제처분에 처분의 사전통지 및 의견청취 등에 관한 행정절차법 규정이 적용되지 않는다.

직위해제의 성질
① 보직의 해제(○)
② 징계(×)

OX 직위해제는 징계처분으로서 공무원관계의 소멸사유이다. (×)

동일한 사유에 대한 직위해제처분이 있은 후 다시 징계(해임·감봉)처분이 있었다 하여 일사부재리의 법리에 어긋난다고 할 수 없다.

공무원에 대한 직위해제처분은 징계처분과는 별개의 처분이다.

직위해제처분 이후 관련 징계처분이 법원의 판결로 취소되었다고 하여 바로 직위해제처분이 위법하게 되는 것은 아니다.

직위해제는 가행정행위로서 처분성이 인정되어 항고소송의 대상이 된다.

3) **직위해제는 가행정행위이다.**

① 직위해제는 일시적으로 직위를 가지지 못하게 하는 **가행정행위**이다. 따라서 **처분성이 인정되어 항고소송의 대상이 된다.**

② 직권면직이 되면 직위해제는 효력을 상실한다.

(5) 직위해제의 효과

OX 직위해제는 신분상 불이익처분에 해당되고 직무수행정지, 보수삭감 등의 침해적 법률효과가 발생한다. (○)

① 직위해제가 있는 경우, 직무에 종사하지 못한다. 따라서 출근할 수도 없다.

② 또한 직위해제기간 중 급여는 감면된다.

③ 직위해제기간은 승진최저소요연수에 포함되지 않는다.

④ **직위해제와 직권면직**: 직무수행능력이 부족하거나 근무성적이 나쁜 공무원을 직위해제하면서 대기명령을 발하고 **대기명령기간의 경과 후에도 능력이나 근무능력 향상을 기대하기 어려운 경우 임용권자는 징계위원회의 동의를 얻어 직권으로 면직시킬 수 있다**(국가공무원법 제70조 제2항).

(6) 직무 복귀

> **국가공무원법 제73조의3 【직위해제】** ② 제1항에 따라 직위를 부여하지 아니한 경우에 그 사유가 소멸되면 임용권자는 지체 없이 직위를 부여하여야 한다.

(7) 직위해제에 대한 불복절차

1) **소청심사의 청구**

소청심사위원회에 소청심사를 청구할 수 있다(국가공무원법 제76조 제1항).

2) **항고소송**

직위해제처분은 가행정행위로서 행정처분에 해당한다.

3) **하자의 승계**

직위해제처분과 직권면직처분 간에는 하자승계가 인정되지 않는다.

① **직위해제처분과 직권면직처분 간에는 하자가 승계되지 않는다.** 즉, 직위해제처분에 하자가 있더라도 직권면직이 위법하게 되는 것은 아니다.

② 따라서 직위해제처분을 받은 후 직권면직을 당한 공무원이 직권면직처분의 효력을 다투면서 불가쟁력이 발생한 직위해제처분의 위법성을 주장할 수 없다.

OX 공무원에 대한 직위해제처분은 직권면직 또는 징계와 그 목적과 성질이 동일한 처분이므로 선행하는 직위해제처분의 위법사유를 들어 후행하는 면직처분의 효력을 다툴 수 있다. (×)

판례

직위해제처분과 직권면직처분은 후자가 전자의 처분을 전제로 한 것이기는 하나 각각 단계적으로 별개의 법률효과를 발생하는 행정처분이어서 **선행 직위해제처분의 위법사유가 면직처분에는 승계되지 아니한다** 할 것이므로 **선행된 직위해제처분의 위법사유를 들어 면직처분의 효력을 다툴 수는 없다**(대판 1984.9.11, 84누191).

직위해제한 후 동일한 사유로 징계처분을 하였다면 그 전에 있었던 직위해제처분은 그 효력을 상실한다.

직위해제처분 후 파면처분을 한 경우, 직위해제처분의 취소를 구할 소의 이익: 부정

4) **소의 이익**

① 어떤 사유에 기하여 공무원을 **직위해제한 후, 그 직위해제사유와 동일한 사유를 이유로 공무원의 신분관계를 박탈하는 파면처분을 하였을 경우**에는 그로써 **먼저**

있었던 **직위해제처분은 그 효력을 상실**하게 된다(대판 1981.1.13. 79누279). **따라서 직위해제처분 후 파면처분을 한 경우,** 직위해제처분의 취소를 구할 **소의 이익은 인정되지 않는다**(대판 2007.12.28. 2006다33999).

② 행정청이 공무원에 대하여 **새로운 직위해제사유에 기한 직위해제처분을 한 경우** 그 이전에 한 직위해제처분은 이를 묵시적으로 철회하였다고 봄이 상당하므로, 그 **이전 처분의 취소를 구하는 부분은 존재하지 않는 행정처분을 대상으로 한 것으로서 그 소의 이익이 없어 부적법하다**(대판 2003.10.10. 2003두5945).

③ 인사규정 등에서 **직위해제처분에 따른 효과로 승진·승급에 제한을 가하는 등의 법률상 불이익을 규정하고 있는 경우**에는 직위해제처분을 받은 자는 이러한 법률상 불이익을 제거하기 위하여 그 **실효된 직위해제처분에 대한 구제를 신청할 이익이 있다**(대판 2010.7.29. 2007두18406).

> 행정청이 직위해제상태에 있는 공무원에 대하여 새로운 직위해제사유에 기한 직위해제처분을 한 경우 그 이전에 한 직위해제처분의 취소를 구할 소의 이익이 없다.

> 인사규정 등에서 직위해제처분에 따른 효과로 승진·승급에 제한을 가하는 등의 법률상 불이익을 규정하고 있는 경우, 직위해제처분을 받은 자는 그 법률상 불이익을 제거하기 위해 실효된 직위해제처분에 대한 구제를 신청할 이익이 있다.

5 강임

국가(지방)공무원법 제73(65)조의4【강임】 ① 임용권자는 직제 또는 정원의 변경이나 예산의 감소 등으로 **직위가 폐직되거나 하위의 직위로 변경되어 과원이 된 경우 또는 본인이 동의한 경우**에는 소속 공무원을 강임할 수 있다.

> **강임**
> 공무원관계의 변경(○), 공무원관계의 소멸(×)

Ⅲ 공무원관계의 소멸

1 소멸의 종류

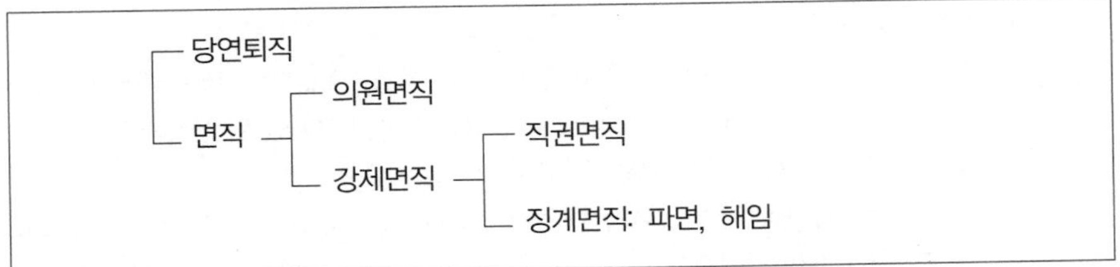

(1) 당연퇴직

사망·정년·임기만료·법원의 판결 등 법이 정한 사유로 공무원의 관계가 소멸하는 것을 당연퇴직이라 한다.

(2) 면직

1) 의원면직

공무원의 사직서 제출과 수리에 의해 공무원관계가 소멸하는 것이다.

2) 강제면직

① **직권면직:** 임용권자는 일정한 경우에 공무원을 면직시킬 수 있다.

② **징계면직(파면 · 해임):** 파면·해임으로 공무원 지위를 상실한다.

> **OX** 사망, 임기 만료, 정년, 결격사유의 발생은 공무원의 퇴직사유이나, 직위해제는 퇴직사유가 아니다. (○)

2 당연퇴직

(1) 의의

① 법이 정한 사유에 의해 공무원관계가 소멸하는 것을 당연퇴직이라 한다.

② 당연퇴직은 별도의 의사표시 없이 공무원 직위를 상실한다.

공무원은 결격사유의 발생으로 임용권자의 의사표시 없이 그 시점에 법률상 당연히 퇴직하는 것이므로, 당연퇴직사유의 존재는 객관적으로 명확하여야 한다.

판례

공무원 당연퇴직제도는 **결격사유가 발생**하는 것 자체에 의해 **임용권자의 의사표시 없이 결격사유에 해당하게 된 시점에 법률상 당연히 퇴직하는 것**이고, 공무원관계를 소멸시키기 위한 별도의 행정처분을 요하지 아니하므로, 당연퇴직사유의 존재는 객관적으로 명확하여야 한다 (대판 2016.12.29. 2014두43806).

(2) 사유

1) 임용결격사유의 발생

국가(지방)공무원법 제33(31)조 【결격사유】 다음 각 호의 어느 하나에 해당하는 자는 공무원으로 임용될 수 없다.

1. 피성년후견인 *위헌결정(헌재 2022.12.22. 2020헌가8)
2. 파산선고를 받고 복권되지 아니한 자
3. 금고 이상의 실형을 선고받고 그 집행이 종료되거나 집행을 받지 아니하기로 확정된 후 **5년**이 지나지 아니한 자
4. 금고 이상의 형을 선고받고 그 집행유예기간이 끝난 날부터 **2년**이 지나지 아니한 자
5. **금고 이상의 형의 선고유예를 받은 경우에 그 선고유예기간 중에 있는 자**
6. 법원의 판결 또는 다른 법률에 따라 자격이 상실되거나 정지된 자

6의2. 공무원으로 재직기간 중 직무와 관련하여 「형법」 제355조(횡령, 배임) 및 제356조(업무상의 횡령과 배임)에 규정된 죄를 범한 자로서 300만 원 이상의 벌금형을 선고받고 그 형이 확정된 후 **2년**이 지나지 아니한 자

6의3. 「성폭력범죄의 처벌 등에 관한 특례법」 제2조에 규정된 죄를 범한 사람으로서 100만 원 이상의 벌금형을 선고받고 그 형이 확정된 후 **3년**이 지나지 아니한 사람

6의4. 미성년자에 대한 다음 각 목의 어느 하나에 해당하는 죄를 저질러 파면·해임되거나 형 또는 치료감호를 선고받아 그 형 또는 치료감호가 확정된 사람(집행유예를 선고받은 후 그 집행유예기간이 경과한 사람을 포함한다)

가. 「성폭력범죄의 처벌 등에 관한 특례법」 제2조에 따른 성폭력범죄

나. 「아동·청소년의 성보호에 관한 법률」 제2조 제2호에 따른 아동·청소년대상 성범죄

7. 징계로 파면처분을 받은 때부터 **5년**이 지나지 아니한 자
8. 징계로 해임처분을 받은 때부터 **3년**이 지나지 아니한 자

국가(지방)공무원법 제69(61)조 【당연퇴직】 공무원이 다음 각 호의 어느 하나에 해당할 때에는 당연히 퇴직한다.

1. 제33조 각 호의 어느 하나에 해당하는 경우. 다만, **제33조 제2호는 파산선고를 받은 사람으로서 「채무자 회생 및 파산에 관한 법률」에 따라 신청기한 내에 면책신청을 하**

OX 국가공무원법 제33조 및 지방공무원법 제31조의 결격사유에 해당하는 경우는 모두 당연퇴직사유에 해당한다. (×)

지 아니하였거나 면책불허가결정 또는 면책취소가 확정된 경우만 해당하고, 제33조 제5호는 「형법」 제129조부터 제132조(수뢰·사전수뢰죄, 제3자뇌물제공죄, 수뢰 후 부정처사죄, 사후수뢰죄, 알선수뢰죄)까지, 「성폭력범죄의 처벌 등에 관한 특례법」 제2조, 「아동·청소년의 성보호에 관한 법률」 제2조 제2호 및 직무와 관련하여 「형법」 제355조(횡령·배임죄) 또는 제356조(업무상의 횡령·배임죄)에 규정된 죄를 범한 사람으로서 금고 이상의 형의 선고유예를 받은 경우만 해당한다.

2. 임기제공무원의 근무기간이 만료된 경우

> **OX** 국가공무원이 파산선고를 받았다고 하여도 채무자 회생 및 파산에 관한 법률에 따라 신청기한 내에 면책신청을 하지 아니하였거나 면책불허가결정 또는 면책취소가 확정된 때에만 당연퇴직된다. (○)

판례

1. **금고 이상의 형의 집행유예판결을 받은 공무원의 당연퇴직을 규정한 지방공무원법 제61조**
범죄행위로 인하여 형사처벌을 받은 공무원에게 그에 상응하는 신분상의 불이익을 과하는 것은 국민 전체의 이익을 위해 적절한 수단이 될 수 있고, 법원이 금고 이상의 형의 집행유예판결을 하였다면 당해 공무원에 대한 사회적 비난가능성이 결코 적지 아니하고, 공무원이 범죄행위로 인하여 형사처벌을 받은 경우에는 당해 공무원에 대한 국민의 신뢰가 손상되어 원활한 직무수행에 어려움이 생기고 이는 공직 전체에 대한 신뢰를 실추시켜 공공의 이익을 해하는 결과를 초래하게 되는 점 등을 고려하면, 이 사건 법률조항이 **과잉금지원칙에 위배되어 공무담임권을 침해한다고 볼 수 없다**(헌재 2015.10.21. 2015헌바215).

> 금고 이상의 형의 집행유예판결을 받은 공무원의 당연퇴직을 규정한 지방공무원법 제61조가 과잉금지원칙에 위배되어 공무담임권을 침해하는 것은 아니다.

2. 당연퇴직의 효력이 생긴 후에 당연퇴직사유가 소멸한다는 것은 있을 수 없으므로, **국가공무원이 금고 이상의 형의 집행유예를 받은 경우**에는 그 **이후 형법 제65조**(집행유예의 선고를 받은 후 그 선고의 실효 또는 취소됨이 없이 유예기간을 경과한 때에는 형의 선고는 효력을 잃는다)**에 따라 형의 선고가 효력을 잃게 되었다 하더라도 이미 발생한 당연퇴직의 효력에는 영향이 없다**(대판 2011.3.24. 2008다92022).

> 국가공무원이 당연퇴직사유에 해당하는 금고 이상의 형의 집행유예를 선고받은 후 그 선고가 실효되거나 취소됨이 없이 유예기간을 경과하여 형의 선고의 효력을 잃게 되었다 하더라도 이미 발생한 당연퇴직의 효력에는 영향이 없다.

3. 경찰공무원이 재직 중 자격정지 이상의 형의 선고유예를 받음으로써 구 경찰공무원법 제7조 제2항 제6호에 정하는 임용결격사유에 해당하게 되면, 같은 법 제21조의 규정에 의하여 **임용권자의 별도의 행위(공무원의 신분을 상실시키는 행위)를 기다리지 아니하고 그 선고유예판결의 확정일에 당연히 경찰공무원의 신분을 상실(당연퇴직)하게 되는 것**이고, 나중에 선고유예기간(2년)이 경과하였다고 하더라도 **이미 발생한 당연퇴직의 효력이 소멸되어 경찰공무원의 신분이 회복되는 것은 아니며,** 한편 직위해제처분은 형사사건으로 기소되는 등 국가공무원법 제73조의3 제1항 각 호에 정하는 귀책사유가 있을 때 당해 공무원에게 직위를 부여하지 아니하는 처분이고, 복직처분은 직위해제사유가 소멸되었을 때 직위해제된 공무원에게 국가공무원법 제73조의3 제2항의 규정에 의하여 다시 직위를 부여하는 처분일 뿐, 이들 처분들이 공무원의 신분을 박탈하거나 설정하는 처분은 아닌 것이므로, 임용권자가 임용결격사유의 발생 사실을 알지 못하고 직위해제되어 있던 중 임용결격사유가 발생하여 당연퇴직된 자에게 복직처분을 하였다고 하더라도 이 때문에 그 자가 공무원의 신분을 회복하는 것은 아니다(대판 1997.7.8. 96누4275).

> **OX** 판례에 의하면 직위해제 중에 자격정지 이상의 형의 선고유예를 받아 당연퇴직된 경찰공무원에게 임용권자가 복직처분을 한 상태에서 선고유예기간이 경과된 경우 경찰공무원의 신분은 당연히 회복된다. (×)

4. **금고 이상의 형의 선고유예를 받은 공무원의 당연퇴직을 규정한 구 지방공무원법 제61조**
공무원 범죄를 사전에 예방하고 국민의 신뢰를 유지하려는 이 사건 법률조항의 목적은 정당하나 **금고 이상의 선고유예판결**을 받은 모든 공무원의 당연퇴직을 규정하여 교통사고 관련 범죄 등 과실범의 경우마저 **당연퇴직하도록 하는 것은 최소침해성원칙에 위반된다**(헌재 2002.8.29. 2001헌마788).

> 금고 이상의 선고유예판결을 받은 모든 공무원의 당연퇴직을 규정하여 교통사고 관련 범죄 등 과실범의 경우마저 당연퇴직하도록 하는 것은 최소침해성원칙에 위반된다.

형법 제355조(횡령, 배임) 및 제356조(업무상의 횡령과 배임)에 규정된 죄와 그 밖의 범죄가 경합범관계에 있어 하나의 벌금형이 선고되어 확정된 경우, 공무원의 당연퇴직사유에 해당하지 아니한다.

5. 구 군무원인사법 제10조 제3호, 제27조 본문, 국가공무원법 제33조 제6의2호는 공무원의 금품 관련 비리를 근절·예방하기 위하여 공무원으로 재직 중 직무와 관련하여 형법 제355조(횡령, 배임) 및 제356조(업무상의 횡령과 배임)에 규정된 죄(이하 '횡령죄 등'이라고 한다)로 일정한 형벌을 받은 경우를 공무원의 임용결격 및 당연퇴직사유로 규정한 것이므로, **임용결격 및 당연퇴직사유 해당 여부는 횡령죄 등만에 대한 선고 형량이 분명하게 구분될 수 있을 때에만 적용**된다. 그런데 횡령죄 등이 다른 일반 범죄와 형법 제37조 전단의 경합범으로 공소제기된 경우 형법 제38조(경합범과 처벌례)의 적용을 배제하는 예외를 인정한 명문의 규정이 없는 이상 경합범 중 횡령죄 등만을 분리 심리하여 그에 대해서만 형을 따로 선고할 수는 없다. 또한 형사재판에서 횡령죄 등과 형법 제37조 전단의 경합범으로 공소제기된 다른 범죄행위에 대하여 하나의 벌금형이 선고되어 확정된 경우, 사후적으로 횡령죄 등으로 300만 원 이상의 벌금형이 선고된 경우에 해당하는지를 따져 당연퇴직 여부를 판단하는 것은, 이미 확정된 형을 임의로 분리하는 것과 마찬가지여서 원칙적으로 허용되지 않는다. 이와 같은 공무원 당연퇴직의 법적 성질과 공무원 지위에 미치는 효과, 각 조항을 합헌적으로 엄격하게 해석하여야 할 필요성 등을 종합적으로 고려할 때, **횡령죄 등과 그 밖의 범죄가 형법 제37조 전단의 경합범관계에 있어 하나의 벌금형이 선고되어 확정된 경우**는 각 조항에서 정한 **당연퇴직사유에 해당한다고 할 수 없다**(대판 2016.12.29. 2014두43806).

2) 정년

국가공무원법 제74조 【정년】 ① 공무원의 정년은 다른 법률에 특별한 규정이 있는 경우를 제외하고는 60세로 한다.
④ 공무원은 그 정년에 이른 날이 1월부터 6월 사이에 있으면 6월 30일에, 7월부터 12월 사이에 있으면 12월 31일에 각각 당연히 퇴직된다.

공무원의 정년은 공무원의 정년퇴직시 구비서류로 요구되는 가족관계기록사항에 관한 증명서 중 기본증명서에 기재된 실제 생년월일을 기준으로 산정해야 한다.

공무원 임용신청 당시 잘못 기재된 생년월일에 근거하여 36년 동안 공무원으로 근무하다 정년을 1년 3개월 앞두고 생년월일을 정정한 후 정년연장을 요구하는 것은 신의성실원칙에 반하지 않는다.

판례

지방공무원법상의 정년은 지방공무원의 정년퇴직시 구비서류로 요구되는 가족관계기록사항에 관한 증명서 중 **기본증명서에 기재된 실제의 생년월일을 기준으로 산정해야 한다고 봄이 상당하다.** 지방공무원 임용신청 당시 잘못 기재된 호적상 출생연월일을 생년월일로 기재하고, 이에 근거한 공무원인사기록카드의 생년월일 기재에 대하여 처음 임용된 때부터 약 36년 동안 전혀 이의를 제기하지 않다가, 정년을 1년 3개월 앞두고 호적상 출생연월일을 정정한 후 그 출생연월일을 기준으로 정년의 연장을 요구하는 것은 신의성실의 원칙에 반하지 않는다(대판 2009.3.26. 2008두21300).

3) 그 밖의 당연퇴직사유

사망, 임기만료로 공무원은 직위를 상실한다. 또한 외무공무원이 국적을 상실하면 공무원 직위를 상실한다.

(3) 당연퇴직의 효과

1) 효과

당연퇴직사유가 있으면 별도의 처분 없이 당연퇴직의 효과가 발생한다.

2) **당연퇴직의 처분성 부인**

당연퇴직사유가 발생하면 공무원 직위를 법률에 의해 상실하므로 당연퇴직의 통보는 사실의 통지에 해당할 뿐 행정처분에 해당하지 않는다(대판 1992.1.21. 91누2687).

당연퇴직은 행정처분이 아니다.

3) **당연퇴직 후 임용신청할 권리는 없다**

당연퇴직된 자는 임용을 신청할 권리가 인정되지 않는다. 따라서 당연퇴직된 공무원의 재임용신청에 대한 행정청의 거부행위는 항고소송의 대상이 되는 행정처분에 해당하지 않는다.

판례

과거에 법률에 의하여 당연퇴직된 공무원이 자신을 복직 또는 재임용시켜 줄 것을 요구하는 신청에 대하여 그와 같은 조치가 불가능하다는 행정청의 거부행위는 당연퇴직의 효과가 계속하여 존재한다는 것을 알려주는 일종의 안내에 불과하므로 당연퇴직된 공무원의 실체상의 권리관계에 직접적인 변동을 일으키는 것으로 볼 수 없고, 당연퇴직의 근거 법률이 헌법재판소의 위헌결정으로 효력을 잃게 되었다고 하더라도 당연퇴직된 이후 헌법소원 등의 청구기간이 도과한 경우에는 당연퇴직의 내용과 상반되는 처분을 요구할 수 있는 조리상의 신청권을 인정할 수도 없다고 할 것이어서, 이와 같은 경우 **행정청의 복직 또는 재임용거부행위는 항고소송의 대상이 되는 행정처분에 해당한다고 할 수 없다**(대판 2005.11.25. 2004두12421 ; 대판 2006.3.10. 2005두562).

당연퇴직된 공무원의 재임용신청에 대한 행정청의 거부행위는 항고소송의 대상이 되는 행정처분에 해당하지 않는다.

3 면직

(1) 의원면직(依願免職)

1) **의의**

① 공무원이 자신의 의사표시에 의해 공무원관계를 소멸시키는 행위를 의원면직이라 한다.

② 사직원의 제출에 의한 면직이 대표적인 예이나, 권고사직도 의원면직에 해당한다.

의원면직의 예
① 사직원 제출에 의한 면직
② 권고사직

2) **의원면직의 성격**

① **의원면직은 쌍방적 행정행위이므로 공무원의 사의 표시로 공무원관계가 소멸하는 것이 아니다. 임면권자의 수리 후 면직처분이 있어야 공무원관계가 소멸한다.**

OX 공무원은 자신의 사직 의사표시만으로 임용권자의 수리 여부에 관계없이 공무원관계를 소멸시킬 수도 있다. (×)

판례

행정청의 권한에는 사무의 성질 및 내용에 따르는 제약이 있고, 지역적·대인적으로 한계가 있으므로 이러한 권한의 범위를 넘어서는 권한유월의 행위는 무권한 행위로서 원칙적으로 무효라고 할 것이나, 행정청의 **공무원에 대한 의원면직처분**은 공무원의 사직의사를 수리하는 **소극적 행정행위**에 불과하고, 당해 공무원의 사직의사를 확인하는 **확인적 행정행위**의 성격이 강하며 재량의 여지가 거의 없기 때문에 **의원면직처분에서의 행정청의 권한유월행위를 다른 일반적인 행정행위에서의 그것과 반드시 같이 보아야 할 것은 아니다.** 따라서 5급 이상의 국가정보원 직원에 대한 의원면직처분이 임면권자인 대통령이 아닌 국가정보원장에 의해 행해

행정청이 권한을 유월하여 공무원에 대한 의원면직처분을 하였다 하더라도 다른 일반적인 행정행위와는 달리 당연무효는 아니다.

진 것으로 위법하고, 나아가 국가정보원 직원의 명예퇴직원 내지 사직서제출이 직위해제 후 1년여에 걸친 국가정보원장 측의 종용에 의한 것이었다는 사정을 감안한다 하더라도 그러한 하자가 중대한 것이라고 볼 수는 없으므로, 대통령의 내부결재가 있었는지에 관계없이 당연무효는 아니라고 할 것이다(대판 2007.7.26, 2005두15748).

② 따라서 경찰공무원이 사직서 제출 후 수리되기 전까지 직장을 이탈하면 형사처벌의 원인이 된다.

공무원이 사직서 제출 후 수리되지 않은 상태에서의 직장이탈을 이유로 파면처분을 하더라도 재량권의 일탈·남용이 아니다.

판례

경찰공무원이 뇌물수수사건의 수사를 피하기 위해 **사직원을 제출하고 수리되지 않은 상태**에서 소속 상관의 허가 없이 3개월여 동안 출근하지 아니한 경우, **직장이탈을 이유로 한 파면처분은 재량권 남용·일탈이 아니다**(대판 1991.11.12, 91누3666).

① 의원면직처분이 있기 전까지는 공무원은 사직의 의사표시를 철회·취소할 수 있으나, 의원면직처분 후에는 철회·취소할 수 없다.
② 공무원이 사직원의 제출 또는 그 철회에는 대리가 허용되지 않는다.

3) 의원면직의 철회

① 의원면직처분이 있기 전까지 공무원은 사직의 의사표시를 철회·취소할 수 있다.

② 의원면직처분으로 공무원관계는 소멸하므로 의원면직처분 후에는 사직의 의사표시를 철회·취소할 수 없다(대판 2001.8.24, 99두9971).

③ **사직원의 제출 또는 그 철회에는 대리가 허용되지 않는다.**

4) 일괄사표에 의한 의원면직처분

민법 제107조 【진의 아닌 의사표시】 ① 의사표시는 표의자가 진의 아님을 알고 한 것이라도 그 효력이 있다. 그러나 상대방이 표의자의 진의 아님을 알았거나 이를 알 수 있었을 경우에는 무효로 한다.

일괄사표의 제출과 선별수리의 형식으로 공무원에 대한 의원면직처분이 이루어진 경우에도 당연무효라고 할 수 없다.

공무원이 사직의 의사표시를 하여 의원면직처분을 하는 경우, 비록 사직원제출자의 내심의 의사가 사직할 뜻이 아니었다고 해도 그 사직의 의사표시는 표시된 대로 효력을 발생한다.

판례

1. **이른바 1980년의 공직자숙정계획의 일환으로 일괄사표의 제출과 선별수리의 형식으로 공무원에 대한 의원면직처분이 이루어진 경우, 사직원 제출행위가 강압에 의하여 의사결정의 자유를 박탈당한 상태에서 이루어진 것이라고 할 수 없고** 민법상 비진의 의사표시의 무효에 관한 규정은 **사인의 공법행위에 적용되지 않는다는 등의 이유로 그 의원면직처분을 당연무효라고 할 수 없다**(대판 2001.8.24, 99두9971).

2. **공무원이 사직의 의사표시를 하여 의원면직처분을 하는 경우** 그 사직의 의사표시는 그 법률관계의 특수성에 비추어 외부적·객관적으로 표시된 바를 존중하여야 할 것이므로, 비록 사직원제출자의 내심의 의사가 사직할 뜻이 아니었다고 하더라도 진의 아닌 의사표시에 관한 민법 제107조는 **그 성질상 사직의 의사표시와 같은 사인의 공법행위에는 준용되지 아니하므로 그 의사가 외부에 표시된 이상 그 의사는 표시된 대로 효력을 발생한다**(대판 1997.12.12, 97누13962).

(2) 명예퇴직

국가공무원법 제74조의2 【명예퇴직 등】 ① 공무원으로 **20년 이상 근속(勤續)한 자**가 정년 전에 스스로 퇴직하면 예산의 범위에서 명예퇴직 수당을 지급할 수 있다.

명예퇴직도 **의원면직의 특별한 경우**이다.

(3) 징계면직

파면·해임이 된 경우 공무원은 당연퇴직한다.

판례

공무원에 대한 임명 또는 해임행위는 임명권자의 의사표시를 내용으로 하는 하나의 행정처분으로 보아야 할 것이므로, 이 임명 또는 해임의 의사표시가 상대방에게 도달되지 아니하면 그 효력을 발생할 수 없다 할 것이요 **임명권자가 일반적으로 어떠한 공무원을 해임하고 그 후임 공무원을 임명하는 의사를 결정하였다 하여도 아직 그 의사표시가 그 공무원에게 도달되기까지에는 그 공무원은 그 권한에 속하는 직무를 수행할 권한이 있다** 할 것이다(대판 1962.11.15, 62누165).

(4) 직권면직

국가(지방)공무원법 제70(62)조 【직권면직】 ① 임용권자는 공무원이 다음 각 호의 어느 하나에 해당하면 **직권으로 면직시킬 수 있다.**

3. 직제와 정원의 개폐 또는 예산의 감소 등에 따라 폐직 또는 과원(過員)이 되었을 때
4. 휴직기간이 끝나거나 휴직사유가 소멸된 후에도 직무에 복귀하지 아니하거나 직무를 감당할 수 없을 때
5. 제73조의3 제3항에 따라 대기명령을 받은 자가 그 기간에 능력 또는 근무성적의 향상을 기대하기 어렵다고 인정된 때
6. 전직시험에서 세 번 이상 불합격한 자로서 직무수행 능력이 부족하다고 인정된 때
7. 병역판정검사·입영 또는 소집의 명령을 받고 정당한 사유 없이 이를 기피하거나 군복무를 위하여 휴직 중에 있는 자가 군복무 중 군무를 이탈하였을 때
8. 해당 직급에서 직무를 수행하는 데 필요한 자격증의 효력이 없어지거나 면허가 취소되어 담당 직무를 수행할 수 없게 된 때
9. 고위공무원단에 속하는 공무원이 제70조의2에 따른 적격심사 결과 부적격결정을 받은 때

② 임용권자는 **제1항 제3호부터 제8호까지의 규정에 따라 면직시킬 경우**에는 미리 관할 **징계위원회의 의견을 들어야 한다.** 다만, 제1항 **제5호에 따라 면직시킬 경우**에는 **징계위원회의 동의를 받아야 한다.**

③ 임용권자나 임용제청권자는 제1항 제3호에 따라 소속 공무원을 면직시킬 때에는 임용형태, 업무실적, 직무수행능력, 징계처분사실 등을 고려하여 **면직기준을 정하여야 한다.**

⑥ 제1항 제4호에 따른 **직권면직일**은 **휴직기간이 끝난 날 또는 휴직사유가 소멸한 날**로 한다.

명예퇴직도 의원면직에 속한다.

임명권자가 일반적으로 어떠한 공무원을 해임하고 그 후임 공무원을 임명하는 의사를 결정하였다 하여도 아직 그 의사표시가 그 공무원에게 도달되기까지는 그 공무원은 그 권한에 속하는 직무를 수행할 권한이 있다.

OX 직무수행능력이 부족하거나 근무성적이 극히 나쁜 때는 국가공무원법상의 직권면직사유가 아니다. (○)

OX 직제와 정원의 개폐 등에 따라 폐직 또는 과원이 되었을 때, 전직시험에서 세 번 이상 불합격한 자로서 직무수행능력이 부족하다고 인정된 때, 대기명령을 받은 자의 근무성적향상을 기대하기 어렵다고 인정되는 때 등의 사유로 직권면직을 시킬 경우 미리 관할 징계위원회의 의견을 들어야 한다. (×)

직권면직시 징계위원회(인사위원회)의 의견 또는 동의

대기명령을 받은 자가 그 기간에 능력 또는 근무성적의 향상을 기대하기 어렵다고 인정된 때	징계위원회(인사위원회)의 동의를 받아야 한다.
그 밖의 직권면직사유	미리 관할 징계위원회(인사위원회)의 의견을 들어야 한다.
고위공무원단에 속하는 공무원이 적격심사 결과 부적격결정을 받은 때	징계위원회의 의견 또는 동의의 불요

OX 고위공무원단에 속하는 일반직공무원이 국가공무원법상 적격심사를 요구받으면 직위해제의 사유가 되고, 적격심사의 결과 부적격결정을 받으면 직권면직될 수 있다. 이때 징계위원회의 의견청취절차는 같은 법상 요건이 아니다. (○)

1) 직권면직은 헌법에 위반되지 않는다

판례

직제의 폐지로 직권면직이 이루어지는 경우 임용권자는 인사위원회의 의견을 들어야 하고 면직기준으로 임용형태, 업무실적, 직무수행능력 등을 고려하도록 하고 있으며, 면직기준을 정하거나 면직 대상을 결정함에 있어서 인사위원회의 의결을 거치도록 하고 있으므로 이 사건 법률조항이 **직업공무원제도를 위반하고 있다고 볼 수 없다**(헌재 2004.11.25. 2002헌바8).

직제가 폐지된 경우 인사위원회의 의결을 거쳐 직권면직을 하는 것은 직업공무원제도의 위반이 아니다.

2) 직권면직의 기준

판례

1. 재직 중 장애를 입은 지방공무원이 장애로 지방공무원법 제62조 제1항 제2호에서 정한 **'직무를 감당할 수 없을 때'에 해당하는지**는, 장애의 유형과 정도에 비추어, **장애를 입을 당시 담당하고 있던 기존 업무를 감당할 수 있는지만을 기준으로 판단할 것이 아니라, 그 공무원이 수행할 수 있는 다른 업무가 존재하는지 및 소속 공무원의 수와 업무 분장에 비추어 다른 업무로의 조정이 용이한지 등을 포함**한 제반 사정을 종합적으로 고려하여 합리적으로 판단하여야 한다(대판 2016.4.12. 2015두45113).
2. **임용형태·업무실적·직무수행능력·징계처분사실을 고려하지 아니하고** 휴직자와 정년이 가까운 자를 면직 우선대상자로 한 국립대학교 총장의 기능직공무원 면직처분은 국가공무원법 제70조 제3항에 위반되는 처분이다(대판 2002.9.27. 2002두3775).

직권면직사유인 '직무를 감당할 수 없을 때'에 해당하는지는, 장애를 입을 당시 담당하고 있던 기존 업무를 감당할 수 있는지만을 기준으로 판단할 것이 아니라, 그 공무원이 수행할 수 있는 다른 업무가 존재하는지 및 다른 업무로의 조정이 용이한지 등도 고려하여 판단하여야 한다.

휴직자와 정년이 가까운 자를 면직 우선대상자로 한다는 기준만을 정하여 면직처분을 한 경우, 고려하여야 할 면직기준을 고려하지 아니한 채 다른 기준을 정하여 한 면직처분이므로 위법하다.

3) 직권면직된 국가정보원 소속 공무원이 그 면직처분의 무효확인소송에서 승소하여 복귀한 경우, 직권면직기간이 계급정년기간에 포함되는지 여부(원칙적 적극)

판례

국가정보원직원법 제22조 제1항 제2호, 제3항 등 계급정년 관련 규정의 내용 및 계급정년제도의 취지, 법률관계 안정성의 요청 등을 종합하여 볼 때, 계급정년의 적용을 받는 국가정보원 소속 공무원이 직권면직처분에 의하여 면직되었다가 그 직권면직처분이 무효임이 확인되거나 취소되어 복귀한 경우, **그 직권면직처분 때문에 사실상 직무를 수행할 수 없었던 기간 동안 승진심사를 받을 기회를 실질적으로 보장받지 못하였다고 하더라도 원칙적으로 그 직권면직기간은 계급정년기간에 포함될 것이나**, 그 직권면직처분이 법령상의 직권면직사유 없이 오로지 임명권자의 일방적이고 중대한 귀책사유에 기한 것이고 그러한 직권면직처분으로 인해 줄어든 직무수행기간 때문에 당해 공무원이 상위 계급으로 승진할 수 없었다는 등의 **특별한 사정이 인정되는 경우에까지 직권면직기간을 계급정년기간에 포함한다면 헌법 제7조 제2항 소정의 공무원신분보장 규정의 취지를 근본적으로 훼손하게 되므로, 그러한 경우에는 예외적으로 직권면직기간이 계급정년기간에서 제외된다고 봄이 상당하다**(대판 2007.2.8. 2005두7273).

직권면직된 국가정보원 소속 공무원이 그 면직처분의 무효확인소송에서 승소하여 복귀한 경우, 그 직권면직기간은 원칙적으로 계급정년기간에 포함되나, 그 직권면직처분이 법령상의 직권면직사유 없이 오로지 임명권자의 일방적이고 중대한 귀책사유에 기한 것이고 그러한 직권면직처분으로 인해 줄어든 직무수행기간 때문에 당해 공무원이 상위 계급으로 승진할 수 없었다는 등의 특별한 사정이 인정되는 경우에는 포함되지 않는다.

4) 직권면직처분의 효력 발생

① 면직발령장 또는 면직통지서에 기재된 일자에 면직의 효과가 발생하여 그날 영시(00:00)부터 공무원의 신분을 상실한다(대판 1985.12.24. 85누531).

② 다만, 면직통지서의 수령이 면직통지서에 기재된 일자보다 뒤인 경우에는 면직통지서를 수령한 날에 효력이 발생한다.

① 면직발령장 또는 면직통지서에 기재된 일자의 영시부터 직권면직의 효과가 발생한다.
② 면직통지서의 수령이 면직통지서에 기재된 일자보다 뒤인 경우 면직통지서를 수령한 날에 효력이 발생한다.

사례연구 08

- **사건개요**: 문화체육관광부 장관은 별정직 공무원 A와 일반직공무원 B 중 B가 업무에 더 적합하다고 판단해 A를 면직시켰다.
- **쟁점**: 재량권의 일탈·남용인가?

▸ **아니다.** 문화체육관광부 소속 홍보자료제작 과장직으로 재직하던 별정직공무원을 조직개편에 따라 직권면직한 사안에서, 임용하게 된 조건과 과정, 조직개편과 홍보체제 정비로 담당업무가 달라지고 이로 인하여 직권면직에 이르게 된 사정 등을 종합하여 볼 때, **임용권자가 행정 관련 업무의 비중이 높은 홍보자료제작 과장에 별정직공무원으로서 주로 간행물 제작 업무만을 담당해 온 사람보다는 행정능력을 갖춘 일반직공무원이 적합하다고 판단한 후**, 문화체육관광부와 그 소속기관 직제 시행규칙을 개정하여 위 공무원을 면직시켰던 것으로 보이므로, 위 면직처분은 객관적이고도 합리적인 근거에 의하여 이루어진 것으로서 재량권을 일탈하였거나 남용하지 않았다(대판 2010.6.24. 2010두3770).

임용권자가 행정 관련 업무의 비중이 높은 홍보자료제작과장에 별정직공무원으로서 주로 간행물 제작업무만을 담당해 온 사람보다는 행정능력을 갖춘 일반직공무원이 적합하다고 판단한 후, 전자를 면직시킨 경우, 위 면직처분은 재량권의 일탈·남용이 아니다.

제3절 공무원의 권리·의무 및 책임

I 공무원의 권리

1 신분상 권리

(1) 신분보유권

> **헌법 제7조** ② 공무원의 신분과 정치적 중립성은 법률이 정하는 바에 의하여 보장된다.
>
> **국가공무원법 제68조 【의사에 반한 신분조치】** 공무원은 **형의 선고, 징계처분 또는 이 법에서 정하는 사유에 따르지 아니하고는 본인의 의사에 반하여 휴직·강임 또는 면직을 당하지 아니한다.** 다만, 1급 공무원과 제23조에 따라 배정된 직무등급이 가장 높은 등급의 직위에 임용된 고위공무원단에 속하는 공무원은 그러하지 아니하다.

(2) 고충심사청구

> **국가(지방)공무원법 제76(67)조의2 【고충 처리】** ① 공무원은 인사·조직·처우 등 각종 직무 조건과 그 밖에 신상문제와 관련한 고충에 대하여 상담을 신청하거나 심사를 청구할 수 있으며, 누구나 기관 내 성폭력 범죄 또는 성희롱 발생 사실을 알게 된 경우 이를 신고할 수 있다. 이 경우 **상담 신청이나 심사 청구 또는 신고를 이유로 불이익한 처분이나 대우를 받지 아니한다.**
>
> ② 중앙인사관장기관의 장, 임용권자 또는 임용제청권자는 제1항에 따른 상담을 신청받은 경우에는 소속 공무원을 지정하여 상담하게 하고, 심사를 청구받은 경우에는 제4항에 따른 관할 고충심사위원회에 부쳐 심사하도록 하여야 하며, 그 결과에 따라 고충의 해소 등 공정한 처리를 위하여 노력하여야 한다.

판례

고충심사결정 자체에 의하여는 어떠한 법률관계의 변동이나 이익의 침해가 직접적으로 생기는 것은 아니므로 **고충심사의 결정은 행정상 쟁송의 대상이 되는 행정처분이라고 할 수 없다** (대판 1987.12.8. 87누657).

(3) 근로3권

1) 노동조합 가입이 허용되는 공무원

> **헌법 제33조** ② 공무원인 근로자는 법률이 정하는 자에 한하여 단결권·단체교섭권 및 단체행동권을 가진다.
>
> **국가공무원법 제66조 【집단행위의 금지】** ① 공무원은 노동운동이나 그 밖에 공무 외의 일을 위한 집단행위를 하여서는 아니 된다. 다만, **사실상 노무에 종사하는 공무원은 예외로 한다.**

공무원의 노동조합 설립 및 운영 등에 관한 법률 제5조 【노동조합의 설립】 ① 공무원이 노동조합을 설립하려는 경우에는 국회·법원·헌법재판소·선거관리위원회·행정부·특별시·광역시·특별자치시·도·특별자치도·시·군·구(자치구를 말한다) 및 특별시·광역시·특별자치시·도·특별자치도의 교육청을 최소 단위로 한다.

제6조 【가입범위】 ① 노동조합에 가입할 수 있는 공무원의 범위는 다음 각 호와 같다.

1. 일반직공무원
2. 특정직공무원 중 외무영사직렬·외교정보기술직렬 외무공무원, 소방공무원 및 교육공무원(다만, 교원은 제외한다)
3. 별정직공무원
4. 제1호부터 제3호까지의 어느 하나에 해당하는 공무원이었던 사람으로서 노동조합 규약으로 정하는 사람

② 제1항에도 불구하고 다음 각 호의 어느 하나에 해당하는 공무원은 노동조합에 가입할 수 없다.

1. 업무의 주된 내용이 다른 공무원에 대하여 지휘·감독권을 행사하거나 다른 공무원의 업무를 총괄하는 업무에 종사하는 공무원
2. 업무의 주된 내용이 인사·보수 또는 노동관계의 조정·감독 등 노동조합의 조합원 지위를 가지고 수행하기에 적절하지 아니한 업무에 종사하는 공무원
3. 교정·수사 등 공공의 안녕과 국가안전보장에 관한 업무에 종사하는 공무원

① 사실상 노무에 종사하는 공무원은 근로3권을 누린다.

② 국·공립교원은 교원의 노동조합 설립 및 운영 등에 관한 법률에 따라 노동조합 가입이 허용된다.

③ 소방공무원·고용노동부 소속 근로감독관과 5급 이상의 공무원의 노동조합 가입 금지는 헌법에 위반되지 않는다. 다만, 최근 법개정으로 소방공무원과 5급 이상 공무원도 노동조합에 가입할 수 있다.

사실상 노무에 종사하는 공무원은 근로3권을 누리고, 국·공립교원의 노조가입도 허용된다.

2) 공무원노동조합의 단체교섭권

공무원의 노동조합 설립 및 운영 등에 관한 법률 제10조 【단체협약의 효력】 ① 제9조에 따라 체결된 단체협약의 내용 중 법령·조례 또는 예산에 의하여 규정되는 내용과 법령 또는 조례에 의하여 위임을 받아 규정되는 내용은 단체협약으로서의 효력을 가지지 아니한다.

① 공무원으로 조직된 근로자단체는 공무원의 노동조합 설립 및 운영 등에 관한 법률에 따라 설립된 공무원노동조합인 경우에 한하여 노동기본권의 향유주체가 될 수 있다(대판 2016.12.27. 2011두921).

② 공무원노동조합은 정부·법원 등 국가기관과 지방자치단체 단위로 단체교섭권이 허용된다.

③ 법령 등에 따라 국가나 지방자치단체가 그 권한으로 행하는 정책결정에 관한 사항, 임용권의 행사 등 그 기관의 관리·운영에 관한 사항으로서 근무조건과 직접 관련되지 아니하는 사항은 교섭의 대상이 될 수 없다(공무원의 노동조합 설립 및

공무원으로 조직된 근로자단체는 공무원노동조합인 경우에만 노동기본권의 향유주체가 될 수 있다.

공무원 노조는 국가기관과 지방자치단체 단위로 단체교섭권이 허용된다.

운영 등에 관한 법률 제8조 제1항 단서). 설령 근무조건과 직접 관련된 것인 경우에도 기관의 본질적·근본적 권한을 침해하거나 제한하는 내용은 교섭이 허용되지 아니한다(대판 2017.1.12. 2011두13392).

법령 등에 따라 국가나 지방자치단체가 권한으로 행하는 정책결정에 관한 사항, 임용권의 행사 등 기관의 관리·운영에 관한 사항이 단체교섭의 대상이 되려면 그 자체가 공무원이 공무를 제공하는 조건이 될 정도로 근무조건과 직접 관련된 것이어야 한다.

3) 단체행동권

> **헌법 제33조** ② 공무원인 근로자는 법률이 정하는 자에 한하여 단결권·단체교섭권 및 단체행동권을 가진다.

① 사실상 노무에 종사하는 공무원은 단체행동권을 가진다.

② 공무원의 노동조합 설립 및 운영 등에 관한 법률이 적용되는 공무원은 단체행동과 정치활동을 할 수 없다(제4조, 제11조).

③ 모든 공무원의 쟁의권 부정은 헌법 제33조 제2항에 위반된다. 그러나 사실상 노무에 종사하는 공무원에 한해 근로3권을 인정하는 것은 헌법에 위반되지 아니한다.

모든 공무원의 쟁의권 부정은 헌법에 위반되나, 사실상 노무에 종사하는 공무원에 한해 근로3권을 인정하는 것은 헌법에 위반되지 않는다.

2 공무원의 재산상 권리

(1) 보수청구권

1) 보수청구권의 의의

공무원의 보수청구권은 노동력 제공의 반대급부라는 성질과 공무원의 생활보장적 성질을 모두 가진다.

> **국가공무원법 제46조 【보수결정의 원칙】** ① 공무원의 보수는 직무의 곤란성과 책임의 정도에 맞도록 계급별·직위별 또는 직무등급별로 정한다. 다만, 다음 각 호의 어느 하나에 해당하는 공무원의 보수는 따로 정할 수 있다.
> 1. 직무의 곤란성과 책임도가 매우 특수하거나 결원을 보충하는 것이 곤란한 직무에 종사하는 공무원
> 2. 제4조 제2항에 따라 같은 조 제1항의 계급 구분이나 직군 및 직렬의 분류를 적용하지 아니하는 공무원
> 3. 임기제공무원
>
> ⑤ 이 법이나 그 밖의 법률에 따른 보수에 관한 규정에 따르지 아니하고는 어떠한 금전이나 유가물도 공무원의 보수로 지급할 수 없다.

2) 보수청구권의 법적 성질

① **보수청구권은 공권이다**: 공무원의 보수청구권은 공권이므로 보수와 관련된 분쟁은 행정소송법상의 당사자소송으로 다투어야 하지, 민사소송의 대상이 되는 것은 아니다.

공무원의 보수청구권의 성질
① **공권**: 당사자소송(○), 민사소송(×)
② 양도·포기 불가
③ **압류의 제한**: 금액의 1/2
④ **소멸시효**: 3년(판례)

판례

1. **공무원이 국가를 상대로 실질이 보수에 해당하는 금원의 지급을 구하려면** 공무원의 '근무조건 법정주의'에 따라 국가공무원법령 등 공무원의 보수에 관한 법률에 **지급 근거가 되는 명시적 규정이 존재**하여야 하고, 나아가 해당 보수 항목이 **국가예산에도 계상**되어 있어야만 한다(대판 2018.2.28. 2017두64606 ; 대판 2016.8.25. 2013두14610).

2. **국가공무원인 甲 등이 국가가 직장보육시설을 설치하거나 지역의 보육시설과 위탁계약을 맺어 보육을 지원하지 아니하고 있으므로 구 영유아보육법 제14조 제1항에 따라 보육수당을 지급할 의무가 있다고 주장하면서 국가를 상대로 보육수당의 지급을 구한 사안**에서 **국가공무원법령에 위 보육수당에 관한 지급근거가 없을 뿐 아니라, 구 영유아보육법 제14조 제1항을 국가공무원법 제46조 제5항에 정한 '그 밖의 법률에 따른 공무원의 보수에 관한 규정'에 해당한다고 볼 수도 없으며, 위 보육수당이 국가예산에 별도로 계상되어 있지도 아니하므로,** 甲 등이 구 영유아보육법 제14조 제1항에 근거하여 곧바로 보육수당의 지급을 구하는 것은 공무원의 '근무조건 법정주의'와 항목이 계상된 국가예산에 근거한 공무원 보수 지급의 원칙에 반하여 허용될 수 없다(대판 2016.8.25. 2013두14610).

3. 지방자치단체와 그 소속 경력직 공무원인 지방소방공무원 사이의 관계, 즉 **지방소방공무원의 근무관계는 사법상의 근로계약관계가 아닌 공법상의 근무관계에 해당**하고, 그 근무관계의 주요한 내용 중 하나인 **지방소방공무원의 보수에 관한 법률관계는 공법상의 법률관계라고 보아야 한다.** 나아가 지방공무원법 제44조 제4항, 제45조 제1항이 지방공무원의 보수에 관하여 이른바 근무조건 법정주의를 채택하고 있고, 지방공무원 수당 등에 관한 규정 제15조 내지 제17조가 초과근무수당의 지급 대상, 시간당 지급 액수, 근무시간의 한도, 근무시간의 산정 방식에 관하여 구체적이고 직접적인 규정을 두고 있는 등 관계 법령의 내용, 형식 및 체제 등을 종합하여 보면, **지방소방공무원의 초과근무수당 지급청구권은 법령의 규정에 의하여 직접 그 존부나 범위가 정하여지고 법령에 규정된 수당의 지급요건에 해당하는 경우에는 곧바로 발생한다**고 할 것이므로, **지방소방공무원이 자신이 소속된 지방자치단체를 상대로 초과근무수당의 지급을 구하는 청구에 관한 소송**은 행정소송법 제3조 제2호에 규정된 **당사자소송의 절차에 따라야 한다**(대판 2013.3.28. 2012다102629).

> 공무원이 국가를 상대로 실질이 보수에 해당하는 금원의 지급을 구하려면 공무원의 보수에 관한 법률에 지급근거가 되는 명시적 규정이 존재하여야 하고, 나아가 해당 보수항목이 국가예산에도 계상되어 있어야만 한다.

> 국가공무원 甲 등이 국가가 직장보육시설을 설치하거나 지역의 보육시설과 위탁계약을 맺어 보육을 지원하지 아니하고 있다고 하여 구 영유아보육법에 근거하여 보육수당의 지급을 구하는 것은 공무원의 '근무조건 법정주의'와 항목이 계상된 국가예산에 근거한 공무원 보수지급의 원칙에 반하여 허용될 수 없다.

> 지방소방공무원의 근무관계는 사법상의 근로계약관계가 아닌 공법상의 근무관계에 해당하고, 그 보수에 관한 법률관계는 공법상의 법률관계이다.

> 지방소방공무원이 자신이 소속된 지자체를 상대로 초과근무수당의 지급을 구하는 청구에 관한 소송은 당사자소송의 절차에 따라야 한다.

② **공무원 보수청구권의 양도·포기 금지**: 공무원의 보수청구권은 임의로 양도·포기할 수 없다.

③ **공무원 보수청구권의 압류 제한**: 공무원 보수청구권의 압류는 그 금액의 2분의 1에 대해서만 허용된다(민사집행법 제246조, 국세징수법 제42조).

④ **공무원 보수청구권의 소멸시효**: 공무원 보수청구권의 소멸시효에 대해 5년설과 3년설이 대립한다. 대법원 판례는 3년설을 취하고 있다(대판 1966.9.20. 65다2506).

3) 공무원 보수청구권 관련 판례

① 군법무관 보수 관련 대통령령을 제정하지 아니한 입법부작위는 재산권 침해이다.

② 군법무관 보수 관련 대통령령을 정하지 아니한 입법부작위는 불법행위에 해당하므로 국가배상책임이 인정된다.

③ 군법무관의 보수를 법관 및 검사와 같이 정하지 아니하고 군인 봉급표를 기준으로 한 공무원 보수규정은 재산권 침해가 아니다(헌재 2008.5.29. 2006헌마170).

> **군법무관 보수 관련 대통령령을 제정하지 아니한 입법부작위**: 재산권 침해(○), 국가배상책임(○)

> 군법무관의 보수를 법관 및 검사와 같이 정하지 아니하고 군인 봉급표를 기준으로 한 공무원 보수규정은 재산권 침해가 아니다.

판례

군법무관의 보수를 법관 및 검사의 예에 준하여 대통령령으로 정한다고 규정하고 있는 군법무관법 제6조는 군법무관의 보수의 내용을 규율하는 것이지 공익법무관의 보수를 규율하기 위한 것은 아니므로, 이 규정에 의하여 대통령령이 제정되어 군법무관이 법관 및 검사에 준하는 보수를 현실적으로 지급받게 되는 경우 공익법무관법 시행령 제13조에 의하여 공익법무관도 그와 동등한 보수를 지급받을 권리를 가지게 됨은 별론으로 하고, **공익법무관이 직접 법관 및 검사에 준하는 보수를 지급받을 권리를 가진다거나, 피고 소속 공무원이 군법무관법 제6조에 따르는 군법무관의 보수에 관한 대통령령의 입법의무를 게을리한 것이 공익법무관의 보수청구권을 침해하는 행위에 해당한다고 할 수는 없다.** 또한, 설령 군법무관에 대하여 법관 및 검사의 예에 준하여 보수를 지급하도록 하는 대통령령을 입법하지 않은 것이 군법무관들의 보수청구권을 침해하는 불법행위에 해당한다는 이유로 군법무관들이 국가를 상대로 손해의 배상을 청구하여 일정한 금원을 지급받을 수 있다고 하더라도, 그것은 군법무관에 대한 위와 같은 대통령령 입법부작위라는 불법행위로 인한 손해의 배상일 뿐 보수 그 자체의 지급은 아니므로, 그 손해배상금을 가지고 **공익법무관의 보수를 정하는 기준이 되는 군법무관의 보수라고 할 수 없고, 따라서 공익법무관에 대하여 동액 상당의 보수청구권이 침해되었다고 할 수도 없는 것이다**(대판 2009.4.9. 2006다45206).

지방계약직공무원에 대하여 징계절차에 의하지 아니하고 보수를 삭감할 수 없다.

④ 지방계약직공무원에 대하여 징계절차에 의하지 아니하고 보수를 삭감하는 조치는 위법하다(대판 2008.6.12. 2006두16328).

(2) 공무원의 연금청구권

1) 공무원연금의 법적 성질

연금법상 퇴직급여: 사회보장적 급여 + 후불임금 + 공로보상

공무원연금법상 퇴직급여는 사회보장적 급여로서의 성격 외에 임금의 후불적 성격과 성실한 근무에 대한 공로보상적 성격도 지닌다(대판 전합 2014.7.16. 2013므2250).

2) 공무원 질병과 연금수급권

공무원재해보상법 제36조 【순직유족연금】 ① 순직공무원의 유족에게 공무원재해보상심의회의 심의를 거쳐 순직유족연금을 지급한다.

제37조 【순직유족보상금】 ① 순직공무원의 유족에게 공무원재해보상심의회의 심의를 거쳐 순직유족보상금을 지급한다.

제3조 【정의】 ① 이 법에서 사용하는 용어의 뜻은 다음과 같다.
3. '순직공무원'이란 다음 각 목의 어느 하나에 해당하는 공무원을 말한다.
가. 재직 중 공무로 사망한 공무원
나. 재직 중 공무상 부상 또는 질병으로 사망한 공무원
다. 퇴직 후 나목에 따른 부상 또는 질병으로 사망한 공무원

① 질병으로 인한 사망의 경우 유족보상금지급
㉠ 공무와 질병 발생 사이에는 인과관계가 있어야 한다.
㉡ 질병의 주된 발생원인이 공무와 직접 연관이 없더라도 직무상의 과로 등이 주된 발생원인과 겹쳐서 질병을 유발시켰다면 그 인과관계가 있다.

ⓒ 인과관계는 주장하는 측에서 증명하여야 한다.

판례

1. 구 공무원연금법 제61조(현 공무원재해보상법 제37조) 제1항 소정의 유족보상금 지급요건이 되는 공무상 질병으로 인한 사망이라 함은 사망의 원인이 된 질병이 공무수행과 관련하여 발생한 것으로서 공무와 질병 사이에 상당인과관계가 있어야 하나, 이 경우 **질병의 주된 발생원인이 공무와 직접 연관이 없다고 하더라도 직무상의 과로 등이 질병의 주된 발생원인과 겹쳐서 질병을 유발시켰다거나 기존 질병이 직무의 과중으로 인하여 자연적인 진행속도 이상으로 급격히 악화된 경우**에도 그 **인과관계가 있다**고 보아야 한다(대판 1999.3.9. 98두18206).

2. **예비군 동대장으로 근무하던 甲이 상위직급인 지역대장으로 새로운 업무를 수행하는 과정에서, 직장업무로 인한 스트레스, 수면장애 등의 증상을 호소하며 입원하여 중증의 우울성 에피소드 등의 진단 아래 치료를 받다가 자살**하였는데, 甲의 아내 乙이 유족보상금 지급청구를 하였으나 공무원연금공단이 공무상 재해로 인정할 수 없다는 이유로 지급을 거부하는 처분을 하였다. 甲이 예비군 조직개편에 따라 지역대장 임용예정자로 확정되어 지역대 창설준비를 하고, 동대장보다 상위직급인 지역대장으로서 종전보다 훨씬 확대된 대상구역과 인원을 관리하느라고 연장근무 등 과로를 하면서 극심한 업무상 스트레스와 정신적 고통을 받게 된 점 등에 비추어, 甲이 자살 직전 극심한 업무상 스트레스와 정신적인 고통으로 우울증세가 악화되어 정상적인 인식능력이나 행위선택능력, 정신적 억제력이 현저히 저하되어 합리적인 판단을 기대할 수 없을 정도의 상황에 처하여 자살에 이르게 된 것으로 추단할 여지가 충분하므로, **甲의 업무와 사망 사이에 상당인과관계가 인정될 수 있다**(대판 2015.6.11. 2011두32898).

질병의 주된 발생원인이 공무와 직접 관련이 없어도 직무상 과로가 질병의 주된 발생원인에 겹쳐서 질병을 유발 또는 악화시켰다면 그 인과관계가 성립한다.

예비군 동대장으로 근무하던 사람이 상위직급인 지역대장으로 새로운 업무를 수행하는 과정에서, 직장업무로 인한 스트레스, 수면장애 등의 증상을 호소하며 입원하여 중증의 우울성 에피소드 등의 진단 아래 치료를 받다가 자살한 경우, 망인의 업무와 사망 사이에 상당인과관계가 인정될 수 있다.

② **공무원재해보상법상 공무상 재해**

ⓐ 출·퇴근을 하던 중에 발생한 재해도 공무원재해보상법상의 재해에 해당한다.

ⓑ 근무를 마치고 자신의 주거지 내에서 발생한 사고는 공무상 재해에 해당하지 않는다(대판 2010.6.24. 2010두3398).

③ 폐질확정이 전역 이전에 이루어진 경우에 상이연금을 지급하는 것과는 달리 전역 이후에 이루어진 경우에는 상이연금을 지급하지 않도록 한 군인연금법은 평등권의 침해이다(헌재 2010.6.24. 2008헌바128).

출·퇴근을 하던 중에 발생한 재해도 공무원재해보상법상의 재해에 해당하나, 근무를 마치고 자신의 주거지 내에서 발생한 사고는 공무상 재해에 해당하지 않는다.

폐질확정이 전역 이전에 이루어진 경우 상이연금을 지급하고, 전역 이후에 이루어진 경우 상이연금을 지급하지 않도록 한 구 군인연금법은 평등권의 침해이다.

3) **연금수급권의 양도·압류금지**

공무원연금법 제39조【권리의 보호】 급여를 받을 권리는 **양도, 압류하거나 담보로 제공할 수 없다.** 다만, 연금인 급여를 받을 권리는 대통령령으로 정하는 금융회사에 담보로 제공할 수 있고, 「국세징수법」, 「지방세징수법」, 그 밖의 법률에 따른 체납처분의 대상으로 할 수 있다.

제88조【시효】 ① 이 법에 따른 급여를 받을 권리는 **급여의 사유가 발생한 날부터 5년간** 행사하지 아니하면 시효로 인하여 소멸한다.
② 잘못 납부한 기여금을 반환받을 권리는 퇴직급여 또는 퇴직유족급여의 **지급결정일부터 5년간** 행사하지 아니하면 시효로 인하여 소멸한다.

① 공무원연금법상 급여를 받을 권리는 원칙적으로 양도·압류하거나 담보로 제공할 수 없다.
② 공무원연금법에 따른 급여를 받을 권리의 소멸시효기간은 급여사유가 발생한 날부터 5년이다.
③ 잘못 납부한 기여금을 반환받을 권리의 소멸시기간은 퇴직급여 또는 퇴직유족급여의 지급결정일부터 5년이다.

③ 이 법에 따른 기여금, 환수금 및 그 밖의 징수금 등을 징수하거나 환수할 공단의 권리는 징수 및 환수 사유가 발생한 날부터 5년간 행사하지 아니하면 시효로 인하여 소멸한다.

4) 퇴직급여의 결정과 불복

공무원연금법 제29조【급여사유의 확인 및 급여의 결정】 ① 각종 급여는 그 급여를 받을 권리를 가진 자의 신청에 따라 인사혁신처장의 결정으로 공무원연금공단이 지급한다. 다만, 제59조에 따른 장해연금 또는 장해일시금, 제63조 제3항 및 제4항에 따른 급여제한 사유 해당 여부 등 대통령령으로 정하는 사항은 「공무원 재해보상법」 제6조에 따른 공무원재해보상심의회의 심의를 거쳐야 한다.

① **퇴직급여결정에 대한 불복절차:** 항고소송

> 공무원연금공단의 공무원 퇴직급여결정은 행정처분으로서 항고소송의 대상이 된다.

㉠ 공무원연금법령에 따른 공무원연금공단의 **퇴직급여에 관한 결정**은 국민의 권리에 직접 영향을 미치는 것이어서 **행정처분에 해당**한다(대판 2017.2.15. 2015두35789).

> 공무원연금공단의 퇴직급여지급결정이나 공무원연금급여재심위원회의 심사결정에 불복하려는 자는 행정소송을 제기하여야 한다.

㉡ **공무원연금공단의 퇴직급여지급결정에 불복하려는 자**는 공무원연금급여재심위원회의 심사결정을 거쳐 공무원연금공단의 급여지급결정을 대상으로 **행정소송을 제기**하여야 하고(대판 2017.2.15. 2015두35789), **재심위원회의 심사결정에 불복하려는 자**도 공무원연금공단을 상대로 **행정소송을 제기**하여야 하지 바로 국가를 상대로 민사소송으로 급여의 지급을 구할 수는 없다(대판 1987.12.8. 87다카2000).

② **연금감액결정에 대한 불복절차는 당사자소송이다.**

판례

공무원 퇴직연금을 받고 있던 A가 철차산업으로부터 급여를 받고 있다는 이유로 퇴직연금 중 일부금액이 지급정지되었다는 통지는 행정처분에 해당하지 않는다. 공무원연금법에 의해 A의 퇴직연금의 일부가 정지되는 것이지 통보에 의한 것이 아니다. 통지는 퇴직연금의 일부가 지급정지된다는 관념의 통지일 뿐이다. 따라서 A는 공무원연금공단 퇴직연금의 일부 지급을 거부하는 의사를 표시한 경우, **지급의무의 존부 및 범위에 관하여 당사자소송으로 다투어야 한다**(대판 2004.7.8. 2004두244).

> 공무원연금공단의 퇴직연금 중 일부금액에 대하여 지급거부의 의사표시는 행정처분이라고 볼 수 없다. ⇨ 미지급퇴직연금의 지급을 구하는 소송은 공법상 당사자소송에 해당한다.

③ **재직기간의 합산**

공무원연금법 제25조【재직기간의 계산】 ② 퇴직한 공무원·군인 또는 사립학교 교직원이 공무원으로 임용된 경우에는 **본인이 원하는 바에 따라 종전의 해당 연금법에 따른 재직기간 또는 복무기간을 제1항의 재직기간에 합산**할 수 있다.

④ **임용결격자의 퇴직금수급권을 인정할 수 없다.**

㉠ **임용결격자가 공무원으로 임용되어(혹은 당연퇴직으로 공무원 신분을 상실한 자가) 사실상 근무하여 왔다**고 하더라도 공무원연금법이나 근로자퇴직급여 보장법 소정의 **퇴직금청구를 할 수 없다**(대판 1987.4.14. 86누459 ; 대판 1995.10.12. 95누5905).

이와 같은 법리는 임용결격사유로 인하여 임용행위가 당연무효인 경우뿐만 아니라 **임용행위의 하자로 임용행위가 취소되어 소급적으로 지위를 상실한 경우**에도 **마찬가지로 적용**된다(대판 2017.5.11. 2012다200486).

㉡ 그러나 임용행위가 당연무효이거나 취소된 공무원의 **임용 시부터 퇴직 시까지의 사실상의 근로**에 대하여, 국가 및 지방자치단체는 민법상 **부당이득으로 반환할 의무가 있다**(대판 2017.5.11. 2012다200486 ; 대판 2004.7.22. 2004다10350).

사례연구 09

- **사건개요**: A는 대한민국과 미합중국 간의 협정에 따라 대한민국 군무원으로 임용과 동시에 휴직처리되어 주한미군에 근무하다가 미군 측의 고용해제에 따라 직권면직을 당했다. A는 대한민국에 퇴직금 지급을 청구했는데 기여금과 부담금이 적립되지 않았다는 이유로 거부당했다.
- **쟁점**: 당해 거부처분은 위법한가?
  ▶ **그렇다.** A는 대한민국과 미합중국 간의 협정에 따라 특수한 근무형태로 근무했으나 적법하게 대한민국 군무원으로 임용된 공무원이므로 퇴직금 거부처분은 위법하다(대판 2009.2.26. 2006두2572).

군무원으로 임용과 동시에 휴직처리되어 주한미군에 근무하다가 미군 측의 고용해제에 따라 직권면직을 당한 자에 대한 퇴직금 거부처분은 위법하다.

5) **퇴직급여 지급제한**

공무원연금법 제65조【형벌 등에 따른 급여의 제한】 ① 공무원이거나 공무원이었던 사람이 다음 각 호의 어느 하나에 해당하는 경우에는 대통령령으로 정하는 바에 따라 **퇴직급여 및 퇴직수당의 일부를 줄여 지급한다.** 이 경우 퇴직급여액은 이미 낸 기여금의 총액에 「민법」 제379조에 따른 이자를 가산한 금액 이하로 줄일 수 없다.

1. 재직 중의 사유(**직무와 관련이 없는 과실로 인한 경우 및 소속 상관의 정당한 직무상의 명령에 따르다가 과실로 인한 경우는 제외**한다)로 금고 이상의 형이 확정된 경우
2. 탄핵 또는 징계에 의하여 파면된 경우
3. **금품 및 향응 수수, 공금의 횡령·유용으로 징계에 의하여 해임된 경우**

④ 재직 중의 사유로 「형법」 제2편 제1장(내란의 죄), 제2장(외환의 죄), 「군형법」 제2편 제1장(반란의 죄), 제2장(이적의 죄), 「국가보안법」(제10조는 제외한다)에 규정된 죄를 지어 금고 이상의 형이 확정된 경우에는 이미 낸 기여금의 총액에 「민법」 제379조에 따른 이자를 가산한 금액을 반환하되 급여는 지급하지 아니한다.

① 퇴직 후의 사유로 퇴직급여 지급제한은 재산권 침해이다.
② 재직 중의 사유로 과실범의 경우까지 포함해서 퇴직급여를 지급제한하는 것은 과잉금지원칙에 위반된다.

퇴직 후의 사유로 퇴직급여 지급제한은 재산권 침해이고, 재직 중의 사유로 과실범의 경우까지 포함해서 퇴직급여를 지급제한하는 것은 과잉금지원칙에 위반된다.

판례

공무원이 소속 상관으로부터 정당한 직무명령을 받았으나 자신의 재량에 따라 업무를 수행하다가 과실로 금고 이상의 형을 받은 경우, 퇴직급여 등 감액 예외 사유인 '소속 상관의 정당한 직무상 명령에 따르기만 하다가 과실에 이른 경우'로 볼 수 없다.

1. 공무원연금법 제65조 제1항 제1호는 직무상 관련이 있는 과실로 인하여 금고 이상의 형을 받은 경우에는 원칙적으로 퇴직급여 등을 감액하지만, 예외적으로 '소속 상관의 정당한 직무상의 명령에 따르다가 과실로 인한 경우'에는 해당 공무원에게 비난가능성이 적으므로 감액을 하지 않는다는 취지이다. 그러나 해당 **공무원이 소속 상관으로부터 정당한 직무상 명령을 받았다고 하더라도 그 명령의 내용이 구체적이지 않아 그 명령에 따른 업무수행에서 해당 공무원 재량의 폭이 크고 그 재량에 따라 업무를 수행하다가 과실로 금고 이상의 형을 받은 경우**에는 그 과실에 대한 비난가능성이 적지 않아 이를 **소속 상관의 직무상 명령에 따르기만 하다가 과실에 이른 경우로 평가할 수 없다** 할 것인바, 이러한 경우에 해당하는지는 해당 공무원의 지위, 소속 상관이 발한 명령의 내용, 해당 공무원이 실제로 수행한 업무의 내용, 해당 공무원의 과실의 내용 등을 종합하여 판단해야 한다(대판 2013.11.28. 2011두29083).

공무원연금법 제65조 제1항 제3호는 공무원이 금품 및 향응 수수, 공금의 횡령·유용으로 징계에 의하여 해임된 경우에는 퇴직급여 및 퇴직수당의 일부를 줄여 지급한다고 규정하고 있는데, 위 '금품 수수'에서의 '수수'는 '수수(收受)'가 아니라 '수수(授受)'를 의미한다.

2. 공무원연금법 제65조 제1항 제3호의 **'금품 수수'에서 '수수'**는 그 문언상 '금품을 받는 행위'인 '수수(收受)'로 새길 수도 있고, '금품을 주는 행위와 받는 행위'를 의미하는 '수수(授受)'로 새길 수도 있으므로, 위 조항의 '수수'를 '수수(授受)'라고 해석하더라도 문언의 통상적인 의미에서 벗어나지 않는다. 그런데 국가공무원법은 제61조 제1항에서 "공무원은 직무와 관련하여 직접적이든 간접적이든 사례·증여 또는 향응을 주거나 받을 수 없다."라고 규정하고 있고, 제83조의2 제1항에서 "금전, 물품, 향응을 취득하거나 제공한 경우 징계 의결의 요구는 징계사유가 발생한 날로부터 5년이 지나면 하지 못한다."라고 규정하고 있다. 이와 같은 위 조항의 문언과 입법 취지, 관련 법령의 내용과 체계 등을 종합하여 보면, 위 조항 중 '금품 수수'를 **'금품을 주거나 받는 행위'**라고 해석함이 타당하다(대판 2018.5.30. 2017두46127).

공무원이 자신의 지위를 이용하여 금품 및 향응을 수수한 경우로서 공무원의 청렴의무를 저버린 행위로 평가될 수 있는 경우도 공무원연금법상 퇴직급여 및 퇴직수당의 일부 감액사유로 규정한 '공무원이거나 공무원이었던 자가 금품 및 향응 수수로 징계 해임된 때'에 포함된다.

3. 공무원연금법 제65조 제1항 제3호가 퇴직급여 및 퇴직수당의 일부 감액사유로 규정한 '공무원이거나 공무원이었던 자가 금품 및 향응 수수로 징계에 의하여 해임된 때'에는 **공무원이 자신의 직무와 직접 관련하여 금품 및 향응을 수수한 경우뿐만 아니라, 공무원이 그 지위를 이용하여 이를 수수한 경우로서 공무원의 청렴의무를 저버린 행위로 평가될 수 있는 경우도 포함된다.** 여기서 '공무원이 그 지위를 이용하여'란 친구, 친족관계 등 사적인 관계를 이용하는 경우는 이에 해당한다고 할 수 없으나, 타인이 취급하는 사무의 처리에 법률상이거나 사실상으로 영향을 줄 수 있는 관계에 있는 공무원이 그 지위를 이용하는 경우는 이에 해당하고, 그 사이에 상하관계, 협동관계, 감독권한 등의 특수한 관계가 있을 필요는 없다(대판 2013.10.31. 2011두28981).

공무원이 공금의 횡령·유용과 다른 여러 징계사유가 경합되어 징계 해임된 경우, 공금의 횡령·유용이 주된 징계사유에 해당하지 않고 그 징계사유만으로는 해당 공무원을 징계 해임할 수 있을 정도의 의무위반이 아니라고 볼 만한 특별한 사정이 있으면 퇴직급여 등의 지급제한사유인 '공금의 횡령·유용으로 징계 해임된 때'에 해당하지 않는다.

4. 공무원이 **공금의 횡령·유용뿐만 아니라 다른 여러 징계사유가 경합되어 징계 해임된 경우**에, 공금의 횡령·유용이라는 징계사유가 다른 징계사유들과 비교하여 징계 해임의 주된 징계사유에 해당하지 않고 그 징계사유만으로는 해당 공무원을 징계 해임할 수 있을 정도의 의무위반에 이르지 않았다고 볼 만한 특별한 사정이 있는 경우에는, 공무원연금법 제65조 제1항 제3호가 규정한 퇴직급여 등의 지급제한사유인 '공금의 횡령·유용으로 징계 해임된 때'에 해당하지 않는다(대판 2012.10.11. 2011두11488).

5. 공무원이었던 사람이 퇴직 후 다시 사립학교교직원으로 임용되면서 재직기간 합산신청을 한 경우 공무원 재직기간에 대하여도 구 사립학교 교직원 연금법에 따라 퇴직연금을 받게 되나, 공무원 재직기간에 대한 퇴직연금 부분은 공무원연금과 사립학교교직원연금의 통산

방식에도 불구하고 여전히 공무원연금공단에서 부담하는 것을 전제로 한다. 따라서 **공무원연금법 제65조 제1항에 의하여 제한된 퇴직연금을 받던 사람이 사립학교 교직원으로 다시 임용되어 재직기간 합산신청을 하였더라도 공무원 재직기간에 대한 퇴직연금 부분은 여전히 공무원연금법에 따라 제한된 급여액이 지급되어야 한다**(대판 2016.10.13. 2014다234032).

> 공무원연금법에 따라 제한된 퇴직연금을 받던 사람이 사립학교 교직원으로 다시 임용되어 재직기간 합산신청을 한 경우, 공무원 재직기간에 대한 퇴직연금 부분은 그 제한된 급여액이 지급되어야 한다.

③ 정년 또는 근무상한연령이 인정되지 않는 지방계약직공무원에 대해서는 공무원연금법 제46조 제1항 제4호(직제와 정원의 개폐 또는 예산의 감소 등에 의하여 폐직 또는 과원으로 인하여 퇴직한 때)가 적용되지 않는다.

공무원연금법 제43조 【퇴직연금 또는 퇴직연금일시금 등】 ① 공무원이 10년 이상 재직하고 퇴직한 경우에는 다음 각 호의 어느 하나에 해당하는 때부터 사망할 때까지 퇴직연금을 지급한다.

1. 65세가 되는 때
2. 법률 또는 국회규칙, 대법원규칙, 헌법재판소규칙, 중앙선거관리위원회규칙 및 대통령령(이하 '공무원임용관계법령등'이라 한다)에서 정년 또는 근무상한연령을 60세 미만으로 정한 경우에는 그 정년 또는 근무상한연령이 되었을 때부터 5년이 경과한 때
3. 공무원임용관계법령등에서 정한 계급정년이 되어 퇴직한 때부터 5년이 경과한 때
4. **직제와 정원의 개정과 폐지 또는 예산의 감소 등으로 인하여 직위가 없어지거나 정원을 초과하는 인원이 생겨 퇴직한 때부터 5년이 경과한 때**
5. 대통령령으로 정하는 장해상태가 된 때

판례

공무원연금법 제46조 제1항 규정의 문언과 체계, 지방계약직공무원의 의미와 그 법률상 지위에다가 공무원퇴직연금 지급개시시점에 관한 공무원연금법의 개정 연혁과 내용, 입법 취지 등을 더하여 보면, 공무원연금법 제46조 제1항 제4호가 정한 **'직제와 정원의 개폐 또는 예산의 감소 등에 의하여 폐직 또는 과원으로 인하여 퇴직한 때'는 정년 또는 근무상한연령이 인정되는 공무원에 한하여 적용된다**고 보는 것이 타당하고, 따라서 정년 또는 근무상한연령이 인정되지 않는 지방계약직공무원에 대하여는 이 규정이 적용되지 않는다(대판 2013.12.26. 2011두12207).

> 정년 또는 근무상한연령이 인정되지 않는 지방계약직공무원에 대하여는 공무원연금법 제46조 제1항 제4호의 '직제와 정원의 개폐 또는 예산의 감소 등에 의하여 폐직 또는 과원으로 인하여 퇴직한 때'가 적용되지 않는다.

6) 근로기준법의 적용가능성

판례는 공무원의 근무관계를 공법관계로 보면서도 공무원에 대하여 남녀고용평등과 일·가정 양립 지원에 관한 법률과 근로기준법의 적용가능성을 인정하고 있다.

판례

1. 국가나 국가기관 또는 국가조직의 일부는 기본권의 수범자로서 국민의 기본권을 보호하고 실현해야 할 책임과 의무를 지니고 있는 점, 공무원도 임금을 목적으로 근로를 제공하는 근로기준법상의 근로자인 점 등을 고려하면, 공무원 관련 법률에 특별한 규정이 없는 한, **고용관계에서 양성평등을 규정한 남녀고용평등과 일·가정 양립 지원에 관한 법률 제**

> 국가기관과 공무원 간의 공법상 근무관계에도 고용관계에서 양성평등에 관한 남녀고용평등과 일·가정 양립 지원에 관한 법률 및 근로기준법의 규정이 적용되는 것이 원칙이다.

공무원재해보상법 등에 특별한 규정이 없는 경우에는 공무원에 대하여도 그 성질에 반하지 아니하는 한 원칙적으로 근로기준법이 적용되어야 한다.

11조 제1항과 근로기준법 제6조는 국가기관과 공무원 간의 공법상 근무관계에도 적용된다(대판 2019.10.31. 2013두20011).

2. 구 공무원연금법 제35조(현 공무원재해보상법 제22조) 제1항은 공무원이 공무상 질병 또는 부상으로 인하여 요양을 하는 때에는 공무상 요양비를 지급한다고 규정하고 있을 뿐, 퇴직한 공무원에 대하여도 공무상 요양비를 지급하는지 여부에 관하여는 아무런 규정이 없으나, 구 근로기준법 제86조는 업무상 재해로 인한 보상을 받을 권리는 퇴직으로 인하여 변경되지 아니한다고 규정하고 있고, 공무원도 임금을 목적으로 근로를 제공하는 같은 법 제14조 소정의 근로자이어서 **공무원연금법 등에 특별한 규정이 없는 경우**에는 **공무원에 대하여도 그 성질에 반하지 아니하는 한 원칙적으로 근로기준법이 적용**되어야 하므로, 재해보상청구권을 퇴직 후에도 보호하여 피재 근로자의 생계를 보호함을 목적으로 하는 구 근로기준법 제86조는 공무원에게도 적용되어 퇴직한 공무원도 공무상 질병 또는 부상으로 인한 공무상 요양비를 청구할 수 있다(대판 1998.8.21. 98두9714).

Ⅱ 공무원의 의무

1 선서의무

국가(지방)공무원법 제55(47)조 【선서】 공무원은 취임할 때에 소속 기관장 앞에서 대통령령 등(조례)으로 정하는 바에 따라 선서하여야 한다. 다만, 불가피한 사유가 있으면 취임 후에 선서하게 할 수 있다.

2 성실의무

성실의무
① 가장 기본적 의무(○), 자발적·능동적·적극적 의무(○)
② 단순한 윤리적 의무(×), 법적 의무(○) ⇨ 위반시 징계(○)
③ 성실의무 위반은 법령 위반을 전제로 하지 않는다.
④ 경우에 따라 근무시간 외에 근무지 밖에까지 미칠 수도 있다.

국가(지방)공무원법 제56(48)조 【성실의무】 모든 공무원은 법령(법규)을 준수하며 성실히 직무를 수행하여야 한다.

① 성실의무는 공무원의 가장 기본적이고 중요한 의무로서 최대한으로 공공의 이익을 도모하고 그 불이익을 방지하기 위하여 전인격과 양심을 바쳐서 성실히 직무를 수행하여야 하는 것을 내용으로 한다(대판 2017.12.22. 2016두38167 ; 대판 2017.11.9. 2017두47472).

② 성실의무는 단순한 윤리적 의무에 불과한 것이 아니라 **법적 의무**이다. 따라서 성실의무에 위반되면 징계받을 수 있다.

③ **성실의무의 위반은 법령 위반을 전제로 하지 않는다.** 즉, 법령에 위반되지 않은 행위라도 불성실한 직무수행으로 공익에 큰 해를 준 경우라면 징계할 수 있다.

④ 국가공무원법상 **공무원의 성실의무**는 경우에 따라 **근무시간 외에 근무지 밖에까지 미칠 수도 있다**(대판 1997.2.11. 96누2125).

판례

1. [1] 정책을 수립·시행하는 고위 공무원이 국가적인 사업을 추진하는 경우에, 당시 정부의 정책, 산업 분야의 경제적 영향 등 다양한 정책적 요소에 대한 고도의 전문적 판단이 요구되므로 상당히 폭넓은 재량이 인정되며, 그 사업추진 결과가 기대에 미치지 못한다고 하여 그 사유만으로 징계사유로 삼기는 어렵다. 그렇지만 그러한 **사업추진이 주식시장에 상장된 특정 회사의 사업에 대한 지원으로 이어지고 나아가 국가가 그 회사의 사업을 홍보까지 하는 경우**에는 특혜 시비를 낳을 수 있고, 더욱이 부적정한 상장회사에 대한 지원은 주식시장의 혼란, 정부 및 국가정책에 대한 신뢰를 크게 떨어뜨릴 우려가 있으므로, **그 지원 활동을 결정하는 공무원은 지원 대상 사업의 타당성, 공익성 및 실현가능성, 해당 회사의 재정상태 및 경영의 투명성 등에 관하여 객관적 검증을 거친 후, 신뢰할 수 있는 사업에 대하여 신중하게 지원 여부 및 지원 방법을 결정함으로써, 정부의 정책과 행정에 대한 공적 신뢰를 유지하고 공공의 이익을 도모할 수 있도록 주의를 기울여야 하며**, 이는 공무원에게 부과된 가장 기본적이고 중요한 의무인 성실의무의 내용을 이룬다.

   [2] 행정기관이 제작하는 보도자료는 국민의 알 권리를 보호하기 위한 차원에서 작성되어야 한다. 국정을 홍보하기 위하여 보도자료를 작성하는 과정에서 행정기관의 의견을 개진하거나 정책의 타당성 등을 옹호하는 것이 부당하다고 할 수는 없지만, 행정기관이 알고 있는 객관적인 사정과 달리 해당 사항의 긍정적인 측면만을 부각하거나 불확실한 점이 있음에도 과장되거나 단정적인 표현을 사용하여 국민이 해당 사항에 관하여 잘못된 인식을 가지도록 하여서는 아니 된다. 특히 **증권 거래 등 일반인들에게 영향을 미칠 수 있는 정보가 보도자료에 포함되는 경우**에, 국민으로서는 마치 그 정보가 행정기관의 검증을 거치거나 합리적 근거에 기초한 것으로서 공적으로 인정받았다고 인식하게 되고 실질적으로 해당 정보가 주식시장에 공시되는 것과 유사한 결과를 초래하므로, 담당 공무원은 해당 정보의 진실성 여부 및 주식시장에 미칠 파급효과 등에 관하여 보다 면밀히 살펴 사실과 다르거나 오해를 낳을 수 있는 정보가 보도자료에 담기지 아니하도록 할 주의의무를 부담한다(대판 2017.12.22. 2016두38167).

> 국가적인 사업의 추진이 주식시장에 상장된 특정 회사의 사업에 대한 지원으로 이어지고 나아가 국가가 그 회사의 사업을 홍보까지 하는 경우, 그 지원 활동을 결정하는 공무원은 정부의 정책과 행정에 대한 공적 신뢰를 유지하고 공공의 이익을 도모할 수 있도록 주의를 기울여야 한다.

> 증권 거래 등 일반인들에게 영향을 미칠 수 있는 정보가 보도자료에 포함되는 경우, 담당 공무원은 해당 정보의 진실성 여부 및 주식시장에 미칠 파급효과 등에 관하여 보다 면밀히 살펴 사실과 다르거나 오해를 낳을 수 있는 정보가 보도자료에 담기지 아니하도록 할 주의의무를 부담한다.

2. [1] 구 초·중등교육법 등 관계 법령의 해석에 의하면 교육감의 학교생활기록의 작성에 관한 사무에 대한 지도·감독사무는 기관위임 국가사무에 해당하지만, 지방자치법 제169조에 규정된 취소처분에 대한 이의소송의 입법 취지 등을 고려할 때, **교육감이 위와 같은 지도·감독사무의 성격에 관한 선례나 학설·판례 등이 확립되지 않은 상황에서 이를 자치사무라고 보아 사무를 집행**하였는데, **사후적으로 사법절차에서 그 사무가 기관위임 국가사무임이 밝혀졌다는 이유만으로 곧바로 기존에 행한 사무의 구체적인 집행행위가 위법하다고 보아 징계사유에 해당한다고 볼 수는 없다.**

   [2] **교육부장관이 교육감에게 담당 교육청 소속 교육공무원들이 교육부 방침에 반하여 학교폭력 가해학생 학교생활기록부 기재 관련 업무 처리를 부당하게 하고 학교폭력 조치사항의 학교생활기록부 기재 반대 등을 요구하는 호소문을 담당 교육청 홈페이지에 발표한 행위에 대하여 징계의결 요구를 신청하도록 요청하였으나 이에 응하지 않자 징계의결 요구를 신청할 것을 내용으로 하는 직무이행명령을 한 사안**에서, 징계대상자들이 학교생활기록의 작성에 관한 지도·감독사무를 집행하면서 사무의 법적 성질을 자치사무라고 보고 직무상 상관인 교육감의 방침에 따라 교육부장관의 '학교생활기록 작성 및 관리지침'의 시행을 보류하는 내용으로 직무를 수행하였으나 그 행위가 결과적으로 법령을 위반한 것이라는 평가를 받게 되더라도, 그러한 사정만으로 징계대상자들의 직무집행행위가 징계사유

> 교육감이 학교생활기록부 작성에 관한 지도·감독사무의 성격에 관한 선례나 학설·판례 등이 확립되지 않은 상황에서 이를 자치사무로 보아 사무를 집행하였는데 사후에 기관위임 국가사무로 밝혀진 경우, 기존에 행한 사무의 구체적인 집행행위가 위법하다고 보아 징계사유에 해당한다고 볼 수는 없다.

> 교육부장관이 교육감에게 담당 교육청 소속 교육공무원들이 교육부 방침에 반하여 학교폭력 가해학생 학교생활기록부 기재 관련 업무 처리를 부당하게 하고 학교폭력 조치사항의 학교생활기록부 기재 반대 등을 요구하는 호소문을 담당 교육청 홈페이지에 발표한 행위에 대하여 징계의결 요구를 신청하도록 요청하였으나 이에 응하지 않자 징계의결 요구 신청을 내용으로 하는 직무이행명령을 한 경우, 징계대상자들에 대한 징계사유가 성립하지 않으므로 교육감에게 징계의결요구를 신청할 의무가 없고 직무이행명령도 위법하다.

를 구성한다고 보기는 어렵고, 호소문 발표행위가 국가공무원법 제66조 제1항에서 금지하는 '공무 외의 일을 위한 집단행위'에 해당하거나 국가공무원 복무규정 제3조 제2항 또는 공무원의 성실의무를 규정한 국가공무원법 제56조를 위반한 것으로 볼 수 없어, **징계대상자들에 대한 징계사유가 성립되지 않으므로 교육감에게 징계의결 요구를 신청할 의무가 없고 직무이행명령도 위법하다**고 하였다(대판 2014.2.27, 2012추213).

3 법령준수의무

국가(지방)공무원법 제56(48)조 【성실의무】 모든 공무원은 법령(법규)을 준수하며 성실히 직무를 수행하여야 한다.

(1) 법령복종의무

공무원이 법령을 집행함에 있어 당해 법령이 상위법에 저촉된다고 생각하는 경우, 상관에게 의견을 제시할 수 있으나, 독자적으로 그의 적용을 배제할 수는 없다.

공무원은 법령이 상위법에 저촉된다고 생각하는 경우에도 복종을 거부할 수 없다. 다만, 자기 의견을 제시할 수는 있다.

(2) 행정규칙에 위반된 행위

행정규칙에 위반된 행위도 징계대상이 된다.

행정규칙에 위반된 행위도 징계대상이 된다.

사례연구 10

- **사건개요**: 고등검사장 A는 근무지를 떠날 때는 검찰총장의 승인을 얻어야 한다고 규정한 검찰근무규칙인 행정규칙에 반해 근무지를 이탈해 서울에서 기자회견을 가졌다.
- **쟁점**: 행정규칙에 위반된 행위도 징계대상인가?
  - ▶ **그렇다.** 행정규칙은 검찰 내부 구성원에 대해서는 구속력을 가진다. 따라서 행정규칙 위반행위는 직무상 의무위반이므로 검사징계법 제2조 제2호의 징계사유에 해당한다(대판 2001.8.24, 2000두7704).

4 청렴의무

국가(지방)공무원법 제61(53)조 【청렴의 의무】 ① 공무원은 직무와 관련하여 직접적이든 간접적이든 사례·증여 또는 향응을 주거나 받을 수 없다.
② 공무원은 직무상의 관계가 있든 없든 그 소속 상관(상사)에게 증여하거나 소속 공무원으로부터 증여를 받아서는 아니 된다.

판례

공무원이 직무의 대상이 되는 사람으로부터 금품 기타 이익을 받은 때에는 그것이 그 사람이 종전에 공무원으로부터 접대 또는 수수받은 것을 갚는 것으로서 사회상규에 비추어 볼 때에 의례상의 대가에 불과한 것이라고 여겨지거나, 개인적인 친분관계가 있어서 교분상의 필요에 의한 것이라고 명백하게 인정할 수 있는 경우 등 특별한 사정이 없는 한 직무와 관련성이 있다고 볼 수 있다. 그리고 공무원의 직무와 관련하여 금품을 주고받았다면 비록 사교적 의례의 형식을 빌어 금품을 주고받았다고 하더라도 수수한 금품은 뇌물이 된다(대판 2017.1.12. 2016도15470).

공무원이 직무의 대상이 되는 사람으로부터 금품 기타 이익을 받은 때에는 의례상의 대가에 불과한 것이라고 여겨지는 경우 등 특별한 사정이 없는 한 직무와 관련성이 있다고 볼 수 있다.

공무원의 직무와 관련하여 금품을 주고받았다면 비록 사교적 의례의 형식을 빌어 금품을 주고받았다 해도 뇌물이 된다.

5 직무상 명령복종의무

국가공무원법 제57조【복종의 의무】 공무원은 직무를 수행할 때 소속 상관의 직무상 명령에 복종하여야 한다.

지방공무원법 제49조【복종의 의무】 공무원은 직무를 수행할 때 소속 상사의 직무상 명령에 복종하여야 한다. 다만, 이에 대한 **의견을 진술할 수 있다.**

OX 공무원은 상관의 직무상 명령이 위법·부당하다고 판단되면 자기의 의견을 진술할 수 있다. (○)

(1) 직무명령의 요건

형식적 요건	• 직무상 권한 있는 상관이 발할 것 • 부하공무원의 직무범위 내에 속하는 사항에 관한 것일 것 • 부하공무원에게 직무상 독립이 인정되는 사항에 관한 것이 아닐 것 • 법정의 형식이나 절차상 요건을 준수할 것
실질적 요건	• 법령이나 공익에 적합한 내용일 것

OX 법령상 상관의 권한범위를 넘는 사항에 관한 명령의 경우, 공무원이 상관의 직무명령에 복종하지 않아도 된다. (○)

(2) 공무원의 복종 여부

1) 형식적 요건의 결여

직무명령의 **형식적 요건**은 그 구비 여부가 외관상 명백한 경우가 보통이므로 공무원은 이를 심사할 수 있고, 그 **심사 결과 요건이 결여된 경우에는 복종을 거부할 수 있다.**

2) 실질적 요건의 결여

① 실질적 요건을 결여한 직무명령에 대해서는 그 **위법성이 명백하지 않은 단순 위법 내지 부당한 직무명령의 경우**에는 행정의 계층적 질서를 보장하기 위하여 공무원은 그 **명령에 복종하여야 한다.**

② 직무명령의 **위법성이 명백한 경우**에는 법치주의적 관점에서 법령준수의무가 우선하게 되므로 그 **명령에 대한 복종을 거부할 수 있다.**

③ 즉, 명령의 위법성이 명백하지 않은 단순 위법과 부당한 경우에는 명령에 복종해야 한다. 그러나 명령이 명백히 법령에 위반된 경우에는 법령준수의무를 지므로 명령에 대한 복종을 거부해야 하고, 만일 복종하면 민·형사상 책임을 져야 한다.

OX 상관의 위법한 직무명령에 대하여 법령준수의무를 내세워 이를 거부하지 못한다. (×)

직무명령의 요건 결여와 공무원의 복종 여부

형식적 요건의 결여	• 형식적 요건의 구비 여부는 외관상 명백한 경우가 보통이므로 공무원의 심사권(○) ⇨ 심사 결과 요건이 결여된 경우에는 복종거부(○) • 법령상 상관의 권한범위를 넘는 사항에 관한 직무명령: 복종거부(○)
실질적 요건의 결여	• 위법성이 명백하지 않은 단순위법 내지 부당한 직무명령: 복종(○) • 위법성이 명백한 직무명령: 복종거부(○), 복종하면 민·형사상 책임(○) ⇨ 상관의 위법한 직무명령에 대하여 법령준수의무를 내세워 이를 거부하지 못한다. (×)

노동조합 전임자의 지위에 있다고 하여 복종의무가 전적으로 면제된다고 할 수는 없다.

노동조합 전임자에 대한 직무상 명령이 노동조합의 정당한 활동 범위 내에 속하는 사항을 대상으로 하는 경우에는, 특별한 사정이 있을 때에 한하여 그 명령은 복종의무를 발생시키는 유효한 직무상 명령에 해당한다.

공무원노동조합 전임자가 노동조합 관련 행사에서 민중의례 실시를 주도한 경우, 복종의무 위반이라는 징계사유로 삼을 수 없고, 민중의례를 정치적인 의사표현과 결부시키지 아니하고 정당한 노동조합 활동 범위 내에서 의례적인 방식으로 실시하는 한 그 행위가 공무원의 품위를 손상하는 행위에 해당하지 않는다.

하관은 소속 상관의 명백히 위법 내지 불법한 명령에 대해서는 따라야 할 의무가 없다.

판례

1. [1] 국가공무원법 제57조 및 지방공무원법 제49조에 의하면 공무원은 직무를 수행할 때 소속 상급공무원의 직무상 명령에 복종하여야 하고, 한편 공무원이 공무원의 노동조합 설립 및 운영 등에 관한 법률 제7조에서 정한 노동조합 전임자가 되어 근로제공의무가 면제된다고 하더라도 이는 노동조합 전임자로서 정당한 노동조합 활동에 전념하는 것을 보장하기 위한 것에 그 의미가 있으므로, **노동조합 전임자의 지위에 있다고 하여** 위와 같은 **복종의무가 전적으로 면제된다고 할 수는 없다.** 그러나 공무원의 노동조합 설립 및 운영 등에 관한 법률에 의하여 **공무원노동조합의 정당한 활동은 보장되므로, 노동조합 전임자에 대한 직무상 명령이 노동조합의 정당한 활동 범위 내에 속하는 사항을 대상으로 하는 경우**에는, 그 소속 기관의 원활한 공무 수행이나 근무기강의 확립, 직무집행의 공정성 또는 정치적 중립성 확보 등을 위하여 그 직무상 명령을 발령할 필요가 있다는 등의 **특별한 사정이 있을 때에 한하여 그 명령은 복종의무를 발생시키는 유효한 직무상 명령에 해당한다.**
   [2] **공무원노동조합 전임자 甲이 노동조합 관련 행사에서 민중의례 실시를 주도하여** 공무원의 복종의무와 품위유지의무를 위반하였다는 이유로 소속 기관의 장이 甲을 정직처분하였다. 이 경우 공무원에 대하여 민중의례 실시를 금지한 명령이 甲의 노동조합 활동에 관한 한 복종의무를 발생시키는 유효한 직무상 명령으로 볼 수 없어 **甲이 민중의례를 주도한 행위를 복종의무 위반이라는 징계사유로 삼을 수 없고,** 민중의례를 **정치적인 의사표현과 결부시키지 아니하고 정당한 노동조합 활동 범위 내에서 의례적인 방식으로 실시하는 한** 공무원의 직무 집행이나 전체 공직사회에 대한 국민의 신뢰가 실추된다고 보기 어려운 점 등을 종합해 보면, **甲의 행위가 공무원의 품위를 손상하는 행위에 해당하지 않는다**(대판 2013.9.12. 2011두20079).

2. 공무원이 그 직무를 수행함에 즈음하여 상관은 하관에 대하여 범죄행위 등 위법한 행위를 하도록 명령할 직권이 없는 것이며, 또한 하관은 소속 상관의 적법한 명령에 복종할 의무는 있으나 그 명령이 대통령 선거를 앞두고 특정 후보에 대하여 반대하는 여론을 조성할 목적으로 확인되지도 않은 허위의 사실을 담은 책자를 발간·배포하거나 기사를 게재하도록 하라는 것(또는 참고인으로 소환된 사람에게 가혹행위를 가하라는 것)과 같이 **명백히 위법 내지 불법한 명령인 때**에는 이는 벌써 직무상의 지시명령이라 할 수 없으므로 **이에 따라야 할 의무가 없다**(대판 1999.4.23. 99도636 ; 대판 1988.2.23. 87도2358).

(3) 직무명령의 경합

OX 둘 이상의 상관으로부터 서로 모순되는 직무명령이 발하여진 때에는 계층제의 구조상 최상급 상관의 명령에 복종하여야 한다. (×)

둘 이상의 상관으로부터 서로 모순되는 직무명령을 받은 경우, 직근 상관의 명령에 복종하여야 한다.

(4) 복종의무 관련 판례

① ㈎ 군인이 일반적인 복종의무가 있는 상관의 지시나 명령에 대하여 재판청구권을 행사하는 경우에는 재판청구권이 군인의 복종의무와 외견상 충돌하는 모습으로 나타날 수 있다. 그러나 상관의 지시나 명령 그 자체를 따르지 않는 행위와 상관의 지시나 명령은 준수하면서도 그것이 위법·위헌이라는 이유로 재판청구권을 행사하는 행위는 구별되어야 한다. 상관의 지시나 명령을 준수하는 이상 그에 대하여 소를 제기하거나 헌법소원을 청구하였다는 사실만으로 상관의 지시나 명령을 따

르지 않겠다는 의사를 표명한 것으로 간주할 수도 없다. 따라서 **군인이 상관의 지시나 명령에 대하여 재판청구권을 행사하는 경우**에 그것이 **위법·위헌인 지시와 명령을 시정하려는 데 목적이 있을 뿐, 군 내부의 상명하복관계를 파괴하고 명령불복종 수단으로서 재판청구권의 외형만을 빌리거나 그 밖에 다른 불순한 의도가 있지 않다면, 정당한 기본권의 행사이므로 군인의 복종의무를 위반하였다고 볼 수 없다.**

(나) 구 군인사법의 위임에 따라 제정된 **구 군인복무규율 제24조와 제25조에서 규정하고 있는 건의제도**의 취지는 위법 또는 오류의 의심이 있는 명령을 받은 부하가 명령 이행 전에 상관에게 명령권자의 과오나 오류에 대하여 자신의 의견을 제시할 수 있도록 함으로써 명령의 적법성과 타당성을 확보하고자 하는 것일 뿐 그것이 **군인의 재판청구권 행사에 앞서 반드시 거쳐야 하는 군 내 사전절차로서의 의미를 갖는다고 보기 어렵다**(대판 전합 2018.3.22. 2012두26401).

> 군인이 상관의 지시나 명령에 대하여 재판청구권을 행사하는 경우에 그것이 위헌·위법인 지시와 명령을 시정하려는 데 목적이 있을 뿐, 군 내부의 상명하복관계를 파괴하고 명령불복종 수단으로서 재판청구권의 외형만을 빌리거나 그 밖에 다른 불순한 의도가 있지 않다면, 군인의 복종의무를 위반하였다고 볼 수 없다.

> OX 복종의무가 있는 군인은 상관의 지시와 명령에 대하여 재판청구권을 행사하기 이전에 군인복무규율에 규정된 내부적 절차를 거쳐야 한다. (×)

② 대공수사단 직원은 상관의 명령에 절대 복종하여야 한다는 것이 불문율로 되어 있다 할지라도 국민의 기본권인 신체의 자유를 침해하는 고문행위 등이 금지되어 있는 우리의 국법질서에 비추어 볼 때, 그와 같은 불문율이 있다는 것만으로는 고문치사와 같이 중대하고도 명백한 위법명령에 따른 행위가 정당한 행위에 해당하게 되는 것이라고는 볼 수 없다(대판 1988.2.23. 87도2358).

> 대공 수사단 직원이라도 신체의 자유를 침해하는 행위는 정당한 명령에 따른 복종행위로 볼 수 없다.

③ **공무원 노동조합 전임자인 공무원도 성실의무, 복종의무, 직장이탈금지의무가 면제되지 않는다.** 따라서 직장복귀명령에도 불구하고 복귀시한까지 지정된 장소에 복귀하지 아니한 것은 국가공무원법 제57조의 복종의무를 위반한 것이다(대판 2008.10.9. 2006두13626).

> 노동조합 전임자인 공무원이 직장복귀명령에도 불구하고 복귀시한까지 지정된 장소에 복귀하지 아니한 것은 복종의무를 위반한 것이다.

사례연구 11

- **사건개요**: 대구고검장 A는 변호사 B로부터 술 접대 등을 받았다는 이유로 대검찰청의 조사를 받고 있었다. 검찰총장은 A에게 B와의 대질신문을 위해 대검찰청에 출석하라는 명령을 발하였다. A는 기자회견을 하면서 검찰총장 등을 비판하자 검찰총장은 A를 파면하였다.
- **쟁점 1**: 검찰총장이 검사에 대한 비리혐의를 내사하는 과정에서 해당 검사에게 참고인과 대질신문을 받도록 담당부서에 출석할 것을 지시한 경우, 검찰총장의 그 출석명령이 그 검사에게 복종의무를 발생시키는 직무상의 명령에 해당하는가?
  - ▸ **아니다. 검사가 대질신문을 받기 위하여 대검찰청에 출석하는 행위**는 검찰청법 제4조 제1항에서 규정하고 있는 **검사의 고유한 직무인 검찰사무에 속하지 아니할 뿐만 아니라,** 또한 그 검사가 소속 검찰청의 구성원으로서 맡아 처리하는 이른바 검찰행정사무에 속한다고 볼 수도 없는 것이고, 따라서 위 출석명령은 그 검사의 직무범위 내에 속하지 아니하는 사항을 대상으로 한 것이므로 그 검사에게 복종의무를 발생시키는 직무상의 명령이라고 볼 수는 없다.
- **쟁점 2**: 검찰청의 장이 출장 등의 사유로 근무지를 떠날 때에는 검찰총장의 승인을 얻어야 한다고 규정한 검찰근무규칙 제13조 제1항의 법적 성격(＝행정규칙) 및 그 위반행위는 직무상의 의무위반으로 징계사유에 해당하는가?

> 검찰총장이 검사에 대한 비리혐의를 내사하는 과정에서 해당 검사에게 참고인과 대질신문을 받도록 담당부서에 출석할 것을 지시한 경우, 검찰총장의 그 출석명령은 그 검사에게 복종의무를 발생시키는 직무상의 명령에 해당하지 않는다.

검찰근무규칙은 검찰조직 내부에서 검찰청의 장의 근무수칙을 정한 이른바 행정규칙으로서 검찰청의 장에 대하여 일반적인 구속력을 가지므로, 그 위반행위는 징계사유에 해당한다.

검사가 외부에 자신의 상사를 비판하는 의견을 발표하는 행위는 검사로서의 체면이나 위신을 손상시키는 행위로서 징계사유에 해당한다.

외부에 자신의 상사를 비판하는 의견을 발표한 검사에 대한 면직처분은 비례원칙에 위반된 재량권 남용으로서 위법하다.

OX 수사기관이 현행범인 공무원을 구속하려면 그 소속 기관의 장에게 미리 통보하여야 한다. (×)

공무원이 출장 중 점심시간대를 훨씬 지난 시각에 근무장소가 아닌 유원지에 들어가 함께 출장근무 중이던 동료 여직원에게 성관계를 요구한 것은 직장이탈금지의무를 위반한 것에 해당한다.

공무원이 전국공무원노동조합의 결의에 따라 총파업에 참가하기 위하여 무단결근을 한 행위는 무단직장이탈행위에 해당한다.

공무원이 법정연가일수의 범위 내에서 연가를 신청한 경우 그에 대한 소속 행정기관장의 허가가 있기 전에 근무지를 이탈한 행위는 징계사유가 된다.

▶ **그렇다. 검찰조직 내부에서 검찰청의 장의 근무수칙을 정한 이른바 행정규칙으로서 검찰청의 장에 대하여 일반적인 구속력을 가지므로,** 그 위반행위는 직무상의 의무위반으로 검사징계법 제2조 제2호의 징계사유에 해당한다.

- **쟁점 3:** 검사가 외부에 자신의 상사를 비판하는 의견을 발표하는 행위가 검사징계법 제2조 제3호 소정의 징계사유인 '검사로서의 체면이나 위신을 손상하는 행위'에 해당하는가?

▶ **그렇다.** 검찰에 대한 국민의 신뢰를 실추시키는 요인으로 작용할 수 있는 것이고, 특히 그 **발표 내용 중에 진위에 의심이 가는 부분이 있거나 그 표현이 개인적인 감정에 휩쓸려 지나치게 단정적이고 과장된 부분이 있는 경우**에는 그 자체로 국민들로 하여금 검사 본인은 물론 검찰조직 전체의 공정성·정치적 중립성·신중성 등에 대하여 의문을 갖게 하여 검찰에 대한 국민의 신뢰를 실추시킬 위험성이 더욱 크다고 할 것이므로, 그러한 발표행위는 검사로서의 체면이나 위신을 손상시키는 행위로서 징계사유에 해당한다.

- **쟁점 4:** A에 대한 면직처분은 적법한가?

▶ **아니다.** 면직처분이, 징계면직된 검사가 그 징계사유인 비행에 이르게 된 동기와 경위, 그 비행의 내용과 그로 인한 검찰조직과 국민에게 끼친 영향의 정도, 그 검사의 직위와 그 동안의 행적 및 근무성적, 징계처분으로 인한 불이익의 정도 등 제반 사정에 비추어, **비례의 원칙에 위반된 재량권 남용으로서 위법하다**(대판 2001.8.24. 2000두7704).

6 직무전념의무

국가(지방)공무원법 제58(50)조 【직장이탈금지】 ① 공무원은 소속 상관(상사)의 허가 또는 정당한 사유가 없으면 직장을 이탈하지 못한다.
② 수사기관이 공무원을 구속하려면 그 소속 기관의 장에게 미리 통보하여야 한다. 다만, **현행범은 그러하지 아니하다.**

(1) 직장이탈의 금지

판례

1. 공무원이 점심시간대를 훨씬 지난 시각에 함께 출장근무 중이던 동료 여직원과 함께 근무장소를 벗어나 산 속에 있는 절 부근으로 놀러 가서 산 중턱 도로 옆의 숲 속에 들어가 성관계를 요구하였던 이상, 설령 그것이 점심시간 1시간을 활용한 것이라 하더라도 이를 두고 공무원이 출장근무 중에 점심시간을 이용하여 휴식을 취한 것이라고는 볼 수 없고, 근무시간 중에 직무에 전념하여야 할 공무원이 그 소속 직장을 함부로 이탈함으로써 국가공무원법 제58조를 위반하였다고 할 것이다(대판 1998.2.27. 97누18172).

2. 공무원이 전국공무원노동조합의 결의에 따라 총파업에 참가하기 위하여 소속 학교장의 허가 없이 무단결근을 한 행위는 지방공무원법 제50조 제1항에서 금지하는 '무단직장이탈행위'에 해당한다(대판 2007.5.11. 2006두19211).

3. 공무원이 법정연가일수의 범위 내에서 연가신청을 하였고 그와 같은 연가신청에 대하여 소속 행정기관의 장은 공무수행상 특별한 지장이 없는 한 이를 허가하여야 한다고 되어 있더라도 그 **연가신청에 대한 허가도 있기 전에 근무지를 이탈한 행위**는 국가공무원법 제58

조 제1항(지방공무원법 제50조 제1항)에 위반되는 행위로서 **징계사유가 된다**(대판 1996.6.14. 96누2521 ; 대판 2007.5.11. 2006두19211).

4. 경찰서 수사과 형사계 반장인 원고의 부하직원에 대한 뇌물수수사건의 검찰 수사과정에서 뇌물을 받은 사람이 원고라는 제공자의 진술에 따라 원고에게까지 수사가 확대되자, **원고가 수사를 피하기 위하여 사직원을 제출하였으나 수리도 되지 아니한 상태에서 소속 상관의 허가 없이 3개월여 동안 직장을 이탈하고 출근하지 아니하여** 뇌물수수 등의 죄로 지명수배된 경우, 원고의 위와 같은 행위는 국가공무원법상의 직장이탈이어서 같은 법 제78조 제1항 제1호에 해당한다는 이유로 원고에 대하여 한 파면처분에 재량권을 남용 또는 일탈한 위법이 없다(대판 1991.11.12. 91누3666).

경찰서 수사과 형사계 반장이 검찰의 뇌물수수사건 수사를 피하기 위하여 제출한 사직원이 수리되지 아니한 상태에서 3개월여 동안 출근하지 아니한 경우, 직장이탈을 이유로 한 파면처분은 재량권의 남용 또는 일탈에 해당하지 않는다.

(2) 집단행위의 금지

국가공무원법 제66조【집단행위의 금지】 ① **공무원은 노동운동이나 그 밖에 공무 외의 일을 위한 집단행위를 하여서는 아니 된다. 다만, 사실상 노무에 종사하는 공무원은 예외로 한다.**

제3조【적용범위】 ① **특수경력직공무원**에 대하여는 이 법 또는 다른 법률에 특별한 규정이 없으면 제33조, 제43조 제1항, 제44조, 제45조, 제45조의2, 제45조의3, 제45조부터 제50조까지, 제50조의2, 제51조부터 제59조까지, 제59조의2, 제60조부터 제67조까지, 제69조, 제84조 및 제84조의2에 한정하여 이 법을 적용한다.

② 제1항에도 불구하고 제2조 제3항 제1호의 **정무직공무원에 대하여는 제33조와 제69조를 적용하지 아니하고, 대통령령으로 정하는 특수경력직공무원에 대하여는 제65조**(정치운동의 금지)와 **제66조**(집단행위의 금지)를 **적용하지 아니한다.**

제84조의2【벌칙】 제44조(시험 또는 임용의 방해행위 금지) · 제45조(인사에 관한 부정행위 금지) 또는 제66조(집단행위의 금지)를 위반한 자는 다른 법률에 특별히 규정된 경우 외에는 1년 이하의 징역 또는 1천만 원 이하의 벌금에 처한다.

※ 지방공무원법 제3조, 제58조, 제83조에도 동일 내용의 규정 있음.

1) 공무원의 범위

① 노조전임자

판례

1. 공무원은 누구나 국가공무원법 제56조의 성실의무, 제57조의 복종의무, 제58조의 직장이탈금지의무가 있고, 공무원이 노동조합 전임자가 되어 근로제공의무가 면제된다고 하더라도 이는 노동조합 전임자로서 정당한 노동조합의 활동에 전념하는 것을 보장하기 위한 것에 그 의미가 있으므로, **노동조합 전임자인 공무원이라 하여도 정당한 노동조합활동의 범위를 벗어난 경우까지 국가공무원법에 정한 위 의무들이 전적으로 면제된다고 할 수는 없다**(대판 2008.10.9. 2006두13626).

노동조합 전임자인 공무원이라 하여도 정당한 노동조합활동의 범위를 벗어난 경우까지 성실의무, 복종의무, 직장이탈금지의무들이 전적으로 면제된다고 할 수는 없다.

2. **대한법률구조공단의 임직원이 국가공무원법 제66조 제1항의 의무를 부담하는지 여부(소극)**
대한법률구조공단(이하 '공단'이라 한다)은 경제적으로 어렵거나 법을 몰라서 법의 보호를 충분히 받지 못하는 사람에게 법률구조를 할 목적으로 설립된 특수목적법인으로 그 임직

대한법률구조공단의 임직원이 국가공무원법 제66조 제1항의 의무를 부담한다고 할 수 없다.

원의 직무에는 공공성, 공익성이 인정되고, 소속 변호사의 경우 특정직 공무원인 검사에 준하여 급여를 받기는 하나, 공단 임직원의 지위나 직무 성격을 헌법과 법률에서 보장하는 국가공무원과 같은 정도의 것으로 규정하고 있다고 보기 어렵고, 법률구조법 등에서 공단 임직원에게 국가공무원법 제66조 제1항을 직접 적용한다고 규정하고 있지도 않으므로, 공단 임직원이 국가공무원법 제66조 제1항의 의무를 부담한다고 볼 수는 없다. 따라서 법률구조법 제32조의 "공단의 임직원은 형법이나 그 밖의 법률에 따른 벌칙을 적용할 때에는 공무원으로 본다."라는 규정을 근거로 공단 임직원에게 국가공무원법 제84조의2, 제66조 제1항을 적용하는 것은 이들의 구체적인 법적 지위에 대한 고려 없이 이들에 대한 권리를 지나치게 제한하는 것으로서 부당하다(대판 2023.4.13. 2021다254799).

② **집단행위금지규정에 위반한 행위에 대한 벌칙규정은 특수경력직공무원에게도 적용된다.**

종전에는 공무원의 집단행위를 금지하고 있는 국가(지방)공무원법 제66조(제58조) 제1항을 위반하는 행위에 대한 벌칙규정인 제84조의2(제83조)가 제3조 제1항에 열거되어 있지 않아 특수경력직공무원에게는 적용되지 않았다. 판례 또한 마찬가지였다. 그러나 최근 개정된 **국가(지방)공무원법 제3조에서는** 제84조의2(제83조)가 특수경력직공무원에 대하여도 **적용되는 것으로 규정하고 있다.**

공무원의 집단행위를 금지하는 공무원법 규정 위반행위에 대한 벌칙규정은 특수경력직공무원에게도 적용된다.

판례

구 국가(지방)공무원법의 체계와 관련 조항의 내용에 형벌조항은 구체적이고 명확하여야 한다는 죄형법정주의의 원칙 등을 종합해 보면, 구 국가공무원법상 모든 공무원에 대하여 그 집단행위를 금지하는 구 국가(지방)공무원법 제66조(제58조) 제1항이 적용되나, 그 **위반행위에 대한 형사처벌조항인 구 국가(지방)공무원법 제84조의2(제83조)는 경력직공무원에 대하여만 적용되고 특수경력직공무원에 대하여는 적용되지 않는다**(대판 2006.10.26. 2005도4331 ; 대판 2012.6.14. 2010도14409).

2) 노동운동과 그 밖에 공무 외의 일

① 노동운동의 의미

공무원법에서 금지한 '노동운동'은 헌법 및 노동법적 개념으로서의 근로3권, 즉 단결권, 단체교섭권, 단체행동권을 의미한다.

판례

국가공무원법 제66조에서 금지한 '노동운동'은 헌법과 국가공무원법과의 관계 및 우리 헌법이 근로3권을 집회·결사의 자유와 구분하여 보장하면서도 근로3권에 한하여 공무원에 대한 헌법적 제한규정을 두고 있는 점에 비추어 헌법 및 노동법적 개념으로서의 근로3권, **즉 단결권·단체교섭권·단체행동권을 의미한다고 해석하여야 할 것이고,** 제한되는 단결권은 종속근로자들이 사용자에 대하여 근로조건의 유지·개선 등을 목적으로 조직한 경제적 결사인 노동조합을 결성하고 그에 가입·활동하는 권리를 말한다(대판 2005.4.15. 2003도2960).

② 공무 외의 일을 위한 집단행위의 의미

판례

1. 국가(지방)공무원법 제66조(제58조) 제1항이 **'공무 외의 일을 위한 집단행위'**라고 다소 포괄적이고 광범위하게 규정하고 있다 하더라도, 이는 **공무가 아닌 어떤 일을 위하여 공무원들이 하는 모든 집단행위를 의미하는 것이 아니라,** 언론·출판·집회·결사의 자유를 보장하고 있는 헌법 제21조 제1항, 공무원에게 요구되는 헌법상의 의무 및 이를 구체화한 국가(지방)공무원법의 취지와 성실의무 및 직무전념의무 등을 종합적으로 고려하여 **'공익에 반하는 목적을 위한 행위로서 직무전념의무를 해태하는 등의 영향을 가져오는 집단적 행위'**라고 해석된다(대판 2017.4.13. 2014두8469 ; 대판 2009.6.23. 2006두16786 등). 위 규정을 위와 같이 해석한다면 수범자인 공무원이 구체적으로 어떠한 행위가 여기에 해당하는지를 충분히 예측할 수 없을 정도로 적용범위가 모호하다거나 불분명하다고 할 수 없으므로 위 규정이 명확성의 원칙에 반한다고 볼 수 없고, 또한 위 규정이 적용범위가 지나치게 광범위하거나 포괄적이어서 공무원의 표현의 자유를 과도하게 제한한다고 볼 수 없으므로, **과잉금지의 원칙에 반한다고 볼 수도 없다**(대판 2017.4.13. 2014두8469).

2. 공무원들의 어느 행위가 국가공무원법 제66조 제1항에 규정된 **'집단행위'에 해당**하려면, 그 행위가 **반드시 같은 시간·장소에서 행하여져야 하는 것은 아니지만, 공익에 반하는 어떤 목적을 위한 다수인의 행위로서 집단성이라는 표지를 갖추어야만 한다**고 해석함이 타당하다. 따라서 **여럿이 같은 시간에 한 장소에 모여 집단의 위세를 과시하는 방법으로 의사를 표현하거나 여럿이 단체를 결성하여 그 단체 명의로 의사를 표현하는 경우, 실제 여럿이 모이는 형태로 의사표현을 하는 것은 아니지만 발표문에 서명날인을 하는 등의 수단으로 여럿이 가담한 행위임을 표명하는 경우 또는 일제 휴가나 집단적인 조퇴, 초과근무 거부 등과 같이 정부활동의 능률을 저해하기 위한 집단적 태업행위로 볼 수 있는 경우에 속하거나 이에 준할 정도로 행위의 집단성이 인정되어야 국가공무원법 제66조 제1항에 해당**한다고 볼 수 있다. 따라서 공무원들이 국가인권위원회의 일반계약직 공무원에 대한 계약연장 거부결정에 대하여 비난하면서, 국가인권위원회 청사 앞에서 피켓을 들고 릴레이 1인 시위를 하고, 국가인권위원회를 비난하는 글을 릴레이로 기고하였으며, 뉴스 등에 기고된 글을 국가인권위원회 내부 전산망 게시판에 릴레이로 올린 경우, **릴레이 1인 시위, 릴레이 언론기고, 릴레이 내부 전산망 게시**는 모두 후행자가 선행자에 동조하여 동일한 형태의 행위를 각각 한 것에 불과하여 **행위의 집단성이 있다고 보기 어렵다**(대판 2017.4.13. 2014두8469).

3. 국가(지방)공무원법 제66조(제58조) 제1항이 금지하고 있는 **'공무 외의 일을 위한 집단행위'**라 함은 **공무원으로서 직무에 관한 기강을 저해하거나 기타 그 본분에 배치되는 등 공무의 본질을 해치는 특정목적을 위한 다수인의 행위로서 단체의 결성단계에는 이르지 아니한 상태에서의 행위**를 말한다(대판 1992.3.27. 91누9145 ; 대판 1998.5.12. 98도662). 따라서 장관 주재의 정례조회에서의 집단퇴장행위는 공무원으로서 직무에 관한 기강을 저해하거나 기타 그 본분에 배치되는 등 공무의 본질을 해치는 다수인의 행위라 할 것이므로, 비록 그것이 건설행정기구의 개편안에 관한 불만의 의사표시에서 비롯되었다 하더라도, '공무 외의 집단적 행위'에 해당한다(대판 1992.3.27. 91누9145).

국가(지방)공무원법 제66조(제58조) 제1항상의 '공무 외의 일을 위한 집단행위'란 공무가 아닌 어떤 일을 위하여 공무원들이 하는 모든 집단행위를 의미하는 것이 아니라 '공익에 반하는 목적을 위한 행위로서 직무전념의무를 해태하는 등의 영향을 가져오는 집단적 행위'를 말한다.

① 공무원들의 어느 행위가 '집단행위'에 해당하려면, 그 행위가 반드시 같은 시간·장소에서 행하여져야 하는 것은 아니지만, 공익에 반하는 어떤 목적을 위한 다수인의 행위로서 집단성이라는 표지를 갖추어야만 한다.
② 실제 여럿이 모이는 형태로 의사표현을 하는 것은 아니지만 발표문에 서명날인을 하는 등의 수단으로 여럿이 가담한 행위임을 표명하는 경우는 '집단행위'에 해당한다.
③ 다수의 공무원이 일반계약직 공무원에 대한 계약연장 거부결정에 대하여 비난하면서 릴레이 1인 시위 등을 한 행위는 '공무 외의 일을 위한 집단행위'에 해당하지 않는다.

OX '공무 외의 일을 위한 집단행위'란 공무원으로서 직무에 관한 기강을 저해하거나 기타 그 본분에 배치되는 등 공무의 본질을 해치는 특정목적을 위한 다수인의 행위로써 단체를 결성한 상태에서의 행위를 말한다. (×)

장관 주재의 정례조회에서의 집단퇴장행위는 공무원으로서 직무에 관한 기강을 저해하거나 기타 그 본분에 배치되는 등 공무의 본질을 해치는 다수인의 행위로서 '공무 외의 집단행위'에 해당한다.

지방공무원 복무조례개정안에 대한 의견을 표명하기 위하여 전국공무원노조 간부 10여 명과 함께 시장의 사택을 방문한 노조 시지부 사무국장에 대한 파면처분은 징계권의 남용·일탈이 아니다.

4. **지방공무원 복무조례개정안에 대한 의견을 표명하기 위하여 전국공무원노동조합 간부 10여 명과 함께 시장의 사택을 방문한 위 노동조합 시지부 사무국장에게 지방공무원법 제58조에 정한 집단행위 금지의무를 위반하였다는 등의 이유로 징계권자가 파면처분을 한 경우**, 그 징계처분이 사회통념상 현저하게 타당성을 잃거나 객관적으로 명백하게 부당하여 **징계권의 한계를 일탈하거나 재량권을 남용하였다고 볼 수 없다**(대판 2009.6.23. 2006두16786).

③ 공무원인 교원이 집단적으로 행한 의사표현행위가 '공무 외의 일을 위한 집단행위'에 해당하는 경우

판례

공무원이 집단적으로 행한 의사표현행위가 개별 법률에서 공무원에 대하여 금지하는 특정의 정치적 활동에 해당하는 경우나, 정치적 편향성 또는 당파성을 명백히 드러내는 행위 등과 같이 공무원의 정치적 중립성을 침해할 만한 직접적인 위험을 초래할 정도에 이르렀다고 볼 수 있는 경우에는 공무원법에서 금지하는 '공무 외의 일을 위한 집단행위'에 해당한다.

1. 공무원이 집단적으로 행한 의사표현행위가 국가공무원법이나 공직선거법 등 개별 법률에서 **공무원에 대하여 금지하는 특정의 정치적 활동에 해당하는 경우나, 특정 정당이나 정치세력에 대한 지지 또는 반대의사를 직접적으로 표현하는 등 정치적 편향성 또는 당파성을 명백히 드러내는 행위 등과 같이 공무원의 정치적 중립성을 침해할 만한 직접적인 위험을 초래할 정도에 이르렀다고 볼 수 있는 경우에, 그 행위는 공무원의 본분을 벗어나 공익에 반**하는 행위로서 공무원의 직무에 관한 기강을 저해하거나 공무의 본질을 해치는 것이어서 직무전념의무를 해태한 것이므로, 국가공무원법 제66조 제1항에서 금지하는 **'공무 외의 일을 위한 집단행위'에 해당**한다. 그리고 이러한 법리는 '공무 외의 일을 위한 집단행위'를 금지한 **지방공무원법 제58조 제1항의 경우에도 마찬가지로 적용**된다(대판 2017.1.12. 2012도9220).

공무원인 교사들이 전국교직원노조 간부들과 공모하여 2009년 1, 2차 시국선언과 '교사·공무원 시국선언 탄압 규탄대회'를 추진하고 적극적으로 관여한 경우, '공무 외의 일을 위한 집단행위'에 해당한다.

2. 공무원인 교사들이 전국교직원노동조합(이하 '전교조'라고 한다) 본부 및 지부 간부들과 공모하여, **2009년 정부의 정책과 국정운영을 비판하고 국정쇄신을 촉구하는 내용의 제1차 시국선언은 공무원인 교원의 정치적 중립성을 침해할 만한 직접적인 위험을 초래할 정도의 정치적 편향성 또는 당파성을 명확히 드러낸 행위이고, 이는 공무원인 교원의 본분을 벗어나 공익에 반하는 행위로서 공무원의 직무에 관한 기강을 저해하거나 공무의 본질을 해치는 것이어서 직무전념의무를 해태한 것이므로** 국가공무원법 제66조 제1항에서 금지하는 **'공무 외의 일을 위한 집단행위'에 해당**한다(대판 전합 2012.4.19. 2010도6388).

④ 사립학교 교원이 '공무 외의 일을 위한 집단행위'에 참여한 경우: 징계사유

판례

사립학교 교원이 국가공무원법 제66조 제1항이 금지하는 '공무 외의 일을 위한 집단행위'에 참여한 때에는 징계사유에 해당한다.

사립학교 교원의 복무에 관하여 국·공립학교의 교원에 관한 규정이 준용되고(구 사립학교법 제55조), 사립학교 교원이 직무상의 의무에 위반한 경우 등은 징계사유에 해당하므로(구 사립학교법 제61조 제1항), 사립학교 교원이 국가공무원법 제66조 제1항이 금지하는 '공무 외의 일을 위한 집단행위'에 참여한 때에는 징계사유에 해당한다(대판 2013.6.27. 2009추206).

(3) 정치운동의 금지

국가(지방)공무원법 제65(57)조【정치운동의 금지】 ① 공무원은 정당이나 그 밖의 정치단체의 결성에 관여하거나 이에 가입할 수 없다.
② 공무원은 **선거에서 특정 정당 또는 특정인을 지지 또는 반대하기 위한 다음의 행위를 하여서는 아니 된다.**

OX 공무원은 선거에서 특정 정당 또는 정인을 지지 또는 반대하기 위하여 투표를 하거나 하지 아니하도록 권유할 수 있고, 문서나 도서를 공공시설 등에 게시하거나 게시하게 할 수 있다. (×)

1. **투표를 하거나 하지 아니하도록 권유 운동을 하는 것**
2. 서명 운동을 기도·주재하거나 권유하는 것
3. **문서나 도서를 공공시설 등에 게시하거나 게시하게 하는 것**
4. 기부금을 모집 또는 모집하게 하거나, 공공자금을 이용 또는 이용하게 하는 것
5. 타인에게 정당이나 그 밖의 정치단체에 가입하게 하거나 가입하지 아니하도록 권유 운동을 하는 것

(4) 영리행위의 금지

국가(지방)공무원법 제64(56)조【영리업무 및 겸직금지】 ① 공무원은 공무 외에 영리를 목적으로 하는 업무에 종사하지 못하며 소속 기관장의 허가 없이 다른 직무를 겸할 수 없다.

① **소속 기관장의 허가가 있으면 겸직할 수는 있으나 영리목적의 업무에 종사하지는 못한다.**

② **공무원의 영리행위금지의무**는 **퇴근시간 전은 물론이고 퇴근시간 후의 취업에도 효력이 미친다.**

③ 공무원으로서 겸직이 금지되는 영리업무는 영리적인 업무를 공무원이 스스로 경영하여 영리를 추구함이 현저한 업무를 의미하고 **공무원이 여관을 매수하여 임대하는 행위는 영리업무에 종사하는 경우라고 할 수 없다.** 그러나 **공무원이 여관을 영리의 목적으로 매수하여 제3자에게 임대하여 부동산투기행위를 하였고, 그 여관의 매입 및 등기과정에서 배임 및 사기죄를 범하는 것은 공무원의 품위를 손상하는 행위에 해당**한다(대판 1982.9.14. 82누46). 따라서 임대행위 자체가 품위손상행위에 해당하는 것은 아니다.

소속 기관장의 허가: 겸직(○), 영리목적업무 종사(×)

공무원의 영리행위금지의무는 퇴근시간 전은 물론이고 퇴근시간 후의 취업에도 효력이 미친다.

공무원이 여관을 매수하여 임대하는 행위는 영리업무에 종사하는 경우라고 할 수 없다.

공무원이 여관을 영리의 목적으로 매수하여 제3자에게 임대함으로써 부동산투기행위를 하였고, 그 여관의 매입 및 등기과정에서 배임 및 사기죄를 범한 것은 품위손상행위에 해당하나, 여관을 영리목적으로 매수하여 제3자에게 임대한 행위 자체는 품위손상행위가 아니다.

7 친절·공정의무

국가(지방)공무원법 제59(51)조【친절·공정의 의무】 공무원은 국민(주민) 전체의 봉사자로서 친절하고 공정하게 직무를 수행하여야 한다.

① 친절·공정의무는 윤리적 의무에 불과한 것이 아니라 법적 의무이다.

② 따라서 공무원이 이 의무를 위반하게 되면 징계사유가 된다.

친절·공정의무
① 윤리적 의무(×)
② 법적 의무(○) ⇨ 위반시 징계(○)

8 비밀엄수의무

국가(지방)공무원법 제60(52)조【비밀엄수의 의무】 공무원은 **재직 중은 물론 퇴직 후에도 직무상 알게 된 비밀을 엄수(嚴守)하여야 한다.**

공직자윤리법 제14조【비밀엄수】 재산등록업무에 종사하거나 종사하였던 사람 또는 직무상 재산등록사항을 알게 된 사람은 다른 사람에게 이를 누설하여서는 아니 된다.

공무원은 퇴직 후에도 비밀엄수의무를 진다.

OX 공직자윤리법상의 재산등록 또는 재산공개의무는 국민의 '알 권리'에 대응한 의무이므로, 위 재산등록업무에 종사하는 공무원에게는 등록 관련 재산에 관한 정보가 비밀유지의무 대상이 되는 직무상 비밀이 될 수 없다. (×)

OX 공무원 또는 공무원이었던 자는 국회로부터 증언의 요구를 받은 경우에 증언할 사실이나 제출할 서류의 내용이 직무상 비밀에 속한다는 이유로 증언이나 서류제출을 원칙적으로 거부할 수 있다. (×)

OX 공무상 비밀에 속하는 사항에 대하여는 증언·감정할 수 없다. (×)

OX 공무원이 직무에 관하여 알게 된 사실에 관하여 증인으로 심문을 받을 경우 소속 기관장의 승인을 받은 사항에 관해서만 진술할 수 있다. (O)

국회에서의 증언·감정 등에 관한 법률 제4조 【공무상 비밀에 관한 증언·서류 등의 제출】 ① 국회로부터 공무원 또는 공무원이었던 사람이 증언의 요구를 받거나, 국가기관이 서류 등의 제출을 요구받은 경우에 증언할 사실이나 제출할 서류 등의 내용이 **직무상 비밀에 속한다는 이유로 증언이나 서류 등의 제출을 거부할 수 없다.** 다만, 군사·외교·대북관계의 국가기밀에 관한 사항으로서 그 발표로 말미암아 국가안위에 중대한 영향을 미칠 수 있음이 명백하다고 주무부장관(대통령 및 국무총리의 소속기관에서는 해당 관서의 장)이 증언 등의 요구를 받은 날부터 5일 이내에 소명하는 경우에는 그러하지 아니하다.
② 국회가 제1항 단서의 소명을 수락하지 아니할 경우에는 본회의의 의결로, 폐회 중에는 해당 위원회의 의결로 국회가 요구한 증언 또는 서류 등의 제출이 국가의 중대한 이익을 해친다는 취지의 국무총리의 성명을 요구할 수 있다.
③ 국무총리가 제2항의 성명 요구를 받은 날부터 7일 이내에 그 성명을 발표하지 아니하는 경우에는 증언이나 서류 등의 제출을 거부할 수 없다.

형사소송법 제147조 【공무상 비밀과 증인자격】 ① 공무원 또는 공무원이었던 자가 그 직무에 관하여 알게 된 사실에 관하여 본인 또는 당해 공무소가 직무상 비밀에 속한 사항임을 신고한 때에는 그 소속 공무소 또는 감독관공서의 승낙 없이는 증인으로 신문하지 못한다.

민사소송법 제306조 【공무원의 신문】 제304조와 제305조에 규정한 사람 외의 공무원 또는 공무원이었던 사람을 증인으로 하여 직무상 비밀에 관한 사항을 신문할 경우에 법원은 그 소속 관청 또는 감독관청의 동의를 받아야 한다.

1) 직무상 알게 된 비밀

비밀엄수대상으로서의 비밀은 공무원이 직무상 알게 된 것으로 자신의 직무뿐 아니라 타 부서의 직무에 관련된 것도 포함된다.

비밀엄수의무의 대상이 되는 **'직무상 알게 된 비밀'**이란 공무원이 **직무수행 과정에서 직·간접으로 알게 된 모든 비밀**을 말하며, 자기 직무에 관한 비밀뿐 아니라 다른 부서의 직무에 관한 비밀도 포함된다.

2) 비밀 여부의 판단

'직무상 비밀'인지 여부는 행정기관이 비밀이라고 형식적으로 정한 것에 따를 것이 아니라 실질적으로 비밀로서 보호할 가치가 있는지 여부를 기준으로 판단: 실질적 비밀설

비밀인지 여부는 행정기관이 비밀로 분류한 형식비가 아니라 실질적으로 비밀로서 보호할 가치가 있는지를 기준으로 한다.

판례

1. 행정기관이 비밀이라고 형식적으로 정한 것에 따를 것이 아니라 **실질적으로 비밀로서 보호할 가치가 있는지,** 즉 그것이 통상의 지식과 경험을 가진 다수인에게 알려지지 아니한 비밀성을 가졌는지, 또한 정부나 국민의 이익 또는 행정목적 달성을 위하여 비밀로서 보호할 필요성이 있는지 등이 객관적으로 검토되어야 한다(대판 1996.10.11. 94누7171).

대통령 당선인의 비서실 소속 공무원이 당선인을 위하여 중국에 파견할 특사단 추천 의원을 정리한 문건은 직무상 비밀에 해당한다.

2. 제18대 대통령 당선인 甲의 비서실 소속 공무원인 피고인이 당시 甲을 위하여 **중국에 파견할 특사단 추천 의원을 정리한 문건**을 乙에게 이메일 또는 인편 등으로 전달한 경우, 위 문건은 사전에 외부로 누설될 경우 대통령 당선인의 인사 기능에 장애를 초래할 위험이 있으므로, 종국적인 의사결정이 있기 전까지는 외부에 누설되어서는 아니 되는 비밀로서 보호할 가치가 있는 **직무상 비밀에 해당**한다(대판 2018.4.26. 2018도2624).

3) **정보관리수칙 위반과 징계**

① 실질상 비밀이 아닌 훈령이나 직무명령에 의해 비밀로 분류한 것을 공개한 경우 비밀준수의무 위반은 아니다.

② 다만, 복종의무 위반으로 징계를 받을 수 있다.

실질상 비밀이 아닌 훈령이나 직무명령에 의해 비밀로 분류한 것을 공개한 경우 비밀준수의무 위반은 아니나, 복종의무 위반으로 징계를 받을 수는 있다.

사례연구 12

- **사건개요**: 감사관 A는 기업의 비업무용 부동산 보유실태에 관한 감사보고서를 B 신문사 기자에게 건네주어 보도가 되었다.
- **쟁점 1**: 법인의 비업무용 부동산 보유실태가 직무상 비밀인가?
  - ▸ **아니다.** 이 사건 보고서의 내용 중 은행감독원의 자료는 이미 국회에 제출되어 공개된 것이고, 법령상 개선사항은 추상적 의견에 불과한 것이어서 비밀이라 할 수 없으며, **개별법인의 비업무용 부동산 보유실태 역시 오늘날과 같은 고도 정보사회에 있어서 일반인에게 알려지지 않은 비밀인지 의문일 뿐 아니라,** 나아가 위 감사보고서는 감사자료로 분류된 이상 최종적으로 종결된 것이지 이를 중간단계에 있는 내부보고용 문서라고 볼 수 없어 특별한 사정이 없는 한 이에 기초한 추후의 감사를 전제로 하여 비밀로서 보호할 필요도 인정되지 않으므로 결국 이 **사건 보고서는 그 내용이나 성격으로 보아 국가공무원법 제60조 소정의 직무상 비밀에 해당하지 아니한다.**
- **쟁점 2**: A에 대한 파면은 적법한가?
  - ▸ **아니다.** 감사보고서의 내용이 직무상 비밀에 속하지 않는다고 할지라도 그 보고서의 내용이 그대로 신문에 게재되게 한 감사원 **감사관의 행위는 감사자료의 취급에 관한 내부수칙을 위반한 것이고,** 이로 인하여 관련 기업이나 관계 기관의 신용에 적지 않은 피해를 입힌 것으로서 공무원의 성실의무 등 직무상의 의무를 위반한 것으로서 국가공무원법 제78조 소정의 징계사유에 해당하나, 그 감사관의 경력, 감사 중단의 경위, 공개된 보고서의 내용과 영향, 법령 위반의 정도 등을 참작하여 볼 때, **그 감사관에 대한 징계의 종류로 가장 무거운 파면을 선택한 징계처분은 감사관이라는 신분을 감안하더라도 지나치게 무거워 재량권을 일탈하였다**(대판 1996.10.11. 94누7171).

기업의 비업무용 부동산 보유실태에 관한 감사원의 감사보고서의 내용은 직무상 비밀에 해당하지 않는다.

감사관이 직무상 비밀이 아닌 감사보고서의 내용을 그대로 신문에 게재되게 함으로써 내부수칙 등 직무상 의무를 위반한 데 대하여 가장 중한 파면처분을 한 것은 재량권을 일탈한 것이다.

4) **비밀엄수의무와 조례**

공무원 등이 직무상 비밀에 속한다는 이유로 지방의회의 증언 또는 서류제출 요구 등을 예외 없이 거부할 수 없도록 규정한 조례안은 상위법령에 위반된다.

판례

공무원 또는 공무원이었던 자가 직무상 비밀에 속한다는 이유로 지방의회의 증언 또는 서류제출 요구 등을 거부할 수 없도록 규정한 조례안의 경우, 언제나 국가기밀을 공개하여야 한다는 것은 부당하고 국민의 알 권리도 헌법 제37조 제2항에 의하여 국가안전보장·질서유지·공공복리를 이유로 제한될 수 있다는 점에서 절대적인 권리는 아니므로, 그 규정이 목적하는 바가 국가기밀을 빙자하여 자료제출, 증언을 거부하려는 것을 막는 데 있다면, 국회에서의 증언·감정 등에 관한 법률과 같이 그것이 공개됨으로써 국가의 안전보장 등에 중대한 위험을 초래할 국가기밀의 경우에는 공개를 거부할 수 있는 예외를 합리적으로 인정하였어야 함에도, 이러한 **예외를 인정함이 없이 그것이 공개됨으로써 국가의 안전보장에 중대한 영향을 미**

공무원이 직무상 비밀에 속한다는 이유로 지방의회의 증언 또는 서류제출 요구 등을 예외 없이 거부할 수 없도록 규정한 조례안은 상위법령에 위반된다.

칠 국가기밀의 경우까지도 반드시 공개하도록 규정된 조례안은 이런 점에서 **공무원의 비밀유지의무를 규정한 국가공무원법 제60조, 지방공무원법 제52조, 형법 제127조, 보안업무규정 제24조와 지방자치법 제41조 제7항, 같은 법 시행령 제43조 제3항에 위반된다고 볼 수밖에 없다**(대판 1995.6.30. 93추83).

5) **정보공개제도와 비밀엄수의무**

> **공공기관의 정보공개에 관한 법률 제9조【비공개 대상 정보】** ① 공공기관이 보유·관리하는 정보는 공개 대상이 된다. 다만, 다음 각 호의 어느 하나에 해당하는 정보는 이를 공개하지 아니할 수 있다.
> 1. **다른 법률 또는 법률에서 위임한 명령(국회규칙·대법원규칙·헌법재판소규칙·중앙선거관리위원회규칙·대통령령 및 조례로 한정한다)에 따라 비밀 또는 비공개 사항으로 규정된 정보**

① 국가공무원법 제60조의 직무상 알게 된 비밀이 공공기관의 정보공개에 관한 법률 제9조 제1항 제1호의 정보비공개사항인지에 대해 견해가 대립한다.

② 즉, 직무상 비밀이라는 이유로 정보공개를 거부할 수 있다면 비공개정보가 지나치게 확대될 수 있으므로 직무상 비밀은 공공기관의 정보공개에 관한 법률의 다른 법률에 해당하지 않는다는 부정설(박균성, 변현철)과 긍정설이 대립한다.

9 종교중립의무

> **국가(지방)공무원법 제59조의2(제51조의2)【종교중립의 의무】** ① 공무원은 종교에 따른 차별 없이 직무를 수행하여야 한다.
> ② 공무원은 소속 상관이 제1항에 위배되는 직무상 명령을 한 경우에는 이에 따르지 아니할 수 있다.

10 신분상 의무

(1) 품위유지의무

> **국가(지방)공무원법 제63(55)조【품위유지의 의무】** 공무원은 **직무의 내외를 불문하고** 그 품위가 손상되는 행위를 하여서는 아니 된다.

① 국가(지방)공무원법 제63조(제55조)에서 **'품위'**란 공직의 체면·위신·신용을 유지하고, 주권자인 국민의 수임을 받은 국민 전체의 봉사자로서의 직책을 다함에 손색이 없는 몸가짐을 뜻하는 것으로서, **직무의 내외를 불문하고 국민의 수임자로서의 직책을 맡아 수행해 나가기에 손색이 없는 인품**을 말하고, **'품위유지의무'**란 **공무원이 직무의 내외를 불문하고 국민의 수임자로서의 직책을 맡아 수행해 나가기에 손색이 없는 인품에 걸맞게 본인은 물론 공직사회에 대한 국민의 신뢰를 실추시킬 우려가 있는 행위를 하지 않아야 할 의무**라고 해석할 수 있다(대판 2017.11.9.

품위유지의무란 공무원이 직무의 내외를 불문하고, 국민의 수임자로서의 직책을 맡아 수행해 나가기에 손색이 없는 인품에 걸맞게 본인은 물론 공직사회에 대한 국민의 신뢰를 실추시킬 우려가 있는 행위를 하지 않아야 할 의무를 말한다.

2017두47472). 위 규정은 수범자인 평균적인 공무원이 구체적으로 어떠한 행위가 여기에 해당하는지를 충분히 예측할 수 없을 정도로 규정의 의미가 모호하다거나 불분명하다고 할 수 없으므로 **명확성의 원칙에 위배되지 아니하고**, 또한 적용범위가 지나치게 광범위하거나 포괄적이어서 공무원의 표현의 자유를 과도하게 제한한다고 볼 수 없으므로 **과잉금지의 원칙에 위배된다고 볼 수도 없다**(대판 2017.4.13. 2014두8469).

② 지방공무원법 제55조에서의 '품위'란 주권자인 국민의 수임자로서의 직책을 맡아 수행해 나가기에 손색이 없는 인품을 말하는 것이므로 **공무원이 모든 국민에게 보장된 기본권을 행사하는 행위를 하였다 할지라도 그 권리행사의 정도가 권리를 인정한 사회적 의의를 벗어날 정도로 지나쳐 주권자인 국민의 입장에서 보아 바람직스럽지 못한 행위라고 판단되는 경우**라면 공무원의 그와 같은 행위는 그 **품위를 손상하는 행위에 해당한다** 할 것이다(대판 1987.12.8. 87누657).

③ 교육공무원의 신분인 교원에게는 일반 직업인보다 더 높은 도덕성이 요구됨은 물론이고, 교원의 품위손상행위는 본인은 물론 교원사회 전체에 대한 국민의 신뢰를 실추시킬 우려가 있다는 점에서 보다 엄격한 품위유지의무가 요구된다. 교원이 부담하는 품위유지의무란 교원이 직무의 내외를 불문하고 교육자로서의 직책을 맡아 수행해 나가기에 손색이 없도록 본인은 물론 교원사회 전체에 대한 국민의 신뢰를 실추시킬 우려가 있는 행위를 하지 않아야 할 의무라고 해석할 수 있다. 따라서 **교원이 성폭력의 비위행위를 저지를 경우** 이는 **품위유지의무를 중대하게 위반한 것**으로서 본인은 물론 교원사회 전체에 대한 국민의 신뢰를 실추시킬 우려가 크므로 해당 교원이 비위행위에 상응하는 불이익을 받지 아니하고 교육자로서의 직책을 그대로 수행하도록 하는 것은 적절하지 않다(대판 2019.12.24. 2019두48684).

④ 공무원의 품위유지의무는 **직무수행뿐만 아니라 직무수행과 관계가 없는 경우에도 존재하며, 이를 위반하면 징계사유가 된다.** 즉, 국가공무원법 제63조와 지방공무원법 제55조는 공무원에게 직무와 관련된 부분은 물론 사적인 부분에 있어서도 건실한 생활을 할 것을 요구하는 '품위유지의무'를 규정하고 있다. 따라서 출장근무 중 근무장소를 벗어나 인근 유원지에 가서 동료 여직원의 의사에 반하여 성관계를 요구하다가 그 직원에게 상해를 입히고 강간치상죄로 형사소추까지 당하게 된 경우, 당해 공무원의 이러한 행위는 사회통념상 비난받을 만한 행위로서 공직의 신용을 손상시키는 것이므로 지방공무원법 제69조 제1항 제3호 소정의 징계사유인 품위손상행위에 해당한다(대판 1998.2.27. 97누18172).

⑤ **공무원(검사)이 외부에 자신의 상사 등을 비판하는 의견을 발표하는 행위**는 그것이 비록 행정(검찰)조직의 개선과 발전에 도움이 되고, 궁극적으로 행정청의 권한행사(검찰권 행사)의 적정화에 기여하는 면이 있다고 할지라도, 국민들에게는 그 내용의 진위나 당부와는 상관없이 그 자체로 행정청(검찰) 내부의 갈등으로 비춰져, 행정(검찰)에 대한 국민의 신뢰를 실추시키는 요인으로 작용할 수 있고, 특히 발표 내용 중에 진위에 의심이 가는 부분이 있거나 표현이 개인적인 감정에 휩쓸

공무원이 모든 국민에게 보장된 기본권을 행사하는 행위를 한 경우에도 품위를 손상하는 행위에 해당할 수 있다.

교원이 성폭력의 비위행위를 저지르는 것은 품위유지의무를 중대하게 위반한 것이다.

OX 공무원의 품위유지의무는 직무집행 중일 때뿐만 아니라 사생활에서의 행동에도 적용된다. (○)

OX 품위유지의무는 직무수행과 결합되면 법적 의무라 할 수 있지만, 퇴근 후 개인생활에서의 불미스러운 행위만으로는 직무와 연관되지 않는 한 징계사유가 될 수 없다. (×)

출장근무 중 근무장소를 벗어나 인근 유원지에 가서 동료 여직원의 의사에 반하여 성관계를 요구하다가 그 직원에게 상해를 입히고 강간치상죄로 형사소추까지 당하게 된 경우, 품위손상행위에 해당한다.

행정조직의 개선과 발전에 도움이 되고, 궁극적으로 행정청의 권한행사의 적정화에 기여하는 면이 있다 해도 공무원(검사)이 외부에 자신의 상사 등을 비판하는 의견을 발표하는 행위는 공무원(검사)으로서의 체면이나 위신을 손상시키는 행위에 해당한다.

려 지나치게 단정적이고 과장된 부분이 있는 경우에는 그 자체로 국민들로 하여금 공무원(검사) 본인은 물론 행정(검찰)조직 전체의 공정성·중립성·신중성 등에 대하여 의문을 갖게 하여 행정(검찰)에 대한 국민의 신뢰를 실추시킬 위험성이 더욱 크므로, 그러한 발표행위는 **공무원(검사)으로서의 체면이나 위신을 손상시키는 행위에 해당**한다(대판 2017.4.13. 2014두8469 ; 대판 2001.8.24. 2000두7704).

전교조의 결성을 위한 불법집회에 참석하여 머리띠를 두르고 구호를 외치는 등의 집단행동을 한 것은 품위유지의무에 위반된다.

⑥ **전교조의 결성을 위한 불법집회에 참석하여 머리띠를 두르고 구호를 외치는 등의 집단행동을 한 것**은 교육자로서의 체면과 위신을 손상한 경우에 해당한다 할 것이므로 위와 같은 행위는 같은 법 제63조 소정의 **품위유지의 의무에 위반된다**(대판 1992.6.26. 91누11780).

대학교수가 재임용·승진을 위한 평가자료로서 제출한 서적들이 다른 저자의 원서를 그대로 번역한 것인데도 마치 자신의 창작물인 것처럼 가장하여 출판한 것임이 판명된 경우, 품위유지의무를 위반한 것이다.

⑦ 대학교수가 **번역서에 불과한 서적을 자신의 창작물인 것처럼 가장하여 출판하고는 이를 위 재임용 및 승진을 위한 평가자료(연구업적물)로서 제출한 행위**는 대학사회의 학술연구 및 면학분위기를 심히 해치고, 고도의 윤리성·도덕성이 요구되는 대학교수로서 그 직무상의 의무를 태만히 하였을 뿐만 아니라 대내외적으로 그 체면 또는 위신을 손상시켜 품위를 유지하지 못하였다고 할 것이며, 이는 사립학교법 제55조에 의하여 준용되는 국가공무원법 제56조(성실의무) 및 **제63조(품위유지의 의무)에 위반한다**(대판 2002.5.28. 2000두9380).

감사원 공무원이 허위의 사실을 기자회견을 통하여 공표한 것은 공무원으로서 품위를 손상한 행위로서 징계사유에 해당된다.

⑧ 감사원 직원 A는 건설교통부 감사를 하면서 콘도건설 비리를 알고 더 감사하려고 했으나 감사원 국장의 지시로 감사가 중단되었다고 기자회견을 통해 밝혔다. 그러나 이는 허위사실로 드러났다. **감사원 공무원이 허위의 사실을 기자회견을 통하여 공표한 것**이 감사원의 명예를 실추시키고 공무원으로서 품위를 손상한 행위로서 국가공무원법이 정하는 징계사유에 해당된다(대판 2002.9.27. 2000두2969).

아무런 변제대책 없이 과다한 채무를 부담하고, 대출금의 상당부분을 무절제하게 소비하고, 동료경찰관에게 대출보증을 하도록 하거나 대출을 받아 자신에게 대출금을 빌려주도록 하여 그들의 월급이 압류되게 하는 등의 피해를 입힌 경우, 품위유지의무의 위반에 해당한다.

⑨ 아무런 **변제대책 없이 과다한 채무를 부담하고, 대출금의 상당부분을 무절제하게 소비하고, 동료경찰관에게 대출보증을 하도록 하거나 대출을 받아 자신에게 대출금을 빌려주도록 하여 그들의 월급이 압류되게 하는 등의 피해를 입히고, 위 채무에 대한 변제능력이 없는 경우** 이는 국가공무원법상 품위유지의무위반에 해당하며, 이에 따른 해임처분은 재량권의 일탈·남용이 아니다(대판 1999.4.27. 99두1458).

공무원이 예비군동원훈련 도중 2시간 30분간 군무이탈하여 구멍가게에서 술을 마신 것은 품위손상행위에는 해당하나, 중한 해임처분은 비례원칙에 위반된다.

⑩ **공무원이 예비군동원훈련 도중 2시간 30분간 군무이탈하여 구멍가게에서 술을 마신 사실은 공무원의 신분을 보유케 할 수 없을 정도로 공무원의 품위를 손상케 한 것이라고 단정하기 어렵고** 그보다 가벼운 징계처분으로서도 능히 기강확립의 행정목적을 달할 수 있다 할 것이므로 공무원의 신분을 박탈하는 해임처분은 이른바 비례원칙에 어긋난, 재량권의 범위를 벗어난 위법한 처분이다(대판 1983.6.28. 83누94).

공무원이 단지 1회 훈련에 위반하여 요정 출입을 한 경우, 품위손상행위에는 해당하나, 중한 파면처분은 비례원칙에 위반된다.

⑪ **교수가 학교도서를 빌려 반납치 않고 다른 사람의 저작물을 표절한 경우, 길에서 부첩관계에 있는 여자와 싸우고 상해를 입힌 경우, 훈령에 위반하여 카바레에 출입한 행위는 품위유지의무 위반이다.** 다만, 1회 요정 출입을 이유로 한 파면처분은 위법하다(대판 1967.5.2. 67누24 등).

PLUS+ 쟁점 정리: 품위유지의무 위반(품위손상행위)을 인정한 예

① 모든 국민에게 보장된 기본권 행사행위라 할지라도 그 권리행사의 정도가 권리를 인정한 사회적 의의를 벗어날 정도로 지나쳐 주권자인 국민의 입장에서 보아 바람직스럽지 못한 행위라고 판단되는 경우(대판 1987.12.8. 87누657)
② 출장근무 중 근무장소를 벗어나 유원지에 가서 동료 여직원의 의사에 반하여 성관계를 요구하다가 그 직원에게 상해를 입히고 강간치상죄로 형사소추까지 당한 경우(대판 1998.2.27. 97누18172)
③ 공무원(검사)이 외부에 자신의 상사를 비판하는 의견을 발표하는 행위(대판 2017.4.13. 2014두8469 ; 대판 2001.8.24. 2000두7704)
④ 전교조의 결성을 위한 불법집회에 참석하여 머리띠를 두르고 구호를 외치는 등의 집단행동을 한 경우(대판 1992.6.26. 91누11780)
⑤ 대학교수가 재임용·승진을 위한 평가자료(연구업적물)로서 제출한 서적들이 다른 저자의 원서를 그대로 번역한 것인데도 마치 자신의 창작물인 것처럼 가장하여 출판한 것임이 판명된 경우(대판 2002.5.28. 2000두9380)
⑥ 감사원 공무원이 허위사실을 기자회견을 통하여 공표한 경우(대판 2002.9.27. 2000두2969)
⑦ 공무원이 여관을 영리의 목적으로 매수하여 제3자에게 임대함으로써 부동산투기행위를 하였고, 그 여관의 매입 및 등기과정에서 배임 및 사기죄를 범한 경우(대판 1982.9.14. 82누46)
cf) 여관을 영리목적으로 매수하여 제3자에게 임대한 행위 자체는 품위손상행위(×)

11 영예 제한

국가(지방)공무원법 제62(54)조【외국 정부의 영예 등을 받을 경우】 공무원이 외국 정부로부터 영예나 증여를 받을 경우에는 대통령의 허가를 받아야 한다.

Ⅲ 공무원의 징계책임

1 징계의 의의

(1) 의의

국가나 지방자치단체가 공무원의 의무위반에 대해 과하는 제재로서의 처벌을 징계라 한다.

판례

지방공무원법 제73조의3과 지방공무원징계 및 소청규정 제13조 제4항에 의하여 **지방계약직공무원**에게도 지방공무원법 제69조 제1항 각 호의 **징계사유가 있는 때에는 징계처분을 할 수 있다.** 그리고 **보수의 삭감**은 이를 당하는 공무원의 입장에서는 **징계처분의 일종인 감봉과 다를 바 없고,** 근로기준법 등의 입법 취지, 지방공무원법과 지방공무원징계 및 소청규정의 여러 규정에 비추어 볼 때, 채용계약상 특별한 약정이 없는 한, 지방계약직공무원에 대하여 지방공무원법, 지방공무원징계 및 소청규정에 정한 **징계절차에 의하지 않고서는 보수를 삭감할 수 없다고** 봄이 상당하다(대판 2008.6.12. 2006두16328).

지방계약직공무원에 대하여 지방공무원법 등에 정한 징계절차에 의하지 않고서는 보수를 삭감할 수 없다.

(2) 징계사유

1) 징계사유

OX 공무원이 명백하게 직무상 의무를 위반하거나 직무를 태만히 한 때에는 징계권자는 징계위원회에 징계의결을 요구할 수 있고, 그 징계의결의 결과에 따라 징계처분을 하여야 한다. (×)

OX 직무수행능력의 부족은 국가공무원법상 공무원의 징계사유에 해당하지 아니한다. (○)

국가공무원법 제78조 【징계사유】 ① 공무원이 다음 각 호의 어느 하나에 해당하면 **징계의결을 요구하여야 하고 그 징계의결의 결과에 따라 징계처분을 하여야 한다.**

1. **이 법 및 이 법에 따른 명령을 위반한 경우**
2. **직무상의 의무**(다른 법령에서 공무원의 신분으로 인하여 부과된 의무를 포함한다)를 **위반하거나 직무를 태만히 한 때**
3. **직무의 내외를 불문하고 그 체면 또는 위신을 손상하는 행위를 한 때**

② 공무원(특수경력직공무원 및 지방공무원을 포함한다)이었던 사람이 다시 공무원으로 임용된 경우에 재임용 전에 적용된 법령에 따른 징계사유는 그 사유가 발생한 날부터 이 법에 따른 징계사유가 발생한 것으로 본다.

제78조의2 【징계부가금】 ① 제78조에 따라 공무원의 징계의결을 요구하는 경우 그 징계사유가 다음 각 호의 어느 하나에 해당하는 경우에는 해당 징계 외에 다음 각 호의 행위로 취득하거나 제공한 금전 또는 재산상 이득(금전이 아닌 재산상 이득의 경우에는 금전으로 환산한 금액을 말한다)의 **5배 내**의 징계부가금 부과 의결을 징계위원회에 요구하여야 한다.

1. 금전, 물품, 부동산, 향응 또는 그 밖에 대통령령으로 정하는 재산상 이익을 취득하거나 제공한 경우
2. 다음 각 목에 해당하는 것을 횡령, 배임, 절도, 사기 또는 유용한 경우
   가. 「국가재정법」에 따른 예산 및 기금
   나. 「지방재정법」에 따른 예산 및 「지방자치단체 기금관리기본법」에 따른 기금
   다. 「국고금 관리법」 제2조 제1호에 따른 국고금
   라. 「보조금 관리에 관한 법률」 제2조 제1호에 따른 보조금
   마. 「국유재산법」 제2조 제1호에 따른 국유재산 및 「물품관리법」 제2조 제1항에 따른 물품
   바. 「공유재산 및 물품 관리법」 제2조 제1호 및 제2호에 따른 공유재산 및 물품
   사. 그 밖에 가목부터 바목까지에 준하는 것으로서 대통령령으로 정하는 것

※ 지방공무원법 제73조의2, 제69조의2에도 동일한 규정 있음.

① 공무원 임용 전의 행위도 징계사유가 될 수 있다.

공무원의 임용 전의 행위라 하더라도 이로 인하여 임용 후의 공무원의 체면 또는 위신을 손상하게 된 경우에는 징계사유로 삼을 수 있다.

판례

국가공무원으로 임용되기 전의 행위는 국가공무원법 제78조 제2항·제3항의 경우 외에는 원칙적으로 재직 중의 징계사유로 삼을 수 없다 할 것이나, 비록 임용 전의 행위라 하더라도 이로 인하여 임용 후의 공무원의 체면 또는 위신을 손상하게 된 경우에는 위 제1항 제3호의 징계사유로 삼을 수 있다고 보아야 할 것인바, 원고가 장학사 또는 공립학교 교사로 임용해 달라는 등의 인사청탁과 함께 금 1,000만 원을 제3자를 통하여 서울시 교육감에게 전달함으로써 뇌물을 공여하였고, 그 후 공립학교 교사로 임용되어 재직 중 검찰에 의하여 위 뇌물공여죄로 수사를 받다가 기소되기에 이르렀으며 그와 같은 사실이 언론기관을 통하여 널리 알려졌다면, 비록 위와 같은 뇌물을 공여한 행위는 공립학교 교사로 임용되기 전이었더라도 그 때문에 임용 후의 공립학교 교사로서의 체면과 위신이 크게 손상되었다고 하지 않을 수 없으므로 이를 징계사유로 삼은 것은 정당하다(대판 1990.5.22, 89누7368).

② 징계권자는 소속 공무원의 구체적인 행위가 과연 **징계사유에 해당하는지 여부에 관하여 판단할 재량이 있다**(대판 2007.7.12. 2006도1390).

판례

징계사유의 시효를 정한 지방공무원법 제73조의2 제1항의 규정은 공무원에게 징계사유에 해당하는 비위가 있더라도 그에 따른 징계절차를 진행하지 않았거나 못한 경우 그 사실상태가 일정기간 계속되면 그 적법·타당성 등을 묻지 아니하고 그 상태를 존중함으로써 공직의 안정성을 보장하려는 취지이지, 임용권자가 징계시효기간 내에만 징계의결 요구를 하면 된다는 취지로는 해석되지 아니하고, 오히려 지방공무원 징계 및 소청규정 제2조 제1항·제6항에서 임용권자는 징계사유에 대한 충분한 조사를 한 후 소속 공무원에게 징계사유가 있다고 인정될 때에는 '지체 없이' 관할 인사위원회에 징계의결을 요구하여야 한다고 규정한 취지에 비추어 볼 때, **임용권자는 징계사유가 발생하면** 이에 대한 **충분한 조사를 한 다음, 특별한 사정이 없는 한 지체 없이 징계의결 요구를 할 직무상 의무가 있다**(대판 2007.7.12. 2006도1390).

징계권자는 소속 공무원의 구체적인 행위가 과연 징계사유에 해당하는지 여부에 관하여 판단할 재량이 있다.

임용권자는 해당 공무원에게 징계사유가 발생하면 이에 대한 충분한 조사를 한 후, 특별한 사정이 없는 한 지체 없이 징계의결 요구를 할 직무상 의무가 있다.

③ 일부 징계사유만 있어도 징계할 수 있다.

판례

[1] 징계처분이 재량권의 한계를 벗어난 것인지 여부를 판단함에 있어서는 피징계자의 평소의 소행, 근무성적, 징계처분 전력 이외에도 당해 징계처분사유 전후에 저지른 징계사유로 되지 아니한 비위사실도 징계양정에 있어서의 참고자료가 될 수 있다.

[2] **수 개의 징계사유 중 일부가 인정되지 않으나 인정되는 다른 일부 징계사유만으로도 당해 징계처분의 타당성을 인정하기에 충분한 경우**에는 그 **징계처분을 그대로 유지하여도 위법하지 아니하다**(대판 2004.6.25. 2002다51555). 즉, 수 개의 징계사유 중 그 일부가 독립하여 징계사유가 되지 않는다 하더라도, **인정되는 타의 일부 징계사유만으로도 징계처분을 함에 족하다고 인정되는 경우**에는 그 **징계처분 자체가 무효로 되거나 취소되어야 한다고 볼 수 없다**(대판 1982.9.14. 82누46).

수 개의 징계사유 중 일부가 인정되지 않으나 인정되는 다른 일부 징계사유만으로도 당해 징계처분의 타당성을 인정하기에 충분한 경우, 그 징계처분을 그대로 유지해도 위법하지 않다. ⇨ 징계처분 자체가 무효로 되거나 취소되어야 한다고 볼 수 없다.

2) **징계사유의 시효**

국가공무원법 제83조의2【징계 및 징계부가금 부과사유의 시효】 ① 징계의결등의 요구는 징계 등 사유가 발생한 날부터 다음 각 호의 구분에 따른 기간이 지나면 하지 못한다.
1. 징계 등 사유가 다음 각 목의 어느 하나에 해당하는 경우: 10년
   가. 「성매매알선 등 행위의 처벌에 관한 법률」 제4조에 따른 금지행위
   나. 「성폭력범죄의 처벌 등에 관한 특례법」 제2조에 따른 성폭력범죄
   다. 「아동·청소년의 성보호에 관한 법률」 제2조 제2호에 따른 아동·청소년대상 성범죄
   라. 「양성평등기본법」 제3조 제2호에 따른 성희롱
2. 징계 등 사유가 제78조의2 제1항 각 호의 어느 하나에 해당하는 경우: 5년
3. 그 밖의 징계 등 사유에 해당하는 경우: 3년

OX 징계시효는 징계 등의 사유가 발생한 날부터 2년이지만 금품 및 향응을 받거나 제공한 경우, 공금의 횡령·유용의 경우에는 5년이 된다. (×)

OX 금전의 수수행위에 대한 징계의결 등의 요구는 징계 등의 사유가 발생한 날부터 3년이 지나면 하지 못한다. (×)

> 비위행위 자체에 대한 징계시효가 만료된 이후 비위행위에 대하여 수사나 언론보도 등이 있는 경우, 새로운 징계사유가 생긴 것으로 보거나 수사나 언론보도 등의 시점을 새로운 징계시효의 기산점으로 볼 수 없다.

> **징계시효 기산점**: 징계사유가 발생한 때(○), 징계사유의 존재를 알게 된 때(×)

판례

1. 징계사유에 해당하는 비위행위 자체에 대한 징계시효가 만료된 이후 비위행위가 수사대상이 되거나 언론에 보도되었다고 하여 이를 들어 새로운 징계사유가 발생한 것으로 본다면, 비위행위에 대한 징계시효가 연장되는 것과 다름없어 일정 기간의 경과를 이유로 징계권 행사를 제한하고자 하는 징계시효의 취지에 반할 뿐 아니라, 새로운 징계사유의 발생이 사용자 등에 의하여 의도될 우려도 있다. 따라서 **비위행위 자체에 대한 징계시효가 만료된 경우 비위행위에 대하여 나중에 수사나 언론보도 등이 있더라도** 이로 인해 **새로운 징계사유가 생긴 것으로 보거나 수사나 언론보도 등의 시점을 새로운 징계시효의 기산점으로 볼 수 없다**(대판 2019.10.18. 2019두40338).

2. **징계시효를 정한 구 군인사법 제60조의3 제1항의 규정 취지 및 징계시효의 기산점**
   군인사법이 징계시효 제도를 둔 취지는 군인에게 징계사유에 해당하는 비위가 있더라도 그에 따른 징계절차를 진행하지 않았거나 못한 경우 그 사실상태가 일정 기간 계속되면 그 적법·타당성 등을 묻지 아니하고 그 상태를 존중함으로써 군인 직무의 안정성을 보장하려는 데 있다. 징계시효의 기산점은 원칙적으로 징계사유가 발생한 때이고, 징계권자가 징계사유의 존재를 알게 되었을 때로 볼 수 없다(대판 2021.12.16. 2021두48083).

3. **민간법원에서 형사처벌이 확정된 부사관이 육군규정 보고조항에 따라 지체 없이 상당한 기간 내에 징계권자에게 그 사실을 보고할 직무상 의무가 있는지 여부(적극) 및 보고의무를 이행하지 않은 경우, 징계시효가 기산되는 시점**
   육군 부사관은 육군참모총장이 발령한 육군규정을 준수할 직무상의 의무가 있다. 따라서 민간법원에서 형사처벌이 확정된 부사관은 육군규정 보고조항에 따라 지체 없이 상당한 기간 내에 징계권자에게 그 사실을 보고할 직무상 의무가 있다. 그 기간 내에 보고의무를 이행하지 아니하면 그 기간이 경과함으로써 곧바로 직무상 의무 위반의 징계사유가 발생하고, 그때부터 징계시효가 기산된다고 보아야 한다(대판 2021.12.16. 2021두48083).

2 징계의 종류와 효력

(1) 징계의 종류

> **국가(지방)공무원법 제79(70)조 【징계의 종류】** 징계는 파면·해임·강등·정직·감봉·견책(譴責)으로 구분한다.

> 공무원의 징계책임에는 고의·과실을 요하지 않는다.

> **OX** 파면·해임·강등을 중징계라 하고, 정직·감봉·견책을 경징계라 한다. (×)

① 형사책임과 달리, 공무원의 징계책임의 성립에는 고의·과실을 요하지 않는다.
② 징계 중 파면·해임·강등·정직을 '중징계'라고 하고, 감봉·견책을 '경징계'라고 한다(공무원 징계령 제1조의3).

(2) 징계의 효력

징계의 종류	징계의 효력
파면	• 공무원 신분의 박탈 • 5년간 공무원 임용(×) • 퇴직급여 삭감
해임	• 공무원 신분의 박탈 • 3년간 공무원 임용(×) • 퇴직급여 전액 지급: 금품수수 등으로 해임된 경우 삭감함.
강등	• 1계급 아래로 직급 내림. • 공무원 신분의 보유 • 3개월간의 직무 정지, 보수의 전액 삭감
정직	• 1개월 이상 3개월 이하의 기간으로 직무 정지 • 공무원 신분의 보유 • 보수의 전액 삭감
감봉	• 1개월 이상 3개월 이하의 기간 동안 보수의 3분의 1 삭감 • 공무원 신분의 보유, 직무 부정지 • 보수의 삭감은 징계처분의 일종인 감봉과 다를 바 없음.
견책	• 전과에 대하여 훈계하고 회개하게 하는 경고성 책임 추궁 • 공무원 신분의 보유

OX 징계의 종류로서 파면과 해임은 둘 다 공무원 신분을 박탈시키며 공직취임 제한기간이 동일하다는 점에 있어서는 차이가 없다. (×)

OX 징계로 해임을 당한 자는 3년간 지방공무원에 임용될 수 없다. (○)

OX 정직은 1개월 이상 3개월 이하의 기간으로 하고, 정직처분을 받은 자는 공무원의 신분은 보유하나 직무에 종사하지 못하며, 보수의 3분의 1을 감한다. (×)

3 징계절차

(1) 징계권자

국가공무원법 제82조【징계 등 절차】 ① 공무원의 징계처분 등은 징계위원회의 의결을 거쳐 징계위원회가 설치된 소속 기관의 장이 하되, 국무총리 소속으로 설치된 징계위원회(국회·법원·헌법재판소·선거관리위원회에 있어서는 해당 중앙인사관장기관에 설치된 상급 징계위원회를 말한다)에서 한 징계의결 등에 대하여는 중앙행정기관의 장이 한다. 다만, 파면과 해임은 징계위원회의 의결을 거쳐 각 임용권자 또는 임용권을 위임한 상급 감독기관의 장이 한다.

지방공무원법 제72조【징계 등 절차】 ① 징계처분등은 인사위원회의 의결을 거쳐 임용권자가 한다. 다만, 5급 이상 공무원 또는 이와 관련된 하위직 공무원의 징계처분등과 소속 기관(시·도와 구·시·군, 구·시·군)을 달리하는 동일사건에 관련된 사람의 징계처분등은 대통령령으로 정하는 바에 따라 시·도지사 소속 인사위원회 또는 시·도지사 의장 소속 인사위원회의 의결로 한다.

① **파면·해임의 징계권자:** 임용권자 또는 임용권을 위임한 상급감독기관의 장

② **강등·정직·감봉·견책권자:** 소속기관의 장

(2) 징계절차

징계의결요구 ⇨ 징계의결 ⇨ 징계 ⇨ 불복(소청 ⇨ 항고소송)

1) **징계의결의 요구**

① **징계의결 요구권자**

㉠ **5급 이상 공무원**: 소속 장관

㉡ **6급 이하 공무원**: 소속 기관의 장 또는 소속 상급기관의 장

OX 징계의결 요구는 5급 이상 공무원 및 고위공무원단에 속하는 일반직 공무원은 소속 장관이, 6급 이하의 공무원은 소속 기관의 장 또는 소속 상급기관의 장이 한다. (O)

국가공무원법 제78조 【징계사유】 ④ 제1항의 징계의결 요구는 **5급 이상 공무원 및 고위공무원단에 속하는 일반직공무원은 소속 장관이, 6급 이하 공무원은 소속 기관의 장 또는 소속 상급기관의 장이 한다.** 다만, 국무총리·인사혁신처장 및 대통령령 등으로 정하는 각급 기관의 장은 다른 기관 소속 공무원이 징계사유가 있다고 인정하면 관계 공무원에 대하여 관할 징계위원회에 직접 징계를 요구할 수 있다.

① 징계의결 요구와 징계는 기속행위이다.
② 징계의 종류를 선택하는 것은 징계위원회의 재량이다.

② **징계의결 요구의 성격**: 징계사유가 있을 때 징계권자의 징계의결 요구와 징계는 기속행위이다. 그러나 징계종류를 선택하는 것은 징계위원회의 재량이다.

징계사유가 있는 공무원에 대하여 어떠한 징계처분을 할 것인가는 징계권자의 재량에 맡겨져 있다.

징계권자가 내부적으로 정한 징계양정기준에 따라 징계처분을 하였을 경우 특별한 사정이 없는 한 사회통념상 현저하게 타당성을 잃었다고 할 수 없다.

징계권의 행사가 징계권을 행사하여야 할 공익의 원칙에 반하거나 과중한 징계처분을 선택함으로써 비례의 원칙에 위반하거나 또는 평등의 원칙에 위반한 경우, 그 징계처분은 재량권의 한계를 벗어난 처분으로서 위법하다.

판례

공무원인 피징계자에게 징계사유가 있어서 **징계처분을 하는 경우 어떠한 처분을 할 것인가는 징계권자의 재량에 맡겨져 있다.** 그러므로 징계권자가 재량권을 행사하여 한 징계처분이 사회통념상 현저하게 타당성을 잃어 징계권자에게 맡겨진 재량권을 남용하였다고 인정되는 경우에 한하여 그 처분을 위법하다고 할 수 있다. 공무원에 대한 징계처분이 사회통념상 현저하게 타당성을 잃었는지는 구체적인 사례에 따라 직무의 특성, 징계의 원인이 된 비위사실의 내용과 성질, 징계에 의하여 달성하려고 하는 행정목적, 징계양정의 기준 등 여러 요소를 종합하여 판단할 때 징계내용이 객관적으로 명백히 부당하다고 인정할 수 있는 경우라야 한다. **징계권자가 내부적인 징계양정기준을 정하고 그에 따라 징계처분을 하였을 경우** 정해진 징계양정기준이 합리성이 없다는 등의 **특별한 사정이 없는 한 당해 징계처분이 사회통념상 현저하게 타당성을 잃었다고 할 수 없다**(대판 2017.11.9. 2017두47472). 그러나 **징계권의 행사가 임용권자의 재량에 의한다고 하여도 공익적 목적을 위하여 징계권을 행사하여야 할 공익의 원칙에 반하거나 일반적으로 징계사유로 삼은 비행의 정도에 비하여 균형을 잃은 과중한 징계처분을 선택함으로써 비례의 원칙에 위반하거나 또는 합리적인 사유 없이 같은 정도의 비행에 대하여 일반적으로 적용하여 온 기준과 어긋나게 공평을 잃은 징계처분을 선택함으로써 평등의 원칙에 위반한 경우**에 이러한 징계처분은 **재량권의 한계를 벗어난 처분으로서 위법하다**(대판 2009.6.23. 2006두16786 ; 대판 2007.5.11. 2006두19211 등).

③ **징계의결의 요구**: **공무원의 징계사유가 있는 경우, 징계권자는 징계의결을 요구해야 할 의무가 있다.** 징계사유가 있었음에도 징계의결 요구를 하지 않고 지방자치단체장이 승진임용한 행위는 위법하다(대판 1998.7.10. 97추67).

판례

1. 징계의결 요구권을 갖는 교육기관 등의 장은 통보받은 자료 등을 토대로 소속 교육공무원의 구체적인 행위가 과연 **징계사유에 해당하는지**에 관하여 **판단할 재량을 갖는다**고 할 것이지만, 통보받은 자료 등을 통해 **징계사유에 해당함이 객관적으로 명백하다고 확인되는 때**에는 **상당한 이유가 없는 한 1월 이내에 징계의결을 요구할 의무가** 있다고 보아야 한다.

따라서 통보받은 자료 등을 통해 **징계사유에 해당함이 객관적으로 명백하고, 달리 징계의결을 요구하지 아니할 상당한 이유가 없는데도 1월 이내에 관할 징계위원회에 징계의결을 요구하지 아니하면**, 이는 **재량권의 한계를 벗어난 것으로서 위법할 뿐만 아니라 법령에서 부여된 구체적인 작위의무를 수행하지 아니한 경우에 해당할 수 있다**(대판 2013.6.27. 2011도797).

2. 지방공무원의 징계와 관련된 규정을 종합해 보면, 징계권자이자 임용권자인 지방자치단체장은 소속 공무원의 구체적인 행위가 과연 지방공무원법 제69조 제1항에 규정된 징계사유에 해당하는지 여부에 관하여 판단할 재량은 있지만, 징계사유에 해당하는 것이 명백한 경우에는 관할 인사위원회에 징계를 요구할 의무가 있다(대판 2007.7.12. 2006도1390).

④ 지방자치단체장이 지방공무원법 위반 등으로 처벌된 바 있는 공무원에 대하여 징계의결 요구를 하지 않고 오히려 승진임용한 것은 재량권의 범위를 일탈한 위법한 처분이다.

판례

기초자치단체장의 산하 내무과장에 대한 승진임용 당시 위 내무과장은 지방공무원법 위반 등으로 구속 기소된 바 있는데, 그 사안의 내용에 비추어 보면, 이는 지방공무원법 제69조 제1항 소정의 징계사유에 해당된다고 볼 수 있고, 따라서 **위 자치단체장으로서는 위 내무과장에 대하여 지체 없이 징계의결의 요구를 할 의무가 있다고 할 것이며, 나아가 직위해제를 할 필요성도 매우 높은 경우라고 보아야 할 것이다. 그럼에도 불구하고 위 자치단체장은 위 내무과장에 대하여 징계의결 요구나 직위해제처분을 하지 않았을 뿐만 아니라, 오히려 지방서기관으로 그를 승진임용시켰는바**, 이는 법률이 임용권자에게 부여한 승진임용에 관한 재량권의 범위를 일탈한 것으로서 현저히 부당하여 공익을 해하는 위법한 처분이다(대판 1998.7.10. 97추67).

⑤ 집단행위금지에 위반한 공무원에 대해 징계의결 요구를 해야 한다.

판례

지방공무원법에서 정한 공무원의 집단행위금지의무 등에 위반하여 전국공무원노동조합의 불법 총파업에 참가한 지방자치단체 소속 공무원들의 행위는 임용권자의 징계의결 요구의무가 인정될 정도의 징계사유에 해당함이 명백하므로, 임용권자인 하급 지방자치단체장으로서는 위 공무원들에 대하여 지체 없이 관할 인사위원회에 징계의결의 요구를 하여야 함에도 불구하고 **상급 지방자치단체장의 여러 차례에 걸친 징계의결요구 지시를 이행하지 않고 오히려 그들을 승진 임용시키기에 이른 경우, 하급 지방자치단체장의 위 승진처분은 법률이 임용권자에게 부여한 승진 임용에 관한 재량권의 범위를 현저하게 일탈한 것으로서 위법한 처분이라 할 것이다**(대판 전합 2007.3.22. 2005추62).

① 징계의결 요구권을 갖는 교육기관 등의 장은 통보받은 자료 등을 토대로 소속 교육공무원의 구체적인 행위가 징계사유에 해당하는지에 관하여 판단할 재량을 갖는다.
② 통보받은 자료 등을 통해 징계사유에 해당함이 객관적으로 명백하다고 확인되는 때에는 상당한 이유가 없는 한 1월 이내에 징계의결을 요구할 의무가 있다.
③ 징계사유에 해당함이 객관적으로 명백하고, 달리 징계의결을 요구하지 아니할 상당한 이유가 없는데도 1월 이내에 관할 징계위원회에 징계의결을 요구하지 아니하면, 이는 재량권의 한계를 벗어난 것으로서 위법하다.

OX 지자체의 장은 소속 공무원의 구체적인 행위가 지방공무원법에 규정된 징계사유에 해당하는지 여부에 관하여 판단할 수 있는 재량을 가지므로 징계를 요구할 의무는 없다. (×)

지자체장이 지방공무원법 위반 등으로 처벌된 바 있는 산하 공무원에 대하여 징계의결요구를 하지 않고 오히려 승진 임용한 경우, 재량권의 범위를 일탈한 위법한 처분이다.

공무원의 집단행위금지의무 등에 위반하여 전국공무원노동조합의 불법 총파업에 참가한 지방자치단체 소속 공무원들에 대하여 지체 없이 관할 인사위원회에 징계의결의 요구를 하여야 함에도 불구하고 오히려 그들을 승진 임용시키기에 이른 경우, 재량권의 범위를 현저하게 일탈한 것으로서 위법한 처분이다.

⑥ 수사기관으로부터 공무원의 징계사유를 통보받고도 징계의결 요구를 하지 아니하여 주무부장관으로부터 징계의결 요구를 하라는 직무이행명령을 받았으나 그에 대한 이의의 소를 제기한 경우에는 징계사유를 통보받은 날로부터 1개월 내에 징계의결 요구를 하지 않았다는 사정만으로 직무를 유기한 것에 해당하지 않는 것이 원칙이다.

지방자치단체의 교육기관 등의 장이 수사기관 등으로부터 교육공무원의 징계사유를 통보받고도 징계요구를 하지 아니하여 주무부장관으로부터 징계요구를 하라는 직무이행명령을 받았으나 그에 대한 이의의 소를 제기한 경우, 원칙적으로 징계사유를 통보받은 날로부터 1개월 내에 징계요구를 하지 않았다는 사정만으로 직무를 유기한 것에 해당하지 않는다.

판례

지방자치법은 지방자치단체의 장이 법령의 규정에 따라 그 의무에 속하는 국가위임사무 등의 관리와 집행을 명백히 게을리하고 있다고 인정되면 주무부장관이 그 직무의 이행을 명령할 수 있고, 지방자치단체의 장은 그 이행명령에 이의가 있으면 15일 이내에 대법원에 소를 제기할 수 있다고 규정하고 있는데(제170조 제1항, 제3항), 이 규정은 지방교육자치에 관한 법률 제3조에 의하여 지방자치단체의 교육과 학예에 관한 사무에도 준용된다. 따라서 지방자치단체의 교육기관 등의 장이 국가위임사무인 교육공무원에 대한 징계사무를 처리함에 있어 주무부장관의 직무이행명령을 받은 경우에도 이의가 있으면 대법원에 소를 제기할 수 있다 할 것이므로, **수사기관 등으로부터 징계사유를 통보받고도 징계요구를 하지 아니하여 주무부장관으로부터 징계요구를 하라는 직무이행명령을 받았다 하더라도 그에 대한 이의의 소를 제기한 경우**에는, 수사기관 등으로부터 **통보받은 자료 등으로 보아 징계사유에 해당함이 객관적으로 명백한 경우 등 특별한 사정이 없는 한 징계사유를 통보받은 날로부터 1개월 내에 징계요구를 하지 않았다는 것만으로 곧바로 직무를 유기한 것에 해당한다고 볼 수는 없다**(대판 2013.6.27. 2011도797).

2) **징계위원회의 의결**

① 징계위원회

국가공무원법 제81조 【징계위원회의 설치】 ① 공무원의 징계처분등을 의결하게 하기 위하여 대통령령등으로 정하는 기관에 징계위원회를 둔다.

공무원 징계령 제2조 【징계위원회의 종류 및 관할】 ① 징계위원회는 중앙징계위원회와 보통징계위원회로 구분한다.

② 중앙징계위원회는 다음 각 호의 징계 또는 「국가공무원법」 제78조의2에 따른 징계부가금 사건을 심의·의결한다.

1. 고위공무원단에 속하는 공무원의 징계 또는 징계부가금(이하 '징계등'이라 한다) 사건

1의2. 다음 각 목의 어느 하나에 해당하는 공무원(이하 '5급 이상 공무원등'이라 한다)의 징계등 사건

가. 5급 이상 공무원

사. 수석전문관 및 전문관

2. 다른 법령에 따라 중앙징계위원회에서 징계의결 또는 징계부가금 부과 의결(이하 '징계의결등'이라 한다)을 하는 특정직공무원의 징계등 사건

3. 대통령이나 국무총리의 명령에 따른 감사 결과 국무총리가 징계의결등을 요구한 다음 각 목의 어느 하나에 해당하는 공무원(이하 '6급 이하 공무원등'이라 한다)의 징계등 사건
  가. 6급 이하 공무원
  사. 6급 이하 일반직공무원의 보수에 상당하는 보수를 받는 별정직공무원
4. 중앙행정기관 소속의 6급 이하 공무원 등에 대한 중징계 또는 중징계 관련 징계부가금(이하 '중징계등'이라 한다) 요구 사건

③ 보통징계위원회는 6급 이하 공무원등의 징계등 사건(제2항 제3호의 징계등 사건은 제외한다)을 심의 · 의결한다.

㉠ **징계위원회**: 의결기관이지 합의제 행정청은 아니다.

㉡ **중앙징계위원회**: 국무총리 소속으로 두고, 위원장은 인사혁신처장이다(공무원 징계령 제3조 제1항, 제4조 제4항).

㉢ **보통징계위원회**: 중앙행정기관에 둔다. 다만, 중앙행정기관의 장이 필요하다고 인정할 때에는 그 소속기관에도 설치할 수 있다(공무원 징계령 제3조 제2항).

㉣ **인사위원회**: 지방공무원의 징계의결은 인사위원회가 한다(지방공무원법 제8조 제1항 제4호).

징계위원회: 합의제 행정청(×), 의결기관(○)

② 공무원의 진술권 보장

국가공무원법 제81조 【징계위원회의 설치】 ③ 징계의결등에 관하여는 제13조 제2항을 준용한다.

제13조 【소청인의 진술권】 ① **소청심사위원회가 소청사건을 심사할 때에는 대통령령등으로 정하는 바에 따라 소청인 또는 제76조 제1항 후단에 따른 대리인에게 진술 기회를 주어야 한다.**

② **제1항에 따른 진술 기회를 주지 아니한 결정은 무효로 한다.**

공무원 징계령 제10조 【징계등 혐의자의 출석】 ① 징계위원회가 징계등 혐의자의 출석을 명할 때에는 별지 제2호 서식에 따른 출석통지서로 하되, 징계위원회 개최일 3일 전에 징계등 혐의자에게 도달되도록 하여야 한다. 이 경우 제2항에 따라 출석통지서를 징계등 혐의자의 소속 기관의 장에게 송부하여 전달하게 한 경우를 제외하고는 출석통지서 사본을 징계등 혐의자의 소속 기관의 장에게 송부하여야 하며, 소속 기관의 장은 징계등 혐의자를 출석시켜야 한다.

③ 징계위원회는 징계등 혐의자가 그 징계위원회에 출석하여 진술하기를 원하지 아니할 때에는 진술권포기서를 제출하게 하여 기록에 첨부하고 서면심사만으로 징계의결등을 할 수 있다.

④ **징계등 혐의자가 정당한 사유서를 제출하지 아니하면 출석을 원하지 아니하는 것으로 보아 그 사실을 기록에 남기고 서면심사에 따라 징계의결등을 할 수 있다.**

성비위행위 관련 징계에서 징계대상자에게 피해자의 '실명' 등 구체적인 인적사항이 공개되지 않았으나 징계혐의사실이 서로 구별될 수 있을 정도로 특정되어 있고 징계대상자가 징계사유의 구체적인 내용과 피해자를 충분히 알 수 있다고 인정되는 경우, 징계절차상 방어권 행사에 실질적인 지장이 초래된다고 볼 수 없다.

사전에 징계대상자에게 서면에 의한 출석통지를 하지 않았더라도 징계위원회가 심의에 앞서 구두로 출석의 통지를 하고, 이에 따라 징계대상자가 출석하여 진술과 증거제출의 기회를 부여받았다면 그 징계처분이 위법하다고 할 수 없다.

징계대상자에 대한 징계위원회의 출석요구가 전화로 통고되었다 해도 그 통고를 받고 출석하여 방어의 기회가 충분히 부여된 경우, 그 징계처분을 취소할 사유가 되지 않는다.

① 감사원에서 조사 중인 사건의 경우 조사개시 통보를 받은 후 징계절차의 진행금지가 기속적이다.
② 수사기관에서 수사 중인 사건의 경우 수사개시 통보를 받은 후 징계절차의 진행금지가 재량적이다.

OX 징계는 원칙적으로 인사위원회의 의결을 거쳐 임용권자가 하며, 감사원에서 조사 중인 사건에 대하여는 조사개시 통보를 받은 날부터 징계의결 요구나 그 밖의 징계절차를 진행하지 아니할 수 있다. (×)

징계위원회는 원칙적으로 징계의결요구서를 접수한 날부터 30일(중앙징계위원회의 경우는 60일) 이내에 징계의결을 하여야 한다.

판례

1. 성비위행위의 경우 각 행위가 이루어진 상황에 따라 그 행위의 의미 및 피해자가 느끼는 불쾌감 등이 달라질 수 있으므로, 징계대상자의 방어권을 보장하기 위해서 각 행위의 일시, 장소, 상대방, 행위 유형 및 구체적 상황이 다른 행위들과 구별될 수 있을 정도로 특정되어야 함이 원칙이다. 그러나 각 징계혐의사실이 서로 구별될 수 있을 정도로 특정되어 있고, 징계대상자가 징계사유의 구체적인 내용과 피해자를 충분히 알 수 있다고 인정되는 경우에는 징계대상자에게 **피해자의 '실명' 등 구체적인 인적사항이 공개되지 않는다고 하더라도**, 그와 같은 사정만으로 징계대상자의 방어권 행사에 **실질적인 지장이 초래된다고 볼 수 없다**(대판 2022.7.14. 2022두33323).
2. 경찰공무원징계령 제12조 제1항, 제13조 제2항, 제3항의 각 규정은 징계대상자로 하여금 변명과 방어의 기회를 부여하는 데 그 취지가 있으므로 사전에 징계대상자에게 서면에 의한 출석통지를 하지 않았더라도 **징계위원회가 심의에 앞서 구두로 출석의 통지를 하고, 이에 따라 징계대상자 등이 징계위원회에 출석하여 진술과 증거제출의 기회를 부여받았다면 이로써 변명과 방어의 기회를 박탈당하였다고 보기는 어려우니 서면의 출석통지의 흠결을 가지고 동 징계처분이 위법하다고 할 수는 없다**(대판 1985.1.29. 84누516).
3. 징계대상자에 대한 징계위원회의 출석요구가 전화로 통고되었다 하더라도 그가 징계위원회의 통고를 받고 출석하여 그 의견을 진술하고 변명하는 등 방어의 기회가 충분히 부여된 사실이 인정된다면 위 사유만으로 징계처분을 취소할 사유가 되지 않는다(대판 1984.5.15. 83누714).

③ **징계절차의 중단**: 감사원에서 조사 중인 사건의 경우 조사개시 통보를 받은 후 징계절차의 진행금지가 기속적이나, 수사기관에서 수사 중인 사건의 경우 수사개시 통보를 받은 후 징계절차의 진행금지가 재량적이다.

국가(지방)공무원법 제83조(제73조) 【감사원의 조사와의 관계 등】 ① 감사원에서 조사 중인 사건(이나 각 행정기관에서 대통령령으로 정하는 바에 따라 조사 중인 사건)에 대하여는 제3항에 따른 조사개시 통보를 받은 날부터 징계의결의 요구나 그 밖의 **징계절차를 진행하지 못한다.**
② **검찰·경찰, 그 밖의 수사기관에서 수사 중인 사건**에 대하여는 제3항에 따른 수사개시 통보를 받은 날부터 징계의결의 요구나 그 밖의 **징계절차를 진행하지 아니할 수 있다.**
③ 감사원과 검찰·경찰, 그 밖의 수사기관은 조사나 수사를 시작한 때와 이를 마친 때에는 **10일 내에 소속 기관의 장에게 그 사실을 통보하여야 한다.**

④ **징계의결**: 징계위원회는 직접 징계할 권한이 없다.

공무원 징계령 제9조 【징계의결등의 기한】 ① 징계위원회는 징계의결등 **요구서를 접수한 날부터 30일(중앙징계위원회의 경우는 60일) 이내에 징계의결등을 하여야 한다.** 다만, 부득이한 사유가 있을 때에는 해당 징계위원회의 의결로 30일(중앙징계위원회의 경우는 60일)의 범위에서 그 기한을 연장할 수 있다.

판례

1. [1] **징계위원회의 심의 과정에 반드시 제출되어야 하는 공적(功績) 사항이 제시되지 않은 상태에서 결정한 징계처분은 징계양정이 결과적으로 적정한지 그렇지 않은지와 상관없이 법령이 정한 징계절차를 지키지 않은 것으로서 위법하다.**
   [2] 경찰공무원인 甲이 관내 단란주점 내에서 술에 취해 소란을 피우는 등 유흥업소 등 출입을 자제하라는 지시명령을 위반하고 경찰공무원으로서 품위유지의무를 위반하였다는 이유로 경찰서장이 징계위원회 징계의결에 따라 甲에 대하여 견책처분을 한 경우에, 위 징계처분이 징계위원회 심의과정에서 반드시 제출되어야 하는 공적사항인 경찰총장 표창을 받은 공적이 기재된 확인서가 제시되지 않은 상태에서 결정한 것이라면, 징계양정이 결과적으로 적정한지와 상관없이 법령이 정한 절차를 지키지 않은 것으로서 위법하다(대판 2012.6.28. 2011두20505).
2. 경찰공무원에게 인정된 **징계사유가 상훈감경 제외사유에 해당하지 아니함에도, 경찰공무원에 대한 징계위원회의 심의 과정에서 징계의결이 요구된 비위행위가 상훈감경 제외사유에 해당한다는 이유로 그 공적사항을 징계양정에 전혀 고려하지 아니한 때**에는 **그 징계양정이 결과적으로 적정한지와 상관없이 이는 관계 법령이 정한 징계절차를 지키지 아니한 것으로서 위법하다**(대판 2015.11.12. 2014두35638).

징계위원회의 심의 과정에 반드시 제출되어야 하는 공적사항이 제시되지 않은 상태에서 결정한 징계처분은 징계양정이 결과적으로 적정한지 그렇지 않은지와 상관없이 위법하다.

징계사유가 상훈감경 제외사유에 해당하지 아니함에도 징계위원회 심의 과정에서 비위행위가 그 제외사유에 해당한다는 이유로 공적사항을 징계양정에 전혀 고려하지 아니한 경우, 그 징계양정이 결과적으로 적정한지와 상관없이 위법하다.

⑤ **징계**: 징계권자는 징계위원회의 의결에 따라 징계해야 한다. 즉, **징계위원회의 의결은 징계권자를 구속한다**(국가공무원법 제78조 제1항 참조). 징계권자는 소속기관의 장·중앙행정기관의 장이고, 파면과 해임은 임용권자가 한다(국가공무원법 제82조).

징계처분권자는 징계위원회의 의결에 구속된다.

3) **재심사청구**

국가공무원법 제82조 【징계등 절차】 ② 징계의결등을 요구한 기관의 장은 징계위원회의 의결이 가볍다고 인정하면 그 처분을 하기 전에 다음 각 호의 구분에 따라 심사나 재심사를 청구할 수 있다. 이 경우 소속 공무원을 대리인으로 지정할 수 있다.
1. 국무총리 소속으로 설치된 징계위원회의 의결: 해당 징계위원회에 재심사를 청구
2. 중앙행정기관에 설치된 징계위원회(중앙행정기관의 소속기관에 설치된 징계위원회는 제외한다)의 의결: 국무총리 소속으로 설치된 징계위원회에 심사를 청구
3. 제1호 및 제2호 외의 징계위원회의 의결: 직근 상급기관에 설치된 징계위원회에 심사를 청구

③ 징계위원회는 제2항에 따라 심사나 재심사가 청구된 경우에는 다른 징계 사건에 우선하여 심사나 재심사를 하여야 한다.

공무원 징계령 제24조 【심사 또는 재심사 청구】 징계의결 등을 요구한 기관의 장은 「국가공무원법」 제82조 제2항에 따라 심사 또는 재심사를 청구하려면 **징계의결 등을 통보받은 날부터 15일 이내**에 청구의 취지 및 이유 등을 적은 징계의결 등 심사(재심사)청구서에 사건 관계 기록을 첨부하여 관할 징계위원회에 제출하여야 한다.

OX 징계의결등을 요구한 기관의장은 징계위원회의 의결이 가볍다고 인정하면 그 처분을 하기 전에 국무총리 소속으로 설치된 징계위원회의 의결에 대하여는 해당 징계위원회에 재심사를 청구할 수 있다. (○)

OX 징계의결 등을 요구한 기관의 장은 징계위원회의 의결이 가볍다고 인정하면 징계의결을 통보받은 날부터 30일 이내에 심사나 재심사를 청구할 수 있다. (×)

법문에 의한 재심사청구가 인정되지 않은 기관에 설치된 징계위원회 의결에 대하여는 그 기관의 상급기관에 징계위원회가 설치되어 있지 않다고 하더라도 개별 법령에서 당해 징계위원회에 재심사를 청구할 수 있도록 규정되어 있지 않은 이상 국가공무원법에 근거하여 징계의결 요구권자가 당해 징계위원회에 재심사를 청구할 수는 없다.

국정원장의 소속직원에 대한 징계의결요구 ⇨ 고등징계위원회의 강등의결 ⇨ 재심사요구 ⇨ 해임의결 ⇨ 국정원장의 해임 ⇨ 위법

교육기관 등의 장이 징계위원회로부터 교육공무원에 대한 징계의결서를 통보받은 경우, 해당 징계의결을 집행할 수 없는 법률상·사실상의 장애가 있는 등 특별한 사정이 없는 이상 법정 시한 내에 이를 집행할 의무가 있다.

OX 본인의 원(願)에 따른 강임·휴직 또는 면직처분의 경우에도 그 처분권자 또는 처분제청권자는 처분사유를 적은 설명서를 교부하여야 한다. (×)

판례

1. [1] 국가공무원법 제82조 제1항·제2항 규정의 취지 및 내용을 종합하여 살펴보면, 국무총리 소속으로 설치된 징계위원회 및 국회·법원·헌법재판소·선거관리위원회의 중앙인사관장기관에 설치된 상급 징계위원회의 의결에 대하여는 징계의결요구권자가 당해 징계위원회에 재심사를 청구할 수 있지만, 이와 같이 **법문에 의한 재심사청구가 인정되지 않은 기관에 설치된 징계위원회 의결**에 대하여는 그 기관의 상급기관에 징계위원회가 설치되어 있지 않다고 하더라도 개별 법령에서 당해 징계위원회에 재심사를 청구할 수 있도록 규정되어 있지 않은 이상 **국가공무원법 제82조 제2항에 근거하여 징계의결요구권자가 당해 징계위원회에 재심사를 청구할 수는 없다.**

   [2] 국가공무원법 제82조 제2항은 국무총리 소속으로 설치된 징계위원회의 의결을 제외하고는 직근 상급기관에 설치된 징계위원회에 재심사를 청구할 수 있도록 규정하고 있는데, 국가정보원의 직근 상급기관인 대통령에는 징계위원회가 존재하지 않으므로, 특별한 규정이 없는 이상 재심사청구를 할 직근 상급기관에 설치된 징계위원회가 없는 국가정보원 징계위원회의 의결에 대하여는 재심사청구를 할 수 없다고 보아야 하고, 최초 징계의결을 한 국가정보원의 고등징계위원회를 직근 상급기관에 설치된 징계위원회로 해석할 수 없다는 이유로, 국가정보원장이 최초 심사·의결하였던 국가정보원 고등징계위원회에 최초 의결이 가볍다고 재심사를 요구하여 최초 의결 내용보다 무겁게 재의결한 고등징계위원회의 의결에 따라 해임처분을 한 것은 위법하여 취소되어야 한다(대판 2012.4.13, 2011두21003).

2. **교육기관·교육행정기관·지방자치단체 또는 교육연구기관의 장이 징계위원회로부터 징계의결서를 통보받은 경우**에는 해당 **징계의결을 집행할 수 없는 법률상·사실상의 장애가 있는 등 특별한 사정이 없는 이상 법정 시한 내에 이를 집행할 의무가 있다**(대판 2014.4.10, 2013도229 ; 대판 2015.9.10, 2013추524).

4) 징계집행

① 처분사유 설명서의 교부

국가(지방)공무원법 제75(67)조 【처분사유 설명서의 교부】 ① 공무원에 대하여 **징계처분등을 할 때나 강임·휴직·직위해제 또는 면직처분을 할 때에는** 그 처분권자 또는 처분제청권자는 **처분사유를 적은 설명서를 교부하여야 한다.** 다만, **본인의 원(願)에 따른 강임·휴직 또는 면직처분은 그러하지 아니하다.**
② 처분권자는 피해자가 요청하는 경우 「성폭력범죄의 처벌 등에 관한 특례법」 제2조에 따른 성폭력범죄 및 「양성평등기본법」 제3조 제2호에 따른 성희롱에 해당하는 사유로 처분사유 설명서를 교부할 때에는 그 징계처분결과를 피해자에게 함께 통보하여야 한다.

처분사유 설명서를 교부하지 아니한 경우 무효라는 설도 있으나, 판례는 처분사유 설명서의 교부를 처분의 효력발생요건으로 보지 않는다. 즉, 판례는 무효설을 취하고 있지 않다.

판례

1. 지방공무원법 제67조 제1항에서 임용권자가 공무원에 대하여 직위해제처분 등을 할 때 그 공무원에게 처분의 사유를 적은 설명서를 교부하도록 규정하고 있는 것은 해당 공무원에게 직위해제처분 등의 사유를 분명히 밝힘으로써 그 공무원이 그 처분에 불복할 경우 제소의 기회를 갖도록 하기 위한 것이므로 그 **처분사유 설명서의 교부를 처분의 효력발생요건이라고 할 수 없다**(대판 2014.10.30, 2012두25552).

2. 지방공무원법 제67조 제1항의 규정은 징계처분이 정당한 이유에 의하여 한 것이라는 것을 분명히 하고 또 피처분자로 하여금 불복이 있는 경우에 출소의 기회를 부여하는 데 그 법의가 있다고 할 것이므로 그 처분사유 설명서의 교부를 처분의 효력발생요건이라고 할 수 없을 뿐만 아니라 직권에 의한 면직처분을 한 경우 그 인사발령통지서에 처분사유에 대한 구체적인 적시 없이 **단순히 당해 처분의 법적 근거를 제시하는 내용을 기재한 데 그친 것이더라도 그러한 기재는 위 법조 소정의 처분사유 설명서로 볼 수 있다**(대판 1991.12.24, 90누1007).

3. 공무원에 대하여 징계처분 또는 면직 등 처분을 할 때 그 처분통지를 하는 것은 그 행정처분이 정당한 이유에 의하여 한 것이라는 것을 분명히 하고 또 피처분자로 하여금 불복 있는 경우에 제소의 기회를 부여하는 데 그 취지가 있다 할 것이고 그 처분사유 설명서의 교부를 처분의 효력발생요건이라 할 수 없고 그 **처분의 통지를 피처분자가 볼 수 있는 상태에 놓여진 때에는 처분사유 설명서의 교부가 없다 하더라도 그 행정처분은 유효하다**(대판 1970.1.27, 68누10).

처분사유 설명서의 교부는 공무원에 대한 직위해제처분·징계처분 등의 효력발생요건이 아니다.

직권에 의한 면직처분을 한 경우 그 인사발령통지서에 처분사유에 대한 구체적인 적시 없이 단순히 당해 처분의 법적 근거를 제시하는 내용을 기재한 데 그친 것이더라도 그 기재는 처분사유 설명서로 볼 수 있다.

공무원의 대한 징계처분 또는 면직 등 처분의 통지를 피처분자가 볼 수 있는 상태에 놓여질 때에는 처분사유 설명서의 교부가 없다 해도 그 처분은 유효하다.

② 징계부가금

국가공무원법 제78조의2 【징계부가금】 ① 제78조에 따라 공무원의 징계의결을 요구하는 경우 그 징계사유가 다음 각 호의 어느 하나에 해당하는 경우에는 해당 징계 외에 다음 각 호의 행위로 취득하거나 제공한 금전 또는 재산상 이득(금전이 아닌 재산상 이득의 경우에는 금전으로 환산한 금액을 말한다)의 5배 내의 징계부가금 부과의결을 징계위원회에 요구하여야 한다.

1. 금전, 물품, 부동산, 향응 또는 그 밖에 대통령령으로 정하는 재산상 이익을 취득하거나 제공한 경우
2. 다음 각 목에 해당하는 것을 횡령, 배임, 절도, 사기 또는 유용한 경우

OX 공무원의 징계사유가 예산 및 기금의 횡령인 경우 횡령액의 5배 이내의 징계부가금의 부과처분을 할 수 있다. (○)

5) **형사재판과 징계**

국가공무원법 제83조 【감사원의 조사와의 관계 등】 ② 검찰·경찰, 그 밖의 수사기관에서 수사 중인 사건에 대하여는 제3항에 따른 수사개시 통보를 받은 날부터 징계의결의 요구나 그 밖의 징계절차를 진행하지 아니할 수 있다.

제73조의3 【직위해제】 ① 임용권자는 다음 각 호의 어느 하나에 해당하는 자에게는 직위를 부여하지 아니할 수 있다.

2. 직무수행 능력이 부족하거나 근무성적이 극히 나쁜 자
3. 파면·해임·강등 또는 정직에 해당하는 징계의결이 요구 중인 자
4. 형사사건으로 기소된 자(약식명령이 청구된 자는 제외한다)

5. 고위공무원단에 속하는 일반직공무원으로서 제70조의2 제1항 제2호 및 제3호의 사유로 적격심사를 요구받은 자
6. 금품비위, 성범죄 등 대통령령으로 정하는 비위행위로 인하여 감사원 및 검찰·경찰 등 수사기관에서 조사나 수사 중인 자로서 비위의 정도가 중대하고 이로 인하여 정상적인 업무수행을 기대하기 현저히 어려운 자

공무원에 대한 징계절차와 형사소추절차는 서로 독립된 절차이므로 징계절차가 형사소추절차에 우선하는 것이 아니다.

징계사유가 있는 공무원에 대한 형사상 유죄판결의 확정 전이라도 징계처분을 할 수 있다.

징계처분 후 형사사건에서 무죄가 확정된 경우에도 그 징계처분이 당연무효로 되는 것은 아니다.

징계사유에 대한 형사재판이 진행 중이라도 징계절차를 진행할 수 있다.

유죄판결에 근거해 징계할 수 있다.

① 동일한 행위에 대해 징계를 거듭 부과함은 일사부재리 원칙 위반(○)
② **형벌과 징계벌**: 병과(○), 일사부재리 원칙의 적용(×)

① **상호 우선 여부: 공무원에 대한 징계절차와 형사소추절차**는 서로 독립된 절차로서 **징계우선의 원칙이나 형사소추우선의 원칙이 적용되지 않는다.**

② **유죄판결 이전에도 징계할 수 있다**: 공무원에게 징계사유가 인정되는 이상 **관련된 형사사건이 아직 유죄로 확정되지 아니하였거나 수사기관에서 이를 수사 중에 있다 하여도 징계처분은 할 수 있다**(대판 1984.9.11, 84누110 ; 대판 2001.11.9, 2001두4184).

③ **징계처분 후 무죄판결이 나더라도 징계처분은 무효가 아니다**: 징계사유에 대해 법원이 무죄판결을 했다면, 그 징계처분이 근거 없는 사실을 징계사유로 삼은 것이 되어 위법하다고 할 수는 있으나, 그 하자가 객관적으로 명백하다고 할 수 없으므로 징계처분이 당연무효가 되는 것은 아니다(대판 1994.1.11, 93누14752).

④ **형사재판과 징계절차**: 징계사유에 대한 형사재판이 진행 중이라도 징계절차를 진행할 수 있다(대판 1980.3.25, 79누375).

⑤ **유죄판결과 징계**: 유죄판결에 근거해 징계할 수 있다.

⑥ **징계와 징계**: 동일한 행위에 대해 징계를 거듭 부과하는 것은 일사부재리의 원칙에 위반된다.

4 징계에 대한 구제절차

(1) 소청절차

1) 소청절차의 의의

소청절차
① 행정심판의 한 유형
② 필수적 절차
③ **소청심사위원회**: 합의제 행정관청행정심판의 재결의 성격을 가진다. (○)

OX 교원소청심사위원회의 결정은 행정심판의 재결의 성격을 가진다. (○)

국가공무원법 제16조 【행정소송과의 관계】 ① 제75조에 따른 처분(징계처분이나 강임·휴직·직위해제·면직처분), 그 밖에 본인의 의사에 반한 불리한 처분이나 부작위에 관한 행정소송은 **소청심사위원회의 심사·결정을 거치지 아니하면 제기할 수 없다.**

① 소청절차는 행정심판절차이고, 행정소송을 제기하기에 앞서 거쳐야 할 필수적 행정심판절차이다. 따라서 소청심사위원회의 결정은 행정심판의 재결의 성격을 가진다.

② 공무원이 면직처분에 대해 불복할 경우 행정소송의 제기에 앞서 반드시 소청심사를 거치도록 한 필요적 전치조항이 재판청구권을 침해하거나 평등원칙에 위반된다고 볼 수 없다(헌재 2015.3.26, 2013헌바186).

2) **소청심사위원회**

국가공무원법 제9조【소청심사위원회의 설치】 ① 행정기관 소속 공무원의 징계처분, 그 밖에 그 의사에 반하는 불리한 처분이나 부작위에 대한 소청을 심사·결정하게 하기 위하여 **인사혁신처에 소청심사위원회를 둔다.**
② 국회, 법원, 헌법재판소 및 선거관리위원회 소속 공무원의 소청에 관한 사항을 심사·결정하게 하기 위하여 국회사무처, 법원행정처, 헌법재판소사무처 및 중앙선거관리위원회사무처에 각각 해당 소청심사위원회를 둔다.

교원의 지위 향상 및 교육활동 보호를 위한 특별법 제7조【교원소청심사위원회의 설치】 ① 각급학교 교원의 징계처분과 그 밖에 그 의사에 반하는 불리한 처분에 대한 소청심사를 하기 위하여 **교육부에 교원소청심사위원회를 둔다.**

① 소청심사위원회는 위원회의 명의로 징계 여부에 대한 결정을 하므로 합의제 행정관청이다.

② **소청의 대상, 즉 소청사항**은 공무원의 **징계처분, 강임·휴직·직위해제·면직처분, 그 밖에 그 의사에 반하는 불리한 처분이나 부작위**이다(국가공무원법 제9조 제1항, 소청절차규정 제2조 제1항). 여기의 '불리한 처분'에 의원면직형식에 의한 면직·대기명령·전보·전직·복직거부 등이 포함되나, **훈계·권고·내부적 결정 등은 이에 포함되지 않는다.**

소청심사위원회

국가 공무원	• 인사혁신처에 소청심사위원회를 둔다. • 교원소청심사위원회는 교육부에 둔다.
지방 공무원	시·도에 임용권자별로 지방소청심사위원회 및 교원소청심사위원회를 둔다.

OX 소청의 대상은 징계처분, 그 밖에 본인의 의사에 반하는 불리한 처분이나 부작위를 말하는바, 훈계·권고·내부적 결정과 같은 것을 그 예로 들 수 있다. (×)

3) **소청절차**

① 소청제기

국가공무원법 제76조【심사청구와 후임자 보충 발령】 ① 제75조에 따른 **처분사유 설명서를 받은 공무원이 그 처분에 불복할 때에는 그 설명서를 받은 날부터**, 공무원이 제75조에서 정한 처분 외에 **본인의 의사에 반한 불리한 처분을 받았을 때에는 그 처분이 있은 것을 안 날부터** 각각 **30일 이내에 소청심사위원회에 이에 대한 심사를 청구할 수 있다.** 이 경우 변호사를 대리인으로 선임할 수 있다.
② **본인의 의사에 반하여 파면 또는 해임이나 제70조 제1항 제5호에 따른 면직처분을 하면 그 처분을 한 날부터 40일 이내에는 후임자의 보충발령을 하지 못한다.** 다만, 인력 관리상 후임자를 보충하여야 할 불가피한 사유가 있고, 제3항에 따른 소청심사위원회의 임시결정이 없는 경우에는 국회사무총장, 법원행정처장, 헌법재판소사무처장, 중앙선거관리위원회사무총장 또는 인사혁신처장과 협의를 거쳐 후임자의 보충발령을 할 수 있다.
③ 소청심사위원회는 제1항에 따른 소청심사청구가 파면 또는 해임이나 제70조 제1항 제5호에 따른 면직처분으로 인한 경우에는 그 청구를 접수한 날부터 **5일 이내**에 해당 사건의 최종 결정이 있을 때까지 후임자의 보충발령을 유예하게 하는 임시결정을 할 수 있다.

교원의 지위 향상 및 교육활동 보호를 위한 특별법 제9조【소청심사의 청구 등】 ① 교원이 징계처분과 그 밖에 그 의사에 반하는 불리한 처분에 대하여 불복할 때에는 그 처분이 있었던 것을 안 날부터 30일 이내에 심사위원회에 소청심사를 청구할 수 있다. 이 경우에 심사청구인은 변호사를 대리인으로 선임할 수 있다.

처분사유 설명서를 받은 날부터, 또는 처분이 있은 것을 안 날부터 30일 이내에 소청심사 청구

OX 공무원이 그의 의사에 반하는 불리한 처분의 처분사유 설명서를 받은 경우에 한하여 소청심사위원회에 이에 대한 심사를 청구할 수 있다. (×)

OX 본인의 의사에 반하여 파면 또는 해임처분을 하면 그 처분을 한 날부터 30일 이내에는 후임자의 보충발령을 하지 못한다. (×)

OX 파면처분에 대한 소청심사가 청구된 경우, 소청심사위원회는 소청심사청구를 접수한 날부터 5일 이내에 해당 사건의 최종 결정이 있을 때까지 후임자의 보충발령을 유예하게 하는 임시결정을 할 수 있다. (○)

OX 징계처분을 받은 사립학교 교원은 교육부에 설치된 교원소청심사위원회에 불이익처분에 대한 심사청구를 할 수 있다. (○)

공무원이 면직처분에 대해 불복할 경우 소청심사청구기간을 처분사유 설명서 교부일부터 30일 이내로 정한 것이 재판청구권을 침해하거나 평등원칙에 위반된다고 볼 수 없다(헌재 2015.3.26. 2013헌바186).

판례

서울교육대학에서 전임강사 이상의 신규교원을 임용함에 있어 학장이 소정의 전형을 거쳐 임용후보자를 최종 결정하여 1년을 기한으로 상근강사로 근무시킨 뒤, 교수로서의 자질, 능력, 학생지도실적 및 근무상황 등을 평가하여 그중 적격판정을 받은 자만을 대학인사위원회의 동의를 얻어 정규교원으로 임용하게 되어 있는 제도에 의하여 그 대학의 상근강사로 채용된 자는 교육법 시행령 제35조 제2항 소정의 정원 이외에 교원의 직무를 보조하기 위하여 상시 근무하는 전임강사를 의미하는 것이나, 이는 교육법 제75조 제1항 제2호 소정의 정규교원인 전임강사와는 구별되는 것이므로 위 상근강사제도는 교육법이나 교육공무원법상의 명문의 근거를 둔 교원의 임용방법은 아니고, 국가공무원법상의 이른바 시보임용제도에 의하여 조건부로 채용된 공무원에 해당한다고 보아야 할 것인바, 상근강사로 채용된 자는 그 시보임용 내지 조건부채용시 장차 소정의 조건부 채용기간 중 근무성적이 양호하여 적격판정을 받는 것을 조건으로, 특별한 사정이 없는 한 위 기간의 종료와 더불어 바로 정규공무원으로 임용될 권리를 취득하고 임용권자는 이에 대응하는 법률상의 의무를 부담한다고 할 것이며, 또한 **교육공무원법상 시보임용에 의한 교육공무원으로서의 지위를 누리면서 그 조건부채용기간 중 면직 등의 처분이나 징계처분과 같은 신분상의 불이익한 처분을 받거나 또는 시보임용기간 종료 후 정규공무원 내지 교원으로서의 임용이 거부된 경우에는 행정소송제기를 위한 전치절차로서의 교육공무원법 제52조에 의한 소청심사청구권도 가진다고 보아야 한다**(대판 1990.9.25. 89누4758).

대학의 정규교원으로 임용되기 전에 1년간 상근강사로 근무하여 적격판정을 받은 자만을 임용하는 제도하에서 상근강사로 채용된 자

① 시보임용제도에 의하여 조건부로 채용된 공무원에 해당한다.
② 장차 소정의 조건부 채용기간 중 근무성적이 양호하여 적격판정을 받는 것을 조건으로, 특별한 사정이 없는 한 위 기간의 종료와 더불어 바로 정규공무원으로 임용될 권리를 취득하고 임용권자는 이에 대응하는 법률상의 의무를 부담한다.
③ 시보임용기간 종료 후 정규공무원 내지 교원으로서의 임용이 거부된 경우에는 행정소송 제기를 위한 전치절차로서의 소청심사청구권도 가진다.

② 진술권

국가공무원법 제13조 【소청인의 진술권】 ① 소청심사위원회가 소청사건을 심사할 때에는 대통령령등으로 정하는 바에 따라 소청인 또는 제76조 제1항 후단에 따른 대리인에게 진술 기회를 주어야 한다.
② **제1항에 따른 진술 기회를 주지 아니한 결정은 무효로 한다.**

소청심사위원회가 소청사건을 심사할 때에는 소청인에게 진술 기회를 주지 아니한 결정은 무효이다.

③ 소청결정기간

국가공무원법 제76조 【심사청구와 후임자 보충 발령】 ④ 제3항에 따라 소청심사위원회가 임시결정을 한 경우에는 임시결정을 한 날부터 **20일 이내**에 최종 결정을 하여야 하며 각 임용권자는 그 최종 결정이 있을 때까지 후임자를 보충발령하지 못한다.
⑤ 소청심사위원회는 제3항에 따른 임시결정을 한 경우 외에는 소청심사청구를 **접수한 날부터 60일 이내에 이에 대한 결정을 하여야** 한다. 다만, 불가피하다고 인정되면 소청심사위원회의 의결로 30일을 연장할 수 있다.

처분사유 설명서를 받은 날부터 징계처분 등이 있은 것을 안 날부터 30일 이내 소청심사위원회에 심사청구 ⇨ 접수한 날부터 60일 이내 결정

④ 소청결정의 유형

국가공무원법 제14조 【소청심사위원회의 결정】 ① 소청사건의 결정은 재적위원 3분의 2 이상의 출석과 출석위원 과반수의 합의에 따르되, 의견이 나뉘어 출석위원 과반수의 합

소청사건의 결정: 재적위원 3분의 2 이상의 출석과 출석위원 과반수의 합의 ⇨ 의견이 나뉠 경우 출석위원 과반수에 이를 때까지 소청인에게 가장 불리한 의견에 차례로 유리한 의견을 더하여 그중 가장 유리한 의견을 합의된 의견으로 본다.

의에 이르지 못하였을 때에는 과반수에 이를 때까지 소청인에게 가장 불리한 의견에 차례로 유리한 의견을 더하여 그중 가장 유리한 의견을 합의된 의견으로 본다.
② 제1항에도 불구하고 파면·해임·강등 또는 정직에 해당하는 징계처분을 취소 또는 변경하려는 경우와 효력 유무 또는 존재 여부에 대한 확인을 하려는 경우에는 재적위원 3분의 2 이상의 출석과 출석 위원 3분의 2 이상의 합의가 있어야 한다. 이 경우 구체적인 결정의 내용은 출석 위원 과반수의 합의에 따르되, 의견이 나뉘어 출석위원 과반수의 합의에 이르지 못하였을 때에는 과반수에 이를 때까지 소청인에게 가장 불리한 의견에 차례로 유리한 의견을 더하여 그중 가장 유리한 의견을 합의된 의견으로 본다.
③ 소청심사위원회의 위원은 그 위원회에 계류(繫留)된 소청사건의 증인이 될 수 없으며, 다음 각 호의 사항에 관한 소청사건의 심사·결정에서 제척된다.
1. 위원 본인과 관계있는 사항
2. 위원 본인과 친족 관계에 있거나 친족 관계에 있었던 자와 관계있는 사항
④ 소청 사건의 당사자는 다음 각 호의 어느 하나에 해당하는 때에는 그 이유를 구체적으로 밝혀 그 위원에 대한 기피를 신청할 수 있고, 소청심사위원회는 해당 위원의 기피 여부를 결정하여야 한다. 이 경우 기피신청을 받은 위원은 그 기피 여부에 대한 결정에 참여할 수 없다.
1. 소청심사위원회의 위원에게 제3항에 따른 제척사유가 있는 경우
2. 심사·결정의 공정을 기대하기 어려운 사정이 있는 경우
⑤ 소청심사위원회 위원은 제4항에 따른 기피사유에 해당하는 때에는 스스로 그 사건의 심사·결정에서 회피할 수 있다.
⑥ 소청심사위원회의 결정은 다음과 같이 구분한다.
1. 심사 청구가 이 법이나 다른 법률에 적합하지 아니한 것이면 그 청구를 각하(却下)한다.
2. 심사 청구가 이유 없다고 인정되면 그 청구를 기각(棄却)한다.
3. 처분의 취소 또는 변경을 구하는 심사 청구가 이유 있다고 인정되면 처분을 취소 또는 변경하거나 처분 행정청에 **취소 또는 변경할 것을 명한다**.
4. 처분의 효력 유무 또는 존재 여부에 대한 확인을 구하는 심사청구가 이유 있다고 인정되면 처분의 효력 유무 또는 존재 여부를 확인한다.
5. 위법 또는 부당한 거부처분이나 부작위에 대하여 의무 이행을 구하는 심사청구가 이유 있다고 인정되면 지체 없이 청구에 따른 처분을 하거나 이를 할 것을 명한다.
⑦ **소청심사위원회의 취소명령 또는 변경명령 결정**은 그에 따른 징계나 그 밖의 처분이 있을 때까지는 종전에 행한 징계처분 또는 제78조의2에 따른 징계부가금 부과처분에 영향을 미치지 아니한다.

소청심사위원회의 위원: 제척·기피·회피제도(○)

OX 소청심사위원회의 취소명령 또는 변경명령 결정이 있게 되면 종전에 행한 징계처분은 당연히 효력이 소멸된다. (×)

⑤ 불이익변경의 금지

국가공무원법 제14조【소청심사위원회의 결정】 ⑧ 소청심사위원회가 징계처분 또는 징계부가금 부과처분(이하 '징계처분등'이라 한다)을 받은 자의 청구에 따라 소청을 심사할 경우에는 원징계처분보다 **무거운 징계 또는 원징계부가금 부과처분보다 무거운 징계부가금을 부과하는 결정을 하지 못한다.**

OX 소청심사위원회가 징계처분을 받은 자의 청구에 따라 소청을 심사할 경우에는 원징계처분에서 부과한 징계보다 무거운 징계를 부과하는 결정을 할 수 있다. (×)

소청심사위원회가 절차상 하자가 있다는 이유로 의원면직처분을 취소하는 결정을 한 후 징계권자가 징계절차에 따라 당해 공무원에 대하여 징계처분을 하는 경우, 불이익변경금지의 원칙이 적용되지 않는다.

판례

국가공무원법 제14조 제8항은 소청심사결정에서 당초의 원처분청의 징계처분보다 청구인에게 불리한 결정을 할 수 없다는 의미인데, **의원면직처분에 대하여 소청심사청구를 한 결과 소청심사위원회가 의원면직처분의 전제가 된 사의표시에 절차상 하자가 있다는 이유로 의원면직처분을 취소하는 결정을 하였다고 하더라도**, 그 효력은 의원면직처분을 취소하여 당해 공무원으로 하여금 공무원으로서의 신분을 유지하게 하는 것에 그치고, 이때 당해 공무원이 국가공무원법 제78조 제1항 각 호에 정한 징계사유에 해당하는 이상 같은 항에 따라 **징계권자로서는 반드시 징계절차를 열어 징계처분을 하여야 하므로**, 이러한 **징계절차는 소청심사위원회의 의원면직처분취소 결정과는 별개의 절차로서 여기에 국가공무원법 제14조 제8항에 정한 불이익변경금지의 원칙이 적용될 여지는 없다**(대판 2008.10.9. 2008두11853).

⑥ 소청심사위원회의 결정의 효력

소청심사위원회의 결정: 기속력(○)

국가공무원법 제15조【결정의 효력】 제14조에 따른 소청심사위원회의 결정은 처분 행정청을 기속(羈束)한다.

교원의 지위 향상 및 교육활동 보호를 위한 특별법 제10조의2【결정의 효력】 심사위원회의 결정은 처분권자를 기속한다. 이 경우 제10조 제4항에 따른 행정소송 제기에 의하여 그 효력이 정지되지 아니한다.

교원소청심사위원회가 한 결정의 취소를 구하는 소송에서 소청심사 결정 후에 생긴 사유가 아닌 이상 소청심사 단계에서 주장하지 아니한 사유도 행정소송에서 주장할 수 있다.

교원소청심사위원회가 사립학교 교원의 소청심사청구를 인용하여 징계처분을 취소한 데 대하여 행정소송이 제기되지 아니하거나 그에 대하여 학교법인이 제기한 행정소송에서 법원이 위원회 결정의 취소를 구하는 청구를 기각하여 위원회 결정이 그대로 확정된 경우, 판결이유에서 위원회의 결정과 달리 판단된 부분이 있더라도 이는 기속력을 가질 수 없다.

사립학교 교원이 징계처분을 받아 교원소청심사위원회에 소청심사청구를 하였고, 이에 대해 위원회가 그 징계사유 자체가 인정되지 않는다는 이유로 징계양정의 당부에 대해서는 판단하지 않은 채 징계처분을 취소하는 결정을 한 경우, 그에 대해 학교법인이 제기한 행정소송절차에서 심리한 결과 징계사유 중 일부 사유는 인정된다고 판단이 되면 법원으로서는 위원회의 결정을 취소하여야 한다.

판례

1. [1] 교원소청심사위원회가 한 결정의 취소를 구하는 소송에서 그 결정의 적부는 결정이 이루어진 시점을 기준으로 판단하여야 하지만, 그렇다고 하여 소청심사 단계에서 이미 주장된 사유만을 행정소송의 판단대상으로 삼을 것은 아니다. 따라서 소청심사 결정 후에 생긴 사유가 아닌 이상 소청심사 단계에서 주장하지 아니한 사유도 행정소송에서 주장할 수 있고, 법원도 이에 대하여 심리·판단할 수 있다.

   [2] 교원소청심사위원회의 결정은 학교법인등(처분청)에 대하여 기속력을 가지고 이는 그 결정의 주문에 포함된 사항뿐 아니라 그 전제가 된 요건사실의 인정과 판단, 즉 불리한 처분 등의 구체적 위법사유에 관한 판단에까지 미친다. 따라서 **위원회가 사립학교 교원의 소청심사청구를 인용하여 불리한 처분 등(징계처분)을 취소한 데 대하여 행정소송이 제기되지 아니하거나 그에 대하여 학교법인 등이 제기한 행정소송에서 법원이 위원회 결정의 취소를 구하는 청구를 기각하여 그 결정이 그대로 확정되면, 결정의 주문과 그 전제가 되는 이유에 관한 판단만이 학교법인 등을 기속하게 되고, 설령 판결 이유에서 위원회의 결정과 달리 판단된 부분이 있더라도 이는 기속력을 가질 수 없다.** 그러므로 **사립학교 교원이 어떠한 불리한 처분(징계처분)을 받아 위원회에 소청심사청구를 하였고, 이에 대하여 위원회가 그 사유 자체가 인정되지 않는다는 이유로 양정의 당부에 대해서는 나아가 판단하지 않은 채 처분을 취소하는 결정을 한 경우**, 그에 대하여 **학교법인 등이 제기한 행정소송절차에서 심리한 결과 처분사유 중 일부 사유는 인정된다고 판단되면 법원으로서는 위원회의 결정을 취소하여야 한다.** 이는 설령 인정된 징계사유를 기준으로 볼 때 당초의 징계양정이 과중한 것이어서 그 징계처분을 취소한 위원회 결정이 결론에 있어서는 타당하다고 하더라도 마찬가지이다(대판 2013.7.25. 2012두12297). 위와 같이 행정소송에 있어 확정판결의 기속력은 처분 등을 취소하는 경우에 그 피고인 행정청에 대해서만 미치는 것이므로, 법원이 위원회 결정

의 결론이 타당하다고 하여 학교법인등의 청구를 기각하게 되면 결국 행정소송의 대상이 된 위원회의 결정이 유효한 것으로 확정되어 학교법인등도 이에 기속되므로, 그 결정의 잘못을 바로잡을 길이 없게 되고 학교법인등도 해당 교원에 대하여 적절한 재처분(재징계)을 할 수 없게 되기 때문이다.

[3] **교원소청심사위원회가 학교법인등이 교원에 대하여 불리한 처분을 한 근거인 내부규칙이 위법하여 효력이 없다는 이유로 학교법인등의 처분을 취소하는 결정을 하였고 그에 대하여 학교법인 등이 제기한 행정소송절차에서 심리한 결과 내부규칙은 적법하지만 교원이 그 내부규칙을 위반하였다고 볼 증거가 없다고 판단한 경우**에는, 비록 **교원소청심사위원회가 내린 결정의 전제가 되는 이유와 판결 이유가 다르다고 하더라도 법원은 교원소청심사위원회의 결정을 취소할 필요 없이 학교법인등의 청구를 기각할 수 있다**고 보아야 한다. 왜냐하면 교원의 내부규칙 위반사실이 인정되지 않는 이상 학교법인등이 해당 교원에 대하여 다시 불리한 처분을 하지 못하게 되더라도 이것이 교원소청심사위원회 결정의 기속력으로 인한 부당한 결과라고 볼 수 없기 때문이다. 그리고 행정소송의 대상이 된 교원소청심사위원회의 결정이 유효한 것으로 확정되어 학교법인등이 이에 기속되더라도 그 기속력은 당해 사건에 관하여 미칠 뿐 다른 사건에 미치지 않으므로, 학교법인등은 다른 사건에서 문제가 된 내부규칙을 적용할 수 있기 때문에 법원으로서는 이를 이유로 취소할 필요도 없다(대판 2018.7.12. 2017두65821).

2. 구 교원지위향상을 위한 특별법 제7조 제1항·제10조 제2항에 의하면, 교원소청심사위원회는 각급학교 교원에 대한 징계처분과 그 밖에 그 의사에 반하는 불리한 처분(임용기간이 만료된 교원에 대한 재임용거부처분을 포함한다)에 대한 소청을 심사하고 그 **소청심사결정은 처분권자를 기속한다.** 이와 같은 **교원소청심사위원회의 소청심사결정 중 임용기간이 만료된 교원에 대한 재임용거부처분을 취소하는 결정은 재임용거부처분을 취소함으로써 학교법인 등에게 해당 교원에 대한 재임용심사를 다시 하도록 하는 절차적 의무를 부과하는 데 그칠 뿐 학교법인 등에게 반드시 해당 교원을 재임용하여야 하는 의무를 부과하거나 혹은 그 교원이 바로 재임용되는 것과 같은 법적 효과까지 인정되는 것은 아니다.** 나아가 재임용거부처분을 취소한 소청심사결정의 기속력에 기하여 재임용심사의무가 있는 학교법인 등이 그 의무를 이행하지 아니하였다고 하더라도 그러한 사정만으로 바로 불법행위로 인한 임금 상당 재산상 손해의 배상책임이 발생하는 것은 아니고, 재심사 결과 해당 교원이 재임용되었을 것임이 인정되는 경우에 한하여 위와 같은 손해배상책임을 긍정할 수 있다(대판 2010.9.9. 2008다6953). – 기속력 관련 판결

3. [1] **교원소청심사위원회가 처분권자의 처분을 변경하는 결정을 한 때**에는 그 **결정에 의하여 바로 교원과 학교법인 사이에 결정 내용에 따른 법률관계의 변동이 일어난다.**

   [2] 교원소청심사위원회가 甲 학교법인 소속 교수 乙에 대한 파면처분을 정직 3월의 처분으로 변경하는 결정을 하여 확정되었는데, 甲 학교법인이 별도로 정직 3월의 처분을 하지 않는 한 파면처분이 여전히 유효하다고 다투면서 정직기간이 경과되었음에도 임금지급을 거절하고 강의 과목 및 시간을 배정하지 않는 등 乙을 학사 업무에서 배제한 경우, **교원소청심사위원회의 결정이 확정됨으로써 파면처분이 정직 3월의 처분으로 변경되어 결정 내용에 따른 법률관계의 변동이 생겼음에도, 甲 학교법인이 정당한 이유 없이 乙의 근로제공을 계속 거부함으로써 乙의 인격적 법익을 침해하고 있으므로, 乙이 입은 정신적 고통에 대하여 배상할 의무가 있다**(대판 2012.5.9. 2010다88880). – 형성력 관련 판결

불리한 처분을 받은 사립학교 교원의 소청심사청구에 대하여 교원소청심사위원회가 학교법인이 교원에 대하여 불리한 처분을 한 근거인 내부규칙이 위법하여 효력이 없다는 이유로 학교법인등의 처분을 취소하는 결정을 하고, 그에 대하여 학교법인이 제기한 행정소송절차에서 심리한 결과 내부규칙은 적법하지만 교원이 내부규칙을 위반하였다고 볼 증거가 없다고 판단한 경우, 법원은 위원회의 결정을 취소할 필요 없이 학교법인의 청구를 기각할 수 있다.

① 교원소청심사위원회의 결정은 처분권자를 기속한다.
② 임용기간이 만료된 교원에 대한 재임용거부처분을 취소하는 교원소청심사위원회의 결정은 재임용거부처분을 취소함으로써 학교법인등에게 해당 교원에 대한·재임용심사를 다시 하도록 하는 절차적 의무를 부과하는 데 그칠 뿐 학교법인등에게 반드시 해당 교원을 재임용하여야 하는 의무를 부과하거나 혹은 그 교원이 바로 재임용되는 것과 같은 법적 효과까지 인정되는 것은 아니다.

처분권자의 처분을 변경하는 소청심사위원회의 결정에 의해 바로 그 결정 내용에 따른 법률관계의 변동이 일어난다. ⇨ 정직 3월의 징계처분을 받은 공무원에 대한 징계를 소청심사위원회가 정직 2월로 변경하는 재결을 한 경우, 징계권자가 정직 2월로 변경하는 처분을 하지 않더라도 2월이 만료되면 정직처분은 자동적으로 효력이 소멸된다.

교원소청심사위원회가 甲 학교법인 소속 교수 乙에 대한 파면처분을 정직 3월의 처분으로 변경하는 결정을 하여 확정되었는데, 甲이 3월이 경과되었음에도 乙에 대하여 임금지급을 거절하고 학사 업무에서 배제한 경우, 甲은 乙이 입은 정신적 고통에 대하여 배상할 의무가 있다.

4) **재심청구**

소청결정에 대한 재심청구조항은 삭제되었다.

5) **재징계의결의 요구**

OX 징계처분권자는 법령의 적용, 증거 및 사실 조사에 명백한 흠이 있음을 이유로 소청심사위원회 또는 법원에서 징계처분의 무효 또는 취소의 결정이나 판결을 받은 경우에는 다시 징계의결을 요구하여야 한다. (○)

국가공무원법 제78조의3 【재징계의결 등의 요구】 ① 처분권자(대통령이 처분권자인 경우에는 처분제청권자)는 다음 각 호에 해당하는 사유로 소청심사위원회 또는 법원에서 징계처분 등의 무효 또는 취소(취소명령 포함)의 결정이나 판결을 받은 경우에는 **다시 징계의결 또는 징계부가금부과의결을 요구하여야 한다.** 다만, **제3호의 사유로 무효 또는 취소의 결정이나 판결을 받은 감봉·견책처분에 대하여는 징계의결을 요구하지 아니할 수 있다.**

1. 법령의 적용, 증거 및 사실 조사에 명백한 흠이 있는 경우
2. 징계위원회의 구성 또는 징계의결 등, 그 밖에 절차상의 흠이 있는 경우
3. 징계양정 및 징계부가금이 과다(過多)한 경우

② 처분권자는 제1항에 따른 징계의결 등을 요구하는 경우에는 소청심사위원회의 결정 또는 법원의 판결이 확정된 날부터 3개월 이내에 관할 징계위원회에 징계의결 등을 요구하여야 하며, 관할 징계위원회에서는 다른 징계사건에 우선하여 징계의결 등을 하여야 한다.

(2) **행정소송**

1) **필수적 전치주의**

소청절차는 행정심판절차로서 소송제기 전에 거쳐야 할 필수적 절차이다.

공무원이 그에 불리한 처분을 다투는 경우에는 소청전치주의가 적용되어 소청심사위원회의 심사·결정을 거치지 아니하면 행정소송을 제기할 수 없다.

국가공무원법 제16조 【행정소송과의 관계】 ① 제75조에 따른 처분, 그 밖에 본인의 의사에 반한 불리한 처분이나 부작위에 관한 행정소송은 소청심사위원회의 심사·결정을 거치지 아니하면 제기할 수 없다.

행정소송법 제18조 【행정심판과의 관계】 ① 취소소송은 법령의 규정에 의하여 당해 처분에 대한 행정심판을 제기할 수 있는 경우에도 이를 거치지 아니하고 제기할 수 있다. 다만, 다른 법률에 당해 처분에 대한 행정심판의 재결을 거치지 아니하면 취소소송을 제기할 수 없다는 규정이 있는 때에는 그러하지 아니하다.

2) **항고소송**

항고소송의 대상

원칙: 원처분주의	• 징계처분(○), 소청심사위원회의 결정(×) • 소청심사위원회의 일부 취소·변경결정: 남은 원처분
예외: 재결주의	• 소청심사위원회의 결정 자체에 고유한 위법이 있는 경우: 소청결정(○)

판례

항고소송은 원칙적으로 당해 처분을 대상으로 하나, 당해 처분에 대한 재결 자체에 고유한 주체, 절차, 형식 또는 내용상의 위법이 있는 경우에 한하여 그 재결을 대상으로 할 수 있다고 해석되므로, **징계혐의자에 대한 감봉 1월의 징계처분을 견책으로 변경한 소청결정 중 그를 견책에 처한 조치는 재량권의 남용 또는 일탈로서 위법하다는 사유는 소청결정 자체에 고유한 위법을 주장하는 것으로 볼 수 없어 소청결정의 취소사유가 될 수 없다**(대판 1993.8.24. 93누5673).

징계혐의자에 대한 감봉 1월의 징계처분을 견책으로 변경한 소청결정 중 그를 견책에 처한 조치는 재량권의 남용 또는 일탈로서 위법하다는 사유는 소청결정의 취소사유가 될 수 없다.

3) 피고

> **국가공무원법 제16조【행정소송과의 관계】** ② 제1항에 따른 행정소송을 제기할 때에는 대통령의 처분 또는 부작위의 경우에는 **소속 장관**(대통령령으로 정하는 기관의 장을 포함한다)을, **중앙선거관리위원회위원장의 처분 또는 부작위의 경우에는 중앙선거관리위원회사무총장**을 각각 피고로 한다.

① 처분청(○), 소청심사위원회(×)
② 처분청이 대통령인 때에는 소속 장관이 피고가 된다.

(3) 교원에 대한 징계

> **교원의 지위 향상 및 교육활동 보호를 위한 특별법 제9조【소청심사의 청구 등】** ① 교원이 징계처분과 그 밖에 그 의사에 반하는 불리한 처분에 대하여 불복할 때에는 그 **처분이 있었던 것을 안 날부터 30일 이내**에 심사위원회에 소청심사를 청구할 수 있다. 이 경우에 심사청구인은 변호사를 대리인으로 선임할 수 있다.
>
> **제10조【소청심사결정】** ① 심사위원회는 소청심사청구를 접수한 날부터 60일 이내에 이에 대한 결정을 하여야 한다. 다만, 심사위원회가 불가피하다고 인정하면 그 의결로 30일을 연장할 수 있다.
>
> ④ 제1항에 따른 심사위원회의 결정에 대하여 교원, 「사립학교법」 제2조에 따른 학교법인 또는 사립학교 경영자 등 당사자(공공단체는 제외한다)는 그 결정서를 송달받은 날부터 90일 이내에 「행정소송법」으로 정하는 바에 따라 소송을 제기할 수 있다.

OX 사립학교법에 따른 학교법인 또는 사립학교 경영자가 사립학교 교원이 제기한 소청신청에 대한 교원소청심사위원회의 결정에 불복하고자 하는 경우, 그 결정서를 송달받은 날부터 90일 이내에 행정소송을 제기할 수 있다. (○)

1) 국 · 공립교원에 대한 징계

① 징계처분이 항고소송의 대상이 된다.
② 교원소청심사위원회의 소청절차를 거쳐 항고소송을 제기해야 한다.

판례

국·공립학교 교원에 대한 징계 등 불리한 처분은 행정처분이므로 국·공립학교 교원이 징계 등 불리한 처분에 대하여 불복이 있으면 교원소청심사위원회에 소청심사를 청구하고 위 **심사위원회의 소청심사결정에 불복이 있으면 항고소송으로 이를 다투어야 할 것**인데, 이 경우 **그 소송의 대상이 되는 처분은 원칙적으로 원처분청의 처분**이고, 원처분이 정당한 것으로 인정되어 **소청심사청구를 기각한 소청심사결정 자체에 대한 항고소송은 원처분의 하자를 이유로 주장할 수는 없고**, 그 **소청심사결정 자체에 고유한 주체·절차·형식 또는 내용상의 위법이 있는 경우**, 즉 원처분에는 없고 소청심사결정에만 있는 **교원소청심사위원회의 권한 또는 구성의 위법·소청심사결정의 절차나 형식의 위법·내용의 위법 등이 존재하는 때에 한하고**, 신청을 기각하는 소청심사결정에 사실오인이나 재량권의 남용·일탈 등의 위법이 있다는 사유는 소청심사결정 자체에 고유한 위법을 주장하는 것으로 볼 수 없다(대판 2009.10.15. 2009두11829 ; 대판 1994.2.8. 93누17874).

OX 교육공무원의 경우 교원소청심사위원회의 소청결정을 거쳐 행정소송을 제기하여야 하며 항고소송의 대상은 일반공무원의 경우와 동일하다. (○)

OX 소청심사결정의 취소를 구하는 소송에서는 원처분인 국립대학교 총장의 해임처분의 하자를 주장할 수 없다. (○)

OX 국·공립학교 교원이 교원소청심사위원회의 소청심사결정에 불복하여 행정소송을 제기하는 경우에는 원칙적으로 교원소청심사위원회의 결정을 소의 대상으로 하여야 한다. (×)

OX 소청심사결정의 취소를 구하는 소송을 통해 교원소청심사위원회의 기각결정에 사실오인이나 재량권 일탈·남용의 위법이 있다고 주장하는 경우, 이는 소청심사결정 자체의 고유한 위법을 주장하는 것으로 볼 수 있다. (×)

2) 사립학교 교원에 대한 징계

① 징계처분은 항고소송의 대상이 아니다. 민사소송으로 다투어야 한다.
② 소청심사위원회의 결정이 항고소송의 대상이 된다.

사립학교 교원의 경우 교원소청심사위원회의 결정에 불복하려면 교원소청심사위원회를 피고로 하여 교원소청 심사위원회의 결정을 대상으로 소를 제기하여야 한다.

판례

1. 사립학교 교원은 학교법인 또는 사립학교 경영자에 의하여 임면되는 것으로서 **사립학교 교원과 학교법인의 관계를 공법상의 권력관계라고는 볼 수 없으므로** 사립학교 교원에 대한 학교법인의 해임처분을 취소소송의 대상이 되는 행정청의 처분으로 볼 수 없고, 따라서 **학교법인을 상대로 한 불복은 행정소송에 의할 수 없고 민사소송절차에 의할 것이다**(대판 1993.2.12. 92누13707).

2. 사립학교 교원에 대한 해임처분에 대한 구제방법으로 학교법인을 상대로 한 민사소송 이외에 행정소송을 제기하는 방법도 있다(대판 1993.2.12. 92누13707). 즉 사립학교 교원에 대한 징계처분 등 그 의사에 반한 불리한 처분에 대하여 구 교원지위향상을 위한 특별법 제9조·제10조의 규정에 따라 **교원소청심사위원회에 소청심사를 청구하고 이에 불복하여 행정소송을 제기하는 경우, 소송의 대상이 되는 행정처분은 학교법인의 징계처분이 아니라 교원소청심사위원회의 결정**이므로 그 결정이 행정심판으로서의 재결에 해당하는 것은 아니라 할 것이고, 이 경우 **처분청인 교원소청심사위원회가 항고소송의 피고가 되는 것**이며, 그러한 법리는 교원소청심사위원회의 결정이 있은 후에 당해 사립학교의 설립자가 국가나 지방자치단체로 변경된다고 하여 달라지지 아니하는 것이다(대판 1994.12.9. 94누6666).

교원의 징계에 대한 불복

① **국 · 공립학교 교원에 대한 징계**: 교원소청심사위원회에의 소청심사청구 및 위원회의 결정 ⇨ 원징계처분을 소의 대상으로 한 항고소송

② **사립학교 교원에 대한 징계**
- 민사소송
- 교원소청심사위원회에의 소청심사청구 및 위원회의 결정 ⇨ 교원소청심사위원회의 결정을 소의 대상으로 한 항고소송

교원의 징계에 대한 불복

구분	내용
국 · 공립학교 교원에 대한 징계 (2009두11829)	• 교원에 대한 징계 등 불리한 처분은 행정처분(○) ⇨ 불복이 있으면 교원소청심사위원회에 소청심사청구 ⇨ 위원회의 소청심사결정에 불복이 있으면 항고소송 • 소송의 대상: 원칙적으로 원처분청의 처분 • 원처분이 정당한 것으로 인정되어 소청심사청구를 기각한 소청심사결정 자체에 대한 항고소송: 원처분의 하자를 이유로 주장(×) ⇨ 소청심사결정 자체에 고유한 주체, 절차, 형식 또는 내용상의 위법이 있는 경우(즉, 원처분에는 없고 소청심사결정에만 있는 위원회의 권한 또는 구성의 위법, 소청심사결정의 절차나 형식의 위법, 내용의 위법 등이 존재하는 때)에 한한다. • 신청을 기각하는 소청심사결정에 사실오인이나 재량권의 남용·일탈 등의 위법이 있다는 사유는 소청심사결정 자체에 고유한 위법을 주장하는 것으로 볼 수 없다.
사립학교 교원에 대한 징계 (92누13707 ; 94누6666)	• 교원에 대한 학교법인의 해임처분은 행정처분(×) ⇨ 불복은 행정소송(×), 민사소송(○) • 사립학교 교원에 대한 징계처분 등 그 의사에 반한 불리한 처분에 대한 교원소청심사위원회에 소청심사를 청구하고 이에 불복한 행정소송의 제기(○) • 소송의 대상이 되는 행정처분: 학교법인의 징계처분(×), 교원소청심사위원회의 결정(○) ⇨ 위원회의 결정이 행정심판으로서의 재결에 해당(×) • 항고소송의 피고: 처분청인 교원소청심사위원회

Ⅳ 변상책임

1 변상책임

회계관계직원 등의 책임에 관한 법률 제4조【회계관계직원의 변상책임】 ① 회계관계직원은 고의 또는 중대한 과실로 법령이나 그 밖의 관계 규정 및 예산에 정하여진 바를 위반하여 국가, 지방자치단체, 그 밖에 감사원의 감사를 받는 단체 등의 재산에 손해를 끼친 경우에는 변상할 책임이 있다.
② 현금 또는 물품을 출납·보관하는 회계관계직원은 선량한 관리자로서의 주의를 게을리하여 그가 보관하는 현금 또는 물품이 망실되거나 훼손된 경우에는 변상할 책임이 있다.
③ 제2항의 경우 현금 또는 물품을 출납·보관하는 회계관계직원은 스스로 사무를 집행하지 아니한 것을 이유로 그 책임을 면할 수 없다.
④ 제1항 및 제2항의 경우 그 손해가 2명 이상의 회계관계직원의 행위로 인하여 발생한 경우에는 각자의 행위가 손해발생에 미친 정도에 따라 각각 변상책임을 진다. 이 경우 손해발생에 미친 정도가 분명하지 아니하면 그 정도가 같은 것으로 본다.

OX 회계관계직원 등이 고의 또는 중대한 과실로 법령 기타 관계 규정 및 예산에 정해진 규정을 위반하여 국가 등의 재산에 손해를 끼친 때에는 변상책임이 있다. (○)

위 제2항에서 현금 또는 물품을 출납·보관하는 회계관계직원이 선량한 관리자로서의 주의를 게을리하지 않았음을 증명할 책임이 있다.

현금 또는 물품을 출납·보관하는 자가 그 보관에 속하는 현금 또는 물품을 망실·훼손하였을 때 선량한 관리자로서 주의를 태만히 하지 아니함을 증명하지 못하면 배상책임이 있다.

2 행정기관의 변상명령

회계관계직원 등의 책임에 관한 법률 제6조【감사원의 판정 전의 회계관계직원의 변상책임】
① 다음 각 호의 어느 하나에 해당하는 사람은 회계관계직원이 제4조에 따른 변상책임이 있다고 인정되는 경우에는 감사원이 판정하기 전이라도 해당 회계관계직원에 대하여 변상을 명할 수 있다.
1. 중앙관서의 장(「국가재정법」 제6조에 따른 중앙관서의 장을 말한다)
2. 지방자치단체의 장
3. 감독기관(국가기관이나 지방자치단체의 기관이 아닌 경우만 해당한다)의 장
4. 해당 기관(국가기관이나 지방자치단체의 기관이 아닌 경우로서 감독기관이 없거나 분명하지 아니한 경우만 해당한다)의 장

② 제1항의 경우 중앙관서의 장, 지방자치단체의 장 또는 감독기관의 장은 필요하다고 인정되면 대통령령으로 정하는 바에 따라 기관별·직위별로 위임 한도액의 범위에서 해당 기관 또는 직위에 있는 사람에게 변상명령의 조치를 하게 할 수 있다.

OX 감독기관의 장과 해당기관의 장은 감사원의 변상책임의 유무 및 배상액 판정 전에는 회계관계직원 등에 대하여 변상을 명할 수 없다. (×)

회계관계직원이 변상책임을 진 경우라도 고의 또는 중대한 과실로 법령에 위반하여 소속단체의 재산에 손해를 입힌 경우 민법상 배상책임이 면제되지 않는다(대판 2006.11.26, 2002다74152).

회계관계직원이 변상책임을 진 경우라도 고의 또는 중과실로 법령에 위반하여 소속단체의 재산에 손해를 입힌 경우 민법상 배상책임을 진다.

3 감사원에 의한 변상책임의 판정

감사원법 제31조【변상책임의 판정 등】 ① 감사원은 감사 결과에 따라 따로 법률에서 정하는 바에 따라 회계관계직원 등(제23조 제7호에 해당하는 자 중 제22조 제1항 제3호 및

OX 공무원의 변상책임의 판정기관은 감사원이다. (○)

제4호 또는 제23조 제1호부터 제6호까지 및 제8호부터 제10호까지에 해당하지 아니한 자의 소속 직원은 제외한다)에 대한 **변상책임의 유무를 심리하고 판정한다.**
② 감사원은 제1항에 따라 변상책임이 있다고 판정하면 변상책임자, 변상액 및 변상의 이유를 분명히 밝힌 변상판정서를 소속 장관(국가기관만 해당한다), 감독기관의 장(국가기관 외의 경우에만 해당한다) 또는 해당 기관의 장(소속 장관 또는 감독기관의 장이 없거나 분명하지 아니한 경우에만 해당한다)에게 송부하여야 한다.
③ **제2항의 변상판정서를 받은 소속 장관, 감독기관의 장 또는 해당 기관의 장은 그 송부를 받은 날부터 20일 이내에 변상판정서를 해당 변상책임자에게 교부하여 감사원이 정한 날까지 변상하게 하여야 한다.**
④ 변상책임자가 다음 각 호의 어느 하나에 해당하는 경우에는 변상판정서를 받은 소속 장관, 감독기관의 장 또는 해당 기관의 장은 감사원규칙으로 정하는 바에 따라 공고하여야 하며, 그 공고한 날부터 10일이 지나면 변상판정서가 송달된 것으로 본다.
1. 변상책임자가 판정문서의 수령을 거부하였을 때
2. 변상책임자의 주소 또는 거소가 분명하지 아니하거나 변상책임자가 국내에 있지 아니한 때
⑤ 변상책임자가 감사원이 정한 날까지 변상의 책임을 이행하지 아니하였을 때에는 소속 장관 또는 감독기관의 장은 관계 세무서장 또는 지방자치단체의 장에게 위탁하여 「국세징수법」 또는 「지방세징수법」 중 체납처분의 규정을 준용하여 이를 집행한다.
⑥ 제5항의 위탁을 받은 세무서장 또는 지방자치단체의 장이 그 사무를 집행할 때에는 제5항의 소속 장관 또는 감독기관의 장의 감독을 받는다.
⑦ 소속 장관 또는 감독기관의 장이 없거나 분명하지 아니한 경우에는 원장이 제5항에 따른 권한을 행사하며, 제6항에 따른 세무서장 또는 지방자치단체의 장에 대한 감독을 한다.

4 재심의 청구

감사원법 제36조 【재심의 청구】 ① 제31조에 따른 변상판정에 대하여 위법 또는 부당하다고 인정하는 본인, 소속 장관, 감독기관의 장 또는 해당 기관의 장은 변상판정서가 도달한 날부터 3개월 이내에 감사원에 재심의를 청구할 수 있다.
② 감사원으로부터 제32조, 제33조 및 제34조에 따른 처분을 요구받거나 제34조의2에 따른 권고·통보를 받은 소속 장관, 임용권자나 임용제청권자, 감독기관의 장 또는 해당 기관의 장은 그 처분 요구나 권고·통보가 위법 또는 부당하다고 인정할 때에는 그 처분 요구나 권고·통보를 받은 날부터 1개월 이내에 감사원에 재심의를 청구할 수 있다.
③ 제1항에 따른 변상 판정에 대한 재심의 청구는 집행정지의 효력이 없다.

제40조 【재심의의 효력】 ① 청구에 따라 재심의한 사건에 대하여는 또다시 재심의를 청구할 수 없다. 다만, 감사원이 직권으로 재심의한 것에 대하여는 재심의를 청구할 수 있다.
② 감사원의 재심의 판결에 대하여는 감사원을 당사자로 하여 행정소송을 제기할 수 있다. 다만, 그 효력을 정지하는 가처분결정은 할 수 없다.

5 변상판정에 따른 변상명령

판례

소속 장관 등이 감사원으로부터 변상판정서를 송부받은 날로부터 20일 이내에 변상명령을 하도록 한 감사원법 제31조 제3항의 규정은 그 변상명령기간이 경과하여 변상명령이 이루어진다고 하더라도 변상책임자에게 아무런 불이익이 초래되지 않는 점에 비추어 단순히 변상판정을 집행하는 데 있어서 행정기관 상호간에 행정의 원활·능률을 기하기 위한 편의적인 내부적 절차규정에 불과하다 할 것이므로 소속 장관이 이에 위반하여 그 기간을 지나서 변상명령을 하였다 하더라도 그 사유만으로서 그 변상명령이 위법하다거나 당연무효라고 할 수는 없을 것이고, 또한 그 변상명령이 늦어짐으로 인해 당초에 감사원이 정한 변상기한보다 늦은 일자를 변상기한으로 정했다 하더라도 감사원법 제31조 제3항에서 감사원으로 하여금 그와 같은 변상기한을 정하도록 한 입법취지가 소속 장관 등의 업무소홀로 인해 변상의무 이행에 차질이 생기는 것을 방지하고자 하는 데 있는 것으로 보이고, 한편으로 변상명령에 정해진 변상기한의 기산점에서 종료시점까지의 기간이 당초 감사원이 정한 변상기한에 있어서의 그 기간보다 짧지 않는 한 변상책임자에게 아무런 불이익이 초래되지 않는다 할 것인데 그 기간이 거의 일치하고 있다면 감사원이 정한 변상기한보다 늦은 일자를 변상기한으로 정했다 하여 이를 법령에 위반한 것이라 할 수는 없을 것이다(대판 1994.12.2. 93누623).

소속 장관이 변상명령기간을 지나서 변상명령을 하였다 하더라도 그 사유만으로서 그 변상명령이 위법하다거나 당연무효라고 할 수는 없다.

변상명령에 정해진 변상기한의 기산점에서 종료시점까지의 기간이 당초 감사원이 정한 변상기한에 있어서의 그 기간보다 짧지 않는 한 변상책임자에게 아무런 불이익이 초래되지 않는다 할 것인데, 그 기간이 거의 일치하고 있다면 감사원이 정한 변상기한보다 늦은 일자를 변상기한으로 정했다 하여 법령에 위반한 것이라 할 수는 없다.

V 민·형사책임

공무원은 자신의 행위에 대해 형사책임을 진다. 공무원은 고의·중과실에 의한 위법행위로 손해를 끼친 경우 손해배상책임을 진다.

해커스공무원
gosi.Hackers.com

제2편

특별행정 작용법

경찰행정법

제2편 특별행정작용법

제1절 개설

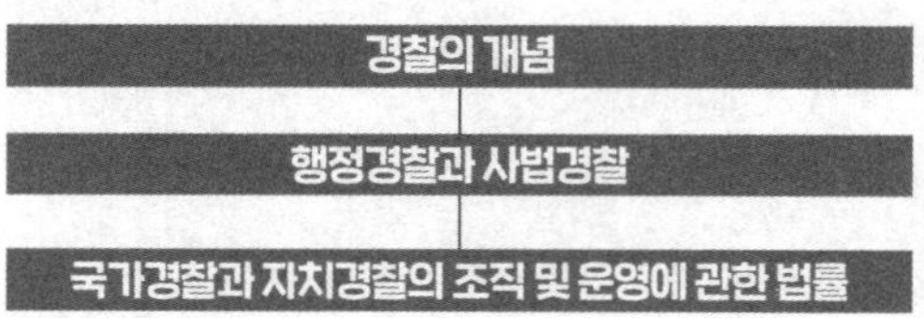

제2절 경찰권의 근거와 한계

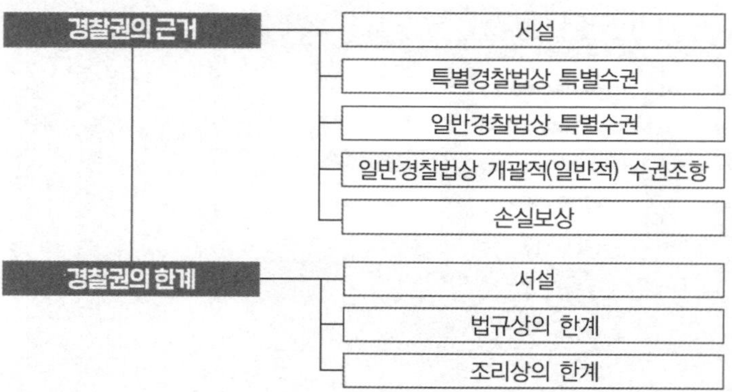

제3절 경찰책임

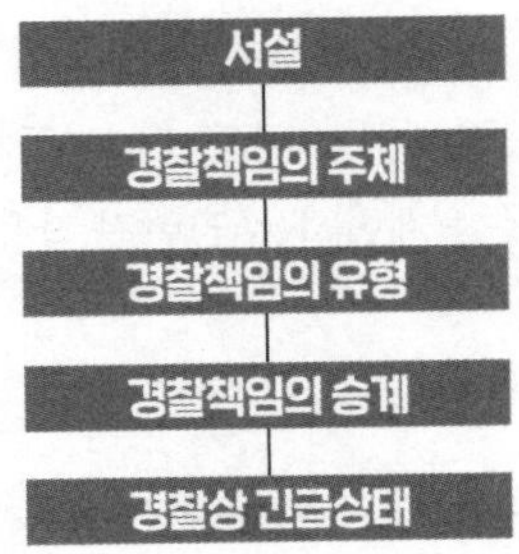

제1절 개설

I 경찰의 개념

1 형식적 의미의 경찰

① 형식적 의미의 경찰이란 경찰작용의 실질적인 성질을 불문하고 실정법상 보통경찰기관의 권한에 속하는 일체의 작용을 말한다.

② 형식적 의미의 경찰은 입법자가 경찰에 부여한 모든 사무를 의미하며, 그 내용이 무엇인가를 가리지 않는다.

2 실질적 의미의 경찰

(1) 의의

실질적 의미의 경찰이란 사회공공의 안녕과 질서를 유지하기 위하여 일반통치권에 의거하여 국민에게 명령·강제함으로써 그 자연적 자유를 제한하는 권력적 작용을 말한다.

(2) 개념적 요소

1) 목적: 소극목적적 작용과 사회목적적 작용

① 경찰은 사회공공의 안녕과 질서를 유지하고 이에 대한 위해를 사전에 예방하거나 또는 사후에 제거하는 것을 목적으로 한다.

② 경찰은 소극목적적 행정작용이라는 점에서 적극목적적인 행정작용인 복리행정(급부행정·규제행정 등)과 구분되고, 또 사회목적적 행정작용이라는 점에서 국가목적적 행정작용인 군사행정·재무행정과 구분된다.

2) 수단: 권력적 작용

① 경찰은 국민에게 명령·강제하는 권력적 작용으로서, 경찰하명·경찰허가·경찰강제 등의 권력적 수단이 주로 이용된다.

② 경찰은 비권력적 행정작용이 중심이 되는 복리행정과 기본적으로 구분된다.

3) 권력의 기초: 일반통치권에 기초한 작용

① 경찰은 국가의 일반통치권에 기초를 둔 행정작용이다.

② 일반통치권에 복종해야 하는 자연인·법인, 내국인·외국인은 모두 경찰권에 복종해야 한다.

4) 내용: 자연적 자유를 제한하는 작용

① 경찰은 개인의 자연적 자유를 제한하는 것을 내용으로 하는 행정작용이다.

② 법률상의 능력이나 권리를 발생·변경·소멸시키는 형성적 행정행위와 구분된다.

OX 경찰작용은 공공의 안녕과 질서유지에 대한 위험의 방지와 장해의 제거라는 소극적 목적을 위해서만 행사되어야 한다. (○)

OX 경찰의 목적은 안녕질서의 유지 및 위험의 방지에 있다. (○)

OX 경찰행정은 행정수요의 내용에 따라서는 적극적인 복리배려를 위하여도 발령될 수 있다고 보아야 한다. (×)

OX 경찰행정의 목적은 적극적인 공익의 실현에 있다. (×)

OX 복지국가에서의 경찰의 주된 기능은 복리증진에 있다. (×)

OX 일반 행정기관이 수행하는 질서행정은 오늘날 경찰에 속하지 아니한다. (×)

실질적 의미의 경찰

목적	• 소극목적적 작용 • 사회목적적 작용
수단	권력적 작용
권력의 기초	일반통치권
내용	자연적 자유의 제한

Ⅱ 행정경찰과 사법경찰

구분	행정경찰	사법경찰
의미	사회공공의 안녕과 질서의 유지를 목적으로 하는 경찰작용	범죄의 수사와 범인의 체포 등을 목적으로 하는 경찰작용
성질	실질적 의미의 경찰작용으로서, 보안경찰과 협의의 행정경찰로 구분	형사사법작용의 일부이므로 실질적 의미의 경찰작용이 아니고 형식적 의미의 경찰작용
소관기관	경찰청장과 각 주무부장관	검찰총장
적용법규	행정법규	형사소송법

OX 범죄의 수사, 피의자의 체포 등을 목적으로 하는 경찰작용을 사법경찰이라고 한다. (O)

OX 범죄수사는 실질적 의미의 경찰행정작용으로 볼 수 없다. (O)

OX 수사경찰은 실질적 의미의 경찰개념에 속하지 않는다. (O)

Ⅲ 국가경찰과 자치경찰의 조직 및 운영에 관한 법률

1 국가경찰위원회: 의결기관

제7조 【국가경찰위원회의 설치】 ① 국가경찰행정에 관하여 제10조 제1항 각 호의 사항을 심의·의결하기 위하여 행정안전부에 국가경찰위원회를 둔다.

② 국가경찰위원회는 위원장 1명을 포함한 7명의 위원으로 구성하되, 위원장 및 5명의 위원은 비상임(非常任)으로 하고, 1명의 위원은 상임(常任)으로 한다.

③ 제2항에 따른 위원 중 상임위원은 정무직으로 한다.

제8조 【국가경찰위원회 위원의 임명 및 결격사유 등】 ① 위원은 행정안전부장관의 제청으로 국무총리를 거쳐 대통령이 임명한다.

제10조 【국가경찰위원회의 심의·의결 사항 등】 ① 다음 각 호의 사항은 국가경찰위원회의 심의·의결을 거쳐야 한다.

제11조 【국가경찰위원회의 운영 등】 ① 국가경찰위원회의 사무는 경찰청에서 수행한다.

② 국가경찰위원회의 회의는 재적위원 과반수의 출석과 출석위원 과반수의 찬성으로 의결한다.

2 경찰청장

14조 【경찰청장】 ① 경찰청에 경찰청장을 두며, 경찰청장은 치안총감(治安總監)으로 보한다.

② 경찰청장은 국가경찰위원회의 동의를 받아 행정안전부장관의 제청으로 국무총리를 거쳐 대통령이 임명한다. 이 경우 국회의 인사청문을 거쳐야 한다.

③ 경찰청장은 국가경찰사무를 총괄하고 경찰청 업무를 관장하며 소속 공무원 및 각급 경찰기관의 장을 지휘·감독한다.

④ 경찰청장의 임기는 2년으로 하고, 중임(重任)할 수 없다.

⑤ 경찰청장이 직무를 집행하면서 헌법이나 법률을 위배하였을 때에는 국회는 탄핵 소추를 의결할 수 있다.

⑥ 경찰청장은 경찰의 수사에 관한 사무의 경우에는 개별 사건의 수사에 대하여 구체적으로 지휘·감독할 수 없다. 다만, 국민의 생명·신체·재산 또는 공공의 안전 등에 중대한 위험을 초래하는 긴급하고 중요한 사건의 수사에 있어서 경찰의 자원을 대규모로 동원하는 등 통합적으로 현장 대응할 필요가 있다고 판단할 만한 상당한 이유가 있는 때에는 제16조에 따른 국가수사본부장을 통하여 개별 사건의 수사에 대하여 구체적으로 지휘·감독할 수 있다.

3 시·도자치경찰위원회: 합의제 행정청

제18조【시·도자치경찰위원회의 설치】 ① 자치경찰사무를 관장하게 하기 위하여 특별시장·광역시장·특별자치시장·도지사·특별자치도지사 소속으로 시·도자치경찰위원회를 둔다. 다만, 제13조 후단에 따라 시·도에 2개의 시·도경찰청을 두는 경우 시·도지사 소속으로 2개의 시·도자치경찰위원회를 둘 수 있다.
② 시·도자치경찰위원회는 합의제 행정기관으로서 그 권한에 속하는 업무를 독립적으로 수행한다.

제13조【경찰사무의 지역적 분장기관】 경찰의 사무를 지역적으로 분담하여 수행하게 하기 위하여 특별시·광역시·특별자치시·도· 특별자치도(이하 "시·도"라 한다)에 시·도경찰청을 두고, 시·도경찰청장 소속으로 경찰서를 둔다. 이 경우 인구, 행정구역, 면적, 지리적 특성, 교통 및 그 밖의 조건을 고려하여 시·도에 2개의 시·도경찰청을 둘 수 있다.

제2절 경찰권의 근거와 한계

제1항 경찰권의 근거

Ⅰ 서설

1 경찰작용과 법률유보의 원칙

① 경찰작용은 전형적인 침해행정이므로 행정의 법률적합성의 원칙(법률유보의 원칙)에 따라 그 발동에는 법적 근거가 있어야 한다(헌법 제37조 제2항).

② 법적 근거라 함은 원칙적으로 국회에 의해 제정된 형식적 의미의 법률을 가리킨다. 그러나 **법률의 구체적인 위임이 있으면 예외적으로 법규명령도 그 근거가 될 수 있다.**

③ 관습법은 침해적인 경찰작용을 발동하는 근거가 될 수 없다.

법률유보의 원칙상 국민의 권익을 침해하는 경찰권의 발동은 법률의 근거가 있어야 한다.

경찰권 발동의 근거법규
① 형식적 의미의 법률(○)
② 법률이 구체적으로 범위를 정하여 위임한 법규명령(○)
③ 관습법(×)

2 직무규범과 권한규범의 분리

① 직무규범(임무규범)은 행정청 간의 직무범위의 한계를 정하기 위해 설정된 조직법적 규범을 말하는 것으로서, 그 직무의 수행을 위한 개인의 권리침해를 정당화하는 근거규범이 될 수는 없다.

② 따라서 **직무규범만으로는 경찰권을 발동할 수 없고 권한규범에 의한 수권이 있어야 비로소 경찰권을 발동할 수 있다.**

③ 즉, 경찰권을 발동하기 위한 근거법규는 조직법상의 직무규범이 아니라 권한규범이다.

OX
① 경찰기관이 행하는 작용 중 권력적 수단에 의해 이루어지는 경찰작용은 조직법적 근거만으로는 부족하고, 작용법적 근거가 있어야 한다. (○)
② 경찰의 임무수행이 사인의 권리를 침해하게 되면, 그 근거로서 권한규범이 필요하게 된다. (○)

3 법률유보의 방식

① 경찰작용에 대한 법률유보의 방식에는 ㉠ 특별경찰법(식품위생법·도로법 등)상 조항에 의한 특별수권의 방식, ㉡ 일반경찰법상 특별조항에 의한 특별수권의 방식(경찰관 직무집행법 제3조 이하), ㉢ 일반경찰법상 일반조항(개괄조항)에 의한 일반수권의 방식(인정 여부에 대한 견해의 대립 있음)이 있을 수 있다.

② 특별법은 일반법에 우선하므로 ㉠의 법적 근거가 ㉡의 법적 근거에 우선하고, ㉡의 법적 근거가 ㉢의 법적 근거에 우선한다.

법률유보의 방식
① 특별경찰법상 조항에 의한 특별수권의 방식
② 일반경찰법상 특별조항에 의한 특별수권의 방식
③ 일반경찰법상 일반조항(개괄조항)에 의한 일반수권의 방식

Ⅱ 특별경찰법상 특별수권

1 의의

① 위험방지의 목적에 기여하는 법규는 일반경찰법 외에 특별경찰법에서 규정되기도 하는데, 이를 '특별경찰법에 의한 특별수권'이라고 한다.

② 특별경찰법은 일반경찰법에 우선하므로, 특별경찰법이 적용되는 한 일반경찰법의 적용은 배제된다.

특별경찰법이 적용되는 한 일반경찰법의 적용은 배제된다.

③ 다만, 특별경찰법은 개별 행정의 목적을 달성하기 위한 부수적인 것이라는 점에서, 위험방지 자체가 목적인 일반경찰법과 구별된다.

2 특별경찰법상 개별적 수권조항(특별수권조항)

(1) 의료로 인한 위험의 방지

의료법상 위험방지와 관련된 것으로는 ① 무면허 의료행위의 금지(제27조), ② 비의료인의 의료기관 개설 금지(제33조 제2항), ③ 정당한 사유 없이 진료를 중단한 의료인이나 집단으로 휴업·폐업한 의료기관 개설자에 대한 업무개시명령(제59조 제2항) 등이 있다.

(2) 도로로 인한 위험의 방지

OX 교통장애물의 제거는 경찰관 직무집행법상의 강제수단이 아니다. (O)

도로법상 위험방지와 관련된 것으로는 ① 도로를 파손하거나 도로에 장애물을 쌓아놓는 행위 및 도로의 구조나 교통에 지장을 주는 행위의 금지(제75조), ② 재해 발생 시 재해현장에서 필요한 토지나 공작물의 일시 사용, 교통장애물의 변경·제거, 도로 부근 거주자에 대한 노무제공요청(제83조) 등이 있다.

(3) 도로교통상 위험의 방지

도로교통법상 위험방지와 관련된 것으로는 ① 어린이나 앞을 보지 못하는 사람에 대한 보호(제11조), ② 자동차의 속도제한(제17조), ③ 운전자의 횡단·유턴·후진의 금지(제18조), ④ 운전자의 안전거리확보(제19조), ⑤ 주차위반 시 견인조치(제35조), ⑥ 술에 취한 상태에서의 운전금지 및 음주측정(제44조) 등이 있다.

특별경찰법이 적용되는 한 일반경찰법의 적용은 배제된다.

도로교통법 제35조 【주차위반에 대한 조치】 ① 다음 각 호의 어느 하나에 해당하는 사람은 제32조·제33조 또는 제34조를 위반하여 주차하고 있는 차가 교통에 위험을 일으키게 하거나 방해될 우려가 있을 때에는 차의 운전자 또는 관리 책임이 있는 사람에게 주차 방법을 변경하거나 그곳으로부터 이동할 것을 명할 수 있다.

1. 경찰공무원
2. 시장등(도지사를 포함한다)이 대통령령으로 정하는 바에 따라 임명하는 공무원(이하 '시·군공무원'이라 한다)

② 경찰서장이나 시장등은 제1항의 경우 차의 운전자나 관리 책임이 있는 사람이 현장에 없을 때에는 도로에서 일어나는 위험을 방지하고 교통의 안전과 원활한 소통을 확보하기 위하여 필요한 범위에서 그 차의 주차방법을 직접 변경하거나 변경에 필요한 조치를 할 수 있으며, 부득이한 경우에는 관할 경찰서나 경찰서장 또는 시장등이 지정하는 곳으로 이동하게 할 수 있다.

③ 경찰서장이나 시장등은 제2항에 따라 주차위반 차를 관할 경찰서나 경찰서장 또는 시장등이 지정하는 곳으로 이동시킨 경우에는 선량한 관리자로서의 주의의무를 다하여 보관하여야 하며, 그 사실을 차의 사용자(소유자 또는 소유자로부터 차의 관리에 관한 위탁을 받은 사람을 말한다. 이하 같다)나 운전자에게 신속히 알리는 등 반환에 필요한 조치를 하여야 한다.

⑥ 제2항부터 제5항까지의 규정에 따른 **주차위반 차의 이동·보관·공고·매각 또는 폐차 등에 들어간 비용은 그 차의 사용자가 부담**한다. 이 경우 그 비용의 징수에 관하여는 「행정대집행법」 제5조 및 제6조를 적용한다.

제36조 【차의 견인 및 보관업무 등의 대행】 ① 경찰서장이나 시장 등은 제35조에 따라 견인하도록 한 차의 **견인·보관 및 반환 업무의 전부 또는 일부**를 그에 필요한 인력·시설·장비 등 **자격요건을 갖춘 법인·단체 또는 개인으로 하여금 대행하게 할 수 있다.**

제44조 【술에 취한 상태에서의 운전 금지】 ① 누구든지 술에 취한 상태에서 자동차등을 운전하여서는 아니 된다.

② 경찰공무원은 **교통의 안전과 위험방지를 위하여 필요하다고 인정하거나 제1항을 위반하여 술에 취한 상태에서 자동차등, 노면전차 또는 자전거를 운전하였다고 인정할 만한 상당한 이유가 있는 경우**에는 운전자가 술에 취하였는지를 **호흡조사로 측정할 수 있다.** 이 경우 운전자는 경찰공무원의 측정에 응하여야 한다.

③ 제2항에 따른 **측정 결과에 불복하는 운전자**에 대하여는 그 **운전자의 동의를 받아 혈액채취 등의 방법으로 다시 측정할 수 있다.**

④ 제1항에 따라 운전이 금지되는 술에 취한 상태의 기준은 운전자의 혈중알코올농도가 **0.03퍼센트 이상**인 경우로 한다.

> **OX** 경찰서장이 주차위반 차를 이동하거나 보관한 경우에 이에 들어간 비용은 그 차의 사용자가 부담하며, 그 비용징수는 행정대집행법이 정한 바에 따른다. (○)

> **OX** 경찰서장은 주차위반 차의 견인·보관 업무의 전부 또는 일부를 일정한 자격요건을 갖춘 법인·단체 또는 개인으로 하여금 대행하게 할 수 있다. (○)

판례

1. 음주운전 여부에 관한 조사방법 중 혈액채취(이하 '채혈'이라고 한다)는 상대방의 신체에 대한 직접적인 침해를 수반하는 방법으로서, 이에 관하여 도로교통법은 호흡조사와 달리 운전자에게 조사에 응할 의무를 부과하는 규정을 두지 아니할 뿐만 아니라, 측정에 앞서 운전자의 동의를 받도록 규정하고 있으므로, **운전자의 동의 없이 임의로 채혈조사를 하는 것은 허용되지 아니한다.** 그리고 수사기관이 범죄 증거를 수집할 목적으로 **운전자의 동의 없이 혈액을 취득·보관하는 행위**는 형사소송법상 '감정에 필요한 처분' 또는 '압수'로서 법원의 감정처분허가장이나 **압수영장이 있어야 가능**하고, 다만 음주운전 중 교통사고를 야기한 후 운전자가 의식불명 상태에 빠져 있는 등으로 호흡조사에 의한 음주측정이 불가능하고 채혈에 대한 동의를 받을 수도 없으며 법원으로부터 감정처분허가장이나 사전 압수영장을 발부받을 시간적 여유도 없는 **긴급한 상황이 발생한 경우에는 수사기관은 예외적인 요건하에 음주운전 범죄의 증거 수집을 위하여 운전자의 동의나 사전 영장 없이 혈액을 채취하여 압수할 수 있**으나 이 경우에도 형사소송법에 따라 사후에 지체 없이 법원으로부터 압수영장을 받아야 한다. 따라서 음주운전 여부에 대한 조사 과정에서 운전자 본인의 동의를 받지 아니하고 또한 법원의 영장도 없이 채혈조사를 한 결과를 근거로 한 운전면허 정지·취소처분은 도로교통법 제44조 제3항을 위반한 것으로서 특별한 사정이 없는 한 위법한 처분으로 볼 수밖에 없다(대판 2016.12.27. 2014두46850).

2. **경찰관이 교통법규 등을 위반하고 도주하는 차량을 순찰차로 추적하는 직무를 집행하는 중에 그 도주차량의 주행에 의하여 제3자가 손해를 입었다고 하더라도** 그 추적이 당해 직무 목적을 수행하는 데에 불필요하다거나 또는 도주차량의 도주의 태양 및 도로교통상황 등으로부터 예측되는 피해발생의 구체적 위험성의 유무 및 내용에 비추어 추적의 개시·계

> 음주운전 여부에 대한 조사 과정에서 운전자 본인의 동의를 받지 아니하고 또한 법원의 영장도 없이 채혈조사를 한 결과를 근거로 한 운전면허 정지·취소처분은 특별한 사정이 없는 한 위법하다.

> 경찰관이 교통법규 등을 위반하고 도주하는 차량을 순찰차로 추적하는 직무를 집행하는 중에 그 도주차량의 주행에 의하여 제3자가 손해를 입었다고 해도 특별한 사정이 없는 한 경찰관의 추적행위는 위법하지 않다.

속 혹은 추적의 방법이 상당하지 않다는 등의 **특별한 사정이 없는 한 그 추적행위를 위법하다고 할 수는 없다**(대판 2000.11.10. 2000다26807).

Ⅲ 일반경찰법상 특별수권

1 의의

경찰행정작용의 개별적 내용에 대한 규율법
경찰관 직무집행법(○), 경찰공무원법 (×)

일반경찰법인 경찰관 직무집행법상 개별적 수권조항(경찰법상 표준조치)
① 불심검문, ② 보호조치 등, ③ 위험발생의 방지조치, ④ 범죄의 예방과 제지, ⑤ 위험방지를 위한 출입, ⑥ 사실의 확인 등, ⑦ 유치장, ⑧ 경찰장비의 사용 등

① 기본적으로 위험방지에 관한 일반적인 규정으로 이루어진 경찰법을 일반경찰법이라고 하는데, 현행법제상 경찰관 직무집행법이 이에 해당한다.

② 경찰관 직무집행법은 공공의 안녕과 질서의 유지를 위해 개인의 자유에 대하여 침해를 가져오는 자주 반복되는 경찰상의 조치를 유형적으로 표준화해서 특별히 규정하고 있는데, 이와 같은 전형적 경찰권 행사의 유형을 경찰법상 표준조치(표준처분)라 한다.

2 불심검문

(1) 의의

① 불심검문이란 경찰관이 거동이 수상한 자를 정지시켜 조사하는 행위를 말한다.

② 불심검문의 방법(내용)에는 질문, 동행요구, 흉기소지 여부조사가 있다.

불심검문의 방법(내용)
질문, 동행요구, 흉기소지 여부조사

(2) 법적 성질

불심검문: 경찰조사

질문에 어느 정도의 신체적 접촉이 불가피하고 소지품을 검사하는 등의 사유로 불심검문을 즉시강제로 보는 견해도 있으나, 불심검문은 조사를 목적으로 하므로 **경찰조사(행정조사)로서의 성질을 갖는다**고 볼 것이다(다수설).

(3) 질문

경찰관 직무집행법 제3조【불심검문】 ① 경찰관은 다음 각 호의 어느 하나에 해당하는 사람을 정지시켜 질문할 수 있다.
1. 수상한 행동이나 그 밖의 주위 사정을 합리적으로 판단하여 볼 때 어떠한 죄를 범하였거나 범하려 하고 있다고 의심할 만한 상당한 이유가 있는 사람
2. 이미 행하여진 범죄나 행하여지려고 하는 범죄행위에 관한 사실을 안다고 인정되는 사람

1) 의미

① 질문이란 거동이 수상한 자에게 신분증을 통해 성명·주소·연령 등 신원을 확인하고, 행선지·용건·소지품 등을 물어보는 것을 말한다.

질문은 행동의 자유의 일시 정지를 가져오나, 신체의 자유의 침해는 아니다.

② 질문을 위한 정지는 상대방에게 행동의 자유의 일시 정지를 가져올 수 있으나, 그 **일시 정지는 침해의 경미성으로 인해 신체의 자유(헌법 제12조)에 대한 침해라고 볼 수는 없다.**

2) **성질**

① 질문은 무엇인가를 알기 위해서 묻는 행위로서 정보수집의 성격을 가지므로 **경찰상 조사의 성질**을 갖는다. 즉, 질문의 법적 성질은 **비권력적 사실행위**이다.

② 질문에 **행정절차법상 사전통지가 필요한 것도 아니다.**

3) **질문의 재량성**

경찰관 직무집행법 제3조 제1항은 "…정지시켜 질문할 수 있다."고 규정하고 있으므로, 불심검문은 **재량행위로서의 성질**을 가진다.

4) **대상별 경찰작용**

① 어떠한 죄를 범하였다고 의심할 만한 상당한 이유가 있는 사람 또는 이미 행하여진 범죄에 관한 사실을 안다고 인정되는 사람에 대한 불심검문은 **사법경찰작용**의 성질을 갖는다.

② 어떠한 죄를 범하려 하고 있다고 의심할 만한 상당한 이유가 있는 사람 또는 행하여지려고 하는 범죄행위에 관한 사실을 안다고 인정되는 사람에 대한 불심검문은 위해방지를 위하여 행해지는 **행정경찰작용**이다.

판례

경찰관 직무집행법의 목적, 제1조 제1항, 제2항, 제3조 제1항, 제2항, 제3항, 제7항의 내용 및 체계 등을 종합하면, 경찰관이 제3조 제1항에 규정된 대상자 해당 여부를 판단할 때에는 불심검문 당시의 구체적 상황은 물론 사전에 얻은 정보나 전문적 지식 등에 기초하여 불심검문 대상자인지를 객관적·합리적인 기준에 따라 판단하여야 하나, 반드시 **불심검문 대상자에게 형사소송법상 체포나 구속에 이를 정도의 혐의가 있을 것을 요한다고 할 수는 없다.** 그리고 경찰관은 불심검문 대상자에게 질문을 하기 위하여 범행의 경중, 범행과의 관련성, 상황의 긴박성, 혐의의 정도, 질문의 필요성 등에 비추어 **목적 달성에 필요한 최소한의 범위 내에서 사회통념상 용인될 수 있는 상당한 방법으로 대상자를 정지시킬 수 있고 질문에 수반하여 흉기의 소지 여부도 조사할 수 있다**(대판 2014.2.27. 2011도13999).

5) **질문을 위한 정지 요구에 불응하는 경우 강제력의 행사 가부**

① 경찰관이 질문을 위하여 정지를 요구하였으나 상대방이 이에 응하지 않거나 질문 도중에 현장을 떠나려고 하는 경우, 불심검문은 임의적인 조치이므로 원칙적으로 강제적 정지행위는 허용되지 아니한다.

② 그러나 경찰관이 단순히 길을 막아서거나 팔을 가볍게 붙잡는 행위와 같이 상대방의 의사를 제압하지 않는 정도의 물리력의 행사는 허용된다(통설).

판례

검문 중이던 경찰관들이, **자전거를 이용한 날치기 사건 범인과 흡사한 인상착의의 피고인이 자전거를 타고 다가오는 것을 발견하고 정지를 요구하였으나 멈추지 않아, 앞을 가로막고 소속과 성명을 고지한 후 검문에 협조해 달라는 취지로 말하였음에도 불응하고 그대로 전진하자, 따라가서 재차 앞을 막고 검문에 응하라고 요구**하였는데, 이에 피고인이 경찰관들의 멱살

질문의 성질
① 비권력적 사실행위로서 경찰조사
② 행정절차법상 사전통지 불요

OX 경찰관은 수상한 행동을 하는 사람 또는 어떠한 죄를 범하였거나 범하려 하고 있다고 의심할 만한 상당한 이유가 있는 사람을 정지시켜 질문하여야 한다. (×)

OX 경찰관 직무집행법상 불심검문은 예방적 조치이므로 이미 행하여진 범죄에는 적용되지 않는다. (×)

불심검문 대상자에게 형사소송법상 체포나 구속에 이를 정도의 혐의가 있을 것을 요하지는 않는다.

경찰관은 불심검문 대상자에게 질문을 하기 위하여 목적 달성에 필요한 최소한의 범위 내에서 대상자를 정지시킬 수 있고 질문에 수반하여 흉기의 소지 여부도 조사할 수 있다.

경찰관의 질문을 위한 정지 요구에 상대방이 불응하더라도 원칙적으로 강제적 정지행위는 허용되지 아니한다.

경찰관이 단순히 길을 막아서거나 팔을 가볍게 붙잡는 행위는 허용된다.

검문 중이던 경찰관들이, 자전거를 이용한 날치기 사건 범인과 흡사한 인상착의의 甲이 자전거를 타고 다가오는 것을 발견하고 정지를 요구하였으나 멈추지 않아, 앞을 가로막고 검문에 협조해 달라고 하였음에도 불응하고 그대로 전진하자, 따라가서 재차 앞을 막고 검문에 응하라고 요구한 것은 적법한 불심검문에 해당한다.

을 잡아 밀치거나 욕설을 하는 등 항의하여 공무집행방해 등으로 기소되었다. 이 경우, 범행의 경중, 범행과의 관련성, 상황의 긴박성, 혐의의 정도, 질문의 필요성 등에 비추어 경찰관들은 **목적 달성에 필요한 최소한의 범위 내에서 사회통념상 용인될 수 있는 상당한 방법을 통하여 경찰관 직무집행법 제3조 제1항에 규정된 자에 대해 의심되는 사항을 질문하기 위하여 정지시킨 것으로 보아야 하므로**, 위 경찰관들의 행위는 **적법한 불심검문에 해당**한다(대판 2012.9.13. 2010도6203).

(4) (임의)동행요구

OX 경찰관은 정지시킨 장소에서 질문하는 것이 그 사람에게 불리하다고 인정될 때에는 질문을 하기 위하여 자신의 경찰관서로 동행할 것을 요구할 수 있으나, 동행을 요구받은 사람은 그 요구를 거절할 수 있다. (×)

경찰관 직무집행법 제3조 【불심검문】 ② 경찰관은 제1항에 따라 같은 항 각 호의 사람을 정지시킨 장소에서 질문을 하는 것이 그 사람에게 불리하거나 교통에 방해가 된다고 인정될 때에는 질문을 하기 위하여 **가까운** 경찰서·지구대·파출소 또는 출장소(지방해양경찰관서를 포함하며, 이하 '경찰관서'라 한다)로 동행할 것을 요구할 수 있다. 이 경우 동행을 요구받은 사람은 그 요구를 거절할 수 있다.

1) 의미

① 경찰관 직무집행법 제3조 제2항의 동행요구에 따른 동행을 임의동행이라고 한다.

② 임의동행은 위험방지목적을 위한 경찰행정법상 제도로서, 형사소송법상 제도인 수사목적의 임의동행과는 목적을 달리한다.

임의동행은 경찰관 직무집행법에 따른 행정경찰 목적의 경찰활동으로 행하여지는 것 외에도 형사소송법에 따라 범죄 수사를 위하여 이루어질 수도 있다.

형사소송법에 따라 범죄 수사를 위한 경찰관의 임의동행은 오로지 피의자의 자발적인 의사에 의하여 수사관서 등에의 동행이 이루어졌음이 객관적인 사정에 의하여 명백하게 입증된 경우에 한하여 그 적법성이 인정된다.

판례

1. [1] **임의동행**은 경찰관 직무집행법 제3조 제2항에 따른 **행정경찰 목적의 경찰활동으로 행하여지는 것** 외에도 **형사소송법 제199조 제1항에 따라 범죄 수사를 위하여 수사관이 동행에 앞서 피의자에게 동행을 거부할 수 있음을 알려 주었거나 동행한 피의자가 언제든지 자유로이 동행과정에서 이탈 또는 동행장소로부터 퇴거할 수 있었음이 인정되는 등 오로지 피의자의 자발적인 의사에 의하여 이루어진 경우에도 가능**하다.
[2] 〈피고인이 메트암페타민(일명 필로폰) 투약 혐의로 임의동행 형식으로 경찰서에 간 후 자신의 소변과 모발을 경찰관에게 제출하여 마약류 관리에 관한 법률 위반으로 기소된 사안〉 … 경찰관은 당시 피고인의 정신 상태, 신체에 있는 주사바늘 자국, 알콜솜 휴대, 전과 등을 근거로 피고인의 마약류 투약 혐의가 상당하다고 판단하여 경찰서로 임의동행을 요구하였고, 동행장소인 경찰서에서 피고인에게 마약류 투약 혐의를 밝힐 수 있는 소변과 모발의 임의제출을 요구하였으므로 피고인에 대한 임의동행은 마약류 투약 혐의에 대한 수사를 위한 것이어서 형사소송법 제199조 제1항에 따른 임의동행에 해당하는 것이지 경찰관 직무집행법 제3조 제2항에 의한 것이 아니다(대판 2020.5.14. 2020도398).
2. 형사소송법 제199조 제1항은 임의수사원칙을 명시하고 있는데, 수사관이 수사과정에서 동의를 받는 형식으로 피의자를 수사관서 등에 동행하는 것은, 피의자의 신체의 자유가 제한되어 실질적으로 체포와 유사한데도 이를 억제할 방법이 없어서 이를 통해서는 제도적으로는 물론 현실적으로도 임의성을 보장할 수 없을 뿐만 아니라, 아직 정식 체포·구속단계 이전이라는 이유로 헌법 및 형사소송법이 체포·구속된 피의자에게 부여하는 각종 권리보장장치가 제공되지 않는 등 형사소송법의 원리에 반하는 결과를 초래할 가능성이 크므

로, 수사관이 동행에 앞서 피의자에게 동행을 거부할 수 있음을 알려 주었거나 동행한 피의자가 언제든지 자유로이 동행과정에서 이탈 또는 동행장소에서 퇴거할 수 있었음이 인정되는 등 **오로지 피의자의 자발적인 의사에 의하여 수사관서 등에 동행이 이루어졌다는 것이 객관적인 사정에 의하여 명백하게 입증된 경우에 한하여, 동행의 적법성이 인정된다**고 보는 것이 타당하다(대판 2011.6.30. 2009도6717). 형사소송법 제200조 제1항에 의하여 검사 또는 사법경찰관이 피의자에 대하여 임의적 출석을 요구할 수는 있겠으나, 그 경우에도 **수사관이 단순히 출석을 요구함에 그치지 않고 일정 장소로의 동행을 요구하여 실행한다면 위에서 본 법리가 적용되어야 하고, 한편 행정경찰 목적의 경찰활동으로 행하여지는 경찰관 직무집행법 제3조 제2항 소정의 질문을 위한 동행요구도 형사소송법의 규율을 받는 수사로 이어지는 경우에는 역시 위에서 본 법리가 적용**되어야 한다(대판 2006.7.6. 2005도6810).

2) **성질**

① 동행요구는 당해인의 협력을 전제로 하는 비강제적인 수단이다.

② **경찰의 강제나 심리적 압박에 의해 동행을 승낙하고 동행하였다면, 그러한 동행은 임의동행이 아니라 강제연행으로서 불법행위가 된다.** 이와 같은 강제동행에 저항하는 행위는 공무집행방해죄를 구성하지 아니한다.

판례

1. **피의자가 동행을 거부하는 의사를 표시하였음에도 불구하고 경찰관들이 영장에 의하지 아니하고 피의자를 강제로 연행한 행위는 수사상의 강제처분에 관한 형사소송법상의 절차를 무시한 채 이루어진 것으로 위법한 체포에 해당**하고, 이와 같이 **위법한 체포상태에서 마약 투약 혐의를 확인하기 위한 채뇨 요구가 이루어진 경우**, 채뇨 요구를 위한 위법한 체포와 그에 이은 채뇨 요구는 마약 투약이라는 범죄행위에 대한 증거 수집을 위하여 연속하여 이루어진 것으로서 개별적으로 그 적법 여부를 평가하는 것은 적절하지 아니하므로 그 일련의 과정을 전체적으로 보아 **위법한 채뇨 요구가 있었던 것으로 볼 수밖에 없다**(대판 2013.3.14. 2012도13611).

2. 검증장소의 경비임무를 수행하는 순경은 경찰관 직무집행법 제2조나 제5조에 의하여 그 장소에서의 폭행행위를 제지하거나 또는 이를 제지하기 위해서 폭행자에게 임의동행을 요구할 책무가 있다고 할 것이므로 **피고인이 위 순경의 목을 비틀고 이를 방해한 행위는 공무집행방해죄의 구성요건을 충족**한다(대판 1970.9.17. 70도1391).

3. 경찰관이 임의동행요구에 응하지 않는다 하여 강제연행하려고 대상자의 양팔을 잡아끈 행위는 적법한 공무집행이라고 할 수 없으므로, 그 대상자가 이러한 **불법연행으로부터 벗어나기 위하여 저항한 행위는 정당한 행위라고 할 것**이고, 이러한 행위에 무슨 과실이 있다고 할 수 없다(대판 1992.5.26. 91다38334).

4. 경찰관이 임의동행을 요구하며 **손목을 잡고 뒤로 꺾어 올리는 등으로 제압하자 거기에서 벗어나려고 몸싸움을 하는 과정에서 경찰관에게 경미한 상해를 입힌 경우**, 위법성이 결여된 행위라고 볼 것이다(대판 1999.12.28. 98도138).

피의자가 동행을 거부하는 의사를 표시하였음에도 불구하고 경찰관들이 영장에 의하지 아니하고 피의자를 강제로 연행한 행위는 위법한 체포에 해당하고, 그 위법한 체포상태에서 마약 투약 혐의를 확인하기 위해 이루어진 채뇨 요구도 위법하다.

불심검문에 의한 동행요구 등이 위법한 경우, 그로 인하여 재산상의 손해를 받은 자는 국가배상을 청구할 수 있다.

임의동행을 요구하는 순경의 목을 비틀며 방해한 행위는 공무집행방해죄가 성립한다.

경찰관이 임의동행요구에 응하지 않는다고 하여 강제연행하기 위하여 대상자의 양팔을 잡아 끈 행위는 정당한 공무집행이 아니다.

경찰관이 임의동행을 요구하며 손목을 잡고 뒤로 꺾어 올리는 등으로 제압하자 거기에서 벗어나려고 몸싸움을 하는 과정에서 경찰관에게 경미한 상해를 입힌 경우, 위법성이 없다.

경찰관이 임의동행을 요구하다가 거절당하자 무리하게도 잡아끄는 등 강제로 인치하려고만 하였을 뿐 현행범으로 체포할 요건도 갖추지 않은 경우 적법한 공무집행위가 있었다고 볼 수 없다.

경찰관의 임의동행을 요구받은 피고인이 자기 집 안방으로 피하여 문을 잠근 후 면도칼로 앞가슴 등을 그어 피를 보이면서 죽어버리겠다고 한 경우, 경찰관에 대한 폭행 또는 협박으로 볼 수 없다.

5. 경찰관이 피고인에게 **임의동행을 요구하다가 거절당하자 무리하게도 잡아끄는 등 강제로 인치하려고만 하였을 뿐 현행범으로 체포할 요건도 갖추지 않았거니와 현행범으로 체포하려고 한 것도 아닌 것**이니 적법한 공무집행행위가 있었다고 볼 수 없다(대판 1972.10.31. 72도2005).

6. 경찰관의 **임의동행을 요구받은 피고인이 자기 집 안방으로 피하여 문을 잠그었다면 이는 임의동행요구를 거절한 것**이므로 피요구자의 승낙을 조건으로 하는 임의동행하려는 직무행위는 끝난 것이고, 피고인이 문을 잠근 방 안에서 면도칼로 앞가슴 등을 그어 피를 보이면서 자신이 죽어버리겠다고 불온한 언사를 농하였다 하여도, 이는 자해자학행위는 될지언정 위 경찰관에 대한 유형력의 행사나 해악의 고지표시가 되는 폭행 또는 협박으로 볼 수 없다(대판 1976.3.9. 75도3779).

(5) 흉기소지 여부의 조사

경찰관 직무집행법 제3조 【불심검문】 ③ 경찰관은 제1항 각 호의 어느 하나에 해당하는 사람에게 질문을 할 때에 그 사람이 흉기를 가지고 있는지를 조사할 수 있다.

OX 경찰관은 수상한 행동이나 그 밖의 주위 사정을 합리적으로 판단하여 볼 때 어떠한 죄를 범하려 하고 있다고 의심할 만한 상당한 이유가 있는 사람을 정지시켜 질문할 수 있지만, 그에 수반하여 흉기의 소지 여부를 조사할 수는 없다. (×)

신체의 조사에는 법률상 근거가 필요하다.

불심검문의 내용별 성질

질문	경찰조사, 비권력적 사실행위
임의동행 요구	비강제적 수단: 위험방지 목적(○), 수사목적(×)
흉기소지 여부조사	권력적 강제조사

1) 의미

① 흉기소지 여부의 조사는 당해인의 신체나 소지품에 대한 검색을 전제로 한다.

② 신체의 조사는 신체의 자유에 대한 제한이므로 법률상의 근거가 필요하다.

2) 성질

흉기소지 여부의 조사가 수색에 해당하는가에 대해서는 견해의 대립이 있으나, 이는 **권력적 강제조사이나 신체의 자유를 침해하지 않는 한도 내에서 행해지는 경우에는 영장을 요하지 않는다.**

판례

경찰은 범죄의 예방·진압 및 수사와 함께 국민의 생명·신체 및 재산의 보호 기타 공공의 안녕과 질서유지를 직무로 하고 있고, 그 직무의 원활한 수행을 위하여 경찰관 직무집행법, 형사소송법 등 관계 법령에 의하여 여러 가지 권한이 부여되어 있으므로, 구체적인 직무를 수행하는 경찰관으로서는 제반 상황에 대응하여 자신에게 부여된 여러 가지 권한을 적절하게 행사하여 필요한 조치를 취할 수 있는 것이고, 그러한 권한은 일반적으로 경찰관의 전문적 판단에 기한 합리적인 재량에 위임되어 있는 것이나, 경찰관에게 권한을 부여한 취지와 목적에 비추어 볼 때 구체적인 사정에 따라 경찰관이 그 권한을 행사하여 필요한 조치를 취하지 아니하는 것이 현저하게 불합리하다고 인정되는 경우에는 그러한 권한의 불행사는 직무상의 의무를 위반한 것이 되어 위법하게 된다(대판 2016.4.15. 2013다20427). 따라서 **경찰관이 폭행사고현장에 도착한 후 가해자를 피해자와 완전히 격리하고, 흉기의 소지 여부를 확인하는 등 적절한 다른 조치를 하지 않은 것은 피해자에게 발생한 피해의 심각성 및 절박한 정도 등에 비추어 현저하게 불합리하여 위법하므로, 국가는 위 경찰관의 직무상 과실로 말미암아 발생한 후속 살인사고로 인하여 피해자 및 그 유족들이 입은 손해를 배상할 책임이 있다**(대판 2010.8.26. 2010다37479).

경찰관이 폭행사고 현장에 도착한 후 가해자를 피해자와 완전히 격리하고, 흉기의 소지 여부를 확인하는 등 적절한 다른 조치를 하지 않은 것이 피해자에게 발생한 피해의 심각성 및 절박한 정도 등에 비추어 현저하게 불합리하여 위법하므로, 국가는 위 경찰관의 직무상 과실로 말미암아 발생한 후속 살인사고로 인하여 피해자 및 그 유족들이 입은 손해를 배상할 책임이 있다.

3) **한계**

① 경찰관은 불심검문에 수반하여 소지품검사를 할 수 있으나, 그 소지품검사는 흉기소지를 조사하는 것에 한정되어 있다.

② 따라서 의복 또는 휴대품의 외부를 손으로 만져서 확인하는 검사로 흉기소지 여부를 탐지하고 그 개연성이 있는 경우 가방 등을 열어서 보여줄 것을 요구할 수 있을 뿐, 그 개연성이 없는 한 일반 소지품검사는 허용되지 않는다.

경찰관은 흉기소지의 개연성이 있는 경우 가방 등을 열어서 보여줄 것을 요구할 수 있을 뿐, 그 개연성이 없는 한 일반 소지품검사는 허용되지 않는다.

(6) 절차

1) **질문 · 동행요구와 증표의 제시 등**

> **경찰관 직무집행법 제3조【불심검문】** ④ 경찰관은 제1항이나 제2항에 따라 질문을 하거나 동행을 요구할 경우 자신의 신분을 표시하는 증표를 제시하면서 소속과 성명을 밝히고 질문이나 동행의 목적과 이유를 설명하여야 하며, 동행을 요구하는 경우에는 동행 장소를 밝혀야 한다. [20 소방간부]

① 증표의 제시 등은 경찰관의 권한남용을 방지하기 위한 것이므로, 이에 반하는 경찰관의 직무집행행위는 당연히 위법한 직무집행행위가 된다. 그러나 검문하는 사람이 경찰관이고 검문하는 이유가 범죄행위에 관한 것임을 피고인이 충분히 알고 있었다고 보이는 경우에는 신분증을 제시하지 않았다고 하여 그 불심검문이 위법한 공무집행이라고 할 수 없다(대판 2014.12.11. 2014도7976).

경찰관이 신분증을 제시하지 않고 불심검문을 하였으나 검문하는 사람이 경찰관이고 검문하는 이유가 범죄행위에 관한 것임을 피고인이 알고 있었던 경우, 그 불심검문은 위법한 공무집행이라 할 수 없다.

② 경찰관이 증표를 제시하면서 소속과 성명을 밝히고 그 목적과 이유를 설명하면 상대방은 질문에 수인하여야 할 의무가 발생하나, 그 수인의무가 무한정 지속되는 것은 아니다.

2) **임의동행과 가족등에의 고지**

> **경찰관 직무집행법 제3조【불심검문】** ⑤ 경찰관은 제2항에 따라 동행한 사람의 가족이나 친지 등에게 동행한 경찰관의 신분, 동행 장소, 동행 목적과 이유를 알리거나 본인으로 하여금 즉시 연락할 수 있는 기회를 주어야 하며, 변호인의 도움을 받을 권리가 있음을 알려야 한다.

가족등에의 고지는 동행자의 인신보호를 위한 것으로서 경찰관의 직무상 의무이고, 예외 없이 적용되어야 한다.

피의자에 대하여 범죄사실의 요지, 체포 또는 구속의 이유와 변호인선임권을 고지하고 변명의 기회를 주지 않고 한 긴급구속은 임의동행에 해당하지 않는다.

OX 임의동행 형식으로 수사기관에 연행된 피의자에게 변호인 또는 변호인이 되려는 자와의 접견교통권은 당연히 인정되는 반면, 임의동행 형식으로 연행된 피내사자의 경우에는 접견교통권은 인정되지 않는다. (×)

판례

1. 긴급구속 당시에 헌법 및 형사소송법에 규정된 바와 같이 피의자에 대하여 범죄사실의 요지, 체포 또는 구속의 이유와 변호인을 선임할 수 있음을 말하고 변명할 기회를 준 후가 아니면 긴급구속할 수 없으므로, 이러한 **절차를 준수하지 않고, 연행될 것을 명백히 거부하는 피의자를 강제로 연행한 것은 임의동행에 해당된다고 볼 수 없어 부당한 신체의 구속이라고 할 것이다**(대판 1995.5.26. 94다37226).
2. 변호인의 조력을 받을 권리를 실질적으로 보장하기 위하여는 변호인과의 접견교통권의 인정이 당연한 전제가 되므로, **임의동행의 형식으로 수사기관에 연행된 피의자에게도 변호인 또는 변호인이 되려는 자와의 접견교통권은 당연히 인정된다**고 보아야 하고, **임의동행의 형식으로 연행된 피내사자**의 경우에도 이는 **마찬가지**이다. 그리고 접견교통권은 피고인 또는 피의자나 피내사자의 인권보장과 방어준비를 위하여 필수불가결한 권리이므로 **법령에 의한 제한이 없는 한 수사기관의 처분은 물론 법원의 결정으로도 이를 제한할 수 없다**(대결 1996.6.3. 96모18).

(7) 동행 요구와 시간상 제한

경찰관 직무집행법 제3조【불심검문】 ⑥ 경찰관은 제2항에 따라 동행한 사람을 6시간을 초과하여 경찰관서에 머물게 할 수 없다.

임의동행의 경우 동행한 사람의 동의가 있어도 6시간을 초과하여 계속 경찰관서에 머물게 할 수 없다.

① 6시간을 초과하여 계속 머물게 할 필요가 있다고 하여도 6시간을 초과하면 임의동행한 사람을 일단 경찰관서 밖으로 내보낸 후 다시 그의 동의를 얻어 경찰관서에 머물게 할 수 있을 뿐이다.

② 임의동행한 사람의 동의가 있다고 하여도 6시간을 초과하여 계속 경찰관서에 머물게 할 수 없다. 따라서 **6시간을 초과한 후 그 사람을 경찰관서 밖으로 내보내지 아니하는 것은 불법행위에 해당**한다.

③ 6시간이 경과하기 전이라도 동행사유가 소멸되면 즉시 내보내야 한다.

경찰관으로부터 임의동행 요구를 받은 경우 상대방은 거절할 수 있을 뿐만 아니라 임의동행 후 언제든지 경찰관서에서 퇴거할 자유가 있다.

임의동행한 경우 동행한 사람을 6시간을 초과하여 경찰관서에 머물게 할 수 없다는 경찰관 직무집행법의 규정이 임의동행한 자를 6시간 동안 경찰관서에 구금하는 것을 허용하는 것은 아니다.

사법경찰관이 피고인을 불법 체포로부터 6시간 상당이 경과한 후에 이루어진 긴급체포도 위법하다.

판례

1. 임의동행은 상대방의 동의 또는 승낙을 그 요건으로 하는 것이므로 **경찰관으로부터 임의동행 요구를 받은 경우 상대방은 이를 거절할 수 있을 뿐만 아니라 임의동행 후 언제든지 경찰관서에서 퇴거할 자유가 있다** 할 것이고, 경찰관 직무집행법 제3조 제6항이 임의동행한 경우 당해인을 6시간을 초과하여 경찰관서에 머물게 할 수 없다고 규정하고 있다고 하여 그 규정이 **임의동행한 자를 6시간 동안 경찰관서에 구금하는 것을 허용하는 것은 아니다**(대판 1997.8.22. 97도1240).
2. 사법경찰관이 피고인을 수사관서까지 동행한 것이 사실상의 강제연행, 즉 불법체포에 해당하고, **불법체포로부터 6시간 상당이 경과한 후에 이루어진 긴급체포 또한 위법**하므로 피고인이 불법체포된 자로서 형법 제145조 제1항에 정한 '법률에 의하여 체포 또는 구금된 자'가 아니어서 도주죄의 주체가 될 수 없다(대판 2006.7.6. 2005도6810).

(8) 질문 · 동행 요구 · 흉기소지 여부조사와 신체구속 · 답변강요의 금지

> **경찰관 직무집행법 제3조 【불심검문】** ⑦ 제1항부터 제3항까지의 규정에 따라 질문을 받거나 동행을 요구받은 사람은 형사소송에 관한 법률에 따르지 아니하고는 신체를 구속당하지 아니하며, 그 의사에 반하여 답변을 강요당하지 아니한다.

① 질문 자체에는 영장주의가 적용되지 아니하나, 신체의 구속에는 당연히 영장주의가 적용된다.

② 경찰관 직무집행법상 질문은 상대방의 임의적인 협력(답변)을 전제로 하는 제도의 성격도 갖는다.

OX 경찰관은 이미 행하여진 범죄나 행하여지려고 하는 범죄행위에 관하여 그 사실을 안다고 인정되는 자를 정지시켜 질문할 수 있으며, 이 경우에 질문을 받은 사람은 그 의사에 반하여 답변을 강요당하지 아니한다. (○)

OX 질문시 또는 흉기소지 여부의 조사시에 당해인은 형사소송에 관한 법률에 의하지 않고는 신체를 구속당하지 않지만, 그 의사에 반한 답변강요는 허용된다. (×)

OX 불심검문시 답변을 거부하는 자는 영장 없이 구속이 가능하다. (×)

3 보호조치 등

(1) 의의

보호조치란 자기 또는 타인의 생명 · 신체와 재산에 위해를 미칠 우려가 있는 자에 대해 그 위해를 방지하기 위하여 잠정적으로 신체의 자유를 제한하는 조치를 말한다.

(2) 보호조치의 대상 및 법적 성질

> **경찰관 직무집행법 제4조 【보호조치 등】** ① 경찰관은 수상한 행동이나 그 밖의 주위 사정을 합리적으로 판단해 볼 때 다음 각 호의 어느 하나에 해당하는 것이 명백하고 응급구호가 필요하다고 믿을 만한 상당한 이유가 있는 사람(이하 '구호대상자'라 한다)을 발견하였을 때에는 보건의료기관이나 공공구호기관에 긴급구호를 요청하거나 경찰관서에 보호하는 등 적절한 조치를 할 수 있다.
> 1. **정신착란을 일으키거나 술에 취하여 자신 또는 다른 사람의 생명 · 신체 · 재산에 위해를 끼칠 우려가 있는 사람**
> 2. **자살을 시도하는 사람**
> 3. **미아, 병자, 부상자 등으로서 적당한 보호자가 없으며 응급구호가 필요하다고 인정되는 사람. 다만, 본인이 구호를 거절하는 경우는 제외한다.**

OX 정신착란자 · 주취자 · 부상자는 경찰관 직무집행법상 보호조치의 대상이나 병자로서 본인이 보호를 거절하는 사람은 그 대상이 아니다. (○)

1) 강제보호(경찰관 직무집행법 제4조 제1항 제1호 · 제2호)

① 강제보호란 본인의 거절 의사와 관계없이 이루어지는 보호를 말하는데, 이는 '감금'을 위한 유치를 가져온다(감금유치).

② 강제보호조치는 **대인적 즉시강제의 성질**을 갖는다.

2) 임의보호(경찰관 직무집행법 제4조 제1항 제3호)

① 임의보호란 본인의 거절 의사표시가 없는 경우에만 이루어질 수 있는 보호를 말하는데, 이는 '보호'를 위한 유치를 가져온다(보호유치).

② 임의보호조치는 **비권력적 사실행위의 성질**을 갖는다.

보호조치의 대상 및 법적 성질

종류	대상	법적 성질
강제보호	① 정신착란을 일으키거나 술에 취하여 자신 또는 다른 사람의 생명 · 신체 · 재산에 위해를 끼칠 우려가 있는 사람 ② 자살을 시도하는 사람	대인적 즉시강제
임의보호	미아, 병자, 부상자 등으로서 적당한 보호자가 없으며 응급구호가 필요하다고 인정되는 사람. 다만, 본인이 구호를 거절하는 경우는 제외	비권력적 사실행위

(3) 보호조치의 재량성

① 경찰관 직무집행법 제4조 제1항은 "…적절한 조치를 할 수 있다."고 규정하고 있으므로, 보호조치는 **재량행위로서의 성질**을 가진다.

② 그러나 재량행사에 하자가 없어야 하고, 경우에 따라서는 재량권이 영으로 수축될 수도 있다.

판례

국가는 그로 인하여 피해를 입은 자에 대하여 국가배상책임을 부담한다. 따라서 정신질환자의 평소 행동에 포함된 범죄내용이 경미하거나 범죄라고 볼 수 없는 비정상적 행동에 그치고 그 거동 기타 주위의 사정을 합리적으로 판단하여 보더라도 정신질환자에 의한 집주인 살인범행에 앞서 그 구체적 위험이 객관적으로 존재하고 있었다고 보기 어려운 경우, **경찰관이 그 때그때의 상황에 따라 그 정신질환자를 훈방하거나 일시 정신병원에 입원시키는 등 경찰관 직무집행법의 규정에 의한 긴급구호조치를 취하였고, 정신질환자가 퇴원하자 정신병원에서의 장기 입원치료를 받는 데 도움이 되도록 생활보호대상자 지정의뢰를 하는 등 그 나름대로의 조치를 취한 이상, 더 나아가 경찰관들이 정신질환자의 살인범행가능성을 막을 수 있을 만한 다른 조치를 취하지 아니하였거나 입건·수사하지 아니하였다고 하여 이를 법령에 위반하는 행위에 해당한다고 볼 수 없으므로, 사법경찰관리의 수사 미개시 및 긴급구호권 불행사를 이유로 한 국가배상청구는 인정될 수 없다**(대판 1996.10.25. 95다45927).

정신질환자인 세입자에 의해 집주인이 살해당한 경우, 사법경찰관리의 수사 미개시 및 긴급구호권 불행사를 이유로 한 국가배상청구는 인정될 수 없는 것이 원칙이다.

(4) 긴급구호요청에 대한 거절금지

경찰관 직무집행법 제4조 【보호조치 등】 ② 제1항에 따라 긴급구호를 요청받은 보건의료기관이나 공공구호기관은 정당한 이유 없이 긴급구호를 거절할 수 없다.

객관적으로 진료가 불가능하다면 정당한 이유가 있는 것이 되나, 정당한 이유 없이 거부하면 불이익을 받을 수도 있다.

(5) 임시영치

경찰관 직무집행법 제4조 【보호조치 등】 ③ 경찰관은 제1항의 조치를 하는 경우에 구호대상자가 휴대하고 있는 무기·흉기 등 위험을 일으킬 수 있는 것으로 인정되는 물건을 경찰관서에 임시로 영치(領置)하여 놓을 수 있다.

임시영치: 대물적 즉시강제

임시영치는 영장 없이 이루어지는 강제처분으로서, 대물적 즉시강제의 성격을 갖는다.

(6) 통제(사후조치)

1) 가족등에의 통지·인계

OX 구호대상자를 공공보건의료기관이나 공공구호기관에 인계한 경찰관은 즉시 그 사실을 해당 공공보건의료기관·공공구호기관의 장 및 그 감독행정청에 통보하여야 한다. (×)

경찰관 직무집행법 제4조 【보호조치 등】 ④ 경찰관은 제1항의 조치를 하였을 때에는 지체 없이 구호대상자의 가족, 친지 또는 그 밖의 연고자에게 그 사실을 알려야 하며, 연고자가 발견되지 아니할 때에는 구호대상자를 적당한 공공보건의료기관이나 공공구호기관에 즉시 인계하여야 한다.

2) 경찰서장등에의 보고

경찰관 직무집행법 제4조 【보호조치 등】 ⑤ 경찰관은 제4항에 따라 구호대상자를 공공보건의료기관이나 공공구호기관에 인계하였을 때에는 즉시 그 사실을 소속 경찰서장이나 해양경찰서장에게 보고하여야 한다.

3) 감독행정청등에의 통보

> **경찰관 직무집행법 제4조 【보호조치 등】** ⑥ 제5항에 따라 보고를 받은 소속 경찰서장이나 해양경찰서서장은 대통령령으로 정하는 바에 따라 구호대상자를 인계한 사실을 지체 없이 해당 공공보건의료기관 또는 공공구호기관의 장 및 그 감독행정청에 통보하여야 한다.

(7) 보호기간

> **경찰관 직무집행법 제4조 【보호조치 등】** ⑦ 제1항에 따라 구호대상자를 경찰관서에서 보호하는 기간은 24시간을 초과할 수 없고, 제3항에 따라 물건을 경찰관서에 임시로 영치하는 기간은 10일을 초과할 수 없다.

① 경찰관서에서의 보호에 기간상의 제한을 둔 것은 혹시 있을 수도 있는 경찰권의 남용을 방지하고 경찰의 임무를 경감시키기 위한 것이다.

② 만약 경찰관이 구속영장을 받음이 없이 24시간을 초과하여 경찰서보호실에 유치하는 것은 영장주의에 위배되는 위법한 구금이다.

판례

1. 경찰서에 설치되어 있는 보호실·조사대기실은 영장대기자나 즉결대기자·조사대기자 등의 도주방지와 경찰업무의 편의 등을 위한 수용시설로서 사실상 설치, 운영되고 있으나 현행법상 그 설치근거나 운영 및 규제에 관한 법령의 규정이 없고, 이러한 보호실은 그 시설 및 구조에 있어 통상 철창으로 된 방으로 되어 있어 그 안에 대기하고 있는 사람들이나 그 가족들이 출입이 제한되는 등 일단 그 장소에 유치되는 사람은 그 의사에 기하지 아니하고 일정장소에 구금되는 결과가 되므로, **경찰관 직무집행법상 정신착란자, 주취자, 자살기도자 등 응급의 구호를 요하는 자를 24시간을 초과하지 아니하는 범위 내에서 경찰관서에 보호조치할 수 있는 시설로 제한적으로 운영되는 경우를 제외하고는 구속영장을 발부받음이 없이 피의자를 보호실에 유치함은 영장주의에 위배되는 위법한 구금**으로서 적법한 공무수행이라고 볼 수 없다(대판 1994.3.11. 93도958 ; 대판 1995.5.26. 94다37226).

2. 감금죄에 있어서의 감금행위는 사람으로 하여금 일정한 장소 밖으로 나가지 못하도록 하여 신체의 자유를 제한하는 행위를 가리키는 것이고, 그 방법은 반드시 물리적, 유형적 장애를 사용하는 경우뿐만 아니라 심리적, 무형적 장애에 의하는 경우도 포함되는 것인바, 설사 **피해자가 경찰서 안에서 직장동료인 피의자들과 같이 식사도 하고 사무실 안팎을 내왕하였다 하여도 피해자를 경찰서 밖으로 나가지 못하도록 그 신체의 자유를 제한하는 유형, 무형의 억압이 있었다면 이는 감금행위에 해당**한다(대결 1991.12.30. 91모5).

3. **경찰관 직무집행법 제4조 제1항에 따른 보호조치 요건이 갖추어지지 않았음에도 경찰관이 범죄수사를 목적으로 피의자에 해당하는 사람을 위 조항의 피구호자로 삼아 의사에 반하여 경찰관서에 데려간 경우, 위법한 체포에 해당하는지 여부(적극)**
경찰관 직무집행법 제4조 제1항 제1호(이하 '이 사건 조항'이라 한다)의 보호조치 요건이 갖추어지지 않았음에도, 경찰관이 실제로는 범죄수사를 목적으로 피의자에 해당하는 사람을 이 사건 조항의 피구호자로 삼아 그의 의사에 반하여 경찰관서에 데려간 행위는, 달리 현행범체포나 임의동행 등의 적법 요건을 갖추었다고 볼 사정이 없다면, 위법한 체포에 해당한다고 보아야 한다(대판 2012.12.13. 2012도11162).

OX 경찰관은 응급구호가 필요하다고 믿을 만한 상당한 이유가 있는 사람을 발견하였을 때에는 경찰관서에 보호조치를 하거나 물건을 임시영치할 수 있으며, 이 경우 경찰관서에서의 보호는 48시간을, 임시영치는 7일을 초과할 수 없다. (×)

정신착란자, 주취자, 자살기도자 등을 구속영장의 발부 없이 24시간을 초과하여 경찰서 조사대기실에 유치하는 것은 영장주의에 반하는 위법한 구금이다.

피해자가 경찰서 안에서 직장동료인 피의자들과 같이 식사도 하고 사무실 안팎을 내왕하였다 하여도 피해자를 경찰서 밖으로 나가지 못하도록 그 신체의 자유를 제한하는 유형, 무형의 억압이 있었다면 이는 감금행위에 해당한다.

4. 음주측정을 위하여 운전자를 강제로 연행할 때 준수하여야 하는 절차를 위반한 경우 위법한 체포에 해당하는지 여부(적극) 및 위법한 체포 상태에서 이루어진 음주측정요구에 불응한 행위를 음주측정거부에 관한 도로교통법 위반죄로 처벌할 수 있는지 여부(소극)

교통안전과 위험방지를 위한 필요가 없음에도 주취운전을 하였다고 인정할 만한 상당한 이유가 있다는 이유만으로 이루어지는 음주측정은 이미 행하여진 주취운전이라는 범죄행위에 대한 증거 수집을 위한 수사절차로서 의미를 가지는데, 도로교통법상 규정들이 음주측정을 위한 강제처분의 근거가 될 수 없으므로 위와 같은 음주측정을 위하여 운전자를 강제로 연행하기 위해서는 수사상 강제처분에 관한 형사소송법상 절차에 따라야 하고, 이러한 절차를 무시한 채 이루어진 강제연행은 위법한 체포에 해당한다. 이와 같은 위법한 체포 상태에서 음주측정요구가 이루어진 경우, 음주측정요구를 위한 위법한 체포와 그에 이은 음주측정요구는 주취운전이라는 범죄행위에 대한 증거 수집을 위하여 연속하여 이루어진 것으로서 개별적으로 적법 여부를 평가하는 것은 적절하지 않으므로 일련의 과정을 전체적으로 보아 위법한 음주측정요구가 있었던 것으로 볼 수밖에 없고, 운전자가 주취운전을 하였다고 인정할 만한 상당한 이유가 있다 하더라도 운전자에게 경찰공무원의 이와 같은 위법한 음주측정요구까지 응할 의무가 있다고 보아 이를 강제하는 것은 부당하므로 그에 불응하였다고 하여 음주측정거부에 관한 도로교통법 위반죄로 처벌할 수 없다(대판 2012.12.13. 2012도11162).

5. 경찰관 직무집행법 제4조 제1항 제1호에서 규정하는 술에 취한 상태로 인하여 자기 또는 타인의 생명·신체와 재산에 위해를 미칠 우려가 있는 피구호자에 대한 보호조치는 경찰행정상 즉시강제에 해당하므로, 그 조치가 불가피한 최소한도 내에서만 행사되도록 발동·행사 요건을 신중하고 엄격하게 해석하여야 한다. 따라서 이 사건 조항의 '술에 취한 상태'란 피구호자가 술에 만취하여 정상적인 판단능력이나 의사능력을 상실할 정도에 이른 것을 말하고, 이 사건 조항에 따른 보호조치를 필요로 하는 피구호자에 해당하는지는 구체적인 상황을 고려하여 경찰관 평균인을 기준으로 판단하되, 그 판단은 보호조치의 취지와 목적에 비추어 현저하게 불합리하여서는 아니 되며, <u>피구호자의 가족 등에게 피구호자를 인계할 수 있다면 특별한 사정이 없는 한 경찰관서에서 피구호자를 보호하는 것은 허용되지 않는다</u>(대판 2012.12.13. 2012도11162).

6. 경찰공무원은 교통의 안전과 위험방지를 위하여 필요하다고 인정하거나 운전자가 술에 취한 상태에서 자동차 등을 운전하였다고 인정할 만한 상당한 이유가 있고 운전자의 음주운전 여부를 확인하기 위하여 필요한 경우에는 사후의 음주측정에 의하여 음주운전 여부를 확인할 수 없음이 명백하지 않는 한 운전자에 대하여 구 도로교통법(2011.6.8. 법률 제10790호로 개정되기 전의 것) 제44조 제2항에 의하여 음주측정을 요구할 수 있고, 운전자가 이에 불응한 경우에는 같은 법 제148조의2 제2호의 음주측정불응죄가 성립한다. 이와 같은 법리는 운전자가 경찰관 직무집행법 제4조에 따라 보호조치된 사람이라고 하여 달리 볼 것이 아니므로, <u>경찰공무원이 보호조치된 운전자에 대하여 음주측정을 요구하였다는 이유만으로 음주측정 요구가 당연히 위법하다거나 보호조치가 당연히 종료된 것으로 볼 수는 없다</u>(대판 2012.2.9. 2011도4328).

4 위험발생의 방지조치

(1) 의의

위험발생의 방지조치란 인명 또는 신체에 위해를 미치거나 재산에 중대한 손해를 끼칠 우려가 있는 위험한 사태가 있을 때에 그 위험발생을 방지하기 위하여 취하는 조치를 말한다.

(2) 조치의 요건

경찰관 직무집행법 제5조 【위험발생의 방지】 ① 경찰관은 사람의 생명 또는 신체에 위해를 끼치거나 재산에 중대한 손해를 끼칠 우려가 있는 천재, 사변, 인공구조물의 파손이나 붕괴, 교통사고, 위험물의 폭발, 위험한 동물 등의 출현, 극도의 혼잡, 그 밖의 위험한 사태가 있을 때에는 다음 각 호의 조치를 할 수 있다.
1. 그 장소에 모인 사람, 사물의 관리자 그 밖의 관계인에게 필요한 **경고**를 하는 것
2. 매우 긴급한 경우에는 위해를 입을 우려가 있는 사람을 필요한 한도에서 **억류하거나 피난**시키는 것
3. 그 장소에 있는 사람, 사물의 관리자, 그 밖의 관계인에게 위해를 방지하기 위하여 필요하다고 인정되는 조치를 하게 하거나 직접 그 조치를 하는 것

① 경찰관 직무집행법 제5조 제1항은 '위험한 사태'의 예로 천재, 사변, 인공구조물의 파손이나 붕괴, 교통사고, 위험물의 폭발, 위험한 동물 등의 출현, 극도의 혼잡을 들고 있다.

② '그 밖의 위험한 사태'를 포함하고 있으므로 이는 **예시규정**이다.

(3) 조치의 내용

1) 경고(제5조 제1항 제1호)

① '사물의 관리자'란 그 사물에 대한 법률상 또는 사실상 지배권을 갖고 있는 자(예컨대 자동차의 운전자, 동물의 주인, 흥행사업의 주최자)를 의미한다.

② '경고'란 위험이 존재한다는 것을 알리고 동시에 위험에 대비하도록 하는 행위(예컨대 홍수로 인해 조만간 제방붕괴의 가능성이 있으니 대피를 준비하라는 통지)로서의 지도·권고 등을 의미한다.

③ 경고는 위험의 존재와 대비를 알리는 사실행위일 뿐, 상대방에게 법적 효과를 가져오는 행정행위는 아니다. 즉, **비권력적 사실행위로서 경찰지도의 성격**을 갖는다.

2) 억류 또는 피난(제5조 제1항 제2호)

① '매우 긴급한 경우'란 위험에 대한 사전 경고를 발할 만큼 시간적 여유가 있는 것이 아니라 위험의 현실화가 목전에 급박하다는 것을 의미한다.

② '필요한 한도'란 억류 또는 피난시키는 것이 비례원칙에 따라야 한다는 것을 의미한다.

③ '억류'란 위험한 장소에의 출입을 막는 것(출입제한)을 의미하고, '피난'이란 위험한 장소로부터 떠나는 것(퇴거명령)을 의미한다.

OX '경찰관은 사람의 생명 또는 신체에 위해를 끼치거나 재산에 중대한 손해를 끼칠 우려가 있는 천재, 사변, 인공구조물의 파손이나 붕괴, 교통사고, 위험물의 폭발, 위험한 동물 등의 출현, 극도의 혼잡, 그 밖의 위험한 사태가 있을 때'에는 그 장소에 모인 사람, 사물의 관리자 그 밖의 관계인에게 필요한 경고를 할 수 있다. (○)

조치내용의 법적 성질

경고	• 비권력적 사실행위로서 경찰지도 • 행정행위(×)
억류·피난	• 경찰상 즉시강제 • 「행정절차법」상의 처분
필요하다고 인정되는 조치	불확정개념

④ 억류나 피난은 단지 특정의 짧은 기간 동안만 제한을 가하는 것에 불과하기 때문에 일반적으로 거주이전의 자유를 침해하는 것이 아니다. 또한 억류나 피난은 기본권인 행동의 자유에 대한 헌법상 허용되는 침해이다.

⑤ 억류나 피난은 행정절차법에서 규정하는 처분에 해당하고, 다수자에 대한 억류나 피난은 일반처분에 해당하는 경우도 있다.

⑥ 억류나 피난은 **경찰상 즉시강제의 성질**을 갖는다. 따라서 당사자의 의사에 반하여 강제로 억류나 피난을 시킬 수 있다.

3) 그 밖에 필요한 위험방지조치(제5조 제1항 제3호)

'필요하다고 인정되는 조치'란 불확정개념으로서, 이에 해당하는지의 여부에 대판 판단은 객관적으로 이루어져야 한다.

(4) 조치의 재량성

위험발생의 방지조치: 재량처분

① 경찰관 직무집행법 제5조 제1항은 "…조치를 할 수 있다."고 규정하고 있으므로, 위험발생의 방지조치는 **재량처분으로서의 성질**을 갖는다.

② 그러나 구체적 상황과의 관련에서는 일정조치를 취하는 것만이 의무에 합당한 재량권 행사로 인정되는 경우도 있을 수 있다(재량권의 영으로의 수축이론).

경찰관 직무집행법상 위험발생의 방지조치는 경찰관의 재량행위에 해당하지만, 구체적인 사정에 따라 경찰관이 그 권한을 행사하여 필요한 조치를 취하지 아니하는 것이 현저하게 불합리하다고 인정되는 경우에는 그러한 권한의 불행사는 직무상의 의무를 위반한 것이 되어 위법하게 된다.

판례

경찰관 직무집행법 제5조는 경찰관은 인명 또는 신체에 위해를 미치거나 재산에 중대한 손해를 끼칠 우려가 있는 위험한 사태가 있을 때에는 그 각 호의 조치를 취할 수 있다고 규정하여 **형식상 경찰관에게 재량에 의한 직무수행권한을 부여한 것**처럼 되어 있으나, 경찰관에게 그러한 권한을 부여한 취지와 목적에 비추어 볼 때 **구체적인 사정에 따라 경찰관이 그 권한을 행사하여 필요한 조치를 취하지 아니하는 것이 현저하게 불합리하다고 인정되는 경우에는 그러한 권한의 불행사는 직무상의 의무를 위반한 것이 되어 위법하게 된다.** 따라서 경찰관이 농민들의 시위를 진압하고 시위과정에 도로상에 방치된 트랙터 1대에 대하여 이를 도로 밖으로 옮기거나 후방에 안전표지판을 설치하는 것과 같은 위험발생방지조치를 취하지 아니한 채 그대로 방치하고 철수하여 버린 결과, 야간에 그 도로를 진행하던 운전자가 위 방치된 트랙터를 피하려다가 다른 트랙터에 부딪혀 상해를 입은 경우 국가배상책임이 인정된다(대판 1998.8.25, 98다16890).

OX 경찰관이 농민들의 시위를 진압하고 시위과정에 도로상에 방치된 트랙터 1대에 대하여 이를 도로 밖으로 옮기거나 후방에 안전표지판을 설치하는 것과 같은 위험발생방지조치를 취하지 아니한 채 그대로 방치하고 철수하여 버린 결과, 야간에 그 도로를 진행하던 운전자가 위 방치된 트랙터를 피하려다가 다른 트랙터에 부딪혀 상해를 입은 경우 경찰관 직무집행법 제5조의 위험발생방지조치는 경찰관에게 재량에 의한 직무수행권한을 부여하고 있으므로 국가배상책임이 인정되지 않는다. (×)

(5) 대간첩작전수행 또는 소요사태진압상의 특례

경찰관 직무집행법 제5조 【위험발생의 방지】 ② 경찰관서의 장은 대간첩 작전의 수행이나 소요(騷擾) 사태의 진압을 위하여 필요하다고 인정되는 상당한 이유가 있을 때에는 대간첩 작전지역이나 경찰관서·무기고 등 국가중요시설에 대한 접근 또는 통행을 제한하거나 금지할 수 있다.

OX 경찰관서의 장은 소요사태의 진압을 위하여 필요하다고 인정하는 상당한 경우에도 국가중요시설에 대한 통행을 금지하여서는 안 된다. (×)

(6) 통제(절차)

1) 경찰관서의 장에의 보고

경찰관 직무집행법 제5조【위험발생의 방지】 ③ 경찰관은 제1항의 조치를 하였을 때에는 지체 없이 그 사실을 소속 경찰관서의 장에게 보고하여야 한다.

2) 경찰관서의 장의 조치

경찰관 직무집행법 제5조【위험발생의 방지】 ④ 제2항의 조치를 하거나 제3항의 보고를 받은 경찰관서의 장은 관계 기관의 협조를 구하는 등 적절한 조치를 하여야 한다.

5 범죄의 예방과 제지

(1) 의의

경찰관 직무집행법 제6조【범죄의 예방과 제지】 경찰관은 **범죄행위가 목전(目前)에 행하여지려고 하고 있다고 인정될 때**에는 이를 **예방하기 위하여 관계인에게 필요한 경고를 하고, 그 행위로 인하여 사람의 생명·신체에 위해를 끼치거나 재산에 중대한 손해를 끼칠 우려가 있는 긴급한 경우에는 그 행위를 제지할 수 있다.**

판례

경찰관 직무집행법 제6조에 따른 **경찰관의 제지조치가 적법한 직무집행으로 평가**되기 위해서는, 형사처벌의 대상이 되는 행위가 눈앞에서 막 이루어지려고 하는 것이 객관적으로 인정될 수 있는 상황이고, 그 행위를 당장 제지하지 않으면 곧 인명·신체에 위해를 미치거나 재산에 중대한 손해를 끼칠 우려가 있는 상황이어서, 직접 제지하는 방법 외에는 위와 같은 결과를 막을 수 없는 절박한 사태이어야 한다. 다만, **경찰관의 제지조치가 적법한지는 제지조치 당시의 구체적 상황을 기초로 판단하여야 하고 사후적으로 순수한 객관적 기준에서 판단할 것은 아니다**(대판 2018.12.13. 2016도19417).

(2) 성질

① 경고는 범죄행위로 나아가지 말 것을 통고·권고하는 **비권력적 사실행위로서 경찰지도의 성질을 가질 뿐, 행정행위는 아니다.**

② 범죄의 제지는 경찰관이 신체상의 힘 또는 경찰장구를 이용하여 범죄행위를 실행에 옮기지 못하도록 하는 것인데, 이는 **대인적 즉시강제의 성질을 갖는다.**

경찰관의 제지조치가 적법한 직무집행으로 평가될 수 있기 위한 요건
① 형사처벌의 대상이 되는 행위가 눈앞에서 막 이루어지려고 하는 것이 객관적으로 인정될 수 있는 상황일 것
② 그 행위를 당장 제지하지 않으면 곧 인명·신체에 위해를 미치거나 재산에 중대한 손해를 끼칠 우려가 있는 상황일 것
③ 직접 제지하는 방법 외에는 막을 수 없는 절박한 사태일 것

경찰관의 제지조치가 적법한지 판단하는 기준: 제지조치 당시의 구체적 상황을 기초로 판단(○), 사후적으로 순수한 객관적 기준에서 판단(×)

경고와 범죄 제지의 법적 성질

구분	성질
경고	비권력적 사실행위로서 경찰지도(○), 행정행위(×)
제지	대인적 즉시강제

경찰관 직무집행법에 의거한 경찰관의 범죄예방을 위한 제지조치는 경찰행정상 즉시강제이자 권력적 사실행위에 해당한다.

경찰관은 경찰관 직무집행법에 따라 경범죄에 해당하는 행위를 예방·진압·수사하고, 필요한 경우 제지할 수 있다.

한밤중에 음악을 크게 켜놓거나 소리를 질러 소란스럽다는 이웃 주민들의 112신고를 받고 출동한 경찰관이 인터폰으로 문을 열어달라고 하였으나 욕설을 하여 피고인을 만나기 위해 전기차단기를 내린 행위는 적법한 직무집행으로 볼 여지가 있다.

위법한 집회·시위가 장차 특정지역에서 개최될 것이 예상된다고 하더라도, 이와 시간적·장소적으로 근접하지 않은 다른 지역에서 그 집회·시위에 참가하기 위하여 출발 또는 이동하는 행위를 함부로 제지하는 것은 경찰관의 제지의 범위를 명백히 넘어 허용될 수 없다.

시위참가자들이 경찰관들의 위법한 제지행위에 대항하는 과정에서 공동하여 경찰관들에게 PVC파이프를 휘두르거나 진압방패와 채증장비를 빼앗는 등의 폭행행위를 한 것이 정당행위나 정당방위에 해당하지 아니한다.

판례

1. 경찰관 직무집행법 제6조 제1항 중 **경찰관의 제지에 관한 부분**은 **범죄 예방을 위한 경찰행정상 즉시강제**, 즉 눈앞의 급박한 경찰상 장해를 제거하여야 할 필요가 있고 의무를 명할 시간적 여유가 없거나 의무를 명하는 방법으로는 그 목적을 달성하기 어려운 상황에서 의무불이행을 전제로 하지 아니하고 경찰이 직접 실력을 행사하여 경찰상 필요한 상태를 실현하는 **권력적 사실행위에 관한 근거조항**이다(대판 2018.12.13. 2016도19417).

2. [1] 주거지에서 음악 소리를 크게 내거나 큰 소리로 떠들어 이웃을 시끄럽게 하는 행위는 경범죄 처벌법 제3조 제1항 제21호에서 경범죄로 정한 '인근소란 등'에 해당한다. 경찰관은 경찰관 직무집행법에 따라 **경범죄에 해당하는 행위**를 **예방·진압·수사하고, 필요한 경우 제지할 수 있다.**
[2] 피고인이 자정에 가까운 한밤중에 음악을 크게 켜놓거나 소리를 지른 것은 경범죄 처벌법 제3조 제1항 제21호에서 금지하는 인근소란행위에 해당하고, 그로 인하여 인근 주민들이 잠을 이루지 못하게 될 수 있으며, 甲과 乙이 112신고를 받고 출동하여 눈앞에서 벌어지고 있는 범죄행위를 막고 주민들의 피해를 예방하기 위해 피고인을 만나려 하였으나 피고인은 문조차 열어주지 않고 소란행위를 멈추지 않았던 상황이라면 피고인의 행위를 제지하고 수사하는 것은 경찰관의 직무상 권한이자 의무라고 볼 수 있으므로, 위와 같은 상황에서 甲과 乙이 **피고인의 집으로 통하는 전기를 일시적으로 차단한 것**은 피고인을 집 밖으로 나오도록 유도한 것으로서, 피고인의 범죄행위를 진압·예방하고 수사하기 위해 필요하고도 적절한 조치로 보이고, 경찰관 직무집행법 제1조의 목적에 맞게 제2조의 직무 범위 내에서 제6조에서 정한 **즉시강제의 요건을 충족한 적법한 직무집행으로 볼 여지가 있다**(대판 2018.12.13. 2016도19417).

3. 구 집회 및 시위에 관한 법률에 의하여 금지되어 그 주최 또는 참가행위가 형사처벌의 대상이 되는 **위법한 집회·시위가 장차 특정 지역에서 개최될 것이 예상된다고 하더라도, 이와 시간적·장소적으로 근접하지 않은 다른 지역에서 그 집회·시위에 참가하기 위하여 출발 또는 이동하는 행위를 함부로 제지하는 것은 경찰관 직무집행법 제6조의 행정상 즉시강제인 경찰관의 제지의 범위를 명백히 넘어 허용될 수 없다.** 따라서 이러한 제지행위는 공무집행방해죄의 보호대상이 되는 공무원의 적법한 직무집행이 아니다(대판 2008.11.13. 2007도9794 ; 대판 2009.6.11. 2009도2114).

4. 시위참가자들이 경찰관들의 위법한 제지행위에 대항하는 과정에서 공동하여 경찰관들에게 PVC파이프를 휘두르거나 진압방패와 채증장비를 빼앗는 등의 폭행행위를 한 것이 정당행위나 정당방위에 해당하지 아니하고(대판 2009.6.11. 2009도2114), 집회장소 사용승낙을 하지 않은 甲 대학교 측의 집회저지 협조요청에 따라 경찰관들이 甲 대학교 출입문에서 신고된 甲 대학교에서의 집회에 참가하려는 자의 출입을 저지한 것은 경찰관 직무집행법 제6조의 주거침입행위에 대한 사전 제지조치로 볼 수 있고, 비록 그 때문에 소정의 신고 없이 乙 대학교로 장소를 옮겨서 집회를 하였다 하여 그 신고 없이 한 집회가 긴급피난에 해당한다고도 할 수 없다(대판 1990.8.14. 90도870).

6 위험방지를 위한 출입

(1) 긴급출입(일반출입)

경찰관 직무집행법 제7조 【위험방지를 위한 출입】 ① 경찰관은 제5조 제1항·제2항 및 제6조에 따른 위험한 사태가 발생하여 사람의 생명·신체 또는 재산에 대한 위해가 임박한 때에 그 위해를 방지하거나 피해자를 구조하기 위하여 부득이하다고 인정하면 합리적으로 판단하여 필요한 한도에서 다른 사람의 토지·건물·배 또는 차에 출입할 수 있다.

OX 경찰관은 범죄수사를 위하여 부득이하다고 인정하면 합리적으로 판단하여 필요한 한도에서 다른 사람의 토지·건물·배 또는 차에 출입할 수 있다. (×)

① 긴급출입의 경우 경찰관은 출입하여 내부를 둘러볼 수는 있지만 그 장소를 수색할 수는 없다.
② 긴급출입은 **대가택 즉시강제의 성질**을 갖는다.

긴급출입: 대가택 즉시강제

(2) 예방출입(다수인이 출입하는 장소에의 출입)

경찰관 직무집행법 제7조 【위험방지를 위한 출입】 ② 흥행장, 여관, 음식점, 역, 그 밖에 많은 사람이 출입하는 장소의 관리자나 그에 준하는 관계인은 경찰관이 범죄나 사람의 생명·신체·재산에 대한 위해를 예방하기 위하여 해당 장소의 영업시간이나 해당 장소가 일반인에게 공개된 시간에 그 장소에 출입하겠다고 요구하면 정당한 이유 없이 그 요구를 거절할 수 없다.

예방출입은 **경찰조사의 성질**을 갖는다.

예방출입: 경찰조사

(3) 대간첩 작전을 위한 검색

경찰관 직무집행법 제7조 【위험방지를 위한 출입】 ③ 경찰관은 대간첩 작전 수행에 필요할 때에는 작전지역에서 제2항에 따른 장소를 검색할 수 있다.

예방출입의 경우에 비해 그 요건이 완화되어 있다.

(4) 통제(절차)

경찰관 직무집행법 제7조 【위험방지를 위한 출입】 ④ 경찰관은 제1항부터 제3항까지의 규정에 따라 필요한 장소에 출입할 때에는 그 신분을 표시하는 증표를 제시하여야 하며, 함부로 관계인이 하는 정당한 업무를 방해해서는 아니 된다.

7 사실의 확인 등

(1) 사실의 조회·확인

경찰관 직무집행법 제8조 【사실의 확인 등】 ① **경찰관서의 장**은 직무 수행에 필요하다고 인정되는 상당한 이유가 있을 때에는 국가기관이나 공사(公私) 단체 등에 직무 수행에 관련된 사실을 조회할 수 있다. 다만, 긴급한 경우에는 소속 경찰관으로 하여금 현장에 나가 해당 기관 또는 단체의 장의 협조를 받아 그 사실을 확인하게 할 수 있다. [17 국가직 7급]

OX 경찰관은 직무 수행에 필요하다고 인정되는 상당한 이유가 있을 때에는 국가기관이나 공사단체 등에 직무 수행에 관련된 사실을 조회할 수 있다. (×)

(2) 출석요구

> **경찰관 직무집행법 제8조 【사실의 확인 등】** ② 경찰관은 다음 각 호의 직무를 수행하기 위하여 필요하면 관계인에게 출석하여야 하는 사유·일시 및 장소를 명확히 적은 출석 요구서를 보내 경찰관서에 출석할 것을 요구할 수 있다.
> 1. 미아를 인수할 보호자 확인
> 2. 유실물을 인수할 권리자 확인
> 3. 사고로 인한 사상자(死傷者) 확인
> 4. 행정처분을 위한 교통사고 조사에 필요한 사실 확인

8 유치장

유치장에의 수용은 경찰관 직무집행법상의 강제수단이다.

> **경찰관 직무집행법 제9조 【유치장】** 법률에서 정한 절차에 따라 체포·구속된 사람 또는 신체의 자유를 제한하는 판결이나 처분을 받은 사람을 수용하기 위하여 경찰서와 해양경찰서에 유치장을 둔다.

9 경찰장비의 사용 등

(1) 경찰장비의 사용

> **경찰관 직무집행법 제10조 【경찰장비의 사용 등】** ① 경찰관은 직무수행 중 경찰장비를 사용할 수 있다. 다만, 사람의 생명이나 신체에 위해를 끼칠 수 있는 경찰장비(이하 '위해성 경찰장비'라 한다)를 사용할 때에는 필요한 안전교육과 안전검사를 받은 후 사용하여야 한다.
> ② 제1항 본문에서 '경찰장비'란 무기, 경찰장구, 최루제(催涙劑)와 그 발사장치, 살수차(撒水車), 감식기구(鑑識機具), 해안 감시기구, 통신기기, 차량·선박·항공기 등 경찰이 직무를 수행할 때 필요한 장치와 기구를 말한다.
> ③ 경찰관은 경찰장비를 함부로 개조하거나 경찰장비에 임의의 장비를 부착하여 일반적인 사용법과 달리 사용함으로써 다른 사람의 생명·신체에 위해를 끼쳐서는 아니 된다.
> ④ 위해성 경찰장비는 필요한 최소한도에서 사용하여야 한다.
> ⑤ 경찰청장은 위해성 경찰장비를 새로 도입하려는 경우에는 대통령령으로 정하는 바에 따라 안전성 검사를 실시하여 그 안전성 검사의 결과보고서를 국회직 소관 상임위원회에 제출하여야 한다. 이 경우 안전성 검사에는 외부 전문가를 참여시켜야 한다.
> ⑥ 위해성 경찰장비의 종류 및 그 사용기준, 안전교육·안전검사의 기준 등은 대통령령으로 정한다.

경찰장비의 사용: 경찰상 즉시강제

경찰장비의 사용은 **경찰상 즉시강제의 성질**을 갖는다.

경찰관이 직사살수의 방법으로 집회나 시위 참가자들을 해산시키려면, 먼저 해산사유를 구체적으로 고지하는 적법한 절차에 따른 해산명령을 시행한 후에 직사살수의 방법을 사용할 수 있다.

판례

1. 경찰관이 직사살수의 방법으로 집회나 시위 참가자들을 해산시키는 것은 집회의 자유나 신체의 자유를 침해할 우려가 있으므로 적법절차의 원칙을 준수하여야 한다. 따라서 경찰관이 직사살수의 방법으로 집회나 시위 참가자들을 해산시키려면, 먼저 집회 및 시위에 관한 법률 제20조 제1항 각 호에서 정한 해산사유를 구체적으로 고지하는 적법한 절차에 따른 해산명령을 시행한 후에 직사살수의 방법을 사용할 수 있다고 보아야 한다(대판 2019.1.17. 2015다236196).

2. 이 사건 직사살수행위는 불법 집회로 인하여 발생할 수 있는 타인 또는 경찰관의 생명·신체의 위해와 재산·공공시설의 위험을 억제하기 위하여 이루어진 것이므로 그 목적이 정당하다. 이 사건 직사살수행위 당시 청구인 백▽▽는 살수를 피해 뒤로 물러난 시위대와 떨어져 홀로 경찰 기동버스에 매여 있는 밧줄을 잡아당기고 있었다. 따라서 이 사건 직사살수행위 당시 억제할 필요성이 있는 생명·신체의 위해 또는 재산·공공시설의 위험 자체가 발생하였다고 보기 어려우므로, 수단의 적합성을 인정할 수 없다(헌재 2020.4.23. 2015헌마1149).

생명·신체의 위해 또는 재산·공공시설의 위험 자체가 발생하였다고 보기 어렵다면 직사살수는 과잉금지원칙에 위반된다.

(2) 경찰장구의 사용

경찰관 직무집행법 제10조의2【경찰장구의 사용】 ① 경찰관은 다음 각 호의 직무를 수행하기 위하여 필요하다고 인정되는 상당한 이유가 있을 때에는 그 사태를 합리적으로 판단하여 필요한 한도에서 경찰장구를 사용할 수 있다.
1. 현행범이나 사형·무기 또는 장기 3년 이상의 징역이나 금고에 해당하는 죄를 범한 범인의 체포 또는 도주 방지
2. 자신이나 다른 사람의 생명·신체의 방어 및 보호
3. 공무집행에 대한 항거 제지

② 제1항에서 '경찰장구'란 경찰관이 휴대하여 범인 검거와 범죄 진압 등의 직무 수행에 사용하는 수갑, 포승(捕繩), 경찰봉, 방패 등을 말한다.

OX 경찰관은 공무집행에 대한 항거 제지를 위하여 필요하다고 인정되는 상당한 이유가 있을 때에는 그 사태를 합리적으로 판단하여 필요한 한도에서 수갑, 포승, 경찰봉, 방패 등의 경찰장구를 사용할 수 있다. (O)

경찰관이 모든 범죄인의 체포를 위하여 경찰장구를 사용할 수 있는 것은 아님을 주의하여야 한다.

경찰관이 모든 범죄인의 체포를 위하여 경찰장구를 사용할 수 있는 것은 아니다.

(3) 분사기·최루탄의 사용

경찰관 직무집행법 제10조의3【분사기 등의 사용】 경찰관은 다음 각 호의 직무를 수행하기 위하여 부득이한 경우에는 **현장책임자가 판단**하여 필요한 최소한의 범위에서 분사기(「총포·도검·화약류 등의 안전관리에 관한 법률」에 따른 분사기를 말하며, 그에 사용하는 최루 등의 작용제를 포함한다) 또는 최루탄을 사용할 수 있다.
1. 범인의 체포 또는 범인의 도주 방지
2. 불법집회·시위로 인한 자신이나 다른 사람의 생명·신체와 재산 및 공공시설 안전에 대한 현저한 위해의 발생 억제

OX 경찰관은 범인의 체포·도주의 방지 또는 불법집회·시위로 인하여 자신이나 타인의 생명·신체와 재산 및 공공시설 안전에 대한 현저한 위해의 발생을 억제하기 위하여 부득이한 경우 스스로의 판단으로 필요한 최소한의 범위에서 분사기 또는 최루탄을 사용할 수 있다. (×)

판례

집회나 시위 해산을 위한 살수차 사용은 집회의 자유 및 신체의 자유에 대한 중대한 제한을 초래하므로 살수차 사용요건이나 기준은 법률에 근거를 두어야 하고, 살수차와 같은 위해성 경찰장비는 본래의 사용방법에 따라 지정된 용도로 사용되어야 하며 다른 용도나 방법으로 사용하기 위해서는 반드시 법령에 근거가 있어야 한다. 혼합살수방법은 법령에 열거되지 않은 새로운 위해성 경찰장비에 해당하고 이 사건 지침에 혼합살수의 근거 규정을 둘 수 있도록 위임하고 있는 법령이 없으므로, 이 사건 지침은 법률유보원칙에 위배되고 이 사건 지침만을 근거로 한 이 사건 혼합살수행위 역시 법률유보원칙에 위배된다. 따라서 이 사건 혼합살수행위는 청구인들의 신체의 자유와 집회의 자유를 침해한다(헌재 2018.5.31. 2015헌마476).

(4) 무기의 사용

OX 장기 3년 이상의 금고에 해당하는 죄를 범한 사람이 경찰관의 직무집행에 항거한 때, 경찰관은 그 행위를 방지하거나 그 행위자를 체포하기 위하여 무기를 사용하지 아니하고는 다른 수단이 없다고 인정되는 상당한 이유가 있을 때에는 그 사태를 합리적으로 판단하여 필요한 한도에서 그 사람에 대하여 위해를 수반하는 무기사용을 할 수 있다. (○)

경찰관 직무집행법 제10조의4 【무기의 사용】 ① 경찰관은 범인의 체포, 범인의 도주 방지, 자신이나 다른 사람의 생명·신체의 방어 및 보호, 공무집행에 대한 항거의 제지를 위하여 필요하다고 인정되는 상당한 이유가 있을 때에는 그 사태를 합리적으로 판단하여 필요한 한도에서 무기를 사용할 수 있다. 다만, 다음 각 호의 어느 하나에 해당할 때를 제외하고는 사람에게 위해를 끼쳐서는 아니 된다.

1. 「형법」에 규정된 정당방위와 긴급피난에 해당할 때
2. 다음 각 목의 어느 하나에 해당하는 때에 그 행위를 방지하거나 그 행위자를 체포하기 위하여 무기를 사용하지 아니하고는 다른 수단이 없다고 인정되는 상당한 이유가 있을 때
   가. 사형·무기 또는 장기 3년 이상의 징역이나 금고에 해당하는 죄를 범하거나 범하였다고 의심할 만한 충분한 이유가 있는 사람이 경찰관의 직무집행에 항거하거나 도주하려고 할 때
   나. 체포·구속영장과 압수·수색영장을 집행하는 과정에서 경찰관의 직무집행에 항거하거나 도주하려고 할 때
   다. 제3자가 가목 또는 나목에 해당하는 사람을 도주시키려고 경찰관에게 항거할 때
   라. 범인이나 소요를 일으킨 사람이 무기·흉기 등 위험한 물건을 지니고 경찰관으로부터 3회 이상 물건을 버리라는 명령이나 항복하라는 명령을 받고도 따르지 아니하면서 계속 항거할 때
3. 대간첩 작전 수행 과정에서 무장간첩이 항복하라는 경찰관의 명령을 받고도 따르지 아니할 때

② 제1항에서 '무기'란 사람의 생명이나 신체에 위해를 끼칠 수 있도록 제작된 권총·소총·도검 등을 말한다.

③ 대간첩·대테러 작전 등 국가안전에 관련되는 작전을 수행할 때에는 개인화기 외에 공용화기를 사용할 수 있다.

경찰관은 원칙적으로 무기를 사용하여 사람에게 위해를 가할 수 없다.

① 경찰관은 범인의 체포를 위하여 필요하다고 인정되는 경우에도 원칙적으로 무기를 사용하여 사람에게 위해를 가할 수 없다.

② 경찰관 직무집행법 제10조의4 제1항 제2호의 경우에는 제1호·제3호와는 달리 경찰관이 무기를 사용하지 아니하고는 다른 수단이 없다고 인정되는 상당한 이유가 있을 때에 한하여 보충적으로만 무기의 사용이 허용된다.

(5) 살수차, 분사기·최루탄, 무기의 사용과 사용기록의 보관

경찰관 직무집행법 제11조 【사용기록의 보관】 제10조 제2항에 따른 살수차, 제10조의3에 따른 분사기, 최루탄 또는 제10조의4에 따른 무기를 사용하는 경우 그 책임자는 사용 일시·장소·대상, 현장책임자, 종류, 수량 등을 기록하여 보관하여야 한다.

10 국제협력

경찰관 직무집행법 제8조의2 【국제협력】 경찰청장 또는 해양경찰청장은 이 법에 따른 경찰관의 직무수행을 위하여 외국 정부기관, 국제기구 등과 자료 교환, 국제협력 활동 등을 할 수 있다.

11 기타

경찰관 직무집행법 제11조의4【소송 지원】 경찰청장과 해양경찰청장은 경찰관이 제2조 각 호에 따른 직무의 수행으로 인하여 민·형사상 책임과 관련된 소송을 수행할 경우 변호인 선임 등 소송 수행에 필요한 지원을 할 수 있다.

제11조의5【직무 수행으로 인한 형의 감면】 다음 각 호의 범죄가 행하여지려고 하거나 행하여지고 있어 타인의 생명·신체에 대한 위해 발생의 우려가 명백하고 긴급한 상황에서, 경찰관이 그 위해를 예방하거나 진압하기 위한 행위 또는 범인의 검거 과정에서 경찰관을 향한 직접적인 유형력 행사에 대응하는 행위를 하여 그로 인하여 타인에게 피해가 발생한 경우, 그 경찰관의 직무수행이 불가피한 것이고 필요한 최소한의 범위에서 이루어졌으며 해당 경찰관에게 고의 또는 중대한 과실이 없는 때에는 그 정상을 참작하여 형을 감경하거나 면제할 수 있다.

1. 「형법」 제2편 제24장 살인의 죄, 제25장 상해와 폭행의 죄, 제32장 강간과 추행의 죄 중 강간에 관한 범죄, 제38장 절도와 강도의 죄 중 강도에 관한 범죄 및 이에 대하여 다른 법률에 따라 가중처벌하는 범죄
2. 「가정폭력범죄의 처벌 등에 관한 특례법」에 따른 가정폭력범죄, 「아동학대범죄의 처벌 등에 관한 특례법」에 따른 아동학대범죄

12 직권남용금지

경찰관 직무집행법 제1조【목적】 ② 이 법에 규정된 경찰관의 직권은 그 직무 수행에 필요한 최소한도에서 행사되어야 하며 남용되어서는 아니 된다.

제12조【벌칙】 이 법에 규정된 경찰관의 의무를 위반하거나 직권을 남용하여 다른 사람에게 해를 끼친 사람은 1년 이하의 징역이나 금고에 처한다.

Ⅳ 일반경찰법상 개괄적(일반적) 수권조항(개괄조항 · 일반조항)

1 의의

개괄적 수권조항이란 경찰권 발동의 근거가 되는 개별적인 법률규정이 없는 경우에 그 경찰권 발동의 보충적 근거법규로서 마련된 위험의 예방 및 진압을 위한 일반적이고 포괄적인 내용의 수권조항을 말한다.

2 필요성

입법보다 앞서가는 기술의 진보와 사회의 발전, 그리고 입법자가 예측할 수 없는 다양한 위험의 발생 등에 따른 입법의 공백을 메우고, 국민의 기본권보호를 위한 최후의 보충적 근거법규로서 개괄적 수권조항의 필요성이 인정된다.

개괄적 수권조항의 필요성
① 입법보다 앞서가는 기술의 진보와 사회의 발전
② 입법의 공백 예방
③ 국민의 기본권 보호

OX 주요 인사 경호 및 대간첩·대테러 작전 수행은 경찰관의 직무범위에 포함된다. (○)

3 인정 여부

경찰관 직무집행법 제2조 【직무의 범위】 경찰관은 다음 각 호의 직무를 행한다.

1. 국민의 생명·신체 및 재산의 보호
2. 범죄의 예방·진압 및 수사

2의2. 범죄피해자 보호

3. 경비, 주요 인사 경호 및 대간첩·대테러 작전 수행
4. 공공안녕에 대한 위험의 예방과 대응을 위한 정보의 수집·작성 및 배포
5. 교통 단속과 교통 위해의 방지
6. 외국 정부기관 및 국제기구와의 국제협력
7. **그 밖에 공공의 안녕과 질서 유지**

(1) 견해의 대립

우리의 경찰법규상 개괄적 수권조항이 존재하는가에 대해서는 견해가 대립하고 있다. 이는 경찰관 직무집행법 제2조 제7호의 '그 밖에 공공의 안녕과 질서 유지'를 경찰권 발동의 개괄적 수권조항으로 인정할 수 있느냐의 문제이다.

긍정설 (다수설)	• 경찰관 직무집행법 제2조 제7호를 수권규정(권한규정)으로 파악하여 개괄적 수권조항으로 보는 견해 • 다만, 개별적 수권조항이 없는 경우에 한하여 적용되는 제2차적·보충적인 수권조항임.
부정설	• 권력작용으로서의 경찰작용에는 법률유보의 원칙상 개별적인 수권조항이 있어야 하고, 포괄적·일반적인 개괄적 수권규정에 의한 경찰권 발동은 허용되지 않는다고 보는 견해 • 경찰관 직무집행법 제2조 제7호는 권한규정이 아니라 조직법상의 직무규정(임무규정)으로 봄.
입법필요설	• 경찰관 직무집행법 제2조 제7호는 조직법상의 직무규정에 불과하므로 현행법상 개괄조항은 존재하지 아니하나, 개괄조항의 필요성은 인정되므로 명시적인 입법조치가 필요하다는 견해 • 경찰법의 개정을 통해 개괄조항이 규정되어야 한다는 입장

(2) 판례

대법원 판례는 개괄조항을 간접적으로 인정

대법원 판례는 개별적 수권조항이 없음에도 경찰관 직무집행법 제2조 제7호의 '그 밖에 공공의 안녕과 질서 유지'를 경찰권 행사의 근거규정으로 봄으로써 개괄조항을 간접적으로 인정하고 있다. 헌법재판소 반대의견은 제2조 제7호가 경찰청장의 통행제지의 근거로 볼 수 있다는 견해였으나 보충의견은 근거가 될 수 없다고 보았다(헌재 2011.6.30. 2009헌마406).

군 도시과 단속계 요원으로 근무하고 있는 청원경찰관이 허가 없이 창고를 주택으로 개축하는 것을 단속하는 것은 그의 정당한 공무집행에 속한다.

판례

경찰관 직무집행법 제2조에 의하면 경찰관은 범죄의 예방·진압 및 수사, 경비·요인경호 및 대간첩 작전수행, 치안정보의 수집·작성 및 배포, 교통의 단속과 위해의 방지, **그 밖에 공공의 안녕과 질서 유지 등을 그 직무로 하고 있는 터이므로, 군 도시과 단속계 요원으로 근무하**

고 있는 청원경찰관이 허가 없이 창고를 주택으로 개축하는 것을 단속하는 것은 그의 정당한 공무집행에 속한다고 할 것이므로 이를 폭력으로 방해하는 소위는 공무집행방해죄에 해당된다(대판 1986.1.28. 85도2448 · 85감도356).

4 개괄조항에 의한 경찰권 행사의 요건

(1) 공공의 안녕과 질서에 대한 위해의 존재

1) 공공의 안녕과 질서

① 공공의 안녕

㉠ 공공의 안녕이란 국가의 법질서(성문의 법규범)와 공공시설 및 개인의 생명·신체·재산·자유·명예 등에 대해 **어떠한 침해도 없는 상태**를 말한다.

㉡ 공공의 안녕은 객관적인 법질서의 유지, 국가의 존속과 그 기관의 시설 및 기능의 보호, 개인의 권리 보호를 그 내용으로 한다.

② 공공의 질서

㉠ **공공의 질서란 지배적인 사회의 가치관·윤리관에 비추어 이를 준수하는 것이 원만한 공동생활을 위한 불가결의 전제조건이라고 간주되는 불문규범의 총체**를 말한다.

㉡ 공공의 질서는 사회공동체의 윤리·도덕을 대상으로 할 뿐이고, 성문의 법규범은 공공의 안녕에 포함되기 때문에 제외된다.

㉢ 과거 공공의 질서에 포함되던 많은 영역(예컨대 노상방뇨·옷을 입지 않는 행위인 스트리킹 등)이 점차 성문화되어 **공공의 질서의 적용범위가 축소되고 있다.**

> 성문의 법규범은 공공의 질서에 포함되지 않는다.

> 공공의 질서의 적용범위는 축소되고 있다.

2) 위해

① 위험과 장애

㉠ 위해에는 위험과 장해가 포함된다.

㉡ 위험이란 공공의 안녕과 질서에 대한 침해가 발생할 가능성을 의미하고, 장해란 공공의 안녕과 질서에 대한 위험이 실현되어 손해가 이미 발생해 있는 상태를 의미한다.

㉢ 위험의 방지는 예방의 성격을 가지고, 장해의 제거는 진압의 성격을 갖는다.

> **위해**

위험	침해발생가능성	방지, 예방
장해	손해가 발생한 상태	제거, 진압

② 위험

㉠ 위험은 '구체적 위험', 즉 경험칙상 어떠한 행위나 상태가 제지되지 아니하고 진행되면 가까운 장래에 경찰상 보호법익에 대한 침해가 발생할 충분한 개연성이 있는 상황을 말한다.

㉡ 여기서 위험의 인정에 요구되는 피해발생의 개연성은 보호법익의 중요성과 피해의 정도에 의해 좌우된다고 할 수 있다.

㉢ 다만, 위험이 존재하느냐 여부에 대한 판단에는 재량이 아니라 판단의 여지의 존부만이 문제될 수 있다. 즉, 경찰상 판단의 여지와 가장 관계가 있는 것은 위험이 존재하는지 여부이다.

> **위험존재 여부**: 재량(×), 판단여지(○)

경찰권 발동 가부

외관적 위해	경찰권 발동(○)
위험의 혐의	경찰권 발동(×)
잠재적 위험	경찰권 발동(×)

③ 외관적 위해

㉠ '외관적 위해'란 경찰관이 충분한 근거를 갖고 위해가 존재한다고 판단하여 경찰권을 발동하였으나 이후에 실제로는 이러한 위해가 없는 것으로 판명된 경우를 말한다.

㉡ 예컨대 순찰 중인 경찰관이 "사람 살려."라는 소리를 듣고 타인의 집에 들어갔으나 TV에 방영된 영화 속의 한 장면으로 판명된 경우이다.

㉢ 이 경우 **적어도 외관상으로는 공공의 안녕과 질서에 대한 위해의 발생이 있으므로 이를 제거 또는 예방하기 위하여 발동된 경찰권의 행사는 적법하다**고 할 수 있다.

④ 위험의 혐의

㉠ '위험의 혐의'란 위험이 존재한다고 판단할 만한 근거는 있으나 그것만으로는 아직 손해발생에 대한 충분한 개연성이 있다고 판단하기 어려운 경우를 말한다.

㉡ 이 경우 경찰은 직접 경찰권을 발동할 수는 없고 과잉금지의 원칙상 그 이전에 예방적으로 위험에 대한 조사·확인조치를 할 수 있다.

⑤ 오상위험

경찰관은 객관적으로 위험이 있다고 볼 만한 사정이 없는 상황이다. 경찰권을 발동했다면 위법이 된다. 아이들이 장난감 총으로 놀고 있는데 진짜 총으로 오인하고 경찰관이 총을 발사했다면 위법한 경찰권 행사이다. 손해가 발생했다면 국가는 배상해야 한다.

(2) 위해를 예방하거나 제거할 필요가 있을 것

위해를 예방하거나 제거할 필요의 판단에는 판단여지 내지 재량권이 인정되고, **경찰재량은 위해를 예방하거나 제거할 필요, 즉 경찰권 발동의 필요성 여부의 결정에 의해 인정**된다.

5 개괄조항의 적용상 한계

(1) 개괄조항의 보충성원칙

경찰법상 일반적 수권조항(개괄조항)은 개별적 수권규정이 없는 경우에 보충적·제한적으로 적용되는 한계를 가진다.

개괄조항은 개별적 수권조항이 없는 경우에만 보충적으로 적용된다. 즉, 개별조항에 의해 경찰권 발동의 근거규정이 있는 경우에는 개괄조항에 근거한 경찰권 발동이 인정될 수 없다. 따라서 경찰권의 행사가 문제되는 경우에 있어서는 1차적으로 개별적 수권조항의 존부가 문제되는 것이다.

(2) 사법경찰·청원경찰

개괄조항은 사법경찰이나 청원경찰의 경우에는 적용되지 않는다.

개괄조항은 경찰 본래의 위험방지와 장해제거의 임무영역에서만 적용된다. 따라서 **개괄조항은 공공의 안녕과 질서유지라는 보안경찰의 경우에만 적용되고, 사법경찰이나 청원경찰의 경우에는 적용되지 않는다.**

(3) 표준조치

개괄조항은 경찰관직무집행법상의 표준조치(제3조 이하)의 적용범위에 포함되는 경우에는 적용되지 않는다.

개괄조항은 경찰관 직무집행법상의 표준조치(제3조 이하)의 적용범위에 포함되는 경우에는 적용되지 않는다. 따라서 **일반인에 대하여 개괄조항을 근거로 신체를 검사하는 것**(경찰관 직무집행법 제3조 제3항 참조)**은 허용되지 않는다.**

Ⅴ 손실보상

경찰관 직무집행법 제11조의2【손실보상】 ① 국가는 경찰관의 적법한 직무집행으로 인하여 다음 각 호의 어느 하나에 해당하는 손실을 입은 자에 대하여 **정당한 보상을 하여야 한다.**

1. **손실발생의 원인에 대하여 책임이 없는 자가 생명·신체 또는 재산상의 손실을 입은 경우**(손실발생의 원인에 대하여 책임이 없는 자가 경찰관의 직무집행에 자발적으로 협조하거나 물건을 제공하여 생명·신체 또는 재산상의 손실을 입은 경우를 포함한다)
2. **손실발생의 원인에 대하여 책임이 있는 자가 자신의 책임에 상응하는 정도를 초과하는 생명·신체 또는 재산상의 손실을 입은 경우**

② 제1항에 따른 **보상을 청구할 수 있는 권리는 손실이 있음을 안 날부터 3년, 손실이 발생한 날부터 5년**간 행사하지 아니하면 시효의 완성으로 소멸한다.

③ 제1항에 따른 손실보상신청 사건을 심의하기 위하여 손실보상심의위원회를 둔다.

④ 경찰청장 또는 지방경찰청장은 제3항의 손실보상심의위원회의 심의·의결에 따라 보상금을 지급하고, 거짓 또는 부정한 방법으로 보상금을 받은 사람에 대하여는 해당 보상금을 환수하여야 한다.

⑤ 보상금이 지급된 경우 손실보상심의위원회는 대통령령으로 정하는 바에 따라 경찰위원회에 심사자료와 결과를 보고하여야 한다. 이 경우 경찰위원회는 손실보상의 적법성 및 적정성 확인을 위하여 필요한 자료의 제출을 요구할 수 있다.

⑥ 경찰청장 또는 지방경찰청장은 제4항에 따라 보상금을 반환하여야 할 사람이 대통령령으로 정한 기한까지 그 금액을 납부하지 아니한 때에는 국세 체납처분의 예에 따라 징수할 수 있다.

⑦ 제1항에 따른 손실보상의 기준, 보상금액, 지급 절차 및 방법, 제3항에 따른 손실보상심의위원회의 구성 및 운영, 제4항 및 제6항에 따른 환수절차, 그 밖에 손실보상에 관하여 필요한 사항은 대통령령으로 정한다.

제11조의3【범인검거 등 공로자 보상】 ① 경찰청장, 시·도경찰청장 또는 경찰서장은 다음 각 호의 어느 하나에 해당하는 사람에게 보상금을 지급할 수 있다.

1. 범인 또는 범인의 소재를 신고하여 검거하게 한 사람
2. 범인을 검거하여 경찰공무원에게 인도한 사람
3. 테러범죄의 예방활동에 현저한 공로가 있는 사람
4. 그 밖에 제1호부터 제3호까지의 규정에 준하는 사람으로서 대통령령으로 정하는 사람

② 경찰청장, 지방경찰청장 및 경찰서장은 제1항에 따른 보상금 지급의 심사를 위하여 대통령령으로 정하는 바에 따라 각각 보상금심사위원회를 설치·운영하여야 한다.

③ 제2항에 따른 보상금심사위원회는 **위원장 1명을 포함한 5명 이내의 위원**으로 구성한다.

④ 제2항에 따른 보상금심사위원회의 위원은 소속 경찰공무원 중에서 경찰청장, 지방경찰청장 또는 경찰서장이 임명한다.

국가는 경찰관의 적법한 직무집행으로 인하여 손실발생의 원인에 대하여 책임이 없는 자가 재산상의 손실을 입은 경우, 손실발생의 원인에 대하여 책임이 있는 자가 자신의 책임에 상응하는 정도를 초과하는 재산상의 손실을 입은 경우에는 그 자에 대하여 정당한 보상을 하여야 하고, 이 손실보상청구권은 손실이 있음을 안 날부터 3년, 손실이 발생한 날부터 5년간 행사하지 아니하면 시효의 완성으로 소멸한다.

OX 손실발생의 원인에 대하여 책임이 있는 자는 경찰관의 적법한 직무집행으로 인하여 자신의 책임에 상응하는 정도를 초과하는 재산상의 손실을 입은 경우에도 손실보상을 받을 수 없다. (×)

OX 경찰서장은 범인을 검거하여 경찰공무원에게 인도한 사람에게 보상금심사위원회의 심사·의결에 따라 보상금을 지급할 수 있다. (○)

⑤ 경찰청장, 지방경찰청장 또는 경찰서장은 제2항에 따른 보상금심사위원회의 심사·의결에 따라 보상금을 지급하고, 거짓 또는 부정한 방법으로 보상금을 받은 사람에 대하여는 해당 보상금을 환수한다.
⑥ 경찰청장, 지방경찰청장 또는 경찰서장은 제5항에 따라 보상금을 반환하여야 할 사람이 대통령령으로 정한 기한까지 그 금액을 납부하지 아니한 때에는 국세 체납처분의 예에 따라 징수할 수 있다.
⑦ 제1항에 따른 보상 대상, 보상금의 지급 기준 및 절차, 제2항 및 제3항에 따른 보상금심사위원회의 구성 및 심사사항, 제5항 및 제6항에 따른 환수절차, 그 밖에 보상금 지급에 관하여 필요한 사항은 대통령령으로 정한다.

제2항 경찰권의 한계

Ⅰ 서설

1 의의

① 경찰권의 한계란 경찰권이 유효하게 발동될 수 있는 한계를 말한다.

② 즉, 경찰권의 한계는 경찰권이 발동되어서는 아니 되는 한계를 의미한다.

> 경찰권의 한계란 경찰권이 발동되어서는 안 되는 한계를 의미한다.

2 한계의 종류

경찰권의 한계에는 법규상의 한계와 조리상의 한계가 있다.

Ⅱ 법규상의 한계

1 의미

① 법치행정의 원칙상 경찰권의 발동은 반드시 법률의 근거가 있어야 하는 동시에 그 법률에 의하여 허용된 범위 내에서 이루어져야 한다.

② 따라서 경찰권의 발동근거인 경찰법규는 다른 한편으로는 경찰권의 한계가 된다.

③ 이 점에서 법규상의 한계는 경찰권 발동에 대한 제1단계적 제약을 의미한다.

2 한계의 형식성과 조리상 한계의 중요성

① 경찰법규는 오직 경찰권의 발동에 관한 근거만을 제시하고 구체적인 경찰권 발동의 정도나 조건 등에 관하여는 규정하지 않는 것이 보통이다. 즉, **경찰법규는 대부분 경찰권 발동의 요건을 불확정개념으로 규정하고 있다.**

② 그 결과 **경찰권 발동의 요건이 충족된 경우에도 경찰권의 행사와 관련해서는 '경찰편의주의'가 적용되기 때문에 광범위한 재량권이 부여**되고 있다(다만, 재량행사가 경찰행정청의 자의를 의미하는 것은 아니므로 그 재량을 의무에 합당하게 행사하여야 한다).

> 근거법규의 효과부분이 경찰행정청에 재량을 부여하고 있다 하더라도 경찰행정청은 이를 의무에 합당하게 행사하여야 적법한 것으로 인정된다.

③ 따라서 법규상의 한계는 형식적인 것에 불과한 경우가 많게 된다.

④ 이러한 관점에서 경찰권 발동에 대한 제2단계적 제약으로서 조리상의 한계가 특히 중요하게 된다.

Ⅲ 조리상의 한계

1 경찰소극목적의 원칙

① 경찰소극목적의 원칙이란 경찰권은 소극적인 사회질서의 유지를 위해서만 발동할 수 있고, 적극적인 공공복리의 증진을 위해서는 발동할 수 없다는 원칙을 말한다.

② 이는 **경찰권 발동의 목적에 관한 원칙**이다.

> **OX** 경찰소극의 원칙이란 경찰권이 국가의 안전보장·질서유지·공공복리를 위해서만 발동될 수 있다는 원칙을 말한다. (×)

> **경찰소극목적의 원칙**: 경찰권 발동의 목적에 관한 원칙

2 경찰공공의 원칙

(1) 의미

① 경찰공공의 원칙이란 경찰권은 사회공공의 안녕과 질서의 유지를 위해서만 발동될 수 있는 것이며, 사회공공의 안녕과 질서에 직접 관계되지 아니하는 생활관계(사생활·사주소·민사관계)는 경찰권 발동의 대상이 되지 않는다는 원칙을 말한다.

② 이는 **경찰권 발동의 요건에 관한 원칙**이다.

경찰공공의 원칙: 경찰권 발동의 요건에 관한 원칙

(2) 내용

1) 사생활불가침의 원칙(사생활자유의 원칙)

경찰공공의 원칙
① 사생활불가침의 원칙
② 사주소불가침의 원칙
③ 민사관계불간섭의 원칙

① 사생활불가침의 원칙이란 경찰권은 공공의 안녕과 질서에 관계가 없는 개인의 프라이버시에 속하는 사생활 영역에는 간섭할 수 없다는 원칙을 말한다.

② 다만 미성년자의 음주·흡연(끽연), 청소년통행금지구역에의 청소년통행, 마약의 흡식, 가정폭력·부부싸움으로 인한 안온방해, 정신착란이나 주취로 인해 자기 또는 타인의 생명·신체·재산에 위해를 미칠 우려가 있는 경우 등과 같이 **개인의 사생활 영역이라 하더라도 공공의 안녕과 질서에 영향을 미치는 경우에는 예외적으로 경찰권 발동의 대상이 된다.**

개인의 사생활영역이라 하더라도 공공의 안녕과 질서에 영향을 미치는 경우에는 예외적으로 경찰권 발동의 대상이 된다.

③ 예컨대, 질병의 예방·치료는 사생활이지만 법정간염병감염자나 AIDS환자에 대해서는 강제접종·강제격리를 실시하고, 남녀교제는 사생활이지만 공공장소에서의 풍기문란행위에 대해서는 단속을 실시한다.

2) 사주소불가침의 원칙(사주소자유의 원칙)

① 사주소불가침의 원칙이란 경찰권은 일반사회와 직접적인 접촉이 없는 사주소 내의 행위에 대해서는 간섭할 수 없다는 원칙을 말한다. 따라서 **실내에서의 과다노출은 경찰권 발동의 대상이 되지 않는다.**

② **사주소란 직접 일반사회와 접촉되지 않는 장소를 말하므로, 주택뿐만 아니라 사무실·교수연구실·회사·공장·창고 등 비거주건축물도 포함**한다.

대학교의 강의실: 공개된 장소(×), 사주소(○)

③ 그러나 **불특정 다수인이 자유로이 출입할 수 있는 공개된 장소**(예 흥행장·여관·음식점·역·버스터미널·다방·극장 등)**는 사주소에 해당하지 아니하므로 경찰권 발동의 대상이 된다**(경찰관 직무집행법 제7조 제2항 참조).

불특정 다수인이 자유로이 출입할 수 있는 공개된 장소는 사주소에 해당하지 아니하므로 경찰권 발동의 대상이 된다.

아파트 단지 내의 통행로: 공개된 장소(○), 사주소(×)

판례

1. 일반적으로 대학교의 강의실은 그 대학 당국에 의하여 관리되면서 그 관리업무나 강의와 관련되는 사람에 한하여 출입이 허용되는 건조물이지 **널리 일반인에게 개방되어 누구나 자유롭게 출입할 수 있는 곳은 아니다**(대판 1992.9.25. 92도1520).
2. 아파트 단지가 상당히 넓은 구역이고, 여러 곳에 경비실이 설치되어 있어 경비원들이 아파트 주민 이외의 차량에 스티커를 발부해 왔으나 외부차량 출입통제용이 아닌 주민들의 주차공간확보 차원에서 이루어진 것일 뿐이며, 현실적으로 불특정 다수의 사람이나 차량의 통행이 허용되므로, **아파트 단지 내의 통행로는 공개된 장소로서 교통질서유지 등을 목적으로 하는 일반교통경찰권이 미치는 공공성이 있는 곳**으로 도로교통법 제2조 제1호 소정의 '도로'에 해당한다(대판 2001.7.13. 2000두6909).

④ 다만, **사주소 내의 행위라도 공공의 안녕과 질서에 영향을 미치는 경우**(예 외부에서 공공연히 관망할 수 있는 상태에서 나체로 생활하는 행위, 이웃에 불편을 주는 과도한 소음·음향·악취의 발생, 사나운 개의 관리 등)**에는 예외적으로 경찰권 발동의 대상이 된다.**

사주소 내의 행위라도 공공의 안녕과 질서에 영향을 미치는 경우에는 예외적으로 경찰권 발동의 대상이 된다.

3) 민사관계불간섭의 원칙(사경제자유의 원칙)

① 민사관계불간섭의 원칙이란 경찰권은 민사상의 법률관계 내지 권리관계에는 간섭할 수 없다는 원칙을 말한다.

② 즉, 개인의 계약관계(채권관계)나 사유재산권의 행사·친족권의 행사 등에 관한 분쟁은 당사자의 청구에 기초하여 사법기관에 의한 해결을 도모하여야 하고, 경찰권이 개입할 사항은 아닌 것이다.

③ 다만, **민사관계라도 공공의 안녕과 질서에 영향을 미치는 경우에는 예외적으로 경찰권 발동의 대상이 된다**(예 미성년자에 대한 술·담배의 판매제한, 총포·도검·화약류의 취급·거래제한, 암표매매행위의 단속, 자릿세 징수행위의 단속 등).

민사관계라도 공공의 안녕과 질서에 영향을 미치는 경우에는 예외적으로 경찰권 발동의 대상이 된다.

OX 미성년자에 대한 술·담배판매와 같은 민사상의 법률관계는 민사관계불가침의 원칙에 따라 경찰권 발동의 대상이 되지 않는다. (×)

3 경찰책임의 원칙

① 경찰책임의 원칙이란 **경찰권은 사회공공의 안녕과 질서에 대한 경찰상의 위험이나 장해가 발생하거나 발생할 우려가 있는 경우에 그에 대하여 책임이 있는 자에게만 발동될 수 있고, 그에 대하여 직접적으로 관계가 없는 제3자 및 방조자에게는 발동될 수 없다는 원칙**을 말한다.

② 다만, 예외적으로 긴급한 필요가 인정되고 특별한 경찰법규상의 근거가 있는 경우(경찰상 긴급상태)에 한해서는 경찰상 위험의 발생과 무관한 자에 대해서도 경찰권을 발동할 수 있다(소방기본법 제24조 등).

③ 이와 같이 경찰책임의 원칙은 경찰권 발동의 상대방이 누구인가에 관한 문제(**경찰권 발동의 대상에 관한 원칙**)이며, 경찰권 발동의 정도를 제한하기 위한 원칙이 아니다.

경찰책임의 원칙: 경찰권 발동의 대상에 관한 원칙

4 경찰비례의 원칙

(1) 의미

① 경찰비례의 원칙이란 경찰권은 경찰작용에 의해 달성하려는 공익과 그로 인해 제한되는 개인의 권리와의 사이에 적정한 비례관계가 유지되어야 하며, 경찰권 발동으로 인한 국민의 자유제한이 장해의 제거에 필요한 한도를 초과하지 못한다는 원칙을 말하는데, **과잉금지의 원칙**이라고도 한다.

② 경찰관이 사람을 해하는 용도의 무기를 사용하는 경우에 특히 고려되어야 하는 원칙이다.

경찰비례의 원칙: 경찰권 발동의 조건·정도에 관한 원칙

③ 이는 **경찰권 발동의 조건·정도에 관한 원칙**이다.

(2) 법적 근거

> **경찰관 직무집행법 제1조 【목적】** ② 이 법에 규정된 경찰관의 직권은 그 직무 수행에 필요한 최소한도에서 행사되어야 하며 남용되어서는 아니 된다.

경찰비례의 원칙에 대한 법적 근거로는 경찰관 직무집행법 제1조 제2항을 들 수 있다.

(3) 내용

적합성의 원칙	경찰권의 발동으로 도입되는 경찰수단은 경찰목적의 달성에 적합한 것이어야 한다.
최소침해의 원칙 (필요성의 원칙)	적합한 수단 중에서 필요하고 최소의 침해를 가져오는 것이어야 한다.
상당성의 원칙 (협의의 비례원칙)	달성하고자 하는 공익이 침해하게 되는 사익보다 우월하여야 한다.

5 경찰평등의 원칙

① 경찰평등의 원칙이란 경찰권은 그 행사를 함에 있어서 성별·종교·사회적 신분·인종 등을 이유로 불합리하게 차별하여서는 아니 된다는 원칙을 말한다(헌법 제11조 참조).

경찰행정영역에 있어서 평등의 원칙이 보다 강하게 요구된다.

② 평등의 원칙은 모든 행정영역에 적용되는 일반원칙이지만, 특히 **전형적인 침해행정에 해당하는 경찰행정영역에 있어서 이 원칙이 보다 강하게 요구**된다.

제3절 경찰책임

Ⅰ 서설

1 경찰책임의 개념

① 실질적 의미의 경찰책임은 국가권력에 복종하는 주체가 성문·불문의 모든 경찰법규를 준수·유지해야 하는 의무를 말한다.

② 형식적 의미의 경찰책임은 실질적 의미의 경찰책임을 위반한 자가 공공의 안녕과 질서의 회복을 위한 경찰행정청의 명령에 복종하여야 하는 책임을 말한다.

2 경찰책임론의 기능

① 경찰책임의 이론은 경찰권 발동의 대상자를 법률로 정하는 경우에 그 입법의 기준이 된다.

② 그런데 **경찰권 발동의 대상을 규정하는 법률의 규정이 추상적으로 규정되어 있거나, 일반적 수권조항의 경우 또는 개별적 수권조항의 경우에도 경찰권 발동의 대상자를 백지로 규정하고 있는 경우**가 있을 수 있고, 이 경우에는 **해석에 의해 경찰권 발동의 대상자를 정하여야 하고, 이 해석에 있어서 경찰책임론이 해석기준이 된다.**

경찰책임론은 경찰권 발동의 대상자가 법률로 규정되어 있지 않은 경우에 그 대상자를 정하기 위해 법규해석의 기준으로 기능할 수 있다.

3 민·형사책임과의 구별

경찰책임은 공공의 안녕과 질서에 대한 장해를 직접 제거하여 개인과 사회를 보호한다는 점에서 민사·형사책임과 다르다.

경찰책임은 민·형사책임과 달리 공공의 안녕과 질서에 대한 장해를 직접 제거하여 개인과 사회를 보호한다.

Ⅱ 경찰책임의 주체

1 의미

경찰책임을 부담하고 경찰권 발동의 대상이 되는 자, 즉 경찰책임자가 경찰책임의 주체이다.

2 자연인

① 자연인이 사회공공의 안녕과 질서에 대한 경찰상의 장해를 발생시키거나 발생시킬 우려가 있는 경우에는 그에 대하여 경찰권을 발동할 수 있다.

② 경찰책임은 공공의 안녕과 질서에 대한 위험을 제거하기 위한 것이지 위법행위에 대한 처벌이 아니므로 **당사자의 고의·과실과 무관하다.**

③ **또 당사자의 행위능력이나 불법행위능력(책임능력)이 있는지 여부도 문제되지 않는다. 나아가 정당한 권원의 유무도 가리지 아니한다.**

경찰책임
① 행위자의 고의·과실 불요
② 당사자의 행위능력, 불법행위능력 불요
③ 정당한 권원의 유무 불문
④ 외국인, 무국적자도 부담

④ 경찰책임은 국적과도 무관하므로 **외국인이나 무국적자도 경찰책임을 부담**한다. 다만, 면책특권을 가진 외국인은 경찰책임이 면책된다.

3 법인

(1) 사법인

사법인(私法人)뿐만 아니라 사법상 권리능력 없는 사단도 경찰책임의 주체가 될 수 있다.

사법인이나 사법상 권리능력 없는 사단도 사회공공의 안녕과 질서에 대한 경찰상의 장해를 발생시키거나 발생시킬 우려가 있는 경우에는 경찰책임의 주체가 될 수 있다.

(2) 공법인

① 모든 국가기관은 헌법과 법률에 구속되므로 모든 국가작용은 경찰법규를 준수하여야 할 의무를 부담하는데, 이를 실질적 경찰책임이라 한다.

② 공법인도 당연히 실질적 경찰책임을 진다.

③ 다만, 실질적 경찰책임에 따르는 공법인의 의무는 공법인이 담당하는 공적인 과제에 의해 어느 정도 수정되는 경우도 발생한다.

④ 예컨대, 범인의 체포 등 긴급한 업무를 수행하기 위해 불가피한 경우에는 도로상의 위해를 야기함에도 불구하고 이에 대한 실질적 경찰책임을 물을 수 없는 경우(예 도로교통법 제29조의 긴급자동차의 우선 통행)도 있다.

Ⅲ 경찰책임의 유형

1 행위책임

(1) 의미

① 행위책임이란 자기의 행위 또는 자기의 보호·감독하에 있는 자의 행위로 인하여 공공의 안녕과 질서에 대한 위해가 발생한 경우에 지는 책임을 말한다.

② 행위책임은 **사람의 행위로 인해 야기되는 위험에 대하여 부담하는 경찰책임**이다. 여기서의 행위에는 작위뿐만 아니라 부작위도 포함된다.

(2) 일반법의 부재

현재 행위책임에 관한 일반적인 규정을 둔 법률은 찾아볼 수 없다.

(3) 행위자의 고의·과실 불요 등

행위책임은 행위자가 자연인인지 법인인지 또 성년인지 미성년인지 가리지 않고, 행위자의 고의·과실 유무를 묻지 않는다.

① 행위책임은 행위자가 자연인인지 법인인지, 성년인지 미성년인지 가리지 않는다.

② **행위책임은 행위자의 고의·과실 유무를 묻지 않는다.**

③ 나아가 작위에 의한 장해의 경우에 행위자의 행위의사도 요구되지 아니하므로 예컨대 만취자도 장해자가 될 수 있다.

(4) 행위책임의 귀속(인과관계)

OX 행위자의 행위와 위해 사이의 인과관계 유무를 판단하는 경우에는 형법상의 인과관계론을 기준으로 하되 경찰상 위험의 특징도 고려해야 한다. (×)

1) 책임귀속의 결정기준

① 책임의 귀속을 결정하는 기준에 대해서는 민법상 지배적인 상당인과관계설, 형법

상 지배적인 조건설(등가설), 경찰법상 고유의 인과관계론인 직접원인설 등이 대립하고 있다.

② 공공의 안녕과 질서에 대한 위험 또는 장해의 직접(결정)적 원인이 되는 행위를 한 자만이 책임을 진다고 보는 **직접원인설**이 통설이다.

2) **직접원인 여부의 판단기준**

① 직접원인인지 여부는 원인의 중대성, 경찰위반상태의 중대성 및 긴급성, 경찰권 발동으로 인한 기본권의 제한 여부 및 정도를 고려하여 판단한다.

PLUS+ 쟁점 정리 – 직접원인설에 따른 책임귀속자의 결정에 관한 사례

1. 군중을 모이게 한 자(책임유발자)가 있는 경우: 책임유발자가 직접원인자

(1) 백화점이 세일기간 동안 연예인을 동원한 야외행사를 실시하여 부근 일대의 교통혼잡이 가중된 경우: 백화점

(2) 전위예술가가 행위예술이나 설치미술을 통하여 다중의 집합을 야기시켜 공공의 안녕과 질서에 대한 위해를 야기시킨 경우: 전위예술가

(3) 음악공연으로 모인 군중으로 인해 인근에 교통혼잡이 초래된 경우: 공연주최자

(4) 도로변에서 약선전을 하여 사람들을 모이게 함으로써 교통장해를 일으킨 경우: 약장수

2. 군중이 자발적으로 모인 경우: 군중이 직접원인자

(1) 전자대리점 내의 TV에서 방영되는 스포츠경기를 보려고 모인 군중이 도로의 통행을 방해한 경우: 군중

(2) 지나가는 유명연예인을 보려고 모인 팬들로 인해 교통이 마비된 경우: 팬들

(3) 자기 집 정원에서 그림을 그리는 화가를 구경하기 위하여 통행인이 모여들어 교통장애가 야기된 경우: 모인 통행인

3. 다소간의 위해가 예견된다 하더라도 행위가 관련 법규에 의해 적법한 권리행사에 해당하는 경우: 군중이 직접원인자

(1) 축구시합 중 흥분한 관중 사이에서 싸움이 벌어진 경우: 관중

(2) 쇼윈도에 통행인의 주의를 끌게 하는 진열을 한 것이 원인이 되어 많은 사람들이 모여 인근도로에 교통장애가 초래된 경우: 모인 사람

② 다만, **간접원인제공자도 그의 원인제공행위와 구체적인 위해발생행위 사이에 내부적으로 밀접한 관계가 있거나 목적지향성이 있는 경우에는 책임이 인정**된다. 예컨대 쇼윈도에 통행인의 주의를 끌게 하는 진열을 한 것이 원인이 되어 많은 사람들이 모여 인근도로에 교통장애가 초래된 경우 진열장을 설치한 자도 간접원인제공자로서 행위책임이 인정된다.

(5) 타인의 행위에 대한 행위책임: 지배자책임

1) **의미**

행위책임에는 자기의 행위에 대한 책임(행위자책임) 외에 **자기가 지배하는 타인의 행위에 대한 책임, 즉 지배자책임**이 있다.

자기 집 정원에서 그림을 그리는 화가를 구경하기 위하여 통행인이 모여들어 교통장애가 야기된 경우, 그 화가에게 행위책임을 귀속시킬 수 없다.

OX 가게 상품진열장에 TV를 설치하고 월드컵 축구경기를 방영함으로써 군중이 모여들어 교통의 혼잡을 초래한 경우 그 가게 경영자에게 경찰책임을 지우지 않고는 교통장해를 제거할 수 없는 때에는 그 경영자에게도 행위책임을 인정할 수 있다. (○)

OX 도로에 인접한 상점의 진열장에 통행인의 주의를 크게 끄는 진열을 하여 진열장 주위에 많은 사람들이 모여들어 교통에 중대한 방해를 가져오는 경우에도 진열장을 설치한 자에게는 경찰책임이 인정되지 않는다. (×)

2) **지배자책임의 모습**

① **형사책임무능력자나 심신장애·심신상실의 상태에 있는 사람에 의한 행위에 대한 보호의무나 감독의무를 지는 당사자(친권자·후견인·보호자 등)의 책임**(예 도로상에서 유아에게 대소변을 시키거나 유아를 놀게 하는 보호자의 경찰책임)

② **고용인(피용자)이 직무수행과정에서 야기한 위해에 대하여 그를 감독하고 지시할 수 있는 관계에 있는 사용자의 책임**

3) **양벌규정**

① 실제의 행위자인 무능력자나 고용인도 경찰상의 의무를 지고 있기 때문에 **타인의 행위에 대한 지배자책임이 인정되는 경우에도 행위자의 경찰책임이 면제되는 것은 아니다.**

② 따라서 실제의 행위자와 감독자(친권자 등의 법정대리인·사용자)가 동시에 병행하여 경찰책임을 지게 되고, 그 결과 **양벌규정을 두는 경우가 많다.**

③ 이 경우 **경찰기관은 무능력자와 법정대리인 또는 고용인과 사용자 중 누구에게 경찰권을 발동할 것인가에 대해 선택재량권을 행사할 수 있다.**

4) **지배자책임의 성질**

① 지배자책임은 당사자의 고의·과실과 무관하다. 따라서 **보호자 또는 사용자가 감독책임을 다한 경우**에도 원인행위를 한 자의 **경찰책임이 감경·면제되지 않는다.**

② **지배자책임은 대위책임이 아니라 자기의 지배범위 내에서 경찰위반상태가 발생한 데에 대한 자기책임**이다.

OX 피고용인의 행위에 대하여 고용인에게 경찰책임이 인정되는 경우에는 피고용인의 경찰책임은 면제된다. (×)

지배자책임: 무과실책임(○), 자기책임(○), 대위책임(×)

OX 타인의 행위를 관리하고 있는 자는 그 권한의 범위 안에서 피관리자의 행위로 인하여 발생한 경찰위반상태에 대하여 피관리자를 대신하여 책임을 진다. (×)

2 상태책임

(1) 의미

① 상태책임이란 공공의 안녕과 질서에 대한 위해가 어떤 물건(토지·공작물·가스연료 등)이나 동물로부터 발생된 경우에 그 물건이나 동물의 점유자·관리자와 같이 사실상의 지배권을 행사하는 자 또는 소유자가 지는 책임을 말한다.

② 상태책임은 사람의 행위가 아니라 **물건이나 동물의 상태(성격이나 상황)로부터 경찰상의 위해가 야기되는 경우의 책임**이다.

③ 예컨대 도로 위에 불법으로 주차된 자동차로 인해 발생된 교통장해에 대한 차주, 도심지에 광견을 방치한 자, 붕괴위험이 있는 축대의 소유자 등이 부담하는 경찰책임이다.

(2) 일반법의 부재

① 현재 상태책임에 관한 일반적인 규정을 둔 법률은 찾아볼 수 없다.

② 다만, 도로교통법 제71조 제1항에 의한 교통장해물의 제거의무와 제72조 제1항에 의한 도로의 지상 인공구조물 등에 대한 위험방지조치의무가 상태책임에 관한 대표적인 규정이다.

도로교통법 제71조 【도로의 위법 인공구조물에 대한 조치】 ① 경찰서장은 다음 각 호의 어느 하나에 해당하는 사람에 대하여 위반행위를 시정하도록 하거나 그 위반행위로 인하여 생긴 교통장해를 제거할 것을 명할 수 있다.

1. 제68조 제1항을 위반하여 교통안전시설이나 그 밖에 이와 비슷한 인공구조물을 함부로 설치한 사람
2. 제68조 제2항을 위반하여 물건을 도로에 내버려 둔 사람
3. 「도로법」 제61조를 위반하여 교통에 방해가 될 만한 인공구조물 등을 설치하거나 그 공사 등을 한 사람

제72조 【도로의 지상 인공구조물 등에 대한 위험방지조치】 ① 경찰서장은 도로의 지상 인공구조물이나 그 밖의 시설 또는 물건이 교통에 위험을 일으키게 하거나 교통에 뚜렷이 방해될 우려가 있으면 그 인공구조물 등의 소유자·점유자 또는 관리자에게 그것을 제거하도록 하거나 그 밖에 교통안전에 필요한 조치를 명할 수 있다.

(3) 점유자 등의 고의·과실 불요

상태책임은 물건의 점유자·소유자 등의 주관적인 고의·과실과는 무관하게 인정되는 경찰책임이다.

OX 경찰상 상태책임의 경우에는 책임자의 고의·과실을 불문하지만, 행위책임에 있어서는 행위자의 과실 여부에 따라 경찰책임이 인정된다. (×)

(4) 상태책임의 귀속

1) 1차적 책임자

① 상태책임의 1차적 책임자는 물건·동물에 대한 사실상의 지배권을 행사하고 있는 자, 즉 점유자·보관자·관리자이다.

② 사실상의 지배권에 대한 권원의 정당성 내지 적법성의 유무는 묻지 아니하므로 그 원인에 관계없이 책임을 진다.

③ 즉, 정당한 권원에 의해 사실상의 지배권을 가지고 있는 자는 물론이고 부당하게 사실상의 지배권을 가지고 있는 자도 상태책임을 진다.

① 상태책임의 주체는 물건·동물에 대한 사실상의 지배권을 가지고 있는 자이다.
② 상태책임을 지는 자가 경찰위반상태를 야기한 물건, 동물 등에 대한 정당한 권원을 가진 자일 필요는 없다.

OX 상태책임을 지는 자는 당해 물건의 소유권자이다. (×)

OX 경찰상 상태책임자의 범위에는 경찰상 위해를 야기시키는 물건의 소유자와 점유자뿐만이 아니라 그 물건에 대한 사실적인 지배력을 가진 자도 포함된다. (○)

2) 2차적 책임자

① 물건·동물에 대한 사실상의 지배권을 행사하고 있는 자가 없는 경우에는 소유권자가 2차적으로 상태책임을 진다.

② 소유자와 점유자가 다른 경우에는 점유자가 1차적 책임을 지고, 또 도난당한 자동차로 인하여 발생된 교통장해는 소유권자인 차주가 아니라 그 자동차를 사실상 관리하고 있는 자가 1차적 책임을 진다.

③ 상태책임은 소유권자가 소유권을 양도하거나 포기한 경우에는 종료된다. 그러나 이미 발생한 경찰상 위해에 대한 경찰책임을 면하기 위한 수단으로 소유권을 양도·포기한 경우에는 소유권자의 상태책임은 면제되지 않는다. 예컨대, 자동차사고를 낸 운전자가 자동차소유권을 포기하더라도 그 사고로 인한 교통장애에 대한 상태책임이 배제되는 것은 아니다.

OX 사실상의 지배권자에 대한 상태책임에서는 지배권행사(지배권원)의 적법성을 요구한다. (×)

경찰상 위해를 야기하고 있는 물건의 소유자인 상태책임자가 경찰책임을 면하기 위하여 소유권을 포기한 경우에는 소유권자의 상태책임이 배제되지 아니한다. ⇨ 자동차사고를 낸 운전자가 자동차소유권을 포기하더라도 그 사고로 인한 교통장애에 대한 상태책임은 인정된다.

(5) 상태책임의 한계

1) 정당한 재산권의 행사

① 재산권으로 보장되는 물건을 통상적인 방법으로 이용할 때에 나타나는 위험은 상태책임을 가져오는 위험이 아니다.

② 예컨대, 도로의 교차로를 옮긴 경우 옮긴 장소 부근의 사소유지에 나무가 있어서 교차로의 시야가 침해받고, 그로 인해 교통상의 위험이 야기된다고 하여도 그 나무로 인해 위험이 야기된다고 할 수 없으므로 그 소유자는 상태책임을 지지 않는다.

재산권으로 보장되는 물건을 통상적인 방법으로 이용할 때에 나타나는 위험은 상태책임을 가져오지 않는다.

2) 감당해야 할 위험을 넘는 경우

① 상태책임의 주체가 감당해야 할 위험을 넘는 경우에는 그 책임이 배제될 수 있다.

② 예컨대, 자동차를 절도한 자가 당해 차량을 운행하던 중 자신의 과실로 사고가 난 경우, 소유권자인 차주는 상태책임을 지지 않는다.

OX 도난자동차로 인하여 발생된 교통장해는 그 자동차를 사실상 관리하고 있는 자가 상태책임을 지게 된다. (○)

3 혼합책임(복합적 책임, 다수자책임, 책임자의 경합)

(1) 의미

① 혼합책임이란 하나의 위해가 다수인의 행위나 다수인이 지배하는 물건의 상태에 기인하거나 행위책임과 상태책임의 중복에 기인하는 책임을 말한다.

② 즉, 각개의 행위 또는 상태만으로는 경찰 위반이 되지 않음에도 불구하고 다수의 행위 또는 상태가 결합함으로써 하나의 사회적 장해를 야기하는 경우(예 다수의 소량인 오수방출행위가 경찰 위반상태를 형성하는 경우)이다.

③ 복합적 경찰책임은 동일인이 행위책임과 상태책임을 야기한 경우도 포함하는 개념이다.

동일인이 행위책임과 상태책임을 야기한 경우도 복합적 경찰책임에 포함된다.

(2) 책임의 귀속

1) 효율성의 원칙 및 비례의 원칙에 따른 결정

① 원칙적으로 경찰상의 위해를 가장 신속하고도 효과적으로 제거할 수 있는 위치에 있는 자, 즉 시간적으로나 장소적으로 위해에 가장 근접해 있는 자가 경찰책임을 진다(효율성의 원칙).

② 결국 비례의 원칙을 고려하여 경찰기관이 의무에 합당한 재량으로 결정할 문제이다.

2) 행위책임과 상태책임이 경합하는 경우

① **일반적으로 행위책임이 상태책임에 우선**한다. 예컨대, 甲이 乙 소유의 자동차를 국도 위에 방치하고 달아난 경우, 甲이 乙 소유의 토지에 악취가 나는 오물을 버린 경우에는 甲이 책임을 진다.

행위책임과 상태책임이 경합하는 경우에는 일반적으로 행위책임이 우선한다.

② 그러나 **행위책임자가 누구인지를 식별할 수 없거나 보다 효율적인 위험방지의 관점에서 오히려 상태책임자에게 그 위반상태에 대한 책임을 귀속시키는 것이 타당하다고 여겨지는 경우**에는 **상태책임이 더 우선**한다. 예컨대, 乙 소유의 자동차를 국도 위에 방치하고 달아난 자가 누구인지 알 수 없는 경우에는 상태책임자인 乙이 책임을 진다.

乙 소유의 자동차를 국도 위에 방치하고 달아난 자가 누구인지 알 수 없는 경우 상태책임자인 乙이 책임을 진다.

Ⅳ 경찰책임의 승계

1 의의

① 경찰책임의 승계란 원래의 경찰책임자가 사망하거나 물건을 양도한 경우에 그에게 부과되었던 경찰책임이 상속인이나 양수인에게 이전되어 승계되는 것을 말한다.

② 예컨대, 甲이 지은 불법건축물에 대해 철거명령을 하였으나 甲이 이를 무시한 채 乙에게 불법건축물을 양도한 경우, 乙에게 철거의무가 승계되었다고 보아 乙에 대하여 대집행을 할 수 있는지의 문제이다.

경찰책임의 승계 여부

행위책임의 승계	×
상태책임의 승계	○

2 책임의 승계 여부

(1) 행위책임

행위책임은 위험을 야기한 특정인의 행위에 대한 **일신전속적인 인적 책임**이고 공법상 책임이므로 **법률에 특별한 규정이 없는 한 승계되지 않는다**(통설).

(2) 상태책임

① 상태책임은 물건의 상태와 관련된 책임으로서 **사람의 개성과는 무관**하므로 **상속인이나 양수인에게 승계된다**(다수설).

② 따라서 승계인에게 새로운 행정행위(처분)를 발함이 없이 피승계인에게 발해진 행정행위를 근거로 하여 집행할 수 있다.

3 책임의 승계와 비용부담

① 경찰책임의 이행에 필요한 비용부담에 관한 양도인과 양수인의 합의가 있는 경우에는 그에 따르고, 합의가 없는 경우에는 양도인이 최종적 책임자이다.

② 다만, 양수인의 과실로 비용이 증가한 경우에는 그 한도 내에서 양수인이 비용을 부담한다.

경찰책임의 승계시 비용부담: 합의 ⇨ 합의가 없는 경우 양도인

Ⅴ 경찰상 긴급상태(제3자에 대한 경찰권 발동 · 경찰책임의 예외)

1 의의

① 경찰권은 원칙적으로 경찰상 위험이나 장해의 발생(우려)에 책임이 있는 자에게 발동되어야 하지만, 예외적으로 공공의 안녕과 질서의 유지를 위해 긴급한 필요가 있는 경우에는 해당 위해의 발생에 관계없는 제3자에 대하여도 경찰권이 발동될 수 있는데, 이를 경찰상 긴급상태라고 한다.

② 예컨대, 자동차운전자가 교통사고로 중태에 빠진 자를 병원에 긴급 후송토록 경찰로부터 명령을 받은 경우이다.

경찰상 위해나 장애의 발생에 직접적으로 책임이 없는 제3자의 경우에도 경찰책임자가 될 수 있다.

OX 경찰상 긴급상태의 경우에 행위 · 상태책임자가 위해나 장해를 제거할 수 있음에도 제3자에게 경찰책임을 지우는 것이 보다 효과적이라면 행위 · 상태책임이 없는 제3자에게 경찰책임을 지울 수 있다. (×)

2 특징

① 위해에 관계없는 자에게 침익적 처분을 가져오는 경찰상 긴급상태는 법치국가에서는 예외적인 상황이다.

② 따라서 직접적인 경찰책임자에 비해 경찰권 발동의 요건이 엄격하고, 개입의 범위도 보다 제한적이고, 또한 그로 인한 손실을 보상하여야 한다.

제3자에 대한 경찰권 발동은 요건이 엄격하고, 개입의 범위도 보다 제한적이다.

3 법적 근거

(1) 일반법의 부재와 개별법상의 규정

① 경찰법상 경찰상 긴급상태에 대한 일반법은 없고, 다만 일부의 개별적 단행법에서 규정하고 있을 뿐이다.

② 예컨대 소방서장 등의 화재현장에 있는 사람에 대한 소방활동 종사명령(소방기본법 제24조), 구조본부장 등의 수난구호업무 종사명령(수상에서의 수색 · 구조 등에 관한 법률 제29조), 경찰관의 위험한 사태가 발생한 장소에 있는 사람에 대한 필요한 조치명령(경찰관 직무집행법 제5조 제1항 제3호) 등이다.

소방기본법 제24조 【소방활동 종사명령】
① 소방본부장, 소방서장 또는 소방대장은 화재, 재난 · 재해, 그 밖의 위급한 상황이 발생한 현장에서 소방활동을 위하여 필요할 때에는 그 관할 구역에 사는 사람 또는 그 현장에 있는 사람으로 하여금 사람을 구출하는 일 또는 불을 끄거나 불이 번지지 아니하도록 하는 일을 하게 할 수 있다.

개괄조항을 근거로 하여 제3자에게 경찰권을 발동할 수 있다.

제3자의 권리
① 결과제거청구권
② 손실보상청구권

(2) 개괄조항에 의한 제3자에 대한 경찰권 발동

개별법상의 규정이 없는 경우에도 경찰관 직무집행법 제2조 제7호의 개괄조항에 근거하여 위해에 관계없는 제3자에 대하여 경찰권을 발동할 수 있다(다수설).

4 제3자의 권리

(1) 결과제거청구권

① 경찰행정청은 결과제거의 관점에서 제3자에 대한 처분으로 인해 발생한 사실상의 위법한 결과를 제거하여야 하는데, 이를 제거하지 않을 때에는 위해의 원인제공과 관계없이 경찰책임이 부여된 제3자는 처음부터 위법한 행정행위와 마찬가지로 결과제거청구권을 행사할 수 있다.

② 예컨대, 갑작스런 교통사고의 발생시 사고지점에 근접한 주민에게 경찰과 공동으로 안전조치를 취하면서 경찰이 그 주민의 주택에 경찰장비를 무단으로 방치한 경우에 그 주민은 위법하게 방치된 경찰장비의 제거를 청구할 수 있다.

(2) 손실보상청구권

제3자에게 경찰권이 발동된 결과, 그 제3자가 손실을 입은 경우에는 손실보상청구권을 갖게 된다.

MEMO

제2장 급부행정법

제2편 특별행정작용법

제1절 개설

제2절 공급행정

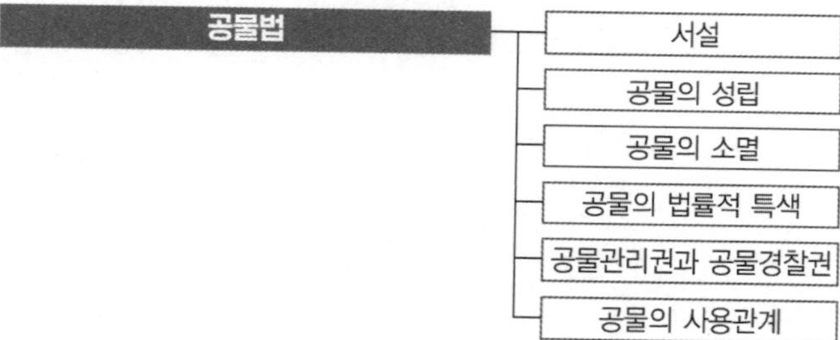

제3절 사회보장행정

제1절 개설

Ⅰ 서설

급부행정이란 행정주체가 국민에 대한 수익적 행정활동을 통해 적극적으로 공공복리를 증진시키기 위하여 행하는 비권력적 수단에 의한 모든 공행정작용을 말한다.

급부행정의 기본원칙
① 사회국가의 원리
② 법률적합성의 원칙
③ 평등의 원칙
④ 보충성의 원칙
⑤ 과잉급부금지의 원칙
⑥ 신뢰보호의 원칙
⑦ 부당결부금지의 원칙

Ⅱ 급부행정의 기본원칙

1 사회국가의 원리(원칙)

① 사회국가의 원리란 국가 등의 행정주체에게는 적극적으로 개인을 보호·배려·부조하고 정의로운 사회질서를 구현할 의무와 권한이 있다는 원리를 말한다.
② 우리 헌법은 경제적·실질적 평등을 중시하는 사회국가의 원리에 입각하고 있는데, **급부행정은 이 사회국가의 구체적 실현을 위한 행정내용의 하나**이다.

2 법률적합성의 원칙

법률우위의 원칙이 급부행정에도 적용되어야 함은 당연하나, 법률유보의 원칙이 적용되느냐에 대해서는 견해의 대립이 있다.

3 평등의 원칙

평등의 원칙은 행정주체가 급부주체로 활동하는 경우에 그 행위형식을 묻지 않고 적용된다. 따라서 특별한 합리적인 이유 없이 부당하게 특정인에게 유리한 급부를 행하거나 부당하게 역무제공을 거부할 수 없다.

행정주체가 급부주체로 활동하는 경우 특별한 합리적인 이유 없이 부당하게 특정인에게 유리한 급부를 하거나, 부당하게 역무제공을 거부할 수 없다.

4 보충성의 원칙

급부행정에 있어서 보충성의 원칙이란 사인의 생활수단의 확보는 제1차적으로 사인 또는 그 사인이 속한 집단(가족)에 맡겨져야 하고, 사인 등이 그 생활수단의 확보를 스스로 충족할 수 없는 경우 또는 그들에게 맡기는 것이 부적당한 경우에 한하여 비로소 행정주체의 급부활동이 보충적으로 이루어져야 한다(**최후의 공공의 손**)는 원칙을 말한다.

보충성의 원리는 급부행정에 있어서 "공적인 손은 사회세력이 스스로 파업을 종결하지 못할 때 비로소 개입할 수 있게 된다." 라는 원칙과 관련이 있다.

국민기초생활 보장법 제3조 【급여의 기본원칙】 ① 이 법에 따른 급여는 수급자가 자신의 생활의 유지·향상을 위하여 그의 소득, 재산, 근로능력 등을 활용하여 최대한 노력하는 것을 전제로 이를 보충·발전시키는 것을 기본원칙으로 한다.

사회보장기본법 제6조 【국가 등과 가정】 ② 국가와 지방자치단체는 사회보장제도를 시행할 때에 가정과 지역공동체의 자발적인 복지활동을 촉진하여야 한다.

5 과잉급부금지의 원칙

과잉급부금지의 원칙이란 급부행정의 내용과 정도는 구체적인 경우에 있어서 개인의 생활관계 및 공익추구를 위하여 적절한 범위 내의 것이어야 하고 지나친 급부는 허용되지 않는다는 원칙을 말한다.

6 신뢰보호의 원칙

신뢰보호의 원칙이란 수익적 급부행정의 적법성·존속성을 신뢰한 상대방의 이익은 보호되어야 한다는 원칙을 말한다.

7 부당결부금지의 원칙

부당결부금지의 원칙이란 당해 급부와 내용적으로 무관한 부관이나 급부의무 등의 부과는 허용되지 않는다는 원칙을 말한다.

제2절 공급행정

제1항 공물법

I 서설

1 공물의 의의

(1) 공물의 개념

① 공물이란 국가·지방자치단체 등의 행정주체에 의해 직접 공공의 행정목적에 제공된 유체물과 관리할 수 있는 무체물 및 집합물과 공공시설을 말한다.

② 공물은 사물에 대립되는 개념으로서 학문상 정립된 개념이다.

공물의 개념요소
① 직접 공공의 행정목적에 제공된 물건
② 행정주체에 의해 제공된 물건
③ 유체물과 관리할 수 있는 무체물 및 집합물과 공공시설

(2) 공물의 개념요소

1) 직접 공공의 행정목적에 제공된 물건

① 공물은 '직접' 행정목적에 제공된 물건이라는 점에서 그 재산가치나 수익가치에 의해 간접적으로 행정목적에 이바지하는 재정재산(수익을 목적으로 국가나 지방자치단체가 보유하고 있는 재산으로서 수익재산이라고도 함)과 구별된다.

② 즉, 일반재산(구 잡종재산)과 같은 재정재산은 원칙적으로 사법의 적용을 받는 사물이므로 공물개념에서 제외된다.

공유수면은 공공용에 공하는 자연공물로서 그 자체가 직접 공공의 용에 공하게 되는 것이므로 재산적·경제적 가치에 의하여 간접적으로 행정목적에 공하는 행정주체의 재산권의 대상인 재정재산(일반재산)과는 성질이 다르다.

판례

공물과 재정재산의 구별: 공유수면은 공공용에 공하는 소위 자연공물로서 그 자체가 직접 공공의 용에 공하게 되는 것이므로 **재산적·경제적 가치에 의하여 간접적으로 행정목적에 공하는 행정주체의 재산권의 대상인 재정재산(일반재산)과는 그 성질이 다르다** 할 것인즉, 그 공공용에 공하는 용도를 폐지하여 국유 일반재산(구 잡종재산)으로 편입을 하지 아니하는 이상, 이를 처분할 수 없다 할 것이며, 공유수면을 아무 권한 없이 이를 간척하여 농경지로 사용하였다 하여도 다른 특별한 사정이 없는 한 위와 같은 사실상의 경작사실만으로서는 자연적 공물의 형체적 요소를 상실하였다고는 할 수 없을 것이다(대판 1967.4.25, 67다131).

① 사실상 공공의 목적에 제공된 물건이라도 그에 대한 처분권이 전적으로 사인에게 있다면 공물이 아니다.
② 사유물이라도 행정주체에 의해 임차 등의 형식을 빌려 행정목적에 제공되면 공물이 된다.

2) 행정주체에 의해 제공된 물건

① 공물은 '행정주체'에 의해 제공된 물건이어야 하므로 사인이 사유지를 도로나 공원 그 밖의 공공의 목적에 제공해도 공물이 아니다.

② 즉, 사실상 공공의 목적에 제공된 물건(예 사립공원·사립도서관 등)이라도 그에 대한 처분권이 전적으로 사인에게 있다면 공물이 아니다.

③ 다만, 사유물이라도 행정주체에 의해 임차 등의 형식을 빌려 행정목적에 제공되면 공물이 된다.

3) 유체물과 관리할 수 있는 무체물 및 집합물과 공공시설

유체물은 물론이고 관리할 수 있고 행정목적에 제공된 것이면 무체물(전기·에너지·열 등)도 공물에 포함된다.

2 공물의 종류

국유 · 공유재산의 체계(국유재산법 제6조, 공유재산 및 물품 관리법 제5조)

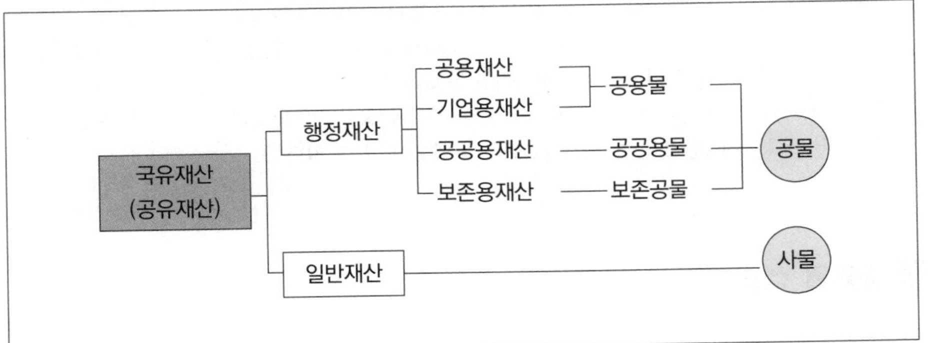

(1) 목적(용도)에 의한 분류

공공용물	직접 일반공중의 사용에 제공된 공물 예 도로, 공원, 광장, 하천, 항만, 영해, 해안, 운하, 제방, 교량, 온천, 지하도, 공공하수도, 공유수면, 공중화장실, 국립도서관 장서 등
공용물	직접 행정주체 자신의 사용에 제공된 공물 예 관공서의 청사(정부종합청사 · 시청청사), 관청의 집기와 비품(책상 · 사무용지 등), 관용차, 교도소와 소년원, 등대, 공무원 관사(숙사), 국립대학교 기숙사, 병사(兵舍) · 전차와 전투기 등의 병기 · 군용견 · 훈련소 · 연병장 · 요새 등
공적 보존물 (보존공물)	공용 또는 공공용에 제공된 것이 아니라 문화목적 · 보안목적 등의 공적 목적을 위해 물건 자체의 보존이 목적인 공물 예 국보 등 문화재(남대문 · 석굴암 · 첨성대 등), 천연기념물, 보안림 등

(2) 성립과정에 의한 분류

인공공물	행정주체가 인위적인 가공을 가하여 공적 목적에 제공한 공물 예 도로, 공원, 정부청사, 교량, 지하도 등
자연공물	자연상태 그대로 공적 목적에 제공될 수 있는 실체를 가진 공물 예 하천, 해안, 해변, 호수 등

(3) 예정공물

① 예정공물이란 도로예정지 · 하천예정지 · 공원예정지 · 청사예정지 등과 같이 장래 공물이 될 것이 예정되어 있는 물건을 말한다.

② 공용지정은 있었으나 현실적으로 완전한 공용제공이 이루어지지 아니한 물건도 예정공물에 해당한다.

③ 예정공물은 공물에 준하여 취급하는 것이 보통이다. 따라서 예정공물인 토지도 시효취득의 대상이 될 수 없다.

일반재산은 행정재산이 아니다.

국 · 공유의 재산이 모두 공물인 것은 아니다.

일반재산의 예
① 용도폐지한 국 · 공유재산: 공용폐지한 도로, 폐차처분한 관용차 등
② 국 · 공유림
③ 국유의 광산
④ 국가 · 지자체가 보유하는 현금 · 주식소

OX
① 공용물이란 일반공중의 사용에 제공된 물건을 의미한다. (×)
② 공무원의 숙사(宿舍)는 공용물이고 하천은 공공용물이다. (○)
③ 국유재산 중 국가가 직접 사무용으로 사용하는 관공서의 청사는 공공용재산에 해당하고, 행정주체에 의해 일반공중의 사용에 제공된 도로는 공용재산에 해당한다. (×)

예정공물은 공물에 준하여 취급된다.

판례

도로구역의 결정·고시 등의 공물지정행위는 있었지만 아직 도로의 형태를 갖추지 못하여 완전한 공공용물이 성립되었다고는 할 수 없는 국유토지는 일종의 **예정공물**이라고 볼 수 있는데, 위 토지를 포함한 일단의 토지에 관하여 **도로확장공사를 실시할 계획이 수립되어 아직 위 토지에까지 공사가 진행되지는 아니하였지만 도로확장공사가 진행 중인 경우**에는 예정공물인 토지도 일종의 행정재산인 공공용물에 준하여 취급하는 것이 타당하다고 할 것이므로 국유재산법 제7조 제2항이 준용되어 **시효취득의 대상이 될 수 없다**(대판 1994.5.10, 93다23442).

도로구역의 결정·고시는 있었지만 아직 도로의 형태를 갖추지는 못한 국유토지도 그 토지를 포함한 일단의 토지에 대하여 도로확장공사 실시계획이 수립되어 일부 공사가 진행 중인 경우에는 시효취득의 대상이 될 수 없다.

Ⅱ 공물의 성립

1 의의

공물의 성립이란 어떤 물건이 공물로서의 성질을 취득하는 것을 말한다.

2 공공용물의 성립

(1) 인공공공용물의 성립

1) 2가지의 성립요소

인공공물인 공공용물의 성립에는 당해 물건이 일반공중의 사용에 제공될 수 있는 형체적 요소와 일반공중의 사용에 제공한다는 행정주체의 의사적 행위인 공용지정행위(의사적 요소)가 필요하다.

2) 형체적 요소

① 인공공공용물이 성립하기 위하여는 우선 인공을 가하여 일반공중의 사용에 제공될 수 있는 형체를 갖춘 물건을 만들어야 한다(예컨대 도로나 공원의 건설·정비).

② 만약 형체적 요소를 갖추지 못한 물건을 공물로 지정한 경우, 이는 예정공물에 지나지 않는다.

③ 다만, 무체물의 경우에는 형체적 요소가 필요하지 않다(무체물도 공물에 포함시키는 입장).

형체적 요소를 갖추지 못한 물건을 공물로 지정한 경우, 예정공물에 불과하다.

3) 의사적 요소: 공용지정행위(공용개시행위)

① 인공공공용물이 성립하기 위하여는 형체적 요소 이외에 당해 물건을 일반공중의 사용에 제공한다는 행정주체의 의사적 행위인 공용지정행위(공용개시행위)가 필요하다.

② 즉, 공용지정이란 **권한 있는 행정기관이 어떤 물건이 특별한 공적 목적에 제공됨으로 인해 공법상의 이용규율이 적용된다는 것을 선언하는 법적 행위**를 말한다.

OX 공용개시행위는 통설에 의하면 공물로서 사용되는 현실을 인정하는 사실행위라고 한다. (×)

4) 공용지정의 형식

법규에 의한 공용지정	• 어떤 물건이 형식적 의미의 법률·법규명령·자치법규(조례) 등의 법규에서 정하고 있는 요건을 충족하여 공법상 특별한 지위를 취득하게 되면 법규에 의한 공용지정이 있는 것이 된다. • 관습법에 의한 공용지정은 인정되지 않는다(다수설). • 종래에는 행정행위에 의한 공용지정만 인정하고 법규에 의한 공용지정은 부정하였으나, 현재에는 법규에 의한 공용지정도 인정함이 다수설이다.

① 관습법에 의한 공용지정은 인정되지 않는다(多).
② 행정행위에 의한 공용지정은 물적 행정행위로서 대물적 일반처분에 해당한다.

행정행위에 의한 공용지정	• 공용지정의 주된 형식은 행정행위이다(예 도로법 제25조에 의한 도로구역의 결정·고시). • 행정행위에 의한 공용지정은 직접적으로는 공물의 성질이나 상태를 규율하고 사람에 대해서는 간접적으로 법적 효과를 미친다는 점에서 물적 행정행위로서 대물적 일반처분에 해당한다. • 실정법에서 그 공고에 관한 규정을 두고 있지 않는 한 묵시적 행정행위에 의한 공용지정도 인정된다.

판례

1. 국유재산법상의 행정재산이란 국가가 소유하는 재산으로서 직접 공용, 공공용, 또는 기업용으로 사용하거나 사용하기로 결정한 재산을 말하는 것이고, 그중 **도로·공원과 같은 인공적 공공용재산은 법령에 의하여 지정되거나 행정처분으로써 공공용으로 사용하기로 결정한 경우, 또는 행정재산으로 실제로 사용하는 경우의 어느 하나에 해당하여야 비로소 행정재산이 되는 것**인데, 특히 **도로는 도로로서의 형태를 갖추고, 도로법에 따른 노선의 지정 또는 인정의 공고 및 도로구역 결정·고시를 한 때**(⇨ 도로구역의 결정·고시가 도로의 공용지정행위임) **또는 구 도시계획법 또는 도시재개발법 소정의 절차를 거쳐 도로를 설치하였을 때에 공공용물로서 공용개시행위가 있다고 할 것**이므로(대판 2018.5.11. 2015다41671), **토지의 지목이 도로이고 국유재산대장에 등재되어 있다는 사정만으로 바로 그 토지가 도로로서 행정재산에 해당한다고 할 수는 없다**(대판 2016.5.12. 2015다255524 ; 대판 2009.10.15. 2009다41533 등). 그리고 토지에 대하여 도로로서의 도시계획시설결정 및 지적승인만 있었을 뿐 그 도시계획사업이 실시되었거나 그 토지가 자연공로로 이용된 적이 없는 경우에는 **도시계획결정 및 지적승인의 고시만으로는 아직 공용개시행위가 있었다고 할 수 없어 그 토지가 행정재산이 되었다고 할 수 없다**(대판 2000.4.25. 2000다348).

2. 학교시설이 인공공물인 행정재산이 되기 위하여는 법령에 의하여 학교용지로 지정된 경우이거나, 행정처분으로 학교용지로 1년 이내에 사용하기로 결정한 경우, 또는 학교용지로 실제로 사용하는 경우의 어느 하나에 해당하여야 한다. 따라서 **국가가 토지에 대한 관리청을 교육부로 지정한 때부터 무려 17년이나, 그 지목을 학교용지로 변경한 후 13년이나 지나도록 아직 그 토지를 학교용지로 사용하고 있지도 아니하고 이를 학교용지로 사용할 구체적 계획도 없다면, 그 토지에 대한 관리청을 교육부로 지정하고 토지대장상 지목을 대지에서 학교용지로 변경한 것만으로는 위의 '행정처분으로 학교용지로 1년 이내에 사용하기로 결정한 경우'에 해당한다고 볼 수 없으므로**, 그 토지는 행정재산이라고 할 수 없다(대판 1995.9.5. 93다44395).

3. 구 **도시계획법상 공원으로 결정·고시된 국유토지라는 사정만으로는** 행정처분으로써 공공용으로 사용하기로 결정한 것으로 보기는 부족하나, 서울특별시장이 구 공원법, 구 도시계획법에 따라 **사업실시계획의 인가 내용을 고시함으로써 공원시설의 종류, 위치 및 범위 등이 구체적으로 확정되거나 도시계획사업의 시행으로 도시공원이 실제로 설치된 토지라면 공공용물로서 행정재산에 해당한다**(대판 2014.11.27. 2014두10769 ; 대판 1997.11.14. 96다10782).

행정주체는 해당 노선을 이루는 구체적인 도로구역을 결정함에 있어서 비교적 광범위한 형성의 자유를 가진다.

국가가 국유지에 대한 지목을 학교용지로 변경한 후 이를 사용하지 아니한 채 장기간 방치한 경우, 행정재산이 아니다.

도로법 제25조 【도로구역의 결정】 ① 도로관리청은 도로 노선의 지정·변경 또는 폐지의 고시가 있으면 지체 없이 해당 도로의 도로구역을 결정·변경 또는 폐지하여야 한다.

토지의 지목이 도로이고 국유재산대장에 등재되어 있다는 사정만으로 바로 그 토지가 도로로서 행정재산에 해당한다고 할 수는 없다.

OX 토지에 대하여 도로로서의 도시계획시설결정 및 지적승인이 있었다면 그 토지가 행정재산이 되었다고 할 수 있다. (×)

관할 행정청이 관련 법령에 따라 사업실시계획을 인가·고시함으로써 공원시설의 종류·위치 및 범위 등이 구체적으로 확정되거나 도시계획사업 시행으로 도시공원이 실제로 설치된 국유토지는 행정재산에 해당한다.

5) **권원 있는 공용지정**

① 공용지정의 전제로서 행정주체는 미리 그 물건에 대한 정당한 권원을 취득할 필요가 있다.

② 따라서 사인의 소유에 속하는 물건을 일정한 공적 목적에 제공하기 위해서는 매수나 공용수용에 의해 소유권을 취득하거나 지상권 · 임차권 등의 이용권을 취득하여야 한다.

6) **하자 있는 공용지정의 효과**

① 권원 없이 행한 공용지정과 같이 공용지정의 요건을 갖추지 못한 하자(흠)가 있는 경우에는 그 하자가 중대하고 명백하면 무효이고, 그렇지 아니한 위법의 경우에는 취소할 수 있다.

② **권원 없이 행한 공용지정으로 인해 권리를 침해당한 자는 행정주체에 대하여 손해배상 · 부당이득반환 · 원상회복을 청구할 수 있다.**

③ 그러나 **도로의 경우**에는 사권행사가 금지(도로법 제4조)되므로 **원상회복을 청구할 수는 없고 손해배상 · 부당이득반환만 청구할 수 있다.**

공용지정의 전제로서 행정주체는 미리 그 물건에 대한 정당한 권원을 취득하여야 한다.

권원 없이 행한 공용지정으로 인해 권리를 침해당한 자는 행정주체에 대하여 손해배상 · 부당이득반환 · 원상회복을 청구할 수 있으나, 도로의 경우 원상회복은 청구할 수 없다.

도로법 제4조【사권의 제한】 도로를 구성하는 부지, 옹벽, 그 밖의 시설물에 대해서는 사권을 행사할 수 없다. 다만, 소유권을 이전하거나 저당권을 설정하는 경우에는 사권을 행사할 수 있다.

판례

1. 손해배상청구의 인정

국가 또는 지방자치단체가 도로부지에 대하여 소유권을 취득하는 등 적법한 권원 없이 도로로 사용하고 있다고 하더라도, 이로 인하여 **불법점유로 인한 임료 상당의 손해배상의무가 성립**하는 것은 별론으로 하고, 도로법 제4조(사권의 제한)의 적용을 배제할 것은 아니다(대판 1999.11.26. 99다40807).

2. 부당이득반환청구의 인정

시(市)가 사인 소유의 토지를 용익할 사법상의 권리를 취득함이 없이 또는 적법한 보상을 함이 없이 이를 점유하고 있다면 비록 그것이 도로라고 하더라도 그로 인하여 이득을 얻고 있는 것이라고 보아야 한다. 즉, **도로를 구성하는 부지에 관하여는 도로법 제4조에 의하여 사권의 행사가 제한된다고 하더라도 이는 도로법상의 도로에 관하여 도로로서의 관리, 이용에 저촉되는 사권을 행사할 수 없다는 취지이지 부당이득반환청구권의 행사를 배제하는 것은 아니다**(대판 1989.1.24. 88다카6006).

3. 원상회복청구의 인정

대지소유자가 그 소유권에 기하여 그 대지의 불법점유자인 시(市)에 대하여 권원 없이 그 대지의 지하에 매설한 상수도관의 철거(및 토지의 인도)를 구하는 경우에, **공익사업으로서 공중의 편의를 위하여 매설한 상수도관을 철거할 수 없다거나 이를 이설할 만한 마땅한 다른 장소가 없다는 이유만으로써는 대지소유자의 위 철거청구가 오로지 타인을 해하기 위한 것으로서 권리남용에 해당한다고 할 수는 없다**(대판 1987.7.7. 85다카1383).

4. 도로의 경우 원상회복청구의 부정

도로를 구성하는 부지에 대하여는 **사권을 행사할 수 없**으므로 그 부지의 소유자는 불법행위를 원인으로 하여 손해배상을 청구함은 별론으로 하고 그 **부지에 관하여 그 소유권을 행사하여 인도를 청구할 수 없다**(대판 1968.10.22. 68다1317).

국가 또는 지방자치단체가 도로부지에 대하여 적법한 권원 없이 도로로 사용한 경우, 불법점유로 인한 임료 상당의 손해배상의무가 성립한다.

시(市)가 사인 소유의 토지를 용익할 사법상의 권리를 취득함이 없이 또는 적법한 보상을 함이 없이 도로부지로 점유하고 있다면, 사인의 부당이득반환청구권이 인정된다.

상수도관이 자신의 토지 지하에 권원 없이 설치되었다면 공물로 사용되고 있는 동안에도 그 철거를 구할 수 있다.

도로를 구성하는 부지의 소유자는 그 부지에 관하여 소유권을 행사하여 인도를 청구할 수 없다.

(2) 자연공공용물의 성립

1) 공용지정 불요

자연공공용물은 자연적 상태에 의해 당연히 공물로서의 성질을 가지게 되므로 그 성립에 행정주체의 특별한 의사표시인 공용지정을 필요로 하지 않는다고 봄이 다수설·판례(대판 1994.11.4. 92다40051 등)이다.

판례

국유 하천부지는 자연의 상태 그대로 공공용에 제공될 수 있는 실체를 갖추고 있는 이른바 **자연공물로서 별도의 공용개시행위가 없더라도 행정재산이 된다**(대판 2007.6.1. 2005도7523).

2) 하천의 경우

① 종전의 하천법은 하천구역의 결정을 자연상태에 맡기고 하천구역을 법정하였는데, 현행 하천법 제10조는 하천관리청이 하천구역을 결정·변경·폐지하도록 규정하고 있다.

② 그러나 하천은 하천의 실체를 갖춤으로써 성립하는 것이지, 하천의 지정(하천법 제7조)이나 하천구역의 결정으로 비로소 성립되는 것이 아니다.

판례

토지가 공부상 하천으로 등재되어 있다는 사정만으로 그 토지를 하천구역이라고 단정할 수 있는지 여부(소극)

하천구간 내의 토지 중에서 일정한 구역을 하천구역으로 규정하고 있어 이에 해당하는 구역은 당연히 하천구역이 되며(법정제도), 현행 하천법에 의하면 국가하천 및 지방하천의 명칭과 구간이 지정, 고시된 때에 별도로 관리청이 하천법 제10조에 따라 하천구역을 결정·고시함으로써 하천구역이 정하여진다. 따라서 **토지가 그 공부상 하천이라는 지목으로 등재되어 있다는 사정만으로는 그 토지를 하천구역이라고 단정할 수 없다**(대판 2010.3.25. 2009다97062).

3 공용물의 성립

(1) 공용지정 불요

① 공용물은 일반공중의 사용에 제공되는 것이 아니라 행정주체가 자기의 사용에 제공하는 물건이므로, 행정주체가 사실상 사용할 수 있는 형체적 요소만 갖추면 공물로 성립한다(통설).

② 즉, 공용물의 경우에는 의사적 요소인 **공용지정이 필요하지 않다**.

(2) 정당한 권원

행정주체는 당해 물건에 대하여 **정당한 권원을 가져야 한다**.

자연공공용물의 성립에는 공용지정을 필요로 하지 않는다. ⇨ 국유 하천부지는 자연상태 그대로 공공용에 제공될 수 있는 실체를 갖추고 있다고 볼 수 없는바, 행정재산이 되기 위해서는 별도의 공용개시행위가 있어야 한다. (×)

자연공물은 자연상태 그대로 공공용에 제공될 수 있는 실체를 갖추고 있다면 별도의 공용개시행위가 없더라도 행정재산이 된다.

자연공물은 행정재산이 된 후 본래의 용도에 공여되지 않은 상태로 놓여 있더라도 국유재산법령에 의거하여 공용폐지를 하지 않는 한 일반재산이 될 수 없다.

하천법 제10조【하천구역의 결정 등】 ① 하천관리청은 제7조 제6항에 따라 하천의 명칭 및 구간의 지정 또는 지정의 변경·해제의 고시가 있는 때에는 다음 각 호의 어느 하나에 해당하는 지역을 하천구역으로 결정 또는 변경하거나 하천구역을 폐지하여야 한다.

하천은 하천의 실체를 갖춤으로써 성립하는 것이지, 하천의 지정이나 하천구역의 결정으로 비로소 성립되는 것이 아니다.

토지가 공부상 하천이라는 지목으로 등재되어 있다는 사정만으로는 그 토지를 하천구역이라고 단정할 수 없다.

공용물의 성립: 공용지정행위(×), 정당한 권원(○)

OX 관공서의 청사는 공용개시행위가 필요하다. (×)

OX 교도소가 공물로 성립되는 데에는 형태적 요소는 필요하나 의사적 요소는 불필요하다. (○)

국가가 통제보호구역으로 지정된 사유지 위에 군사시설 등을 설치하여 그 부지 등으로 지속적·배타적으로 점유·사용하는 경우에 국가는 그 토지로 인하여 차임 상당의 이익을 얻고 이로 인하여 그 토지소유자에게 동액 상당의 손해를 주고 있다고 봄이 타당하므로 국가는 차임 상당의 이득을 부당이득금으로 반환하여야 할 의무가 있다.

판례

국가가 그 토지 위에 군사시설 등을 설치하여 그 부지 등으로 **계속적·배타적으로 점유·사용**하는 경우에는, 국가가 그 토지를 점유·사용할 수 있는 정당한 권원이 있음을 주장·증명하지 아니하는 이상, 그 **토지에 관하여 차임 상당의 이익을 얻고 이로 인하여 토지소유자에게 동액 상당의 손해를 주고 있다**고 봄이 타당하므로, **국가는 토지소유자에게 차임 상당의 이득을 부당이득금으로 반환할 의무가 있다**(대판 2012.12.26. 2011다73144).

보존공물의 성립: 공용지정행위(○), 정당한 권원(×)

4 보존공물(공적 보존물)의 성립

(1) 공용지정행위

보존공물은 특정한 물건이 그 보존을 목적으로 할 만한 형체적 요소를 갖추고 있고, 또한 의사적 요소로서의 **공용지정행위가 있어야 성립**한다(통설).

(2) 정당한 권원 불요

보존공물은 일반공중의 사용에 제공되는 것이 아니라 그 물건 자체를 보존하는 것이기 때문에 **정당한 권원을 취득할 필요가 없고**, 또 **본인의 동의를 받을 필요도 없이 법적 근거만 있으면 된다**.

Ⅲ 공물의 소멸

1 의의

공물의 소멸이란 공물이 공물로서의 성질을 상실하는 것을 말한다.

2 공용물의 소멸

인공공공용물의 소멸
① 형체적 요소가 멸실되지 않은 경우에도 공용폐지에 의해 소멸한다.
② 공용폐지는 일반처분의 한 형태인 물적 행정행위이다.

(1) 인공공공용물의 소멸

1) 공용폐지행위에 의한 소멸

구분	내용
공용폐지의 의미	• 공공용물을 일반공중의 사용에 제공하는 것을 폐지하고자 하는 권한 있는 행정기관의 의사적 행위 • 형체적 요소가 멸실되지 않은 경우에도 공용폐지에 의해 소멸
공용폐지의 성질	특정의 물건이 갖는 공물로서의 성질을 상실케 하는 일반처분의 한 형태인 물적 행정행위
공용폐지의 요건	공물의 공적 목적이 더 이상 존재하지 않거나 중대한 공익상의 근거가 있어야 공용폐지를 할 수 있음
공용폐지의 방법	• 명시적 의사표시 + 묵시적 의사표시 • 적법한 의사표시
공용폐지의 효과	• 공법상 제한(공용성)의 해제(취소) • 완전한 사권의 대상

판례

1. 행정재산은 공용폐지가 되지 아니하는 한 사법상 거래의 대상이 될 수 없으므로 시효취득의 대상이 되지 아니하고, 관재당국이 이를 모르고 행정재산을 매각하였다 하더라도 그 매매는 당연무효이다. 그리고 **공용폐지의 의사표시는 명시적 의사표시뿐 아니라 묵시적 의사표시이어도 무방하나 적법한 의사표시이어야 하고**, 행정재산이 본래의 용도에 제공되지 않는 상태에 놓여 있다는 사실만으로 관리청의 이에 대한 공용폐지의 의사표시가 있었다고 볼 수 없으며, **행정재산에 관하여 체결된 것이기 때문에 무효인 매매계약을 가지고 적법한 공용폐지의 의사표시가 있었다고 볼 수도 없다**(대판 1996.5.28. 95다52383).

2. 행정재산에 대한 **공용폐지의 의사표시는 명시적이든 묵시적이든 상관이 없으나 적법한 의사표시가 있어야 하고, 행정재산이 사실상 본래의 용도에 사용되지 않고 있다는 사실만으로 공용폐지의 의사표시가 있었다고 볼 수는 없으므로** 행정청이 행정재산에 속하는 1필지 토지 중 일부를 그 필지에 속하는 토지인 줄 모르고 본래의 용도에 사용하지 않는다는 사실만으로 묵시적으로나마 그 부분에 대한 공용폐지의 의사표시가 있었다고 할 수 없다(대판 2006.6.15. 2006다16055).

① 공용폐지의 의사표시는 명시적 의사표시뿐 아니라 묵시적 의사표시이어도 무방하나, 적법한 의사표시이어야 한다.
② 행정재산에 관하여 체결된 것이기 때문에 무효인 매매계약을 가지고 적법한 공용폐지의 의사표시가 있었다고 볼 수 없다.

행정청이 행정재산에 속하는 1필지 토지 중 일부를 그 필지에 속하는 토지인 줄 모르고 본래의 용도에 사용하지 않고 있다고 하여 묵시적 공용폐지의 의사표시가 있었다고 할 수 없다.

2) 형체적 요소의 멸실에 의한 소멸

인공공물은 형체적 요소가 멸실되어 사회통념상 회복이 불가능하게 된 경우에는 **별도의 공용폐지행위 없이도 공물로서의 성질을 상실한다**(다수설). 그러나 판례는 이 경우에도 공용폐지가 필요하다는 입장이다.

판례

오랫동안 도로로서 사용되지 않는 토지가 일부에 건물이 세워져 있으며 그 주위에 담이 둘러져 있어 사실상 대지화되어 있다고 하더라도 관리청의 적법한 의사표시에 의한 것이 아니라 그 인접토지의 소유자들이 임의로 토지를 봉쇄하고 독점적으로 사용해 왔기 때문이라면, 관리청이 묵시적으로 토지의 도로로서의 용도를 폐지하였다고 볼 수는 없다(대판 1994.9.13. 94다12579).

OX 오랫동안 도로로서 사용되지 않고, 건물이 세워져 있으며 그 주위에 담이 둘러져 있다면 관리청의 용도폐지처분이 없더라도 도로로서의 용도가 폐지된 것으로 보아야 한다. (×)

(2) 자연공공용물의 소멸

자연공물은 형체적 요소가 멸실되면 별도의 공용폐지행위 없이도 공물로서의 성질을 상실한다고 봄이 다수설이다. 그러나 **판례는 자연공물도 공용폐지가 없는 한 공물로서의 성질을 상실하지 않는다는 입장**이다.

판례에 의하면 자연공공용물도 공용폐지가 없는 한 공물로서의 성질을 상실하지 않는다.

판례

1. 공유수면은 소위 자연공물로서 그 자체가 직접 공공의 사용에 제공되는 것이므로 **공유수면의 일부가 사실상 매립되어 대지화되었다고 하더라도 국가가 공유수면으로서의 공용폐지를 하지 아니하는 이상 법률상으로는 여전히 공유수면으로서의 성질을 보유하고 있다**(대판 2013.6.13. 2012두2764 ; 대판 1996.5.28. 95다52383).

2. 공유수면으로서 자연공물인 바다의 일부가 매립에 의하여 토지로 변경된 경우에 다른 공물과 마찬가지로 공용폐지가 가능하다고 할 것이며, 이 경우 **공용폐지의 의사표시는 명시적 의사표시뿐만 아니라 묵시적 의사표시도 무방하다**. 그리고 공물의 **공용폐지에 관하여**

공유수면의 일부가 사실상 매립되어 대지화되었더라도 국가가 공유수면으로서의 공용폐지를 하지 아니하는 이상 법률상으로는 여전히 공유수면이다.

자연공물인 바다의 일부가 매립에 의해 토지로 변경된 경우 공용폐지가 가능하며, 그 의사표시는 묵시적으로도 할 수 있다.
⇨ 공유수면으로서 자연공물인 바다의 일부가 매립에 의하여 토지로 변경된 경우에 묵시적 공용폐지가 된 것으로 본다. (×)

공물이 사실상 본래의 용도에 사용되고 있지 않다거나 행정주체가 점유를 상실하였다는 정도의 사정만으로는 묵시적 공용폐지를 인정할 수 없다.

국가의 묵시적인 의사표시가 있다고 인정되려면 공물이 **사실상 본래의 용도에 사용되고 있지 않다거나 행정주체가 점유를 상실하였다는 정도의 사정만으로는 부족**하고, **주위의 사정을 종합하여 객관적으로 공용폐지의사의 존재가 추단될 수 있어야** 한다. 따라서 토지가 해면에 포락됨으로써 사권이 소멸하여 해면 아래의 지반이 되었다가 매립면허를 초과한 매립으로 새로 생성된 경우, 국가가 그 토지에 대하여 자연공물임을 전제로 한 아무런 조치를 취하지 않았다거나 새로 형성된 지형이 기재된 지적도에 그 토지를 포함시켜 지목을 답 또는 잡종지로 기재하고 토지대장상 지목을 답으로 변경하였다 하더라도, 그러한 사정만으로는 공용폐지에 관한 국가의 의사가 객관적으로 추단된다고 보기에는 부족하다고 할 것이다(대판 2009.12.10. 2006다87538).

OX 공유수면인 갯벌이 간척에 의하여 그 성질을 상실하였다면 일반재산(구 잡종재산)으로 보아야 한다고 봄이 판례이다. (×)

국유하천부지는 명시적·묵시적 공용폐지가 없는 한 공물로서의 성질을 유지한다.

3. 공유수면인 갯벌은 자연의 상태 그대로 공공용에 제공될 수 있는 실체를 갖추고 있는 이른바 자연공물로서 **간척에 의하여 사실상 갯벌로서의 성질을 상실하였더라도 당시 시행되던 국유재산법령에 의한 용도폐지를 하지 않은 이상 당연히 일반재산(구 잡종재산)으로 된다고는 할 수 없다**(대판 1995.11.14. 94다42877). 또 **국유하천부지는 공공용 재산이므로 그 일부가 사실상 대지화되어 그 본래의 용도에 공여되지 않는 상태에 놓여 있더라도** 국유재산법령에 의한 **용도폐지를 하지 않은 이상 당연히 일반재산(구 잡종재산)으로 된다고는 할 수 없는 것**이며, 이 경우 공용폐지의 의사표시는 명시적이든 묵시적이든 상관없으나 **적법한 의사표시가 있어야 하며,** 행정재산이 사실상 본래의 용도에 사용되고 있지 않다는 사실만으로 공용폐지의 의사표시가 있었다고 볼 수는 없다(대판 1997.8.22. 96다10737).

공유수면에 매립공사를 시행하였으나 그 중 일부가 원래의 수면형태로 남아 있다면 그 부분은 주변이 매립지로 바뀌었다고 하여도 공유수면성을 상실하지 않는다.

4. 공유수면이라 함은 하천, 바다, 호수 기타 공공의 용에 사용되는 수류 또는 수면으로서 국가의 소유에 속하는 자연공물을 말하고, 매립이라 함은 공유수면에 토사, 토적 기타 물건을 인위적으로 투입하고 물을 제거하여 육지로 조성하는 행위를 말하는 것이므로, **공유수면에 매립공사를 시행하였으나 그중 일부가 원래의 수면형태로 남아 있다면 그 부분은 주변이 매립지로 바뀌었다고 하여도 공유수면성을 상실하지 않는다**고 할 것이다. 따라서 보트장, 낚시터, 저수지 등 유원지 부분이 공유수면매립공사시 설치한 방조제로 인하여 해수의 유입이 차단되고 인수, 배수시설로써 인위적인 인수, 배수가 가능하게끔 시설되어 있어도 그 수면적, 저수상태, 생성과정 등에 비추어 공유수면으로서의 성질을 상실한 것으로 볼 수 없다(대판 1992.4.28. 91누4300).

3 공용물의 소멸

① 공용물은 그 형체적 요소의 멸실이나 행정주체의 사실상 사용의 폐지만으로 공물로서의 성질을 상실하며, 행정주체의 별도의 공용폐지행위를 요하지 않는다고 봄이 다수설이다.

② 그러나 판례는 공용폐지행위가 필요하다는 입장이다.

판례에 의하면 공용물도 공용폐지가 없는 한 공물로서의 성질을 상실하지 않는다.

판례

행정청이 행정재산에 속하는 1필지 토지 중 일부를 그 필지에 속하는 토지인 줄 모르고 본래의 용도에 사용하지 않는다는 사실만으로 묵시적으로나마 그 부분에 대한 용도폐지의 의사표시가 있었다고 할 수 없다.

1. 1필지 전부가 군유재산대장에 교육청사 부지로 등재되어 있고, 또한 실제로 그중 일부분이 교육청사의 부지로 제공되어 오고 있는 것이라면 특별한 사정이 없는 한 1필지 전부가 행정재산에 해당하는 것이라고 볼 것이다. 그런데 **행정재산에 대한 공용폐지의 의사표시는 명시적이든 묵시적이든 상관이 없으나 적법한 의사표시가 있어야 하고,** 행정재산이 사실

상 본래의 용도에 사용되지 않고 있다는 사실만으로 용도폐지의 의사표시가 있었다고 볼 수는 없으므로 **행정청이 행정재산에 속하는 1필지 토지 중 일부를 그 필지에 속하는 토지인줄 모르고 본래의 용도에 사용하지 않는다는 사실만으로 묵시적으로나마 그 부분에 대한 용도폐지의 의사표시가 있었다고 할 수 없다**(대판 1997.3.14. 96다43508).

2. 학교 교장이 학교 밖에 위치한 관사를 용도폐지한 후 기획재정부에 귀속시키라는 국가의 지시를 어기고 사친회 이사회의 의결을 거쳐 개인에게 매각한 경우, 이와 같이 교장이 국가의 지시대로 위 부동산을 용도폐지한 다음 비록 기획재정부에 귀속시키지 않고 바로 매각하였다고 하더라도 위 용도폐지 자체는 국가의 지시에 의한 것으로 유효하다고 아니할 수 없고, 그 후 오랫동안 국가가 위 매각절차상의 문제를 제기하지도 않고, 위 부동산이 관사 등 공공의 용도에 전혀 사용된 바가 없다면, 이로써 위 부동산은 적어도 **묵시적으로 공용폐지되어 시효취득의 대상이 되었다**고 봄이 상당하다(대판 1999.7.23. 99다15924).

3. 대구국도사무소가 폐지되고, 그 소장관사로 사용되던 부동산이 그 이래 달리 공용으로 사용된 바 없다면, 그 부동산은 이로 인하여 **묵시적으로 공용이 폐지되어 시효취득의 대상이 되었다** 할 것이다(대판 1990.11.27. 90다5948).

> 학교 교장이 학교 밖에 위치한 관사를 용도폐지한 후 재무부로 귀속시키라는 국가의 지시를 어기고 개인에게 매각한 경우, 그 후 오랫동안 국가가 위 매각절차상의 문제를 제기하지도 않고, 위 부동산이 관사 등 공공의 용도에 전혀 사용된 바가 없다면, 위 부동산은 적어도 묵시적으로 공용폐지되었다.

> 종전에 지방국도사무소 소장관사로 사용되던 국유의 부동산이 지방국도사무소가 폐지됨으로써 공용으로 사용되지 않게 된 경우 시효취득의 대상이 된다.

4 보존공물(공적 보존물)의 소멸

① 보존공물은 행정주체의 지정해제의 의사표시에 의해 공물로서의 성질을 상실하게 된다(예 문화재보호법 제31조에 의한 문화재의 지정해제).

② 형체적 요소가 멸실된 경우 보존공물은 당연히 소멸하며 이 경우 지정해제(취소) 행위는 그 소멸의 확인행위에 불과하다는 견해(다수설)와 지정해제사유가 될 뿐이지 당연소멸사유는 아니라는 견해(박균성)가 대립하고 있다.

공물의 성립과 소멸

구분			공물의 성립	공물의 소멸
공공용물	인공공물	형체적 요소	○	형체적 요소가 멸실되어 사회통념상 회복이 불가능하게 된 경우 공용폐지 없이 소멸
		의사적 요소	○(공용지정)	○(공용폐지)
	자연공물	형체적 요소	○	형체적 요소가 멸실된 경우 공용폐지가 있어야 소멸하는가? ×(다수설) ↔ ○(판례)
		의사적 요소	×(다수설, 판례)	
공용물		형체적 요소	○	형체적 요소가 멸실된 경우 공용폐지가 있어야 소멸하는가? ×(다수설) ↔ ○(판례)
		의사적 요소	×(통설)	
공적 보존물(보존공물)		형체적 요소	○	형체적 요소의 멸실로 소멸
		의사적 요소	○(공용지정)	○(공용폐지)

공물의 성립 · 소멸과 의사적 요소

공물의 종류		공용개시의 성립요건 여부	공용폐지의 소멸요건 여부
공공용물	인공공물	○	○
	자연공물	×	○(判) ↔ ×(多)
공용물		×	○(判) ↔ ×(多)
보존공물		○	형체적 요소가 없어진 경우: ×

공물의 법률적 특색
① 융통성의 제한
② 강제집행의 제한
③ 시효취득의 제한
④ 공용수용의 제한
⑤ 공물의 범위결정 및 경계확정
⑥ 상린관계
⑦ 공물의 설치·관리상 하자로 인한 손해배상
⑧ 공물의 등기

Ⅳ 공물의 법률적 특색

1 공물의 실정법상 특색

(1) 공물의 불융통성(융통성의 제한)

1) 의의

공물의 불융통성이란 공법상의 법규에 의해 사법상 매매·교환·증여 등 사법상의 거래대상에서 제외되는 경우를 말한다.

바다와 빈지는 자연공물로서 사법상 거래의 대상이 되지 아니한다.

판례

1. 바다와 같은 자연공물의 경우에는 자연적 상태에 의한 물건의 성상 그 자체로 당연히 공공의 사용에 제공되는 것이므로 불융통물로서 사법상 거래의 대상이 되지 아니한다(대판 2009.8.20. 2007다64303).
2. 공유수면관리법상의 빈지(濱地: 바닷가)는 만조수위선으로부터 지적공부에 등록된 지역까지의 사이를 말하는 것으로 **자연의 상태 그대로 공공용에 제공될 수 있는 실체를 갖추고 있는 이른바 자연공물로서 국유재산법상의 행정재산에 속하는 것으로 사법상 거래의 대상이 되지 아니한다**(대판 2000.5.26. 98다15446).

2) 불융통성의 범위

① 공물의 불융통성은 공공목적의 달성에 필요한 한도 내에서만 인정된다.

② 따라서 융통성이 인정되는 범위 내에서는 공물도 그 소유권을 타인에게 이전할 수 있고, **공물의 소유권이 이전되더라도 원칙적으로 공물로서의 성질을 상실하지 않는다.**

융통성이 인정되는 범위 내에서는 공물도 그 소유권을 타인에게 이전할 수 있고, 소유권이 이전되더라도 원칙적으로 공물로서의 성질을 상실하지 않는다.

국유재산법 제20조 【직원의 행위 제한】 ① 국유재산에 관한 사무에 종사하는 직원은 그 처리하는 국유재산을 취득하거나 자기의 소유재산과 교환하지 못한다. 다만, 해당 총괄청이나 중앙관서의 장의 허가를 받은 경우에는 그러하지 아니하다.
② 제1항을 위반한 행위는 무효로 한다.

판례

관재당국이 행정재산인 줄 모르고 매각하였다 해도 그 매매는 당연무효이다.

세무서장이 공공용 행정재산으로서 용도폐지도 되지 않은 국유재산을 일반재산으로 오인하여 매각하였다면 그 매도행위는 무효이다.

관재당국이 착오로 행정재산을 다른 재산과 교환하였다 하여 그러한 사정만으로 적법한 공용폐지의 의사표시가 있다고 볼 수도 없다.

1. 행정재산은 사법상 거래의 대상이 되지 아니하는 불융통물이므로 비록 **관재당국이 이를 모르고 매각하였다 하더라도 그 매매는 당연무효라 아니할 수 없으며**, 사인 간의 매매계약 역시 불융통물에 대한 매매로서 무효임을 면할 수 없다(대판 1995.11.14. 94다50922). 마찬가지로 세무서장이 **공공용 행정재산으로서 용도폐지도 되지 않은 국유재산을 일반재산(구 잡종재산)으로 오인하여 매각하였다면 그 매도행위는 무효라고 할 것이고**, 이를 국세청이 관리청을 국세청으로 등기한 후 매수인에게 소유권이전등기를 경료해 주었다고 하여 무효인 매도행위를 추인한 것으로 볼 수 없다(대판 1992.7.14. 92다12971).
2. **행정재산은 공용폐지가 되지 아니한 상태에서는 사법상 거래의 대상이 될 수 없으므로 관재당국이 착오로 행정재산을 다른 재산과 교환하였다 하여 그러한 사정만으로 적법한 공용폐지의 의사표시가 있다고 볼 수도 없다**(대판 1998.11.10. 98다42974).

3) **상대적 융통성 제한**

국유재산법은 행정재산에 대해 사권의 설정이나 처분을 원칙적으로 금지하면서도, 예외적으로 제한된 범위 내에서 융통성을 예정하고 있다.

> **국유재산법 제11조 【사권 설정의 제한】** ② 국유재산에는 사권을 설정하지 못한다. 다만, 일반재산에 대하여 대통령령으로 정하는 경우에는 그러하지 아니하다.
>
> **제27조 【처분의 제한】** ① 행정재산은 처분하지 못한다. 다만, 다음 각 호의 어느 하나에 해당하는 경우에는 교환하거나 양여할 수 있다.
> 1. 공유(公有) 또는 사유재산과 교환하여 그 교환받은 재산을 행정재산으로 관리하려는 경우
> 2. 대통령령으로 정하는 행정재산을 직접 공용이나 공공용으로 사용하기 위하여 필요로 하는 지방자치단체에 양여하는 경우
>
> **제30조 【사용허가】** ① 중앙관서의 장은 다음 각 호의 범위에서만 행정재산의 사용허가를 할 수 있다.
> 1. 공용·공공용·기업용재산: 그 용도나 목적에 장애가 되지 아니하는 범위
> 2. 보존용재산: 보존목적의 수행에 필요한 범위

국유재산법은 예외적으로 제한된 범위 내에서 융통성을 예정하고 있다.

4) **일부융통제한**

① 도로법 및 하천법은 도로나 하천을 구성하는 토지 등은 사소유권의 대상이 될 수 있음을 전제로 하여, 소유권이전·저당권설정을 제외하고는 사권의 행사가 제한된다.

② 그러나 공물의 소유권이 타인에게 이전되더라도 원칙적으로 공물로서의 성질을 상실하지는 않기 때문에 공물의 제한은 그대로 적용된다.

> **도로법 제4조 【사권의 제한】** 도로를 구성하는 부지, 옹벽, 그 밖의 시설물에 대해서는 **사권을 행사할 수 없다. 다만, 소유권을 이전하거나 저당권을 설정하는 경우에는 사권을 행사할 수 있다.**
>
> **하천법 제4조 【하천관리의 원칙】** ② **하천을 구성하는 토지와 그 밖의 하천시설에 대하여는 사권을 행사할 수 없다.** 다만, 다음 각 호의 어느 하나에 해당하는 경우에는 그러하지 아니하다.
> 1. **소유권을 이전하는 경우**
> 2. **저당권을 설정하는 경우**
> 3. 제33조에 따른 하천점용허가(소유권자 외의 자는 소유권자의 동의를 얻은 경우에 한한다)를 받아 그 허가받은 목적대로 사용하는 경우

도로법 및 하천법은 도로나 하천을 구성하는 토지 등은 사권의 행사가 제한되나, 소유권이전·저당권설정은 가능하다.

OX 하천을 구성하는 토지와 그 밖의 하천시설에 대하여는 전혀 사권을 행사할 수 없다. (×)

판례

도로의 경우 손실보상청구의 부정

도로의 공용개시행위로 인하여 공물로 성립한 사인 소유의 도로부지 등에 대하여 도로법 제4조에 따라 사권의 행사가 제한됨으로써 그 소유자가 손실을 받았다고 하더라도 이와 같은 **사권의 제한은 국토교통부장관 또는 기타의 행정청이 행한 것이 아니라 도로법이 도로의 공물로서의 특성을 유지하기 위하여 필요한 범위 내에서 제한을 가하는 것이므로**, 이러한 경우 도

도로법 제99조 【공용부담으로 인한 손실보상】 ① 이 법에 따른 처분이나 제한으로 손실을 입은 자가 있으면 국토교통부장관이 행한 처분이나 제한으로 인한 손실은 국가가 보상하고, 행정청이 한 처분이나 제한으로 인한 손실은 그 행정청이 속해 있는 지방자치단체가 보상하여야 한다.

도로의 공용개시행위로 인하여 공물로 성립한 사인 소유의 도로부지 등에 대하여 사권의 행사가 제한됨으로써 그 소유자가 손실을 받은 경우, 도로부지 등의 소유자는 손실보상청구를 할 수 없다.

로부지 등의 소유자는 국가나 지방자치단체를 상대로 하여 부당이득반환청구나 손해배상청구를 할 수 있음은 별론으로 하고 **도로법 제99조에 의한 손실보상청구를 할 수는 없다**(대판 2006.9.28. 2004두13639).

5) 융통신고주의

문화재보호법은 문화재의 양도나 사권설정을 제한하면서도 신고를 전제로 한 양도를 인정하고 있다고 볼 수 있다.

> **문화재보호법 제55조 【국가등록문화재의 신고사항】** 국가등록문화재의 소유자나 관리자 또는 국가등록문화재관리단체는 해당 문화재에 관하여 다음 각 호의 어느 하나에 해당하는 사유가 발생하면 대통령령으로 정하는 바에 따라 그 사실과 경위를 문화재청장에게 신고하여야 한다. 다만, 제1호의 경우에는 소유자와 관리자가, 제2호의 경우에는 신·구 소유자가 각각 신고서에 함께 서명하여야 한다.
> 1. 관리자를 선임하거나 해임한 경우
> 2. **소유자가 변경**된 경우
> 3. 소유자 또는 관리자의 주소가 변경된 경우
>
> **제66조 【양도 및 사권설정의 금지】** 국유문화재(그 부지를 포함한다)는 이 법에 특별한 규정이 없으면 이를 **양도하거나 사권을 설정할 수 없다.** 다만, 그 관리·보호에 지장이 없다고 인정되면 공공용, 공용 또는 공익사업에 필요한 경우에 한정하여 일정한 조건을 붙여 그 사용을 허가할 수 있다.

(2) 강제집행의 제한

1) 국유·공유공물

① 국유·공유공물은 강제집행의 대상이 될 수 없다.
② 사유공물은 강제집행의 대상이 될 수 있다.

① 사권설정이 인정되지 않는 **국유공물**은 **강제집행의 대상이 될 수 없다.**

② **공유공물**에 대해서는 강제집행을 긍정하는 견해가 있으나, **부정설이 다수설이다.**

2) 사유공물

① 사유공물은 융통성이 인정되므로 **강제집행의 대상이 될 수 있다.**

② 강제집행에 의해 소유권을 취득한 경우에도 그 공물로서의 제한은 여전히 존속한다.

OX 소멸시효의 제한은 공물의 법적 특색이 아니다. (○)

(3) 시효취득의 제한

1) 국유·공유공물

> **국유재산법 제7조 【국유재산의 보호】** ② 행정재산은 「민법」 제245조에도 불구하고 **시효취득의 대상이 되지 아니한다.**
>
> **공유재산 및 물품 관리법 제6조 【공유재산의 보호】** ② 행정재산은 「민법」 제245조에도 불구하고 **시효취득의 대상이 되지 아니한다.**

① **행정재산은 공용폐지가 되지 않는 한 사법상 거래의 대상이 될 수 없으므로 취득시효의 대상도 되지 않는다**(대판 1995.12.22. 95다19478 등).

② 국유·공유재산 중 행정재산을 제외한 **일반재산**(구 잡종재산)은 **시효취득의 대상이 될 수 있다**(헌재 1991.5.13. 89헌가97 ; 헌재 1992.10.1. 92헌가6).

> 행정재산은 시효취득의 대상이 될 수 없으나, 일반재산은 시효취득의 대상이 될 수 있다. ⇨ 국유재산은 시효취득의 대상이 되지 않는다. (×)

판례

1. 행정재산이 기능을 상실하여 본래의 용도에 제공되지 않는 상태에 있다 하더라도 관계 법령에 의하여 **용도폐지가 되지 아니한 이상 당연히 취득시효의 대상이 되는 일반재산**(구 잡종재산)**이 되는 것은 아니다**(대판 1998.11.10. 98다42974).

2. **성토 등을 통하여 사실상 빈지로서의 성질을 상실하였더라도 국유재산법령에 의한 용도폐지를 하지 않은 이상 당연히 시효취득의 대상인 일반재산(구 잡종재산)으로 된다고 할 수 없다**(대판 1999.4.9. 98다34003).

3. 공용폐지의 의사표시는 **명시적 의사표시뿐만 아니라 묵시적 의사표시이어도 무방하나 적법한 의사표시이어야 하고**, 행정재산이 본래의 용도에 제공되지 않는 상태에 놓여 있다는 사실만으로 관리청의 이에 대한 공용폐지의 의사표시가 있었다고 볼 수 없고, **원래의 행정재산이 공용폐지되어 취득시효의 대상이 된다는 입증책임은 시효취득을 주장하는 자에게 있다**(대판 1999.1.15. 98다49548 ; 대판 1997.8.22. 96다10737).

4. 공유재산 및 물품 관리법(구 지방재정법)상 **공유재산에 대한 취득시효가 완성되기 위하여는 그 공유재산이 취득시효기간 동안 계속하여 시효취득의 대상이 될 수 있는 일반재산(구 잡종재산)이어야** 하고, 이러한 점에 대한 증명책임은 시효취득을 주장하는 자에게 있다(대판 2009.12.10. 2006다19177).

5. 원래 일반재산(구 잡종재산)이던 것이 행정재산으로 된 경우 **일반재산일 당시에 취득시효가 완성되었다고 하더라도 행정재산으로 된 이상 이를 원인으로 하는 소유권이전등기를 청구할 수 없다**(대판 1997.11.14. 96다10782).

6. 원래 **자연상태에서는 전·답에 불과하였던 토지 위에 수리조합이 저수지를 설치한 경우라면** 이는 자연공물이라고 할 수 없을 뿐만 아니라 국가가 직접 공공목적에 제공한 것도 아니어서 비록 일반공중의 공동이용에 제공된 것이라 하더라도 국유재산법상의 행정재산에 해당하지 아니하므로 **시효취득의 대상이 된다**(대판 2010.11.25. 2010다37042).

7. **국립공원으로 지정·고시된 국유토지는 설사 이를 사인이 점유·사용 중이라고 하더라도** 국유재산법 제6조 제2항 제2호의 '국가가 직접 공공용으로 사용하거나 사용하기로 결정한 재산'으로서 **행정재산인 공공용재산으로 된다**고 보아야 하고, 공원사업에 직접 필요한 공원구역 내의 물건에 한하여 행정재산에 해당한다고 할 수 없으므로, **국유토지가 국립공원으로 지정·고시된 이후에는 시효취득의 대상이 되지 아니한다**(대판 1996.7.30. 95다21280).

8. **문화재보호구역 내의 국유토지는 '법령의 규정에 의하여 국가가 보존하는 재산', 즉 국유재산법 제6조 제2항 제4호 소정의 '보존용재산'에 해당**하므로 국유재산법 제7조 제2항에 의하여 시효취득의 대상이 되지 아니한다(대판 1994.5.10. 93다23442).

> 행정재산이 기능을 상실하여 본래의 용도에 제공되지 않는 상태에 있다 해도 용도폐지되지 아니한 이상 당연히 취득시효의 대상이 되는 것은 아니다.

> 빈지(濱地)가 성토 등을 통하여 사실상 빈지로서의 성질을 상실하였더라도 당연히 시효취득의 대상이 된다고 할 수 없다.

> 행정재산이 공용폐지되어 시효취득의 대상이 된다는 점에 대한 증명책임은 시효취득을 주장하는 자에게 있다.

> 공유재산에 대한 취득시효가 완성되기 위하여는 그 공유재산이 취득시효기간 동안 계속하여 시효취득의 대상이 될 수 있는 일반재산이어야 한다.

> 원래 일반재산이던 것이 행정재산으로 된 경우, 일반재산일 당시에 이미 취득시효가 완성되었다 해도 소유권이전등기를 청구할 수 없다.

> 원래 자연상태에서는 전·답에 불과하였던 토지 위에 수리조합이 저수지를 설치한 경우 자연공물이라 할 수 없고, 국유재산법상 행정재산에 해당하지 아니하므로 시효취득의 대상이 된다.

> 국유토지가 국립공으로부터 지정·고시된 이후에는 시효취득의 대상이 되지 아니한다.

사유공물은 시효취득의 대상이 된다.

2) **사유공물**

사유공물은 **시효취득의 대상이 될 수 있다.** 그러나 공적 목적에 제공하여야 하는 공법상 제한은 여전히 존속한다.

(4) 공용수용의 제한

국유재산법상 보존용재산은 시효취득의 대상이 되지 아니한다.

1) **국유 · 공유공물도 예외적으로 공용수용가능**

공물에 대한 수용은 원칙적으로 인정되지 아니하나, 공익사업을 위한 토지 등의 취득 및 보상에 관한 법률 제19조 제2항(공익사업에 수용되거나 사용되고 있는 토지 등은 특별히 필요한 경우가 아니면 이를 다른 공익사업을 위하여 수용 또는 사용할 수 없다)에 의해 현재의 용도보다 더 중요한 공익상의 필요를 위해서는 예외적으로 인정된다.

판례

공익사업을 위한 토지 등의 취득 및 보상에 관한 법률(구 토지수용법)은 제19조 제2항의 규정에 의한 제한 이외에는 수용의 대상이 되는 토지에 관하여 아무런 제한을 하지 아니하고 있을 뿐만 아니라, 같은 법 제19조 제2항 및 문화재보호법 관련 규정을 종합하면 문화재보호법 제70조 제1항에 의하여 **지방문화재로 지정된 토지가 수용의 대상이 될 수 없다고 볼 수는 없다** (대판 1996.4.26, 95누13241).

지방문화재로 지정된 토지도 수용의 대상이 될 수 있다.

2) **사유공물**

사유공물은 공용수용의 대상이 된다.

(5) 공물의 범위결정 및 경계확정

공물의 범위결정: 확인적 행정행위 ⇨ 행정쟁송절차

① 공물의 범위 및 경계는 공물관리청이 일방적으로 결정하는데, 이는 공물에 대한 소유권의 범위를 결정하는 것(형성적 행정행위)이 아니라 공적 목적에 제공되는 공물의 구체적인 범위를 확정하는 공물관리권에서 발동되는 **확인적 행정행위**이다.

② 예컨대 도로구역의 결정(도로법 제25조), 하천구역의 결정(하천법 제10조), 자연공원의 지정(자연공원법 제4조) 등이 이에 해당한다.

③ 이에 대한 **불복은 행정쟁송절차**에 의한다.

(6) 상린관계

① 인접하고 있는 부동산(특히 토지) 소유자 상호간의 이용을 조절하기 위해 민법(제216조 이하)이 규정하고 있는 법률관계를 상린관계라고 한다.

공물에 대해 상린관계에 대한 특별규정이 없는 경우에는 민법상의 상린관계규정이 유추적용된다.

② 공물에 대해서도 도로법상의 접도구역(제40조) 등과 같이 일정한 행위를 제한·금지하거나 작위의무를 부과하여 상린관계에 대한 **특별규정을 두고 있는 경우**도 있으나, 이와 같은 **특별한 규정이 없는 경우에는 민법상의 상린관계규정이 유추적용**된다.

재산권에 대한 상린관계에서의 제한은 손실보상의 대상이 되지 않는다.

③ 상린관계는 한편으로는 소유권의 제한에 해당하나, 다른 한편으로는 타인에게 소유권의 제한을 요구할 수 있는 소유권의 확장적 측면도 있으므로, **재산권에 대한 상린관계에서의 제한은 손실보상의 대상이 되지 않는다.**

(7) 공물의 설치·관리상의 하자로 인한 손해배상

도로·하천 등 공물의 설치 또는 관리상의 하자로 인해 타인에게 손해가 발생한 경우에는 **민법 제758조의 공작물책임이 아니라 국가배상법 제5조에 따라** 국가 또는 지방자치단체 자체가 손해배상책임을 진다.

공물의 설치·관리상의 하자로 인한 국가나 지방자치단체의 배상책임은 민법이 아니라 국가배상법에 의한다.

(8) 공물의 등기

① 법률에 의해 국유로 되는 경우와 같이 **특별한 규정이 없는 한 공물도 부동산이라면 등기를 하여야 물권의 변동이 생긴다.**

② 등기가 필요한 국유재산인 경우 그 권리자의 명의는 국(國)으로 하되 소관 중앙관서의 명칭을 함께 적어야 한다(국유재산법 제14조 제2항).

OX 공물에 대해서는 사법의 적용은 없으므로 공물관리자는 그 물권변동에 대해서 제3자에 대하여 등기 없이 대항할 수 있다. (×)

판례

지방자치단체가 개인 소유의 부동산을 매수한 후 유지를 조성하여 공용개시를 하였다고 하더라도 법률의 규정에 의하여 등기를 거칠 필요 없이 부동산의 소유권을 취득하는 특별한 경우가 아닌 한 부동산에 대한 소유권이전등기를 거치기 전에는 소유권을 취득할 수 없는 것이므로 이를 지방자치단체 소유의 공공용물이라고 볼 수 없다(대판 1992.11.24. 92다26574).

지방자치단체가 부동산을 매수하여 공용개시하였으나 소유권이전등기를 하지 않은 경우, 지방자치단체 소유의 공공용물로 볼 수 없다.

V 공물관리권과 공물경찰권

1 공물의 관리

(1) 의의

① 공물의 관리란 공물 본래의 공적 목적의 달성을 위하여 행하는 관리작용을 말하고, 이러한 공물의 관리를 위하여 발동되는 공물주체의 권한을 공물관리권이라 한다.

② 예컨대 **도로의 보수공사를 위한 통행의 금지·제한**(도로법 제76조)이 이에 해당한다.

공물관리의 예: 도로의 보수공사를 위한 통행의 금지·제한

(2) 공물관리권의 성질

공물관리권은 소유권 자체의 작용에 불과하다는 소유권설도 있으나, 이는 소유권과는 관계없이 공물의 공적 목적의 달성을 위하여 소유권에 일정한 제한을 가할 수 있는 **공법상 물권적 지배권으로 보는 견해가 일반적**이다.

공물관리권의 성질: 소유권 자체의 작용에 불과(×), 공법상 물권적 지배권(○)

(3) 공물관리권의 주체

① 공물의 관리는 관리권을 가진 행정주체(즉, 국유공물은 국가가, 공유공물은 지방자치단체)가 행하는 것이 원칙이다.

② 국도의 수선·유지에 관한 관리를 도지사에게 위임하는 경우(도로법 제31조 제2항)와 같이 관리권자가 다른 기관에게 관리를 위임하는 경우도 있다.

공물의 관리는 관리권을 가진 행정주체가 행하는 것이 원칙이나, 관리권자가 다른 기관에 관리를 위임하는 경우도 있다.

(4) 공물관리권의 형식

① 공물관리권은 법령의 형식(예 공물관리규칙)으로 발동되는 경우도 있고, 법령에 근거한 개별·구체적 행위의 형식(예 행정행위·공법상 계약·사실행위)으로 발동될 수도 있다.

OX 공물관리작용은 비권력적 수단에 국한한다. (×)

OX 도로의 유지·개축·수선, 도로통행장해의 방지·제거, 일정한 범위 안의 공용부담권 등은 공물관리권의 내용에 속하나, 도로통행금지의 위반에 대한 제재는 공물경찰권의 내용이다. (○)

공물의 관리비용은 관리주체가 부담하는 것이 원칙이나, 경우에 따라서는 지방자치단체나 사인에게 부담시킬 수 있다.

공물경찰권의 예: 도로교통상의 안전이나 화재진압을 위하여 행하는 도로통행의 금지·제한조치

② 공물관리작용은 권력적 수단인 행정행위(도로점용허가)도 있고, 비권력적 수단인 사실행위(도로공사)도 있다.

(5) 공물관리권의 내용

공물이 목적을 충실히 달성할 수 있도록 하는 적극적 관리작용	• 공물의 범위결정(도로법 제25조, 하천법 제10조 등) • 공물의 유지·개선을 위해 주변거주자 등에 대하여 과하는 공용부담(도로법 제81조, 하천법 제75조 등) • 공물을 일반에게 제공하거나 그 사용허가 또는 점용허가 등을 설정하는 행위(도로법 제61조 등)
공물의 존립을 유지하기 위해 공물에 대한 장해를 제거하는 소극적 관리작용	• 공물의 유지·수선·보수 등의 행위(도로법 제31조, 하천법 제13조 등) • 공물의 유지·보존을 위해 공물에 대한 파손, 장애물을 쌓아놓는 행위 등의 금지(도로법 제75조, 하천법 제46조 등)

(6) 공물관리의 비용부담

① 공물의 관리비용은 관리주체가 부담하는 것이 원칙이다.

② 경우에 따라서는 법률상의 특별한 규정에 의해 국가가 지방자치단체나 사인에게 부담시키거나(도로법 제85조 이하), 지방자치단체가 다른 지방자치단체나 사인에게 부담시킬 수 있다(도로법 제91조, 하천법 제61조).

2 공물경찰권

① 공물경찰권이란 공물의 안전을 유지하고 공물의 공적 사용에 관한 공공질서를 유지하기 위하여 행하는 일반경찰행정권의 작용을 말한다.

② 예컨대, **도로교통상의 안전이나 화재진압을 위하여 행하는 도로통행의 금지·제한조치**(도로교통법 제6조·제58조)가 이에 해당한다.

3 공물관리권과 공물경찰권의 차이 및 경합

구분	공물관리권	공물경찰권
목적	적극적으로 공물 본래의 목적 달성	소극적으로 공물상의 안녕과 질서의 유지
법적 근거	공용지정의 근거가 되는 당해 공물법규(도로법, 하천법)	일반경찰법(도로교통법)
권력적 기초	공물주체의 공물에 대한 지배권	일반경찰권
발동범위	일시적 사용허가 및 계속적·독점적 사용권(특허)의 설정이나 배제 가능	일시적 사용허가나 배제만 가능
위반자에 대한 제재	사용관계로부터 배제함에 그침. ⇨ 행정강제·행정벌 不可	행정강제·행정벌 可

Ⅵ 공물의 사용관계

1 서설

(1) 개념

① 공물의 사용관계라 함은 공물의 사용과 관련하여 공물의 관리자와 사용자 사이에 형성되는 법률관계(권리의무관계)를 말한다.

② 공물 중 공공용물은 본래 일반공중의 사용에 제공된 공물이므로 그 사용관계가 중요한 문제가 되나, 공용물은 행정주체 자신의 사용에 제공된 공물이므로 원칙상 사용관계가 문제되지 않고 예외적으로만 일반인의 사용이 인정된다.

③ 보존공물은 그 성질상 일반인의 일반적 사용이 문제되지 않는다.

OX 공물의 사용관계는 주로 공공용물과 공적 보존물에 해당하지만 공용물도 본래의 목적에 반하지 않는 범위 안에서 발생할 수 있다. (×)

(2) 사용관계의 유형

공물의 사용관계는 일반사용과 특별사용(허가사용, 특허사용, 관습법상의 사용, 사법상 계약에 의한 사용, 행정재산의 목적 외 사용)으로 구분된다.

2 일반사용(보통사용 · 자유사용)

(1) 의의

일반사용이란 일반공중이 공물주체의 허가나 특허와 같은 특별한 행위 없이 공공용물을 그 본래의 사용목적에 따라 자유로이 사용하는 것을 말하는데, 이를 보통사용, 자유사용이라고도 한다.

(2) 예

보행자의 보도통행, 자동차의 차도통행, 고속도로와 같은 유료도로의 자동차주행, 유료터널의 이용

OX 해수욕장에서 수영을 하는 것은 공물의 관습적 사용이다. (×)

OX 공원의 이용행위는 공물의 보통사용이다. (○)

(3) 법적 성질

공물의 일반사용은 단순한 반사적 이익에 그치는 것이 아니라 공법상의 권리이므로, 일반사용이 침해된 경우에는 방해배제청구권 또는 손해배상청구권 등의 행사를 통해 구제받을 수 있다.

(4) 일반사용의 내용: 소극적 권리

① 공공용물의 일반사용권은 공물의 존재를 전제로 하여 당해 공물을 자유로이 사용할 수 있는 것을 내용으로 하는 소극적 권리이다. 즉 **일반사용권은 본질적으로 그 자유사용의 침해를 배제하는 데 그친다.**

② **일반사용권에 기해 이미 제공된 공물의 계속적 유지 · 이용**(예 도로의 폐지금지, 용도 · 구조의 변경금지)**이나 새로운 공물을 제공하여 줄 것을 적극적으로 청구할 수는 없다.**

① 공물의 일반사용권은 소극적 권리로서 본질적으로 그 자유사용의 침해를 배제하는 데 그친다.
② 공물의 보통사용으로서 그 공물의 유지 · 계속에 관한 청구권은 원칙적으로 성립하지 않는다.

甲이 乙 소유의 도로를 공로에 이르는 유일한 통로로 이용하였으나 甲 소유의 대지에 연접하여 새로운 공로가 개설되어 그 쪽으로 출입문을 내어 바로 새로운 공로에 이를 수 있게 된 경우, 甲이 乙 소유의 도로에 대한 도로폐지허가처분의 취소를 구할 법률상 이익이 없다.

OX 도로는 일반국민이 이를 자유로이 이용할 수 있으므로, 일반적인 시민생활에 있어 도로를 이용만 하는 사람이라도 그 도로의 용도폐지를 다툴 법률상의 이익이 있다. (×)

이미 제공된 공공용물의 일반사용권을 침해하는 행정주체의 공권력 행사에 대하여는 공법상의 방해배제나 국가배상을 청구할 수 있다.

사례연구 01

- **사건개요**: 甲이 乙 소유의 도로를 공로에 이르는 유일한 통로로 이용하였으나 甲 소유의 대지에 연접하여 새로운 공로가 개설되어 그쪽으로 출입문을 내어 바로 새로운 공로에 이를 수 있게 된 후, 乙의 신청에 따라 관할 행정청은 乙 소유의 도로에 대하여 도로폐지허가처분을 내렸다.
- **쟁점**: 이 경우 甲이 위 도로폐지허가처분의 취소를 구할 수 있는가?
  - ▶ **없다.** 甲이 갖고 있던 통행의 이익이 도로폐지허가처분에 의하여 상실되었다고 하더라도 이러한 甲의 폐지된 도로에 대한 통행의 이익은 국민 일반이 공통적으로 가지는 추상적·평균적·일반적 이익과 같이 간접적이거나 사실적·경제적 이익에 불과하고 이를 법에 의하여 보호되는 직접적이고 구체적인 이익에 해당한다고 보기도 어렵고, 또한 甲이 종전에 갖고 있던 폐지된 도로에 대한 주위토지통행권은 새로운 도로가 개설됨으로써 도로폐지허가처분 당시에는 이미 소멸하였을 뿐만 아니라, 도로폐지허가처분 당시에는 폐지된 도로의 소유자인 乙에게 폐지된 도로에 대한 독점적·배타적 사용수익권이 있다고 할 것이어서 그 제한을 전제로 한 甲의 폐지된 도로에 대한 무상통행권도 인정되지 않는다고 할 것이므로, 도로폐지허가처분으로 인하여 甲이 폐지된 도로에 대한 사법상의 통행권을 침해받았다고 볼 수도 없다 할 것이어서 **甲에게는 도로폐지허가처분의 취소를 구할 법률상 이익이 없다**(대판 1999.12.7. 97누12556).

③ 그러나 이미 제공된 공공용물의 일반사용권을 침해하는 행정주체의 공권력 행사에 대하여는 공법상의 방해배제청구권이나 국가배상청구권을 통해서 구제받을 수 있다.

(5) 일반사용의 범위

일반사용의 범위는 개개 공물의 특성에 따라 다를 수 있지만, 일반적으로 법령에 특별한 규정이 없으면 공물관리자가 정하는 바에 의하고, 그것은 일반 사회통념과 지방적 관습에 의해 결정된다.

(6) 일반사용의 한계

① 법령에 의해 공물관리의 필요상 또는 경찰목적상 일정한 금지 또는 제한이 가해진다.
② 공공용물의 일반사용은 그 본질상 타인의 일반사용을 방해하지 않는 범위 내에서만 가능하다.
③ 공물의 사용이 일반사용에 해당하기 위하여는 공용목적에 따른 사용이어야 한다.

구분	내용
법령상의 한계	• 법령에 의해 공물관리의 필요상 또는 경찰목적상 일정한 금지 또는 제한이 가해짐. • 예컨대, 도로법은 도로관리의 필요상 도로에 관한 금지행위(제75조)·통행의 금지와 제한(제76조)·차량의 운행제한(제77조)을, 도로교통법은 경찰목적상 필요한 경우에 도로에서의 통행의 금지 및 제한(제6조)·도로에서의 금지행위(제68조)를 각 규정하고 있음.
본질상의 한계	공공용물의 일반사용은 그 본질상 타인의 일반사용을 방해하지 않는 범위 내에서 또한 그러한 방법으로만 가능
목적상의 한계	• 공물의 사용이 일반사용에 해당하기 위하여는 공용목적에 따른 사용이어야 함. • 예컨대, 도로는 일반인의 교통에 공용되는 것이므로, 교통목적으로 도로를 사용하는 경우에만 일반사용에 해당함.
그 밖의 한계	공물의 일반사용은 개발사업 등으로 인해 제한받을 수도 있음.

판례

일반공중의 이용에 제공되는 공공용물에 대하여 특허 또는 허가를 받지 않고 하는 **일반사용은 다른 개인의 자유이용과 국가 또는 지방자치단체 등의 공공목적을 위한 개발 또는 관리·보존행위를 방해하지 않는 범위 내에서만 허용된다** 할 것이므로, **공공용물에 관하여 적법한 개발행위 등이 이루어짐으로 말미암아 이에 대한 일정범위의 사람들의 일반사용이 종전에 비하여 제한받게 되었다 하더라도 특별한 사정이 없는 한 그로 인한 불이익은 손실보상의 대상이 되는 특별한 손실에 해당한다고 할 수 없다**(대판 2002.2.26. 99다35300).

공공용물의 일반사용은 다른 개인의 자유이용과 국가 또는 지방자치단체 등의 공공목적을 위한 개발 또는 관리·보존행위를 방해하지 않는 범위 내에서 허용된다.

공공용물에 대한 행정청의 적법한 개발행위로 당해 공공용물의 일반사용이 제한되어 입게 된 불이익은 원칙적으로 손실보상의 대상이 아니다.

(7) 사용료: 무상의 원칙

① 공물의 일반사용은 성질상 자유로운 이용을 위해 **무료로 제공되는 것이 원칙**이다.

② **예외적으로 법률이나 조례가 정하는 바에 따라서 사용료를 징수할 수도 있는데**(도로법 제66조, 하천법 제37조), 만약 미납시에 강제징수가 예정(도로법 제69조)되어 있다면 사용료징수권은 공법상 권리의 성격을 가진다.

③ 헌법재판소는 인천국제공항고속도로에서의 통행료 징수가 위헌이 아니라고 하였다(헌재 2005.12.22. 2004헌바64).

공물의 일반사용은 무상이 원칙이나, 예외적으로 법률이나 조례가 정하는 바에 따라 사용료를 징수할 수도 있다.

OX 공물의 보통사용의 경우에 사용료를 징수하는 예는 없다. (×)

(8) 인접주민의 고양(강화)된 일반사용

1) 의의

인접주민(도로나 하천 등에 인접하여 거주하는 소유권자·임차인 등)에게는 공물과의 지리적 밀접성으로 인해 통상적인 일반사용의 범위를 넘어 일반인에게는 인정되지 않는 공물사용권이 인정(예컨대, 인접주민의 도로이용)되는데, 이를 인접주민의 고양(강화)된 일반사용권이라고 한다.

2) 예

① 인접주민이 일시적으로 도로에 이삿짐을 쌓아 놓는 행위

② 인접주민이 건물의 수리·신축을 위해 도로상에 건축자재를 적치해 두는 행위

③ 인접주민의 거주자 우선주차제

④ 도로 부근에 상점을 운영하는 자의 상품을 싣거나 내리기 위한 주차

OX 인접주민의 도로이용은 공물의 보통사용이다. (O)

3) 인정이유

인접주민은 생활이나 경제활동에 있어서 당해 공물에 의존되어 있고, 그 일반사용이 인접주민의 재산권·생활권 등 기본권과 밀접한 관련을 가지고 있다.

4) 법적 성질

① 고양된 일반사용권은 **타인에 비해 사실상의 경제적 이익을 누릴 뿐 질적으로 일반사용권과 다른 권리는 아니므로 일반사용권의 한 유형에 불과하다**(통설). 따라서 **인접주민의 공물에 대한 고양된 이용권은 허가를 요하지 아니한다.**

② 그러나 공물과 지리적으로 밀접한 인접주민에게만 인정되며, 통상의 일반사용을 넘어서는 사용이 허용되는 점에서 통상의 일반사용과는 구별된다.

인접주민의 공물에 대한 강화된(고양된) 이용권은 허가를 요하는 것은 아니다.

OX 인접주민의 토지가 도로의 존재와 이용에 종속적인 경우에는 구체적 타당성을 위하여 예외적으로 공동사용을 영속적으로 배제하는 권리의 주장도 인정된다. (×)

5) 인정요건

① 인접주민의 고양된 일반사용권은 **인접주민의 토지가 공물(도로)의 존재와 공물의 이용에 종속적**이고, **자신의 일상생활이나 경제활동에 필수불가결한 범위 내**에서 또 **타인의 공동사용을 영속적으로 배제하지 않는 범위 내**에서만 인정된다.

② 따라서 ㉠ 영업을 목적으로 도로에 자판기를 설치하는 행위, ㉡ 보도 앞에 탁자나 의자를 설치하여 영업행위를 하는 행위, ㉢ 보도를 자신 상점의 진입로로 확보하는 행위, ㉣ 도로의 공간을 자신의 주차장으로 이용하는 행위 등은 허용되지 않는다.

근린공원으로 지정된 공원은 일반 주민들이 다른 사람의 공동 사용을 방해하지 않는 한 자유로이 이용할 수 있지만, 그러한 사정만으로 인근 주민들이 누구에게나 주장할 수 있는 공원이용권이라는 배타적인 권리를 취득하였다고는 할 수 없다.

OX 인접주민의 고양된 일반사용권이 인정될 수 있는지 여부와 관련하여 당해 공물의 목적과 효용, 일반사용관계, 고양된 일반사용권을 주장하는 사람의 법률상의 지위와 당해 공물의 사용관계의 인접성, 특수성 등을 종합적으로 고려하여 판단하되 구체적으로 당해 공물을 사용할 것을 요건으로 하고 있지 않다. (×)

구체적으로 공물을 사용하지 않고 있는 이상 그 공물의 인접주민이라는 사정만으로는 공물에 대한 고양된 일반사용권이 인정될 수 없다.

재래시장 내 점포의 소유자에게는 점포 앞의 도로에 좌판을 설치·이용할 수 있는 권리가 없다.

판례

1. 공물의 인접주민은 다른 일반인보다 인접공물의 일반사용에 있어 특별한 이해관계를 가지는 경우가 있고, 그러한 의미에서 다른 사람에게 인정되지 아니하는 이른바 고양된 일반사용권이 보장될 수 있으며, 이러한 **고양된 일반사용권이 침해된 경우 다른 개인과의 관계에서 민법상으로도 보호될 수 있으나, 그 권리도 공물의 일반사용의 범위 안에서 인정되는** 것이다. 따라서 **구체적으로 공물을 사용하지 않고 있는 이상 그 공물의 인접주민이라는 사정만으로는 공물에 대한 고양된 일반사용권이 인정될 수 없다.** 그 결과 **재래시장 내 점포의 소유자가 점포 앞의 도로에 대하여 일반사용을 넘어 특별한 이해관계를 인정할 만한 사용을 하고 있었다는 사정을 인정할 수 없는 경우에는 위 소유자는 도로에 좌판을 설치·이용할 수 있는 권리가 없다**(대판 2006.12.22. 2004다68311·68328).
2. 구 도시공원법상 **근린공원으로 지정된 공원은 일반주민들이 다른 사람의 공동사용을 방해하지 않는 한 자유로이 이용할 수 있지만 그러한 사정만으로 인근주민들이 누구에게나 주장할 수 있는 공원이용권이라는 배타적인 권리를 취득하였다고는 할 수 없다**(대결 1995.5.23. 94마2218).

인접주민에게는 고양된 일반사용권에 기해 제3자에 대한 방해배제청구권, 공물의 변경이나 폐지에 대한 취소청구권(공물존속보장청구권)·손실보상청구권이 인정된다.

6) 내용

① 인접주민의 고양된 일반사용권은 공권으로서 제3자에 대한 방해배제청구권, 공물의 변경이나 폐지에 대한 취소청구권(공물존속보장청구권)·손실보상청구권 등이 인정된다.

② 인접주민은 도로로부터 발생하는 소음 등과 도로의 공사를 수인해야 하는 의무가 있다.

일반적인 시민생활에 있어 도로를 이용만 하는 사람은 그 용도폐지를 다툴 법률상의 이익이 없다.

OX 도로의 일반사용의 경우 도로사용자가 원칙적으로 도로의 폐지를 다툴 법률상 이익이 있다. (×)

도로의 일반사용자가 도로의 용도폐지처분에 관하여 직접적이고 구체적인 이해관계를 가지고 있고 이익을 현실적으로 침해당했다면, 그 취소를 구할 법률상의 이익이 있다.

판례

일반적으로 도로는 국가나 지방자치단체가 직접 공중의 통행에 제공하는 것으로서 일반국민은 이를 자유로이 이용할 수 있는 것이기는 하나, 그렇다고 하여 그 **이용관계로부터 당연히 그 도로에 관하여 특정한 권리나 법령에 의하여 보호되는 이익이 개인에게 부여되는 것이라고까지는 말할 수 없으므로, 일반적인 시민생활에 있어 도로를 이용만 하는 사람**은 **그 용도폐지를 다툴 법률상의 이익이 있다고 말할 수 없**지만, 공공용재산이라고 하여도 당해 공공용재산의 성질상 특정 개인의 생활에 개별성이 강한 직접적이고 구체적인 이익을 부여하고 있어서 그에게 그로 인한 이익을 가지게 하는 것이 법률적인 관점으로도 이유가 있다고 인정되는 특별한 사정이 있는 경우에는 그와 같은 이익은 법률상 보호되어야 할 것이고, 따라서 **도로의 용도폐지처분에 관하여 이러한 직접적인 이해관계를 가지는 사람이 그와 같은 이익을 현실적으로 침해당한 경우에는 그 취소를 구할 법률상의 이익이 있다**(대판 1992.9.22. 91누13212).

(9) 공용물에 대한 일반사용의 인부

① 공용물은 행정주체 자신의 사용에 제공된 공물이므로 **원칙상 사용관계가 문제되지 않는다.**

② **예외적으로 공용물 본래의 목적달성에 방해가 되지 않는 한도 내에서 제한적으로 일반사용이 인정될 뿐**이다. 예컨대 관공서 내의 자유통행, 국·공립학교 구내의 자유통행, 국·공립학교 운동장의 자유사용, 국회 구내의 통행 등이 이에 해당한다.

공용물에 대한 일반사용은 원칙적으로 인정되지 않고, 예외적으로 공용물 본래의 목적달성에 방해가 되지 않는 한도 내에서 제한적으로만 인정된다.

3 허가사용

(1) 의의

① 허가사용이란 공물관리목적상 또는 경찰목적상 일정한 공물의 사용을 일반적으로 금지하고 특정한 경우에 이를 해제하여 그 사용을 허용하는 것에 의해 공물을 사용하는 것을 말한다.

② 허가사용은 **계속적인 사용을 포함할 수 없고 공물의 일시적 사용에 국한**된다.

공물의 허가사용은 계속적인 사용을 포함할 수 없고 공물의 일시적 사용에 국한된다.

(2) 법적 성질

① 허가사용은 공물사용의 일반적 금지를 해제받는 것에 지나지 않는 **소극적**인 것이다.

② 또한 공물의 본래 목적인 공공의 사용을 방해하지 않는 정도의 일시적 사용에 한한다는 점에서 **반사적 이익**으로 봄이 통설이다.

허가사용의 성질
① 소극적 내용
② 반사적 이익

(3) 허가사용의 형태

구분	공물관리권에 의한 허가사용	공물경찰권에 의한 허가사용
의미	공공용물의 일반사용이 공물의 관리에 장해를 초래할 우려가 있는 경우에 그 장해를 제거하기 위하여 또는 타인의 일반사용에 지장을 초래할 우려가 있는 경우에 그 사용관계를 조정하기 위하여 일정한 공물사용의 금지를 해제하여 그 공물의 사용을 허용하는 것	공공용물의 일반사용이 사회공공의 안녕과 질서에 위해를 줄 우려가 있는 경우에 일정한 공물사용의 금지를 해제하여 그 공물의 사용을 허용하는 것
예	• 공유수면으로부터 물을 끌어들이는 행위를 하기 위한 관리청의 허가(공유수면 관리 및 매립에 관한 법률 제8조 제1항 제5호) • 도서사용을 위한 국립도서관의 대출허가 • 하천에서 선박을 운행하기 위한 관리청의 운행허가 • 하천변·도로·광장 등에서의 집회를 위한 사용허가	• 위험방지를 위한 보행자나 차량의 통행금지도로에 대한 통행허가 • 도로·공원에서의 노점허가 • 집회를 위한 광장의 사용허가

OX 공물사용의 허가는 일반허가와 달리 실체법적 권리를 설정하는 것이라고 보는 것이 통설이다. (×)

허가사용의 형태
① 공물관리권에 의한 허가사용
② 공물경찰권에 의한 허가사용

	• **도로구역 안에서 공작물·물건 그 밖의 시설을 신설·개축·변경 또는 제거하거나 그 밖의 목적으로 도로를 점용하고자 하는 경우의 허가**(일시적 도로점용허가) • 하천을 통한 죽목의 유송(流送) 허가, 하천에서의 일시적인 목재운반허가, **산림업자의 유목권**(流木權)	

(4) 사용료

① 공물의 허가사용에 대하여 사용료를 부과·징수하거나 사용자에게 각종의 의무와 부담을 과하는 것이 보통이다(예 도로통행료, 하천사용료, 점용료 등).

② 그러나 사용료를 징수하지 않는 경우도 많다. 즉, **사용료의 징수가 허가사용의 본질적 요소는 아니다.**

사용료의 징수가 허가사용의 본질적 요소는 아니다.

OX 공물의 허가사용의 경우 사용료를 징수하여야 한다. (×)

(5) 공용물의 허가사용

① 공용물의 일반사용과 마찬가지로 공용물의 허가사용은 **원칙적으로 인정되지 않는다.**

② 그러나 **본래 목적에 방해되지 않는 한도 내에서는 예외적으로 공물관리권에 의한 허가사용이 가능**하다. 예컨대 국·공립학교나 관청의 허가를 얻은 구내 체육관의 사용, 친목단체가 시(市)의 승인을 얻어 하루 동안 시립운동장에서 개최한 체육대회, 방청권에 의한 국회·법정의 입장 등이 이에 속한다.

공용물의 허가사용은 원칙적으로 인정되지 않으나, 본래 목적에 방해되지 않는 한도 내에서는 예외적으로 공물관리권에 의한 허가사용이 가능하다.

4 특허사용

(1) 의의

공물관리권에 의해 일반인에게는 허용되지 아니하는 특별한 공물사용의 권리를 특정인에 대해 설정해 주는 것을 공물사용권의 특허라 하고, 그에 의거한 공물의 사용을 공물의 특허사용이라고 한다.

(2) 예

① **점용허가: (계속적) 도로점용허가**, 하천의 장기점용허가, **하천부지·유수의 점용허가, 양식업을 위한 공유수면점용허가, 가설창고를 건축하기 위한 항만 일부의 점용허가, 도시공원에서 매점을 설치하여 경영하기 위한 점용허가**

② 공유수면매립면허

OX 양식업을 하기 위한 공유수면점용허가는 공물의 특허사용이다. (O)

OX 하천에 발전용 댐을 건설하는 것은 공물의 특허사용에 해당한다. (O)

OX 도로점용허가는 사용의 내용과 기간에 따라 공물사용허가의 성질을 가지는 경우도 있고 공물사용권의 특허의 성질을 가지는 경우도 있다. (O)

판례

하천법 및 공유수면 관리 및 매립에 관한 법률에 규정된 하천 또는 공유수면의 **점용이라 함은 하천 또는 공유수면에 대하여 일반사용과는 별도로 하천 또는 공유수면의 특정부분을 유형적·고정적으로 특정한 목적을 위하여 사용하는 이른바 특별사용을 의미하는 것**이므로, 이러한 특별사용에 있어서의 점용료 부과처분은 공법상의 의무를 부과하는 공권적인 처분으로서 **항고소송의 대상이 되는 행정처분에 해당한다**(대판 2004.10.15, 2002다68485).

하천 또는 공유수면의 특별사용에 있어서의 점용료 부과처분은 공법상의 의무를 부과하는 공권적인 처분으로서 항고소송의 대상이 되는 행정처분에 해당한다.

(3) 허가사용과의 구별

허가사용	일반적 금지를 해제하여 일시적으로 본래 일반사용에 속하는 유형의 사용을 할 수 있도록 함.
특허사용	일반사용의 범위를 넘어 공물을 계속적으로 사용하는 권리를 새로이 창설하여 줌.

(4) 법적 성질

1) 쌍방적 행정행위

공물사용권의 특허를 종래에는 공법상 계약으로 보는 견해도 있었으나, 현재는 **신청에 의한 쌍방적 행정행위(협력을 요하는 행정행위)**로 봄에 이설이 없다(대판 1995.2.3. 94누3766).

2) 형성적 행위 · 재량행위

① 공물사용권의 특허는 특정인에게 일반인에게는 인정되지 않는 특별한 사용권을 창설하여 주는 **형성적 행위**이기 때문에 **원칙적으로 공물관리청의 재량행위**이다.

② 다만, 법규정이 일정한 사유가 있으면 반드시 특허를 하도록 명시한 경우에는 그 특허를 기속행위로 보아야 한다.

판례

1. **도로점용의 허가**는 특정인에게 일정한 내용의 공물사용권을 설정하는 **설권행위**로서, 공물관리자가 신청인의 적격성, 사용목적 및 공익상의 영향 등을 참작하여 허가를 할 것인지의 여부를 결정하는 **재량행위이다**(대판 2002.10.25. 2002두5795 ; 대판 2008.11.27. 2008두4985). 공물관리자가 도로점용의 허가조건 내지 취소사유로 명시한 사항에 관하여 도로점용자의 위반이 있다는 이유로 **도로점용 허가를 취소하는 처분도**, 도로점용자의 위반사항이 도로점용 허가를 취소할 정도에 이른다고 볼 것인지 여부에 관하여 공물관리자가 제반 사정을 고려하여 판단할 재량을 가진다는 점에서 **재량행위에 해당한다** 할 것이다(대판 2010.12.23. 2010두21204).
2. **하천부지 점용허가 여부는 관리청의 자유재량에 속하므로, 부관을 붙일 수 있음**은 명백하다(대판 2008.7.24. 2007두25930 ; 대판 1991.10.11. 90누8688).
3. 구 공유수면관리법에 따른 **공유수면의 점용·사용허가**는 특정인에게 공유수면이용권이라는 독점적 권리를 설정하여 주는 처분(즉 특허)으로서, 그 처분의 여부 및 내용의 결정은 **원칙적으로 행정청의 재량에 속한다**(대판 2004.5.28. 2002두5016).
4. [1] 공유수면매립면허는 **설권행위인 특허의 성질을 갖는 것**이므로 원칙적으로 행정청의 **자유재량**에 속하며, **일단 실효된 공유수면매립면허의 효력을 회복시키는 행위도 특단의 사정이 없는 한 새로운 면허부여와 같이 면허관청의 자유재량에 속한다**고 할 것이다.
   [2] 공유수면매립면허가 준공기간 초과로 실효된 후에 매립공사를 완공하였다면 면허실효 후의 시공은 무면허자의 매립행위에 불과하므로 면허관청이 이에 기속을 받아 면허를 회복해 주어야 할 의무는 없다(대판 1989.9.12. 88누9206).

공물의 허가사용은 일반적 금지를 해제하여 일시적으로 본래 일반사용에 속하는 유형의 사용을 할 수 있도록 하는 것이나, 특허사용은 일반사용의 범위를 넘어 공물을 계속적으로 사용하는 권리를 새로이 창설하여 준다.

OX 하천점용허가는 법규상의 요건이 충족되면 행해져야 할 상대적 금지행위의 해제처분이다. (×)

특허사용의 성질
① 쌍방적 행정행위
② 형성적 행위
③ 원칙적 재량행위

① 도로법상 허가의 대상인 도로의 점용은 도로의 특정 부분을 유형적·고정적으로 특정한 목적을 위하여 사용하는 특별사용이다.
② 도로점용의 허가는 설권행위로서 재량행위이다.
③ 도로점용 허가를 취소하는 처분도 재량행위에 해당한다.

하천부지에 대한 점용허가 여부는 관리청의 자유재량에 속하므로 이에 대해서 부관을 붙여 허가할 수 있다.

공유수면점용허가는 특정인에게 독점적 권리를 설정하여 주는 처분으로서 원칙적으로 행정청의 재량에 속한다.

① 공유수면매립면허는 특허로서 원칙적으로 행정청의 자유재량에 속하고, 실효된 공유수면매립면허의 효력을 회복시키는 행위도 행정청의 자유재량에 속한다.
② 공유수면매립면허가 준공기간 초과로 실효된 후에 매립공사를 완공하였다면 면허관청이 면허를 회복해 주어야 할 의무는 없다.

공물의 특허사용은 공물관리권에 의해서만 가능하다.

(5) 특허사용의 형태

공물의 특허사용은 공물관리권에 의해서만 가능하고 공물경찰권에 의해서는 불가능하다.

공물특허사용권
① 공권
② 원칙적으로 채권
③ 재산권
④ 제3자의 침해시 민사상의 방해배제청구·손해배상청구(○)

(6) 특허사용의 내용

1) 사용권자의 권리: 공물특허사용권

공권	• 공물사용권은 특허라는 공법적 원인에 의해 성립되는 권리이기 때문에 **공권**이다. • 공물관리주체와의 관계에서 제기되는 특허사용권에 대한 쟁송: **행정쟁송**의 형식으로 제기
채권	• 특허사용권은 법률이 물권으로 규율하고 있는 경우를 제외하고는 **공물주체에게 일정한 공물사용을 청구할 수 있는 채권으로서의 성질**을 갖는다. • 법률이 물권으로 규율하고 있는 경우: 수산업법상 어업권, 댐건설 및 주변지역 지원 등에 관한 법률상 댐사용권
재산권	• 특허사용권은 공물을 사용하고 점용하는 것을 내용으로 하므로 **재산권**이다. ⇨ 사권에 준하여 양도(○) • 제3자가 특허사용권을 침해한 경우: 민사상의 방해배제청구·손해배상청구(○)

OX
하천점용권은 일종의 재산권으로서 처분청의 허가를 받아 양도할 수 있음이 원칙이다. (○)

하천의 점용허가권은 특허에 의한 공물사용권의 일종으로서 공법상 채권으로서의 성질을 가진다.

하천부지의 점용허가를 받은 사람은 그 부지를 권원 없이 점유·사용하는 자에게 직접 부당이득반환을 청구할 수 있다.

판례

1. **하천의 점용허가권**은 특허에 의한 공물사용권의 일종으로서 **하천의 관리주체에 대하여 일정한 특별사용을 청구할 수 있는 채권에 지나지 아니하고 대세적 효력이 있는 물권이라 할 수 없다**(대판 2015.1.29. 2012두27404 ; 대판 1990.2.13. 89다카23022).
2. **하천부지의 점용허가를 받은 사람**은 그 하천부지를 권원 없이 점유·사용하는 자에 대하여 직접 부당이득의 반환 등을 구할 수 있다(대판 1994.9.9. 94다4592).

공물의 특허사용권자의 의무
① 사용료납부의무
② 재해시설설치의무
③ 손실보상의무

2) 사용권자의 의무

① **사용료납부의무**: 공물사용권의 특허는 특정인의 이익을 위해 일정한 특권을 부여하는 것이므로 그 특허사용의 대가로 사용료를 징수할 수 있다. 특허사용의 사용료에 관한 일반법은 없고 각 개별법에서 사용료의 징수에 관한 규정을 두고 있다(도로법 제66조, 하천법 제37조 등).

② **재해시설설치의무 및 손실보상의무**: 특허에 의한 공물사용이 그 공물 위에 이미 존재하는 타인의 권익을 침해하거나 공익에 장해를 미칠 우려가 있는 경우에는 특허사용권자는 그 장해의 예방 또는 제거를 위하여 필요한 시설을 설치할 의무가 있으며, 이미 사용권자가 있는 경우에는 그 침해에 대한 손실보상의무가 있다(하천법 제35조).

공물의 특허사용은 일반사용과 병존할 수도 있다.

(7) 공물의 일반사용과 특허사용의 병존

공물의 특허사용은 반드시 독점적·배타적인 것이 아니라 그 사용목적에 따라서는 일반사용과 병존이 가능한 경우도 있다.

판례

1. 도로법 제61조에 규정된 **'도로의 점용'**이라 함은 **일반공중의 교통에 공용되는 도로에 대하여 일반사용과는 별도로 도로의 지표뿐만 아니라 그 지하나 지상 공간의 특정 부분을 유형적·고정적으로 특정한 목적을 위하여 사용하는 이른바 특별사용을 뜻하는 것**이므로, **허가 없이 도로를 점용하는 행위의 내용이 위와 같은 특별사용에 해당할 경우에 한하여 도로법 제70조의 규정에 따라 도로점용료 상당의 부당이득금을 징수할 수 있는 것**인바, **도로의 특별사용은 반드시 독점적·배타적인 것이 아니라 그 사용목적에 따라서는 도로의 일반사용과 병존이 가능한 경우도 있고**, 이러한 경우에는 **도로점용부분이 동시에 일반공중의 교통에 공용되고 있다고 하여 도로점용이 아니라고 말할 수 없는 것**이며(대판 1999.5.14. 98두17906), 한편 당해 도로의 점용을 위와 같은 특별사용으로 볼 것인지 아니면 일반사용으로 볼 것인지는 그 도로점용의 주된 용도와 기능이 무엇인지에 따라 가려져야 한다(대판 1995.2.14. 94누5830).

2. **도로점용허가**는 도로의 일부에 대한 특정 사용을 허가하는 것으로서 도로의 일반사용을 저해할 가능성이 있으므로 그 **범위는 점용목적 달성에 필요한 한도로 제한되어야 한다. 도로관리청이 도로점용허가를 하면서 특별사용의 필요가 없는 부분을 점용장소 및 점용면적에 포함하는 것**은 그 재량권 행사의 기초가 되는 사실인정에 잘못이 있는 경우에 해당하므로 그 도로점용허가 중 **특별사용의 필요가 없는 부분은 위법**하다. 이러한 경우 도로점용허가를 한 도로관리청은 위와 같은 흠이 있다는 이유로 유효하게 성립한 도로점용허가 중 특별사용의 필요가 없는 부분을 직권취소할 수 있음이 원칙이다. **도로관리청이 도로점용허가 중 특별사용의 필요가 없는 부분을 소급적으로 직권취소하였다면**, 도로관리청은 **이미 징수한 점용료 중 취소된 부분의 점용면적에 해당하는 점용료를 반환하여야 한다**(대판 2019.1.17. 2016두56721).

3. 〈乙 구청장이 위 도로 중 일부 도로 지하 부분을 2010.4.9.부터 2019.12.31.까지 甲 교회가 점용할 수 있도록 하는 내용의 도로점용허가처분을 하자, 甲 교회가 위 도로 지하 부분을 포함한 신축 교회 건물 지하에 예배당 등의 시설을 설치한 사안〉 … 예배당, 성가대실, 방송실과 같은 지하구조물 설치를 통한 지하의 점유는 **원상회복이 쉽지 않을 뿐 아니라 유지·관리·안전에 상당한 위험과 책임이 수반되고**, 이러한 형태의 점용을 허가하여 줄 경우 **향후 유사한 내용의 도로점용허가신청을 거부하기 어려워져 도로의 지하 부분이 무분별하게 사용되어 공중안전에 대한 위해가 발생할 우려**가 있으며, 위 도로 지하 부분이 **교회 건물의 일부로 사실상 영구적·전속적으로 사용되게 됨으로써 도로 주변의 상황 변화에 탄력적·능동적으로 대처할 수 없게 된다**. 따라서 위 도로점용허가는 비례·형평의 원칙을 위반하였다고 볼 것이다(대판 2019.10.17. 2018두104).

4. 甲이 서울특별시 지하철공사로부터 설치승인을 받은 **甲의 신축사옥과 지하철정거장 사이의 지하연결통로의 용도와 기능이 주로 일반시민의 교통편익을 위한 것이고 이에 곁들여 甲 소유 건물에 출입하는 사람들의 통행로로도 이용되고 있는 정도라면 이를 설치사용하는 甲의 행위를 도로의 점용이라고 볼 수 없으나**, 만일 이와 반대로 위 **지하연결통로의 주된 용도와 기능이 甲 소유 건물에 출입하는 사람들의 통행로로 사용하기 위한 것이고 다만 일반인이 통행함을 제한하지 않은 것뿐이어서 일반시민으로서는 본래의 도로사용보다 불편함을 감수하면서 이를 사용하는 것에 불과하다면 이를 설치사용하는 행위는 도로의 점용이라고 보아야 할 것인바**, 위의 경우 중 어느 경우에 해당하는지는 위 지하연결통로의

① 도로의 지표뿐만 아니라 지하도 도로법상의 도로점용의 대상이 된다.
② 허가 없이 도로를 점용하는 행위의 내용이 특별사용에 해당할 경우에 한하여 도로점용료 상당의 부당이득금을 징수할 수 있다.
③ 도로의 특허사용은 일반사용과 병존이 가능하므로 도로점용부분이 동시에 일반공중의 교통에 공용되어 있어도 도로점용에 해당한다.

① 도로관리청이 도로점용허가를 하면서 특별사용의 필요가 없는 부분을 점용장소 및 점용면적에 포함한 경우, 그 부분은 위법하다.
② 도로관리청이 도로점용허가 중 특별사용의 필요가 없는 부분을 소급적으로 직권취소한 경우, 이미 징수한 점용료 중 취소된 부분의 점용면적에 해당하는 점용료를 반환해야 한다.

甲 교회가 지구단위계획구역으로 지정되어 있던 토지 중 일부를 매수한 후 교회 건물을 신축하는 과정에서 乙 구(區) 소유 국지도로 지하에 지하주차장 진입 통로를 건설하고 지하공간에 건축되는 예배당 시설 부지의 일부로 사용할 목적으로 乙 구청장에게 위 지하 부분에 대한 도로점용허가를 신청한 것에 대한 乙 구청장의 도로점용허가는 비례·형평의 원칙을 위반한 것이다.

지하철 정거장과 인근건물 사이의 지하연결통로가 일반시민이 이용할 수 있도록 항시 개방되어야 한다는 조건으로 설치승인되었고, 건물에 출입하는 사람들 외에 일반시민들이 이를 이용하고 있다는 사실만으로 도로점용에 해당하지 않는다고 단정할 수 없다.

위치와 구조, 甲 소유 건물 및 일반도로와의 연결관계 및 일반인의 이용상황 등 제반 사정을 구체적으로 심리하여 판단하여야 하며, 단지 위 **지하연결통로의 설치승인조건에 甲이 이를 사적 이윤추구의 목적으로 사용할 수 없고 일반시민이 이용할 수 있도록 항시 개방하여야 한다는 조항이 있고 또 현재 甲 소유 건물에 출입하는 사람들 외에 많은 일반시민들이 이를 이용하고 있다는 사실만으로 도로의 특별사용인 점용에 해당하지 않는다고 단정할 것이 아니다**(대판 1990.11.27. 90누5221 ; 대판 2014.5.29. 2012두27749).

(8) 특허사용관계의 종료

특허사용관계는 공물의 소멸, 공물사용권의 포기, 특허기간의 경과, 특허의 철회 및 취소에 의하여 종료된다.

5 관습(법)상의 특별사용

(1) 의의

관습법상 특별사용이란 지방적 관습법에 의해 공물사용권이 인정되는 경우를 말한다.

(2) 예

① **하천의 용수권**: 관개용수리권, 유수권, 음용용수권

② 수산업법상 입어자의 입어권(수산업법 제40조)

OX 수산업법상 입어권은 특허사용이다. (×)

판례

관행어업권은 일정한 공유수면에 대한 공동어업권 설정 이전부터 어업의 면허 없이 그 공유수면에서 오랫동안 계속 수산동식물을 포획 또는 채취하여 옴으로써 그것이 대다수 사람들에게 일반적으로 시인될 정도에 이른 경우에 인정되는 권리로서 이는 어디까지나 수산동식물이 서식하는 공유수면에 대하여 성립하고, 허가어업에 필요한 어선의 정박 또는 어구의 수리·보관을 위한 육상의 장소에는 성립할 여지가 없으므로, **어선어업자들의 백사장 등에 대한 사용은 공공용물의 일반사용에 의한 것일 뿐 관행어업권에 기한 것으로 볼 수 없다**(대판 2002.2.26. 99다35300).

어선어업자들의 백사장 등에 대한 사용은 공공용물의 일반사용에 의한 것일 뿐 관행어업권에 기한 것으로 볼 수 없다.

(3) 성질

관습법상의 특별사용도 **특허사용과 유사한 권리로서의 성질**을 가지며, 공권·물권·재산권의 성질을 가진다.

관습법상의 특별사용의 성질
특허사용과 유사한 권리: 공권, 물권, 재산권

판례

구 수산업법 제40조 소정의 '입어의 관행에 따른 권리'(관행어업권)란, 일정한 공유수면에 대한 공동어업권 설정 이전부터 어업의 면허(특허) 없이 그 공유수면에서 오랫동안 계속 수산동식물을 포획 또는 채취하여 옴으로써 그것이 대다수 사람들에게 일반적으로 시인될 정도에

이른 것을 말하고, 이는 **공동어업권자에 대하여 주장하고 행사할 수 있을 뿐만 아니라 이를 다투는 제3자에 대하여도 그 배제를 청구하거나 그에 따른 손해배상을 청구할 수 있는 권리**이며, 당해 **공유수면에 공동어업권이 설정되어 있는지 여부를 불문하고 인정될 수 있는 것이지, 공동어업권이 설정된 후에 비로소 그 공동어업권에 대한 제한물권적 권리로서만 발생하는 권리라고는 할 수 없다**(대판 2001.3.13, 99다57942).

> 관행어업권은 공동어업권자에 대하여 주장하고 행사할 수 있을 뿐만 아니라 이를 다투는 제3자에 대하여도 그 배제를 청구하거나 그에 따른 손해배상을 청구할 수 있는 권리이다.

(4) 인정범위

관습법상의 사용이 인정되는 공물은 공물의 일반사용에 제공된 것에 한정되지는 않는다. 따라서 허가사용이나 특허사용에 제공된 공물에 대하여도 그 사용권을 침해하지 않는 범위 내에서는 관습법상의 사용권이 성립할 수 있다.

> 허가사용이나 특허사용에 제공된 공물에 대하여도 그 사용권을 침해하지 않는 범위 내에서는 관습법상의 사용권이 성립할 수 있다.

판례

구 수산업법 제40조 소정의 관행에 따른 어업권은 물권인 양식어업권과 정치어업권이 설정되면 그 공유수면 내에서는 이들 어업권과 저촉되므로 어업행위를 할 수 없게 되는 것이지만, 같은 **물권인 공동어업권이 설정된 경우**에는 **양자가 권리의 내용상 양립할 수 있으므로 위 관행에 따른 어업권에 기하여 입어할 수 있다는 것을 규정한** 것이라고 보아야 할 것이다(대판 1989.7.11, 88다카14250).

> 같은 물권인 공동어업권이 설정된 경우에는 관행에 따른 어업권에 기하여 입어할 수 있다.

6 행정재산의 목적 외 사용(행정재산의 사용허가)

(1) 의의

국유재산법(공유재산 및 물품 관리법) 제7조(제6조) 【국유(공유)재산의 보호】 ① 누구든지 이 법 또는 다른 법률에서 정하는 절차와 방법에 따르지 아니하고는 **국유(공유)재산을 사용하거나 수익하지 못한다.**

국유재산법 제30조 【사용허가】 ① 중앙관서의 장은 다음 각 호의 범위에서만 행정재산의 사용허가를 할 수 있다.
1. **공용·공공용·기업용재산: 그 용도나 목적에 장애가 되지 아니하는 범위**
2. **보존용재산: 보존목적의 수행에 필요한 범위**

행정재산은 행정목적에 제공된 것이므로 그 목적 외의 사용은 원칙상 인정되지 아니하나, 중앙관서의 장이나 지방자치단체의 장은 그 용도나 목적에 장애가 되지 아니하는 범위에서 행정재산의 사용허가를 할 수 있는데, 이를 '행정재산의 목적 외 사용'이라고 한다.

(2) 예

① 정부청사·시청·구청청사·국공립대학 내의 구내식당·구내매점·구내서점·구내이발소·구내약국의 개설허가

② 공영철도의 광고물부착

> **OX** 정부청사 일부에 약국을 개설하는 경우에는 공물의 목적 외 사용이다. (O)

개인이 군부대 안과 그 주변에 포플러 수목을 조림하고 국가가 이를 보호육성한 후 벌채한 수익을 개인과 국가가 나누어 갖기로 하는 분수계약은 행정재산을 양도하거나 거기에 사권을 설정한 것이라고 할 수 없다.

도유림 사용허가신청을 받아들이기 위하여는 우선 법규상의 제한사유에 해당하지 않아야 할 것이고, 이에 해당하는 이상 행정청은 사용허가를 할 수 없다.

행정재산에 대한 민법상의 주위토지통행권: 사권설정(×), 행정당국의 허가(×)

공유재산 관리청이 행정재산의 사용·수익에 대한 허가를 하거나 이를 거부한 행위는 항고소송의 대상이 된다.

기부채납받은 행정재산에 대한 공유재산관리청의 사용·수익허가는 행정처분이다.

OX 사인이 공공시설을 건설한 후, 국가 등에 기부채납하여 공물로 지정하고 그 대신 그 자가 일정한 이윤을 회수할 수 있도록 일정 기간 동안 무상으로 사용하도록 허가하는 것은 사법상 계약에 해당한다. (×)

판례

1. **개인이 군부대 안과 그 주변에 포플러 수목을 조림하고 국가가 이를 보호육성한 후 벌채한 수익을 개인과 국가가 나누어 갖기로 하는 분수계약**은 그것이 행정재산을 양도하거나 거기에 사권을 설정한 것이라고 할 수는 없는 것이고 또 행정재산도 그 용도나 목적에 장애가 없는 한도 내에서 허가를 얻어 이를 사용·수익할 수 있는 것이므로 이러한 계약이 국유재산법 제27조에 저촉되어 **무효가 된다고 할 수 없다**(대판 1989.2.28. 87다카3050).
2. 도유림인 자연휴양림은 국민의 보건휴양·정서함양 및 자연학습교육과 산림소유자의 소득증대에 이바지하기 위한 것으로서 일반공중의 이용에 제공되는 공공용 행정재산에 속하고, 충청남도 공유재산관리조례 제12조 제2항 제3호는 '재산의 구조나 형질을 변경하거나 시설물의 설치 또는 가공 등으로 행정재산으로서의 사용에 지장을 초래할 우려가 있는 경우'에는 사용허가를 하여서는 안 된다고 규정하고 있으므로 **도유림 사용허가신청을 받아들이기 위하여는 우선 이러한 법규상의 제한사유에 해당하지 않아야 할 것이고, 이에 해당하는 이상 행정청은 사용허가를 할 수 없다**(대판 1993.8.24. 93누6928).
3. 공유재산 및 물품 관리법(구 지방재정법) 제6조 제1항·제19조 제1항·제20조 제1항에 의하면 공유재산은 지방자치단체의 장의 허가 없이 사용 또는 수익을 하지 못하고, 또 그 중 행정재산에 관하여는 사권을 설정할 수 없게 되어 있음은 물론이나, 민법상의 상린관계의 규정은 인접하는 토지 상호간의 이용관계를 조정하기 위하여 인지소유자에게 소극적인 수인의무를 부담시키는 데 불과하므로, 그중의 하나인 **민법 제219조 소정의 주위토지통행권이 위에서 말하는 사권의 설정에 해당한다고 볼 수 없고**, 또 그러한 **법정의 통행권을 인정받기 위하여 특별히 행정당국의 허가를 받아야 하는 것이라고도 할 수 없다**(대판 1994.6.24. 94다14193).

(3) 행정재산의 목적 외 사용허가의 법적 성질

① 판례는 공법관계설(행정처분설)을 취하며, 기부채납받은 국·공유재산의 사용허가에 대해서도 마찬가지로 공법관계설을 취한다(대판 2001.6.15. 99두509).

② 다만, 일반재산의 대부·매각은 사법상 계약이다(대판 2000.2.11. 99다61675 ; 대판 1993.12.7. 91누11612).

판례

1. 국유재산(공유재산)의 관리청이 하는 **행정재산의 사용·수익에 대한 허가는 순전히 사경제주체로서 행하는 사법상의 행위가 아니라 관리청이 공권력을 가진 우월적 지위에서 행하는 행정처분**으로서 특정인에게 행정재산을 사용할 수 있는 권리를 설정하여 주는 강학상 **특허**에 해당한다(대판 2006.3.9. 2004다31074 ; 대판 1998.2.27. 97누1105 등).
2. 행정재산의 사용·수익허가처분의 성질에 비추어 국민에게는 행정재산의 사용·수익허가를 신청할 법규상 또는 조리상의 권리가 있다고 할 것이므로 **공유재산의 관리청이 행정재산의 사용·수익에 대한 허가신청을 거부한 행위 역시 행정처분**에 해당한다(대판 1998.2.27. 97누1105).
3. **행정재산이 같은 법 제7조의 규정에 따라 기부채납받은 재산이라 하여 그에 대한 사용·수익허가의 성질이 달라진다고 할 수는 없다**(대판 2001.6.15. 99두509).

4. 지방자치단체가 **기부채납받은 공유재산(일반재산으로 해석됨)을 무상으로 기부자에게 사용을 허용하는 행위는 사경제주체로서 상대방과 대등한 입장에서 하는 사법상 행위이지 행정청이 공권력의 주체로서 행하는 공법상 행위라고 할 수 없으므로**, 기부자가 기부채납한 부동산을 일정기간 무상사용한 후에 한 사용허가기간 연장신청을 거부한 행정청의 행위도 단순한 사법상의 행위일 뿐 행정처분 기타 공법상 법률관계에 있어서의 행위는 아니다(대판 1994.1.25. 93누7365).

5. 구 공유재산 및 물품 관리법 제14조 제1항, 제28조 제1항 등의 규정에 의하여 특별시장·광역시장 또는 도지사로부터 공유재산 관리의 권한을 위임받은 시장·군수 또는 구청장이 **공유재산인 잡종재산(현 일반재산)을 대부하는 행위는 지방자치단체가 사경제 주체로서 상대방과 대등한 위치에서 행하는 사법상의 계약이다**(대판 2010.11.11. 2010다59646).

6. **국·공유 일반재산의 대부료와 연체료를 납부기한까지 내지 아니한 경우**에는 국유재산법 제73조 제2항, 공유재산 및 물품 관리법 제97조 제2항에 의하여 국세징수법의 체납처분에 관한 규정(지방세 체납처분의 예)에 따라 징수할 수 있다. 이와 같이 **국·공유 일반재산의 대부료의 징수에 관하여는 간이하고 경제적인 특별한 구제절차가 마련되어 있으므로, 특별한 사정이 없는 한 민사소송으로 공유 일반재산의 대부료의 지급을 구하는 것은 허용되지 아니한다**(대판 2017.4.13. 2013다207941).

일반재산의 대부 · 매각과 관련된 비행정처분

대부·매각행위	사법상 계약(○), 행정처분(×)
대부료의 납부고지 (부과조치)	사법상의 이행청구 (○), 행정처분(×)
대부신청에 대한 거부행위	행정처분(×)

지방자치단체가 기부채납받은 공유재산을 무상으로 기부자에게 사용을 허용하는 행위는 사법상 행위이지 공법상 행위라고 할 수 없다.

OX 일반재산은 사경제적 거래의 대상으로 사적 자치의 원칙이 지배하므로 그의 운용, 관리 등에 관하여는 공법적 규율이 전적으로 배제된다. (×)

국유 일반재산의 대부료 등의 지급을 민사소송의 방법으로 구할 수 없다.

(4) 사용관계상의 권리와 의무

1) 사용 · 수익자의 권리

사용·수익자는 사용허가에 의해 결정된 바에 따라 당해 행정재산을 사용·수익할 수 있는 권리를 갖는다.

2) 사용 · 수익자의 의무

① 영구시설물의 축조금지의무

국유재산법 제18조 【영구시설물의 축조금지】 ① **국가 외의 자는 국유재산에 건물, 교량 등 구조물과 그 밖의 영구시설물을 축조하지 못한다.**

사용·수익자는 사용허가된 행정재산의 본래 목적에 장애가 되는 행위를 해서는 안 되기 때문에, 영구시설물을 축조하지 못함이 원칙이다(국유재산법 제18조 제1항 본문).

② 대여금지의무(貸與禁止義務)

국유재산법 제30조 【사용허가】 ② 제1항에 따라 사용허가를 받은 자는 그 재산을 다른 사람에게 사용·수익하게 하여서는 아니 된다. 다만, 다음 각 호의 어느 하나에 해당하는 경우에는 **중앙관서의 장의 승인을 받아 다른 사람에게 사용·수익하게 할 수 있다.**

1. **기부를 받은 재산에 대하여 사용허가를 받은 자가 그 재산의 기부자이거나 그 상속인, 그 밖의 포괄승계인인 경우**
2. 지방자치단체나 지방공기업이 행정재산에 대하여 제18조 제1항 제3호에 따른 사회기반시설로 사용·수익하기 위한 사용허가를 받은 후 이를 지방공기업 등 대통령령으로 정하는 기관으로 하여금 사용·수익하게 하는 경우

OX 국유재산법상 사용허가를 받은 자는 원칙상 당해 재산을 다른 사람으로 하여금 사용·수익하게 할 수 없다. (○)

대여금지의무

원칙	다른 사람에게 사용·수익(×)
예외	사용허가를 받은 자가 재산의 기부자, 그 상속인, 그 밖의 포괄승계인인 경우(○)

③ 중앙관서의 장은 제2항 단서에 따른 사용·수익이 그 용도나 목적에 장애가 되거나 원상회복이 어렵다고 인정되면 승인하여서는 아니 된다.

판례

1. 국유지에 지어진 무허가 미등기 건물을 양수하여 건물의 부지로 국유지를 무단점용하고 있던 甲이 위 건물을 '본인의 주거용'으로만 사용하겠다며 위 국유지의 사용허가를 신청하자 관리청인 시장이 갑에게 한시적으로 국유지 사용허가를 하였는데, 현장조사에서 **甲이 위 건물을 다른 사람들에게 임대하여 식당 등으로 사용하고 있는 사실을 파악하고 '甲이 위 건물 임대를 통해 위 국유지를 다른 사람에게 사용·수익하게 하여 국유재산법 제30조 제2항을 위반하였다'는 사유로 甲에게 위 사용허가를 취소하고 국유지를 원상회복할 것을 명하는 처분을 한 사안에서,** 위 건물 임대는 국유재산법 제36조 제1항 제2호에서 사용허가 취소사유로 정한 '사용허가 받은 재산을 다른 사람에게 사용·수익하게 한 경우'에 해당한다(대판 2020.10.29. 2019두43719).
2. 한국공항공단이 정부로부터 무상사용허가를 받은 행정재산을 구 한국공항공단법 제17조에서 정한 바에 따라 전대하는 경우에 미리 그 계획을 작성하여 국토교통부장관에게 제출하고 승인을 얻어야 하는 등 일부 공법적 규율을 받고 있다고 하더라도, **한국공항공단이 그 행정재산의 관리청으로부터 국유재산관리사무의 위임을 받거나 국유재산관리의 위탁을 받지 않은 이상, 한국공항공단이 무상사용허가를 받은 행정재산에 대하여 하는 전대행위는 통상의 사인 간의 임대차와 다를 바가 없고, 그 임대차계약이 임차인의 사용승인신청과 임대인의 사용승인의 형식으로 이루어졌다고 하여 달리 볼 것은 아니다.** 따라서 한국공항공단이 정부로부터 무상사용허가를 받은 행정재산을 전대하는 법률관계에 차임증감청구권에 관한 민법 제628조가 적용된다(대판 2004.1.15. 2001다12638).

정부로부터 행정재산의 무상사용허가를 받은 한국공항공단의 전대: 관리의 위임·위탁이 없는 한 민법상 임대차

OX 행정재산을 원래의 목적 외로 사용할 경우 그에 대한 사용·수익허가는 행정처분으로서 항고소송의 대상이 되나, 사용허가를 받은 행정재산을 전대하는 경우 그 전대행위는 사법상의 임대차에 해당한다. (○)

사용료납부의무

사용료의 징수	• 매년 징수 • 분할 납부 가능
사용료의 면제	국유재산법 제34조 제1항 각 호

③ 사용료납부의무

국유재산법 제32조 【사용료】 ① 행정재산을 사용허가한 때에는 대통령령으로 정하는 요율(料率)과 산출방법에 따라 **매년 사용료를 징수한다.** 다만, 연간 사용료가 대통령령으로 정하는 금액 이하인 경우에는 사용허가기간의 사용료를 일시에 통합 징수할 수 있다.
② 제1항의 사용료는 대통령령으로 정하는 바에 따라 **나누어 내게 할 수 있다.** 이 경우 연간 사용료가 대통령령으로 정하는 금액 이상인 경우에는 사용허가(허가를 갱신하는 경우를 포함한다)할 때에 그 허가를 받는 자에게 대통령령으로 정하는 금액의 범위에서 보증금을 예치하게 하거나 이행보증조치를 하도록 하여야 한다.
④ 제1항 단서에 따라 사용료를 일시에 통합 징수하는 경우에 사용허가기간 중의 사용료가 증가 또는 감소되더라도 사용료를 추가로 징수하거나 반환하지 아니한다.

제34조 【사용료의 감면】 ① 중앙관서의 장은 다음 각 호의 어느 하나에 해당하면 대통령령으로 정하는 바에 따라 그 **사용료를 면제할 수 있다.**
1. 행정재산으로 할 목적으로 기부를 받은 재산에 대하여 기부자나 그 상속인, 그 밖의 포괄승계인에게 사용허가하는 경우

1의2. 건물 등을 신축하여 기부채납을 하려는 자가 신축기간에 그 부지를 사용하는 경우

2. 행정재산을 직접 공용·공공용 또는 비영리 공익사업용으로 사용하려는 지방자치단체에 사용허가하는 경우
3. 행정재산을 직접 비영리 공익사업용으로 사용하려는 대통령령으로 정하는 공공단체에 사용허가하는 경우

② **사용허가를 받은 행정재산을 천재지변이나 「재난 및 안전관리 기본법」 제3조 제1호의 재난으로 사용하지 못하게 되면 그 사용하지 못한 기간에 대한 사용료를 면제**할 수 있다.

③ 중앙관서의 장은 행정재산의 형태·규모·내용연수 등을 고려하여 활용성이 낮거나 보수가 필요한 재산 등 대통령령으로 정하는 행정재산을 사용허가하는 경우에는 대통령령으로 정하는 바에 따라 사용료를 감면할 수 있다.

판례

1. 국유재산의 관리청이 행정재산의 사용·수익을 허가한 다음 그 **사용·수익하는 자에 대하여 하는 사용료 부과**는 순전히 사경제주체로서 행하는 사법상의 이행청구라 할 수 없고, 이는 관리청이 공권력을 가진 우월적 지위에서 행한 것으로서 **항고소송의 대상이 되는 행정처분**이라 할 것이다(대판 1996.2.13. 95누11023).

2. 국유재산법 제32조 제1항에 의하면 행정재산을 사용허가한 때에는 대통령령으로 정하는 요율과 산출방법에 따라 매년 사용료를 징수하여야 하므로, 국유재산에 대한 사용료 또는 점용료를 부과하기 위해서는 관리청이 국유재산의 점용·사용을 허가하였거나 그에 관한 협의 또는 승인이 있었던 경우라야 하므로, **국유재산에 관한 점용·사용허가를 받지 않고 이를 점유·사용하고 있는 것에 대한 사용료 부과처분은 적법하다고 볼 수 없다**(대판 2017.4.27. 2017두31248).

3. **국유재산 중 대지 일부에 설치된 노외주차장의 이용대상이 복지회관시설 이용자 외에 일반인을 포함하여 아무런 제한이 없고 일반인들이 인근 사설주차장 주차료의 약 40% 내지 60%의 주차료를 부담하고 있는데다가 원고(수산업협동조합중앙회)가 그 노외주차장을 일반인들의 이용에 계속적·반복적으로 제공하면서 그 대가를 수령하여 왔다면**, 그 수익을 복지회관의 운영경비에 충당하였다고 하더라도, 그 이용규모, 횟수, 태양 등에 비추어 위 노외주차장의 운영은 영리성이 있거나 영리를 목적으로 한 수익사업이라고 할 것이지 **행정재산 등의 사용료가 면제되는 국유재산법 제34조 제3호 소정의 비영리공익사업에 해당하지 않는다**(대판 1999.7.9. 97누20724).

4. **공공단체가 행정재산 등을 비영리공익사업용에 사용하는 것을 조건으로 하여 관리청으로부터 무상사용·수익허가를 받아 영리목적의 수익사업을 함으로써 당초의 허가조건을 위배하였다고 하더라도** 이로써 국유재산에 대한 당초의 무상사용·수익허가처분이 소급하여 유상사용·수익허가처분으로 변경되었다고 볼 수는 없고, 국유재산의 관리청으로서는 그 사용목적에 위배하였음을 이유로 국유재산법 제36조 제1항 제2호를 적용하여 무상사용·수익허가처분을 취소 또는 철회할 수 있을지언정, **국유재산의 유상사용·수익허가 시 징수할 사용료에 관한 규정인 같은 법 제32조의 규정을 적용하여 당초의 허가처분 시에 소급하여 사용료를 부과할 수는 없다**(대판 1999.7.9. 97누20724).

국유재산의 관리청이 행정재산의 사용·수익을 허가한 다음 그 사용·수익하는 자에 대하여 하는 사용료 부과는 사법상의 이행청구가 아니라 항고소송의 대상이 되는 행정처분이다.

OX 구 국유재산의 관리청은 국유재산에 대하여 점용·사용허가를 받지 아니한 채 국유재산을 사용한 자에 대하여 국유재산법에 따른 국유재산 사용료를 부과할 수 있다. (×)

국유재산 중 대지 일부에 복지회관의 노외주차장을 설치하여 일반인들의 이용에 계속적, 반복적으로 제공하면서 주차료를 수령하여 온 경우, 행정재산 등의 사용료가 면제되는 비영리공익사업에 해당하지 않는다.

공공단체가 행정재산 등을 비영리공익사업에 사용한다는 조건하에 무상사용·수익허가를 받은 후 허가조건에 위배하여 영리목적의 수익사업에 사용한 경우, 관리청이 당초의 허가처분시에 소급하여 사용료를 부과할 수는 없다.

국유재산이 용도폐지되기 전 종전 관리청이 부과·징수하지 아니한 사용료가 있는 경우, 용도폐지된 국유재산을 종전 관리청으로부터 인계받은 기획재정부장관이 사용료를 부과·징수할 수 있는 권한을 가진다.

기획재정부장관으로부터 용도폐지된 국유재산의 관리·처분사무를 위탁받은 수탁관리기관이 용도폐지 전의 사용기간에 대한 사용료를 부과할 수 있다.

구 도시개발법상 실시계획의 인가·고시에 의하여 도시개발구역에 편입된 국유재산에 대한 사용·수익허가가 의제되는 경우, 실시계획에서 정한 사업시행기간을 허가기간으로 한 사용·수익허가가 있었다고 할 것이다.

5. [1] 구 국유재산법 제8조 제1항, 제22조 제1항, 제23조, 제40조 제2항의 규정 내용이나 취지 등에 비추어 볼 때, 국유재산 관리의 총괄청인 기획재정부장관은 용도폐지된 국유재산을 종전의 관리청으로부터 인계받은 경우에 이를 직접 관리·처분할 수 있으므로, **용도폐지되기 전에 종전의 관리청이 미처 부과·징수하지 아니한 사용료가 있으면** 이를 **부과·징수할 수 있는 권한도 가지고 있다.** 따라서 **총괄청인 기획재정부장관으로부터 용도폐지된 국유재산의 관리·처분사무를 위탁받은 수탁관리기관** 역시 **달리 특별한 사정이 없는 한 관리권 행사의 일환으로 국유재산이 용도폐지 되기 전의 사용기간에 대한 사용료를 부과할 수 있다.**
[2] 구 도시개발법 제17조 제1항, 제2항, 제5항, 제19조 제1항 제19호, 제2항, 제3항의 규정 내용 및 국유재산의 사용·수익허가의 법적 성질 등을 종합하여 보면, **구 도시개발법상 실시계획의 인가·고시에 의하여 도시개발구역에 편입된 국유재산에 대한 사용·수익허가가 의제되는 경우**에는 **해당 국유재산에 대하여 실시계획에서 정한 사업시행기간을 허가기간으로 한 사용·수익허가가 있었다고 할 것**이다. 따라서 그에 따른 사용료 역시 달리 특별한 사정이 없는 한 현실적인 사용 여부나 사용기간에 관계없이 실시계획에서 정하여진 해당 국유재산에 대한 사업시행기간을 기준으로 산정하여야 할 것이다(대판 2014.11.13. 2011두30212).

행정재산이 용도폐지로 일반재산이 된 경우에 용도폐지 되기 이전의 행정재산에 대한 사용허가를 근거로 하여 사용료를 부과할 수 없다.

6. 행정재산에 대하여 사용·수익 허가처분을 하였을 경우에 인정되는 사용료 부과처분과 같은 침익적 행정처분의 근거가 되는 행정법규는 엄격하게 해석·적용되어야 하므로, 일반재산에 관하여 대부계약을 체결하고 그에 기초하여 **대부료를** 징수하는 절차를 거치는 대신 지방자치단체의 장의 행정처분에 의하여 일방적으로 사용료를 부과할 수 있다고 해석하는 것은 행정의 법률유보원칙과 행정법관계의 명확성원칙에도 반한다. 따라서 이와 같이 행정재산과 일반재산을 달리 취급하는 공유재산 및 물품 관리법의 규정들 및 이에 관한 관련 법리들을 종합하여 보면, **행정재산이 용도폐지로 일반재산이 된 경우**에 **용도폐지 되기 이전의 행정재산에 대하여 한 사용허가는 소멸**되며 그 **사용허가나 공유재산 및 물품 관리법을 근거로 하여 사용료를 부과할 수 없다**고 해석함이 타당하다(대판 2015.2.26. 2012두6612).

④ 원상회복의무

국유재산법 제38조【원상회복】 사용허가를 받은 자는 **허가기간이 끝나거나** 제36조에 따라 **사용허가가 취소 또는 철회된 경우**에는 그 재산을 원래 상태대로 반환하여야 한다. 다만, 중앙관서의 장이 미리 상태의 변경을 승인한 경우에는 변경된 상태로 반환할 수 있다.

(5) 사용의 허가기간

행정재산의 사용허가기간은 원칙상 5년 이내로 하며, 갱신할 경우에 갱신기간은 5년을 초과할 수 없다.

OX 국유재산 중 행정재산의 사용허가기간은 3년 이내로 한다. (×)

국유재산법 제35조【사용허가기간】 ① 행정재산의 사용허가기간은 **5년 이내**로 한다.
② 제1항의 허가기간이 끝난 재산에 대하여 대통령령으로 정하는 경우를 제외하고는 **5년을 초과하지 아니하는 범위에서 종전의 사용허가를 갱신**할 수 있다. 다만, 수의의 방법으로 사용허가를 할 수 있는 경우가 아니면 1회만 갱신할 수 있다.

판례

행정행위의 부관은 부담인 경우를 제외하고는 독립하여 행정소송의 대상이 될 수 없는바, **기부채납받은 행정재산에 대한 사용·수익허가에서 공유재산의 관리청이 정한 사용·수익허가의 기간은 그 허가의 효력을 제한하기 위한 행정행위의 부관**으로서 이러한 **사용·수익허가의 기간에 대해서는 독립하여 행정소송을 제기할 수 없다**(대판 2001.6.15. 99두509).

기부채납받은 행정재산에 대한 사용·수익허가에서 공유재산의 관리청이 정한 사용·수익허가의 기간은 행정행위의 부관으로서 독립하여 행정소송을 제기할 수 없다.

(6) 사용허가의 철회와 손실보상

국유재산법 제36조【사용허가의 취소와 철회】 ① 중앙관서의 장은 행정재산의 사용허가를 받은 자가 다음 각 호의 어느 하나에 해당하면 그 **허가를 취소하거나 철회할 수 있다.**

1. 거짓 진술을 하거나 부실한 증명서류를 제시하거나 그 밖에 부정한 방법으로 사용허가를 받은 경우
2. 사용허가 받은 재산을 제30조 제2항을 위반하여 다른 사람에게 사용·수익하게 한 경우
3. 해당 재산의 보존을 게을리하였거나 그 사용목적을 위배한 경우
4. 납부기한까지 사용료를 납부하지 아니하거나 제32조 제2항 후단에 따른 보증금 예치나 이행보증조치를 하지 아니한 경우
5. 중앙관서의 장의 승인 없이 사용허가를 받은 재산의 원래 상태를 변경한 경우

② 중앙관서의 장은 **사용허가한 행정재산을 국가나 지방자치단체가 직접 공용이나 공공용으로 사용하기 위하여 필요하게 된 경우**에는 그 **허가를 철회할 수 있다.**

③ 제2항의 경우에 그 **철회로 인하여 해당 사용허가를 받은 자에게 손실이 발생하면** 그 재산을 사용할 기관은 대통령령으로 정하는 바에 따라 **보상한다.**

④ 중앙관서의 장은 제1항이나 제2항에 따라 사용허가를 취소하거나 철회한 경우에 그 재산이 기부를 받은 재산으로서 제30조 제2항 단서에 따라 사용·수익하고 있는 자가 있으면 그 사용·수익자에게 취소 또는 철회 사실을 알려야 한다.

OX 국유재산법상 국가나 지방자치단체가 직접 공용 또는 공공용으로 사용하기 위하여 행정재산이 필요하게 된 때에는 중앙관서의 장은 허가기간 내에라도 사용허가를 철회할 수 있다. (○)

판례

1. 국·공유재산의 관리청이 행정재산의 사용·수익을 허가한 다음 그 **사용·수익하는 자에 대하여 하는 사용·수익허가취소**는 순전히 사경제주체로서 행하는 사법상의 행위라 할 수 없고, 이는 관리청이 공권력을 가진 우월적 지위에서 행한 것으로서 **항고소송의 대상이 되는 행정처분이다**(대판 1997.4.11. 96누17325).
2. 특정건축물 정리에 관한 특별조치법에서 정한 절차에 따라 준공검사필증이 교부되어 건축물관리대장 등에 등재됨으로써 대상 건축물의 점유면적에 해당하는 토지 부분에 관하여 사용을 승낙하였다고 보는 경우에도, 위 법의 입법목적 및 국유재산법과 지방재정법이 국·공유지의 사용·수익허가기간이나 대부기간을 일정기간으로 제한하고 있는 점 등에 비추어 기간의 제한 없이 그 사용을 승낙하였다고 볼 수는 없으므로, 그 후 **지방자치단체장이 점유면적에 해당하는 토지 부분에 대하여 변상금을 부과하였다면** 이로써 그 **사용승낙을 철회하였다고 보아야 한다**(대판 2007.11.29. 2005두8375).

국·공유재산의 관리청이 행정재산의 사용·수익을 허가한 다음 그 사용·수익허가의 취소는 항고소송의 대상이 되는 행정처분이다.

특정건축물 정리에 관한 특별조치법에서 정한 절차에 따라 준공검사필증이 교부되어 건축물관리대장 등에 등재됨으로써 대상 건축물의 점유면적에 해당하는 국·공유지 부분에 관하여 사용승낙을 하였다고 볼 수 있는 건축물에 변상금을 부과한 경우 그 사용승낙을 철회한 것으로 볼 수 있다.

(7) 사용허가의 취소 · 철회와 대집행

1) 허가가 취소 · 철회되었음에도 사인이 퇴거하지 않는 경우, 퇴거와 점유이전

이 경우, 그 퇴거의무와 점유이전의무는 대체적 작위의무가 아니기 때문에 대집행을 할 수 없다는 것이 통설 · 판례(대판 1998.10.23. 97누157 등)이다.

OX 행정재산인 청사건물의 일부를 사인의 식당으로 임대하였으나 사용허가가 철회되었음에도 사인이 퇴거하지 않는 경우 퇴거의무는 대체적 작위의무이므로 행정대집행이 가능하다. (×)

판례

1. 도시공원시설 점유자의 퇴거 및 명도의무는 **대체적 작위의무에 해당하는 것은 아니어서 직접강제의 방법에 의하는 것은 별론으로 하고 행정대집행법에 의한 대집행의 대상이 되는 것은 아니다**(대판 1998.10.23. 97누157).

2. 공유재산 및 물품 관리법 제83조의 규정은 대집행에 관한 개별적인 근거규정을 마련함과 동시에 행정대집행법상의 대집행 요건 및 절차에 관한 규정을 준용한다는 취지에 그치는 것이고, **대체적 작위의무에 속하지 아니하여 원칙적으로 대집행의 대상이 될 수 없는 다른 종류의 의무에 대하여서까지 강제집행을 허용하는 취지는 아니다**(대판 2011.4.28. 2007도7514).

도시공원시설 점유자의 퇴거 및 명도의무는 행정대집행법에 의한 대집행의 대상이 아니다.

공유재산 및 물품 관리법 제83조가 대체적 작위의무에 속하지 아니하여 원칙적으로 대집행의 대상이 될 수 없는 다른 종류의 의무에 대하여서까지 대집행을 허용하는 취지는 아니다.

사용허가의 취소 · 철회와 대집행

구분	대집행
허가가 취소 · 철회되었음에도 사인이 퇴거하지 않는 경우의 퇴거와 점유이전	대집행(×)
허가가 취소 또는 철회된 경우에 불법공작물 등의 철거를 명하였음에도 이에 응하지 않을 경우의 철거	대집행(○)

2) 불법시설의 강제철거

국유재산법 제74조 【불법시설물의 철거】 정당한 사유 없이 국유재산을 점유하거나 이에 시설물을 설치한 경우에는 중앙관서의 장 등은 「**행정대집행법**」**을 준용하여 철거하거나** 그 밖에 필요한 조치를 할 수 있다.

공유재산 및 물품 관리법 제83조 【원상복구명령 등】 ① 지방자치단체의 장은 정당한 사유 없이 공유재산을 점유하거나 공유재산에 시설물을 설치한 경우에는 원상복구 또는 시설물의 철거 등을 명하거나 이에 필요한 조치를 할 수 있다.
② 제1항에 따른 **명령을 받은 자가 그 명령을 이행하지 아니할 때에는** 「**행정대집행법**」**에 따라 원상복구 또는 시설물의 철거 등을 하고** 그 비용을 징수할 수 있다.

① 허가가 취소 또는 철회된 경우에 불법공작물 등의 철거를 명하였음에도 이에 응하지 않을 경우에는 작위의무위반을 이유로 대집행을 할 수 있다.

② 국유재산법 제74조, 공유재산 및 물품 관리법 제83조 등 관계 법령상 행정대집행의 절차가 인정되어 행정청이 **행정대집행의 방법으로 건물의 철거 등 대체적 작위의무의 이행을 실현할 수 있는 경우**에는 **따로 민사소송의 방법으로 그 의무의 이행을 구할 수 없다**(대판 2017.4.28. 2016다213916 ; 대판 2017.4.13. 2013다207941).

판례

1. 국유재산법 제74조는 아무런 제한 없이 모든 국유재산(일반재산 포함)에 대하여 행정대집행법을 준용할 수 있도록 규정하고 있으므로, **행정청은 당해 재산이 행정재산 등 공용재산인 여부나 그 철거의무가 공법상의 의무인 여부에 관계없이 대집행을 할 수 있다**(대판 1992.9.8. 91누13090).

2. 원고가 이 사건 토지에 관하여 대부계약 외 달리 정당한 권원이 있다는 자료가 없는 경우 그 대부계약이 적법하게 해지된 이상 원고의 이 사건 토지에 대한 점유는 정당한 이유 없는

공유재산 대부계약의 해지에 따른 원상회복으로 행정대집행의 방법에 의하여 그 지상물을 철거시킬 수 있다.

현행 국유재산법에 의하면 행정청은 당해 재산이 행정재산 등 공용재산인 여부나 그 철거의무가 공법상의 의무인 여부에 관계없이 대집행을 할 수 있다.

점유라 할 것이고, 따라서 피고는 공유재산 및 물품 관리법 제83조에 의하여 행정대집행의 방법으로 이 사건 묘목 및 비닐하우스 등을 철거시킬 수 있다(대판 2001.10.12. 2001두4078).

OX 일반재산인 토지에 관한 대부계약 기간이 끝난 뒤에 이 토지 위에 상대방이 설치한 비닐하우스에 대하여 행정대집행법에 따라 원상복구 또는 시설물의 철거 등을 할 수 있다. (○)

(8) 변상금의 징수

1) 변상금의 의미

변상금이란 사용허가나 대부계약 없이 국유재산 또는 공유재산을 사용·수익하거나 점유한 자(사용허가나 대부계약 기간이 끝난 후 다시 사용허가나 대부계약 없이 국유재산 또는 공유재산을 계속 사용·수익하거나 점유한 자를 포함), 즉 무단점유자에게 부과하는 금액을 말한다(국유재산법 제2조 제9호, 공유재산 및 물품 관리법 제81조 제1항).

2) 변상금부과의 대상: 무단점유자

국유재산법 제72조【변상금의 징수】 ① 중앙관서의 장 등은 무단점유자에 대하여 대통령령으로 정하는 바에 따라 그 재산에 대한 **사용료나 대부료의 100분의 120에 상당하는 변상금을 징수한다.** 다만, 다음 각 호의 어느 하나에 해당하는 경우에는 변상금을 징수하지 아니한다.

1. 등기사항증명서나 그 밖의 공부상의 명의인을 정당한 소유자로 믿고 적절한 대가를 지급하고 권리를 취득한 자(취득자의 상속인이나 승계인을 포함한다)의 재산이 취득 후에 국유재산으로 밝혀져 국가에 귀속된 경우
2. 국가나 지방자치단체가 재해대책 등 불가피한 사유로 일정 기간 국유재산을 점유하게 하거나 사용·수익하게 한 경우

② 제1항의 변상금은 무단점유를 하게 된 경위, 무단점유지의 용도 및 해당 무단점유자의 경제적 사정 등을 고려하여 대통령령으로 정하는 바에 따라 **5년의 범위에서 징수를 미루거나 나누어 내게 할 수 있다.**

③ 제1항에 따라 변상금을 징수하는 경우에는 제33조에 따른 사용료와 제47조에 따른 대부료의 조정을 하지 아니한다.

※ 공유재산 및 물품 관리법 제81조도 동일한 취지의 규정임

판례

1. **적법한 대부사용자로부터 국유 행정재산인 철도용지의 점유를 양수한 자**는 그 토지의 사용허가를 받은 자가 아니라 **관리청의 승인 없이 그 사용·수익권자로부터 그 점유를 양수하였음에 불과한 이른바 무단점유사용자**이므로 그 점유사용은 국유재산법 제72조 제1항의 변상금 부과대상이 된다(대판 2000.3.10. 98두7831).

2. 공유수면 점·사용 허가 등을 받아 적법하게 사용하는 경우에는 사용료 부과처분을, 허가를 받지 않고 무단으로 사용하는 경우에는 변상금 부과처분을 하는 것이 적법하다. 그러나 **변상금 부과처분을 할 것을 사용료 부과처분을 하거나 반대로 사용료 부과처분을 할 것을 변상금 부과처분을 하였다고 하여** 그와 같은 **부과처분의 하자를 중대한 하자라고 할 수는 없다**(대판 2013.4.26. 2012두20663).

적법한 대부사용자로부터 국유 행정재산인 철도용지의 점유를 양수한 자는 무단점유사용자이므로 그 점유사용은 변상금 부과대상이 된다.

공유수면에 대한 적법한 사용인지 무단 사용인지의 여부에 관한 판단을 그르쳐 변상금 부과처분을 할 것을 사용료 부과처분을 하거나 반대로 사용료 부과처분을 할 것을 변상금 부과처분을 하였다고 하여 그와 같은 부과처분의 하자를 중대한 하자라고 할 수는 없다.

점유나 사용·수익을 정당화할 법적 지위에 있는 자에 대한 변상금 부과처분은 당연무효이다.

사용·수익허가 없이 행정재산을 유형적·고정적으로 특정한 목적을 위하여 사용·수익하거나 점유하는 것은 변상금 부과대상인 무단점유에 해당한다.

서울광장조례에서 정한 바에 따라 광장사용신고 및 서울시장의 사용신고 수리를 거치지 않은 채 서울광장을 무단사용한 경우, 변상금 부과대상인 무단점유에 해당한다.

공유재산 및 물품관리법 시행령의 위임에 따라 '서울광장의 사용 및 관리에 관한 조례'에서 정한 '서울광장 사용료 기준'은 서울광장의 무단점유에 따른 변상금 산정·부과에 적용할 수는 없다.

특정건축물 정리에 관한 특별조치법에 의하여 준공검사필증을 교부받은 건축물의 부지가 국·공유지일 경우 그 부지에 관하여만 사용승낙이 간주된다.

행정청이 도시환경정비사업 시행자에게 '무상양도되지 않는 구역 내 국유지를 착공신고 전까지 매입'하도록 한 부관을 붙여 사업시행인가를 하였으나 시행자가 국유지를 매수하지 않고 점용한 경우, 그 부관은 조건이 아니라 부담이므로 변상금 부과처분은 위법하다.

도로관리청은 도로부지에 대한 소유권을 취득하지 아니하였어도 도로를 무단점용하는 자에 대하여 변상금을 부과할 수 있다.

3. **점유나 사용·수익을 정당화할 법적 지위에 있는 자에 대하여는 적용되지 않는다고 보아야 하고, 그러한 자에 대한 변상금 부과처분은 당연무효**이다(대판 2007.12.13. 2007다51536).

4. [1] 공유재산 및 물품관리법상 관련 규정의 내용과 변상금제도의 입법 취지에 비추어 보면, **사용·수익허가 없이 행정재산을 유형적·고정적으로 특정한 목적을 위하여 사용·수익하거나 점유하는 경우** 공유재산 및 물품관리법 제81조 제1항에서 정한 **변상금 부과대상인 '무단점유'에 해당**하고, 반드시 그 사용이 독점적·배타적일 필요는 없으며, 점유 부분이 동시에 일반 공중의 이용에 제공되고 있다고 하여 점유가 아니라고 할 수는 없다.

   [2] **서울광장조례에서 정한 바에 따라 광장사용신고 및 서울특별시장의 사용신고 수리를 거치지 않은 채 서울광장을 무단사용한 경우**에는 공유재산 및 물품관리법상 **변상금 부과대상인 무단점유에 해당한다**고 보아야 한다. 즉, 서울광장조례의 서울광장 '사용' 정의규정에 따라 변상금 부과대상인 무단점유인지에 관한 판단이 달라진다고 볼 수는 없다(대판 2019.9.9. 2018두48298).

5. 특정건축물 정리에 관한 특별조치법이 무허가건물 또는 위법시공건축물을 심의를 거쳐 선별정리하여 관계 법령의 규정에도 불구하고 준공검사필증을 교부하고 적법한 건축물로 인정하고 있는 점에 비추어, 위 법에 의하여 **준공검사필증을 교부받은 건축물의 부지가 국·공유지일 경우 그 부지에 관하여만 사용승낙이 간주**될 뿐이고, 이에 더하여 그 **특정건축물의 사용·수익에 필요한 부지 부분에 대하여도 사용승낙이 간주된다고 볼 수는 없다**(대판 2007.11.29. 2005두8375).

6. 행정청이 도시환경정비사업 시행자에게 '무상양도되지 않는 구역 내 국유지를 착공신고 전까지 매입'하도록 한 부관을 붙여 사업시행인가를 하였으나 시행자가 국유지를 매수하지 않고 점용한 경우, 그 부관은 국유지에 관해 사업시행인가의 효력을 저지하는 조건이 아니라 작위의무를 부과하는 부담이므로, **사업시행인가를 받은 때에 국유지에 대해 국유재산법 제30조의 규정에 의한 사용·수익허가를 받은 것**이어서 같은 법 제72조에 따른 **변상금 부과처분은 위법**하다(대판 2008.11.27. 2007두24289).

3) 부과권자: 중앙관서의 장·지방자치단체의 장

변상금은 소유자가 아니라 국·공유재산의 중앙관서의 장·지방자치단체의 장이 부과한다.

판례

도로의 관리청이 도로부지에 대한 소유권을 취득하였는지 여부와는 관계없이 도로를 무단점용하는 자에 대하여 변상금을 부과할 수 있는지 여부(적극)

도로법의 제반 규정에 비추어 보면, 같은 법 제72조의 규정에 의한 변상금 부과권한은 적정한 도로관리를 위하여 도로의 관리청에게 부여된 권한이라 할 것이지 도로부지의 소유권에 기한 권한이라고 할 수 없으므로, **도로의 관리청은 도로부지에 대한 소유권을 취득하였는지 여부와는 관계없이 도로를 무단점용하는 자에 대하여 변상금을 부과할 수 있다**(대판 2005.11.25. 2003두7194).

4) **변상금 부과처분**

① 무단점유사용의 대상이 된 재산에 대하여는 대부료 또는 사용료의 100분의 120에 상당하는 변상금을 징수한다.

② 변상금 부과처분은 **행정소송의 대상이 되는 행정처분**이고, 그 **변상금의 징수는 기속행위**이다.

판례

1. 국유재산법 제72조 제1항은 국유재산의 무단점유자에 대하여는 대부 또는 사용·수익허가 등을 받은 경우에 납부하여야 할 대부료 또는 사용료 상당액 외에도 그 징벌적 의미에서 국가 측이 일방적으로 그 2할 상당액을 추가하여 변상금을 징수토록 하고 있으며, 제73조 제2항은 변상금의 체납시 국세징수법에 의하여 강제징수토록 하고 있는 점 등에 비추어 보면, **국유재산의 관리청이 그 무단점유자에 대하여 하는 변상금 부과처분은 순전히 사경제 주체로서 행하는 사법상의 법률행위라 할 수 없고, 이는 관리청이 공권력을 가진 우월적 지위에서 행한 것으로서 행정소송의 대상이 되는 행정처분이라고 보아야 한다**(대판 1988.2.23. 87누1046 · 1047 ; 대판 1992.4.14. 91다42197). 따라서 국유재산법 제72조 제1항에 의한 변상금부과처분을 근거로 한 변상금의 청구를 민사소송의 방법에 의할 수는 없다(대판 2000.11.24. 2000다28568).

2. 국유재산법 제72조 제1항, 제73조에 의한 변상금 부과·징수권과 민사상 부당이득반환청구권은 동일한 금액 범위 내에서 경합하여 병존하게 되고, 민사상 부당이득반환청구권이 만족을 얻어 소멸하면 그 범위 내에서 변상금 부과·징수권도 소멸하는 관계에 있다(대판 2014.9.4. 2012두5688).

3. 국유재산법 제72조 제1항, 제4항, 제5항에 의한 변상금 부과·징수권은 민사상 부당이득반환청구권과 법적 성질을 달리하므로, **국가는 무단점유자를 상대로 변상금 부과·징수권의 행사와 별도로 국유재산의 소유자로서 민사상 부당이득반환청구의 소를 제기할 수 있다**(대판 전합 2014.7.16. 2011다76402).

4. 국유재산의 무단점유 등에 대한 변상금징수의 요건은 국유재산법 제72조 제1항에 명백히 규정되어 있으므로 **변상금을 징수할 것인가는 처분청의 재량을 허용하지 않는 기속행위**이고(대판 2000.1.28. 97누4098), 여기에 재량권 일탈·남용의 문제는 생길 여지가 없다(대판 1998.9.22. 98두7602).

5. [1] 국유재산법에서는 변상금 및 연체료의 부과권과 징수권을 구별하여 제척기간이나 소멸시효의 적용 대상으로 규정하고 있지 않으므로, **변상금 부과권 및 연체료 부과권**도 모두 국가재정법 제96조 제1항에 따라 **5년의 소멸시효가 적용된다.**
[2] **변상금 연체료 부과처분**은 **처분청의 재량을 허용하지 않는 기속행위이다**(대판 2014.4.10. 2012두16787).

6. 국유재산법 제72조 제1항, 제73조 제2항에 의한 변상금 부과·징수권이 민사상 부당이득반환청구권과 법적 성질을 달리하는 별개의 권리인 이상 **한국자산관리공사가 변상금 부과·징수권을 행사하였다 하더라도** 이로써 **민사상 부당이득반환청구권의 소멸시효가 중단된다고 할 수 없다**(대판 2014.9.4. 2013다3576).

무단으로 공유재산을 사용·수익·점유하는 자가 관리청의 변상금 부과처분에 따라 그에 해당하는 돈을 납부한 경우라면 위 변상금 부과처분이 당연무효이거나 행정소송을 통해 먼저 취소되기 전에는 사법상 부당이득반환청구로써 위 납부액의 반환을 구할 수 없다.

국유재산의 무단점유자에 대하여 한 변상금 부과·징수권과 민사상 부당이득반환청구권은 동일한 금액 범위 내에서 경합하여 병존하게 되고, 그 부당이득반환청구권이 만족을 얻어 소멸하면 그 범위 내에서 변상금 부과·징수권도 소멸한다.

변상금 부과: 행정처분

OX 판례에 의하면 변상금부과처분이 있었음에도 그 변상금을 체납한 경우에 변상금의 징수는 민사소송의 방법에 의하여야 한다. (×)

국유재산의 무단점유자에 대하여 국유재산법에 의한 변상금 부과·징수권의 행사와 별도로 민사상 부당이득반환청구의 소를 제기할 수 있다.

재산의 무단점유자가 반환하여야 할 부당이득의 범위는 구 국유재산법 제38조 제1항, 제25조 제1항에서 정한 방법에 따라 산출되는 대부료이다.

변상금의 징수는 기속행위이다.

국유재산법상 변상금 부과권과 연체료 부과권의 소멸시효기간: 5년

국가가 국유재산의 무단점유자에 대하여 변상금 부과·징수권을 행사하였다 해도 민사상 부당이득반환청구권의 소멸시효가 중단된다고 할 수 없다.

국유재산의 무단점유로 인한 변상금을 사법상의 계약에 의하여 제3자로부터 징수할 수는 없다.

5) **제3자와의 사법상 계약에 의한 변상금 징수권의 인부: 부정**

판례

국유재산의 무단점유로 인한 변상금 징수권은 공법상의 권리채무를 내용으로 하는 것으로서 사법상의 채권과는 그 성질을 달리하는 것이므로 위 **변상금 징수권의 성립과 행사는 국유재산법의 규정에 의하여서만 가능한 것이고 제3자와의 사법상의 계약에 의하여 그로 하여금 변상금채무를 부담하게 하여 이로부터 변상금 징수권의 종국적 만족을 실현하는 것은 허용될 수 없다**(대판 1989.11.24. 89누787).

제3절 사회보장행정

I 서설

1 개념

① 사회보장행정이란 행정주체가 개인의 최저한의 인간다운 생활을 보장함으로써 공공의 복리를 증진하기 위하여 행하는 비권력적 급부행정작용을 말한다.

② 여기서 '사회보장'이란 출산, 양육, 실업, 노령, 장애, 질병, 빈곤 및 사망 등의 사회적 위험으로부터 모든 국민을 보호하고 국민 삶의 질을 향상시키는 데 필요한 소득·서비스를 보장하는 사회보험, 공공부조, 사회서비스를 말한다(사회보장기본법 제3조 제1호).

사회보장행정
① 국민의 최저한의 인간다운 생활을 보장하기 위한 작용
② 행정주체의 급부행정작용

2 사회보장에 대한 국가와 지방자치단체의 책임

사회보장기본법 제5조 【국가와 지방자치단체의 책임】 ① 국가와 지방자치단체는 모든 국민의 인간다운 생활을 유지·증진하는 책임을 가진다.
② 국가와 지방자치단체는 사회보장에 관한 책임과 역할을 합리적으로 분담하여야 한다.
③ 국가와 지방자치단체는 국가 발전수준에 부응하고 사회환경의 변화에 선제적으로 대응하며 지속가능한 사회보장제도를 확립하고 매년 이에 필요한 재원을 조달하여야 한다.
④ 국가는 사회보장제도의 안정적인 운영을 위하여 중장기 사회보장 재정추계를 격년으로 실시하고 이를 공표하여야 한다.

3 사회보장제도의 운영원칙

사회보장기본법 제25조 【운영원칙】 ① 국가와 지방자치단체가 사회보장제도를 운영할 때에는 **이 제도를 필요로 하는 모든 국민에게 적용하여야 한다.**
② 국가와 지방자치단체는 사회보장제도의 급여 수준과 비용 부담 등에서 형평성을 유지하여야 한다.
③ 국가와 지방자치단체는 사회보장제도의 정책 결정 및 시행 과정에 공익의 대표자 및 이해관계인 등을 참여시켜 이를 민주적으로 결정하고 시행하여야 한다.
④ 국가와 지방자치단체가 사회보장제도를 운영할 때에는 국민의 다양한 복지 욕구를 효율적으로 충족시키기 위하여 연계성과 전문성을 높여야 한다.
⑤ **사회보험은 국가의 책임으로 시행**하고, **공공부조와 사회서비스는 국가와 지방자치단체의 책임으로 시행하는 것을 원칙**으로 한다. 다만, 국가와 지방자치단체의 재정 형편 등을 고려하여 이를 협의·조정할 수 있다.

4 사회보장비용의 부담

사회보장기본법 제28조 【비용의 부담】 ① 사회보장비용의 부담은 각각의 사회보장제도의 목적에 따라 국가, 지방자치단체 및 민간부문 간에 합리적으로 조정되어야 한다.
② **사회보험에 드는 비용은 사용자, 피용자 및 자영업자가 부담하는 것을 원칙**으로 하되, 관계 법령에서 정하는 바에 따라 **국가가 그 비용의 일부를 부담할 수 있다.**
③ **공공부조** 및 관계 법령에서 정하는 일정 소득 수준 이하의 국민에 대한 **사회서비스에 드는 비용의 전부 또는 일부는 국가와 지방자치단체가 부담**한다.
④ **부담능력이 있는 국민에 대한 사회서비스에** 드는 비용은 그 **수익자가 부담함을 원칙**으로 하되, 관계 법령에서 정하는 바에 따라 **국가와 지방자치단체가 그 비용의** 일부를 부담할 수 있다.

사회보장비용의 부담
① **사회보험에 드는 비용**: 원칙상 사용자, 피용자 및 자영업자가 부담
② **공공부조 및 일정 소득 수준 이하의 국민에 대한 사회서비스에 드는 비용**: 전부 또는 일부를 국가와 지방자치단체가 부담
③ **부담능력이 있는 국민에 대한 사회서비스에 드는 비용**: 원칙적으로 수익자가 부담

Ⅱ 사회보장행정의 내용

1 사회보험(社會保險)

(1) 의의

① '사회보험'이란 국민에게 발생하는 사회적 위험을 보험의 방식으로 대처함으로써 국민의 건강과 소득을 보장하는 제도를 말한다(사회보장기본법 제3조 제2호).
② 사회보험은 사회보장행정의 근간으로서, 이에는 국민연금보험·국민건강보험·산업재해보상보험·고용보험·실업보험 등이 있다.

(2) 특징

① 사회보험은 국민의 소득을 확보하여 빈곤을 방지하는 소득보장수단이다.
② 사회보험은 고소득자나 소득원이 있는 자로부터 저소득자나 소득원이 없는 자에게 소득을 재분배하는 소득재분배기능을 한다.
③ 사회보험은 사보험의 가입 여부가 자유로운 의사에 의하는 것과는 달리 가입의무가 부과되는 등 강제보험이다.

사회보험의 특징
① 소득보장수단
② 소득재분배기능
③ 강제보험
④ 비영리보험

OX 사회보험은 사회적 위험을 보험방식으로 대처하여 국민의 건강과 소득을 보장하는 것이다. (O)

(3) 사보험과의 구별

구분	사회보험	사보험(민영보험)
가입의 자율성 여부	계약의 체결과 해약의 자유가 인정되지 않는 강제가입과 법에 의한 권리설정(수급자격·보험료율·급부내용 등의 법정)	자율적 가입과 계약에 의한 권리설정
보험료의 부담	국가와 사업주도 보험료의 전부나 일부를 부담하고, 보험료의 징수에 행정상 강제징수 인정	개인이 보험료 부담
균형원칙의 적용 여부	급부와 반대급부의 균형원칙의 부적용	급부와 반대급부의 균형원칙의 적용

(4) 사회보험의 종류

1) 국민건강보험법

① 적용 대상

제5조 【적용 대상 등】 ① **국내에 거주하는 국민**은 건강보험의 가입자(이하 '가입자'라 한다) 또는 피부양자가 된다. 다만, 다음 각 호의 어느 하나에 해당하는 사람은 **제외한다.**
1. **「의료급여법」에 따라 의료급여를 받는 사람**(이하 '수급권자'라 한다)
2. **「독립유공자예우에 관한 법률」 및 「국가유공자 등 예우 및 지원에 관한 법률」에 따라 의료보호를 받는 사람**(이하 '유공자등 의료보호 대상자'라 한다). 다만, 다음 각 목의 어느 하나에 해당하는 사람은 가입자 또는 피부양자가 된다.
   가. '유공자등 의료보험 대상자' 중 건강보험의 적용을 보험자에게 신청한 사람
   나. 건강보험을 적용받고 있던 사람이 '유공자등 의료보호 대상자'로 되었으나 건강보험의 적용배제신청을 보험자에게 하지 아니한 사람

OX 현재 우리나라에서 실시되고 있는 사회보장제도 중 원칙적으로 전국민에게 적용되어 전국민이 혜택을 받고 있는 것은 국민건강보험이다. (○)

OX 국내에 거주하는 국민은 건강보험의 가입자 또는 피부양자가 되나 의료급여법에 따라 의료급여를 받는 사람은 적용 대상에서 제외된다. (○)

② 가입자

제6조 【가입자의 종류】 ① 가입자는 **직장가입자와 지역가입자로 구분**한다.
② 모든 **사업장의 근로자 및 사용자와 공무원 및 교직원은 직장가입자가 된다.** 다만, 다음 각 호의 어느 하나에 해당하는 사람은 제외한다.
1. 고용기간이 1개월 미만인 일용근로자
2. 「병역법」에 따른 현역병(지원에 의하지 아니하고 임용된 하사를 포함한다), 전환복무된 사람 및 군간부후보생
3. 선거에 당선되어 취임하는 공무원으로서 매월 보수 또는 보수에 준하는 급료를 받지 아니하는 사람
4. 그 밖에 사업장의 특성, 고용형태 및 사업의 종류 등을 고려하여 대통령령으로 정하는 사업장의 근로자 및 사용자와 공무원 및 교직원

③ **지역가입자는 직장가입자와 그 피부양자를 제외한 가입자**를 말한다.

③ 보험자

제13조 【보험자】 건강보험의 보험자는 **국민건강보험공단**(이하 '공단'이라 한다)으로 한다.

국민건강보험의 보험자: 국민건강보험공단

2) 국민연금법

① 가입 대상

제6조 【가입 대상】 국내에 거주하는 국민으로서 18세 이상 60세 미만인 자는 국민연금 가입 대상이 된다. 다만, 「공무원연금법」, 「군인연금법」, 「사립학교교직원연금법」 및 「별정우체국법」을 적용받는 공무원, 군인, 교직원 및 별정우체국 직원, 그 밖에 대통령령으로 정하는 자는 제외한다.

국민연금의 가입 대상: 18세 이상 60세 미만인 국민

② 가입자의 종류

제7조 【가입자의 종류】 가입자는 사업장가입자, 지역가입자, 임의가입자 및 임의계속가입자로 구분한다.

OX 국민연금의 보험자는 고용노동부장관이다. (×)

③ 보험자

제24조 【국민연금공단의 설립】 보건복지부장관의 위탁을 받아 제1조의 목적을 달성하기 위한 사업을 효율적으로 수행하기 위하여 국민연금공단(이하 '공단'이라 한다)을 설립한다.

제26조 【법인격】 공단은 법인으로 한다.

④ 급여

제49조 【급여의 종류】 이 법에 따른 급여의 종류는 다음과 같다.
1. 노령연금
2. 장애연금
3. 유족연금
4. 반환일시금

⑤ 권리구제

㉠ 심사청구

제108조 【심사청구】 ① 가입자의 자격, 기준소득월액, 연금보험료, 그 밖의 이 법에 따른 징수금과 급여에 관한 공단 또는 건강보험공단의 처분에 이의가 있는 자는 그 처분을 한 공단 또는 건강보험공단에 심사청구를 할 수 있다.

㉡ 재심사청구

제110조 【재심사청구】 제108조에 따른 심사청구에 대한 결정에 불복하는 자는 그 결정통지를 받은 날부터 90일 이내에 대통령령으로 정하는 사항을 적은 재심사청구서에 따라 국민연금재심사위원회에 재심사를 청구할 수 있다.

3) 산업재해보상보험법

① 적용범위

제6조 【적용범위】 이 법은 근로자를 사용하는 모든 사업 또는 사업장(이하 '사업'이라 한다)에 적용한다. 다만, 위험률·규모 및 장소 등을 고려하여 대통령령으로 정하는 사업에 대하여는 이 법을 적용하지 아니한다.

② 보험자

산업재해보상보험의 보험자: 근로복지공단

제10조 【근로복지공단의 설립】 고용노동부장관의 위탁을 받아 제1조의 목적을 달성하기 위한 사업을 효율적으로 수행하기 위하여 **근로복지공단**(이하 '공단'이라 한다)을 설립한다.

③ 급여

제36조 【보험급여의 종류와 산정기준 등】 ① 보험급여의 종류는 다음 각 호와 같다. 다만, 진폐에 따른 보험급여의 종류는 제1호의 요양급여, 제4호의 간병급여, 제7호의 장례비, 제8호의 직업재활급여, 제91조의3에 따른 진폐보상연금 및 제91조의4에 따른 진폐유족

연금으로 하고, 제91조의12에 따른 건강손상자녀에 대한 보험급여의 종류는 제1호의 요양급여, 제3호의 장애급여, 제4호의 간병급여, 제7호의 장례비, 제8호의 직업재활급여로 한다.
1. 요양급여
2. 휴업급여
3. 장해급여
4. 간병급여
5. 유족급여
6. 상병(傷病)보상연금
7. 장례비
8. 직업재활급여

④ 권리구제

제103조【심사청구의 제기】 ① 다음 각 호의 어느 하나에 해당하는 공단의 결정 등(이하 '보험급여결정 등'이라 한다)에 불복하는 자는 공단에 심사청구를 할 수 있다.
1. 제3장 및 제3장의2 및 제3장의3에 따른 보험급여에 관한 결정
2. 제45조 및 제91조의6 제4항에 따른 진료비에 관한 결정
③ 제1항에 따른 심사청구는 **보험급여결정 등이 있음을 안 날부터 90일 이내에 하여야 한다.**
⑤ **보험급여결정 등에 대하여는 「행정심판법」에 따른 행정심판을 제기할 수 없다.**

제104조【산업재해보상보험심사위원회】 ① 제103조에 따른 심사청구를 심의하기 위하여 공단에 관계 전문가 등으로 구성되는 산업재해보상보험심사위원회를 둔다.

4) 고용보험법

① 피보험자

제2조【정의】 이 법에서 사용하는 용어의 뜻은 다음과 같다.
1. '피보험자'란 다음 각 목에 해당하는 사람을 말한다.
가. 「고용보험 및 산업재해보상보험의 보험료징수 등에 관한 법률」(이하 '고용산재보험료징수법'이라 한다) 제5조 제1항·제2항, 제6조 제1항, 제8조 제1항·제2항, 제48조의2 제1항 및 제48조의3 제1항에 따라 보험에 가입되거나 가입된 것으로 보는 근로자, 예술인 또는 노무제공자
나. 고용산재보험료징수법 제49조의2 제1항·제2항에 따라 고용보험에 가입하거나 가입된 것으로 보는 자영업자

② 보험자

제3조【보험의 관장】 고용보험은 **고용노동부장관**이 관장한다.

③ 급여

㉠ 실업급여

제37조【실업급여의 종류】 ① 실업급여는 구직급여와 취업촉진 수당으로 구분한다.

업무상 사유로 근로자가 장착한 의족이 파손된 경우는 산업재해보상보험법상 요양급여의 대상인 근로자의 부상에 포함된다.

분진작업에 종사하고 있거나 종사하였던 근로자가 사망한 경우에 업무상 재해로 인정되기 위해서는 진폐, 합병증 등과 사망 사이에 상당인과관계가 인정되어야 하고, 상당인과관계가 있다고 추단된다면 증명이 있다고 보아야 하나, 증명책임은 주장하는 측에 있다.

사회보험의 보험자

사회보험의 종류	보험자
국민건강보험	국민건강보험공단
국민연금	국민연금공단
산업재해보상보험	근로복지공단
고용보험	고용노동부장관

ⓛ 육아휴직급여

제70조 【육아휴직급여】 ① 고용노동부장관은 「남녀고용평등과 일·가정 양립 지원에 관한 법률」 제19조에 따른 육아휴직을 30일(「근로기준법」 제74조에 따른 출산전후휴가기간과 중복되는 기간은 제외한다) 이상 부여받은 피보험자 중 육아휴직을 시작한 날 이전에 제41조에 따른 피보험 단위기간이 합산하여 180일 이상인 피보험자에게 육아휴직급여를 지급한다.

ⓒ 출산전후휴가급여

제75조 【출산전후휴가급여 등】 고용노동부장관은 「남녀고용평등과 일·가정 양립 지원에 관한 법률」 제18조에 따라 피보험자가 「근로기준법」 제74조에 따른 출산전후휴가 또는 유산·사산휴가를 받은 경우와 「남녀고용평등과 일·가정 양립 지원에 관한 법률」 제18조의2에 따른 배우자 출산휴가를 받은 경우로서 다음 각 호의 요건을 모두 갖춘 경우에 출산전후휴가급여 등을 지급한다.

2 공공부조(公共扶助)

(1) 의의

'공공부조'란 국가와 지방자치단체의 책임하에 생활유지능력이 없거나 생활이 어려운 국민의 최저생활을 보장하고 자립을 지원하는 제도를 말한다(사회보장기본법 제3조 제3호).

OX 사회보장기본법상 국가와 지방자치단체의 책임하에 생활유지능력이 없거나 생활이 어려운 국민의 최저생활을 보장하고 자립을 지원하는 제도를 사회서비스 제도라고 한다. (×)

(2) 사회보험과의 구별

구분	공공부조	사회보험
재원	조세 등 국가의 일반재원에 의존	피보험자, 사용주 및 정부로부터 갹출된 금원(보험료·기여금 등)에 의존
가입	신청	강제
수급자격 및 급부금액	법률에 명확히 정해져 있지 않고 개개의 사안마다 행정청의 판단에 의해 정해짐.	법률에 명확히 규정되어 있어 행정청의 판단이 개입할 여지가 매우 제한됨.
대상	수급자의 자활능력에 따른 개별성의 원칙이 적용됨.	일반국민을 대상으로 하며 수급자의 실제 사정을 불문하고 획일적으로 일정액의 보험금 지급

OX 공공부조는 사회보험에 대한 보완적 성격을 가지나 양자는 공히 조세수입 등에 의한 일반재원에 주로 의존한다. (×)

(3) 기본원칙

1) 보충성의 원칙

국민기초생활 보장법 제3조 【급여의 기본원칙】 ① 이 법에 따른 급여는 **수급자가 자신의 생활의 유지·향상을 위하여 그의 소득, 재산, 근로능력 등을 활용하여 최대한 노력하는 것을 전제로 이를 보충·발전시키는 것을 기본원칙**으로 한다.

OX

① 국민기초생활 보장법상 수급자의 생활의 유지 및 향상을 위하여 국가가 최대한 노력하는 것이 급여의 기본원칙이다. (×)
② 공공부조는 본인 또는 가족에 의해 스스로 생계를 해결하지 못하는 경우에 보충적으로 행해져야 하는바, 이를 보충성의 원칙이라고 한다. (○)
③ 사인의 생활수단의 확보는 제1차적으로 사인·가족 등에 맡겨야 하고, 일반 납세자의 조세부담에 의한 행정주체의 급부활동은 보충적으로만 행해져야 한다. (○)
④ 사회보장기본법 제6조 제2항과 국민기초생활 보장법 제3조 제1항의 규정은 급부행정의 법원리 가운데 보충성의 원리의 표현이다. (○)

> ② 부양의무자의 부양과 다른 법령에 따른 보호는 이 법에 따른 급여에 우선하여 행하여지는 것으로 한다. 다만, 다른 법령에 따른 보호의 수준이 이 법에서 정하는 수준에 이르지 아니하는 경우에는 나머지 부분에 관하여 이 법에 따른 급여를 받을 권리를 잃지 아니한다.
>
> **사회보장기본법 제6조 【국가 등과 가정】** ② 국가와 지방자치단체는 사회보장제도를 시행할 때에 가정과 지역공동체의 자발적인 복지활동을 촉진하여야 한다.

국민기초생활 보장법 제3조 및 사회보장기본법 제6조 제2항에서는 보충성의 원칙을 선언하고 있다.

2) 기초생활보장의 원칙(과잉금지의 원칙)

> **국민기초생활 보장법 제4조 【급여의 기준 등】** ① 이 법에 따른 **급여는 건강하고 문화적인 최저생활을 유지할 수 있는 것이어야** 한다.

국민기초생활 보장법상의 보호기준은 건강하고 문화적인 최저생활의 유지이다.

3) 보호신청의 원칙

공공부조는 직권에 의하지 않고 보호를 요하는 사람의 신청에 의해 개시되는 것이 원칙이다(국민기초생활 보장법 제21조).

4) 개별성의 원칙

> **국민기초생활 보장법 제4조 【급여의 기준 등】** ② 이 법에 따른 급여의 기준은 **수급자의 연령, 가구 규모, 거주지역, 그 밖의 생활여건 등을 고려하여 급여의 종류별**로 보건복지부장관이 정하거나 급여를 지급하는 중앙행정기관의 장이 보건복지부장관과 협의하여 정한다.

생활능력이 없거나 생활이 어려운 자의 생활상태는 다양하기 때문에 부조의 내용과 정도는 수급자의 연령 등을 고려하여 개별적으로 결정되어야 한다.

5) 개별가구단위의 원칙

> **국민기초생활 보장법 제4조 【급여의 기준 등】** ③ 보장기관은 이 법에 따른 급여를 **개별가구 단위로** 실시하되, 특히 **필요하다고 인정하는 경우에는 개인 단위로 실시할 수 있다.**

6) 금전부조의 원칙

> **국민기초생활 보장법 제9조 【생계급여의 방법】** ① 생계급여는 **금전을 지급하는 것으로 한다.** 다만, 금전으로 지급할 수 없거나 금전으로 지급하는 것이 적당하지 아니하다고 인정하는 경우에는 **물품을 지급할 수 있다.**

금전급여를 원칙으로 하고, 예외적으로 현물급여를 인정하고 있다.

공공부조의 기본원칙
① 보충성의 원칙
② 기초생활보장의 원칙(과잉금지의 원칙)
③ 보호신청의 원칙
④ 개별성의 원칙
⑤ 개별가구단위의 원칙
⑥ 금전부조의 원칙
⑦ 거택보호의 원칙
⑧ 목적성의 원칙

OX 공공부조의 내용은 건강하고 문화적인 최저생활을 유지할 수 있는 정도여야 하고 과잉으로 행하여져서는 아니되는바, 이를 과잉금지의 원칙이라고 한다. (○)

OX 생활유지능력이 없거나 생활이 어려운 자의 생활상태는 다종다양하기 때문에 부조의 대상자나 그 내용은 개별적으로 결정될 필요가 있는데, 이를 개별성의 원칙이라고 한다. (○)

7) **거택보호의 원칙**

> **국민기초생활 보장법 제10조【생계급여를 실시할 장소】** ① 생계급여는 **수급자의 주거에서 실시한다.** 다만, 수급자가 주거가 없거나 주거가 있어도 그곳에서는 급여의 목적을 달성할 수 없는 경우 또는 수급자가 희망하는 경우에는 수급자를 제32조에 따른 보장시설이나 타인의 가정에 위탁하여 급여를 실시할 수 있다.

생계급여는 원칙적으로 수급자의 주거에서 하도록 되어 있다.

8) **목적성의 원칙**

피보호자가 보호를 필요로 하게 된 원인은 불문한다. 따라서 본인의 게으름이나 방탕이 원인인 경우에도 부조를 받을 자격이 있다.

OX 보호대상자의 게으름이나 방탕이 빈곤의 원인으로 된 경우에는 부조의 대상이 되지 아니하는바, 이를 목적성의 원칙이라고 한다. (×)

(4) 국민기초생활 보장법의 주요 내용

1) **최저보장수준의 결정**

> **제6조【최저보장수준의 결정 등】** ① 보건복지부장관 또는 소관 중앙행정기관의 장은 급여의 종류별 수급자 선정기준 및 최저보장수준을 결정하여야 한다.

2) **급여의 종류**

노령급여는 국민기초생활 보장법에 규정된 급여의 내용이 아니다.

> **제7조【급여의 종류】** ① 이 법에 따른 급여의 종류는 다음 각 호와 같다.
> 1. 생계급여
> 2. 주거급여
> 3. 의료급여
> 4. 교육급여
> 5. 해산급여
> 6. 장제급여
> 7. 자활급여
>
> ② 수급권자에 대한 급여는 수급자의 필요에 따라 제1항 제1호부터 제7호까지의 급여의 전부 또는 일부를 실시하는 것으로 한다.

① 생계급여

> **제8조【생계급여의 내용】** ① 생계급여는 수급자에게 **의복, 음식물 및 연료비와 그 밖에 일상생활에 기본적으로 필요한 금품을 지급**하여 그 생계를 유지하게 하는 것으로 한다.
>
> **제9조【생계급여의 방법】** ① 생계급여는 **금전을 지급**하는 것으로 한다. 다만, 금전으로 지급할 수 없거나 금전으로 지급하는 것이 적당하지 아니하다고 인정하는 경우에는 물품을 지급할 수 있다.
> ② 제1항의 수급품은 대통령령으로 정하는 바에 따라 **매월 정기적으로 지급**하여야 한다. 다만, **특별한 사정이 있는 경우에는 그 지급방법을 다르게 정하여 지급**할 수 있다.
> ③ 제1항의 수급품은 수급자에게 **직접 지급**한다. 다만, 제10조 제1항 단서에 따라 제32조에 따른 보장시설이나 타인의 가정에 위탁하여 생계급여를 실시하는 경우에는 **그 위탁**

OX 국민기초생활 보장법상 생계급여는 금전을 지급함을 원칙으로 하나 예외적으로 물품을 지급할 수 있으며, 특별한 사정이 없는 한 매월 정기적으로 지급하여야 한다. (O)

받은 사람에게 이를 지급할 수 있다. 이 경우 보장기관은 보건복지부장관이 정하는 바에 따라 정기적으로 수급자의 수급 여부를 확인하여야 한다.
④ 생계급여는 보건복지부장관이 정하는 바에 따라 수급자의 소득인정액 등을 고려하여 차등지급할 수 있다.
⑤ 보장기관은 대통령령으로 정하는 바에 따라 근로능력이 있는 수급자에게 자활에 필요한 사업에 참가할 것을 조건으로 하여 생계급여를 지급할 수 있다. 이 경우 보장기관은 제28조의 규정에 의한 자활지원계획을 감안하여 조건을 제시하여야 한다.

제10조 【생계급여를 실시할 장소】 ① 생계급여는 **수급자의 주거**에서 실시한다. 다만, 수급자가 주거가 없거나 주거가 있어도 그곳에서는 급여의 목적을 달성할 수 없는 경우 또는 수급자가 희망하는 경우에는 수급자를 제32조에 따른 **보장시설이나 타인의 가정에 위탁하여 급여를 실시할 수 있다.**
② 제1항에 따라 수급자에 대한 생계급여를 타인의 가정에 위탁하여 실시하는 경우에는 거실의 임차료와 그 밖에 거실의 유지에 필요한 비용은 수급품에 가산하여 지급한다. 이 경우 제7조 제1항 제2호의 주거급여가 실시된 것으로 본다.

3) 급여의 보장기관

제19조 【보장기관】 ① 이 법에 따른 급여는 수급권자 또는 수급자의 거주지를 관할하는 **시·도지사와 시장·군수·구청장**(제7조 제1항 제4호의 교육급여인 경우에는 특별시·광역시·특별자치시·도·특별자치도의 교육감을 말한다)이 실시한다. 다만, 주거가 일정하지 아니한 경우에는 수급권자 또는 수급자가 실제 거주하는 지역을 관할하는 시장·군수·구청장이 실시한다.
② 제1항에도 불구하고 보건복지부장관, 소관 중앙행정기관의 장과 시·도지사는 수급자를 각각 국가나 해당 지방자치단체가 경영하는 보장시설에 입소하게 하거나 다른 보장시설에 위탁하여 급여를 실시할 수 있다.

4) 급여의 절차

① 급여의 신청

제21조 【급여의 신청】 ① **수급권자와 그 친족, 그 밖의 관계인**은 관할 시장·군수·구청장에게 **수급권자에 대한 급여를 신청할 수 있다.** 차상위자가 급여를 신청하려는 경우에도 같으며, 이 경우 신청방법과 절차 및 조사 등에 관하여는 제2항부터 제5항까지, 제22조, 제23조 및 제23조의2를 준용한다.
② **사회복지 전담공무원**은 이 법에 따른 급여를 필요로 하는 사람이 누락되지 아니하도록 하기 위하여 관할 지역에 거주하는 수급권자에 대한 급여를 **직권으로 신청할 수 있다.** 이 경우 수급권자의 동의를 구하여야 하며 수급권자의 동의는 수급권자의 신청으로 볼 수 있다.

② 급여의 결정

제26조 【급여의 결정 등】 ① 시장·군수·구청장은 제22조에 따라 조사를 하였을 때에는 지체 없이 급여 실시 여부와 급여의 내용을 결정하여야 한다.

OX 국민기초생활 보장법에서는 생활유지능력이 없는 자에 대하여는 행정청이 직권으로 보장급여를 결정하는 직권주의가 아니라, 신청한 사람에게만 보장급여를 하는 신청주의를 원칙으로 하고 있다. (O)

5) 수급자의 권리와 의무

> **제34조 【급여 변경의 금지】** 수급자에 대한 급여는 정당한 사유 없이 **수급자에게 불리하게 변경할 수 없다.**
>
> **제35조 【압류금지】** ① 수급자에게 지급된 **수급품**(제4조 제4항에 따라 지방자치단체가 실시하는 급여를 포함한다)**과 이를 받을 권리는 압류할 수 없다.**
> ② 제27조의2 제1항에 따라 지정된 **급여수급계좌의 예금에 관한 채권은 압류할 수 없다.**
>
> **제36조 【양도금지】** 수급자는 급여를 받을 권리를 타인에게 **양도할 수 없다.**
>
> **제37조 【신고의 의무】** 수급자는 거주지역, 세대의 구성 또는 임대차 계약내용이 변동되거나 제22조 제1항 각 호의 사항이 현저하게 변동되었을 때에는 지체 없이 관할 보장기관에 신고하여야 한다.

국민기초생활 보장법상 수급자의 권리: 압류(×), 양도(×)

3 사회서비스

(1) 의의

① '사회서비스'란 국가·지방자치단체 및 민간부문의 도움이 필요한 모든 국민에게 복지, 보건의료, 교육, 고용, 주거, 문화, 환경 등의 분야에서 인간다운 생활을 보장하고 상담, 재활, 돌봄, 정보의 제공, 관련 시설의 이용, 역량 개발, 사회참여 지원 등을 통하여 국민의 삶의 질이 향상되도록 지원하는 제도를 말한다(사회보장기본법 제3조 제4호). 이에 반해 '평생사회안전망'이란 생애주기에 걸쳐 보편적으로 충족되어야 하는 기본욕구와 특정한 사회위험에 의하여 발생하는 특수욕구를 동시에 고려하여 소득·서비스를 보장하는 맞춤형 사회보장제도를 말한다(제3조 제5호).

② 일반적으로 금전적 급여에 의하지 않는 공적 서비스를 지칭한다.

OX
① '사회서비스'란 생애주기에 걸쳐 보편적으로 충족되어야 하는 기본욕구와 특정한 사회위험에 의하여 발생하는 특수욕구를 동시에 고려하여 소득·서비스를 보장하는 맞춤형 사회보장제도를 말한다. (×)
② 사회보장의 영역 중 사회서비스의 내용은 주로 금전급부의 방법으로 행한다. (×)

(2) 사회서비스의 보장

> **사회보장기본법 제23조 【사회서비스 보장】** ① 국가와 지방자치단체는 모든 국민의 인간다운 생활과 자립, 사회참여, 자아실현 등을 지원하여 삶의 질이 향상될 수 있도록 **사회서비스에 관한 시책을 마련하여야 한다.**
> ② 국가와 지방자치단체는 사회서비스 보장과 제24조에 따른 소득보장이 효과적이고 균형적으로 연계되도록 하여야 한다.

(3) 시행책임

> **사회보장기본법 제25조 【운영원칙】** ⑤ 사회보험은 국가의 책임으로 시행하고, 공공부조와 **사회서비스는 국가와 지방자치단체의 책임으로 시행하는 것을 원칙으로 한다.** 다만, 국가와 지방자치단체의 재정 형편 등을 고려하여 이를 협의·조정할 수 있다.

시행책임
① 사회보험: 국가
② 공공부조: 국가, 지자체
③ 사회서비스: 국가, 지자체

MEMO

규제행정법

제2편 특별행정작용법

제1절 토지규제행정법

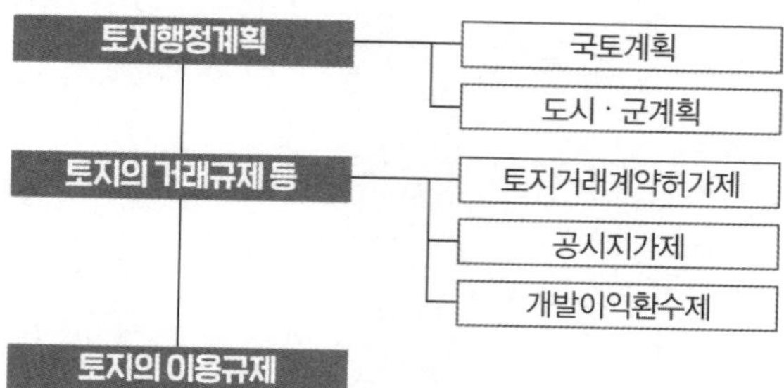

제2절 환경규제행정법

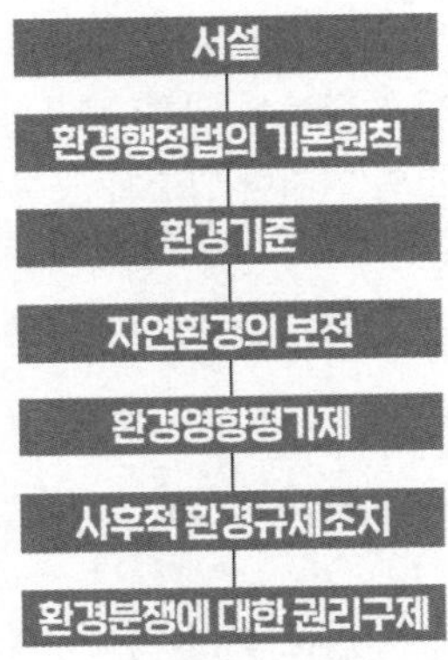
서설
환경행정법의 기본원칙
환경기준
자연환경의 보전
환경영향평가제
사후적 환경규제조치
환경분쟁에 대한 권리구제

제1절 토지규제행정법

제1항 토지행정계획

Ⅰ 국토계획

1 서설

(1) 의의

'국토계획'이란 국토를 이용·개발 및 보전할 때 미래의 경제적·사회적 변동에 대응하여 국토가 지향하여야 할 발전 방향을 설정하고 이를 달성하기 위한 계획을 말한다(국토기본법 제6조 제1항).

(2) 법원(法源)

국토계획에 관한 일반법: 국토기본법

국토계획에 관한 일반법은 국토기본법이다. 이 법은 국토에 관한 계획 및 정책의 수립·시행에 관한 기본적인 사항을 정함으로써 국토의 건전한 발전과 국민의 복리향상에 이바지함을 목적으로 한다(국토기본법 제1조).

2 국토계획의 수립

국토기본법 제9조 【국토종합계획의 수립】 ① **국토교통부장관**은 국토종합계획을 수립하여야 한다.

제13조 【도종합계획의 수립】 ① **도지사**(특별자치도의 경우에는 특별자치도지사를 말한다)는 다음 각 호의 사항에 대한 도종합계획을 수립하여야 한다. 다만, 다른 법률에 따라 따로 계획이 수립된 도로서 대통령령으로 정하는 도는 도종합계획을 수립하지 아니할 수 있다.

제16조 【지역계획의 수립】 ① **중앙행정기관의 장 또는 지방자치단체의 장**은 지역 특성에 맞는 정비나 개발을 위하여 필요하다고 인정하면 관계 중앙행정기관의 장과 협의하여 관계 법률에서 정하는 바에 따라 다음 각 호의 구분에 따른 지역계획을 수립할 수 있다.

제17조 【부문별계획의 수립】 ① **중앙행정기관의 장**은 국토 전역을 대상으로 하여 소관 업무에 관한 부문별계획을 수립할 수 있다.

Ⅱ 도시·군계획

1 서설

(1) 의의

도시·군계획이란 특별시·광역시·특별자치시·특별자치도·시 또는 군(광역시의 관할 구역에 있는 군은 제외한다)의 관할 구역에 대하여 수립하는 공간구조와 발전방향에 대한 계획으로서 도시·군기본계획과 도시·군관리계획으로 구분한다(국토의 계획 및 이용에 관한 법률 제2조 제2호).

(2) 법원(法源)

국토의 계획 및 이용에 관한 법률(이하 '국토계획법'이라 함) 중 도시·군계획에 관한 규정이 도시계획의 일반법이라 할 수 있다.

2 도시계획의 수립권자·입안권자

(1) 광역도시계획의 수립권자

국토의 계획 및 이용에 관한 법률 제11조 【광역도시계획의 수립권자】 ① **국토교통부장관, 시·도지사, 시장 또는 군수**는 다음 각 호의 구분에 따라 광역도시계획을 수립하여야 한다.
② **국토교통부장관**은 시·도지사가 요청하는 경우와 그 밖에 필요하다고 인정되는 경우에는 제1항에도 불구하고 관할 시·도지사와 공동으로 광역도시계획을 수립할 수 있다.
③ **도지사**는 시장 또는 군수가 요청하는 경우와 그 밖에 필요하다고 인정하는 경우에는 제1항에도 불구하고 관할 시장 또는 군수와 공동으로 광역도시계획을 수립할 수 있으며, 시장 또는 군수가 협의를 거쳐 요청하는 경우에는 단독으로 광역도시계획을 수립할 수 있다.

도시계획의 수립권자·입안권자

광역도시계획의 수립권자	국토교통부장관, 시·도지사, 시장 또는 군수
도시·군 기본계획의 수립권자	특별시장·광역시장·특별자치시장·특별자치도지사·시장 또는 군수
도시·군 관리계획의 입안권자	• 특별시장·광역시장·특별자치시장·특별자치도지사·시장 또는 군수 • 국토교통부장관 • 도지사

(2) 도시·군기본계획의 수립권자

국토의 계획 및 이용에 관한 법률 제18조 【도시·군기본계획의 수립권자와 대상지역】 ① **특별시장·광역시장·특별자치시장·특별자치도지사·시장 또는 군수**는 관할 구역에 대하여 도시·군기본계획을 수립하여야 한다. 다만, 시 또는 군의 위치, 인구의 규모, 인구감소율 등을 고려하여 대통령령으로 정하는 시 또는 군은 도시·군기본계획을 수립하지 아니할 수 있다.

(3) 도시·군관리계획

1) 입안권자

국토의 계획 및 이용에 관한 법률 제24조 【도시·군관리계획의 입안권자】 ① **특별시장·광역시장·특별자치시장·특별자치도지사·시장 또는 군수**는 관할 구역에 대하여 도시·군관리계획을 입안하여야 한다.
⑤ **국토교통부장관**은 제1항이나 제2항에도 불구하고 다음 각 호의 어느 하나에 해당하는 경우에는 직접 또는 관계 중앙행정기관의 장의 요청에 의하여 도시·군관리계획을 입안할 수 있다. 이 경우 국토교통부장관은 관할 시·도지사 및 시장·군수의 의견을 들어야 한다.
1. 국가계획과 관련된 경우
2. 둘 이상의 시·도에 걸쳐 지정되는 용도지역·용도지구 또는 용도구역과 둘 이상의 시·도에 걸쳐 이루어지는 사업의 계획 중 도시·군관리계획으로 결정하여야 할 사항이 있는 경우
3. 특별시장·광역시장·특별자치시장·특별자치도지사·시장 또는 군수가 제138조에 따른 기한까지 국토교통부장관의 도시·군관리계획 조정요구에 따라 도시·군관리계획을 정비하지 아니하는 경우

OX 특별시장·광역시장·시장 또는 군수는 관할 구역에 대한 도시관리계획을 입안권을 갖는다. (○)

OX 국토교통부장관, 광역지방자치단체장뿐만 아니라 기초지방자치단체장인 시장, 군수도 관할 구역에 대한 도시관리계획의 입안권을 갖는다. (○)

⑥ **도지사**는 제1항이나 제2항에도 불구하고 다음 각 호의 어느 하나의 경우에는 직접 또는 시장이나 군수의 요청에 의하여 도시·군관리계획을 입안할 수 있다. 이 경우 도지사는 관계 시장 또는 군수의 의견을 들어야 한다.

1. 둘 이상의 시·군에 걸쳐 지정되는 용도지역·용도지구 또는 용도구역과 둘 이상의 시·군에 걸쳐 이루어지는 사업의 계획 중 도시·군관리계획으로 결정하여야 할 사항이 포함되어 있는 경우
2. 도지사가 직접 수립하는 사업의 계획으로서 도시·군관리계획으로 결정하여야 할 사항이 포함되어 있는 경우

제25조【도시·군관리계획의 입안】 ① 도시·군관리계획은 **광역도시계획과 도시·군기본계획에 부합되어야** 한다.

제28조【주민과 지방의회의 의견청취】 ① 국토교통부장관(제40조에 따른 수산자원보호구역의 경우 해양수산부장관을 말한다), 시·도지사, 시장 또는 군수는 제25조에 따라 **도시·군관리계획을 입안할 때에는 주민의 의견을 들어야** 하며, 그 **의견이 타당하다고 인정되면 도시·군관리계획안에 반영하여야** 한다. 다만, 국방상 또는 국가안전보장상 기밀을 지켜야 할 필요가 있는 사항(관계 중앙행정기관의 장이 요청하는 것만 해당한다)이거나 대통령령으로 정하는 경미한 사항인 경우에는 그러하지 아니하다.

⑥ 국토교통부장관, 시·도지사, 시장 또는 군수는 도시·군관리계획을 입안하려면 대통령령으로 정하는 사항에 대하여 해당 지방의회의 의견을 들어야 한다.

국토의 계획 및 이용에 관한 법률 시행령 제22조【주민 및 지방의회의 의견청취】 ⑤ 국토교통부장관, 시·도지사, 시장 또는 군수는 제4항에 따라 제출된 의견을 도시·군관리계획안에 반영할 것인지 여부를 검토하여 그 결과를 열람기간이 종료된 날부터 60일 이내에 해당 의견을 제출한 자에게 통보하여야 한다.

OX 도시관리계획을 입안할 때에는 주민의 의견을 들어야 하며, 그 의견이 타당하다고 인정되는 때에는 이를 도시관리계획안에 반영하여야 한다. (○)

판례

국토의 계획 및 이용에 관한 법률 제28조 제1항, 제2항, 제3항, 제4항, 국토의 계획 및 이용에 관한 법률 시행령 제22조 제5항이 관할 행정청으로 하여금 도시관리계획을 입안할 때 해당 도시관리계획안의 내용을 주민에게 공고·열람하도록 한 것은 다수 이해관계자의 이익을 합리적으로 조정하여 국민의 권리에 대한 부당한 침해를 방지하고 행정의 민주화와 신뢰를 확보하기 위하여 국민의 의사를 그 과정에 반영시키는 데 그 취지가 있다. 이러한 주민의견청취절차의 의의와 필요성은 시장 또는 군수가 도시관리계획을 입안하는 과정에서뿐만 아니라 도시관리계획안이 도지사에게 신청된 이후에 내용이 관계 행정기관의 협의 및 도시계획위원회의 심의 등을 거치면서 변경되는 경우에도 마찬가지이고, 도지사가 도시관리계획의 결정 과정에서 신청받은 도시관리계획안의 중요한 사항을 변경하는 것은 그 범위에서 시장 또는 군수에 의하여 신청된 도시관리계획안을 배제하고 도지사가 직접 도시관리계획안을 입안하는 것과 다르지 않다. 그러므로 **도지사가 관계 행정기관의 협의 등을 반영하여 신청받은 당초의 도시관리계획안을 변경하고자 하는 경우 내용이 해당 시 또는 군의 도시계획조례가 정하는 중요한 사항인 때에는 다른 특별한 사정이 없는 한 법 제28조 제2항, 시행령 제22조 제5항을 준용하여 그 내용을 관계 시장 또는 군수에게 송부하여 주민의 의견을 청취하는 절차를 거쳐야 한다**(대판 2015.1.29. 2012두11164).

도지사가 관계 행정기관의 협의 등을 반영하여 신청받은 당초의 도시관리계획안을 변경하고자 하는 경우, 내용이 해당 시 또는 군의 도시계획조례가 정하는 중요한 사항인 때에는 다른 특별한 사정이 없는 한 그 내용을 관계 시장 또는 군수에게 송부하여 주민의 의견을 청취하는 절차를 거쳐야 한다.

2) 입안의 제안

국토의 계획 및 이용에 관한 법률 제26조 【도시·군관리계획 입안의 제안】 ① 주민(이해관계자를 포함한다)은 다음 각 호의 사항에 대하여 제24조에 따라 도시·군관리계획을 입안할 수 있는 자에게 도시·군관리계획의 입안을 제안할 수 있다. 이 경우 제안서에는 도시·군관리계획도서와 계획설명서를 첨부하여야 한다.

1. 기반시설의 설치·정비 또는 개량에 관한 사항
2. 지구단위계획구역의 지정 및 변경과 지구단위계획의 수립 및 변경에 관한 사항
3. 다음 각 목의 어느 하나에 해당하는 용도지구의 지정 및 변경에 관한 사항
   가. 개발진흥지구 중 공업기능 또는 유통물류기능 등을 집중적으로 개발·정비하기 위한 개발진흥지구로서 대통령령으로 정하는 개발진흥지구
   나. 제37조에 따라 지정된 용도지구 중 해당 용도지구에 따른 건축물이나 그 밖의 시설의 용도·종류 및 규모 등의 제한을 지구단위계획으로 대체하기 위한 용도지구
4. 입지규제최소구역의 지정 및 변경과 입지규제최소구역계획의 수립 및 변경에 관한 사항

② 제1항에 따라 도시·군관리계획의 입안을 제안받은 자는 그 처리 결과를 제안자에게 알려야 한다.

③ 제1항에 따라 도시·군관리계획의 **입안을 제안받은 자는 제안자와 협의하여 제안된 도시·군관리계획의 입안 및 결정에 필요한 비용의 전부 또는 일부를 제안자에게 부담시킬 수 있다.**

판례

도시계획 입안제안과 관련하여서는 주민이 입안권자에게 '1. 기반시설의 설치·정비 또는 개량에 관한 사항, 2. 지구단위계획구역의 지정 및 변경과 지구단위계획의 수립 및 변경에 관한 사항'에 관하여 '도시관리계획도서와 계획설명서를 첨부'하여 도시계획의 입안을 제안할 수 있고, 위 입안제안을 받은 입안권자는 그 처리결과를 제안자에게 통보하도록 규정하고 있는 점 등과 헌법상 개인의 재산권보장의 취지에 비추어 보면, **도시계획구역 내 토지 등을 소유하고 있는 주민으로서는 입안권자에게 도시계획 입안을 요구할 수 있는 법규상 또는 조리상의 신청권이 있다**고 할 것이고, 이러한 **신청에 대한 거부행위는 항고소송의 대상이 되는 행정처분에 해당한다**(대판 2004.4.28. 2003두1806).

도시계획의 절차

구분	절차
광역도시계획	• 공청회의 개최(제14조) • 지방의회와 시장·군수의 의견청취(제15조)
도시·군 기본계획	• 공청회의 개최(제20조) • 지방의회의 의견청취(제21조)
도시·군 관리계획	• 계획을 입안할 때에는 주민의 의견을 들어야 하며, 그 의견이 타당하다고 인정되면 도시·군관리계획안에 반영하여야 함(제28조 제1항) • 계획을 입안하려면 대통령령으로 정하는 사항에 대하여 해당 지방의회의 의견을 들어야 함(제28조 제5항)

도시관리계획(구 도시계획)구역 내 토지 등을 소유하고 있는 주민은 입안권자에게 도시관리계획입안을 요구할 수 있는 법규상 또는 조리상의 신청권이 있으며, 도시관리계획입안 신청에 대한 거부행위는 항고소송의 대상이 되는 행정처분에 해당한다.

OX 판례는 도시관리계획시설변경입안제안의 거부를 거부처분으로 본다. (O)

3 도시계획의 승인·결정

(1) 계획의 승인

국토의 계획 및 이용에 관한 법률 제16조 【광역도시계획의 승인】 ① **시·도지사**는 광역도시계획을 수립하거나 변경하려면 **국토교통부장관의 승인**을 받아야 한다. 다만, 제11조 제3항에 따라 도지사가 수립하는 광역도시계획은 그러하지 아니하다.

제22조의2 【시·군 도시·군기본계획의 승인】 ① **시장 또는 군수**는 도시·군기본계획을 수립하거나 변경하려면 대통령령으로 정하는 바에 따라 도지사의 승인을 받아야 한다.

(2) 도시·군관리계획의 결정

국토의 계획 및 이용에 관한 법률 제29조 【도시·군관리계획의 결정권자】 ① 도시·군관리계획은 **시·도지사가 직접 또는 시장·군수의 신청에 따라 결정**한다. 다만, 「지방자치법」 제198조에 따른 서울특별시와 광역시 및 특별자치시를 제외한 **인구 50만 이상의 대도시**(이하 '대도시'라 한다)의 경우에는 **해당 시장**(이하 '대도시 시장'이라 한다)**이 직접 결정**하고, 다음 각 호의 도시·군관리계획은 시장 또는 군수가 직접 결정한다.

1. 시장 또는 군수가 입안한 지구단위계획구역의 지정·변경과 지구단위계획의 수립·변경에 관한 도시·군관리계획
2. 제52조 제1항 제1호의2에 따라 지구단위계획으로 대체하는 용도지구 폐지에 관한 도시·군관리계획[해당 시장(대도시 시장은 제외한다) 또는 군수가 도지사와 미리 협의한 경우에 한정한다]

② 제1항에도 불구하고 다음 각 호의 도시·군관리계획은 **국토교통부장관이 결정**한다. 다만, **제4호의 도시·군관리계획은 해양수산부장관이 결정**한다.

1. 제24조 제5항에 따라 국토교통부장관이 입안한 도시·군관리계획
2. 제38조에 따른 개발제한구역의 지정 및 변경에 관한 도시·군관리계획
3. 제39조 제1항 단서에 따른 시가화조정구역의 지정 및 변경에 관한 도시·군관리계획
4. 제40조에 따른 수산자원보호구역의 지정 및 변경에 관한 도시·군관리계획

제30조 【도시·군관리계획의 결정】 ① **시·도지사**는 도시·군관리계획을 결정하려면 **관계 행정기관의 장과 미리 협의하여야** 하며, **국토교통부장관**(제40조에 따른 수산자원보호구역의 경우 **해양수산부장관**을 말한다)이 도시·군관리계획을 결정하려면 **관계 중앙행정기관의 장과 미리 협의하여야** 한다. 이 경우 협의 요청을 받은 기관의 장은 특별한 사유가 없으면 그 **요청을 받은 날부터 30일 이내에 의견을 제시하여야** 한다.

② 시·도지사는 제24조 제5항에 따라 국토교통부장관이 입안하여 결정한 도시·군관리계획을 변경하거나 그 밖에 대통령령으로 정하는 중요한 사항에 관한 도시·군관리계획을 결정하려면 미리 국토교통부장관과 협의하여야 한다.

③ **국토교통부장관**은 도시·군관리계획을 결정하려면 **중앙도시계획위원회의 심의를 거쳐야** 하며, **시·도지사**가 도시·군관리계획을 결정하려면 **시·도도시계획위원회의 심의를 거쳐야** 한다. 다만, 시·도지사가 지구단위계획(지구단위계획과 지구단위계획구역을 동시에 결정할 때에는 지구단위계획구역의 지정 또는 변경에 관한 사항을 포함할 수 있다)이나 제52조 제1항 제1호의2에 따라 지구단위계획으로 대체하는 용도지구 폐지에 관한 사항을 결정하려면 대통령령으로 정하는 바에 따라 「건축법」 제4조에 따라 시·도에 두는 건축위원회와 도시계획위원회가 공동으로 하는 심의를 거쳐야 한다.

OX 도시관리계획에 대한 결정권은 국토교통부장관이 가지며 특별시장·광역시장·도지사는 법률에서 특별히 규정한 경우에 한하여 결정권을 갖는다. (×)

도시관리계획의 결정권자

구분	내용
원칙	시·도지사가 직접 또는 시장·군수의 신청에 따라 결정
예외	• 서울특별시와 광역시 및 특별자치시를 제외한 인구 50만 이상의 대도시의 경우: 해당 시장이 직접 결정 • 국토교통부장관이 입안한 경우, 개발제한구역의 지정 및 변경에 관한 계획 등: 국토교통부장관이 결정

OX 도시·군관리계획은 시·도지사가 직접 또는 시장·군수의 신청에 따라 결정한다. 다만, 지방자치법에 따른 서울특별시와 광역시를 제외한 인구 100만 이상의 대도시의 경우에는 해당 시장이 직접 결정한다. (×)

도시관리계획의 협의·심의

구분	내용
협의	• 시·도지사는 관리계획을 결정하려면 관계 행정기관의 장과 미리 협의 • 국토교통부장관이 결정하려면 관계 중앙행정기관의 장과 미리 협의 • 시·도지사는 국토교통부장관이 입안하여 결정한 관리계획을 변경하려면 미리 국토교통부장관과 협의
심의	• 국토교통부장관은 관리계획을 결정하려면 중앙도시계획위원회의 심의를 거쳐야 함 • 시·도지사가 관리계획을 결정하려면 시·도도시계획위원회의 심의를 거쳐야 함

⑤ 결정된 도시·군관리계획을 변경하려는 경우에는 제1항부터 제4항까지의 규정을 준용한다. 다만, 대통령령으로 정하는 경미한 사항을 변경하는 경우에는 그러하지 아니하다.
⑥ 국토교통부장관이나 시·도지사는 도시·군관리계획을 결정하면 대통령령으로 정하는 바에 따라 그 결정을 고시하고, 국토교통부장관이나 도지사는 관계 서류를 관계 특별시장·광역시장·특별자치시장·특별자치도지사·시장 또는 군수에게 송부하여 일반이 열람할 수 있도록 하여야 하며, 특별시장·광역시장·특별자치시장·특별자치도지사는 관계 서류를 일반이 열람할 수 있도록 하여야 한다.

판례

1. 도시관리계획결정·고시와 그 도면에 **특정 토지가 도시관리계획에 포함되지 않았음이 명백한데도 도시관리계획을 집행하기 위한 후속 계획이나 처분에서 그 토지가 도시관리계획에 포함된 것처럼 표시되어 있는 경우**가 있다. 이것은 실질적으로 도시관리계획결정을 변경하는 것에 해당하여 국토의 계획 및 이용에 관한 법률 제30조 제5항에서 정한 **도시관리계획 변경절차를 거치지 않는 한 당연무효이다**(대판 2019.7.11. 2018두47783).
2. 구 도시계획법 제16조의2 제2항과 같은 법 시행령 제14조의2 제6항 내지 제8항의 규정을 종합하여 보면 도시계획의 입안에 있어 해당 도시계획안의 내용을 공고 및 공람하게 한 것은 다수 이해관계자의 이익을 합리적으로 조정하여 국민의 권리자유에 대한 부당한 침해를 방지하고 행정의 민주화와 신뢰를 확보하기 위하여 국민의 의사를 그 과정에 반영시키는 데 있는 것이므로 이러한 **공고 및 공람절차에 하자가 있는 도시계획결정**은 **위법하다**(대판 2000.3.23. 98두2768). 즉, 공람·공고절차를 위배한 도시계획변경결정신청은 위법하다고 아니할 수 없고, **행정처분에 위와 같은 법률이 보장한 절차의 흠결이 있는 위법사유가 존재하는 이상 그 내용에 있어 재량권의 범위 내이고 변경될 가능성이 없다 하더라도 그 행정처분은 위법**하다(대판 1988.5.24. 87누388).

도시관리계획결정·고시와 그 도면에 특정 토지가 도시관리계획에 포함되지 않았음이 명백한데도 도시관리계획을 집행하기 위한 후속 계획이나 처분에서 그 토지가 도시관리계획에 포함된 것처럼 표시되어 있는 경우, 도시관리계획 변경절차를 거치지 않는 한 당연무효이다.

공고 및 공람절차에 하자가 있는 도시관리계획(구 도시계획)결정은 위법하다.

OX 도시계획안의 공고 및 공람절차에 하자가 있는 도시계획결정은 내용에 하자가 있는 것이 아니라 단지 절차의 하자에 불과하므로 위법하지 않다. (×)

4 도시·군관리계획결정의 효력

국토의 계획 및 이용에 관한 법률 제31조 【도시·군관리계획결정의 효력】 ① 도시·군관리계획결정의 효력은 제32조 제4항에 따라 **지형도면을 고시한 날부터 발생**한다.
② 도시·군관리계획결정 당시 이미 사업이나 공사에 착수한 자(이 법 또는 다른 법률에 따라 허가·인가·승인 등을 받아야 하는 경우에는 그 허가·인가·승인 등을 받아 사업이나 공사에 착수한 자를 말한다)는 그 도시·군관리계획결정과 관계없이 그 사업이나 공사를 계속할 수 있다. 다만, **시가화조정구역이나 수산자원보호구역의 지정**(개발제한구역의 지정 ×)**에 관한 도시·군관리계획결정이 있는 경우**에는 대통령령으로 정하는 바에 따라 특별시장·광역시장·특별자치시장·특별자치도지사·시장 또는 군수에게 **신고하고 그 사업이나 공사를 계속할 수 있다.**

제32조 【도시·군관리계획에 관한 지형도면의 고시 등】 ① 특별시장·광역시장·특별자치시장·특별자치도지사·시장 또는 군수는 제30조에 따른 도시·군관리계획결정이 고시되면 지적이 표시된 지형도에 도시·군관리계획에 관한 사항을 자세히 밝힌 도면을 작성하여야 한다.

OX 국토교통부장관 또는 광역지방자치단체장에 의하여 결정된 도시관리계획은 고시되어야 하고, 고시가 있은 날로부터 5일 후에 그 효력이 발생한다. (×)

OX 개발제한구역의 지정에 관한 도시·군관리계획결정 당시, 이미 사업이나 공사에 착수한 자는 그 도시·군관리계획결정에 관계없이 그 사업이나 공사를 계속할 수 있다. (○)

④ 국토교통부장관, 시·도지사, 시장 또는 군수는 직접 지형도면을 작성하거나 지형도면을 승인한 경우에는 이를 고시하여야 한다.

행정청이 도시관리계획결정에 따른 지형도면을 작성하여 일정한 장소에 비치한 사실을 관보·공보에 고시하고 그와 동시에 지형도면을 그 장소에 비치하여 일반인이 직접 열람할 수 있는 상태에 놓아둔 경우, 지형도면 자체를 관보·공보에 수록하지 않았더라도 지형도면의 고시는 적법하게 이루어진 것이다.

판례

국토의 계획 및 이용에 관한 법률 제32조 제1항, 제4항, 제5항에 따라 **행정청이 도시관리계획결정에 따른 지형도면을 작성하여 일정한 장소에 비치한 사실을 관보·공보에 고시하고 그와 동시에 지형도면을 그 장소에 비치하여 일반인이 직접 열람할 수 있는 상태에 놓아두었다면 지형도면 자체를 관보·공보에 수록하지 않았더라도 지형도면 고시가 적법하게 이루어진** 것이라고 보는 것이 옳다(대판 2018.3.29. 2017다218246).

5 용도지역·용도지구·용도구역

(1) 용도지역

1) 의의

용도지역이란 토지의 이용 및 건축물의 용도·건폐율(건축면적의 대지면적에 대한 비율)·용적률(대지면적에 대한 건물연면적)·높이 등을 제한함으로써 토지를 경제적·효율적으로 이용하고 공공복리의 증진을 도모하기 위하여 서로 중복되지 아니하게 도시·군관리계획으로 결정하는 지역을 말한다(국토계획법 제2조 제15호).

2) 용도지역의 지정

OX 국토는 토지의 이용실태 및 특성, 장래의 토지이용 방향 등을 고려하여 도시지역, 관리지역, 농림지역, 녹지지역의 4개 용도지역으로 구분한다. (×)

OX 도시지역, 관리지역, 농림지역, 자연환경보전지역, 특정용도제한지역은 모두 국토의 계획 및 이용에 관한 법률상 용도지역이다. (×)

국토의 계획 및 이용에 관한 법률 제6조 【국토의 용도구분】 국토는 토지의 이용실태 및 특성, 장래의 토지 이용 방향, 지역 간 균형발전 등을 고려하여 다음과 같은 용도지역으로 구분한다.

1. **도시지역**: 인구와 산업이 밀집되어 있거나 밀집이 예상되어 그 지역에 대하여 체계적인 개발·정비·관리·보전 등이 필요한 지역
2. **관리지역**: 도시지역의 인구와 산업을 수용하기 위하여 도시지역에 준하여 체계적으로 관리하거나 농림업의 진흥, 자연환경 또는 산림의 보전을 위하여 농림지역 또는 자연환경보전지역에 준하여 관리할 필요가 있는 지역
3. **농림지역**: 도시지역에 속하지 아니하는 「농지법」에 따른 농업진흥지역 또는 「산지관리법」에 따른 보전산지 등으로서 농림업을 진흥시키고 산림을 보전하기 위하여 필요한 지역
4. **자연환경보전지역**: 자연환경·수자원·해안·생태계·상수원 및 문화재의 보전과 수산자원의 보호·육성 등을 위하여 필요한 지역

OX 도시관리계획의 용도지역으로서 도시지역은 주거지역, 상업지역, 공업지역, 농림지역으로 구분된다. (×)

제36조 【용도지역의 지정】 ① 국토교통부장관, 시·도지사 또는 대도시 시장은 다음 각 호의 어느 하나에 해당하는 용도지역의 지정 또는 변경을 도시·군관리계획으로 결정한다.

1. 도시지역: 다음 각 목의 어느 하나로 구분하여 지정한다.
   가. **주거지역**: 거주의 안녕과 건전한 생활환경의 보호를 위하여 필요한 지역
   나. **상업지역**: 상업이나 그 밖의 업무의 편익을 증진하기 위하여 필요한 지역
   다. **공업지역**: 공업의 편익을 증진하기 위하여 필요한 지역

라. **녹지지역**: 자연환경·농지 및 산림의 보호, 보건위생, 보안과 도시의 무질서한 확산을 방지하기 위하여 녹지의 보전이 필요한 지역
2. 관리지역: 다음 각 목의 어느 하나로 구분하여 지정한다.
가. **보전관리지역**: 자연환경 보호, 산림 보호, 수질오염 방지, 녹지공간 확보 및 생태계 보전 등을 위하여 보전이 필요하나, 주변 용도지역과의 관계 등을 고려할 때 자연환경보전지역으로 지정하여 관리하기가 곤란한 지역
나. **생산관리지역**: 농업·임업·어업 생산 등을 위하여 관리가 필요하나, 주변 용도지역과의 관계 등을 고려할 때 농림지역으로 지정하여 관리하기가 곤란한 지역
다. **계획관리지역**: 도시지역으로의 편입이 예상되는 지역이나 자연환경을 고려하여 제한적인 이용·개발을 하려는 지역으로서 계획적·체계적인 관리가 필요한 지역
3. 농림지역
4. 자연환경보전지역

OX 주거지역, 상업지역, 녹지지역은 국토의 계획 및 이용에 관한 법률상 용도지역이나, 취락지역은 용도지역이 아니다. (○)

(2) 용도지구

1) 의의

용도지구란 토지의 이용 및 건축물의 용도·건폐율·용적률·높이 등에 대한 용도지역의 제한을 강화하거나 완화하여 적용함으로써 용도지역의 기능을 증진시키고 경관·안전 등을 도모하기 위하여 도시·군관리계획으로 결정하는 지역을 말한다(국토계획법 제2조 제16호).

2) 용도지구의 지정

국토의 계획 및 이용에 관한 법률 제37조 【용도지구의 지정】 ① 국토교통부장관, 시·도지사 또는 대도시 시장은 다음 각 호의 어느 하나에 해당하는 용도지구의 지정 또는 변경을 도시·군관리계획으로 결정한다.
1. 경관지구: 경관의 보전·관리 및 형성을 위하여 필요한 지구
2. 고도지구: 쾌적한 환경 조성 및 토지의 효율적 이용을 위하여 건축물 높이의 최고한도를 규제할 필요가 있는 지구
3. 방화지구: 화재의 위험을 예방하기 위하여 필요한 지구
4. 방재지구: 풍수해, 산사태, 지반의 붕괴, 그 밖의 재해를 예방하기 위하여 필요한 지구
5. 보호지구: 문화재, 중요 시설물(항만, 공항 등 대통령령으로 정하는 시설물을 말한다) 및 문화적·생태적으로 보존가치가 큰 지역의 보호와 보존을 위하여 필요한 지구
6. 취락지구: 녹지지역·관리지역·농림지역·자연환경보전지역·개발제한구역 또는 도시자연공원구역의 취락을 정비하기 위한 지구
7. 개발진흥지구: 주거기능·상업기능·공업기능·유통물류기능·관광기능·휴양기능 등을 집중적으로 개발·정비할 필요가 있는 지구
8. 특정용도제한지구: 주거 및 교육환경 보호나 청소년 보호 등의 목적으로 오염물질 배출시설, 청소년 유해시설 등 특정시설의 입지를 제한할 필요가 있는 지구
9. 복합용도지구: 지역의 토지이용 상황, 개발 수요 및 주변 여건 등을 고려하여 효율적이고 복합적인 토지이용을 도모하기 위하여 특정시설의 입지를 완화할 필요가 있는 지구
10. 그 밖에 대통령령으로 정하는 지구

(3) 용도구역

1) 의의

용도구역이란 토지의 이용 및 건축물의 용도·건폐율·용적률·높이 등에 대한 용도지역 및 용도지구의 제한을 강화하거나 완화하여 따로 정함으로써 시가지의 무질서한 확산방지, 계획적이고 단계적인 토지이용의 도모, 토지이용의 종합적 조정·관리 등을 위하여 도시·군관리계획으로 결정하는 지역을 말한다(국토계획법 제2조 제17호).

2) 용도구역의 지정

① 개발제한구역의 지정

OX 개발제한구역의 지정 및 관리에 관한 특별조치법상 개발제한구역 지정의 사유로는 도시의 무질서한 확산방지, 도시민의 건전한 생활환경 확보, 국방부장관의 요청으로 보안상 도시개발제한의 필요 등이 있으며, 인구 및 산업의 적정한 배치는 그 사유가 아니다. (○)

국토의 계획 및 이용에 관한 법률 제38조【개발제한구역의 지정】 ① 국토교통부장관은 도시의 무질서한 확산을 방지하고 도시 주변의 자연환경을 보전하여 도시민의 건전한 생활환경을 확보하기 위하여 도시의 개발을 제한할 필요가 있거나 국방부장관의 요청이 있어 보안상 도시의 개발을 제한할 필요가 있다고 인정되면 개발제한구역의 지정 또는 변경을 도시·군관리계획으로 결정할 수 있다.

개발제한구역의 지정 및 관리에 관한 특별조치법 제3조【개발제한구역의 지정 등】 ① 국토교통부장관은 **도시의 무질서한 확산을 방지**하고 도시 주변의 자연환경을 보전하여 **도시민의 건전한 생활환경을 확보**하기 위하여 도시의 개발을 제한할 필요가 있거나 **국방부장관의 요청으로 보안상** 도시의 개발을 제한할 필요가 있다고 인정되면 개발제한구역의 지정 및 해제를 도시·군관리계획으로 결정할 수 있다.

② 도시자연공원구역의 지정

국토의 계획 및 이용에 관한 법률 제38조의2【도시자연공원구역의 지정】 ① 시·도지사 또는 대도시 시장은 도시의 자연환경 및 경관을 보호하고 도시민에게 건전한 여가·휴식공간을 제공하기 위하여 도시지역 안에서 식생이 양호한 산지의 개발을 제한할 필요가 있다고 인정하면 도시자연공원구역의 지정 또는 변경을 도시·군관리계획으로 결정할 수 있다.
② 도시자연공원구역의 지정 또는 변경에 필요한 사항은 따로 법률로 정한다.

③ 시가화조정구역의 지정

국토의 계획 및 이용에 관한 법률 제39조【시가화조정구역의 지정】 ① 시·도지사는 직접 또는 관계 행정기관의 장의 요청을 받아 도시지역과 그 주변지역의 무질서한 시가화를 방지하고 계획적·단계적인 개발을 도모하기 위하여 대통령령으로 정하는 기간 동안 시가화를 유보할 필요가 있다고 인정되면 시가화조정구역의 지정 또는 변경을 도시·군관리계획으로 결정할 수 있다. 다만, 국가계획과 연계하여 시가화조정구역의 지정 또는 변경이 필요한 경우에는 국토교통부장관이 직접 시가화조정구역의 지정 또는 변경을 도시·군관리계획으로 결정할 수 있다.
② 시가화조정구역의 지정에 관한 도시·군관리계획의 결정은 제1항에 따른 시가화 유보기간이 끝난 날의 다음 날부터 그 효력을 잃는다. 이 경우 국토교통부장관 또는 시·도지사는 대통령령으로 정하는 바에 따라 그 사실을 고시하여야 한다.

④ 수산자원보호구역의 지정

국토의 계획 및 이용에 관한 법률 제40조【수산자원보호구역의 지정】 해양수산부장관은 직접 또는 관계 행정기관의 장의 요청을 받아 수산자원을 보호·육성하기 위하여 필요한 공유수면이나 그에 인접한 토지에 대한 수산자원보호구역의 지정 또는 변경을 도시·군관리계획으로 결정할 수 있다.

3) 개발제한구역과 주민지원사업 · 매수청구 등

① 주민지원사업

개발제한구역의 지정 및 관리에 관한 특별조치법 제16조【주민지원사업 등】 ① 시·도지사 및 시장·군수·구청장은 관리계획에 따라 다음 각 호의 사업을 시행할 수 있다.
1. 개발제한구역 주민의 생활편익과 복지의 증진 및 생활비용의 보조 등을 위한 지원사업
2. 개발제한구역 보전과 관리 등을 위한 훼손지 복구사업

② 토지매수의 청구

개발제한구역의 지정 및 관리에 관한 특별조치법 제17조【토지매수의 청구】 ① 개발제한구역의 지정에 따라 개발제한구역의 토지를 종래의 용도로 사용할 수 없어 그 효용이 현저히 감소된 토지나 그 토지의 사용 및 수익이 사실상 불가능하게 된 토지(이하 '매수대상토지'라 한다)의 소유자로서 다음 각 호의 어느 하나에 해당하는 자는 국토교통부장관에게 그 토지의 매수를 청구할 수 있다.
1. 개발제한구역으로 지정될 당시부터 계속하여 해당 토지를 소유한 자
2. 토지의 사용·수익이 사실상 불가능하게 되기 전에 해당 토지를 취득하여 계속 소유한 자
3. 제1호나 제2호에 해당하는 자로부터 해당 토지를 상속받아 계속하여 소유한 자

② 국토교통부장관은 제1항에 따라 매수청구를 받은 토지가 제3항에 따른 기준에 해당되면 그 토지를 매수하여야 한다.

판례

개발제한구역으로 지정된 토지를 원칙적으로 지정 당시의 지목과 토지현황에 의한 이용방법에 따라 사용할 수 있는 한, 재산권에 내재하는 사회적 제약을 비례의 원칙에 합치하게 **합헌적으로 구체화한 것이라고 할 것이나, 종래의 지목과 토지현황에 의한 이용방법에 따른 토지의 사용도 할 수 없거나 실질적으로 사용·수익을 전혀 할 수 없는 예외적인 경우에도 아무런 보상 없이 이를 감수하도록 하고 있는 한, 비례의 원칙에 위반되어 당해 토지소유자의 재산권을 과도하게 침해하는 것으로서 헌법에 위반**된다. 이 예외적인 경우에 대하여 보상규정을 두지 않은 것에 위헌성이 있는 것이고, 입법자가 보상규정을 두어야 한다. 그런데 재산권의 침해와 공익 간의 비례성을 다시 회복하기 위한 방법은 헌법상 반드시 금전보상만을 해야 하는 것은 아니므로, 입법자는 지정의 해제 또는 토지매수청구권제도와 같이 금전보상에 갈음하거나 기타 손실을 완화할 수 있는 제도를 보완하는 등 여러 가지 다른 방법을 사용할 수 있다(헌재 1998.12.24. 89헌마214). 도시계획시설의 지정에 대해서도 같은 취지의 헌재 결정이 있다(헌재 1999.10.21. 97헌바26).

개발제한구역으로 지정되어 종래의 지목과 토지현황에 의한 이용방법에 따른 토지의 사용도 할 수 없거나 실질적으로 사용·수익을 전혀 할 수 없는 예외적인 경우에도 아무런 보상 없이 이를 감수하도록 하고 있는 한 헌법에 위반된다.

6 도시·군계획시설

(1) 의의

도시·군계획시설이란 기반시설 중 도시·군관리계획으로 결정된 시설을 말하고, 도시·군계획시설사업이란 도시·군계획시설을 설치·정비 또는 개량하는 사업을 말한다(국토계획법 제2조 제7호·제10호).

(2) 도시·군계획시설의 설치·관리

국토의 계획 및 이용에 관한 법률 제43조【도시·군계획시설의 설치·관리】 ① 지상·수상·공중·수중 또는 지하에 기반시설을 설치하려면 그 시설의 종류·명칭·위치·규모 등을 미리 도시·군관리계획으로 결정하여야 한다. 다만, 용도지역·기반시설의 특성 등을 고려하여 대통령령으로 정하는 경우에는 그러하지 아니하다.

(3) 도시·군계획시설부지의 매수청구

국토의 계획 및 이용에 관한 법률 제47조【도시·군계획시설부지의 매수청구】 ① 도시·군계획시설에 대한 **도시·군관리계획의 결정**(이하 '도시·군계획시설결정'이라 한다)**의 고시일부터 10년 이내에 그 도시·군계획시설의 설치에 관한 도시·군계획시설사업이 시행되지 아니하는 경우**(제88조에 따른 실시계획의 인가나 그에 상당하는 절차가 진행된 경우는 제외한다) 그 **도시·군계획시설의 부지로 되어 있는 토지 중 지목(地目)이 대(垈)인 토지**(그 토지에 있는 건축물 및 정착물을 포함한다)**의 소유자는** 대통령령으로 정하는 바에 따라 **특별시장·광역시장·특별자치시장·특별자치도지사·시장 또는 군수에게 그 토지의 매수를 청구할 수 있다.** 다만, 다음 각 호의 어느 하나에 해당하는 경우에는 그에 해당하는 자(특별시장·광역시장·특별자치시장·특별자치도지사·시장 또는 군수를 포함한다. 이하 '매수의무자'라 한다)에게 그 토지의 매수를 청구할 수 있다.

1. 이 법에 따라 해당 도시·군계획시설사업의 시행자가 정하여진 경우에는 그 시행자
2. 이 법 또는 다른 법률에 따라 도시·군계획시설을 설치하거나 관리하여야 할 의무가 있는 자가 있으면 그 의무가 있는 자. 이 경우 도시·군계획시설을 설치하거나 관리하여야 할 의무가 있는 자가 서로 다른 경우에는 설치하여야 할 의무가 있는 자에게 매수청구하여야 한다.

⑥ 매수의무자는 제1항에 따른 **매수 청구를 받은 날부터 6개월 이내에 매수 여부를 결정하여** 토지소유자와 특별시장·광역시장·특별자치시장·특별자치도지사·시장 또는 군수에게 알려야 하며, 매수하기로 결정한 토지는 **매수 결정을 알린 날부터 2년 이내에 매수하여야 한다.**

판례

1. 입법자는 토지재산권의 제한에 관한 전반적인 법체계, 외국의 입법례 등과 기타 현실적인 요소들을 종합적으로 참작하여 국민의 재산권과 도시계획사업을 통하여 달성하려는 공익 모두를 실현하기에 적정하다고 판단되는 기간을 정해야 한다. 그러나 어떠한 경우라도 **토지의 사적 이용권이 배제된 상태에서 토지소유자로 하여금 10년 이상을 아무런 보상 없이 수인하도록 하는 것은 공익실현의 관점에서도 정당화될 수 없는 과도한 제한으로서 헌법상의 재산권보장에 위배된다**고 보아야 한다(헌재 1999.10.21. 97헌바26).

어떠한 경우라도 토지의 사적 이용권이 배제된 상태에서 토지소유자로 하여금 10년 이상을 아무런 보상 없이 수인하도록 하는 것은 헌법상의 재산권보장에 위배된다.

2. 국토의 계획 및 이용에 관한 법률 제47조 제1항 중 '토지 중 지목이 대인 토지' 부분으로 인하여 매수청구권의 대상이 지목이 대인 도시계획시설부지로 한정되기는 하지만, **도시계획시설부지가 나대지인 경우와 달리 지목이 대 이외인 토지인 경우**는 도시계획시설결정에 의한 제한이 수인하여야 하는 사회적 제약의 범주에 속하는 것으로서 재산권에 대한 침해라고 할 수 없고, 이에 따라 **지목이 대인 토지에 대하여 인정되는 매수청구권을 인정하지 않더라도 합리적 이유가 있으므로 평등원칙에 반하지 아니한다**(헌재 2005.9.29. 2002헌바84).

도시계획시설부지가 나대지인 경우와 달리 지목이 대 이외인 토지인 경우는 지목이 대인 토지에 대하여 인정되는 매수청구권을 인정하지 않더라도 평등원칙에 반하지 아니한다.

3. 도시계획구역 내 토지 등을 소유하고 있는 사람과 같이 **당해 도시계획시설결정에 이해관계가 있는 주민**으로서는 도시시설계획의 입안권자 내지 결정권자에게 **도시시설계획의 입안 내지 변경을 요구할 수 있는 법규상 또는 조리상의 신청권이 있고**, 이러한 **신청에 대한 거부행위는 항고소송의 대상이 되는 행정처분에 해당한다**(대판 2015.3.26. 2014두42742).

도시계획시설결정에 이해관계가 있는 주민에게는 도시시설계획의 입안 내지 변경을 요구할 수 있는 법규상 또는 조리상의 신청권이 있고, 이러한 신청에 대한 거부행위는 행정처분에 해당한다.

4. 도시계획시설결정은 광범위한 지역과 상당한 기간에 걸쳐 다수의 이해관계인에게 다양한 법률적·경제적 영향을 미치는 것이 되어 일단 도시계획시설사업의 시행에 착수한 뒤에는, 시행의 지연에 따른 손해나 손실의 배상 또는 보상을 함은 별론으로 하고, 그 결정 자체의 취소나 해제를 요구할 권리를 일부의 이해관계인에게 줄 수는 없는 것이다. 그러므로 심판대상 조항들에 대하여 위헌취지결정을 한다고 하더라도 이에 따라 새로이 개정될 법은 도시계획결정의 성질상 도시계획사업이 시행되고 있지 아니한 토지들에 대하여 취소청구권 또는 해제청구권을 부여할 수 있을 뿐이지 이미 사업이 시행된 토지에 대하여는 그 취소나 해제를 요구할 권리를 부여할 수 없다. 그렇다면 **도시계획사업의 시행으로 인한 토지수용에 의하여 이미 이 사건 토지에 대한 소유권을 상실한 청구인은 도시계획결정과 토지의 수용이 법률에 위반되어 당연무효라고 볼 만한 특별한 사정이 보이지 않는 이상 이 사건 토지에 대한 도시계획결정의 취소를 청구할 법률상의 이익을 흠결하여 당해 소송은 적법한 것이 될 수 없다**(헌재 2002.5.30. 2000헌바58).

도시계획사업의 시행으로 인한 토지수용에 의하여 토지에 대한 소유권을 상실한 자는 도시계획결정이 당연무효가 아닌 한 그 토지에 대한 도시계획결정의 취소를 청구할 법률상 이익이 인정되지 않는다.

(4) 도시·군계획시설결정의 실효

국토의 계획 및 이용에 관한 법률 제48조 【도시·군계획시설결정의 실효 등】 ① 도시·군계획시설결정이 고시된 도시·군계획시설에 대하여 **그 고시일부터 20년이 지날 때까지 그 시설의 설치에 관한 도시·군계획시설사업이 시행되지 아니하는 경우 그 도시·군계획시설결정은 그 고시일부터 20년이 되는 날의 다음 날에 그 효력을 잃는다.**

도시·군계획시설결정의 실효기간: 고시일부터 20년이 되는 날의 다음 날

판례

장기미집행 도시계획시설결정의 실효제도는 도시계획시설부지로 하여금 도시계획시설결정으로 인한 사회적 제약으로부터 벗어나게 하는 것으로서 결과적으로 **개인의 재산권이 보다 보호되는 측면이 있는 것은 사실**이나, 이와 같은 보호는 **입법자가 새로운 제도를 마련함에 따라 얻게 되는 법률에 기한 권리일 뿐 헌법상 재산권으로부터 당연히 도출되는 권리는 아니다** (헌재 2005.9.29. 2002헌바84).

장기미집행 도시계획시설결정의 실효제도는 입법자가 새로운 제도를 마련함에 따라 얻게 되는 법률에 기한 권리일 뿐 헌법상 재산권으로부터 당연히 도출되는 권리는 아니다.

(5) 도시·군계획시설사업의 시행

국토의 계획 및 이용에 관한 법률 제86조【도시·군계획시설사업의 시행자】 ① **특별시장·광역시장·특별자치시장·특별자치도지사·시장 또는 군수**는 이 법 또는 다른 법률에 특별한 규정이 있는 경우 외에는 **관할 구역의 도시·군계획시설사업을 시행한다.**

제88조【실시계획의 작성 및 인가 등】 ① 도시·군계획시설사업의 시행자는 대통령령으로 정하는 바에 따라 그 도시·군계획시설사업에 관한 실시계획(이하 '실시계획'이라 한다)을 작성하여야 한다.
② **도시·군계획시설사업의 시행자**(국토교통부장관, 시·도지사와 대도시 시장은 제외한다. 이하 제3항에서 같다)는 제1항에 따라 **실시계획을 작성하면 대통령령으로 정하는 바에 따라 국토교통부장관, 시·도지사 또는 대도시 시장의 인가를 받아야 한다.** 다만, 제98조에 따른 준공검사를 받은 후에 해당 도시·군계획시설사업에 대하여 국토교통부령으로 정하는 경미한 사항을 변경하기 위하여 실시계획을 작성하는 경우에는 국토교통부장관, 시·도지사 또는 대도시 시장의 인가를 받지 아니한다.

판례

도시계획시설사업에 관한 실시계획의 인가 요건을 갖추지 못한 인가처분은 법규의 중요한 부분을 위반한 중대한 하자가 있다.

1. 도시계획시설사업에 관한 **실시계획의 인가 요건을 갖추지 못한 인가처분**은 공공성을 가지는 도시계획시설사업의 시행을 위하여 필요한 수용 등의 특별한 권한을 부여하는 데 정당성을 갖추지 못한 것으로서 **법규의 중요한 부분을 위반한 중대한 하자가 있다**(대판 2015.3.20. 2011두3746).

도시·군계획시설결정 이전에 토지소유자로부터 사업시행자 지정에 관한 동의를 받았다 하더라도, 그 동의를 무효라고 할 수 없는 것이 원칙이다.

2. 도시·군계획시설(이하 '도시계획시설'이라 한다)사업 사업시행자 지정을 위한 동의를 받기 위하여 토지소유자에게 제공되어야 할 동의 대상 사업에 관한 정보는, 해당 도시계획시설의 종류·명칭·위치·규모 등이고, 이러한 정보는 일반적으로 도시계획시설결정 및 그 고시를 통해 제공되므로 토지소유자의 동의는 도시계획시설결정 이후에 받는 것이 원칙이라고 할 수 있다. 그런데 국토의 계획 및 이용에 관한 법령은 동의 요건에 관하여 동의 비율만을 규정하고 있을 뿐, 동의 시기 등에 관하여는 명문의 규정을 두고 있지 않다. 또한 재정상황을 고려하여 지방자치단체 등이 민간사업자 참여에 대한 토지소유자의 동의 여부를 미리 확인한 뒤 동의 여부에 따라 사업 진행 여부를 결정하는 것이 불합리하다고 볼 수도 없다. 이러한 점을 고려하면, **도시계획시설결정 이전에 받은 동의라고 하더라도, 동의를 받을 당시 앞으로 설치될 도시계획시설의 종류·명칭·위치·규모 등에 관한 정보가 토지소유자에게 제공되었고, 이후의 도시계획시설결정 내용이 사전에 제공된 정보와 중요한 부분에서 동일성을 상실하였다고 볼 정도로 달라진 경우가 아닌 이상, 도시계획시설결정 이전에 받은 사업시행자 지정에 관한 동의라고 하여 무효라고 볼 수는 없다**(대판 2018.7.24. 2016두48416).

도시계획사업의 시행자는 늦어도 고시된 도시계획사업의 실시계획인가에서 정한 사업시행기간 내에 사법상의 계약에 의하여 도시계획사업에 필요한 타인 소유의 토지를 양수하거나 수용재결의 신청을 하여야 하고, 그 사업시행기간 내에 이와 같은 취득절차가 선행되지 아니하면 그 도시계획사업의 실시계획인가는 실효된다.

3. 구 도시계획법 제29조 제1항, 제30조 제1항, 제2항, 구 토지수용법 제16조, 제17조의 규정들을 종합하면, **도시계획사업의 시행자**는 그 사업의 실시계획인가·고시로 인하여 수용사업 시행권한이 부여되어 일정한 절차를 거칠 것을 조건으로 일정한 내용의 수용권을 설정받는 것일 뿐이고, **늦어도 고시된 도시계획사업의 실시계획인가에서 정한 사업시행기간 내에 사법상의 계약에 의하여 도시계획사업에 필요한 타인 소유의 토지를 양수하거나 수용재결의 신청을 하여야** 하며 그 **사업시행기간 내에 이와 같은 취득절차가 선행되지 아니하면 그 도시계획사업의 실시계획인가는 실효**된다(대판 2000.8.18. 2000다6506).

4. 도시계획사업 시행지역에 포함된 토지의 소유자는 도시계획사업 실시계획의 인가로 인하여 자기의 토지가 수용당하게 되고 또 자기의 토지가 수용되지 않는 경우에도 도시계획사업이 시행되어 도시계획시설이 어떻게 설치되느냐에 따라 토지의 이용관계가 달라질 수 있으므로, **도시계획사업 시행지역에 포함된 토지의 소유자는 도시계획사업 실시계획 인가처분의 효력을 다툴 이익이 있다**(대판 1995.12.8. 93누9927).

도시계획사업 시행지역에 포함된 토지의 소유자에게 도시계획사업 실시계획 인가처분에 대한 취소소송을 제기할 법률상 이익이 있다.

7 비용

(1) 비용부담의 원칙

국토의 계획 및 이용에 관한 법률 제101조【비용부담의 원칙】 **광역도시계획 및 도시·군계획의 수립과 도시·군계획시설사업에 관한 비용**은 이 법 또는 다른 법률에 특별한 규정이 있는 경우 외에는 **국가가 하는 경우에는 국가예산에서, 지방자치단체가 하는 경우에는 해당 지방자치단체가, 행정청이 아닌 자가 하는 경우**에는 **그 자가 부담함을 원칙**으로 한다.

OX 행정청이 아닌 자가 광역도시·군계획 및 도시·군계획의 수립과 도시·군계획시설사업을 하는 경우 법률에 특별한 규정이 있는 경우 외에는 그에 관한 비용은 그 자가 부담함을 원칙으로 한다. (O)

(2) 지방자치단체의 비용부담

국토의 계획 및 이용에 관한 법률 제102조【지방자치단체의 비용부담】 ① **국토교통부장관이나 시·도지사는 그가 시행한 도시·군계획시설사업으로 현저히 이익을 받는 시·도, 시 또는 군이 있으면** 대통령령으로 정하는 바에 따라 그 **도시·군계획시설사업에 든 비용의 일부를 그 이익을 받는 시·도, 시 또는 군에 부담시킬 수 있다.** 이 경우 국토교통부장관은 시·도, 시 또는 군에 비용을 부담시키기 전에 행정안전부장관과 협의하여야 한다.
② 시·도지사는 제1항에 따라 그 시·도에 속하지 아니하는 특별시·광역시·특별자치시·특별자치도·시 또는 군에 비용을 부담시키려면 해당 지방자치단체의 장과 협의하되, 협의가 성립되지 아니하는 경우에는 행정안전부장관이 결정하는 바에 따른다.
③ **시장이나 군수는 그가 시행한 도시·군계획시설사업으로 현저히 이익을 받는 다른 지방자치단체가 있으면** 대통령령으로 정하는 바에 따라 그 **도시·군계획시설사업에 든 비용의 일부를 그 이익을 받는 다른 지방자치단체와 협의하여 그 지방자치단체에 부담시킬 수 있다.**
④ 제3항에 따른 협의가 성립되지 아니하는 경우 다른 지방자치단체가 같은 도에 속할 때에는 관할 도지사가 결정하는 바에 따르며, 다른 시·도에 속할 때에는 행정안전부장관이 결정하는 바에 따른다.

8 개발행위의 허가

국토의 계획 및 이용에 관한 법률 제56조【개발행위의 허가】 ① 다음 각 호의 어느 하나에 해당하는 행위로서 대통령령으로 정하는 행위(이하 '개발행위'라 한다)를 하려는 자는 특별시장·광역시장·특별자치시장·특별자치도지사·시장 또는 군수의 허가(이하 '개발행위허가'라 한다)를 받아야 한다. 다만, 도시·군계획사업에 의한 행위는 그러하지 아니하다.
1. 건축물의 건축 또는 공작물의 설치

OX 경작을 위한 토지의 형질변경은 국토의 계획 및 이용에 관한 법률에 따라 도시계획사업에 의하지 아니한 개발행위로 허가를 필요로 하지 않는다. (○)

2. 토지의 형질 변경(**경작을 위한 경우로서 대통령령으로 정하는 토지의 형질 변경은 제외한다**)
3. 토석의 채취
4. 토지 분할(건축물이 있는 대지의 분할은 제외한다)
5. 녹지지역·관리지역 또는 자연환경보전지역에 물건을 1개월 이상 쌓아 놓는 행위

제63조【개발행위허가의 제한】 ① 국토교통부장관, 시·도지사, 시장 또는 군수는 다음 각 호의 어느 하나에 해당되는 지역으로서 도시·군관리계획상 특히 필요하다고 인정되는 지역에 대하여는 대통령령으로 정하는 바에 따라 중앙도시계획위원회나 지방도시계획위원회의 심의를 거쳐 한 차례만 3년 이내의 기간 동안 개발행위허가를 제한할 수 있다. 다만, 제3호부터 제5호까지에 해당하는 지역에 대해서는 중앙도시계획위원회나 지방도시계획위원회의 심의를 거치지 아니하고 한 차례만 2년 이내의 기간 동안 개발행위허가의 제한을 연장할 수 있다.

1. 녹지지역이나 계획관리지역으로서 수목이 집단적으로 자라고 있거나 조수류 등이 집단적으로 서식하고 있는 지역 또는 우량 농지 등으로 보전할 필요가 있는 지역
2. 개발행위로 인하여 주변의 환경·경관·미관·문화재 등이 크게 오염되거나 손상될 우려가 있는 지역
3. 도시·군기본계획이나 도시·군관리계획을 수립하고 있는 지역으로서 그 도시·군기본계획이나 도시·군관리계획이 결정될 경우 용도지역·용도지구 또는 용도구역의 변경이 예상되고 그에 따라 개발행위허가의 기준이 크게 달라질 것으로 예상되는 지역
4. 지구단위계획구역으로 지정된 지역
5. 기반시설부담구역으로 지정된 지역

② 국토교통부장관, 시·도지사, 시장 또는 군수는 제1항에 따라 개발행위허가를 제한하려면 대통령령으로 정하는 바에 따라 제한지역·제한사유·제한대상행위 및 제한기간을 미리 고시하여야 한다.

제65조【개발행위에 따른 공공시설의 귀속】 ① 개발행위허가(다른 법률에 따라 개발행위허가가 의제되는 협의를 거친 인가·허가·승인 등을 포함한다)를 받은 자가 행정청인 경우 개발행위허가를 받은 자가 새로 공공시설을 설치하거나 기존의 공공시설에 대체되는 공공시설을 설치한 경우에는 「국유재산법」과 「공유재산 및 물품 관리법」에도 불구하고 새로 설치된 공공시설은 그 시설을 관리할 관리청에 무상으로 귀속되고, 종래의 공공시설은 개발행위허가를 받은 자에게 무상으로 귀속된다.

제99조【공공시설 등의 귀속】 도시·군계획시설사업에 의하여 새로 공공시설을 설치하거나 기존의 공공시설에 대체되는 공공시설을 설치한 경우에는 제65조를 준용한다.

제2항 토지의 거래규제 등

I 토지거래계약허가제

1 서설

(1) 의의

토지거래계약허가제란 토지의 투기적 거래로 인한 급격한 지가의 상승을 억제하기 위하여 국토교통부장관이 지정한 규제지역 안에서의 토지거래계약에 대하여 시장·군수·구청장의 허가를 받도록 하는 제도를 말한다.

(2) 토지거래허가의 법적 성질

토지거래계약허가는 토지거래계약이 시장·군수·구청장의 허가를 받아야 법적 효력이 발생한다는 점에서 **'인가'로서의 성질을 가진다**고 봄이 판례의 입장이다.

판례

구 국토의 계획 및 이용에 관한 법률 제118조(현 부동산 거래신고 등에 관한 법률 제11조) 제1항 소정의 허가가 규제지역 내의 모든 국민에게 전반적으로 토지거래의 자유를 금지하고 일정한 요건을 갖춘 경우에만 금지를 해제하여 계약체결의 자유를 회복시켜 주는 성질의 것이라고 보는 것은 위 법의 입법취지를 넘어선 지나친 해석이라고 할 것이고, **규제지역 내에서도 토지거래의 자유가 인정되나 다만 위 허가를 허가 전의 유동적 무효상태에 있는 법률행위의 효력을 완성시켜 주는 인가적 성질을 띤 것**이라고 보는 것이 타당하다(대판 전합 1991.12.24. 90다12243).

토지거래허가구역 내에 있는 토지에 관한 토지거래계약허가는 학문상 인가의 성질을 갖는다.

(3) 토지거래계약허가제의 위헌 여부

헌법재판소는 **상황구속성설을 논거**로 하여 토지거래허가제가 합헌이라고 한다.

구 국토의 계획 및 이용에 관한 법률상 토지거래허가제의 합헌성의 논거로 헌법재판소에 의해 제시된 학설은 상황구속성설이다.

판례

구 국토의 계획 및 이용에 관한 법률 제118조(현 부동산 거래신고 등에 관한 법률 제11조) 제1항의 토지거래허가제는 사유재산제도의 부정이 아니라 그 제한의 한 형태이고 토지의 투기적 거래의 억제를 위하여 그 처분을 제한함은 부득이한 것이므로 재산권의 본질적인 침해가 아니며, 헌법상의 경제조항에도 위배되지 아니하고 **현재의 상황에서 이러한 제한수단의 선택이 헌법상의 비례의 원칙이나 과잉금지의 원칙에 위배된다고 할 수도 없다**(헌재 1989.12.22. 88헌가13 ; 헌재 2013.2.28. 2012헌바94).

토지거래계약허가제는 토지의 투기적 거래를 억제하기 위한 제도로서 사유재산제도를 부정하는 것이 아니며, 따라서 재산권의 본질적 내용을 침해한다고 볼 수는 없다.

2 허가구역의 지정

부동산 거래신고 등에 관한 법률 제10조 【토지거래허가구역의 지정】 ① 국토교통부장관 또는 시·도지사는 국토의 이용 및 관리에 관한 계획의 원활한 수립과 집행, 합리적인 토지 이용 등을 위하여 토지의 투기적인 거래가 성행하거나 지가가 급격히 상승하는 지역과 그러한 우려가 있는 지역으로서 대통령령으로 정하는 지역에 대해서는 다음 각 호의 구분에 따라 **5년 이내의 기간**을 정하여 제11조 제1항에 따른 토지거래계약에 관한 허가구역(이하 '허가구역'이라 한다)으로 지정할 수 있다.

1. **허가구역이 둘 이상의 시·도의 관할 구역에 걸쳐 있는 경우: 국토교통부장관이 지정**
2. **허가구역이 동일한 시·도 안의 일부지역인 경우: 시·도지사가 지정.** 다만, 국가가 시행하는 개발사업 등에 따라 투기적인 거래가 성행하거나 지가가 급격히 상승하는 지역과 그러한 우려가 있는 지역 등 대통령령으로 정하는 경우에는 국토교통부장관이 지정할 수 있다.

② 국토교통부장관 또는 시·도지사는 제1항에 따라 허가구역을 지정하려면 「국토의 계획 및 이용에 관한 법률」 제106조에 따른 중앙도시계획위원회 또는 같은 법 제113조 제1항에 따른 시·도도시계획위원회의 심의를 거쳐야 한다. 다만, 지정기간이 끝나는 허가구역을 계속하여 다시 허가구역으로 지정하려면 중앙도시계획위원회 또는 시·도도시계획위원회의 심의 전에 미리 시·도지사(국토교통부장관이 허가구역을 지정하는 경우만 해당한다) 및 시장·군수 또는 구청장의 의견을 들어야 한다.

③ 국토교통부장관 또는 시·도지사는 제1항에 따라 허가구역으로 지정한 때에는 지체 없이 대통령령으로 정하는 사항을 공고하고, 그 공고 내용을 국토교통부장관은 시·도지사를 거쳐 시장·군수 또는 구청장에게 통지하고, 시·도지사는 국토교통부장관, 시장·군수 또는 구청장에게 통지하여야 한다.

④ 제3항에 따라 통지를 받은 시장·군수 또는 구청장은 지체 없이 그 공고 내용을 그 허가구역을 관할하는 등기소의 장에게 통지하여야 하며, 지체 없이 그 사실을 7일 이상 공고하고, 그 공고 내용을 15일간 일반이 열람할 수 있도록 하여야 한다.

⑤ 허가구역의 지정은 제3항에 따라 **허가구역의 지정을 공고한 날부터 5일 후에 그 효력이 발생**한다.

⑥ 국토교통부장관 또는 시·도지사는 허가구역의 지정사유가 없어졌다고 인정되거나 관계 시·도지사, 시장·군수 또는 구청장으로부터 허가구역의 지정 해제 또는 축소 요청이 이유 있다고 인정되면 지체 없이 허가구역의 지정을 해제하거나 지정된 허가구역의 일부를 축소하여야 한다.

토지거래허가구역의 지정기간: 5년 이내

허가구역지정의 효력발생: 지정을 공고한 날부터 5일 후

판례

1. 구 국토의 계획 및 이용에 관한 법률(현 부동산 거래신고 등에 관한 법률)의 규정에 의하면, 같은 법에 따라 토지거래계약에 관한 허가구역으로 지정되는 경우, 허가구역 안에 있는 토지에 대하여 소유권이전 등을 목적으로 하는 거래계약을 체결하고자 하는 당사자는 공동으로 행정관청으로부터 허가를 받아야 하는 등 일정한 제한을 받게 되고, 허가를 받지 아니하고 체결한 토지거래계약은 그 효력이 발생하지 아니하며, 토지거래계약허가를 받은 자는 5년의 범위 이내에서 대통령령이 정하는 기간 동안 그 토지를 허가받은 목적대로 이용하여야 하는 의무도 부담하며, 같은 법에 따른 토지이용의무를 이행하지 아니하는 경우

이행강제금을 부과당하게 되는 등 **토지거래계약에 관한 허가구역의 지정은 개인의 권리 내지 법률상의 이익을 구체적으로 규제하는 효과를 가져오게 하는 행정청의 처분에 해당하고, 따라서 이에 대하여는 원칙적으로 항고소송을 제기할 수 있다**(대판 2006.12.22. 2006두12883).

2. 토지거래허가구역 지정기간 중에 허가구역 안의 토지에 대하여 토지거래허가를 받지 아니하고 토지거래계약을 체결한 후 허가구역 지정이 해제되거나 허가구역 지정기간이 만료되었음에도 재지정을 하지 아니한 때에는 그 **토지거래계약이 허가구역 지정이 해제되기 전에 확정적으로 무효로 된 경우를 제외하고는, 더 이상 관할 행정청으로부터 토지거래허가를 받을 필요가 없이 확정적으로 유효로 되어** 거래당사자는 그 계약에 기하여 바로 토지의 소유권 등 권리의 이전 또는 설정에 관한 이행청구를 할 수 있고, 상대방도 반대급부의 청구를 할 수 있다고 보아야 할 것이지, 여전히 그 계약이 유동적 무효상태에 있다고 볼 것은 아니다(대판 2010.3.25. 2009다41465).

3. 토지거래허가구역으로 지정된 토지에 관하여 매매계약이 체결될 당시 관할 행정청의 토지거래허가를 받지 아니하였다 하더라도, 그 계약이 처음부터 토지거래허가를 배제하거나 잠탈하는 내용의 것으로서 확정적으로 무효라고 볼 수 없는 이상 그 후 **토지거래허가구역 지정이 해제된 때는** 그 계약은 **더 이상 관할 행정청으로부터 토지거래허가를 받을 필요가 없이 확정적으로 유효로 되고,** 일단 유효로 된 이상 **그 후 그 토지가 토지거래허가구역으로 재지정되었다 하여 다시 토지거래허가를 받아야 되는 것은 아니다**(대판 2002.5.14. 2002다12635).

> 토지거래허가구역의 지정은 행정청의 처분에 해당한다.

> 토지거래허가구역 지정기간 중에 허가구역 안의 토지에 대하여 한 토지거래계약의 경우 허가구역 지정이 해제되면 확정적으로 유효가 된다.

> 토지거래허가구역 지정이 해제된 때는 그 후 그 토지가 토지거래허가구역으로 재지정되었다 하여 다시 토지거래허가를 받아야 되는 것은 아니다.

3 허가대상토지의 판단기준시와 적용범위

① 어느 토지가 거래신고대상토지인지 거래허가대상토지인지의 여부는 매매계약체결일을 기준으로 하여야 한다(대판 1994.5.24. 93다53450).

② 지목이 농지로 된 토지라도 도시계획구역 내에 들어 있는 토지를 경매하는 경우에는 농지매매증명이 필요 없는 것이고, **토지거래허가는 경매절차에는 적용하지 아니한다**(대결 1990.11.6. 90마769).

> OX 어느 토지가 거래신고대상토지인지 거래허가대상토지인지의 여부는 토지거래허가구역의 지정일을 기준으로 한다. (×)

> 토지거래허가는 경매절차에는 적용하지 않는다.

4 허가기준

부동산 거래신고 등에 관한 법률 제12조 【허가기준】 ① 시장·군수 또는 구청장은 **제11조에 따른 허가신청이 다음 각 호의 어느 하나에 해당하는 경우를 제외**하고는 **허가하여야 한다.**
1. 토지거래계약을 체결하려는 자의 토지이용목적이 다음 각 목의 어느 하나에 해당되지 아니하는 경우
가. 자기의 거주용 주택용지로 이용하려는 경우
나. 허가구역을 포함한 지역의 주민을 위한 복지시설 또는 편익시설로서 관할 시장·군수 또는 구청장이 확인한 시설의 설치에 이용하려는 경우
다. 허가구역에 거주하는 농업인·임업인·어업인 또는 대통령령으로 정하는 자가 그 허가구역에서 농업·축산업·임업 또는 어업을 경영하기 위하여 필요한 경우

OX 인근 주민들이 당해 폐기물처리장 설치를 반대한다는 사유만으로는 토지거래허가를 거부할 사유가 될 수 없다. (○)

판례

토지거래계약 허가권자는 그 허가신청이 구 국토의 계획 및 이용에 관한 법률 제119조(현 부동산 거래신고 등에 관한 법률 제12조) 각 호 소정의 불허가사유에 해당하지 아니하는 한 허가를 하여야 하는 것인데, **인근 주민들이 당해 폐기물처리장 설치를 반대한다는 사유는 위 규정에 의한 불허가사유로 규정되어 있지 아니하므로 그와 같은 사유만으로는 토지거래허가를 거부할 사유가 될 수 없다**(대판 1997.6.27. 96누9362).

5 선매(先買)

부동산 거래신고 등에 관한 법률 제15조 【선매】 ① 시장·군수 또는 구청장은 제11조 제1항에 따른 토지거래계약에 관한 허가신청이 있는 경우 다음 각 호의 어느 하나에 해당하는 토지에 대하여 국가, 지방자치단체, 한국토지주택공사, 그 밖에 대통령령으로 정하는 공공기관 또는 공공단체가 그 매수를 원하는 경우에는 이들 중에서 해당 토지를 매수할 자(이하 '선매자'라 한다)를 지정하여 그 토지를 협의매수하게 할 수 있다.

1. 공익사업용 토지
2. 제11조 제1항에 따른 토지거래계약허가를 받아 취득한 토지를 그 이용목적대로 이용하고 있지 아니한 토지

② 시장·군수 또는 구청장은 제1항 각 호의 어느 하나에 해당하는 토지에 대하여 토지거래계약 허가신청이 있는 경우에는 그 **신청이 있는 날부터 1개월 이내에 선매자를 지정하여 토지소유자에게 알려야 하며, 선매자는 지정 통지를 받은 날부터 1개월 이내에 그 토지소유자와 대통령령으로 정하는 바에 따라 선매협의를 끝내야 한다.**

③ 선매자가 제1항과 제2항에 따라 토지를 매수할 때의 가격은 「감정평가 및 감정평가사에 관한 법률」에 따라 감정평가법인 등이 감정평가한 감정가격을 기준으로 하되, **토지거래계약 허가신청서에 적힌 가격이 감정가격보다 낮은 경우에는 허가신청서에 적힌 가격으로 할 수 있다.**

④ 시장·군수 또는 구청장은 제2항에 따른 **선매협의가 이루어지지 아니한 경우에는 지체 없이 허가 또는 불허가의 여부를 결정하여 통보하여야 한다.**

OX 허가권자는 선매자가 성실하게 선매를 하려고 하였으나 매도인이 이를 거절함으로써 선매가 이루어지지 아니한 경우에는 허가할 수 없다. (×)

6 허가를 받지 않은 거래계약의 효력

(1) 유동적 무효(流動的 無效)

부동산 거래신고 등에 관한 법률 제11조 【허가구역 내 토지거래에 대한 허가】 ① 허가구역에 있는 토지에 관한 소유권·지상권(소유권·지상권의 취득을 목적으로 하는 권리를 포함한다)을 이전하거나 설정(대가를 받고 이전하거나 설정하는 경우만 해당한다)하는 계약(예약을 포함한다. 이하 '토지거래계약'이라 한다)을 체결하려는 당사자는 **공동으로** 대통령령으로 정하는 바에 따라 **시장·군수 또는 구청장의 허가를 받아야 한다.** 허가받은 사항을 변경하려는 경우에도 또한 같다.

⑥ 제1항에 따른 **허가를 받지 아니하고 체결한 토지거래계약은 그 효력이 발생하지 아니한다.**

① 규제구역 내의 토지에 대하여 관할 관청의 허가를 받을 것을 전제로 거래계약을 체결한 경우에는 그 허가를 받을 때까지는 유동적 무효상태에 있게 되나, 이후에 허가를 받으면 그 계약은 소급해서 유효로 된다(대판 전합 1991.12.24. 90다12243 ; 대판 1997.12.26. 97다41318 등).

② 그러나 허가를 배제하거나 잠탈하는 내용으로 거래계약이 체결되었거나(대판 2010.6.10. 2009다96328 등), 관할 관청의 불허가처분이 있거나(대판 2007.11.30. 2007다30393 등), 당사자 쌍방이 허가신청을 하지 아니하기로 의사표시를 명백히 한 경우(대판 2010.8.19. 2010다31860 등)에는 확정적 무효가 된다.

판례

구 국토의 계획 및 이용에 관한 법률(현 부동산 거래신고 등에 관한 법률)에서 정한 **토지거래계약 허가구역 내 토지에 관하여 허가를 배제하거나 잠탈하는 내용으로 매매계약이 체결된 경우**에는 같은 법 제118조 제6항에 따라 그 **계약은 체결된 때부터 확정적으로 무효이다**(대판 2011.6.30. 2011도614 ; 대판 2010.6.10. 2009다96328 등).

(2) 이행강제금

부동산 거래신고 등에 관한 법률 제17조【토지 이용에 관한 의무 등】 ① 제11조에 따라 토지거래계약을 허가받은 자는 대통령령으로 정하는 사유가 있는 경우 외에는 5년의 범위에서 대통령령으로 정하는 기간에 그 토지를 허가받은 목적대로 이용하여야 한다.

제18조【이행강제금】 ① 시장·군수 또는 구청장은 제17조 제1항에 따른 **토지의 이용의무를 이행하지 아니한 자**에 대하여는 상당한 기간을 정하여 **토지의 이용의무를 이행하도록 명할 수 있다**. 다만, 대통령령으로 정하는 사유가 있는 경우에는 이용의무의 이행을 명하지 아니할 수 있다.

② 시장·군수 또는 구청장은 제1항에 따른 **이행명령이 정하여진 기간에 이행되지 아니한 경우**에는 토지 취득가액의 100분의 10의 범위에서 대통령령으로 정하는 금액의 **이행강제금을 부과한다**.

③ 시장·군수 또는 구청장은 **최초의 이행명령이 있었던 날을 기준으로 1년에 한 번씩 그 이행명령이 이행될 때까지 반복하여 제2항에 따른 이행강제금을 부과·징수할 수 있다.**

④ 시장·군수 또는 구청장은 제17조 제1항에 따른 이용의무기간이 지난 후에는 이행강제금을 부과할 수 없다.

⑤ 시장·군수 또는 구청장은 제1항에 따른 **이행명령을 받은 자가 그 명령을 이행하는 경우에는 새로운 이행강제금의 부과를 즉시 중지하되, 명령을 이행하기 전에 이미 부과된 이행강제금은 징수하여야 한다.**

⑦ 제2항 및 제3항에 따라 이행강제금 부과처분을 받은 자가 이행강제금을 납부기한까지 납부하지 아니한 경우에는 국세 체납처분의 예 또는 「지방행정제재·부과금의 징수 등에 관한 법률」에 따라 징수한다.

OX 허가를 받을 것을 전제로 한 토지거래계약이라고 하여도 허가를 받지 않은 경우라면 그것은 확정적 무효이며, 사후에 허가를 받는다 하여도 소급하여 유효한 계약이 될 수는 없다. (×)

관할 관청의 불허가처분이 있거나 당사자 쌍방이 허가신청을 하지 아니하기로 의사표시를 명백히 한 경우에는 확정적 무효가 된다.

토지거래계약 허가구역 내 토지에 관하여 허가를 배제하거나 잠탈하는 내용으로 매매계약이 체결된 경우에는 그 계약은 체결된 때부터 확정적으로 무효이다.

이행강제금은 이행명령의 불이행이라는 과거의 위반행위에 대한 제재로서의 의미를 갖는 것은 아니다.

토지거래계약의 허가를 받아 토지를 취득한 자에게 관할 행정청은 허가받은 목적대로 토지를 이용할 의무의 이행을 명하고 그 이행기간 안에 의무를 이행하지 않으면 반복하여 이행강제금을 부과할 수 있다.

이행명령을 받은 자가 이행하는 경우에 새로운 이행강제금의 부과를 즉시 중지하도록 규정한 것은, 이행강제금 부과로 이행을 확보하고자 한 목적이 이미 실현된 경우에는 그 이행강제금을 부과할 수 없다는 취지이다.

부동산 거래신고 등에 관한 법률 제18조 제5항의 새로운 이행강제금에는 이행명령 불이행에 따른 최초의 이행강제금도 포함되므로, 이행명령을 받은 의무자가 최초의 이행명령에서 정한 기간이 지난 후에 이행한 경우라도 최초의 이행강제금을 부과할 수 없다.

OX 토지거래허가구역 내의 토지를 허가받지 않고 매매한 경우, 형사적으로 처벌대상이 된다. (○)

판례

[1] 구 국토의 계획 및 이용에 관한 법률(현 부동산 거래신고 등에 관한 법률)상 토지거래계약의 허가를 받은 자에 대한 토지의 이용의무불이행에 따른 이행명령 및 이행강제금 부과 등에 관한 이러한 규정들의 문언 및 취지와 체계에 의하면, 같은 법상의 **이행강제금은 이행명령의 불이행이라는 과거의 위반행위에 대한 제재가 아니라, 토지거래계약의 허가를 받아 토지를 취득한 자에게 허가받은 목적대로 토지를 이용할 의무의 이행을 명하고 그 이행기간 안에 의무를 이행하지 않으면 이행강제금이 부과된다는 사실을 고지함으로써 의무자에게 심리적 압박을 주어 의무의 이행을 간접적으로 강제하는 행정상의 간접강제수단**에 해당한다. 아울러 같은 법 제124조의2(제18조) 제3항은 "시장·군수 또는 구청장은 이행명령이 이행될 때까지 이행강제금을 반복하여 부과·징수할 수 있다."고 규정하여 이미 **이행강제금 반복 부과의 요건으로 이행명령이 이행되지 않았을 것을 요구**하고 있다.

[2] 구 국토의 계획 및 이용에 관한 법률 제124조의2(현 부동산 거래신고 등에 관한 법률 제18조) 제5항이 **이행명령을 받은 자가 그 명령을 이행하는 경우에 새로운 이행강제금의 부과를 즉시 중지하도록 규정한 것**은 이행강제금의 본질상 **이행강제금 부과로 이행을 확보하고자 한 목적이 이미 실현된 경우에는 그 이행강제금을 부과할 수 없다는 취지를 규정한 것**으로서, 이에 의하여 **부과가 중지되는 '새로운 이행강제금'**에는 같은 법 제124조의2(제18조) 제3항의 규정에 의하여 **반복 부과되는 이행강제금뿐만 아니라 이행명령 불이행에 따른 최초의 이행강제금도 포함된다. 따라서 이행명령을 받은 의무자가 그 명령을 이행한 경우에는 이행명령에서 정한 기간을 지나서 이행한 경우라도 최초의 이행강제금을 부과할 수 없다**(대판 2014.12.11, 2013두15750).

(3) 벌칙

부동산 거래신고 등에 관한 법률 제26조【벌칙】 ② 제11조 제1항에 따른 **허가 또는 변경허가를 받지 아니하고 토지거래계약을 체결**하거나, **속임수나 그 밖의 부정한 방법으로 토지거래계약허가를 받은 자**는 2년 이하의 징역 또는 계약 체결 당시의 개별공시지가에 따른 해당 토지가격의 100분의 30에 해당하는 금액 이하의 벌금에 처한다.

부동산 거래신고 등에 관한 법률상의 벌칙적용 대상인 허가를 받지 아니하고 '토지거래계약을 체결하는 행위'는 처음부터 허가를 배제하거나 잠탈하는 내용의 계약을 체결하는 행위를 가리키고, 허가받을 것을 전제로 한 거래계약을 체결하는 것은 여기에 해당하지 않는다(대판 1992.1.21, 91도2912).

토지거래계약허가제에 있어서 허가 없이 토지 등의 거래계약을 체결하는 행위라 함은 처음부터 허가를 배제하거나 잠탈하는 내용의 계약을 체결하는 행위를 뜻한다.

판례

구 국토의 계획 및 이용에 관한 법률(현 부동산 거래신고 등에 관한 법률) 위반죄로 처벌되는 '토지거래허가 없이 토지 등의 거래계약을 체결하는 행위'라 함은 처음부터 위 법 소정의 토지거래허가를 배제하거나 잠탈하는 내용의 계약을 체결하는 행위를 가리키고, 허가받을 것을 전제로 한 거래계약을 체결하는 것은 여기에 해당하지 아니한다. 그런데 토지거래허가구역 안에 있는 토지를 매수하면서 구 국토의 계획 및 이용에 관한 법률 및 같은 법 시행령에서 정하는 **토지거래허가 요건을 갖추지 못하였음에도 허가 요건을 갖춘 타인 명의로 매매계약을 체결한 경우**, 위 행위는 이 매매계약에 관하여 토지거래허가를 잠탈하고자 하는 것으로서, **위 법에서 처벌대상으로 삼고 있는 '토지거래허가 없이 토지의 거래계약을 체결한 경우'에 해당한다 할 것이다**(대판 2010.5.27. 2010도1116).

토지거래허가 요건을 갖춘 타인 명의로 매매계약을 체결한 경우에는 민사상의 문제는 별론으로 하고 형사적으로 처벌된다.

Ⅱ 공시지가제

1 서설

① 공시지가제는 부동산 가격공시에 관한 법률에 따라 토지의 적정가격을 평가·공시하는 제도이고, 이에 의해 공시된 지가가 공시지가이다.

② 공시지가에는 표준지공시지가와 개별공시지가가 있다.

OX 개별공시지가와 표준지공시지가의 산정에 관하여는 부동산 가격공시에 관한 법률에서 규율하고 있다. (O)

2 표준지공시지가

(1) 의의

① 표준지공시지가란 국토교통부장관이 조사·평가하여 공시한 표준지에 대한 단위면적당 적정가격을 말한다(부동산 가격공시에 관한 법률 제3조 제1항 참조).

② **일반적으로 공시지가라고 하면 표준지공시지가를 의미**한다.

판례

표준지로 선정된 토지의 공시지가에 불복하기 위하여는 구 부동산 가격공시 및 감정평가에 관한 법률 제8조(현 부동산 가격공시에 관한 법률 제7조) 제1항 소정의 이의절차를 거쳐 처분청을 상대로 그 **공시지가결정의 취소를 구하는 행정소송을 제기**하여야 하는 것이다(대판 1998.3.24. 96누6851).

OX

① 판례에 의하면 개별공시지가결정과는 달리 표준지공시지가의 결정은 항고소송의 대상인 처분에 해당하지 않는다. (×)

② 표준지공시지가는 행정규칙으로서의 고시이다. (×)

(2) 표준지공시지가의 공시

부동산 가격공시에 관한 법률 제3조【표준지공시지가의 조사·평가 및 공시 등】 ① **국토교통부장관**은 토지이용상황이나 주변 환경, 그 밖의 자연적·사회적 조건이 일반적으로 유사하다고 인정되는 일단의 토지 중에서 선정한 표준지에 대하여 매년 공시기준일 현재의 단위면적당 적정가격(이하 '표준지공시지가'라 한다)을 조사·평가하고, 제24조에 따른 **중앙부동산가격공시위원회의 심의를 거쳐 이를 공시하여야 한다.**

② 국토교통부장관은 표준지공시지가를 공시하기 위하여 표준지의 가격을 조사·평가할 때에는 대통령령으로 정하는 바에 따라 **해당 토지소유자의 의견을 들어야 한다.**

OX 공시지가는 중앙부동산가격공시위원회의 심의를 거쳐 국토교통부장관이 공시한다. (O)

(3) 표준지공시지가의 적용

부동산 가격공시에 관한 법률 제8조 【표준지공시지가의 적용】 제1호 각 목의 자가 제2호 각 목의 목적을 위하여 지가를 산정할 때에는 그 토지와 이용가치가 비슷하다고 인정되는 **하나 또는 둘 이상의 표준지의 공시지가를 기준으로 토지가격비준표를 사용하여 지가를 직접 산정하거나 감정평가법인 등에 감정평가를 의뢰하여 산정할 수 있다.** 다만, 필요하다고 인정할 때에는 산정된 지가를 제2호 각 목의 목적에 따라 가감(加減) 조정하여 적용할 수 있다.

1. 지가 산정의 주체
   가. 국가 또는 지방자치단체
   나. 「공공기관의 운영에 관한 법률」에 따른 공공기관
   다. 그 밖에 대통령령으로 정하는 공공단체
2. 지가 산정의 목적
   가. **공공용지의 매수 및 토지의 수용·사용에 대한 보상**
   나. 국유지·공유지의 취득 또는 처분
   다. 그 밖에 대통령령으로 정하는 지가의 산정

OX 공시지가는 공공용지의 매수 및 토지의 수용·사용에 대한 보상기준이다. (○)

OX 개별공시지가는 토지수용에 대한 보상금산정의 기준이 된다. (×)

판례

소득세법 시행령 제164조 제1항은 개별공시지가가 없는 토지의 가액을 그와 지목·이용상황 등 지가형성요인이 유사한 인근 토지를 표준지로 보고 부동산 가격공시에 관한 법률 제8조에 따른 토지가격비준표에 따라 평가하도록 규정함으로써, 납세의무자가 표준지 선정과 토지가격비준표 적용의 적정 여부, 평가된 가액이 인근 유사토지의 개별공시지가와 균형을 유지하고 있는지 여부 등을 확인할 수 있도록 하고 있으므로, **표준지를 특정하여 선정하지 않거나 토지가격비준표에 의하지 아니한 채 개별공시지가가 없는 토지의 가액을 평가하고 기준시가를 정하는 것은 위법하다**(대판 2014.4.10. 2013두25702).

표준지를 특정하여 선정하지 않거나 토지가격비준표에 의하지 아니한 채 개별공시지가가 없는 토지의 가액을 평가하고 기준시가를 정하는 것은 위법하다.

(4) 표준지공시지가의 효력

부동산 가격공시에 관한 법률 제9조 【표준지공시지가의 효력】 표준지공시지가는 **토지시장에 지가정보를 제공하고 일반적인 토지거래의 지표가 되며, 국가·지방자치단체 등이 그 업무와 관련하여 지가를 산정하거나 감정평가법인 등이 개별적으로 토지를 감정평가하는 경우에 그 기준이 된다.** [17 서울 7급]

(5) 표준지공시지가에 대한 불복

1) 이의신청

부동산 가격공시에 관한 법률 제7조 【표준지공시지가에 대한 이의신청】 ① 표준지공시지가에 이의가 있는 자는 그 **공시일부터 30일 이내**에 서면(전자문서를 포함한다)으로 **국토교통부장관에게 이의를 신청할 수 있다.**

② 국토교통부장관은 제1항에 따른 **이의신청기간이 만료된 날부터 30일 이내에 이의신청을 심사**하여 그 결과를 신청인에게 서면으로 통지하여야 한다. 이 경우 국토교통부장관은 이의신청의 내용이 타당하다고 인정될 때에는 제3조에 따라 해당 표준지공시지가를 조정하여 다시 공시하여야 한다.

OX 현행법상 표준지공시지가에 대하여 이의가 있는 자는 표준지공시지가의 공시일부터 30일 이내에 서면으로 국토교통부장관 또는 시장·군수·구청장에게 이의를 신청할 수 있다. (×)

이의신청은 국토교통부장관의 공시지가결정에 대한 행정심판절차로서의 성격을 지닌다(대판 1998.3.24. 96누6851 등).

2) **행정소송**

① **원처분중심주의**: 이의신청에 대한 국토교통부장관의 결정에 불복하는 자는 행정소송을 제기할 수 있다(행정행위설의 입장). 이 경우 원처분중심주의에 따라 표준지공시지가를 대상으로 항고소송을 제기하여야 하며, 피고는 국토교통부장관이 된다.

② **이의신청임의주의**: 종래 판례는 이의신청을 행정소송의 제기에 있어서 필요적 전치절차로 보았으나(대판 1998.3.24. 96누6851), 현행 부동산 가격공시에 관한 법률 제7조에서는 임의적 절차로 규정하고 있다.

③ **하자의 승계**: 판례는 ㉠ 표준지공시지가와 개별토지가격(개별공시지가)결정 사이(대판 1998.3.24. 96누6851), ㉡ 표준지공시지가와 조세부과처분 사이(대판 1997.2.28. 96누10225)에는 하자의 승계를 부정한다. 그러나 표준지공시지가와 수용재결 또는 보상금증액 사이에는 하자의 승계를 인정한 바 있다(대판 2008.8.21. 2007두13845).

판례

1. 표준지로 선정된 토지의 공시지가에 불복하기 위하여는 부동산 가격공시에 관한 법률 제7조 제1항 소정의 이의절차를 거쳐 처분청을 상대로 그 공시지가결정의 취소를 구하는 행정소송을 제기하여야 하는 것이고, 그러한 **절차를 밟지 아니한 채 개별토지가격결정의 효력을 다투는 소송에서 그 개별토지가격산정의 기초가 된 표준지공시지가의 위법성을 다툴 수 없다**(대판 1998.3.24. 96누6851). 마찬가지로 그러한 **절차를 밟지 아니한 채 그 표준지에 대한 조세부과처분의 취소를 구하는 소송에서 그 공시지가의 위법성을 다툴 수는 없다**(대판 1997.2.28. 96누10225).

2. **표준지공시지가결정이 위법한 경우에는 그 자체를 행정소송의 대상이 되는 행정처분으로 보아 그 위법 여부를 다툴 수 있음은 물론, 수용보상금의 증액을 구하는 소송에서도 선행처분으로서 그 수용대상 토지 가격 산정의 기초가 된 비교표준지공시지가결정의 위법을 독립한 사유로 주장할 수 있다**(대판 2008.8.21. 2007두13845).

3 개별공시지가

(1) 의의

① 개별공시지가란 시장·군수 또는 구청장이 특정 목적을 위한 지가 산정에 사용되도록 하기 위하여 결정·고시한 개별토지의 단위면적당 가격을 말한다(부동산 가격공시에 관한 법률 제10조 제1항 참조).

② **개별공시지가는 토지에 대한 과세처분의 직접적인 기준이 된다.**

행정소송

이의신청 임의주의	"~ 이의를 신청할 수 있다."라고 규정하고 있으므로 임의적 절차이다.
원처분 중심주의	이의신청에 대한 국토교통부장관의 결정에 불복하는 자는 행정소송을 제기할 수 있다. ⇨ 원처분중심주의에 따라 표준지공시지가를 대상으로 항고소송을 제기
피고	국토교통부장관

OX 판례에 의하면 조세부과처분(과세처분)의 취소를 구하는 소송에서 표준지공시지가의 위법성도 다툴 수 있다. (×)

표준지공시지가결정이 위법한 경우에는 그 자체를 행정소송의 대상이 되는 행정처분으로 보아 그 위법 여부를 다툴 수 있음은 물론, 수용보상금증액청구소송에서도 선행처분으로서 그 수용대상 토지가격 산정의 기초가 된 비교표준지공시지가결정의 위법을 독립한 사유로 주장할 수 있다.

OX 개별공시지가는 개별토지의 단위면적당 가격을 말한다. (○)

OX 표준지공시지가는 토지에 대한 과세처분의 직접 기준이 된다. (×)

OX 개별공시지가는 어떤 법적 효력도 발생하지 않고 사실판단의 자료에 불과하다. (×)

OX 판례에 의하면 개별공시지가는 행정처분이 아니므로 이에 대하여 행정소송을 제기할 수 없다. (×)

판례

1. 시장·군수 또는 구청장의 **개별토지가격결정은** 관계 법령에 의한 토지초과이득세, 택지초과소유부담금 또는 개발부담금 산정의 기준이 되어 국민의 권리나 의무 또는 법률상 이익에 직접적으로 관계되는 것으로서 행정소송법 제2조 제1항 제1호 소정의 행정청이 행하는 구체적 사실에 관한 법집행으로서의 공권력 행사이므로 **항고소송의 대상이 되는 행정처분에 해당**한다(대판 1994.2.8. 93누111).

2. **개별공시지가의 결정에 위법이 있는 경우에는 그 자체를 행정소송의 대상이 되는 행정처분으로 보아 그 위법 여부를 다툴 수 있음**은 물론, 이를 기초로 과세표준을 산정한 과세처분의 취소를 구하는 조세소송에서도 그 개별공시지가결정의 위법을 독립된 쟁송사유로 주장할 수 있다(대판 1996.6.25. 93누17935).

(2) 개별공시지가의 결정·공시

OX 개별공시지가는 국세·지방세 등 각종 세금의 부과, 그 밖의 다른 법령에서 정하는 목적을 위한 지가 산정에 사용한다. (○)

OX 개별공시지가는 시장·군수·구청장이 시·군·구 부동산평가위원회의 심의를 거쳐 결정·공시한다. (○)

OX 표준지공시지가는 국토교통부장관이 정하고, 개별공시지가는 시장·군수·구청장이 정한다. (○)

부동산 가격공시에 관한 법률 제10조 【개별공시지가의 결정·공시 등】 ① **시장·군수 또는 구청장**은 **국세·지방세 등 각종 세금의 부과**, 그 밖의 다른 법령에서 정하는 목적을 위한 지가 산정에 사용되도록 하기 위하여 제25조에 따른 **시·군·구 부동산가격공시위원회의 심의를 거쳐 매년 공시지가의 공시기준일 현재 관할 구역 안의 개별토지의 단위면적당 가격**(이하 '개별공시지가'라 한다)을 **결정·공시**하고, 이를 관계 행정기관 등에 제공하여야 한다.

② 제1항에도 불구하고 **표준지로 선정된 토지, 조세 또는 부담금 등의 부과대상이 아닌 토지**, 그 밖에 대통령령으로 정하는 토지에 대하여는 **개별공시지가를 결정·공시하지 아니할 수 있다.** 이 경우 **표준지로 선정된 토지에 대하여는 해당 토지의 표준지공시지가를 개별공시지가로 본다.**

④ 시장·군수 또는 구청장이 개별공시지가를 결정·공시하는 경우에는 해당 토지와 유사한 이용가치를 지닌다고 인정되는 하나 또는 둘 이상의 표준지의 공시지가를 기준으로 토지가격비준표를 사용하여 지가를 산정하되, 해당 토지의 가격과 표준지공시지가가 균형을 유지하도록 하여야 한다.

⑤ 시장·군수 또는 구청장은 개별공시지가를 결정·공시하기 위하여 개별토지의 가격을 산정할 때에는 그 타당성에 대하여 감정평가업자의 검증을 받고 토지소유자, 그 밖의 이해관계인의 의견을 들어야 한다. 다만, 시장·군수 또는 구청장은 **감정평가법인 등의 검증이 필요 없다고 인정되는 때**에는 지가의 변동상황 등 대통령령으로 정하는 사항을 고려하여 **감정평가법인 등의 검증을 생략할 수 있다.**

OX 시장 등은 개별토지가격 산정의 타당성에 대한 감정평가업자의 검증이 필요 없다고 인정되는 때에는 법령으로 정하는 사항을 고려하여 검증을 생략할 수 있다. (○)

시장 등이 어떠한 토지에 대하여 표준지공시지가와 균형을 유지하도록 결정한 개별공시지가가 토지가격비준표를 사용하여 산정한 지가와 달리 결정되었거나 감정평가사의 검증의견에 따라 결정되었다는 이유만으로는 위법하다고 볼 수 없는 것이 원칙이다.

판례

1. 부동산 가격공시에 관한 법률 제10조 등에 비추어 보면, 시장 등은 표준지공시지가에 토지가격비준표를 사용하여 산정된 지가와 감정평가업자의 검증의견 및 토지소유자 등의 의견을 종합하여 당해 토지에 대하여 표준지공시지가와 균형을 유지한 개별공시지가를 결정할 수 있고, 그와 같이 결정된 개별공시지가가 표준지공시지가와 균형을 유지하지 못할 정도로 현저히 불합리하다는 등의 특별한 사정이 없는 한, 결과적으로 토지가격비준표를 사용

하여 산정한 지가와 달리 결정되었거나 감정평가사의 검증의견에 따라 결정되었다는 이유만으로 그 개별공시지가 결정이 위법하다고 볼 수는 없다(대판 2013.11.14. 2012두15364).

2. 개별공시지가결정의 적법 여부는 부동산 가격공시에 관한 법률 등 관련 법령이 정하는 절차와 방법에 따라 이루어진 것인지에 의하여 결정될 것이지 당해 토지의 시가나 실제 거래가격과 직접적인 관련이 있는 것은 아니므로, **단지 그 공시지가가 감정가액이나 실제 거래가격을 초과한다는 사유만으로** 그것이 현저하게 불합리한 가격이어서 그 **가격결정이 위법하다고 단정할 수는 없다**(대판 2013.10.11. 2013두6138).

개별공시지가가 감정가액이나 실제 거래가격을 초과한다는 사유만으로 그 가격결정이 위법하다고 할 수 없다.

(3) 개별공시지가에 대한 불복

1) 이의신청

부동산 가격공시에 관한 법률 제11조【개별공시지가에 대한 이의신청】 ① 개별공시지가에 이의가 있는 자는 그 **결정·공시일부터 30일 이내에 서면으로 시장·군수 또는 구청장에게 이의를 신청할 수 있다.**
② 시장·군수 또는 구청장은 제1항에 따라 **이의신청기간이 만료된 날부터 30일 이내에 이의신청을 심사하여 그 결과를 신청인에게 서면으로 통지하여야 한다.** 이 경우 시장·군수 또는 구청장은 이의신청의 내용이 타당하다고 인정될 때에는 제10조에 따라 해당 개별공시지가를 조정하여 다시 결정·공시하여야 한다.

판례

1. 구 부동산 가격공시 및 감정평가에 관한 법률에 행정심판의 제기를 배제하는 명시적인 규정이 없고, 같은 법에 따른 이의신청과 행정심판은 그 절차 및 담당기관에 차이가 있다. 따라서 같은 법이 이의신청에 관하여 규정하고 있다고 하여 이를 행정심판법 제3조 제1항에서 행정심판의 제기를 배제하는 '다른 법률에 특별한 규정이 있는 경우'에 해당한다고 볼 수 없으므로, **개별공시지가에 대하여 이의가 있는 자는 곧바로 행정소송을 제기하거나 같은 법에 따른 이의신청과 행정심판법에 따른 행정심판청구 중 어느 하나만을 거쳐 행정소송을 제기할 수 있을** 뿐 아니라, **이의신청을 하여 그 결과 통지를 받은 후 다시 행정심판을 거쳐 행정소송을 제기할 수도 있다**고 보아야 하고, 이 경우 **행정소송의 제소기간은 그 행정심판재결서 정본을 송달받은 날부터 기산**한다(대판 2010.1.28. 2008두19987).

2. **개별토지가격결정에 대한 재조사청구에 따른 감액 조정에 대하여 더 이상 불복하지 아니한 경우, 이를 기초로 한 양도소득세부과처분 취소소송에서 다시 개별토지가격결정의 위법을 당해 과세처분의 위법사유로 주장할 수 없다**(대판 1998.3.13. 96누6059).

개별공시지가에 대하여 이의가 있는 자는 곧바로 행정소송을 제기하거나 이의신청과 행정심판청구 중 어느 하나만을 거쳐 제기할 수 있고, 나아가 이의신청을 하여 그 결과 통지를 받은 후 다시 행정심판을 거쳐 행정소송을 제기할 수도 있다.

OX 개별공시지가에 대해 이의신청을 하여 그 결과 통지를 받은 후 행정심판을 거쳐 행정소송을 제기한 경우 행정소송의 제소기간은 이의신청의 결과 통지를 받은 날로부터 기산한다. (×)

개별토지가격결정에 대한 재조사청구에 따른 감액 조정에 대하여 더 이상 불복하지 아니한 경우, 이를 기초로 한 양도소득세부과처분 취소소송에서 다시 개별토지가격결정의 위법을 당해 과세처분의 위법사유로 주장할 수 없다.

2) 행정소송

① **원처분중심주의:** 이의신청에 대한 시장·군수 또는 구청장의 결정에 불복하는 자는 행정소송을 제기할 수 있다(행정행위설의 입장). 이 경우에도 원처분중심주의가 적용된다.

② **이의신청임의주의:** 부동산 가격공시에 관한 법률 제11조에서는 이의신청을 행정소송의 제기에 있어서 임의적 전치절차로 규정하고 있다.

③ **하자의 승계:** 판례는 표준지공시지가의 하자는 개별공시지가에 승계되지 아니하나, 개별공시지가의 결정상 위법은 이를 기초로 한 조세소송에서 다툴 수 있다고 한다(대판 1994.1.25. 93누8542).

행정소송

이의신청 임의주의	"~ 이의를 신청할 수 있다."라고 규정하고 있으므로 임의적 절차이다.
원처분 중심주의	이의신청에 대한 시장·군수 또는 구청장의 결정에 불복하는 자는 행정소송을 제기할 수 있다. ⇨ 원처분중심주의에 따라 개별공시지가를 대상으로 항고소송을 제기
피고	시장·군수 또는 구청장

(4) 표준지공시지가와의 비교

구분	표준지공시지가	개별공시지가
처분성	○	○
공시기관	국토교통부장관	시장·군수 또는 구청장
용도	보상기준	과세처분기준
하자승계	① 표준지공시지가와 수용재결 또는 보상금증액(○) ② 표준지공시지가와 개별공시지가 결정(×) ③ 표준지공시지가와 과세처분(×)	① 개별공시지가 결정과 과세처분(○) ② 개별공시지가 결정과 개발부담금 부과처분(○) ③ 개별공시지가 결정 후 재조사를 청구하고 조정결정을 통지받았음에도 다투지 않은 경우, 개별공시지가와 과세처분(×)

Ⅲ 개발이익환수제

1 개발이익환수제의 의의

① 개발이익이란 개발사업의 시행이나 토지이용계획의 변경, 그 밖에 사회적·경제적 요인에 따라 정상지가(正常地價) 상승분을 초과하여 개발사업을 시행하는 자(사업시행자)나 토지소유자에게 귀속되는 토지 가액의 증가분을 말한다(개발이익환수에 관한 법률 제2조 제1호).

② 개발이익환수제란 개발이익을 얻게 되는 당사자로부터 그 이익을 환수하는 제도를 말한다.

③ **토지투기의 방지와 부의 형평배분 등을 실현하기 위하여 개발이익을 환수할 필요가 있다.**

2 개발이익의 환수방법

> **개발이익환수에 관한 법률 제3조 【개발이익의 환수】** 시장·군수·구청장은 제5조에 따른 개발부담금 부과 대상 사업이 시행되는 지역에서 발생하는 **개발이익**을 이 법으로 정하는 바에 따라 **개발부담금으로 징수하여야 한다.**

3 개발부담금

(1) 의의

개발부담금이란 개발이익 중 개발이익환수에 관한 법률에 따라 시장·군수·구청장이 부과·징수하는 금액을 말한다(개발이익환수에 관한 법률 제2조 제4호).

(2) 법적 성질

개발부담금은 토지개발에 따르는 **부당한 토지 가액의 증가분에 대한 조세 또는 준조세적 성질**을 갖는다.

판례

1. 개발이익환수에 관한 법률 **개발부담금**은 비록 그 명칭이 '부담금'이고 국세기본법이나 지방세기본법에서 나열하고 있는 국세나 지방세의 목록에 빠져 있다고 하더라도, **'국가 또는 지방자치단체가 재정수요를 충족시키기 위하여 반대급부 없이 법률에 규정된 요건에 해당하는 모든 자에 대하여 일반적 기준에 의하여 부과하는 금전급부'라는 조세로서의 특징을 지니고 있다는 점에서 실질적인 조세로 보아야 할 것이다**(헌재 2016.6.30. 2013헌바191).
2. 개발이익환수에 관한 법률 소정의 개발부담금은 그 납부의무자로 하여금 국가 등에 대하여 금전급부의무를 부담하게 하는 것이어서 납부의무자의 재산권을 제약하는 면이 있고, 부과개시시점의 지가는 개발부담금의 산정기준인 개발이익의 존부와 범위를 결정하는 중요한 요소가 되는 것이므로, 그 **산정기준에 관한 위임입법시 요구되는 구체성·명확성의 정도는 조세법규의 경우에 준하여, 그 요건과 범위가 엄격하게 제한적으로 규정되어야 한다**(헌재 1998.6.25. 95헌바35).

(3) 부과 대상 사업

> **개발이익환수에 관한 법률 제5조 【대상 사업】** ① 개발부담금의 부과 대상인 개발사업은 다음 각 호의 어느 하나에 해당하는 사업으로 한다.
> 1. 택지개발사업(주택단지조성사업을 포함한다)
> 2. 산업단지개발사업
> 3. 관광단지조성사업(온천개발사업을 포함한다)
> 4. 도시개발사업, 지역개발사업 및 도시환경정비사업
> 5. 교통시설 및 물류시설 용지조성사업
> 6. 체육시설 부지조성사업(골프장 건설사업 및 경륜장·경정장 설치사업을 포함한다)
> 7. 지목 변경이 수반되는 사업으로서 대통령령으로 정하는 사업
> 8. 그 밖에 제1호부터 제6호까지의 사업과 유사한 사업으로서 대통령령으로 정하는 사업

개발부담금: 조세 또는 준조세

OX 개발부담금은 그 명칭에도 불구하고 조세로 보는 것이 타당하다. (O)

개발부담금은 국가 또는 지방자치단체가 재정수요를 충족시키기 위하여 반대급부 없이 법률에 규정된 요건에 해당하는 모든 자에 대하여 일반적 기준에 의하여 부과하는 금전급부라는 조세로서의 특징을 가지므로 실질적인 조세로 보아야 한다.

공공기관 지방이전에 따른 혁신도시 건설 및 지원에 관한 특별법에 근거하여 시행되는 혁신도시개발사업은 개발이익 환수에 관한 법률상의 개발부담금 부과 대상인 사업이다.

판례

구 공공기관 지방이전에 따른 혁신도시 건설 및 지원에 관한 특별법에 근거하여 시행되는 **혁신도시개발사업**은 개발이익 환수에 관한 법률 제5조 제1항 제8호, 구 개발이익 환수에 관한 법률 시행령 제4조 [별표 1] 제10호에서 정한 **개발부담금 부과 대상 사업**이라고 보아야 한다 (대판 2020.9.3. 2019두47728).

(4) 부과 및 납부고지

개발이익환수에 관한 법률 제14조 【부담금의 결정 · 부과】 ① 시장·군수·구청장은 **부과 종료 시점부터 5개월 이내**에 개발부담금을 결정·부과하여야 한다.

제15조 【납부의 고지】 ① 시장·군수·구청장은 이 법에 따라 개발부담금을 부과하기로 결정하면 납부의무자에게 대통령령으로 정하는 바에 따라 납부고지서를 발부하여야 한다.
② 개발부담금은 **부과 고지할 수 있는 날부터 5년이 지난 후에는 부과할 수 없다.** 이 경우 행정심판이나 소송에 의한 재결이나 판결이 확정된 날부터 1년이 지나기 전까지는 개발부담금을 정정하여 부과하거나 그 밖에 필요한 처분을 할 수 있다.

개발사업시행자에게 부과할 개발부담금 산정의 전제가 되는 개발이익을 산출할 때는 가능한 한 부과대상자가 현실적으로 얻게 되는 개발이익을 실제에 가깝도록 산정하여야 하므로, 개발부담금을 부과할 때는 가능한 한 모든 개발비용을 공제하여야 한다.

개발사업시행자가 납부한 개발부담금 중 부과처분 후에 납부한 학교용지부담금에 해당하는 금액에 대하여는 조리상 개발부담금 부과처분의 취소나 변경 등 개발부담금의 환급에 필요한 처분을 신청할 권리가 인정된다.

판례

1. 개발부담금제도는 사업시행자가 개발사업을 시행한 결과 개발대상 토지의 지가가 상승하여 정상지가상승분을 초과하는 개발이익이 생긴 경우에 이를 일부 환수함으로써 경제정의를 실현하고 토지에 대한 투기를 방지하여 토지의 효율적인 이용의 촉진을 도모하기 위한 제도이므로, **개발사업시행자에게 부과할 개발부담금 산정의 전제가 되는 개발이익을 산출할 때는** 가능한 한 **부과대상자가 현실적으로 얻게 되는 개발이익을 실제에 가깝도록 산정하여야** 한다. 위 법리에 비추어 보면, **개발부담금을 부과할 때는 가능한 한 모든 개발비용을 공제**함이 마땅하다. 개발공사를 위해 직접 투입되는 순공사비, 조사비, 설계비, 일반관리비 등은 통상 개발부담금의 원칙적인 부과 종료시점인 개발사업의 준공인가일 전에 지출되므로 준공인가일로부터 3개월 이내에 개발부담금을 부과하여도 개발비용으로 공제받는 데 특별한 문제가 없다. 그러나 분양계약 체결 후 납부절차를 밟도록 정하고 있는 학교용지부담금은 준공인가를 받은 후 분양계약이 장기간 지연되거나 분양이 이루어지지 않을 수도 있어 준공인가일로부터 3개월 이내에 납부되지 않을 가능성이 높다. 그럼에도 관련 법령이 일괄적으로 개발사업의 준공인가일로부터 3개월 이내에 개발부담금을 부과하도록 하면서 분양계약 후 실제 납부한 학교용지부담금에 한하여 개발비용으로 공제받을 수 있도록 정하고 있는 바람에, 개발사업에 따른 분양계약이 준공인가일로부터 2개월이 지나 체결된 경우에는 그로부터 1개월 이내에 학교용지부담금 납부절차가 마쳐지지 않아 개발부담금 부과처분 시 학교용지부담금이 공제되지 않을 가능성이 높고, 급기야 준공인가일로부터 3개월 후에 체결된 경우에는 학교용지부담금이 공제될 여지가 아예 없다. 이러한 경우 개발부담금 부과처분 후에 학교용지부담금을 납부한 개발사업시행자는 마땅히 공제받아야 할 개발비용을 전혀 공제받지 못하는 법률상 불이익을 입게 될 수 있는데도 구 개발이익 환수에 관한 법률, 같은 법 시행령은 불복방법에 관하여 아무런 규정을 두지 않고 있다. 위와 같은 사정을 앞서 본 법리에 비추어 보면, **개발사업시행자가 납부한 개발부담금 중 부과처분 후에 납부한 학교용지부담금에 해당하는 금액에 대하여**는 조리상 **개발부담금**

부과처분의 취소나 변경 등 개발부담금의 환급에 필요한 처분을 신청할 권리를 인정함이 타당하다(대판 2016.1.28. 2013두2938).

2. **개발부담금 부과처분이 취소된 이상 그 후의 부당이득으로서의 과오납금 반환에 관한 법률관계**는 **단순한 민사관계에 불과한 것**이고, 행정소송절차에 따라야 하는 관계로 볼 수 없다(대판 1995.12.22. 94다51253).

개발부담금 부과처분이 취소된 경우, 그 과오납금에 대한 부당이득반환청구의 법률관계는 사법관계이다.

(5) 행정심판의 특례

개발이익환수에 관한 법률 제26조【행정심판의 특례】 ① 개발부담금 등의 부과·징수에 이의가 있는 자는 「공익사업을 위한 토지 등의 취득 및 보상에 관한 법률」에 따른 **중앙토지수용위원회에 행정심판을 청구할 수 있다.**
② 제1항에 따른 행정심판청구에 대하여는 「행정심판법」 제6조에도 불구하고 「공익사업을 위한 토지 등의 취득 및 보상에 관한 법률」에 따른 **중앙토지수용위원회가 심리·의결하여 재결한다.**

제3항 토지의 이용규제

토지이용과 관련된 지역·지구 등의 지정과 관리에 관한 기본적인 사항을 규정함으로써 토지이용규제의 투명성을 확보하여 국민의 토지이용상의 불편을 줄이고 국민경제의 발전에 이바지함을 목적으로 하는 토지이용규제기본법이 제정되어 있다.

토지행정법상 각 행정작용의 법적 성질

행정작용	법적 성질
토지거래허가	인가설(90다12243) ↔ 허가·인가의 복합적 성질설(다수설)
표준지공시지가	처분성 인정(96누6851) ↔ 구 국토이용관리법상의 기준지가고시는 처분성 부정(78누227)
개별공시지가	처분성 인정(93누8542), 물적 행정행위
광역도시계획	처분성 부정
도시기본계획	처분성 부정(2000두8226)
도시관리계획	처분성 인정(80누105)

제2절 환경규제행정법

Ⅰ 서설

1 의의

① 환경규제행정법이란 환경침해를 예방하고 환경의 질을 증진하기 위한 규제를 그 내용으로 하는 법을 말한다.

② 환경문제는 매우 복잡하여 전문적이고 기술적인 성격을 가지기 때문에 전통적인 행정작용형식만으로는 이에 적절하게 대처할 수가 없다. 따라서 하명·허가 등 권력적 수단뿐만 아니라, 행정지도·행정계획·공법상 계약 등 비권력적 수단도 환경행정의 규제수단으로 활용되고 있다.

OX 오늘날 환경관계법은 보존과 이용·개발의 갈등조정이 중요문제로 되어 있다. (○)

OX 오늘날 환경관계법은 권력적 단일법의 형태를 보이고 있다. (×)

2 환경규제행정의 특성

환경행정은 ① 적극적 행정활동성, ② 생존배려행정성, ③ 형식·수단의 다양성, ④ 지역성, ⑤ 계획법성·기술법성 등의 특성이 있다.

OX 환경법은 계획법적·기술법적인 성격이 강하다. (○)

Ⅱ 환경행정법의 기본원칙

환경행정의 기본원칙
① 사전배려(예방)의 원칙
② 존속보장의 원칙
③ 원인자책임의 원칙
④ 공동부담의 원칙
⑤ 협력(협동)의 원칙

1 사전배려(예방)의 원칙

사전배려의 원칙이란 미래예측적이고 형성적인 계획의 책정에 의하여 행정주체 그 밖의 행위주체들이 환경보호적으로 행동하고 그 결정 과정에 있어 최대한 환경영향을 고려하여야 한다는 원칙을 말한다.

2 존속보장의 원칙

① 존속보장의 원칙이란 환경상태의 개선을 요구하는 것이 아니라 환경보호의 목표를 현상의 유지·보호에 두는 원칙을 말하며, **악화금지의 원칙** 또는 **지속가능한 개발(지속가능성)의 원칙**이라고도 한다.

② 이 원칙은 환경의 향유에 있어서 **세대 간의 형평성의 보장, 현 세대에 있어서 개발과 환경의 조화를 내용으로 한다.**

환경행정법상 '지속가능성의 원칙'은 현재 세대의 환경혜택을 위하여 미래 세대의 환경혜택가능성을 훼손시키면 안 된다는 원칙이다.

3 원인자책임의 원칙

원인자책임의 원칙이란 자기나 자기의 영향권 내에 있는 자의 행위 또는 물건의 상태로 인하여 환경오염발생의 원인을 제공한 자는 그 환경오염의 방지·제거 또는 손실보상의 책임을 져야 한다는 원칙을 말하며(환경정책기본법 제7조), **오염자비용부담의 원칙**이라고도 한다.

자기의 행위나 자기의 보호·감독하에 있는 자의 행위로 인하여 환경에 부담을 끼친 자는 환경부담의 회피·경감·제거에 대한 책임을 져야 한다는 것을 내용으로 하는 원칙은 오염원인자책임의 원칙이다.

4 공동부담의 원칙

① 공동부담의 원칙이란 원인자책임의 원칙이 실제적인 이유로 관철될 수 없거나 비효과적일 때, 제2차적 책임으로 국가·사회단체·개인 등이 공동으로 그 비용을 부담해야 한다는 원칙을 말한다.

② 따라서 비용부담에서 공동부담원칙과 원인자(오염자)부담원칙이 경합하는 경우, 후자를 원칙으로 하여야 할 것이다.

공동부담원칙과 원인자부담원칙의 경합: 후자가 원칙

환경행정의 기본원칙이 아닌 것
① 경찰책임의 원칙
② 무과실책임의 원칙
③ 중과실책임의 원칙
④ 제조물책임의 원칙
⑤ 신뢰보호의 원칙
⑥ 가치보장의 원칙
⑦ 환경영향평가의 원칙

5 협력(협동)의 원칙

협력의 원칙이란 국가는 환경행정을 시행함에 있어서 개인과 기업을 비롯한 다른 환경주체와 협력하여야 한다는 원칙을 말한다.

Ⅲ 환경기준

1 의의

① 환경기준이란 국민의 건강을 보호하고 쾌적한 환경을 조성하기 위하여 국가가 달성하고 유지하는 것이 바람직한 환경상의 조건 또는 질적인 수준을 말한다(환경정책기본법 제3조 제8호).

② 환경기준은 **환경보호정책의 실효성을 보장하기 위하여 개별 환경매체별로 작성되는 통일된 기준**이다.

환경기준: 환경보호정책의 실효성을 보장하기 위하여 개별 환경매체별로 작성되는 통일된 기준

2 환경기준의 기능 및 성질

① 환경기준은 환경분쟁시 구체적인 피해의 정도나 책임판단의 기준이 되고, 또 **환경영향평가에 있어서 평가기준이 된다**.

② 그러나 환경기준은 **직접적으로 국민을 구속하는 법적 효력은 발생하지 않고**, 단지 행정목표에 그치는 것이다.

환경기준의 기능: 환경분쟁시 구체적인 피해의 정도나 책임판단의 기준, 환경영향평가기준

환경기준의 효력: 직접적으로 국민을 구속하는 법적 효력(×)

3 환경기준의 설정 및 공표

환경정책기본법 제12조 【환경기준의 설정】 ① 국가는 생태계 또는 인간의 건강에 미치는 영향 등을 고려하여 환경기준을 설정하여야 하며, 환경 여건의 변화에 따라 그 적정성이 유지되도록 하여야 한다.
② 환경기준은 대통령령으로 정한다.
③ 특별시·광역시·특별자치시·도·특별자치도(이하 '시·도'라 한다)는 해당 지역의 환경적 특수성을 고려하여 필요하다고 인정할 때에는 해당 시·도의 조례로 제1항에 따른 환경기준보다 확대·강화된 별도의 환경기준(이하 '지역환경기준'이라 한다)을 설정 또는 변경할 수 있다.

제12조의2 【환경기준 등의 공표】 ① 환경부장관은 제12조에 따라 정한 환경기준 및 그 설정 근거를 공표하여야 한다.
② 제1항에 따른 공표의 기준·방법은 환경부령으로 정한다.

4 환경기준의 유지

환경정책기본법 제13조 【환경기준의 유지】 ① 국가 및 지방자치단체는 환경에 관계되는 법령을 제정 또는 개정하거나 행정계획의 수립 또는 사업의 집행을 할 때에는 제12조에 따른 환경기준이 적절히 유지되도록 다음 사항을 고려하여야 한다.
1. 환경 악화의 예방 및 그 요인의 제거
2. 환경오염지역의 원상회복
3. 새로운 과학기술의 사용으로 인한 환경오염 및 환경훼손의 예방
4. 환경오염방지를 위한 재원의 적정 배분

OX 환경오염원인자에 대한 부담도 환경정책기본법상 국가 및 지방자치단체가 법령의 제정과 행정계획의 수립 및 사업의 집행을 할 경우에 환경기준이 적절히 유지되도록 고려해야 할 사항에 해당한다. (×)

Ⅳ 자연환경의 보전

1 국가환경종합계획

환경정책기본법 제14조 【국가환경종합계획의 수립 등】 ① 환경부장관은 관계 중앙행정기관의 장과 협의하여 국가 차원의 환경보전을 위한 종합계획(이하 '국가환경종합계획'이라 한다)을 **20년마다** 수립하여야 한다.

국가환경종합계획: 20년마다 수립

2 자연환경보전기본계획

자연환경보전법 제8조 【자연환경보전기본계획의 수립】 ① 환경부장관은 전국의 자연환경보전을 위한 기본계획(이하 '자연환경보전기본계획'이라 한다)을 **10년마다 수립하여야** 한다.

자연환경보전기본계획: 10년마다 수립

Ⅴ 환경영향평가제

1 의의

환경영향평가법 제2조 【정의】 이 법에서 사용하는 용어의 뜻은 다음과 같다.
1. '전략환경영향평가'란 환경에 영향을 미치는 계획을 수립할 때에 환경보전계획과의 부합 여부 확인 및 대안의 설정·분석 등을 통하여 환경적 측면에서 해당 계획의 적정성 및 입지의 타당성 등을 검토하여 국토의 지속가능한 발전을 도모하는 것을 말한다.
2. '환경영향평가'란 환경에 영향을 미치는 실시계획·시행계획 등의 허가·인가·승인·면허 또는 결정 등(이하 '승인등'이라 한다)을 할 때에 해당 사업이 환경에 미치는 영향을 미리 조사·예측·평가하여 해로운 환경영향을 피하거나 제거 또는 감소시킬 수 있는 방안을 마련하는 것을 말한다.
3. '소규모 환경영향평가'란 환경보전이 필요한 지역이나 난개발이 우려되어 계획적 개발이 필요한 지역에서 개발사업을 시행할 때에 입지의 타당성과 환경에 미치는 영향을 미리 조사·예측·평가하여 환경보전방안을 마련하는 것을 말한다.
4. '환경영향평가등'이란 전략환경영향평가, 환경영향평가 및 소규모 환경영향평가를 말한다.

OX 환경영향평가제도는 사전배려의 원칙이 구체화된 것이다. (O)

OX 대법원은 환경영향평가제도에 의해 보호되는 주민의 이익을 법률상 이익으로 보고 있다. (O)

OX 환경영향평가 대상지역 내의 주민에게 당해 사업계획승인의 취소를 구할 법률상 이익이 있다고 한 대법원 판례가 있다. (O)

환경영향평가제도는 사전배려의 원칙이 구체화된 것으로서, 이에 의해 보호되는 주민의 이익도 법률상 이익이다.

판례

공유수면매립면허처분과 농지개량사업시행인가처분의 근거법규 또는 관련법규가 되는 구 공유수면매립법, 구 농촌근대화촉진법, 구 환경보전법, 구 환경정책기본법의 각 관련 규정의 취지는, 공유수면매립과 농지개량사업시행으로 인하여 **직접적이고 중대한 환경피해를 입으리라고 예상되는 환경영향평가 대상지역 안의 주민들**이 전과 비교하여 수인한도를 넘는 환경침해를 받지 아니하고 쾌적한 환경에서 생활할 수 있는 개별적 이익까지도 이를 보호하려는 데에 있다고 할 것이므로, 위 **주민들이 공유수면매립면허처분 등과 관련하여 갖고 있는 위와 같은 환경상의 이익은 주민 개개인에 대하여 개별적으로 보호되는 직접적·구체적 이익으로서 그들에 대하여는 특단의 사정이 없는 한 환경상의 이익에 대한 침해 또는 침해우려가 있는 것으로 사실상 추정되어 공유수면매립면허처분 등의 무효확인을 구할 원고적격이 인정**된다. 한편, **환경영향평가 대상지역 밖의 주민이라 할지라도 공유수면매립면허처분 등으로 인하여 그 처분 전과 비교하여 수인한도를 넘는 환경피해를 받거나 받을 우려가 있는 경우**에는, 공유수면매립면허처분 등으로 인하여 환경상 이익에 대한 침해 또는 침해우려가 있다는 것을 입증함으로써 그 처분 등의 무효확인을 구할 원고적격을 인정받을 수 있다(대판 전합 2006.3.16. 2006두330).

2 환경영향평가등의 기본원칙

환경영향평가법 제4조【환경영향평가등의 기본원칙】 환경영향평가등은 다음 각 호의 기본원칙에 따라 실시되어야 한다.

1. **환경영향평가등은 보전과 개발이 조화와 균형을 이루는 지속가능한 발전이 되도록 하여야 한다.**
2. 환경보전방안 및 그 대안은 과학적으로 조사·예측된 결과를 근거로 하여 경제적·기술적으로 실행할 수 있는 범위에서 마련되어야 한다.
3. 환경영향평가등의 대상이 되는 계획 또는 사업에 대하여 충분한 정보제공 등을 함으로써 환경영향평가 등의 과정에 주민 등이 원활하게 참여할 수 있도록 노력하여야 한다.
4. 환경영향평가등의 결과는 지역주민 및 의사결정권자가 이해할 수 있도록 간결하고 평이하게 작성되어야 한다.
5. **환경영향평가등은 계획 또는 사업이 특정 지역 또는 시기에 집중될 경우에는 이에 대한 누적적 영향을 고려하여 실시되어야 한다.**
6. 환경영향평가등은 계획 또는 사업으로 인한 환경적 위해가 어린이, 노인, 임산부, 저소득층 등 환경유해인자의 노출에 민감한 집단에게 미치는 사회·경제적 영향을 고려하여 실시되어야 한다.

3 전략환경영향평가

(1) 대상

환경영향평가법 제9조 【전략환경영향평가의 대상】 ① 다음 각 호의 어느 하나에 해당하는 계획을 수립하려는 행정기관의 장은 전략환경영향평가를 실시하여야 한다.

1. 도시의 개발에 관한 계획
2. 산업입지 및 산업단지의 조성에 관한 계획
3. 에너지 개발에 관한 계획
4. 항만의 건설에 관한 계획
5. 도로의 건설에 관한 계획
6. 수자원의 개발에 관한 계획
7. 철도(도시철도를 포함한다)의 건설에 관한 계획
8. 공항의 건설에 관한 계획
9. 하천의 이용 및 개발에 관한 계획
10. 개간 및 공유수면의 매립에 관한 계획
11. 관광단지의 개발에 관한 계획
12. 산지의 개발에 관한 계획
13. 특정 지역의 개발에 관한 계획
14. 체육시설의 설치에 관한 계획
15. 폐기물 처리시설의 설치에 관한 계획
16. 국방·군사 시설의 설치에 관한 계획
17. 토석·모래·자갈·광물 등의 채취에 관한 계획
18. 환경에 영향을 미치는 시설로서 대통령령으로 정하는 시설의 설치에 관한 계획

② 제1항에 따른 전략환경영향평가 대상계획(이하 '전략환경영향평가 대상계획'이라 한다)은 그 계획의 성격 등을 고려하여 다음 각 호와 같이 구분한다.

1. 정책계획: 국토의 전 지역이나 일부 지역을 대상으로 개발 및 보전 등에 관한 기본방향이나 지침 등을 일반적으로 제시하는 계획
2. 개발기본계획: 국토의 일부 지역을 대상으로 하는 계획으로서 다음 각 목의 어느 하나에 해당하는 계획
   가. 구체적인 개발구역의 지정에 관한 계획
   나. 개별 법령에서 실시계획 등을 수립하기 전에 수립하도록 하는 계획으로서 실시계획 등의 기준이 되는 계획

제10조 【전략환경영향평가 대상 제외】 제9조에도 불구하고 다음 각 호의 어느 하나에 해당하는 계획에 대하여는 전략환경영향평가를 실시하지 아니할 수 있다.

1. 국방부장관이 군사상 고도의 기밀보호가 필요하거나 군사작전의 긴급한 수행을 위하여 필요하다고 인정하여 환경부장관과 협의한 계획
2. 국가정보원장이 국가안보를 위하여 고도의 기밀보호가 필요하다고 인정하여 환경부장관과 협의한 계획

(2) 평가 항목 · 범위 등의 결정

환경영향평가법 제11조【평가 항목 · 범위 등의 결정】 ② **행정기관 외의 자가 제안하여 수립되는 전략환경영향평가 대상계획의 경우**에는 전략환경영향평가 대상계획을 **제안하는 자가 평가준비서를 작성**하여 전략환경영향평가 대상계획을 수립하는 행정기관의 장에게 전략환경영향평가항목 등을 결정하여 줄 것을 요청하여야 한다.

(3) 전략환경영향평가서 초안에 대한 의견수렴 등

환경영향평가법 제12조【전략환경영향평가서 초안의 작성】 ① 개발기본계획을 수립하는 행정기관의 장은 제11조에 따라 결정된 전략환경영향평가항목 등에 맞추어 전략환경영향평가서 초안을 작성한 후 제13조에 따라 주민 등의 의견을 수렴하여야 한다. 다만, 행정기관 외의 자가 제안하여 수립되는 개발기본계획의 경우에는 개발기본계획을 제안하는 자가 전략환경영향평가서 초안을 작성하여 개발기본계획을 수립하는 행정기관의 장에게 제출하여야 한다.

② 개발기본계획을 수립하는 행정기관의 장은 전략환경영향평가서 초안을 다음 각 호의 자에게 제출하여 의견을 들어야 한다.

1. 환경부장관
2. 승인기관의 장(승인 등을 받아야 하는 계획만 해당한다)
3. 그 밖에 대통령령으로 정하는 관계 행정기관의 장

제13조【주민 등의 의견수렴】 ① 개발기본계획을 수립하려는 행정기관의 장은 개발기본계획에 대한 전략환경영향평가서 초안을 공고·공람하고 설명회를 개최하여 해당 평가 대상지역 주민의 의견을 들어야 한다. 다만, 대통령령으로 정하는 범위의 주민이 공청회의 개최를 요구하면 공청회를 개최하여야 한다.

제14조【주민 등의 의견수렴절차의 생략】 개발기본계획을 수립하려는 행정기관의 장은 다른 법령에 따른 의견수렴절차에서 전략환경영향평가서 초안에 대한 의견을 수렴한 경우에는 제13조에 따른 의견수렴절차를 거치지 아니할 수 있다.

4 환경영향평가

(1) 대상

OX 환경영향평가 대상사업의 범위에 도시개발, 산업단지조성, 에너지 개발, 항만건설, 도로건설, 수자원개발, 철도건설 등은 포함되지만, 산지개발, 특정 지역개발, 체육시설·폐기물처리시설 설치 등은 포함되지 않는다. (×)

환경영향평가법 제22조【환경영향평가의 대상】 ① 다음 각 호의 어느 하나에 해당하는 사업(이하 '환경영향평가 대상사업'이라 한다)을 하려는 자(이하 '사업자'라 한다)는 환경영향평가를 실시하여야 한다.

1. **도시의 개발**사업
2. 산업입지 및 **산업단지의 조성**사업
3. **에너지 개발**사업
4. **항만의 건설**사업
5. **도로의 건설**사업
6. **수자원의 개발**사업
7. **철도(도시철도를 포함한다)의 건설**사업 [08 국회직 8급]

8. 공항의 건설사업
9. 하천의 이용 및 개발 사업
10. 개간 및 공유수면의 매립사업
11. 관광단지의 개발사업 [08 국회직 8급]
12. **산지의 개발**사업
13. **특정 지역의 개발**사업
14. **체육시설의 설치**사업
15. **폐기물 처리시설의 설치**사업
16. 국방·군사시설의 설치사업
17. 토석·모래·자갈·광물 등의 채취사업
18. 환경에 영향을 미치는 시설로서 **대통령령으로 정하는 시설의 설치**사업

제23조 【환경영향평가 대상 제외】 제22조에도 불구하고 다음 각 호의 어느 하나에 해당하는 사업은 환경영향평가 대상에서 제외한다.
1. 「재난 및 안전관리 기본법」 제37조에 따른 응급조치를 위한 사업
2. 국방부장관이 군사상 고도의 기밀보호가 필요하거나 군사작전의 긴급한 수행을 위하여 필요하다고 인정하여 환경부장관과 협의한 사업
3. 국가정보원장이 국가안보를 위하여 고도의 기밀보호가 필요하다고 인정하여 환경부장관과 협의한 사업

(2) 환경영향평가서 초안에 대한 의견수렴

환경영향평가법 제25조 【주민 등의 의견수렴】 ① 사업자는 제24조에 따라 결정된 환경영향평가항목 등에 따라 환경영향평가서 초안을 작성하여 주민 등의 의견을 수렴하여야 한다.

제32조 【재협의】 ① 승인기관장등은 제27조부터 제29조까지의 규정에 따라 협의한 사업계획 등을 변경하는 경우 등 다음 각 호의 어느 하나에 해당하는 경우에는 환경부장관에게 재협의를 요청하여야 한다.
1. 사업계획 등을 승인하거나 사업계획 등을 확정한 후 대통령령으로 정하는 기간 내에 사업을 착공하지 아니한 경우. 다만, 사업을 착공하지 아니한 기간 동안 주변 여건이 경미하게 변한 경우로서 승인기관장 등이 환경부장관과 협의한 경우는 그러하지 아니하다.
2. 환경영향평가 대상사업의 면적·길이 등을 대통령령으로 정하는 규모 이상으로 증가시키는 경우
3. 제29조 또는 제31조에 따라 통보받은 협의 내용에서 원형대로 보전하거나 제외하도록 한 지역을 대통령령으로 정하는 규모 이상으로 개발하거나 그 위치를 변경하는 경우
4. 대통령령으로 정하는 사유가 발생하여 협의 내용에 따라 사업계획 등을 시행하는 것이 맞지 아니하는 경우

OX 환경영향평가법상 환경영향평가의 내용에 대해 승인기관의 장이 환경부장관과의 재협의를 거쳐 사업계획승인처분을 한 경우, 주민의 의견수렴절차를 다시 거치지 않았다는 것만으로는 그 처분이 위법하게 되는 것은 아니다. (×)

(3) 환경영향평가서의 작성

환경영향평가법 제27조 【환경영향평가서의 작성 및 협의 요청 등】 ① 승인기관장등은 환경영향평가 대상사업에 대한 승인등을 하거나 환경영향평가 대상사업을 확정하기 전에 환경부장관에게 협의를 요청하여야 한다. 이 경우 승인기관의 장은 환경영향평가서에 대한 의견을 첨부할 수 있다.

② **승인등을 받지 아니하여도 되는 사업자는** 제1항에 따라 **환경부장관에게 협의를 요청할 경우 환경영향평가서를 작성하여야 하며, 승인등을 받아야 하는 사업자는 환경영향평가서를 작성하여 승인기관의 장에게 제출하여야 한다.**

> **OX** 환경영향평가서의 작성 주체는 환경영향평가의 대상사업을 추진하는 사업자 및 그 대행자에 대한 감독행정청이다. (×)

> **OX** 환경영향평가서는 관할 행정청이 이를 작성하여야 하며 기술 인력·시설 및 장비를 갖추어 작성하여야 한다. (×)

제53조 【환경영향평가의 대행 등】 ① 환경영향평가등을 하려는 자는 다음 각 호의 서류(이하 '환경영향평가서 등'이라 한다)를 작성할 때에는 제54조 제1항에 따라 환경영향평가업의 등록을 한 자(이하 '환경영향평가업자'라 한다)에게 그 작성을 대행하게 할 수 있다.

1. 환경영향평가 등의 평가서 초안 및 평가서
2. 사후환경영향조사서
3. 약식평가서
4. 제33조에 따른 환경보전방안

제54조 【환경영향평가업의 등록】 ① 환경영향평가등을 대행하는 사업(이하 '환경영향평가업'이라 한다)을 하려는 자는 환경영향평가사 등의 기술인력과 시설 및 장비를 갖추어 환경부장관에게 등록을 하여야 한다.

제55조 【결격사유】 다음 각 호의 어느 하나에 해당하는 자는 환경영향평가업의 등록을 할 수 없다.

1. 피성년후견인 또는 피한정후견인
2. 파산선고를 받고 복권되지 아니한 사람
3. 제58조에 따라 등록이 취소(이 조 제1호 또는 제2호에 해당하여 등록이 취소된 경우는 제외한다)된 날부터 2년(제58조 제1항 제4호에 따라 등록이 취소된 경우는 6개월)이 지나지 아니한 자
4. 이 법을 위반하여 징역 이상의 실형을 선고받고 그 형의 집행이 끝나거나(집행이 끝난 것으로 보는 경우를 포함한다) 집행을 받지 아니하기로 확정된 날부터 2년이 지나지 아니한 사람
5. 대표자 또는 임원 중 제1호부터 제4호까지의 어느 하나에 해당하는 사람이 있는 법인

(4) 사전공사의 금지

환경영향평가법 제34조 【사전공사의 금지 등】 ① 사업자는 제27조부터 제29조까지 및 제31조부터 제33조까지의 규정에 따른 협의·재협의 또는 변경협의의 절차를 거치지 아니하거나 절차가 끝나기 전(공사가 일부 진행되는 과정에서 재협의 또는 변경협의의 사유가 발생한 경우에는 재협의 또는 변경협의의 절차가 끝나기 전을 말한다)에 환경영향평가 대상사업의 공사를 하여서는 아니 된다. 다만, 다음 각 호의 어느 하나에 해당하는 공사의 경우에는 그러하지 아니하다.

1. 제27조부터 제31조까지의 규정에 따른 협의를 거쳐 승인 등을 받은 지역으로서 재협의나 변경협의의 대상에 포함되지 아니한 지역에서 시행되는 공사

2. 착공을 준비하기 위한 현장사무소 설치 공사 또는 다른 법령에 따른 의무를 이행하기 위한 공사 등 환경부령으로 정하는 경미한 사항에 대한 공사

② 승인기관의 장은 제27조부터 제33조까지의 규정에 따른 협의·재협의 또는 변경협의의 절차가 끝나기 전에 사업계획 등에 대한 승인 등을 하여서는 아니 된다.

③ 승인기관의 장은 승인 등을 받아야 하는 사업자가 제1항을 위반하여 공사를 시행하였을 때에는 해당 사업의 전부 또는 일부에 대하여 공사중지를 명하여야 한다.

판례

환경영향평가법 제34조 제1항 본문, 제3항, 제73조 제1호 및 제74조 제2항 제2호의 내용, 형식 및 체계에 비추어 보면, 환경영향평가법 제28조 제1항 본문이 환경영향평가절차가 완료되기 전에 공사시행을 금지하고, 제73조 제1호 및 제74조 제2항 제2호가 그 위반행위에 대하여 형사처벌을 하도록 한 것은 환경영향평가의 결과에 따라 사업계획 등에 대한 승인 여부를 결정하고, 그러한 사업계획 등에 따라 공사를 시행하도록 하여 당해 사업으로 인한 해로운 환경영향을 피하거나 줄이고자 하는 환경영향평가제도의 목적을 달성하기 위한 데에 입법취지가 있다. 따라서 **사업자가 이러한 사전 공사시행 금지규정을 위반하였다고 하여 승인기관의 장이 한 사업계획 등에 대한 승인 등의 처분이 위법하게 된다고는 볼 수 없다**(대판 2014.3.13, 2012두1006).

사업자가 사전공사시행 금지규정을 위반하였다고 하여 승인기관의 장이 한 사업계획 등에 대한 승인 등의 처분이 위법하게 되는 것은 아니다.

(5) 시·도의 조례에 따른 환경영향평가

환경영향평가법 제42조 【시·도의 조례에 따른 환경영향평가】 ① 특별시·광역시·도·특별자치도 또는 인구 50만 이상의 시(이하 '시·도'라 한다)는 환경영향평가 대상사업의 종류 및 범위에 해당하지 아니하는 사업으로서 대통령령으로 정하는 범위에 해당하는 사업에 대하여 지역 특성 등을 고려하여 환경영향평가를 실시할 필요가 있다고 인정하면 **해당 시·도의 조례로 정하는 바에 따라 그 사업을 시행하는 자로 하여금 환경영향평가를 실시하게 할 수 있다.** 다만, 제43조에 따른 소규모 환경영향평가 대상사업에 해당하는 경우에는 그러하지 아니하다.

② 인구 50만 이상의 시의 경우에는 그 지역을 관할하는 도가 환경영향평가의 실시에 관한 조례를 정하지 아니한 경우에만 **해당 시의 조례로 정하는 바에 따라** 환경영향평가를 실시할 수 있다.

③ 제1항 및 제2항에 따라 환경영향평가를 실시하는 경우의 환경영향평가 분야 및 세부항목, 환경영향평가서의 작성 및 의견수렴과 환경영향평가서의 협의 및 협의 내용의 관리 등의 절차, 그 밖에 필요한 사항은 해당 시·도의 조례로 정한다.

5 소규모 환경영향평가

(1) 대상

환경영향평가법 제43조 【소규모 환경영향평가의 대상】 ① 다음 각 호 모두에 해당하는 개발사업(이하 '소규모 환경영향평가 대상사업'이라 한다)을 하려는 자(이하 '사업자'라 한다)는 소규모 환경영향평가를 실시하여야 한다.

1. 보전이 필요한 지역과 난개발이 우려되어 환경보전을 고려한 계획적 개발이 필요한 지역으로서 대통령령으로 정하는 지역(이하 '보전용도지역'이라 한다)에서 시행되는 개발사업
2. 환경영향평가 대상사업의 종류 및 범위에 해당하지 아니하는 개발사업으로서 대통령령으로 정하는 개발사업

② 제1항에도 불구하고 다음 각 호의 어느 하나에 해당하는 개발사업은 소규모 환경영향평가 대상에서 제외한다.
1. 「재난 및 안전관리 기본법」 제37조에 따른 응급조치를 위한 사업
2. 국방부장관이 군사상 고도의 기밀보호가 필요하거나 군사작전의 긴급한 수행을 위하여 필요하다고 인정하여 환경부장관과 협의한 개발사업
3. 국가정보원장이 국가안보를 위하여 고도의 기밀보호가 필요하다고 인정하여 환경부장관과 협의한 개발사업

(2) 소규모 환경영향평가서의 작성

환경영향평가법 제44조 【소규모 환경영향평가서의 작성 및 협의 요청 등】 ① 승인등을 받아야 하는 사업자는 소규모 환경영향평가 대상사업에 대한 승인등을 받기 전에 소규모 환경영향평가서를 작성하여 승인기관의 장에게 제출하여야 한다.

② 승인기관장등은 소규모 환경영향평가 대상사업에 대한 승인 등을 하거나 대상사업을 확정하기 전에 환경부장관에게 소규모 환경영향평가서를 제출하고 소규모 환경영향평가에 대한 협의를 요청하여야 한다.

③ 승인등을 받아야 하는 사업자 및 승인기관장등은 다음 각 호의 어느 하나에 해당하면 제1항 및 제2항에 따른 소규모 환경영향평가서의 작성 및 협의요청을 생략할 수 있다.
1. 소규모 환경영향평가 대상사업이 환경부장관과 협의를 거쳐 확정되거나 승인등을 받고 취소 또는 실효된 경우로서 협의 내용을 통보받은 날부터 대통령령으로 정하는 기간을 경과하지 아니한 경우
2. 소규모 환경영향평가 대상사업이 환경부장관과 협의를 거친 후 지연 중인 경우로서 협의 내용을 통보받은 날부터 대통령령으로 정하는 기간을 경과하지 아니한 경우

6 환경영향평가의 하자

(1) 환경영향평가 자체를 결여한 경우

환경영향평가의 대상사업임에도 불구하고 환경영향평가 그 자체를 결여하고 이루어진 대상사업에 대한 승인은 무효이다.

관련 법률에 따라 요구되는 환경영향평가절차를 거치지 않고 한 사업계획승인 처분은 당연무효이다.

판례

1. **환경영향평가를 거쳐야 할 대상사업에 대하여 환경영향평가를 거치지 아니하였음에도 불구하고 승인 등 처분이 이루어진다면**, 사전에 환경영향평가를 함에 있어 평가대상지역 주민들의 의견을 수렴하고 그 결과를 토대로 하여 환경부장관과의 협의내용을 사업계획에 미리 반영시키는 것 자체가 원천적으로 봉쇄되는바, **이렇게 되면 환경파괴를 미연에 방지하고 쾌적한 환경을 유지·조성하기 위하여 환경영향평가제도를 둔 입법취지를 달성할 수**

없게 되는 결과를 초래할 뿐만 아니라 **환경영향평가 대상지역 안의 주민들의 직접적이고 개별적인 이익을 근본적으로 침해**하게 되므로, 이러한 **행정처분의 하자는 법규의 중요한 부분을 위반한 중대한 것이고 객관적으로도 명백한 것이라고 하지 않을 수 없어, 이와 같은 행정처분은 당연무효**이다(대판 2006.6.30. 2005두14363).

2. 환경정책기본법의 규정취지는 대상사업이 환경을 해치지 아니하는 방법으로 시행되도록 함으로써 당해 사업과 관련된 환경공익을 보호하려는 데 그치는 것이 아니라, 당해 사업으로 인하여 직접적이고 중대한 환경피해를 입으리라고 예상되는 사전환경성검토협의 대상지역 내의 주민들이 전과 비교하여 수인한도를 넘는 환경침해를 받지 아니하고 쾌적한 환경에서 생활할 수 있는 개별적 이익까지도 보호하려는 데에 있다 할 것인데, **사전환경성검토협의를 거쳐야 할 대상사업에 대하여 사전환경성검토협의를 거치지 아니하였음**에도 승인 등 처분이 이루어진다면 **환경파괴를 미연에 방지하고 쾌적한 환경을 유지·조성하기 위하여 사전환경성검토협의제도를 둔 입법목적을 달성할 수 없게 되는 결과를 초래할 뿐만 아니라 사전환경성검토협의 대상지역 안의 주민들의 직접적이고 개별적인 이익을 근본적으로 침해**하게 되므로, **이러한 행정처분의 하자는 법규의 중요한 부분을 위반한 중대한 것이라고 하지 않을 수 없다.** 그러나 행정청이 사전환경성검토협의를 거쳐야 할 대상사업에 관하여 법의 해석을 잘못한 나머지 세부용도지역이 지정되지 않은 개발사업부지에 대하여 사전환경성검토협의를 할지 여부를 결정하는 절차를 생략한 채 승인 등의 처분을 한 경우, 그 하자가 객관적으로 명백하다고 할 수는 없다(대판 2009.9.24. 2009두2825).

OX 판례는 환경영향평가의 결여를 중대한 하자로 보지만 사전환경성검토협의의 결여는 중대한 하자로 보지 않는다. (×)

(2) 절차상 하자

① 환경영향평가법상 거쳐야 할 주민의견수렴절차가 행해지지 않았거나 환경부장관과의 협의절차를 거치지 않은 경우 또는 환경부장관의 반대에도 불구하고 환경영향평가 대상사업에 대한 사업계획의 승인을 한 경우 등이 이에 해당한다.

② 이 경우 환경영향평가법상의 절차를 전혀 거치지 않은 경우에 당해 승인처분은 위법하다고 볼 것이지만, **절차를 거친 이상 그에 반하는 처분을 하였다는 것만으로는 위법하다고 볼 수 없다.**

환경영향평가의 내용이 환경영향평가를 하지 아니한 정도로 부실하지 않은 경우, 승인기관의 장이 환경부장관과의 협의를 거쳤다면 당해 환경영향평가에 근거한 사업계획승인처분이 위법하다고 할 수 없다.

판례

국립공원 관리청이 국립공원 집단시설지구개발사업과 관련하여 그 시설물기본설계 변경승인처분을 함에 있어서 환경부장관과의 협의를 거친 이상, 환경영향평가서의 내용이 환경영향평가제도를 둔 입법취지를 달성할 수 없을 정도로 심히 부실하다는 등의 특별한 사정이 없는 한, **공원관리청이 환경부장관의 환경영향평가에 대한 의견에 반하는 처분을 하였다고 하여 그 처분이 위법하다고 할 수는 없다**(대판 2001.7.27. 99두2970).

OX 판례에 따르면 환경영향평가에 대한 의견에 반하는 처분인 경우 소정의 절차를 밟았다고 하더라도 절차상 하자를 이유로 위법하다고 판단해야 한다. (×)

(3) 실체상 하자

① 환경영향평가서가 부실하게 작성되어 제출되고 그 부실이 환경부장관의 협의과정에서 보완되지 않은 경우가 이에 해당한다.

② 이 경우에는 그 **하자의 경중에 따라 위법성 여부를 판단해야 한다.**

OX 대법원은 환경영향평가 내용의 부실 정도에 따라 그 대상사업에 대한 승인처분의 위법성을 달리 판단하고 있다. (O)

OX 법령상 환경영향평가 대상사업에 대하여 환경영향평가를 부실하게 거쳐 사업승인을 하였다면, 그러한 부실로 인하여 당연히 승인처분은 위법하게 된다. (×)

OX 대법원 판례는 환경영향평가의 실체상 하자가 있으면, 당연히 당해 승인 등의 처분이 위법하다고 본다. (×)

OX 판례에 따르면 당해 사업으로 인해 충분히 예상되는 환경피해방지를 위한 구체적 대책 및 계획을 설시하지 않은 사례와 같이 환경영향평가서에 내용상 하자가 있는 경우 일괄적으로 그 하자의 위법성을 인정해야 한다. (×)

환경정책기본법: 배출부과금에 관한 규정(×)

판례

환경영향평가법령에서 정한 환경영향평가를 거쳐야 할 대상사업에 대하여 그러한 환경영향평가를 거치지 아니하였음에도 승인 등 처분을 하였다면 그 처분은 위법하다 할 것이나, 그러한 **절차를 거쳤다면, 비록 그 환경영향평가의 내용이 다소 부실하다 하더라도, 그 부실의 정도가 환경영향평가제도를 둔 입법취지를 달성할 수 없을 정도이어서 환경영향평가를 하지 아니한 것과 다를 바 없는 정도의 것이 아닌 이상, 그 부실은 당해 승인 등 처분에 재량권 일탈·남용의 위법이 있는지 여부를 판단하는 하나의 요소로 됨에 그칠 뿐, 그 부실로 인하여 당연히 당해 승인 등 처분이 위법하게 되는 것이 아니다**(대판 전합 2006.3.16, 2006두330).

Ⅵ 사후적 환경규제조치

1 배출부과금

(1) 대기환경보전법상의 배출부과금

대기환경보전법 제35조 【배출부과금의 부과·징수】 ① 환경부장관 또는 시·도지사는 대기오염물질로 인한 대기환경상의 피해를 방지하거나 줄이기 위하여 다음 각 호의 어느 하나에 해당하는 자에 대하여 배출부과금을 부과·징수한다.

1. 대기오염물질을 배출하는 사업자(제29조에 따른 공동 방지시설을 설치·운영하는 자를 포함한다)
2. 제23조 제1항부터 제3항까지의 규정에 따른 허가·변경허가를 받지 아니하거나 신고·변경신고를 하지 아니하고 배출시설을 설치 또는 변경한 자

② 제1항에 따른 배출부과금은 다음 각 호와 같이 구분하여 부과한다.

1. 기본부과금: 대기오염물질을 배출하는 사업자가 배출허용기준 이하로 배출하는 대기오염물질의 배출량 및 배출농도 등에 따라 부과하는 금액
2. 초과부과금: 배출허용기준을 초과하여 배출하는 경우 대기오염물질의 배출량과 배출농도 등에 따라 부과하는 금액

③ 환경부장관 또는 시·도지사는 제1항에 따라 배출부과금을 부과할 때에는 다음 각 호의 사항을 고려하여야 한다.

1. **배출허용기준 초과 여부**
2. **배출되는 대기오염물질의 종류**
3. **대기오염물질의 배출기간**
4. **대기오염물질의 배출량**
5. 제39조에 따른 **자가측정을 하였는지 여부**
6. 그 밖에 **대기환경의 오염 또는 개선과 관련되는 사항으로서 환경부령으로 정하는 사항**

⑤ 환경부장관 또는 시·도지사는 제1항에 따른 배출부과금을 내야 할 자가 **납부기한까지 내지 아니하면 가산금을 징수**한다.

⑨ 환경부장관 또는 시·도지사는 배출부과금이나 가산금을 내야 할 자가 납부기한까지 내지 아니하면 국세 체납처분의 예 또는 「지방행정제재·부과금의 징수 등에 관한 법률」에 따라 징수한다.

판례

구 대기환경보전법의 입법목적이나 제반 관계 규정의 취지 등을 고려하면, 법정의 배출허용기준을 초과하는 배출가스를 배출하면서 자동차를 운행하는 행위를 처벌하는 위 법 제57조 제6호의 규정은 자동차의 운행자가 그 자동차에서 배출되는 배출가스가 소정의 운행 자동차 배출허용기준을 초과한다는 점을 실제로 인식하면서 운행한 **고의범의 경우는 물론 과실로 인하여 그러한 내용을 인식하지 못한 과실범의 경우도 함께 처벌하는 규정이다**(대판 1993.9.10. 92도1136).

OX 구 대기환경보전법에 따라 배출허용기준을 초과하는 배출가스를 배출하는 자동차를 운행하는 행위를 처벌하는 규정은 과실범의 경우에는 적용되지 않는다. (×)

(2) 물환경보전법상의 배출부과금

물환경보전법 제41조【배출부과금】 ① 환경부장관은 수질오염물질로 인한 수질오염 및 수생태계 훼손을 방지하거나 감소시키기 위하여 수질오염물질을 배출하는 사업자(공공폐수처리시설, 공공하수처리시설 중 환경부령으로 정하는 시설을 운영하는 자를 포함한다) 또는 제33조 제1항부터 제3항까지의 규정에 따른 허가·변경허가를 받지 아니하거나 신고·변경신고를 하지 아니하고 배출시설을 설치하거나 변경한 자에게 배출부과금을 부과·징수한다. 이 경우 배출부과금은 다음 각 호와 같이 구분하여 부과하되, 그 산정방법과 산정기준 등에 관하여 필요한 사항은 대통령령으로 정한다.

1. 기본배출부과금
   가. 배출시설(폐수무방류배출시설은 제외한다)에서 배출되는 폐수 중 수질오염물질이 제32조에 따른 배출허용기준 이하로 배출되나 방류수 수질기준을 초과하는 경우
   나. 폐수종말처리시설 또는 공공하수처리시설에서 배출되는 폐수 중 수질오염물질이 방류수 수질기준을 초과하는 경우
2. 초과배출부과금
   가. 수질오염물질이 제32조에 따른 배출허용기준을 초과하여 배출되는 경우
   나. 수질오염물질이 공공수역에 배출되는 경우(폐수무방류배출시설에 한정한다)

② 제1항에 따라 배출부과금을 부과할 때에는 다음 각 호의 사항을 고려하여야 한다.

1. 제32조에 따른 배출허용기준 초과 여부
2. 배출되는 수질오염물질의 종류
3. 수질오염물질의 배출기간
4. 수질오염물질의 배출량
5. 제46조에 따른 자가측정 여부
6. 그 밖에 수질환경의 오염 또는 개선과 관련되는 사항으로서 환경부령으로 정하는 사항

④ 환경부장관은 제1항에 따라 배출부과금을 내야 할 자가 정하여진 기한까지 **내지 아니하면 가산금을 징수**한다.

⑧ 환경부장관 또는 제7항에 따른 시·도지사는 배출부과금이나 가산금을 내야 할 자가 정하여진 기한까지 **내지 아니하면 국세 체납처분의 예 또는 「지방행정제재·부과금의 징수 등에 관한 법률」에 따라 징수**한다.

(3) 효과

① 동일한 위반행위에 대해서는 배출부과금을 반복하여 부과할 수 없다.

② 배출부과금 또는 그에 대한 가산금을 납부하지 아니하면 강제징수할 수 있도록 함이 원칙이다(대기환경보전법 제35조 제9항, 물환경보전법 제41조 제8항).

배출부과금
① **동일한 위반행위**: 반복 부과(×)
② **배출부과금 또는 그에 대한 가산금의 불납**: 강제징수(○)

OX 배출부과금, 환경개선부담금, 환경보전이익분담금, 환경기준, 환경영향평가제도 중 현행법상 환경보호수단이 아닌 것은 환경보전이익분담금이다. (O)

해양환경개선부담금은 금전적 부담의 부과를 통하여 간접적으로 국민의 행위를 일정한 정책적 방향으로 유도하기 위한 것으로 그 입법목적의 정당성이 인정된다.

2 부담금

(1) 환경개선부담금

환경개선비용 부담법 제9조 【환경개선부담금의 부과 · 징수】 ① 환경부장관은 경유를 연료로 사용하는 자동차의 소유자로부터 환경개선부담금을 부과·징수한다.

판례

해양환경개선부담금은 수산자원 보호를 위한 해양환경개선 등에 필요한 재원을 확보하기 위하여 설치된 수산발전기금의 재원을 안정적으로 확보하기 위하여 설립되었고 우리나라가 원칙적으로 해양투기금지라는 해양폐기물관리정책을 추진하면서 육상처리비용보다 해양배출이 저렴하다는 경제적 이유로 급격히 증가하고 있는 해양배출을 억제하기 위해 부담금이라는 금전적 부담의 부과를 통하여 간접적으로 국민의 행위를 일정한 정책적 방향으로 유도하기 위한 것으로 그 **입법목적의 정당성이 인정된다**(헌재 2007.12.27. 2006헌바25).

(2) 수질개선부담금

먹는물관리법 제31조 【수질개선부담금의 부과 · 징수】 ① 환경부장관은 공공의 지하수자원을 보호하고 먹는물의 수질개선에 이바지하도록 제9조에 따라 샘물등의 개발허가를 받은 자, 먹는샘물등의 제조업자 및 수입판매업자에게 수질개선부담금을 부과·징수할 수 있다.

(3) 공공폐수처리시설 설치부담금

물환경보전법 제48조의2 【공공폐수처리시설의 설치 부담금의 부과 · 징수】 ① 제48조에 따라 공공폐수처리시설을 설치·운영하는 자(이하 '시행자'라 한다)는 그 시설의 설치에 드는 비용의 전부 또는 일부에 충당하기 위하여 원인자로부터 공공폐수처리시설의 설치 부담금을 부과·징수할 수 있다.

3 허가의 취소 등

대기환경보전법 제36조 【허가의 취소 등】 ① 환경부장관 또는 시·도지사는 사업자가 다음 각 호의 어느 하나에 해당하는 경우에는 배출시설의 설치허가 또는 변경허가를 취소하거나 배출시설의 폐쇄를 명하거나 6개월 이내의 기간을 정하여 배출시설 조업정지를 명할 수 있다. 다만, 제1호·제2호·제10호·제11호 또는 제18호부터 제20호까지의 어느 하나에 해당하면 배출시설의 설치허가 또는 변경허가를 취소하거나 폐쇄를 명하여야 한다.

1. 거짓이나 그 밖의 부정한 방법으로 허가·변경허가를 받은 경우
2. 거짓이나 그 밖의 부정한 방법으로 신고·변경신고를 한 경우

18. 조업정지기간 중에 조업을 한 경우

20. 배출시설을 설치·운영하던 사업자가 사업을 하지 아니하기 위하여 해당 시설을 철거한 경우

4 그 밖의 환경규제조치

① 개선명령(대기환경보전법 제33조, 물환경보전법 제39조)
② 조업정지명령(대기환경보전법 제34조, 물환경보전법 제40조)
③ 과징금처분(대기환경보전법 제37조, 물환경보전법 제43조)
④ 배출시설의 폐쇄명령(대기환경보전법 제38조, 물환경보전법 제44조)

OX 물환경보전법상 개선명령, 조업정지명령, 배출시설의 폐쇄명령, 배출부과금은 수질오염배출 규제수단으로 규정되어 있으나, 배상명령은 규정되어 있지 않다. (○)

Ⅶ 환경분쟁에 대한 권리구제

1 환경분쟁조정제도

(1) 의의

① 환경분쟁조정제도는 환경오염 피해로 인한 분쟁을 신속하게 해결하기 위한 제도이다.
② 즉, 국가 및 지방자치단체는 환경오염 또는 환경훼손으로 인한 분쟁이나 그 밖에 환경 관련 분쟁이 발생한 경우에 그 분쟁이 신속하고 공정하게 해결되도록 필요한 시책을 마련하여야 하는데(환경정책기본법 제42조), 이와 같은 필요에 의해 마련된 것이 환경분쟁 조정법상의 환경분쟁조정제도이다.

OX 환경평가분쟁조정은 환경영향평가법상 규정하고 있는 내용이다. (×)

(2) 환경정책기본법상의 환경오염과 환경분쟁조정법상의 환경피해

환경정책기본법 제3조 【정의】 이 법에서 사용하는 용어의 뜻은 다음과 같다.

4. '환경오염'이란 사업활동 및 그 밖의 사람의 활동에 의하여 발생하는 대기오염, 수질오염, 토양오염, 해양오염, **방사능오염**, 소음·진동, 악취, 일조 방해, 인공조명에 의한 빛공해 등으로서 사람의 건강이나 환경에 피해를 주는 상태를 말한다.

환경분쟁 조정법 제2조 【정의】 이 법에서 사용하는 용어의 뜻은 다음과 같다.

1. '환경피해'란 사업활동, 그 밖에 사람의 활동에 의하여 발생하였거나 발생이 예상되는 대기오염, 수질오염, 토양오염, 해양오염, 소음·진동, 악취, **자연생태계 파괴**, 일조 방해, **통풍 방해**, **조망 저해**, 인공조명에 의한 빛공해, **지하수 수위 또는 이동경로의 변화**, 그 밖에 대통령령으로 정하는 원인으로 인한 건강상·재산상·정신상의 피해를 말한다. 다만, **방사능오염으로 인한 피해는 제외**한다.

OX 해양오염, 방사능오염, 악취, 일조방해와 달리, 풍해는 현행 우리나라 환경정책기본법상 규정된 환경오염의 정의에 나열된 것이 아니다. (○)

(3) 환경분쟁조정위원회

1) 설치

환경분쟁 조정법 제4조 【환경분쟁조정위원회의 설치】 제5조에 따른 사무를 관장하기 위하여 환경부에 중앙환경분쟁조정위원회(이하 '중앙조정위원회'라 한다)를 설치하고, 특별시·광역시·특별자치시·도·특별자치도(이하 '시·도'라 한다)에 지방환경분쟁조정위원회(이하 '지방조정위원회'라 한다)를 설치한다.

2) 소관 사무

환경분쟁 조정법 제5조 【환경분쟁조정위원회의 소관 사무】 중앙조정위원회 및 지방조정위원회(이하 '위원회'라 한다)의 소관 사무는 다음 각 호와 같다.

1. 환경분쟁(이하 '분쟁'이라 한다)의 조정. 다만, 다음 각 목의 어느 하나에 해당하는 분쟁의 조정은 해당 목에서 정하는 경우만 해당한다.
   가. 「건축법」 제2조 제1항 제8호의 건축으로 인한 일조 방해 및 조망 저해와 관련된 분쟁: 그 건축으로 인한 다른 분쟁과 복합되어 있는 경우
   나. 지하수 수위 또는 이동경로의 변화와 관련된 분쟁: 공사 또는 작업(「지하수법」에 따른 지하수의 개발·이용을 위한 공사 또는 작업은 제외한다)으로 인한 경우
2. 환경피해와 관련되는 민원의 조사, 분석 및 상담
3. 분쟁의 예방 및 해결을 위한 제도와 정책의 연구 및 건의
4. 환경피해의 예방 및 구제와 관련된 교육, 홍보 및 지원
5. 그 밖에 법령에 따라 위원회의 소관으로 규정된 사항

3) 관할

OX 중앙조정위원회와 지방조정위원회는 분쟁의 재정사무를 관할한다. (○)

환경분쟁 조정법 제6조 【관할】 ① **중앙조정위원회**는 분쟁조정사무 중 다음 각 호의 사항을 관할한다.
1. 분쟁의 재정(제5호에 따른 재정은 제외한다) 및 중재
2. 국가나 지방자치단체를 당사자로 하는 분쟁의 조정
3. 둘 이상의 시·도의 관할 구역에 걸친 분쟁의 조정
4. 제30조에 따른 직권조정
5. 제35조의3 제1호에 따른 원인재정과 제42조 제2항에 따라 원인재정 이후 신청된 분쟁의 조정
6. 그 밖에 대통령령으로 정하는 분쟁의 조정

② **지방조정위원회**는 해당 시·도의 관할 구역에서 발생한 분쟁의 조정사무 중 **제1항 제2호부터 제6호까지의 사무 외의 사무**를 관할한다. 다만, 제1항 제1호의 경우에는 일조 방해, 통풍 방해, 조망 저해로 인한 분쟁은 제외한 것으로서 대통령령으로 정하는 분쟁의 재정 및 중재만 해당한다.

4) 위원회의 구성

환경분쟁 조정법 제7조 【위원회의 구성 등】 ① 중앙조정위원회는 위원장 1명을 포함한 30명 이내의 위원으로 구성하며, 그중 상임위원은 3명 이내로 한다.
② 지방조정위원회는 위원장 1명을 포함한 20명 이내의 위원으로 구성하며, 그중 상임위원은 1명을 둘 수 있다.
③ 위원회 위원의 임기는 2년으로 하며, 연임할 수 있다.

5) 사무국

OX 분쟁의 조정에 필요한 사실조사와 인과관계의 규명을 위해 환경분쟁조정위원회 사무국에 심사관을 둔다. (○)

환경분쟁 조정법 제13조 【사무국】 ① 위원회의 사무를 처리하기 위하여 위원회에 사무국을 둘 수 있다.
② 사무국에는 다음 각 호의 사무를 분장할 심사관을 둔다.
1. **분쟁의 조정에 필요한 사실조사와 인과관계의 규명**
2. 환경피해액의 산정 및 산정기준의 연구·개발
3. 그 밖에 위원회의 위원장이 지정하는 사항

(4) 조정의 신청 등과 당사자

1) 조정의 신청과 직권조정

> **환경분쟁 조정법 제16조【조정의 신청 등】** ① 조정을 신청하려는 자는 제6조에 따른 관할 위원회에 알선·조정·재정 또는 중재 신청서를 제출하여야 한다.
>
> **제26조【환경단체의 조정신청】** ① 다음 각 호의 요건을 모두 갖춘 환경단체는 중대한 자연생태계 파괴로 인한 피해가 발생하였거나 발생할 위험이 현저한 경우에는 위원회의 허가를 받아 분쟁 당사자를 대리하여 위원회에 조정을 신청할 수 있다.
> 1. 「민법」 제32조에 따라 환경부장관의 허가를 받아 설립된 비영리법인일 것
> 2. 정관에 따라 환경보호 등 공익의 보호와 증진을 목적으로 하는 단체일 것
> 3. 그 밖에 대통령령으로 정하는 요건에 해당할 것
>
> **제30조【직권조정】** ① **중앙조정위원회는 환경오염으로 인한 사람의 생명·신체에 대한 중대한 피해**, 제2조 제2호의 **환경시설의 설치 또는 관리와 관련된 다툼 등 사회적으로 파급효과가 클 것으로 우려되는 분쟁**에 대하여는 당사자의 신청이 없는 경우에도 **직권으로 조정절차를 시작**할 수 있다.

OX 지방조정위원회는 사회적으로 중대한 영향을 미칠 환경피해가 발생한 경우에는 직권으로 조정절차를 개시할 수 있다. (×)

2) 선정대표자 · 대리인

> **환경분쟁 조정법 제19조【선정대표자】** ① 다수인이 공동으로 조정의 당사자가 되는 경우에는 그중에서 **3명 이하의 대표자를 선정**할 수 있다.
> ④ 대표자가 선정되었을 때에는 다른 당사자들은 그 선정대표자를 통하여만 해당 사건에 관한 행위를 할 수 있다.
>
> **제22조【대리인】** ① 당사자는 다음 각 호에 해당하는 사람을 대리인으로 선임할 수 있다.
> 1. 당사자의 배우자, 직계존비속 또는 형제자매
> 2. 당사자인 법인의 임직원
> 3. 변호사
> 4. 환경부장관 또는 지방자치단체의 장이 지명하는 소속 공무원

(5) 조정절차 및 효력

1) 절차의 비공개

> **환경분쟁 조정법 제25조【절차의 비공개】** 위원회가 수행하는 조정의 절차는 이 법에 특별한 규정이 있는 경우를 제외하고는 **공개하지 아니한다.**

2) 조정위원회의 조사권

> **환경분쟁 조정법 제32조【조정위원회의 조사권 등】** ① 조정위원회는 **분쟁의 조정을 위하여 필요하다고 인정할 때**에는 조정위원회의 위원 또는 심사관으로 하여금 당사자가 점유하고 **있는 공장, 사업장 또는 그 밖에 사건과 관련된 장소에 출입하여 관계 문서 또는 물건을 조사·열람 또는 복사하도록 하거나 참고인의 진술을 들을 수 있도록** 할 수 있다.

3) 조정의 성립

환경분쟁 조정법 제33조 【조정의 성립】 ① 조정은 당사자 간에 합의된 사항을 조서에 적음으로써 성립한다.
② 조정위원회가 제1항에 따른 조서를 작성하였을 때에는 지체 없이 조서의 정본(正本)을 당사자나 대리인에게 송달하여야 한다.

4) 조정결정

환경분쟁 조정법 제33조의2 【조정결정】 ① 조정위원회는 당사자 간에 합의가 이루어지지 아니한 경우로서 신청인의 주장이 이유 있다고 판단되는 경우에는 당사자들의 이익과 그 밖의 모든 사정을 고려하여 신청 취지에 반하지 아니하는 한도에서 조정을 갈음하는 결정(이하 '조정결정'이라 한다)을 할 수 있다.
② 조정결정은 문서로써 하여야 한다.
③ 조정위원회가 조정결정을 하였을 때에는 지체 없이 조정결정문서의 정본을 당사자나 대리인에게 송달하여야 한다.
④ 당사자는 제3항에 따른 조정결정문서 정본을 송달받은 날부터 14일 이내에 불복 사유를 명시하여 서면으로 이의신청을 할 수 있다.

5) 조정을 하지 아니하는 경우

환경분쟁 조정법 제34조 【조정을 하지 아니하는 경우】 ① 조정위원회는 해당 분쟁이 그 성질상 조정을 하기에 적당하지 아니하다고 인정하거나 당사자가 부당한 목적으로 조정을 신청한 것으로 인정할 때에는 조정을 하지 아니할 수 있다.
② 조정위원회는 제1항에 따라 조정을 하지 아니하기로 결정하였을 때에는 그 사실을 당사자에게 통지하여야 한다.

6) 조정의 종결

환경분쟁 조정법 제35조 【조정의 종결】 ① 조정위원회는 해당 조정사건에 관하여 당사자 간에 합의가 이루어질 가능성이 없다고 인정할 때에는 조정을 하지 아니한다는 결정으로 조정을 종결시킬 수 있다.
② 조정결정에 대하여 제33조의2 제4항에 따른 이의신청이 있는 경우에는 당사자 간의 조정은 종결된다.
③ 조정절차가 진행 중인 분쟁에 대하여 재정 또는 중재 신청이 있으면 그 조정은 종결된다.
④ 조정위원회는 제1항 또는 제2항에 따라 조정이 종결되었을 때에는 그 사실을 당사자에게 통지하여야 한다.
⑤ 제4항에 따라 통지를 받은 당사자가 통지를 받은 날부터 30일 이내에 소송을 제기한 경우 시효의 중단 및 제소기간의 계산에 있어서는 조정의 신청을 재판상의 청구로 본다.

7) 조정의 효력

환경분쟁 조정법 제35조의2【조정의 효력】 제33조 제1항에 따라 성립된 조정과 제33조의2 제4항에 따른 이의신청이 없는 조정결정은 재판상 화해와 동일한 효력이 있다. 다만, 당사자가 임의로 처분할 수 없는 사항에 대해서는 그러하지 아니하다.

(6) 재정

1) 재정의 종류

환경분쟁 조정법 제35조의3【재정의 종류】 이 법에 따른 재정의 종류는 다음 각 호와 같다.
1. 원인재정: 환경피해를 발생시키는 행위와 환경피해 사이의 인과관계 존재 여부를 결정하는 재정
2. 책임재정: 환경피해에 대한 분쟁 당사자 간의 손해배상 등의 책임의 존재와 그 범위 등을 결정하는 재정

2) 재정위원의 지명

환경분쟁 조정법 제36조【재정위원의 지명 등】 ① 재정은 5명의 위원으로 구성되는 위원회(이하 '재정위원회'라 한다)에서 한다. 다만, 다음 각 호에 해당하는 사건의 재정은 해당 호에서 정한 재정위원회에서 할 수 있다.
1. 다수인의 생명·신체에 중대한 피해가 발생한 분쟁이나 제2조 제2호에 따른 환경시설의 설치 또는 관리와 관련된 다툼 등 사회적으로 파급효과가 클 것으로 우려되는 사건으로서 대통령령으로 정하는 사건: 10명 이상의 위원으로 구성되는 재정위원회
2. 대통령령으로 정하는 경미한 사건: 3명의 위원으로 구성되는 재정위원회

④ 재정위원회의 회의는 구성원 전원의 출석으로 개의하고 구성원 과반수의 찬성으로 의결한다.

3) 심문의 공개

환경분쟁 조정법 제37조【심문】 ③ 심문은 **공개하여야 한다.** 다만, 재정위원회가 당사자의 사생활 또는 사업상의 비밀을 유지할 필요가 있다고 인정하거나 절차의 공정을 해칠 염려가 있다고 인정할 때, 그 밖에 공익을 위하여 필요하다고 인정할 때에는 그러하지 아니하다.

OX 분쟁조정절차는 비공개가 원칙이나, 재정위원회의 심문은 공개가 원칙이다. (○)

4) 재정의 효력

환경분쟁 조정법 제42조【재정의 효력 등】 ① 지방조정위원회의 재정위원회가 한 **책임재정에 불복하는 당사자**는 재정문서의 정본이 당사자에게 송달된 날부터 60일 이내에 중앙조정위원회에 책임재정을 신청할 수 있다.
② 재정위원회가 제35조의3 제1호에 따른 원인재정(이하 '원인재정'이라 한다)을 하여 재정문서의 정본을 송달받은 당사자는 이 법에 따른 알선, 조정, 책임재정 및 중재를 신청할 수 있다.

③ 재정위원회가 책임재정을 한 경우에 재정문서의 정본이 당사자에게 송달된 날부터 60일 이내에 당사자 양쪽 또는 어느 한쪽으로부터 그 재정의 대상인 환경피해를 원인으로 하는 소송이 제기되지 아니하거나 그 소송이 철회된 경우 또는 제1항에 따른 신청이 되지 아니한 경우에는 그 재정문서는 재판상 화해와 동일한 효력이 있다. 다만, 당사자가 임의로 처분할 수 없는 사항에 관한 것은 그러하지 아니하다.

판례

[1] 환경분쟁 조정법 제40조 제3항, 제42조 제3항, 제64조 및 민사소송법 제231조, 제225조 제2항의 내용과 재정문서의 정본을 송달받고도 당사자가 60일 이내에 재정의 대상인 환경피해를 원인으로 하는 소송을 제기하지 아니하는 등의 경우 재정문서가 재판상 화해와 동일한 효력이 있으므로 재정의 대상인 환경피해를 원인으로 한 분쟁에서 당사자의 재판청구권을 보장할 필요가 있는 점 등을 종합하면, 환경분쟁 조정법에 의한 재정의 경우 **재정문서의 송달**은 **공시송달의 방법으로는 할 수 없다**.

[2] 청구이의의 소는 채무자가 확정된 종국판결 등 집행권원에 표시된 청구권에 관하여 실체상 사유를 주장하여 집행력의 배제를 구하는 것이므로 유효한 집행권원을 대상으로 한다. 그런데 환경분쟁 조정법에 의하면 재정위원회가 재정을 한 경우 재정문서의 정본이 당사자에게 송달된 것을 전제로 그날부터 60일 이내에 당사자가 재정의 대상인 환경피해를 원인으로 하는 소송을 제기하지 아니하는 등의 경우에 재정문서는 재판상 화해와 동일한 효력이 있으므로, **재정문서의 정본이 당사자에게 송달조차 되지 않은 경우**에는 **유효한 집행권원이 될 수 없고, 따라서 이에 대하여 집행력의 배제를 구하는 청구이의의 소를 제기할 수 없다**(대판 2016.4.15. 2015다201510).

환경분쟁 조정법에 의한 재정의 경우 재정문서의 송달은 공시송달의 방법으로는 할 수 없다.

환경분쟁 조정법에 따라 재정위원회가 재정을 하였으나 재정문서의 정본이 당사자에게 송달되지 않은 경우, 집행력의 배제를 구하는 청구이의의 소를 제기할 수 없다.

5) 소송과의 관계

환경분쟁 조정법 제45조 【소송과의 관계】 ① 재정이 신청된 사건에 대한 소송이 진행 중일 때에는 수소법원은 재정이 있을 때까지 소송절차를 중지할 수 있다.
② 재정위원회는 제1항에 따른 소송절차의 중지가 없는 경우에는 해당 사건의 재정절차를 중지하여야 한다. 다만, 제4항에 따라 원인재정을 하는 경우는 제외한다.
③ 재정위원회는 재정이 신청된 사건과 같은 원인으로 다수인이 관련되는 같은 종류의 사건 또는 유사한 사건에 대한 소송이 진행 중인 경우에는 결정으로 재정절차를 중지할 수 있다.
④ 환경분쟁에 대한 소송과 관련하여 수소법원은 분쟁의 인과관계 여부를 판단하기 위하여 필요한 경우에는 중앙조정위원회에 원인재정을 촉탁할 수 있다. 이 경우 제16조 제1항에 따른 당사자의 신청이 있는 것으로 본다.
⑤ 제4항에 따라 진행되는 원인재정절차에 필요한 비용 중 제63조 제1항에 따라 각 당사자가 부담하여야 하는 비용은 「민사소송비용법」에 따른 소송비용으로 본다.

(7) 중재

1) 중재위원의 지명

> **환경분쟁 조정법 제45조의2【중재위원의 지명 등】** ① 중재는 3명의 위원으로 구성되는 위원회(이하 '중재위원회'라 한다)에서 한다.
> ⑤ 중재위원회의 회의는 구성원 전원의 출석으로 개의하고, 구성원 과반수의 찬성으로 의결한다.

2) 심문의 공개 등

중재위원회의 심문, 조사권, 증거보전, 중재의 방식 등에 관하여는 재정에 관한 규정을 준용한다(환경분쟁 조정법 제45조의3).

3) 중재의 효력

> **환경분쟁 조정법 제45조의4【중재의 효력】** 중재는 양쪽 당사자 간에 법원의 확정판결과 동일한 효력이 있다.

2 행정상 손해전보

(1) 국가배상책임

① 행정청의 환경규제조치는 대개의 경우 재량행위이므로 행정청의 구체적인 환경보호의무를 인정할 수 없다.

② 따라서 행정청의 환경규제권의 불행사로 인한 환경피해에 대해 국가배상책임을 인정하기 어렵다.

③ 다만, 재량이 영(0)으로 수축된 경우 행정청은 특정 행위를 하여야 할 의무를 부담하므로 행정청의 부작위로 손해가 발생하였다면 국가배상책임을 진다.

행정청의 환경규제권의 불행사로 인한 환경피해에 대해 국가배상책임을 인정하기 곤란하나, 재량이 0으로 수축된 경우 행정청의 부작위로 손해가 발생하였다면 국가배상책임이 인정된다.

(2) 손실보상책임

공무원이 환경행정을 적법하게 수행하는 과정에서 개인의 재산권에 특별한 희생을 가한 경우에는 그 손실을 보상해 주어야 한다.

3 행정쟁송

개인에 대한 권익의 침해가 환경행정청의 작위(예컨대, 위법한 배출시설의 허가·위법한 개선명령) 또는 행정개입청구권의 행사에 대한 부작위(예컨대, 환경규제조치의 해태)로 인하여 발생한 경우, 행정심판·행정소송을 통해 권리구제를 받을 수 있다.

4 민사상 손해배상

> **환경정책기본법 제7조【오염원인자 책임원칙】** ① 자기의 행위 또는 사업활동으로 **환경오염 또는 환경훼손의 원인을 발생시킨 자는** 그 오염·훼손을 방지하고 오염·훼손된 환경을 회복·복원할 책임을 지며, **환경오염 또는 환경훼손으로 인한 피해의 구제에 드는 비용을 부담함을** 원칙으로 한다.

제44조【환경오염의 피해에 대한 무과실책임】 ① 환경오염 또는 환경훼손으로 피해가 발생한 경우에는 해당 환경오염 또는 환경훼손의 **원인자가 그 피해를 배상하여야** 한다.
② 환경오염 또는 환경훼손의 **원인자가 둘 이상인 경우**에 어느 원인자에 의하여 제1항에 따른 피해가 발생한 것인지를 **알 수 없을 때에는 각 원인자가 연대하여 배상하여야 한다.**

판례

1. 환경오염의 피해에 대한 책임에 관하여 구 환경정책기본법 제31조 제1항은 "사업장 등에서 발생되는 환경오염 또는 환경훼손으로 인하여 피해가 발생한 때에는 당해 사업자는 그 피해를 배상하여야 한다."라고 정하고, 개정된 현행 환경정책기본법 제44조 제1항은 "환경오염 또는 환경훼손으로 피해가 발생한 경우에는 해당 환경오염 또는 환경훼손의 원인자가 그 피해를 배상하여야 한다."라고 정하고 있다. 위와 같이 환경정책기본법의 개정에 따라 환경오염 또는 환경훼손(이하 '환경오염'이라고 한다)으로 인한 책임이 인정되는 경우가 사업장 등에서 발생하는 것에 한정되지 않고 모든 환경오염으로 확대되었으며, 환경오염으로 인한 책임의 주체가 '사업자'에서 '원인자'로 바뀌었다. 여기에서 '사업자'는 피해의 원인인 오염물질을 배출할 당시 사업장 등을 운영하기 위하여 비용을 조달하고 이에 관한 의사결정을 하는 등으로 사업장 등을 사실상·경제상 지배하는 자를 의미하고, '원인자'는 자기의 행위 또는 사업활동을 위하여 자기의 영향을 받는 사람의 행위나 물건으로 환경오염을 야기한 자를 의미한다. 따라서 **환경오염이 발생한 사업장의 사업자는 일반적으로 원인자에 포함**된다. **사업장 등에서 발생하는 환경오염으로 피해가 발생한 때**에는 **사업자나 원인자는 환경정책기본법의 위 규정에 따라 귀책사유가 없더라도 피해를 배상하여야 한다.** 이때 **환경오염**에는 **소음·진동으로 사람의 건강이나 재산, 환경에 피해를 주는 것도 포함**되므로 피해자의 손해에 대하여 **사업자나 원인자는 귀책사유가 없더라도 특별한 사정이 없는 한 이를 배상할 의무가 있다**(대판 2017.2.15. 2015다23321).

2. [1] 환경정책기본법 제44조 제1항은 민법의 불법행위규정에 대한 특별규정으로서, 환경오염 또는 환경훼손의 피해자가 원인자에게 손해배상을 청구할 수 있는 근거규정이다. 따라서 환경오염 또는 환경훼손으로 피해가 발생한 때에는 원인자는 환경정책기본법 제44조 제1항에 따라 귀책사유가 없더라도 피해를 배상하여야 한다. 일반적으로 불법행위로 인한 손해배상청구 사건에서 가해자의 가해행위, 피해자의 손해발생, 가해행위와 피해자의 손해발생 사이의 인과관계에 관한 증명책임은 청구자인 피해자가 부담한다. 다만, **대기오염이나 수질오염 등에 의한 공해로 손해배상을 청구하는 소송**에서 **피해자에게 사실적인 인과관계의 존재에 관하여 과학적으로 엄밀한 증명을 요구하는 것은 공해로 인한 사법적 구제를 사실상 거부하는 결과**가 될 수 있다. 반면에 기술적·경제적으로 피해자보다 가해자에 의한 원인조사가 훨씬 용이한 경우가 많을 뿐만 아니라 가해자는 손해발생의 원인을 은폐할 염려가 있기 때문에, **가해자가 어떤 유해한 원인물질을 배출하고 그것이 피해물건에 도달하여 손해가 발생하였다면 가해자 측에서 그것이 무해하다는 것을 증명하지 못하는 한 가해행위와 피해자의 손해발생 사이의 인과관계를 인정할 수 있다.** 그러나 이 경우에 적어도 가해자가 어떤 유해한 원인물질을 배출한 사실, 유해의 정도가 사회통념상 참을 한도를 넘는다는 사실, 그것이 피해물건에 도달한 사실, 그 후 피해자에게 손해가 발생한 사실에 관한 증명책임은 피해자가 여전히 부담한다.

환경오염이 발생한 사업장의 사업자는 일반적으로 원인자에 포함된다.

사업장 등에서 발생하는 환경오염(소음·진동도 포함)으로 피해가 발생한 때에는 사업자나 원인자는 환경정책기본법에 따라 귀책사유가 없더라도 피해를 배상하여야 한다.

가해자가 어떤 유해한 원인물질을 배출하고 그것이 피해물건에 도달하여 손해가 발생하였다면 가해자 측에서 그것이 무해하다는 것을 증명하지 못하는 한 가해행위와 피해자의 손해발생 사이의 인과관계를 인정할 수 있으나, 적어도 가해자가 어떤 유해한 원인물질을 배출한 사실, 유해의 정도가 사회통념상 참을 한도를 넘는다는 사실, 그것이 피해물건에 도달한 사실, 그 후 피해자에게 손해가 발생한 사실에 관한 증명책임은 피해자가 여전히 부담한다.

[2] 〈경마공원 인근에서 화훼농원을 운영하는 甲 등이 한국마사회가 경마공원을 운영하면서 경주로 모래의 결빙을 방지하기 위하여 살포한 소금이 지하수를 통해 농원으로 유입되어 甲 등이 재배하던 분재와 화훼 등이 고사하였다고 주장하며 한국마사회를 상대로 손해배상을 구한 사안〉 … 한국마사회가 겨울철마다 경주로 모래의 결빙을 방지하기 위하여 뿌린 소금이 땅속으로 스며들어 지하수로 유입되었고 甲 등이 사용한 지하수의 염소이온농도는 농업용수 수질기준을 초과하거나 이에 근접한 수치로서 경마공원 부근의 지하수는 농원이 위치한 곳을 지나 주변 하천으로 흐르고 있으므로 다량의 소금 유입이 甲 등이 사용하는 지하수 염소이온농도의 상승에 영향을 미쳤다고 보이는 점, 환경관리공단의 조사에 따르면 한국마사회가 경주로에서 사용한 염분에 의한 오염물질이 지하수로 흘러 들어가 인근 지역으로 이동하였을 가능성이 추정되는 점 등에 비추어, 환경정책기본법 제44조 제1항에 따라 한국마사회의 손해배상책임이 인정된다(대판 2020.6.25. 2019다292026).

3. 환경오염 또는 환경훼손으로 인한 책임이 인정되는 경우는 사업장에서 발생되는 것에 한정되지 않고, 원인자는 사업자인지와 관계없이 그로 인한 피해에 대하여 환경정책기본법 제44조 제1항에 따라 귀책사유를 묻지 않고 배상할 의무가 있다. 따라서 방사능에 오염된 고철은 원자력안전법 등의 법령에 따라 처리되어야 하고 유통되어서는 안 된다. 사업활동 등을 하던 중 고철을 방사능에 오염시킨 자는 원인자로서 관련 법령에 따라 고철을 처리함으로써 오염된 환경을 회복·복원할 책임을 진다. 이러한 조치를 취하지 않고 **방사능에 오염된 고철을 타인에게 매도하는 등으로 유통시킴으로써 거래 상대방이나 전전 취득한 자가 방사능오염으로 피해를 입게 되면 그 원인자는 방사능오염 사실을 모르고 유통시켰더라도 환경정책기본법 제44조 제1항에 따라 피해자에게 피해를 배상할 의무가 있다**(대판 2018.9.13. 2016다35802).

사업활동 등을 하던 중 고철을 방사능에 오염시킨 자는 오염된 환경을 회복·복원할 책임을 지고, 방사능에 오염된 고철을 타인에게 매도하는 등으로 유통시킴으로써 거래 상대방이나 전전 취득한 자가 방사능오염으로 피해를 입게 된 경우, 원인자가 방사능오염사실을 모르고 유통시켰더라도 배상할 의무가 있다.

제4장 공용부담법

제2편 특별행정작용법

제1절 개설

공용부담의 개념

제2절 인적 공용부담

종류

부담금(負擔金)

제3절 물적 공용부담

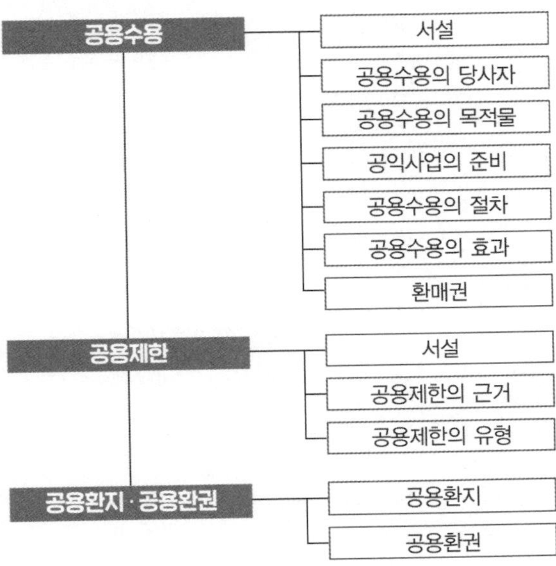
공용수용
서설
공용수용의 당사자
공용수용의 목적물
공익사업의 준비
공용수용의 절차
공용수용의 효과
환매권
공용제한
서설
공용제한의 근거
공용제한의 유형
공용환지 · 공용환권
공용환지
공용환권

제1절 개설

Ⅰ 공용부담의 개념

공용부담이란 일정한 공공복리를 적극적으로 증진하기 위하여 개인에게 부과되는 공법상의 경제적 부담을 말한다.

공용부담이란 특정한 공익사업 등의 복리행정목적을 위하여 또는 일정한 물건의 효용을 확보하기 위하여 개인에게 강제적으로 과하는 공법상의 경제적 부담을 말한다.
아니다.

제2절 인적 공용부담

Ⅰ 종류

인적 공용부담은 그 내용에 따라 부담금, 부역·현품, 노역·물품, 시설부담, 부작위부담 등으로 구분된다.

Ⅱ 부담금(負擔金)

1 의의

부담금관리 기본법 제2조【정의】 이 법에서 '부담금'이란 중앙행정기관의 장, 지방자치단체의 장, 행정권한을 위탁받은 공공단체 또는 법인의 장 등 법률에 따라 금전적 부담의 부과권한을 부여받은 자(이하 '부과권자'라 한다)가 분담금, 부과금, 기여금, 그 밖의 명칭에도 불구하고 재화 또는 용역의 제공과 관계없이 특정 공익사업과 관련하여 법률에서 정하는 바에 따라 부과하는 **조세 외의 금전지급의무**(특정한 의무이행을 담보하기 위한 예치금 또는 보증금의 성격을 가진 것은 제외한다)를 말한다.

제3조【부담금 설치의 제한】 부담금은 [별표]에 규정된 법률에 따르지 아니하고는 설치할 수 없다.

① 부담금이란 행정주체가 특정의 공익사업과 특별한 이해관계에 있는 자에게 그 사업에 필요한 경비의 전부 또는 일부를 부담시키기 위하여 부과하는 **공법상의 금전급부의무**를 말한다.

판례

1. 부담금은 그 부과목적과 기능에 따라 ① 순수하게 재정조달의 목적만 가지는 **재정조달목적 부담금**과 ② 재정조달목적뿐만 아니라 부담금의 부과 자체로써 국민의 행위를 특정한 방향으로 유도하거나 특정한 공법적 의무의 이행 또는 공공출연으로부터의 특별한 이익과 관련된 집단 간의 형평성 문제를 조정하여 특정한 사회·경제정책을 실현하기 위한 **정책실현목적 부담금**으로 구분될 수 있다. 전자의 경우에는 공적 과제가 부담금 수입의 지출 단계에서 비로소 실현되나, 후자의 경우에는 공적 과제의 전부 혹은 일부가 부담금의 부과 단계에서 이미 실현된다. **영화상영관 입장권 부과금**은 그 부과의 목적이 한국영화산업의 진흥 발전을 위한 각종 사업의 용도로 쓰일 영화발전기금의 재원을 마련하는 것으로서, 그 **부과 자체로써 부과금의 부담 주체인 영화상영관 관람객의 행위를 특정한 방향으로 유도하거나 관람객 이외의 다른 사람들과의 형평성 문제를 조정하고자 하는 등의 목적은 없으며, 또한 추구하는 공적 과제가 부과금으로 재원이 마련된 영화발전기금의 집행 단계에서 실현되므로 순수한 재정조달목적 부담금에 해당**한다(헌재 2008.11.27. 2007헌마860).

OX 부담금은 특정 공익사업의 경비에 충당함을 목적으로 하는 금전급부의무이다. (○)

부담금의 유형
① 재정조달목적 부담금
② 정책실현목적 부담금

OX 영화상영관 입장권 부과금은 한국영화산업의 진흥 발전을 위한 각종 사업의 용도로 쓰일 영화발전기금의 재원을 마련하는 것으로서 영화발전기금의 집행단계에서 실현되므로 순수한 재정조달목적 부담금이 아니라 정책실현목적 부담금에 해당한다. (×)

물이용부담금은 재정조달목적 부담금에 해당한다.

2. **물이용부담금**은 한강수계 상수원수질개선 및 주민지원 등에 관한 법률(이하 '한강수계법'이라 한다)상 한강수계관리기금을 조성하는 재원이다. 물이용부담금은 수도요금과 구별되는 별개의 금전으로서 한강수계로부터 취수된 원수를 정수하여 직접 공급받는 최종 수요자라는 특정 부류의 집단에만 강제적·일률적으로 부과된다. 물이용부담금은 한강수계관리기금으로 포함되어 한강수계법에서 열거한 용도로 사용되고, 한강수계관리위원회는 조성된 한강수계관리기금은 별도의 운용계획에 따라 집행 및 결산보고를 하게 된다. 이를 종합하면 물이용부담금은 **조세와 구별되는 것으로서 부담금에 해당**한다. 물이용부담금은 한강수계관리기금의 재원을 마련하는 데에 그 부과의 목적이 있고, 그 부과 자체로써 수돗물 최종수요자의 행위를 특정한 방향으로 유도하거나 물이용부담금 납부의무자 이외의 다른 집단과의 형평성 문제를 조정하고자 하는 등의 목적이 있다고 보기 어려우므로, **재정조달목적 부담금에 해당**한다(헌재 2020.8.28. 2018헌바425).

장애인고용부담금은 사회연대책임의 이념에 입각하여 장애인 고용의 경제적 부담을 조정하고 장애인을 고용하는 사업주에 대한 지원을 목적으로 하는 제도라고 할 수 있다.

3. 장애인을 고용하기 위해서는 작업시설 및 설비의 개선, 직장환경의 정비, 특별한 고용관리 등이 필요하고 정상인고용에 비하여 경제적 부담이 수반된다. 따라서 고용의무를 성실히 이행하는 사업주와 그렇지 않는 사업주간에는 경제적 부담의 불균형이 생길 수가 있다. 이러한 점을 고려하여 장애인고용은 모든 사업주가 공동으로 부담하는 책임이라는 **사회연대책임의 이념에 입각하여 장애인고용의 경제적 부담을 조정하고 장애인을 고용하는 사업주에 대한 지원을 목적으로 한 것**이 **장애인고용부담금제도**라고 할 수 있다(헌재 2003.7.24. 2001헌바96).

의무교육에 관한 한 일반재정이 아닌 부담금과 같은 별도의 재정수단을 동원하여 특정한 집단으로부터 그 비용을 추가로 징수하여 충당하는 것은 의무교육의 무상성을 선언한 헌법에 반한다.

4. 헌법이 규정하고 있는 의무교육제도는 국민에 대하여 보호하는 자녀들을 취학시키도록 한다는 의무 부과의 면보다는 국가에 대하여 인적·물적 교육시설을 정비하고 교육환경을 개선하여야 한다는 의무 부과의 측면이 보다 더 중요한 의미를 갖는다. 의무교육에 필요한 학교시설은 국가의 일반적 과제이고, 학교용지는 의무교육을 시행하기 위한 물적 기반으로서 필수조건임은 말할 필요도 없으므로 이를 달성하기 위한 비용은 국가의 일반재정으로 충당하여야 한다. 따라서 적어도 **의무교육에 관한 한 일반재정이 아닌 부담금과 같은 별도의 재정수단을 동원하여 특정한 집단으로부터 그 비용을 추가로 징수하여 충당하는 것**은 **의무교육의 무상성을 선언한 헌법에 반한다**(헌재 2005.3.31. 2003헌가20).

부담금 부과에 관한 명확한 법률 규정이 존재하는 경우, 법률 규정과는 별도로 반드시 부담금관리 기본법 [별표]에 부담금이 포함되어야만 부담금 부과가 유효하게 된다고 해석할 수는 없다.

5. 부담금관리 기본법의 제정 목적, 같은 법 제3조의 조문 형식 및 개정 경과 등에 비추어 볼 때, 부담금관리 기본법은 법 제정 당시 시행되고 있던 부담금을 [별표]에 열거하여 정당화 근거를 마련하는 한편 시행 후 기본권 침해의 소지가 있는 부담금을 신설하는 경우 자의적인 부과를 견제하기 위하여 위 법률에 의하여 이를 규율하고자 한 것이나, 그러한 점만으로 부담금 부과에 관한 명확한 법률 규정이 존재하더라도 법률 규정과는 별도로 반드시 부담금관리 기본법 [별표]에 부담금이 포함되어야만 부담금 부과가 유효하게 된다고 해석할 수는 없다(대판 2014.1.29. 2013다25927).

② 사업경비의 일부를 부담시키는 경우를 특히 분담금이라고 한다.
③ 부담금은 그 성질상 특별부담에 해당하는 것만이 있다.

2 유사개념과의 구별

(1) 조세와의 구별

구분	부담금	조세
부과 목적	특정 공익사업의 소요경비 충당	일반재정수입
부과 대상자	특정 공익사업의 이해관계자	국민, 주민
부과 기준	특정 공익사업의 이해관계	담세능력
양자의 병과	• 양자는 서로 다르므로 원칙적으로 병과 가능 • 다만, 조세 중 목적세와 부담금은 성질이 유사하므로 동일한 사유에 근거한 병과 불가	

OX 부담금은 효과면에서 동일하기 때문에 조세와 병과할 수는 없다. (×)

(2) 수수료 · 사용료와의 구별

구분	부담금	수수료 · 사용료
성질	사업의 비용	서비스에 대한 이용의 대가
부과 대상자	사업의 이용 여부와 관계없이 특정 공익사업의 이해관계자	서비스의 이용자
부과 기준	특정 공익사업의 이해관계	서비스 제공의 비용
양자의 병과	양자는 서로 다르므로 원칙상 병과 가능	

부담금과 수수료 · 사용료는 원칙적으로 병과할 수 있다.

3 종류

(1) 수익자부담금

수익자부담금은 특정한 공익사업의 시행으로 인해 특별한 이익을 받는 자에 대하여 그 이익의 한도 내에서 해당 사업경비의 일부를 부담시키기 위하여 부과하는 부담금이다(지방자치법 제138조, 도로법 제90조, 하천법 제61조).

(2) 원인자부담금

원인자부담금은 특정의 공익사업을 하도록 하는 원인을 제공한 자에 대하여 당해 사업경비의 전부 또는 일부를 부담시키기 위하여 부과하는 부담금이다(도로법 제91조, 하천법 제29조 제2항, 하수도법 제61조).

하수도법 제61조【원인자부담금 등】 ① 공공하수도관리청은 건축물 등을 신축·증축하거나 용도변경하여 오수가 대통령령으로 정하는 양 이상 증가되는 경우 해당 건축물 등의 소유자(건축 또는 건설 중인 경우에는 건축주 또는 건설주체를 말한다)에게 공공하수도 개축비용의 전부 또는 일부를 부담시킬 수 있다.
② 공공하수도관리청은 대통령령으로 정하는 타공사 또는 공공하수도의 신설·증설 등을 수반하는 개발행위(이하 '타행위'라 한다)로 인하여 필요하게 된 공공하수도에 관한 공사에 소요되는 비용의 전부 또는 일부를 타공사 또는 타행위의 비용을 부담하여야 할 자에게 부담시키거나 필요한 공사를 시행하게 할 수 있다.

하수도법 제32조【개인하수도 설치의 지원 등】 ① 국가는 개인하수도의 보급확대 등을 위하여 제34조의 규정에 따른 개인하수처리시설의 설치에 필요한 기술적·재정적 지원을 할 수 있다.
② 지방자치단체의 장은 관할 구역 안의 하수를 효율적으로 처리하기 위하여 필요한 경우에는 개인하수도를 설치·변경 또는 폐지하는 자에게 소요비용의 전부 또는 일부를 지원하거나 직접 개인하수도에 관한 공사를 할 수 있다.

판례

1. 구 하수도법은 공공하수도 자체의 설치·관리를 위한 공사 외에 공공하수도공사의 원인이 되거나 결과적으로 공공하수도 공사를 필요하게 하는 원인제공자에 대하여 원인자부담금을 부과할 수 있도록 하면서 그 부담자를 제61조 제1항에서는 건축물 등 소유자를 규정하고, 제2항에서는 타공사 또는 공공하수도에 영향을 미치는 공사 외의 행위(이하 '타행위'라 한다)를 한 자를 규정하고 있을 뿐, 도시개발사업 등의 사업주체가 시행한 사업으로 조성한 부지에 건축물이 신축된 경우 위 부담금은 개발사업 시행자와 건축물 소유자 중 누가 우선하여 부담하여야 하는지는 명시적으로 정한 바가 없다. 그러나 원인자부담금은 공공하수도의 신설·증설을 야기한 환경오염의 원인자에게 그 비용을 부담시키고자 하는 데 근본 취지가 있고, 위 법에 규정된 타행위는 그 의미 자체가 공공하수도 공사를 필요하게 만드

도시개발사업의 사업시행자가 하수도법상 '타행위'에 해당하는 사업으로 조성한 토지에 그 사업계획에서 정해진 규모 및 용도에 따라 건축물이 건축된 경우에는 원인자부담금은 사업시행자가 부담하는 것이 원칙이다.

하수도법 시행령 제35조 【원인자부담금 등】 ① 법 제61조 제1항에서 '대통령령으로 정하는 양 이상 증가되는 경우'란 하루에 $10m^3$ 이상 증가되는 경우를 말한다.

하수도법상 원인자부담금의 부과대상이 되는 '건축물 등'에 산업집적활성화 및 공장설립에 관한 법률 제2조 제1호에서 정한 공장도 포함된다.

① **부담금의 불이행**: 행정상 강제징수(○)
② **부담금부과처분**: 행정처분(○) ⇨ 행정쟁송절차(○)

는 행위를 뜻하는 것으로 이해되므로, 도시개발사업의 경우 공공하수도 확대를 야기한 실질적 원인자는 특별한 사정이 없으면 당해 개발사업의 시행자이지 그 사업지구 내 부지를 분양받아 건축물을 신축한 건축물 소유자라고 할 수 없다. 따라서 **도시개발사업의 사업시행자가 하수도법상 '타행위'에 해당하는 사업으로 조성한 토지에 그 사업계획에서 정해진 규모 및 용도에 따라 건축물이 건축된 경우**에는 **원인자부담금은 사업시행자가 부담하는 것이 원칙**이고, **당해 건축물이 원래 사업에서 예정된 범위를 초과하는 등의 특별한 사정이 없으면 건축물 등 소유자는 따로 원인자부담금을 부담하지 않는다**고 보아야 한다(대판 2012.10.11, 2010두7604).

2. [1] 하수도법 제61조 제1항, 하수도법 시행령 제35조 제1항 등의 내용, 형식 및 체제, 개정 경과 등을 종합하면, 하수도법 제61조 제1항에 따라 원인자부담금을 부과하기 위해서는 건축물 등의 신축·증축 또는 용도변경과 하루 $10m^3$ 이상 오수의 새로운 배출이나 증가라는 요건이 함께 충족되어야 한다.
[2] 하수도법은 하수와 분뇨를 적정하게 처리하여 지역사회의 건전한 발전과 공중위생의 향상에 기여하고 공공수역의 수질을 보전하는 것을 입법 목적으로 하고, 원인자부담금은 공공하수도 자체의 설치·관리를 위한 공사 외에 공공하수도 공사의 원인이 되거나 결과적으로 공공하수도 공사를 필요하게 하는 원인제공자에 대하여 비용을 부담시키고자 하는 데 취지가 있다. 산업집적활성화 및 공장설립에 관한 법률 제2조 제1호는 '공장'이란 '건축물 또는 공작물, 물품제조공정을 형성하는 기계·장치 등 제조시설과 그 부대시설을 갖추고 대통령령으로 정하는 제조업을 하기 위한 사업장으로서 대통령령으로 정하는 것'을 말한다고 규정하는데, 하수도법 제27조 제1항, 제34조 제1항 본문, 제35조 제1항, 제61조 제1항, 하수도법 시행령 제35조 제1항 등의 내용, 형식, 체제, 입법 목적과 취지 등을 종합하면, 하수도법 제61조 제1항, 하수도법 시행령 제35조 제1항에 따라 **원인자부담금의 부과대상이 되는 '건축물 등'**에는 **산업집적활성화 및 공장설립에 관한 법률 제2조 제1호에서 정한 공장도 포함**된다(대판 2015.10.29, 2015두40712).

(3) 손상자(손궤자·손괴자)부담금

손상자부담금은 특정의 공익사업의 시설을 손상한 자에 대하여 당해 시설의 유지·수선비 등의 전부 또는 일부를 부담시키기 위하여 부과하는 부담금이다.

4 권리구제

① 부담금은 공법상의 금전급부이므로 그 불이행의 경우에는 행정상 강제징수를 할 수 있다.
② 부담금부과처분은 행정처분이므로 행정쟁송절차에 의해 다툴 수 있다.

제3절 물적 공용부담

제1항 공용수용

Ⅰ 서설

1 의의

공용수용이란 공익사업의 주체가 특정한 공익사업을 위하여 타인의 특정한 재산권을 강제적으로 취득하고 그로 인한 손실을 보상해 주는 물적 공용부담을 말한다.

공익사업을 위한 토지 등의 취득 및 보상에 관한 법률 제4조【공익사업】 이 법에 따라 토지등을 취득하거나 사용할 수 있는 사업은 다음 각 호의 어느 하나에 해당하는 사업이어야 한다.

1. 국방·군사에 관한 사업
2. 관계 법률에 따라 허가·인가·승인·지정 등을 받아 공익을 목적으로 시행하는 철도·도로·공항·항만·주차장·공영차고지·화물터미널·궤도(軌道)·하천·제방·댐·운하·수도·하수도·하수종말처리·폐수처리·사방(砂防)·방풍·방화·방조(防潮)·방수·저수지·용수로·배수로·석유비축·송유·폐기물처리·전기·전기통신·방송·가스 및 기상 관측에 관한 사업
3. 국가나 지방자치단체가 설치하는 청사·공장·연구소·시험소·보건시설·문화시설·공원·수목원·광장·운동장·시장·묘지·화장장·도축장 또는 그 밖의 공공용 시설에 관한 사업
4. 관계 법률에 따라 허가·인가·승인·지정 등을 받아 공익을 목적으로 시행하는 학교·도서관·박물관 및 미술관 건립에 관한 사업
5. 국가, 지방자치단체, 「공공기관의 운영에 관한 법률」 제4조에 따른 공공기관, 「지방공기업법」에 따른 지방공기업 또는 국가나 지방자치단체가 지정한 자가 임대나 양도의 목적으로 시행하는 주택 건설 또는 택지 및 산업단지 조성에 관한 사업
6. 제1호부터 제5호까지의 사업을 시행하기 위하여 필요한 통로, 교량, 전선로, 재료 적치장 또는 그 밖의 부속시설에 관한 사업
7. 제1호부터 제5호까지의 사업을 시행하기 위하여 필요한 주택, 공장 등의 이주단지 조성에 관한 사업
8. 그 밖에 [별표]에 규정된 법률에 따라 토지 등을 수용하거나 사용할 수 있는 사업: 「경제자유구역의 지정 및 운영에 관한 특별법」에 따른 경제자유구역에서 실시되는 개발사업, 「화물자동차 운수사업법」에 따른 공영차고지의 설치 및 화물자동차 휴게소의 건설 등 110개 사업

제4조의2【토지등의 수용 · 사용에 관한 특례의 제한】 ① 이 법에 따라 토지등을 수용하거나 사용할 수 있는 사업은 제4조 또는 [별표]에 규정된 법률에 따르지 아니하고는 정할 수 없다.
② [별표]는 이 법 외의 다른 법률로 개정할 수 없다.

OX 공익사업을 위한 토지 등의 취득 및 보상에 관한 법률상 토지를 취득 또는 사용할 수 있는 공익사업의 범위에는 공영차고지·화물터미널·하수종말처리·폐수처리 등이 포함된다. (○)

제4조의3【공익사업 신설 등에 대한 개선요구 등】 ① 제49조에 따른 중앙토지수용위원회는 제4조 제8호에 따른 사업의 신설, 변경 및 폐지, 그 밖에 필요한 사항에 관하여 심의를 거쳐 관계 중앙행정기관의 장에게 개선을 요구하거나 의견을 제출할 수 있다.
② 제1항에 따라 개선요구나 의견제출을 받은 관계 중앙행정기관의 장은 정당한 사유가 없으면 이를 반영하여야 한다.
③ 제49조에 따른 중앙토지수용위원회는 제1항에 따른 개선요구·의견제출을 위하여 필요한 경우 관계 기관 소속 직원 또는 관계 전문기관이나 전문가로 하여금 위원회에 출석하여 그 의견을 진술하게 하거나 필요한 자료를 제출하게 할 수 있다.

판례

공공의 이익에 도움이 되는 사업이라도 '공익사업'으로 실정법에 열거되어 있지 아니한 사업은 공용수용이 허용될 수 없다.

1. 공용수용이 허용될 수 있는 공익성을 가진 사업, 즉 **공익사업의 범위**는 사업시행자와 토지소유자 등의 이해가 상반되는 중요한 사항으로서, **공용수용에 대한 법률유보의 원칙에 따라 법률에서 명확히 규정되어야 한다.** 공공의 이익에 도움이 되는 사업이라도 **'공익사업'으로 실정법에 열거되어 있지 않은 사업은 공용수용이 허용될 수 없다**(헌재 2014.10.30. 2011헌바172).

주거환경개선사업은 공익사업에 해당한다.

2. 구 도시저소득주민의 주거환경개선을 위한 임시조치법에 따른 **주거환경개선사업**은 구 공익사업을 위한 토지 등의 취득 및 보상에 관한 법률 제4조 제5호에서 정한 '지방자치단체나 지방자치단체가 지정한 자가 임대나 양도의 목적으로 시행하는 주택의 건설에 관한 사업' 또는 제4조 제8호에서 정한 '그 밖에 다른 법률에 의하여 토지 등을 수용 또는 사용할 수 있는 사업'인 **공익사업에 해당**한다(대판 2011.11.24. 2010다80749).

공용수용은 반드시 법률의 근거가 있어야 한다.

2 법적 근거

① 공용수용은 타인의 재산권을 침해하는 행위이므로 반드시 법률의 근거가 있어야 한다(헌법 제23조 제3항).

② 공익사업을 위한 토지 등의 취득 및 보상에 관한 법률(이하 '토지보상법'이라 함)이 공용수용의 일반법적 기능을 하고 있고, 그 밖에도 도시 및 주거환경정비법·도로법·하천법 등이 있다.

Ⅱ 공용수용의 당사자

1 공용수용의 주체: 수용(권)자

① 공용수용의 주체에 대해서는 국가수용권설·사업시행자수용권설 등이 대립하고 있다.

사업시행자도 공용수용권자가 될 수 있다는 '사업시행자수용권설'이 통설·판례이다.

② 그러나 국가 이외의 공공단체 또는 사인인 사업시행자(공익사업을 수행하는 자)도 자기의 이익을 위해 재산권을 수용하고 그 효과도 자기에게 귀속하는 것이므로 사업시행자도 수용권자가 될 수 있다는 '사업시행자수용권설'이 통설·판례(대판 1993.5.25. 92누15772)이다.

③ 국가지정문화재에 대하여 관리단체로 지정된 지방자치단체의 장은 문화재보호법 제83조 제1항 및 공익사업을 위한 토지 등의 취득 및 보상에 관한 법률에 따라 국가지정문화재나 그 보호구역에 있는 토지 등을 수용할 수 있다(대판 2019.2.28. 2017두71031).

2 공용수용의 상대방: 피수용자

공익사업을 위한 토지 등의 취득 및 보상에 관한 법률 제2조 【정의】 이 법에서 사용하는 용어의 뜻은 다음과 같다.

4. '토지소유자'란 공익사업에 필요한 토지의 소유자를 말한다.
5. '**관계인**'이란 사업시행자가 취득하거나 사용할 토지에 관하여 지상권·지역권·전세권·저당권·사용대차 또는 임대차에 따른 권리 또는 그 밖에 토지에 관한 소유권 외의 권리를 가진 자나 그 토지에 있는 물건에 관하여 소유권이나 그 밖의 권리를 가진 자를 말한다. 다만, 제22조에 따른 **사업인정의 고시가 된 후에 권리를 취득한 자는 기존의 권리를 승계한 자를 제외하고는 관계인에 포함되지 아니한다.**

① 공용수용의 상대방은 수용되는 재산권의 소유자 및 관계인을 의미한다.

② 보상의 대상이 되는 '기타 토지에 정착한 물건에 대한 소유권 그 밖의 권리를 가진 관계인'에는 수거·철거권 등 실질적 처분권을 가진 자도 포함된다(대판 2019.4.11. 2018다277419).

③ **수용목적물에 대한 가처분권리자는 관계인이 되지 못한다.**

판례

가처분등기는 토지소유자에 대하여 임의처분을 금지하는 데 그치고, 그로써 소유권취득의 효력까지 주장할 수 있는 성질의 것이 아닐 뿐 아니라, 이러한 가처분권리자를 공익사업을 위한 토지 등의 취득 및 보상에 관한 법률 제2조에서 말하는 소유자나 관계인으로도 해석할 수 없는 것이다(대판 1973.2.26. 72다2401 · 2402).

③ 법인도 공법인이거나 사법인이거나를 불문하고 피수용자가 될 수 있고, 경우에 따라서는 국가도 피수용자가 될 수 있다(예 지방자치단체가 국가의 일반재산을 수용하여 공익사업을 경영하고자 하는 경우).

> 국토교통부장관의 사업인정의 고시가 있은 후에 권리를 취득한 자는 기존의 권리를 승계한 자를 제외하고는 관계인에 포함되지 아니한다.

> 수용목적물에 대한 가처분권리자는 피수용자가 되지 못한다.

> 법인도 피수용자가 될 수 있고, 경우에 따라서는 국가도 피수용자가 될 수 있다.

피수용자의 권리 · 의무

구분	내용
권리	① 토지·물건조서의 내용에 대한 이의제기권(토지보상법 제15조 제3항) ② 사업인정·재결절차상 의견제출권(제21조, 제32조) ③ 재결신청청구권(제30조) ④ 손실보상청구권(제40조) ⑤ 잔여지매수·수용청구권(제74조) ⑥ 이전수용청구권(제75조) ⑦ 환매권(제91조) ⑧ 행정쟁송제기권
의무	① 토지보전의무(제25조) ② 수용목적물의 인도·이전의무(제43조)

Ⅲ 공용수용의 목적물

1 일반적 수용의 경우

(1) 목적물의 종류

공익사업을 위한 토지 등의 취득 및 보상에 관한 법률 제3조 【적용 대상】 사업시행자가 다음 각 호에 해당하는 토지·물건 및 권리를 취득하거나 사용하는 경우에는 이 법을 적용한다.

> 1. 토지 및 이에 관한 소유권 외의 권리
> 2. 토지와 함께 공익사업을 위하여 필요한 입목, 건물, 그 밖에 토지에 정착된 물건 및 이에 관한 소유권 외의 권리
> 3. 광업권·어업권 또는 물의 사용에 관한 권리
> 4. 토지에 속한 흙·돌·모래 또는 자갈에 관한 권리

공용수용의 주된 목적물은 토지소유권이나, 그 밖의 일정한 물건이나 권리도 목적물이 될 수 있다(토지보상법 제3조 참조).

(2) 목적물의 범위

① 공용수용은 공익사업을 위하여 타인의 특정한 재산권을 법률의 힘에 의하여 강제적으로 취득하는 것이므로 **수용할 목적물의 범위는 원칙적으로 사업을 위하여 필요한 최소한도에 그쳐야 한다**(대판 2005.11.10. 2003두7507 등).

② 즉, **수용의 경우에도 비례의 원칙(최소침해의 원칙)이 적용**된다. 따라서 공익사업에 필요하지 않은 토지 등을 수용하는 것은 원칙상 인정되지 않는다.

(3) 목적물의 제한

① 행정재산은 공용수용의 대상이 될 수 없다(통설). 그러나 판례는 보존용재산인 토지의 수용을 인정하고 있다.

판례

공익사업을 위한 토지 등의 취득 및 보상에 관한 법률(구 토지수용법)은 제19조 제2항의 규정에 의한 제한 이외에는 수용의 대상이 되는 토지에 관하여 아무런 제한을 하지 아니하고 있을 뿐만 아니라, 같은 법 제19조 제2항 및 문화재보호법 관련 규정을 종합하면 문화재보호법 제70조 제1항에 의하여 **지방문화재로 지정된 토지가 수용의 대상이 될 수 없다고 볼 수는 없다**(대판 1996.4.26. 95누13241).

② 공익사업에 수용되거나 사용되고 있는 토지 등은 특별히 필요한 경우가 아니면 이를 다른 공익사업을 위하여 수용 또는 사용할 수 없다(토지보상법 제19조 제2항).

판례

공익사업을 위한 토지 등의 취득 및 보상에 관한 법률 제19조 제2항은 이른바 공익 또는 수용권의 충돌문제를 해결하기 위한 것으로서, 수용적격사업이 경합하여 충돌하는 공익의 조정을 목적으로 한 규정이다. 즉, **현재 공익사업에 이용되고 있는 토지는 가능하면 그 용도를 유지하도록 하기 위하여 수용의 목적물이 될 수 없도록 하는 것이 그 공익사업의 목적을 달성하기 위하여 합리적이라는 이유로, 보다 더 중요한 공익사업을 위하여 특별한 필요가 있는 경우에 한하여 예외적으로 수용의 목적물이 될 수 있다고 규정한 것**이고, **토지 등을 수용할 수 있는 요건 또는 그 한계를 정한 것이 아니다**(헌재 2000.10.25. 2000헌바32).

③ 외교관의 특권이 인정되는 영역(예 외국 대사관·공사관의 부지와 건물)은 수용목적물이 될 수 없다.

수용할 목적물의 범위는 원칙적으로 사업을 위하여 필요한 최소한도에 그쳐야 한다. ⇨ 비례(최소침해)원칙

공용수용의 목적물

목적물의 종류	토지소유권 및 그 밖의 권리
목적물의 범위	• 원칙적으로 사업을 위하여 필요한 최소한도 ⇨ 예외: 목적물의 확장수용 • 공익사업에 필요하지 않은 토지(×)
목적물의 제한	• 행정재산(×) • 공익사업에 수용되거나 사용되고 있는 토지(×) ⇨ 보다 더 중요한 공익사업을 위하여 특별한 필요가 있는 경우(○) • 외교특권이 인정되는 영역(×)

지방문화재로 지정된 토지도 수용의 대상이 될 수 있다.

공익사업에 수용되고 있는 토지는 특별히 필요한 경우가 아니면 다른 공익사업을 위하여 수용할 수 없다.

현재 공익사업에 이용되고 있는 토지는 보다 더 중요한 공익사업을 위하여 특별한 필요가 있는 경우에 한하여 예외적으로 수용의 목적물이 될 수 있다는 것이지 토지를 수용할 수 있는 요건 또는 그 한계를 정한 것은 아니다.

2 목적물의 확장수용

(1) 의의

공용수용의 목적물은 당해 공익사업에 필요한 최소한도의 범위 내에 한정되는 것이 원칙이나, 예외적으로 피수용자의 권익보호 또는 사업시행자의 사업목적달성을 위해 필요한 때에는 그 범위를 넘어 수용하는 경우가 있는데, 이를 확장수용이라고 한다.

OX 공용수용은 원칙적으로 사업을 위하여 필요한 최소한도에 국한하여야 하지만, 예외적으로 필요한 한도를 넘어서 수용이 허용되는 경우가 있다. (○)

(2) 확장수용의 법적 성질

확장수용은 일반적으로 피수용자의 신청에 의해 이루어지나, 그 신청은 확장수용의 요건일 뿐이고 사업시행자의 일방적 권리취득행위로 볼 수 있으므로 확장수용도 공용징수이다.

확장수용도 공용징수이다.

(3) 확장수용의 유형

확장수용의 유형
① 완전수용
② 전부수용(잔여지수용)
③ 이전수용

1) 완전수용

공익사업을 위한 토지 등의 취득 및 보상에 관한 법률 제72조【사용하는 토지의 매수청구 등】
사업인정고시가 된 후 다음 각 호의 어느 하나에 해당할 때에는 해당 토지소유자는 사업시행자에게 해당 토지의 매수를 청구하거나 관할 토지수용위원회에 그 토지의 수용을 청구할 수 있다. 이 경우 관계인은 사업시행자나 관할 토지수용위원회에 그 권리의 존속을 청구할 수 있다.
1. 토지를 사용하는 기간이 **3년 이상**인 경우
2. 토지의 사용으로 인하여 토지의 형질이 변경되는 경우
3. 사용하려는 토지에 그 토지소유자의 건축물이 있는 경우

판례

공익사업을 위한 토지 등의 취득 및 보상에 관한 법률 제72조의 문언, 연혁 및 취지 등에 비추어 보면, 위 규정이 정한 수용청구권은 같은 법 제74조 제1항이 정한 잔여지 수용청구권과 같이 손실보상의 일환으로 토지소유자에게 부여되는 권리로서 그 청구에 의하여 수용효과가 생기는 형성권의 성질을 지니므로, **토지소유자의 토지수용청구를 받아들이지 아니한 토지수용위원회의 재결에 대하여 토지소유자가 불복하여 제기하는 소송**은 같은 법 제85조 제2항에 규정되어 있는 **'보상금의 증감에 관한 소송'**에 해당하고, **피고는 토지수용위원회가 아니라 사업시행자로 하여야 한다**(대판 2015.4.9. 2014두46669).

공익사업을 위한 토지 등의 취득 및 보상에 관한 법률 제72조에 의한 토지소유자의 토지수용청구를 받아들이지 않은 토지수용위원회의 재결에 대하여 토지소유자가 불복하여 제기하는 소송
① 소송의 성질: 보상금증감청구소송
② 피고: 토지수용위원회(×), 사업시행자(○)

2) 전부수용(잔여지수용)

공익사업을 위한 토지 등의 취득 및 보상에 관한 법률 제74조【잔여지 등의 매수 및 수용청구】
① 동일한 소유자에게 속하는 일단의 토지의 일부가 협의에 의하여 매수되거나 수용됨으로 인하여 잔여지를 종래의 목적에 사용하는 것이 현저히 곤란할 때에는 해당 토지소유자는 사업시행자에게 **잔여지를 매수하여 줄 것을 청구할 수 있으며,** 사업인정 이후에는 관할 토지수용위원회에 수용을 청구할 수 있다. 이 경우 **수용의 청구는 매수에 관한 협의가 성립되지 아니한 경우에만 할 수 있으며, 사업완료일까지 하여야 한다.**

잔여지가 이용은 가능하지만 그 이용에 많은 비용이 소요되는 경우에는 잔여지 수용을 청구할 수 있다.

② 제1항에 따라 매수 또는 수용의 청구가 있는 잔여지 및 잔여지에 있는 물건에 관하여 권리를 가진 자는 **사업시행자나 관할 토지수용위원회에 그 권리의 존속을 청구할 수 있다.**

① 여기의 '잔여지를 종래의 목적에 사용하는 것이 현저히 곤란할 때'에는 **잔여지가 이용은 가능하지만 그 이용에 많은 비용이 소요되는 경우도 포함**된다.

② 잔여지수용청구권은 그 요건을 구비한 때에는 토지수용위원회의 특별한 조치를 기다릴 것 없이 청구에 의하여 수용의 효과가 발생하는 형성권적 성질을 가지고, 그 행사기간은 제척기간으로서, 토지소유자가 그 행사기간 내에 잔여지수용청구권을 행사하지 아니하면 그 권리가 소멸한다(대판 2001.9.4. 99두11080).

판례

1. 공익사업을 위한 토지 등의 취득 및 보상에 관한 법률 제74조 제1항에 규정되어 있는 **잔여지수용청구권은 손실보상의 일환으로 토지소유자에게 부여되는 권리**로서 그 요건을 구비한 때에는 잔여지를 수용하는 토지수용위원회의 재결이 없더라도 그 청구에 의하여 수용의 효과가 발생하는 **형성권적 성질**을 가지므로, 잔여지수용청구를 받아들이지 않은 토지수용위원회의 재결에 대하여 토지소유자가 불복하여 제기하는 소송은 위 법 제85조 제2항에 규정되어 있는 '보상금의 증감에 관한 소송'에 해당하여 사업시행자를 피고로 하여야 한다(대판 2010.8.19. 2008두822 ; 대판 2015.4.9. 2014두46669).

> 공익사업을 위한 토지 등의 취득 및 보상에 관한 법률에 의한 잔여지수용청구권은 그 요건을 구비한 때에는 청구에 의해 수용의 효과가 발생하는 형성권적 성질을 가진다.

> 잔여지수용청구를 받아들이지 않은 토지수용위원회의 재결에 대하여 토지소유자가 불복하여 제기하는 소송은 '보상금의 증감에 관한 소송'에 해당하여 사업시행자를 피고로 하여야 한다.

2. 공익사업을 위한 토지 등의 취득 및 보상에 관한 법률 제74조 제1항에 의하면, 잔여지수용청구는 사업시행자와 사이에 매수에 관한 협의가 성립되지 아니한 경우 그 사업의 공사완료일(구법: 일단의 토지의 일부에 대한 관할 토지수용위원회의 수용재결이 있기 전)까지 관할 토지수용위원회에 하여야 하고, **잔여지수용청구권의 행사기간은 제척기간으로서, 토지소유자가 그 행사기간 내에 잔여지수용청구권을 행사하지 아니하면 그 권리가 소멸**한다. 또한 위 조항의 문언 내용 등에 비추어 볼 때, 잔여지수용청구의 의사표시는 관할 토지수용위원회에 하여야 하는 것으로서, 관할 토지수용위원회가 사업시행자에게 잔여지수용청구의 의사표시를 수령할 권한을 부여하였다고 인정할 만한 사정이 없는 한, 사업시행자에게 한 잔여지매수청구의 의사표시를 관할 토지수용위원회에 한 잔여지수용청구의 의사표시로 볼 수는 없다(대판 2010.8.19. 2008두822).

> 잔여지수용청구권의 행사기간은 제척기간으로서, 토지소유자가 그 행사기간 내에 잔여지수용청구권을 행사하지 아니하면 그 권리가 소멸한다.

> 잔여지수용청구의 의사표시는 관할 토지수용위원회에 하여야 하는 것으로서, 특별한 사정이 없는 한, 사업시행자에게 한 잔여지매수청구의 의사표시를 관할 토지수용위원회에 한 잔여지수용청구의 의사표시로 볼 수는 없다.

3) 이전수용

공익사업을 위한 토지 등의 취득 및 보상에 관한 법률 제75조 【건축물 등 물건에 대한 보상】 ① 건축물·입목·공작물과 그 밖에 토지에 정착한 물건(이하 '건축물 등'이라 한다)에 대하여는 이전에 필요한 비용(이하 '이전비'라 한다)으로 보상하여야 한다. 다만, 다음 각 호의 어느 하나에 해당하는 경우에는 해당 물건의 가격으로 보상하여야 한다.

1. 건축물등을 이전하기 어렵거나 그 이전으로 인하여 건축물 등을 종래의 목적대로 사용할 수 없게 된 경우
2. 건축물등의 이전비가 그 물건의 가격을 넘는 경우
3. 사업시행자가 공익사업에 직접 사용할 목적으로 취득하는 경우

② 농작물에 대한 손실은 그 종류와 성장의 정도 등을 종합적으로 고려하여 보상하여야 한다.
③ 토지에 속한 흙·돌·모래 또는 자갈(흙·돌·모래 또는 자갈이 해당 토지와 별도로 취득 또는 사용의 대상이 되는 경우만 해당한다)에 대하여는 거래가격 등을 고려하여 평가한 적정가격으로 보상하여야 한다.
④ 분묘에 대하여는 이장에 드는 비용 등을 산정하여 보상하여야 한다.
⑤ 사업시행자는 사업예정지에 있는 건축물 등이 제1항 제1호 또는 제2호에 해당하는 경우에는 관할 토지수용위원회에 그 물건의 수용재결을 신청할 수 있다.

판례

사업시행자가 사업시행에 방해가 되는 지장물에 관하여 공익사업을 위한 토지 등의 취득 및 보상에 관한 법률 제75조 제1항 단서 제1호에 따라 물건의 가격으로 보상한 경우, 사업시행자가 당해 물건을 취득하는 제3호와 달리 협의 또는 수용에 의한 취득절차를 거치지 아니한 이상 사업시행자가 그 보상만으로 당해 물건의 소유권까지 취득한다고 할 수는 없으나, 다른 한편으로 사업시행자는 수목의 소유자가 사업시행에 방해가 되지 않는 상당한 기한 내에 같은 법 시행규칙 제37조 제5항 단서에 따라 수목을 처분할 목적으로 벌채하기로 하는 등의 특별한 사정이 없는 한 자신의 비용으로 직접 이를 벌채할 수 있다. 이러한 경우 수목의 소유자로서도 사업시행자의 수목 벌채와 그 과정에서 발생하는 물건의 가치 상실을 수인하여야 할 지위에 있다. 따라서 **사업시행자가 같은 법 제75조 제1항 단서 제1호에 따라 수목의 가격으로 보상하였으나 수목을 협의 또는 수용에 의하여 취득하지 않은 경우, 수목의 소유자는 특별한 사정이 없는 한 같은 법 제43조에 의한 지장물의 이전의무를 부담하지 않고, 사업시행자는 수목의 소유자에게 수목의 이전 또는 벌채를 요구할 수 없다**(대판 2015.4.23. 2014도15607).

Ⅳ 공익사업의 준비

1 출입의 허가

공익사업을 위한 토지 등의 취득 및 보상에 관한 법률 제9조 【사업 준비를 위한 출입의 허가 등】 ① 사업시행자는 공익사업을 준비하기 위하여 타인이 점유하는 토지에 출입하여 측량하거나 조사할 수 있다.
② 사업시행자(특별자치도, 시·군 또는 자치구가 사업시행자인 경우는 제외한다)는 제1항에 따라 **측량이나 조사를 하려면** 사업의 종류와 출입할 토지의 구역 및 기간을 정하여 **특별자치도지사, 시장·군수 또는 구청장**(자치구의 구청장을 말한다)**의 허가를 받아야 한다.** 다만, 사업시행자가 국가일 때에는 그 사업을 시행할 관계 중앙행정기관의 장이 특별자치도지사, 시장·군수 또는 구청장에게 통지하고, 사업시행자가 특별시·광역시 또는 도일 때에는 특별시장·광역시장 또는 도지사가 시장·군수 또는 구청장에게 통지하여야 한다.
④ 사업시행자는 제1항에 따라 타인이 점유하는 토지에 출입하여 측량·조사함으로써 발생하는 **손실을 보상하여야 한다.**

공익사업을 위한 토지 등의 취득 및 보상에 관한 법률 시행규칙 제37조 【과수 등의 평가】 ⑤ 이식이 불가능한 수익수 또는 관상수의 벌채비용은 사업시행자가 부담한다. 다만, 수목의 소유자가 당해 수목을 처분할 목적으로 벌채하는 경우에는 수목의 소유자가 부담한다.

사업시행자가 사업시행에 방해가 되는 지장물인 수목에 관하여 토지보상법 제75조 제1항 단서 제1호에 따라 수목의 가격으로 보상하였으나 수목을 협의 또는 수용에 의하여 취득하지 않은 경우, 수목소유자는 특별한 사정이 없는 한 지장물의 이전의무를 부담하지 않는다.

⑤ 제4항에 따른 손실의 보상은 손실이 있음을 안 날부터 1년이 지났거나 손실이 발생한 날부터 3년이 지난 후에는 청구할 수 없다.

제10조 【출입의 통지】 ① 제9조 제2항에 따라 타인이 점유하는 토지에 출입하려는 자는 출입하려는 날의 **5일 전까지** 그 일시 및 장소를 특별자치도지사, 시장·군수 또는 구청장에게 통지하여야 한다.

② 특별자치도지사, 시장·군수 또는 구청장은 제1항에 따른 통지를 받은 경우 또는 특별자치도, 시·군 또는 구가 사업시행자인 경우에 특별자치도지사, 시장·군수 또는 구청장이 타인이 점유하는 토지에 출입하려는 경우에는 지체 없이 이를 공고하고 그 토지점유자에게 통지하여야 한다.

③ **해가 뜨기 전이나 해가 진 후**에는 **토지점유자의 승낙 없이 그 주거나 경계표·담 등으로 둘러싸인 토지에 출입할 수 없다.**

제11조 【토지점유자의 인용의무】 토지점유자는 정당한 사유 없이 사업시행자가 제10조에 따라 통지하고 출입·측량 또는 조사하는 행위를 방해하지 못한다.

사업시행자가 타인의 토지에 출입하여 측량·조사하는 행위는 권력적 사실행위로서 행정조사에 해당한다.

2 장해물의 제거

공익사업을 위한 토지 등의 취득 및 보상에 관한 법률 제12조 【장해물 제거 등】 ① 사업시행자는 제9조에 따라 타인이 점유하는 토지에 출입하여 **측량 또는 조사를 할 때 장해물을 제거하거나 토지를 파는 행위**(이하 '장해물 제거등'이라 한다)**를 하여야 할 부득이한 사유가 있는 경우**에는 그 **소유자 및 점유자의 동의를 받아야 한다.** 다만, 그 소유자 및 점유자의 동의를 받지 못하였을 때에는 사업시행자(특별자치도, 시·군 또는 구가 사업시행자인 경우는 제외한다)는 **특별자치도지사, 시장·군수 또는 구청장의 허가를 받아** 장해물 제거등을 할 수 있으며, 특별자치도, 시·군 또는 구가 사업시행자인 경우에 특별자치도지사, 시장·군수 또는 구청장은 허가 없이 장해물 제거등을 할 수 있다.

② 특별자치도지사, 시장·군수 또는 구청장은 제1항 단서에 따라 허가를 하거나 장해물 제거등을 하려면 미리 그 소유자 및 점유자의 의견을 들어야 한다.

③ 제1항에 따라 장해물 제거 등을 하려는 자는 장해물 제거등을 하려는 날의 **3일 전까지** 그 소유자 및 점유자에게 통지하여야 한다.

④ 사업시행자는 제1항에 따라 장해물 제거등을 함으로써 발생하는 **손실을 보상하여야 한다.**

측량·조사나 장해물 제거를 위한 타인 토지에의 출입허가의 성질에 대해서는 허가설과 예외적 승인설도 주장되고 있으나, 특허설이 일반적 견해이다.

공익사업의 준비

① 사업시행자가 타인의 토지에 출입하여 측량·조사하는 행위: 권력적 사실행위로서 행정조사
② 측량·조사나 장해물 제거를 위한 타인 토지에의 출입허가의 성질: 특허(통설)
③ 측량·조사나 장해물 제거 등을 함으로써 발생하는 손실: 보상(○)

V 공용수용의 절차

1 개관

① 공용수용의 방식에는 ㉠ 법률에 의거하여 직접 수용이 이루어지고 별다른 절차를 요하지 않는 수용(법률수용)과 ㉡ 법률이 정하는 일련의 절차에 따라 이루어지는 수용(행정수용)이 있다.

② 법률수용은 국가·공공단체가 수용권자인 경우에 한하여 비상재해 등의 긴박한 필요가 있는 때에 예외적으로만 인정된다(예 도로법 제83조에 의한 비상재해 시 토석·입목·죽·운반기구 등의 수용).

③ 따라서 행정수용이 피수용자의 권리보호에 보다 더 효과적인데, 이에는 보통절차와 약식절차가 있다.

> **공용수용의 방식**
> ① **법률수용**: 국가·공공단체가 수용권자인 경우에 한하여 또 비상재해 등의 긴박한 필요가 있는 때에 예외적으로만 인정
> ② **행정수용**: 보통절차와 약식절차

2 공용수용의 보통절차(사업인정 ⇨ 조서의 작성 ⇨ 협의 ⇨ 재결·화해)

(1) 사업인정

1) 의의

> **공익사업을 위한 토지 등의 취득 및 보상에 관한 법률 제20조【사업인정】** ① 사업시행자는 제19조에 따라 토지 등을 수용하거나 사용하려면 대통령령으로 정하는 바에 따라 **국토교통부장관의 사업인정을 받아야 한다.**

① 사업인정이란 공익사업을 토지등을 수용하거나 사용할 사업으로 결정하는 것을 말한다(토지보상법 제2조 제7호).

② 사업인정은 **보통절차의 첫 번째 단계**이다.

> 사업인정은 토지수용절차를 개시하는 제1차적 단계이다.

판례

1. 공익사업을 위한 토지 등의 취득 및 보상에 관한 법률에 의한 수용에 있어서 같은 법 제20조의 사업인정은 토지수용절차를 개시하는 제1차적 단계이며 사업인정에 의하여 사업시행자에게 사업지역 내의 토지에 대한 공용징수권이 설정되고 사업시행자는 협의수용 또는 재결수용의 절차를 거쳐 그 토지의 소유권을 취득하므로 **사업인정을 받기 전에는 협의수용이나 재결수용이 있을 수 없다**(대판 1983.9.27. 83누324).

2. 공익사업을 수행하여 공익을 실현할 의사나 능력이 없는 자에게 타인의 재산권을 공권력적·강제적으로 박탈할 수 있는 수용권을 설정하여 줄 수는 없으므로, **사업시행자에게 해당 공익사업을 수행할 의사와 능력이 있어야 한다는 것도 사업인정의 한 요건**이라고 보아야 한다(대판 2019.2.28. 2017두71031 ; 대판 2011.1.27. 2009두1051).

> 사업인정을 받기 전에는 협의수용이나 재결수용이 있을 수 없다.

> 사업시행자에게 해당 공익사업을 수행할 의사와 능력이 있어야 한다는 것도 사업인정의 한 요건이다.

사업인정의 성질
① 형성적(설권적) 행정행위(○), 확인적 행정행위(×)
② 재량행위(○), 기속행위(×)

2) 법적 성질

① 형성적 행정행위

판례

1. 공익사업을 위한 토지 등의 취득 및 보상에 관한 법률 제20조 제1항, 제22조 제3항은 사업시행자가 토지 등을 수용하거나 사용하려면 국토교통부장관의 사업인정을 받아야 하고, 사업인정은 고시한 날부터 효력이 발생한다고 규정하고 있다. 이러한 **사업인정**은 **수용권을 설정해 주는 행정처분**으로서, 이에 따라 **수용할 목적물의 범위가 확정**되고, **수용권자가 목적물에 대한 현재 및 장래의 권리자에게 대항할 수 있는 공법상 권한이 생긴다**(대판 2019.12.12. 2019두47629).

2. **사업인정**이란 공익사업을 토지 등을 수용 또는 사용할 사업으로 결정하는 것으로서 공익사업의 시행자에게 그 후 일정한 절차를 거칠 것을 조건으로 일정한 내용의 수용권을 설정하여 주는 **형성행위**이다. 그러므로 해당 사업이 외형상 토지 등을 수용 또는 사용할 수 있는 사업에 해당하더라도 사업인정기관으로서는 그 사업이 공용수용을 할 만한 공익성이 있는지 여부와 공익성이 있는 경우에도 그 사업의 내용과 방법에 관하여 사업인정에 관련된 자들의 이익을 공익과 사익 사이에서는 물론, 공익 상호간 및 사익 상호간에도 정당하게 비교·교량하여야 하고, 비교·교량은 비례의 원칙에 적합하도록 하여야 한다(대판 2019.2.28. 2017두71031 ; 대판 2011.1.27. 2009두1051).

사업인정을 받음으로써 수용할 목적물의 범위가 확정되고 수용권자로 하여금 목적물에 대한 현재 및 장래의 권리자에게 대항할 수 있는 일종의 공법상의 권리로서의 효력을 발생시킨다.

사업인정처분을 함에 있어 사업인정기관은 그 사업이 공용수용을 할 만한 공익성이 있는지의 여부와 공익성이 있는 경우에도 그 사업의 내용과 방법에 대하여 관련된 자들의 이익을 공익과 사익 간에서는 물론, 공익 상호간 및 사익 상호간에도 정당하게 비교·교량하여야 한다.

② 재량행위

판례

1. 광업법 제72조, 공익사업을 위한 토지 등의 취득 및 보상에 관한 법률 제20조에 의한 토지수용을 위한 **사업인정은 단순한 확인행위가 아니라 형성행위**이고 당해 사업이 비록 토지를 수용할 수 있는 사업에 해당된다 하더라도 행정청으로서는 그 사업이 공용수용을 할 만한 공익성이 있는지의 여부를 모든 사정을 참작하여 구체적으로 판단하여야 하는 것이므로 **사업인정의 여부는 행정청의 재량에 속한다**(대판 1992.11.13. 92누596).

2. 공용수용은 공익사업을 위하여 특정의 재산권을 법률에 의하여 강제적으로 취득하는 것을 내용으로 하므로 그 공익사업을 위한 필요가 있어야 하고, 그 필요가 있는지에 대하여는 수용에 따른 상대방의 재산권침해를 정당화할 만한 공익의 존재가 쌍방의 이익의 비교형량의 결과로 입증되어야 하며, 그 **입증책임은 사업시행자에게 있다**(대판 2005.11.10. 2003두7507).

사업인정은 단순한 확인행위가 아니라 형성행위이고, 사업인정 여부는 행정청의 재량에 속한다.

공용수용에 있어서 공익사업을 위한 필요에 대한 입증책임은 사업시행자에게 있다.

3) 사업인정의 절차

공익사업을 위한 토지 등의 취득 및 보상에 관한 법률 제20조【사업인정】 ② 제1항에 따른 사업인정을 신청하려는 자는 국토교통부령으로 정하는 수수료를 내야 한다.

제21조【협의 및 의견청취 등】 ① 국토교통부장관은 사업인정을 하려면 **관계 중앙행정기관의 장 및 특별시장·광역시장·도지사·특별자치도지사**(이하 '시·도지사'라 한다) 및 제49조에 따른 중앙토지수용위원회와 **협의하여야 하며**, 대통령령으로 정하는 바에 따라 미리 사업인정에 **이해관계가 있는 자의 의견을 들어야 한다.**

사업인정의 절차
① 사업시행자의 사업인정의 신청
② 관계 기관의 장 및 시·도지사와의 협의
③ 이해관계자의 의견청취
④ 사업인정의 고시

⑤ 제49조에 따른 중앙토지수용위원회는 제1항 또는 제2항에 따라 협의를 요청받은 날부터 30일 이내에 의견을 제시하여야 한다. 다만, 그 기간 내에 의견을 제시하기 어려운 경우에는 한 차례만 30일의 범위에서 그 기간을 연장할 수 있다.
⑦ 제49조에 따른 중앙토지수용위원회가 제5항에서 정한 기간 내에 의견을 제시하지 아니하는 경우에는 협의가 완료된 것으로 본다.

제22조 【사업인정의 고시】 ① 국토교통부장관은 제20조에 따른 사업인정을 하였을 때에는 지체 없이 그 뜻을 사업시행자, 토지소유자 및 관계인, 관계 시·도지사에게 통지하고 사업시행자의 성명이나 명칭, 사업의 종류, 사업지역 및 수용하거나 사용할 토지의 세목을 관보에 고시하여야 한다.
② 제1항에 따라 사업인정의 사실을 통지받은 시·도지사(특별자치도지사는 제외한다)는 관계 시장·군수 및 구청장에게 이를 통지하여야 한다.
③ 사업인정은 제1항에 따라 **고시한 날부터 그 효력이 발생한다.**

사업인정은 ① 사업시행자의 사업인정의 신청(토지보상법 제20조 제2항) ⇨ ② 관계기관의 장 및 시·도지사와의 협의(제21조 제1항 전단) ⇨ ③ 이해관계자의 의견청취(제21조 제1항 후단) ⇨ ④ 사업인정의 고시(제22조)의 절차를 거쳐 **국토교통부장관이 한다**(제20조 제1항).

사업인정의 주체: 국토교통부장관

판례

공익사업을 위한 토지 등의 취득 및 보상에 관한 법률 제22조 제1항에서는 "국토교통부장관은 사업인정을 한 때에는 지체 없이 그 뜻을 사업시행자, 토지소유자 및 관계인, 관계 시·도지사에게 통지하고 사업시행자의 성명 또는 명칭·사업의 종류·사업지역 및 수용 또는 사용할 토지의 세목을 관보에 고시하여야 한다."고 규정하고 있는바, 가령 **국토교통부장관이 위와 같은 절차를 누락한 경우 이는 절차상의 위법으로서 수용재결단계 전의 사업인정단계에서 다툴 수 있는 취소사유에 해당**하기는 하나, 더 나아가 그 **사업인정 자체를 무효로 할 중대하고 명백한 하자라고 보기는 어렵고**, 따라서 이러한 위법을 들어 수용재결처분의 취소를 구하거나 무효확인을 구할 수는 없다(대판 2000.10.13. 2000두5142 ; 대판 2009.11.26. 2009두11607).

사업인정의 고시절차를 누락한 경우 수용재결 단계 전의 사업인정 단계에서 다툴 수 있는 취소사유에 해당하기는 하나 사업인정 자체를 무효로 할 중대하고 명백한 하자라고 보기는 어렵고, 따라서 이러한 위법을 들어 수용재결처분의 취소를 구하거나 무효확인을 구할 수는 없다.

4) 사업인정의 효력발생시기

고시는 사업인정의 효력발생요건이다. 따라서 사업인정은 고시한 날부터 그 효력을 발생한다(토지보상법 제22조 제3항).

사업인정은 고시한 날부터 효력을 발생한다.

OX 사업인정은 수용할 목적물의 소유자에게 개별통지한 날부터 그 효력을 발생한다. (×)

5) 사업인정의 효과

① **기본적 효과**: 사업인정이 고시되면 수용목적물이 확정되는 효과가 발생한다.

② **부수적 효과**

㉠ **관계인의 범위제한**: **사업인정의 고시가 된 후에 권리를 취득한 자는 기존의 권리를 승계한 자를 제외하고는 관계인에 포함되지 아니한다**(토지보상법 제2조 제5호 단서).

사업인정의 효과
① 수용목적물의 확정
② 관계인의 범위제한
③ 토지 등의 보전의무
④ 토지 및 물건에 관한 조사권

OX 환매권의 발생은 사업인정의 효력이 아니다. (○)

㉡ 토지 등의 보전의무

공익사업을 위한 토지 등의 취득 및 보상에 관한 법률 제25조【토지 등의 보전】 ① 사업인정고시가 된 후에는 누구든지 고시된 토지에 대하여 사업에 지장을 줄 우려가 있는 형질의 변경이나 제3조 제2호 또는 제4호에 규정된 물건을 손괴하거나 수거하는 행위를 하지 못한다.
② 사업인정고시가 된 후에 고시된 토지에 건축물의 건축·대수선, 공작물의 설치 또는 물건의 부가(附加)·증치(增置)를 하려는 자는 특별자치도지사, 시장·군수 또는 구청장의 허가를 받아야 한다. 이 경우 특별자치도지사, 시장·군수 또는 구청장은 미리 사업시행자의 의견을 들어야 한다.
③ 제2항을 위반하여 건축물의 건축·대수선, 공작물의 설치 또는 물건의 부가·증치를 한 토지소유자 또는 관계인은 해당 건축물·공작물 또는 물건을 원상으로 회복하여야 하며 이에 관한 손실의 보상을 청구할 수 없다.

㉢ **토지 및 물건에 관한 조사권**: 사업인정의 고시가 된 후에는 사업시행자 또는 감정평가를 의뢰받은 감정평가법인 등은 필요한 경우에 해당 토지나 물건에 출입하여 이를 측량하거나 조사할 수 있다(토지보상법 제27조 제1항).

6) **사업인정의 실효**

① 재결신청을 하지 아니한 경우

공익사업을 위한 토지 등의 취득 및 보상에 관한 법률 제23조【사업인정의 실효】 ① 사업시행자가 제22조 제1항에 따른 **사업인정의 고시**(이하 '사업인정고시'라 한다)**가 된 날부터 1년 이내**에 제28조 제1항에 따른 **재결신청을 하지 아니한 경우에는 사업인정고시가 된 날부터 1년이 되는 날의 다음 날에 사업인정은 그 효력을 상실**한다.
② 사업시행자는 제1항에 따라 사업인정이 실효됨으로 인하여 토지소유자나 관계인이 입은 손실을 보상하여야 한다.

OX 토지소유자가 사업인정의 고시일로부터 1년 이내에 토지수용위원회의 재결신청을 하지 않으면 사업인정고시가 있은 날로부터 1년이 되는 날에 사업인정은 실효된다. (×)

OX 사업인정을 받은 후 2년 이내에 재결을 신청하지 않으면 그 효력을 상실하게 된다. (×)

② 사업의 폐지 및 변경의 경우

공익사업을 위한 토지 등의 취득 및 보상에 관한 법률 제24조【사업의 폐지 및 변경】 ① 사업인정고시가 된 후 **사업의 전부 또는 일부를 폐지하거나 변경함으로 인하여 토지등의 전부 또는 일부를 수용하거나 사용할 필요가 없게 되었을 때**에는 사업시행자는 지체 없이 사업지역을 관할하는 시·도지사에게 신고하고, 토지소유자 및 관계인에게 이를 통지하여야 한다.
② 시·도지사는 제1항에 따른 신고를 받으면 사업의 전부 또는 일부가 폐지되거나 변경된 내용을 관보에 고시하여야 한다.
③ 시·도지사는 제1항에 따른 신고가 없는 경우에도 사업시행자가 사업의 전부 또는 일부를 폐지하거나 변경함으로 인하여 토지를 수용하거나 사용할 필요가 없게 된 것을 알았을 때에는 미리 사업시행자의 의견을 듣고 제2항에 따른 고시를 하여야 한다.
④ 시·도지사는 제2항 및 제3항에 따른 고시를 하였을 때에는 지체 없이 그 사실을 국토교통부장관에게 보고하여야 한다.
⑤ 제2항 및 제3항에 따른 **고시가 된 날부터 그 고시된 내용에 따라 사업인정의 전부 또는 일부는 그 효력을 상실한다.**

⑥ 사업시행자는 제1항에 따라 사업의 전부 또는 일부를 폐지·변경함으로 인하여 토지 소유자 또는 관계인이 입은 손실을 보상하여야 한다.

7) 사업인정과 수용재결과의 관계

① **사업인정의 구속력**: 사업인정의 효력은 토지수용위원회를 구속한다. 따라서 **토지수용위원회는 사업인정의 내용에 반하는 재결을 할 수 없다.**

판례

1. 공익사업을 위한 토지 등의 취득 및 보상에 관한 법률(구 토지수용법)은 수용·사용의 1차 단계인 사업인정에 속하는 부분은 사업의 공익성판단으로 사업인정기관에 일임하고 그 이후의 구체적인 수용·사용의 결정은 토지수용위원회에 맡기고 있는바, 이와 같은 토지수용절차의 2분화 및 사업인정의 성격과 토지수용위원회의 재결사항을 열거하고 있는 같은 법 제50조 제1항의 규정내용에 비추어 볼 때, **토지수용위원회는 행정쟁송에 의하여 사업인정이 취소되지 않는 한 그 기능상 사업인정 자체를 무의미하게 하는, 즉 사업의 시행이 불가능하게 되는 것과 같은 재결을 행할 수는 없다**(대판 2007.1.11. 2004두8538).
2. 공용수용은 헌법상의 재산권 보장의 요청상 불가피한 최소한에 그쳐야 한다는 헌법 제23조의 근본취지에 비추어 볼 때, **사업시행자가 사업인정을 받은 후 그 사업이 공용수용을 할 만한 공익성을 상실하거나 사업인정에 관련된 자들의 이익이 현저히 비례의 원칙에 어긋나게 된 경우 또는 사업시행자가 해당 공익사업을 수행할 의사나 능력을 상실하였음에도 여전히 그 사업인정에 기하여 수용권을 행사하는** 것은 **수용권의 공익목적에 반하는 수용권의 남용에 해당하여 허용되지 않는다**(대판 2011.1.27. 2009두1051).

② **사업인정의 절차상 하자의 승계 여부**: 사업인정과 수용재결은 별개의 법적 효과를 가져오는 서로 독립된 행정행위이므로 사업인정의 절차상 하자는 수용재결에 승계되지 않는다.

판례

1. 구 토지수용법 제14조에 따른 사업인정은 그 후 일정한 절차를 거칠 것을 조건으로 하여 일정한 내용의 수용권을 설정해 주는 행정처분의 성격을 띠는 것으로서 그 사업인정을 받음으로써 수용할 목적물의 범위가 확정되고 수용권으로 하여금 목적물에 관한 현재 및 장래의 권리자에게 대항할 수 있는 일종의 공법상의 권리로서의 효력을 발생시킨다고 할 것이므로 위 **사업인정단계에서의 하자를 다투지 아니하여 이미 쟁송기간이 도과한 수용재결단계에 있어서는 위 사업인정처분에 중대하고 명백한 하자가 있어 당연무효라고 볼 만한 특단의 사정이 없다면 그 처분의 불가쟁력에 의하여 사업인정처분의 위법·부당함을 이유로 수용재결처분의 취소를 구할 수 없다**(대판 1987.9.8. 87누395).
2. **도시계획사업허가의 공고시에 토지세목의 고시를 누락하거나 사업인정을 함에 있어 수용 또는 사용할 토지의 세목을 공시하는 절차를 누락한 경우,** 이는 절차상의 위법으로서 수용재결 단계 전의 사업인정단계에서 다툴 수 있는 취소사유에 해당하기는 하나 더 나아가 그 사업인정 자체를 무효로 할 중대하고 명백한 하자라고 보기는 어렵고, 따라서 **이러한 위법을 들어 수용재결처분의 취소를 구하거나 무효확인을 구할 수는 없다**(대판 2009.11.26. 2009두11607).

토지수용위원회는 행정쟁송에 의하여 사업인정이 취소되지 않는 한 그 기능상 사업인정 자체를 무의미하게 하는, 즉 사업의 시행이 불가능하게 되는 것과 같은 재결을 행할 수는 없다.

OX

① 토지수용위원회는 사업인정의 취소와 관련 없이 부득이한 사정이 있으면 사업인정과 배치되는 재결을 할 수 있다. (×)
② 토지수용위원회는 수용재결신청에 대한 기각결정으로 당해 공익사업의 시행이 불가능해지는 경우에도 사업의 공익성이 없다고 판단하면 수용재결신청을 기각할 수 있다. (×)

사업시행자가 사업인정을 받은 후 그 사업이 공용수용을 할 만한 공익성을 상실하거나 사업인정에 관련된 자들의 이익이 현저히 비례의 원칙에 어긋나게 된 경우 또는 사업시행자가 해당 공익사업을 수행할 의사나 능력을 상실한 경우, 그 사업인정에 기하여 수용권을 행사할 수 없다.

사업인정단계에서의 하자를 다투지 아니하여 이미 쟁송기간이 도과한 수용재결단계에 있어서는 위 사업인정처분이 당연무효라고 볼 만한 특단의 사정이 없다면 사업인정처분의 위법·부당함을 이유로 수용재결처분의 취소를 구할 수 없다.

OX 수용재결의 취소소송에서 사업인정에 취소사유에 해당하는 하자가 있음을 이유로 수용재결의 위법성을 주장할 수 있다. (×)

도시계획사업허가의 공고 시에 토지세목의 고시를 누락하거나, 사업인정을 함에 있어 수용 또는 사용할 토지의 세목공시절차를 누락한 경우에 이를 이유로 수용재결처분의 취소를 구할 수 없다.

(2) 토지조서 및 물건조서의 작성

> **공익사업을 위한 토지 등의 취득 및 보상에 관한 법률 제14조 【토지조서 및 물건조서의 작성】**
> ① 사업시행자는 공익사업의 수행을 위하여 제20조에 따른 사업인정 전에 협의에 의한 토지 등의 취득 또는 사용이 필요할 때에는 토지조서와 물건조서를 작성하여 서명 또는 날인을 하고 토지소유자와 관계인의 서명 또는 날인을 받아야 한다. 다만, 다음 각 호의 어느 하나에 해당하는 경우에는 그러하지 아니하다. 이 경우 사업시행자는 해당 토지조서와 물건조서에 그 사유를 적어야 한다.
> 1. 토지소유자 및 관계인이 정당한 사유 없이 서명 또는 날인을 거부하는 경우
> 2. 토지소유자 및 관계인을 알 수 없거나 그 주소·거소를 알 수 없는 등의 사유로 서명 또는 날인을 받을 수 없는 경우

1) 조서작성의 법적 성질

토지 및 물건의 조서작성행위는 비권력적 사실행위이다.

토지 및 물건의 조서작성행위는 토지소유자 등의 동의를 전제로 하고 또 사실상의 효과만이 발생하므로 **비권력적 사실행위**이다.

2) 조서의 효력

① 추정력

> **공익사업을 위한 토지 등의 취득 및 보상에 관한 법률 제27조 【토지 및 물건에 관한 조사권 등】**
> ③ 사업인정고시가 된 후에는 제26조 제1항에서 준용되는 제15조 제3항에 따라 토지소유자나 관계인이 토지조서 및 물건조서의 내용에 대하여 이의를 제기하는 경우를 제외하고는 제26조 제1항에서 준용되는 제14조에 따라 작성된 토지조서 및 물건조서의 내용에 대하여 이의를 제기할 수 없다. 다만, 토지조서 및 물건조서의 내용이 진실과 다르다는 것을 입증할 때에는 그러하지 아니하다.
>
> **제15조 【보상계획의 열람 등】** ② 사업시행자는 제1항에 따른 공고나 통지를 하였을 때에는 그 내용을 **14일 이상** 일반인이 열람할 수 있도록 하여야 한다. 다만, 사업지역이 둘 이상의 시·군 또는 구에 걸쳐 있거나 사업시행자가 행정청이 아닌 경우에는 해당 특별자치도지사, 시장·군수 또는 구청장에게도 그 사본을 송부하여 열람을 의뢰하여야 한다.
> ③ 제1항에 따라 **공고되거나 통지된 토지조서 및 물건조서의 내용에 대하여 이의가 있는 토지소유자 또는 관계인은 제2항에 따른 열람기간 이내에 사업시행자에게 서면으로 이의를 제기할 수 있다.** 다만, 사업시행자가 고의 또는 과실로 토지소유자 또는 관계인에게 보상계획을 통지하지 아니한 경우 해당 토지소유자 또는 관계인은 제16조에 따른 협의가 완료되기 전까지 서면으로 이의를 제기할 수 있다.

토지조서 및 물건조서에 기재된 사항은 별도의 입증 없이도 진실에 합치하는 것으로 추정된다.

즉, 토지조서 및 물건조서에 기재된 사항은 별도의 입증 없이도 일응 진실에 합치하는 것으로 추정된다.

② **하자 있는 조서의 효력**: 조서의 작성에 절차상 하자가 있더라도 그것이 곧 수용재결에 영향을 미치는 것은 아니다.

판례

토지수용을 함에 있어 토지소유자 등에게 입회를 요구하지 아니하고 작성한 **토지조서는 절차상의 하자를 지니게 되는 것으로서 토지조서로서의 효력이 부인되어 조서의 기재에 대한 증명력에 관하여 추정력이 인정되지 아니하는 것일 뿐, 토지조서의 작성에 하자가 있다 하여 그것이 곧 수용재결이나 그에 대한 이의재결의 효력에 영향을 미치는 것은 아니라 할 것**이므로 토지조서에 실제 현황에 관한 기재가 되어 있지 아니하다거나 실측평면도가 첨부되어 있지 아니하다거나 토지소유자의 입회나 서명날인이 없었다든지 하는 사유만으로는 이의재결이 위법하다 하여 그 취소를 구할 사유로 삼을 수 없다(대판 1993.9.10. 93누5543).

토지조서의 작성에 하자가 있다 하여 곧 수용재결이나 그에 대한 이의재결의 효력에 영향을 미치는 것은 아니다.

(3) 협의

① 사업시행자는 토지 등에 대한 보상에 관하여 토지소유자 및 관계인과 성실하게 협의하여야 하고(토지보상법 제16조), 사업인정을 받은 사업시행자는 토지조서 및 물건조서의 작성, 보상계획의 공고·통지 및 열람, 보상액의 산정과 토지소유자 및 관계인과의 협의절차를 거쳐야 한다(토지보상법 제26조 제1항).

② 사업시행자가 수용할 토지의 저당권자와 위 협의를 하지 않았다면 위법하다(대판 2017.12.28. 2017다270565).

③ 위 협의를 공법상 계약으로 봄이 다수설이나, 판례는 사법상 (매매)계약으로 보고 있다(대판 1999.11.26. 98다47245 ; 대판 2004.7.22. 2002다51586).

OX 공익사업을 위한 토지 등의 취득 및 보상에 관한 법률에 의하면 원칙적으로 사업시행자는 재결신청 전에 토지소유자 및 관계인과 협의하여야 한다. (O)

협의의 성질: 공법상 계약설(多), 사법상 계약설(判)

판례

1. 공공사업의 시행자가 공익사업을 위한 토지 등의 취득 및 보상에 관한 법률에 의하여 그 사업에 필요한 토지를 취득하는 경우 그것이 협의에 의한 취득이고 같은 법 제29조의 규정에 의한 **협의성립의 확인이 없는 이상, 그 취득행위는 어디까지나 사경제 주체로서 행하는 사법상의 취득으로서 승계취득한 것으로 보아야 할 것**이고, 재결에 의한 취득과 같이 원시취득한 것으로 볼 수는 없다(대판 1996.2.13. 95다3510).

2. 공익사업을 위한 토지 등의 취득 및 보상에 관한 법률상 **수용**은 일정한 요건 하에 그 소유권을 사업시행자에게 귀속시키는 행정처분으로서 이로 인한 효과는 소유자가 누구인지와 무관하게 사업시행자가 그 소유권을 취득하게 하는 **원시취득**인 반면, **'협의취득'의 성격**은 사법상 매매계약이므로 그 이행으로 인한 사업시행자의 소유권 취득도 **승계취득**이다. 그런데 공익사업을 위한 토지 등의 취득 및 보상에 관한 법률 제29조 제3항에 따른 신청이 수리됨으로써 협의 성립의 확인이 있었던 것으로 간주되면, 제29조 제4항에 따라 그에 관한 재결이 있었던 것으로 재차 의제되고, 그에 따라 사업시행자는 사법상 매매의 효력만을 갖는 협의취득과는 달리 확인 대상 토지를 수용재결의 경우와 동일하게 원시취득하는 효과를 누리게 된다. 이처럼 간이한 절차만을 거치는 협의 성립의 확인에, 원시취득의 강력한 효력을 부여함과 동시에 사법상 매매계약과 달리 협의 당사자들이 사후적으로 그 성립과 내용을 다툴 수 없게 한 법적 정당성의 원천은 사업시행자와 토지소유자 등이 진정한 합의를 하였다는 데에 있으므로, 협의 성립의 확인 신청에 필요한 동의의 주체인 토지소유자는 협의 대상이 되는 '토지의 진정한 소유자'를 의미한다. 따라서 **사업시행자가 진정한 토지소유자의 동의를 받지 못한 채 단순히 등기부상 소유명의자의 동의만을 얻은 후 관련 사**

협의매수에 의한 토지수용의 경우, 토지수용위원회로부터 협의성립의 확인을 받지 아니하면 토지의 소유권은 원시취득이 될 수 없다.

공익사업을 위한 토지 등의 취득 및 보상에 관한 법률 제29조【협의 성립의 확인】

① 사업시행자와 토지소유자 및 관계인 간에 … 협의가 성립되었을 때에는 사업시행자는 … 토지소유자 및 관계인의 동의를 받아 관할 토지수용위원회에 협의 성립의 확인을 신청할 수 있다.

③ 사업시행자가 협의가 성립된 토지의 소재지·지목·면적 등에 대하여 … 협의 성립의 확인을 신청하였을 때에는 관할 토지수용위원회가 이를 수리함으로써 협의 성립이 확인된 것으로 본다.

④ 제1항 및 제3항에 따른 확인은 이 법에 따른 재결로 보며, 사업시행자, 토지소유자 및 관계인은 그 확인된 협의의 성립이나 내용을 다툴 수 없다.

사업시행자가 진정한 토지소유자의 동의를 받지 못한 채 등기부상 소유명의자의 동의만을 얻은 후 협의 성립의 확인을 신청하였으나 토지수용위원회가 신청을 수리한 경우, 사업시행자의 과실 유무를 불문하고 수리행위는 위법하며, 진정한 토지소유자는 그 위법을 이유로 취소소송을 제기할 수 있다.

토보상법상 협의취득은 사법상의 법률행위이므로 당사자 사이의 자유로운 의사에 따라 채무불이행책임이나 매매대금 과부족금에 대한 지급의무를 약정할 수 있다.

항에 대한 공증을 받아 협의 성립의 확인을 신청하였음에도 토지수용위원회가 신청을 수리하였다면, 수리행위는 다른 특별한 사정이 없는 한 공익사업을 위한 토지 등의 취득 및 보상에 관한 법률이 정한 **소유자의 동의 요건을 갖추지 못한 것으로서 위법하다.** 진정한 토지소유자의 동의가 없었던 이상, 진정한 토지소유자를 확정하는 데 **사업시행자의 과실이 있었는지 여부와 무관하게 그 동의의 흠결은 위 수리행위의 위법사유가 된다.** 이에 따라 진정한 토지소유자는 수리행위가 위법함을 주장하여 **항고소송으로 취소를 구할 수 있다**(대판 2018.12.13. 2016두51719).

3. 공익사업을 위한 토지 등의 취득 및 보상에 관한 법령에 의한 **협의취득**은 사법상의 법률행위이므로 **당사자 사이의 자유로운 의사에 따라 채무불이행책임이나 매매대금 과부족금에 대한 지급의무를 약정할 수 있다**(대판 2012.2.23. 2010다91206).

③ 협의는 의무적인 절차이므로 이를 거치지 않고서는 재결을 신청할 수 없고, 설령 신청하더라도 위법하다.

④ 협의가 성립되면 공용수용절차는 종료되고 수용의 효과가 발생하게 된다.

판례

사업시행자가 과실 없이 진정한 토지소유자를 알지 못하여 등기부상 소유명의자를 토지소유자로 보고 그를 피수용자로 하여 매수협의에 따른 수용절차를 마친 경우, 그 수용의 효과를 부인할 수 없다.

사업시행자가 과실 없이 토지소유자의 등기부상 주소와 실제 주소가 다른 사실을 알지 못하거나 과실로 이를 알지 못하여 등기부상 주소로 보상협의에 관한 통지를 한 결과 보상협의절차를 거치지 못하였다 해도 수용재결이 당연무효이거나 부존재하는 것으로 볼 수 없다.

1. 토지수용의 경우 **사업시행자(구 기업자)가 과실 없이 진정한 토지소유자를 알지 못하여 등기부상 소유명의자를 토지소유자로 보고 그를 피수용자로 하여 매수협의에 따른 수용절차를 마쳤다면,** 그 **수용의 효과를 부인할 수 없게 되어** 수용목적물의 소유자가 누구임을 막론하고 이미 가지고 있던 소유권은 소멸함과 동시에 사업시행자가 완전하고 확실하게 그 권리를 취득하게 된다(대판 1993.11.12. 93다34756).

2. **사업시행자가 과실 없이 토지소유자의 등기부상 주소와 실제 주소가 다른 사실을 알지 못하거나 과실로 이를 알지 못하여 등기부상 주소로 보상협의에 관한 통지를 한 결과 보상협의절차를 거치지 못하였다 하더라도** 그러한 사유만으로는 **수용재결이 당연무효이거나 부존재하는 것으로 볼 수 없다**(대판 1994.4.15. 93누18594).

(4) 재결·화해

1) 재결의 의의

재결이란 협의가 성립되지 아니하거나 협의를 할 수 없는 때에 행하는 공용수용의 종국적인 절차를 말한다.

재결의 법적 성질
① 형성적 행정행위, 대리행위
② 준사법적 행정행위 ⇨ 불가변력(○)

2) 재결의 법적 성질

① 재결은 사업시행자가 보상금을 지급하는 것으로 조건으로 토지 등에 관한 권리를 취득하고 피수용자는 그 권리를 상실하게 되는 **형성적 행정행위로서 대리행위**이다.

② 그리고 재결은 **준사법적 행정행위로서 불가변력이 인정**된다.

토지수용에 있어서 재결의 신청은 사업시행자만이 할 수 있다.

OX 피수용자는 수용재결을 신청할 수 없고 사업인정고시가 있은 후 협의가 성립되지 아니한 때에는 토지소유자 및 관계인은 서면으로 사업시행자에게 재결을 신청할 것을 청구할 수 있다.

3) 재결의 신청과 청구

① 협의가 성립되지 아니하거나 협의를 할 수 없는 때에는 **사업시행자**는 **사업인정고시가 된 날부터 1년 이내**에 관할 토지수용위원회에 재결을 신청할 수 있다(토지보상법 제28조 제1항).

② 사업인정고시가 된 후 협의가 성립되지 아니하였을 때에는 토지소유자 및 관계인은 서면으로 사업시행자에게 재결을 신청할 것을 청구할 수 있고, 사업시행자는 청구를 받았을 때에는 그 **청구를 받은 날부터 60일 이내**에 관할 토지수용위원회에 재결을 신청하여야 한다(토지보상법 제30조 제1항 · 제2항).

판례

공익사업을 위한 토지 등의 취득 및 보상에 관한 법률 시행령 제8조 제1항, 제14조 제1항의 내용, 형식 및 취지를 비롯하여, 토지소유자 및 관계인이 협의기간 종료 전에 사업시행자에게 재결신청의 청구를 한 경우 공익사업을 위한 토지 등의 취득 및 보상에 관한 법률 제30조 제2항에서 정한 60일의 기간은 협의기간 만료일로부터 기산하여야 하는 점, 사업인정고시가 있게 되면 토지소유자 및 관계인에 대하여 같은 법 제25조에서 정한 토지 등의 보전의무가 발생하고, 사업시행자에게는 같은 법 제27조에서 정한 토지 및 물건에 관한 조사권이 주어지게 되는 이상, 협의기간 연장을 허용하게 되면 토지소유자 및 관계인에게 위와 같은 실질적인 불이익도 연장될 우려가 있는 점, 협의기간 내에 협의가 성립되지 아니하여 토지소유자 및 관계인이 재결신청의 청구까지 한 마당에 사업시행자의 협의기간 연장을 허용하는 것은 사업시행자가 일방적으로 재결신청을 지연할 수 있도록 하는 부당한 결과를 가져올 수 있는 점 등을 종합해 보면, **사업시행자가 보상협의요청서에 기재한 협의기간을 토지소유자 및 관계인에게 통지하고, 토지소유자 및 관계인이 그 협의기간이 종료하기 전에 재결신청의 청구를 한 경우에는 사업시행자가 협의기간이 종료하기 전에 협의기간을 연장하였다고 하더라도 같은 법 제30조 제2항에서 정한 60일의 기간은 당초의 협의기간 만료일로부터 기산하여야 한다**고 보는 것이 타당하다(대판 2012.12.27. 2010두9457).

4) 재결기관: 토지수용위원회

① 토지 등의 수용에 관한 재결을 하기 위하여 국토교통부에 중앙토지수용위원회를 두고, 특별시 · 광역시 · 도 · 특별자치도에 지방토지수용위원회를 둔다(토지보상법 제49조).

② 토지수용위원회는 **합의제 행정관청**이다.

5) 재결의 절차 · 형식 · 기간 · 내용

① **재결의 절차:** 토지수용위원회는 재결신청서를 접수하였을 때에는 지체 없이 이를 공고하고, 공고한 날부터 14일 이상 관계 서류의 사본을 일반이 열람할 수 있도록 하여야 한다(토지보상법 제31조 제1항).

② **재결의 형식:** 토지수용위원회의 재결은 서면으로 한다(토지보상법 제34조 제1항).

③ **재결의 기간:** 토지수용위원회는 심리를 시작한 날부터 14일 이내에 재결을 하여야 한다. 다만, 특별한 사유가 있을 때에는 14일의 범위에서 한 차례만 연장할 수 있다(토지보상법 제35조).

④ **재결의 내용**

공익사업을 위한 토지 등의 취득 및 보상에 관한 법률 제50조 【재결사항】 ① 토지수용위원회의 재결사항은 다음 각 호와 같다.

1. 수용하거나 사용할 토지의 구역 및 사용방법
2. 손실보상

재결신청기간: 재결신청의 청구를 받은 날부터 60일 이내

사업시행자가 보상협의요청서에 기재한 협의기간을 토지소유자 및 관계인에게 통지하고, 토지소유자 및 관계인이 그 협의기간이 종료하기 전에 재결신청의 청구를 한 경우에는 사업시행자가 협의기간이 종료하기 전에 협의기간을 연장하였다고 하더라도 공익사업을 위한 토지 등의 취득 및 보상에 관한 법률 제30조 제2항에서 정한 60일의 기간은 당초의 협의기간 만료일로부터 기산하여야 한다.

토지수용위원회: 합의제 행정관청이다.

재결의 형식: 서면

재결의 기간: 심리를 시작한 날부터 14일 이내

> 3. 수용 또는 사용의 개시일과 기간
> 4. 그 밖에 이 법 및 다른 법률에서 규정한 사항
> ② 토지수용위원회는 **사업시행자, 토지소유자 또는 관계인이 신청한 범위에서 재결하여야 한다.** 다만, 제1항 제2호의 **손실보상의 경우에는 증액재결을 할 수 있다.**

사업시행자, 토지소유자 또는 관계인이 신청한 범위에서 재결하여야 하되, 손실보상의 경우 증액재결을 할 수 있다.

판례

공익사업을 위한 토지 등의 취득 및 보상에 관한 법령이 재결을 서면으로 하도록 하고, '사용할 토지의 구역, 사용의 방법과 기간'을 재결사항의 하나로 규정한 취지는, 재결에 의하여 설정되는 사용권의 내용을 구체적으로 특정함으로써 재결 내용의 명확성을 확보하고 재결로 인하여 제한받는 권리의 구체적인 내용이나 범위 등에 관한 다툼을 방지하기 위한 것이다. 따라서 **관할 토지수용위원회가 토지에 관하여 사용재결을 하는 경우에는 재결서에 사용할 토지의 위치와 면적, 권리자, 손실보상액, 사용 개시일 외에도 사용방법, 사용기간을 구체적으로 특정하여야 한다**(대판 2019.6.13. 2018두42641).

토지수용위원회가 토지에 대하여 사용재결을 하는 경우 사용할 토지의 위치와 면적, 권리자, 손실보상액, 사용개시일뿐만 아니라 사용방법, 사용기간도 구체적으로 재결서에 특정하여야 한다.

6) 화해의 권고

> **공익사업을 위한 토지 등의 취득 및 보상에 관한 법률 제33조【화해의 권고】** ① 토지수용위원회는 그 재결이 있기 전에는 그 위원 3명으로 구성되는 소위원회로 하여금 사업시행자, 토지소유자 및 관계인에게 화해를 권고하게 할 수 있다. 이 경우 소위원회는 위원장이 지명하거나 위원회에서 선임한 위원으로 구성하며, 그 밖에 그 구성에 필요한 사항은 대통령령으로 정한다.

화해의 권고는 반드시 거쳐야 하는 필요적인 절차가 아니라 토지수용위원회의 재량에 따른 **임의적인 절차이다**(대판 1986.6.24. 84누554).

화해의 권고는 필요적인 절차가 아니라 임의적인 절차이다.

7) 재결의 경정과 유탈

> **공익사업을 위한 토지 등의 취득 및 보상에 관한 법률 제36조【재결의 경정】** ① 재결에 계산상 또는 기재상의 잘못이나 그 밖에 이와 비슷한 잘못이 있는 것이 명백할 때에는 토지수용위원회는 직권으로 또는 당사자의 신청에 의하여 경정재결을 할 수 있다.
>
> **제37조【재결의 유탈】** 토지수용위원회가 신청의 일부에 대한 재결을 빠뜨린 경우에 그 빠뜨린 부분의 신청은 계속하여 그 토지수용위원회에 계속(係屬)된다.

① 재결에 계산상 또는 기재상의 잘못이나 그 밖에 이와 비슷한 잘못이 있는 것이 명백할 때, 직권 또는 당사자의 신청에 의해 경정재결을 할 수 있다.
② 신청의 일부에 대한 재결을 빠뜨린 경우, 그 빠뜨린 부분의 신청은 계속하여 그 토지수용위원회에 계속된다.

8) 재결의 효과

① 공용수용의 절차는 재결로써 종료되며, 일정한 조건하에 수용의 효과가 발생한다. 즉, 사업시행자가 재결서에 기재된 수용의 개시일까지 보상금을 지급 또는 공탁하면 그 수용의 개시일에 토지에 관한 권리를 원시취득한다.

② 토지수용위원회의 **수용재결이 있은 후라고 하더라도 토지소유자 등과 사업시행자가 다시 협의하여 토지 등의 취득이나 사용 및 그에 대한 보상에 관하여 임의로 계약을 체결할 수 있다**(대판 2017.4.13. 2016두64241).

사업시행자가 재결서에 기재된 수용개시일까지 보상금을 지급 또는 공탁하면 수용개시일에 토지에 관한 권리를 원시취득한다.

수용재결이 있은 후에도 토지소유자와 사업시행자가 다시 협의하여 토지의 취득이나 사용 및 그에 대한 보상에 관하여 임의로 계약을 체결할 수 있다.

9) **재결의 실효**

사업시행자가 수용의 개시일까지 관할 토지수용위원회가 재결한 보상금을 지급하거나 공탁하지 아니하였을 때에는 해당 토지수용위원회의 재결은 효력을 상실한다(토지보상법 제42조 제1항).

10) **재결에 대한 불복**

① 이의신청

공익사업을 위한 토지 등의 취득 및 보상에 관한 법률 제83조【이의의 신청】 ① 중앙토지수용위원회의 제34조에 따른 재결에 이의가 있는 자는 중앙토지수용위원회에 이의를 신청할 수 있다.
② 지방토지수용위원회의 제34조에 따른 재결에 이의가 있는 자는 **해당 지방토지수용위원회를 거쳐** 중앙토지수용위원회에 이의를 신청할 수 있다.
③ 제1항 및 제2항에 따른 **이의의 신청은 재결서의 정본을 받은 날부터 30일 이내에 하여야 한다.**

제84조【이의신청에 대한 재결】 ① 중앙토지수용위원회는 제83조에 따른 이의신청을 받은 경우 제34조에 따른 재결이 위법하거나 부당하다고 인정할 때에는 그 재결의 전부 또는 일부를 취소하거나 보상액을 변경할 수 있다.
② 제1항에 따라 **보상금이 늘어난 경우** 사업시행자는 재결의 취소 또는 변경의 **재결서 정본을 받은 날부터 30일 이내에** 보상금을 받을 자에게 그 늘어난 보상금을 지급하여야 한다. 다만, 제40조 제2항 제1호·제2호 또는 제4호에 해당할 때에는 그 금액을 공탁할 수 있다.

제86조【이의신청에 대한 재결의 효력】 ① 제85조 제1항에 따른 기간 이내에 소송이 제기되지 아니하거나 그 밖의 사유로 이의신청에 대한 재결이 확정된 때에는 「민사소송법」상의 확정판결이 있은 것으로 보며, 재결서 정본은 집행력 있는 판결의 정본과 동일한 효력을 가진다.

이의신청기간: 재결서 정본을 받은 날부터 30일 이내

판례

1. 토지수용위원회의 수용재결에 대한 이의절차는 **실질적으로 행정심판의 성질**을 갖는 것이므로 공익사업을 위한 토지 등의 취득 및 보상에 관한 법률에 특별한 규정이 있는 것을 제외하고는 행정심판법의 규정이 적용된다고 할 것이다(대판 1992.6.9. 92누565).

2. 공익사업을 위한 토지 등의 취득 및 보상에 관한 법률상의 이의재결절차는 수용재결에 대한 불복절차이면서 수용재결과는 확정의 효력 등을 달리하는 별개의 절차이므로 **사업시행자가 이의재결에서 증액된 보상금을 일정한 기한 내에 지급 또는 공탁하지 아니하였다 하더라도 그 때문에 이의재결 자체가 당연히 실효된다고는 할 수 없다**(대판 1992.3.10. 91누8081).

3. [1] 공익사업을 위한 토지 등의 취득 및 보상에 관한 법률 제75조의2 제1항, 제34조, 제50조, 제61조, 제83조 내지 제85조의 내용 및 입법 취지 등을 종합하면, 건축물소유자가 사업시행자로부터 같은 법 제75조의2 제1항에 따른 잔여 건축물 가격감소 등으로 인한 손실보상을 받기 위해서는 제34조, 제50조 등에 규정된 재결절차를 거친 다음 재결에 대하여 불복이 있는 때에 비로소 제83조 내지 제85조에 따라 권리구제를 받을 수 있을 뿐, 재결절차를 거치지 않은 채 곧바로 사업시행자를 상대로 손실보상을 청구하는 것은 허용되지 않

수용재결에 대한 이의절차는 실질적으로 행정심판의 성질을 갖는 것이다.

사업시행자가 이의재결에서 증액된 보상금을 일정한 기한 내에 지급 또는 공탁하지 아니하였다 해도 이의재결 자체가 당연히 실효된다고 할 수 없다.

공익사업을 위한 토지 등의 취득 및 보상에 관한 법률 제75조의2【잔여 건축물의 손실에 대한 보상 등】 ① 사업시행자는 동일한 소유자에게 속하는 일단의 건축물의 일부가 취득되거나 사용됨으로 인하여 잔여 건축물의 가격이 감소하거나 그 밖의 손실이 있을 때에는 국토교통부령으로 정하는 바에 따라 그 손실을 보상하여야 한다.

건축물소유자는 재결절차를 거치지 않은 채 곧바로 사업시행자를 상대로 손실보상을 청구할 수는 없고, 이는 수용대상 건축물에 대하여 재결절차를 거친 경우에도 마찬가지이다.

피수용자가 부가가치세법상의 납세의무자인 사업자로서 손실보상금으로 수용된 건축물 등을 다시 신축하는 것이 자기의 사업을 위해 사용될 재화 또는 용역을 공급받는 경우에 해당하면, 건축비 등에 포함된 부가가치세 상당을 손실보상으로 구할 수 없다.

고, 이는 수용대상 건축물에 대하여 재결절차를 거친 경우에도 마찬가지이다.

[2] 피수용자가 부가가치세법상의 납세의무자인 사업자로서 손실보상금으로 수용된 건축물 등을 다시 신축하는 것이 자기의 사업을 위하여 사용될 재화 또는 용역을 공급받는 경우에 해당하면 건축비 등에 포함된 부가가치세는 부가가치세법 제38조 제1항 제1호에서 정한 매입세액에 해당하여 피수용자가 자기의 매출세액에서 공제받거나 환급받을 수 있으므로 위 부가가치세는 실질적으로는 피수용자가 부담하지 않게 된다. 따라서 이러한 경우에는 다른 특별한 사정이 없는 한 피수용자가 사업시행자에게 위 부가가치세 상당을 손실보상으로 구할 수는 없다(대판 2015.11.12. 2015두2963).

재결에 대한 이의신청

피신청적격 (제83조 제1항 · 제2항)	• 중앙토지수용위원회의 재결에 이의가 있는 자는 중앙토지수용위원회에 이의를 신청할 수 있다. • **지방토지수용위원회의 재결에 이의가 있는 자**는 해당 **지방토지수용위원회를 거쳐 중앙토지수용위원회에 이의를 신청**할 수 있다.
신청기간 (제83조 제3항)	이의의 신청은 **재결서의 정본을 받은 날부터 30일 이내**에 하여야 한다.
이의신청에 대한 재결 (제84조 제1항)	중앙토지수용위원회는 이의신청을 받은 경우 **재결이 위법하거나 부당하다고 인정할 때**에는 그 **재결의 전부 또는 일부를 취소하거나 보상액을 변경**할 수 있다.
이의신청에 대한 재결로 보상금이 늘어난 경우 (제84조 제2항)	• 사업시행자는 재결의 취소 또는 변경의 재결서 정본을 받은 날부터 30일 이내에 보상금을 받을 자에게 그 늘어난 보상금을 지급하여야 한다. • 다만, 보상금을 받을 자가 그 수령을 거부하거나 보상금을 수령할 수 없을 때 등에는 그 금액을 공탁할 수 있다. • 사업시행자가 이의재결에서 **증액된 보상금을 일정한 기한 내에 지급 또는 공탁하지 아니하였다 하더라도 이의재결 자체가 당연히 실효된다고 할 수 없다**(91누8081).
이의신청에 대한 재결의 효력 (제86조 제1항)	• 토지수용위원회의 수용재결에 대한 이의절차는 실질적으로 행정심판의 성질을 갖는 것이므로 특별한 규정이 있는 것을 제외하고는 행정심판법의 규정이 적용된다(92누565). • 제기기간 이내에 행정소송이 제기되지 아니하거나 그 밖의 사유로 이의신청에 대한 재결이 확정된 때에는 민사소송법상의 확정판결이 있은 것으로 보며, 재결서 정본은 집행력 있는 판결의 정본과 동일한 효력을 가진다.

② 행정소송

공익사업을 위한 토지 등의 취득 및 보상에 관한 법률 제85조【행정소송의 제기】 ① 사업시행자, 토지소유자 또는 관계인은 제34조에 따른 재결에 불복할 때에는 **재결서를 받은 날부터 90일 이내에, 이의신청을 거쳤을 때에는 이의신청에 대한 재결서를 받은 날부터 60일 이내**에 각각 행정소송을 제기할 수 있다. 이 경우 사업시행자는 행정소송을 제기하기 전에 제84조에 따라 늘어난 보상금을 공탁하여야 하며, 보상금을 받을 자는 공탁된 보상금을 소송이 종결될 때까지 수령할 수 없다.

② 제1항에 따라 제기하려는 행정소송이 **보상금의 증감(增減)에 관한 소송인 경우 그 소송을 제기하는 자가 토지소유자 또는 관계인일 때에는 사업시행자를, 사업시행자일 때에는 토지소유자 또는 관계인을 각각 피고**로 한다.

제88조【처분효력의 부정지】 제83조에 따른 **이의의 신청**이나 제85조에 따른 **행정소송의 제기는 사업의 진행 및 토지의 수용 또는 사용을 정지시키지 아니한다.**

㉠ **이의신청임의주의(행정심판임의주의)**: 사업시행자·토지소유자 또는 관계인은 재결에 대하여 불복이 있는 때에는 이의신청을 거치지 아니하고도 재결서를 받은 날부터 90일 이내에 행정소송을 제기할 수 있다.

판례

1. 토지수용에 관한 토지수용위원회의 수용재결은 구체적으로 일정한 법률효과의 발생을 목적으로 하는 점에서 일반의 행정처분과 다를 바 없으므로 **수용재결처분이 무효인 경우에는 재결 자체에 대한 무효확인을 소구할 수 있다**(대판 1993.4.27. 92누15789).
2. 공익사업을 위한 토지 등의 취득 및 보상에 관한 법률 제85조 제1항 전문의 문언 내용과 같은 법 제83조·제85조가 중앙토지수용위원회에 대한 이의신청을 임의적 절차로 규정하고 있는 점, 행정소송법 제19조 단서가 행정심판에 대한 재결은 재결 자체에 고유한 위법이 있음을 이유로 하는 경우에 한하여 취소소송의 대상으로 삼을 수 있도록 규정하고 있는 점 등을 종합하여 보면, **수용재결에 불복하여 취소소송을 제기하는 때에는 이의신청을 거친 경우에도 수용재결을 한 중앙토지수용위원회 또는 지방토지수용위원회를 피고로 하여 수용재결의 취소를 구하여야** 하고, 다만 **이의신청에 대한 재결 자체에 고유한 위법이 있음을 이유로 하는 경우에는 그 이의재결을 한 중앙토지수용위원회를 피고로 하여 이의재결의 취소를 구할 수 있다**고 보아야 한다(대판 2010.1.28. 2008두1504).
3. **재결에 대하여 불복절차를 취하지 아니함으로써 그 재결에 대하여 더 이상 다툴 수 없게 된 경우**에는 기업자(현 사업시행자)는 그 재결이 당연무효이거나 취소되지 않는 한, **이미 보상금을 지급받은 자에 대하여 민사소송으로 그 보상금을 부당이득이라 하여 반환을 구할 수 없다**(대판 2001.4.27. 2000다50237).

㉡ **행정소송법상의 제소기간의 부적용**: 행정소송에 대하여는 '다른 법률에 특별한 규정이 있는 경우를 제외'하고는 행정소송법이 정하는 바에 의한다(행정소송법 제8조 제1항). 그런데 공익사업을 위한 토지 등의 취득 및 보상에 관한 법률 제85조 제1항에서는 따로 제소기간을 규정하고 있다. 따라서 수용재결에 대해 취소소송으로 다투는 경우, 행정소송법 제20조의 제소기간 규정이 적용

OX 수용재결에 대해 취소소송으로 다투기 위해서는 중앙토지수용위원회의 이의재결을 거쳐야 한다. (×)

OX 수용재결에 대한 행정소송이 제기되면 사업의 진행 및 토지의 수용 또는 사용은 정지된다. (×)

OX 수용재결에 대해 항고소송으로 다투려면 우선적으로 이의재결을 거쳐야만 한다. (×)

수용재결처분이 무효인 경우에는 재결 자체에 대한 무효확인을 소구할 수 있다.

재결에 대하여 불복절차를 취하지 아니함으로써 더 이상 다툴 수 없게 된 경우, 사업시행자는 그 재결이 당연무효이거나 취소되지 않는 한 민사소송으로 보상금의 부당이득반환청구를 할 수 없다.

수용재결에 불복하여 이의신청을 거친 경우 취소소송의 피고와 대상

원칙	중앙토지수용위원회 또는 지방토지수용위원회, 수용재결
예외	이의신청에 대한 재결 자체에 고유한 위법이 있음을 이유로 하는 경우 중앙토지수용위원회, 이의재결

OX 중앙토지수용위원회의 이의재결을 거쳐 취소소송을 제기하는 경우 이의재결을 소의 대상으로 하여야 한다. (×)

수용재결에 대해 취소소송으로 다투는 경우에 행정소송법 제20조의 제소기간 규정이 적용되지 않는다.

OX 수용재결에서 결정된 손실보상금의 증액을 위해 제기하는 보상금증감청구소송은 항고소송의 일종이다. (×)

되지 않는다.

ⓒ **보상금증감청구소송의 형태**: 종래에는 재결청인 토지수용위원회와 사업시행자 또는 토지수용위원회와 토지소유자(관계인)를 보상금증감청구소송의 공동피고로 하고 있었으나, 현재는 토지수용위원회를 피고에서 제외하였다. 따라서 보상금증감청구소송은 **형식적 당사자소송**이고, 또 필요적 공동소송이 아니라 단일소송이다.

보상금증감청구소송의 당사자
① 원고가 토지소유자·관계인인 경우: 사업시행자(○), 토지수용위원회(×)
② 원고가 사업시행자인 경우: 토지소유자·관계인(○), 토지수용위원회(×)

보상금증감청구소송

피고	소송을 제기하는 자가 토지소유자 또는 관계인일 때: 사업시행자 사업시행자일 때: 토지소유자 또는 관계인(제85조 제2항)
소송의 형태	재결청인 토지수용위원회를 피고에서 제외시키고 대등한 관계에 있는 토지소유자 또는 관계인과 사업시행자를 소송당사자로 하고 있다. ⇨ 형식적 당사자소송(91누285)

판례

행정청이 토지를 수용 또는 사용할 수 있는 공익사업을 시행하는 경우 손실보상금의 증감에 관한 행정소송은 행정청이 속하는 권리의무의 주체인 국가나 지방공공단체를 상대로 제기하여야 하고 그 기관인 행정청을 상대로 제기할 수 없다.

1. 공익사업을 위한 토지 등의 취득 및 보상에 관한 법률 제85조 제2항에 규정된 **'사업시행자'**라 함은 **재결에 의하여 토지의 소유권 등의 권리를 취득하고 그로 인하여 토지소유자 또는 관계인이 입은 손실을 보상하여야 할 의무를 지는 권리의무의 주체인 국가 또는 지방공공단체 등을 의미**한다. 따라서 국토교통부장관이나 시장·군수 등의 행정청이 토지를 수용 또는 사용할 수 있는 공익사업을 시행하는 경우에도 손실보상금의 증감에 관한 행정소송은 행정청이 속하는 권리의무의 주체인 국가나 지방공공단체를 상대로 제기하여야 하고 그 기관에 불과한 행정청을 상대로 제기할 수 없다(대판 1993.5.25. 92누15772).

이의재결에 대하여 불복하는 행정소송을 제기하는 것이 보상금의 증감에 관한 소송인 때에는 공법상의 당사자소송이다.

2. 공익사업을 위한 토지 등의 취득 및 보상에 관한 법률 제85조 제2항의 규정은 그 제1항에 의하여 이의재결에 대하여 불복하는 행정소송을 제기하는 경우, 이것이 보상금의 증감에 관한 소송인 때에는 이의재결에서 정한 보상금이 증액변경될 것을 전제로 하여 사업시행자를 상대로 보상금의 지급을 구하는 **공법상의 당사자소송**을 규정한 것으로 볼 것이다(대판 1991.11.26. 91누285).

손실보상금증액청구의 소에 있어서 그 이의재결에서 정한 손실보상금액보다 정당한 손실보상금액이 더 많다는 점에 대한 입증책임은 원고(토지소유자 또는 관계인)에게 있다.

3. 공익사업을 위한 토지 등의 취득 및 보상에 관한 법률 제85조 제2항 소정의 **손실보상금증액청구의 소**에 있어서 그 **이의재결에서 정한 손실보상금액보다 정당한 손실보상금액이 더 많다는 점에 대한 입증책임은 원고(토지소유자 또는 관계인)에게 있다**고 할 것이다(대판 2004.10.15. 2003두12226).

보상금증감에 관한 소송에서 동일한 사실에 관하여 상반되는 여러 개의 감정평가가 있는 경우, 법원이 각 감정평가 중 어느 하나를 채용하거나 하나의 감정평가 중 일부만에 의거하여 사실을 인정하였다 해도 원칙적으로 위법하다고 할 수 없다.

4. 감정은 법원이 어떤 사항을 판단하기 위하여 특별한 지식과 경험을 필요로 하는 경우 판단의 보조수단으로 그러한 지식이나 경험을 이용하는 데 지나지 아니하는 것이므로, **보상금의 증감에 관한 소송에서 동일한 사실에 관하여 상반되는 여러 개의 감정평가가 있고, 그 중 어느 하나의 감정평가가 오류가 있음을 인정할 자료가 없는 이상 법원이 각 감정평가 중 어느 하나를 채용하거나 하나의 감정평가 중 일부만에 의거하여 사실을 인정하였다 하더라도 그것이 논리나 경험의 법칙에 반하지 않는 한 위법하다고 할 수 없다.** 그리고 손실보상금 산정을 위한 감정평가 중 어느 한 가지 점이라도 위법사유가 있으면 그것으로써 감정평가결과는 위법하게 되나, 감정평가가 위법하다고 하여도 법원은 그 감정내용 중 위법하지 않은 부분을 추출하여 판결에서 참작할 수 있다(대판 2014.12.11. 2012두1570).

5. 보상금증감에 관한 소송에서 **재결의 기초가 된 감정기관의 감정평가와 법원이 선정한 감정인의 감정평가가 개별요인 비교 등에 관하여 평가를 달리한 관계로 감정 결과에 차이가 생기는 경우** 각 감정평가 중 **어느 것을 택할 것인지는 원칙적으로 법원의 재량**에 속하나, 어느 감정평가가 개별요인 비교에 오류가 있거나 내용이 논리와 경험의 법칙에 반하는데도 그 감정평가를 택하는 것은 재량의 한계를 벗어난 것으로서 허용되지 않는다(대판 2015. 11.12, 2015두2963).

6. [1] 하나의 재결에서 피보상자별로 여러 가지의 토지, 물건, 권리 또는 영업(이처럼 손실보상 대상에 해당하는지, 나아가 그 보상금액이 얼마인지를 심리·판단하는 기초 단위를 이하 '보상항목'이라고 한다)의 손실에 관하여 심리·판단이 이루어졌을 때, 피보상자 또는 사업시행자가 반드시 재결 전부에 관하여 불복하여야 하는 것은 아니며, 여러 보상항목들 중 일부에 관해서만 불복하는 경우에는 그 부분에 관해서만 개별적으로 불복의 사유를 주장하여 행정소송을 제기할 수 있다. 이러한 **보상금증감소송에서 법원의 심판범위는 하나의 재결 내에서 소송당사자가 구체적으로 불복신청을 한 보상항목들로 제한된다.** 법원이 구체적인 불복신청이 있는 보상항목들에 관해서 감정을 실시하는 등 심리한 결과, **재결에서 정한 보상금액이 일부 보상항목의 경우 과소하고 다른 보상항목의 경우 과다한 것으로 판명되었다면,** 법원은 **보상항목 상호 간의 유용을 허용**하여 항목별로 과다 부분과 과소 부분을 합산하여 보상금의 합계액을 정당한 보상금으로 결정할 수 있다.

[2] 피보상자가 당초 여러 보상항목들에 관해 불복하여 보상금증액청구소송을 제기하였으나, 그중 **일부 보상항목에 관해 법원에서 실시한 감정 결과 그 평가액이 재결에서 정한 보상금액보다 적게 나온 경우**에는, 피보상자는 **해당 보상항목에 관해 불복신청이 이유 없음을 자인하는 진술을 하거나 단순히 불복신청을 철회함으로써 해당 보상항목을 법원의 심판범위에서 제외하여 달라는 소송상 의사표시를 할 수 있다.** 한편 사업시행자가 특정 보상항목에 관해 보상금감액을 청구하는 권리는 공익사업을 위한 토지 등의 취득 및 보상에 관한 법률 제85조 제1항 제1문에서 정한 제소기간 내에 보상금감액청구소송을 제기하는 방식으로 행사함이 원칙이다. 그런데 사업시행자에 대한 위 제소기간이 지나기 전에 피보상자가 이미 위 보상항목을 포함한 여러 보상항목에 관해 불복하여 보상금증액청구소송을 제기한 경우에는, 사업시행자로서는 보상항목 유용 법리에 따라 위 소송에서 과다 부분과 과소 부분을 합산하는 방식으로 위 보상항목에 대한 정당한 보상금액이 얼마인지 판단받을 수 있으므로, 굳이 중복하여 동일 보상항목에 관해 불복하는 보상금감액청구소송을 별도로 제기하는 대신 피보상자가 제기한 보상금증액청구소송을 통해 자신의 감액청구권을 실현하는 것이 합리적이라고 생각할 수도 있다. 이와 같이 보상금증감청구소송에서 보상항목 유용을 허용하는 취지와 피보상자의 보상금증액청구소송을 통해 감액청구권을 실현하려는 기대에서 별도의 보상금감액청구소송을 제기하지 않았다가 그 제소기간이 지난 후에 특정 보상항목을 심판범위에서 제외해 달라는 피보상자의 일방적 의사표시에 의해 사업시행자가 입게 되는 불이익 등을 고려하면, **사업시행자가 위와 같은 사유로 그에 대한 제소기간 내에 별도의 보상금감액청구소송을 제기하지 않았는데, 피보상자가 법원에서 실시한 감정평가액이 재결절차의 그것보다 적게 나오자 그 보상항목을 법원의 심판범위에서 제외하여 달라는 소송상 의사표시를 하는 경우에는, 사업시행자는 그에 대응하여 법원이 피보상자에게 불리하게 나온 보상항목들에 관한 법원의 감정 결과가 정당하다고 인정하는 경우 이를 적용하여 과다하게 산정된 금액을 보상금액에서 공제하는 등으로 과다 부분과 과소 부분을 합산하여 당초 불복신청된 보상항목들 전부에 관하여 정당한 보상금액을 산정하여 달라는 소송상 의사표시를 할 수 있다**고 봄이 타당하다. 이러한 법리는 정반대의 상

보상금증감에 관한 소송에서 재결의 기초가 된 감정기관의 감정평가와 법원이 선정한 감정인의 감정평가가 개별요인 비교 등에 관하여 평가를 달리한 관계로 감정 결과에 차이가 생기는 경우 법원에게 선택의 재량이 있으나, 개별요인 비교에 오류가 있거나 내용이 논리와 경험의 법칙에 반하는 감정평가를 택할 수는 없다.

피보상자 또는 사업시행자가 여러 보상항목들 중 일부에 대해서만 개별적으로 불복의 사유를 주장하여 행정소송을 제기할 수 있고, 이러한 보상금증감소송에서 법원의 심판범위는 하나의 재결 내에서 소송당사자가 구체적으로 불복신청을 한 보상항목들로 제한된다.

법원이 구체적인 불복신청이 있는 보상항목들에 관해서 심리한 결과, 재결에서 정한 보상금액이 일부 보상항목의 경우 과소하고 다른 보상항목의 경우 과다한 것으로 판명된 경우, 보상항목 상호 간의 유용을 허용하여 정당한 보상금을 결정할 수 있다.

피보상자가 여러 보상항목들에 관해 불복하여 보상금증액청구소송을 제기하였으나, 그 중 일부 보상항목에 관해 법원감정액이 재결감정액보다 적게 나온 경우, 피보상자는 해당 보상항목에 관해 불복신청이 이유 없음을 자인하는 진술을 하거나 불복신청을 철회함으로써 해당 보상항목을 법원의 심판범위에서 제외하여 달라는 소송상 의사표시를 할 수 있다.

사업시행자가 피보상자의 보상금증액청구소송을 통해 감액청구권을 실현하려는 기대에서 제소기간 내에 별도의 보상금감액청구소송을 제기하지 않았는데 피보상자가 법원에서 실시한 감정평가액이 재결절차의 그것보다 적게 나오자 그 보상항목을 법원의 심판범위에서 제외하여 달라는 소송상 의사표시를 하는 경우, 사업시행자는 법원 감정 결과를 적용하여 과다 부분과 과소 부분을 합산하여 처음 불복신청된 보상항목들 전부에 관하여 정당한 보상금액을 산정하여 달라는 소송상 의사표시를 할 수 있다.

황, 다시 말해 사업시행자가 여러 보상항목들에 관해 불복하여 보상금감액청구소송을 제기하였다가 그 중 일부 보상항목에 관해 법원 감정 결과가 불리하게 나오자 해당 보상항목에 관한 불복신청을 철회하는 경우에도 마찬가지로 적용될 수 있다(대판 2018.5.15. 2017두41221).

7. 공익사업을 위한 토지 등의 취득 및 보상에 관한 법률 제84조 제1항, 제85조, 제30조 등 관계 법령의 내용, 형식 및 취지를 종합하면, 같은 법 제30조 제3항에서 정한 지연가산금은, 사업시행자가 재결신청의 청구를 받은 때로부터 60일을 경과하여 재결신청을 한 경우 관할 토지수용위원회에서 재결한 보상금(이하 '재결보상금'이라고 한다)에 가산하여 토지소유자 및 관계인에게 지급하도록 함으로써, 사업시행자로 하여금 같은 법이 규정하고 있는 기간 이내에 재결신청을 하도록 간접강제함과 동시에 재결신청이 지연된 데에 따른 토지소유자 및 관계인의 손해를 보전하는 성격을 갖는 금원으로, 재결보상금에 부수하여 같은 법상 인정되는 공법상 청구권이다. 그러므로 **제소기간 내에 재결보상금의 증감에 대한 소송을 제기한 이상, 지연가산금은 같은 법 제85조에서 정한 제소기간에 구애받지 않고 그 소송절차에서 청구취지 변경 등을 통해 청구할 수 있다**고 보는 것이 타당하다(대판 2012.12.27. 2010두9457).

제소기간 내에 재결 보상금의 증감에 대한 소송을 제기한 이상, 지연가산금은 제소기간에 구애받지 않고 그 소송절차에서 청구취지 변경 등을 통해 청구할 수 있다.

3 공용수용의 약식절차

공용수용의 약식절차는 토지의 사용에 관한 것으로서, ① 천재지변 시의 토지의 사용(토지보상법 제38조), ② 시급을 요하는 토지의 사용(토지보상법 제39조)에 인정되고 있다.

OX 공익사업을 위한 토지 등의 취득 및 보상에 관한 법률에 규정하고 있는 천재지변시와 긴급을 요하는 경우에 인정되는 약식절차는 토지 등의 수용에 관한 것이다. (×)

Ⅵ 공용수용의 효과

1 수용의 대물적 효과

(1) 수용자의 권리취득

공익사업을 위한 토지 등의 취득 및 보상에 관한 법률 제45조 【권리의 취득 · 소멸 및 제한】 ① 사업시행자는 **수용의 개시일**에 **토지나 물건의 소유권을 취득**하며, 그 토지나 물건에 관한 다른 권리는 이와 동시에 소멸한다.
③ 토지수용위원회의 재결로 인정된 권리는 제1항 및 제2항에도 불구하고 소멸되거나 그 행사가 정지되지 아니한다.

① 수용에 의한 사업시행자의 소유권취득은 승계취득이 아니라 원시취득이고(대판 2000.7.4. 98다62961), 그 효과는 대물적으로 모든 권리자에게 발생한다.

② 따라서 사업시행자가 취득하는 소유권은 아무런 부담이나 하자가 없는 완전한 소유권이므로 민법상 매도인의 하자담보책임의 문제가 발생하지 않는다.

수용에 의한 사업시행자의 소유권취득은 승계취득이 아니라 원시취득이다.

판례

사업시행자가 과실 없이 진정한 토지소유자를 알지 못하여 형식상의 권리자인 등기부상 소유명의자를 그 피수용자로 확정하더라도 적법하고, 그 수용의 효과로서 **수용목적물의 소유자가 누구임을 막론하고 이미 가졌던 소유권이 소멸함과 동시에 사업시행업자는 완전하고 확실하게 그 권리를 원시취득**한다(대판 1995.12.22. 94다40765).

OX 사업시행자가 과실 없이 진정한 토지소유자를 알지 못하여 등기부상 소유명의자를 피수용자로 확정하는 것은 위법하다. (×)

③ 공용징수에 의한 부동산에 관한 물권의 취득은 등기를 요하지 아니하므로(민법 제187조 본문), 등기 없이도 수용의 개시일에 권리를 취득하게 된다.

(2) 위험부담의 사업시행자에로의 이전

공익사업을 위한 토지 등의 취득 및 보상에 관한 법률 제46조 【위험부담】 토지수용위원회의 재결이 있은 후 수용하거나 사용할 토지나 물건이 토지소유자 또는 관계인의 고의나 과실 없이 멸실되거나 훼손된 경우 그로 인한 손실은 **사업시행자가 부담**한다.

(3) 토지 · 물건의 인도

1) 토지소유자 등의 인도의무

공익사업을 위한 토지 등의 취득 및 보상에 관한 법률 제43조 【토지 또는 물건의 인도 등】 토지소유자 및 관계인과 그 밖에 토지소유자나 관계인에 포함되지 아니하는 자로서 수용하거나 사용할 토지나 그 토지에 있는 물건에 관한 권리를 가진 자는 수용 또는 사용의 개시일까지 그 토지나 물건을 사업시행자에게 인도하거나 이전하여야 한다.

판례

공익사업을 위한 토지 등의 취득 및 보상에 관한 법률에 의한 수용재결의 효과로서 수용에 의한 사업시행자의 토지소유권취득은 토지소유자와 수용자와의 법률행위에 의하여 승계취득하는 것이 아니라 법률의 규정에 의하여 원시취득하는 것이므로, 토지소유자가 같은 법 제43조의 규정에 의하여 부담하는 **토지의 인도의무에는 수용목적물에 숨은 하자가 있는 경우에도 하자담보책임이 포함되지 아니하여 토지소유자는 수용시기까지 수용 대상 토지를 현존 상태 그대로 사업시행자에게 인도할 의무가 있을 뿐이다**(대판 2001.1.16, 98다58511).

2) 대집행

공익사업을 위한 토지 등의 취득 및 보상에 관한 법률 제89조 【대집행】 ① 이 법 또는 이 법에 따른 처분으로 인한 의무를 이행하여야 할 자가 그 정하여진 기간 이내에 **의무를 이행하지 아니하거나 완료하기 어려운 경우 또는 그로 하여금 그 의무를 이행하게 하는 것이 현저히 공익을 해친다고 인정되는 사유가 있는 경우**에는 **사업시행자는 시 · 도지사나 시장 · 군수 또는 구청장에게 「행정대집행법」에서 정하는 바에 따라 대집행을 신청할 수 있다.** 이 경우 신청을 받은 시 · 도지사나 시장 · 군수 또는 구청장은 정당한 사유가 없으면 이에 따라야 한다.

② **사업시행자가 국가나 지방자치단체인 경우**에는 제1항에도 불구하고 **「행정대집행법」에서 정하는 바에 따라 직접 대집행을 할 수 있다.**

③ 사업시행자가 제1항에 따라 대집행을 신청하거나 제2항에 따라 직접 대집행을 하려는 경우에는 국가나 지방자치단체는 의무를 이행하여야 할 자를 보호하기 위하여 노력하여야 한다.

OX 공용수용에 의한 소유권 취득에는 등기를 요한다. (×)

재결이 있은 후 수용할 토지나 물건이 토지소유자 또는 관계인의 고의나 과실 없이 멸실 · 훼손된 경우, 그 손실은 사업시행자가 부담한다.

토지의 인도의무에는 수용목적물에 숨은 하자가 있는 경우에도 하자담보책임이 포함되지 아니하여 토지소유자는 수용시기까지 수용 대상 토지를 현존 상태 그대로 사업시행자에게 인도할 의무가 있을 뿐이다.

OX 판례는 피수용자가 명도 또는 인도의 의무를 이행하지 않을 때 행정대집행법에 의한 대집행이 가능하다고 한다. (×)

OX 판례에 의하면 협의취득시 건물소유자가 건물을 철거하겠다는 약정을 하고도 이행하지 않으면 이때의 철거의무는 공법상의 의무이므로 행정대집행법에 의한 대집행이 가능하다. (×)

판례

1. 피수용자 등이 사업시행자에 대하여 부담하는 수용대상 토지의 인도의무에 관한 공익사업을 위한 토지 등의 취득 및 보상에 관한 법률(구 토지수용법) 제43조·제44조 규정에서의 '인도'에는 명도도 포함되는 것으로 보아야 하고, 이러한 **명도의무는 그것을 강제적으로 실현하면서 직접적인 실력행사가 필요한 것이지 대체적 작위의무라고 볼 수 없으므로 특별한 사정이 없는 한 행정대집행법에 의한 대집행의 대상이 될 수 있는 것이 아니다**(대판 2005.8.19. 2004다2809).
2. 행정대집행법상 **대집행의 대상이 되는 대체적 작위의무는 공법상 의무이어야 할 것**인데, 공익사업을 위한 토지 등의 취득 및 보상에 관한 법률(구 공공용지의 취득 및 손실보상에 관한 특례법)에 따른 토지 등의 협의취득은 공공사업에 필요한 토지 등을 그 소유자와의 협의에 의하여 취득하는 것으로서 공공기관이 사경제주체로서 행하는 사법상 매매 내지 사법상 계약의 실질을 가지는 것이므로, 그 **협의취득시 건물소유자가 매매대상 건물에 대한 철거의무를 부담하겠다는 취지의 약정을 하였다고 하더라도 이러한 철거의무는 공법상의 의무가 될 수 없고, 이 경우에도 행정대집행법을 준용하여 대집행을 허용하는 별도의 규정이 없는 한 위와 같은 철거의무는 행정대집행법에 의한 대집행의 대상이 되지 않는다**(대판 2006.10.13. 2006두7096).

2 손실보상

① 사업시행자는 수용의 개시일까지 관할 토지수용위원회가 재결한 보상금을 지급하여야 한다(토지보상법 제40조 제1항).

② 보상금을 받을 자가 그 수령을 거부하거나 보상금을 수령할 수 없는 때, 사업시행자의 과실 없이 보상금을 받을 자를 알 수 없는 때 등의 경우에는 수용의 개시일까지 수용하려는 토지 등의 소재지의 공탁소에 보상금을 공탁할 수 있다(토지보상법 제40조 제2항).

사업인정고시 후 권리변동이 있는 경우 보상금수령권자: 권리승계자

③ 사업인정고시가 된 후 권리의 변동이 있을 때에는 그 권리를 승계한 자가 보상금 또는 공탁금을 받는다(토지보상법 제40조 제3항).

Ⅷ 환매권

1 의의

환매권이란 공용수용의 목적물이 공익사업의 폐지·변경 등의 사유로 인하여 불필요하게 되었거나 현실적으로 해당 사업에 이용하지 아니한 경우에 피수용자가 일정한 요건하에 그 목적물을 다시 매수하여 소유권을 회복할 수 있는 권리를 말한다.

2 환매권의 근거

(1) 이론적 근거

① 대법원 판례는 환매권이 피수용자의 감정을 충족시키고 동시에 공평의 원칙에 부합하기 때문에 인정되는 것이라고 한다(대판 2001.5.29. 2001다11567 등).

② 헌법재판소는 환매권을 헌법상의 재산권보장으로부터 도출되는 것으로서 헌법이 보장하는 재산권의 내용에 포함되는 권리라고 한다(헌재 1995.10.26. 95헌바22 ; 헌재 1998.12.24. 97헌마87).

판례

1. 공익사업을 위한 토지 등의 취득 및 보상에 관한 법률이 환매권을 인정하고 있는 입법취지는 토지 등의 원소유자가 사업시행자로부터 토지 등의 대가로 정당한 손실보상을 받았다고 하더라도 원래 자신의 자발적인 의사에 따라서 그 토지 등의 소유권을 상실하는 것이 아니어서 **그 토지 등을 더 이상 당해 공공사업에 이용할 필요가 없게 된 때에는 원소유자의 의사에 따라 그 토지 등의 소유권을 회복시켜 주는 것이 원소유자의 감정을 충족시키고 동시에 공평의 원칙에 부합한다**는 데에 있는 것이다(대판 2001.5.29. 2001다11567).

2. 수용된 토지가 당해 공익사업에 필요 없게 되거나 이용되지 아니하였을 경우에 피수용자가 그 토지소유권을 회복할 수 있는 권리, 즉 **환매권은 헌법상의 재산권 보장규정으로부터 도출되는 것으로서 헌법이 보장하는 재산권의 내용에 포함되는 권리**라고 할 수 있다(헌재 1994.2.24. 92헌가15 ; 헌재 1998.12.24. 97헌마87). 그런데 환매권의 행사는 환매권자의 일방적 의사표시만으로 성립하는 것이지, 상대방인 사업시행자의 동의를 얻어야 하거나 그 의사 여하에 따라 그 효과가 좌우되는 것은 아니다. 따라서 **피청구인이 설사 청구인들의 환매권 행사를 부인하는 어떤 의사표시를 하였다 하더라도**, 이는 환매권의 발생 여부 또는 그 행사의 가부에 관한 사법관계의 다툼을 둘러싸고 사전에 피청구인의 의견을 밝히고, 그 다툼의 연장인 민사소송절차에서 상대방의 주장을 부인하는 것에 불과하므로, 그것을 가리켜 **헌법소원심판의 대상이 되는 공권력의 행사라고 볼 수는 없다**(헌재 1994.2.24. 92헌마283).

(2) 법적 근거

환매권은 개별 법령상의 근거(토지보상법 제91조, 택지개발촉진법 제13조 등)가 있어야 인정된다.

판례

환매권은 공공의 목적을 위하여 수용 또는 협의취득된 토지의 원소유자 또는 그 포괄승계인에게 재산권보장과 관련하여 공평의 원칙상 인정하고 있는 권리로서 **민법상의 환매권과는 달리 법률의 규정에 의하여서만 인정되고 있으며**, 그 행사의 요건·기간 및 방법 등이 세밀하게 규정되어 있는 점에 비추어 다른 경우에까지 이를 유추적용할 수 없다(대판 1993.6.29. 91다43480). 따라서 입법자가 법령을 제정하지 않고 있거나 이미 제정된 법령이 소멸하였다고 하여 **피수용자가 곧바로 헌법상 재산권보장규정을 근거로 하여 국가나 사업시행자를 상대로 수용목적이 소멸한 토지의 소유권이전을 청구할 수 있는 것은 아니라고 보아야 할 것**이며, 피수용자의 토지가 위헌인 법률에 의하여 수용되었다고 하여 달리 볼 것도 아니다(대판 1998.4.10. 96다52359).

환매권의 근거
① **대법원**: 피수용자의 감정을 충족시키고 동시에 공평의 원칙에 부합하기 때문에 인정되는 권리 ⇨ 개별 법령상의 근거 필요
② **헌법재판소**: 헌법상의 재산권보장으로부터 도출되는 것으로서 헌법이 보장하는 재산권의 내용에 포함되는 권리 ⇨ 개별 법령상의 근거 불요

헌법재판소는 환매권이 헌법상 재산권 보장조항으로부터 직접 도출될 수 있는 것으로 보나, 환매권에 관한 분쟁은 헌법소원의 대상으로 보고 있지 않다.

OX 대법원 판례는 환매권이 헌법이 보장하는 재산권의 내용에 포함되는 것이어서 개별 법령상의 명문의 규정이 없더라도 행사할 수 있다고 한다. (×)

대법원 판례에 의하면 입법자가 법령을 제정하지 않고 있거나 이미 제정된 법령이 소멸하였다고 하여 피수용자가 곧바로 헌법상 재산권 보장규정을 근거로 하여 국가나 사업시행자를 상대로 수용목적이 소멸한 토지의 소유권 이전을 청구할 수 있는 것은 아니다.

3 환매권의 법적 성질

(1) 공권인지 여부

판례

1. 징발재산정리에 관한 특별조치법 제20조 소정의 환매권은 일종의 형성권으로서 그 존속기간은 제척기간으로 보아야 할 것이며, 위 환매권은 재판상이든 재판 외이든 그 기간 내에 행사하면 이로써 매매의 효력이 생기고, 위 매매는 같은 조 제1항에 적힌 환매권자와 국가 간의 **사법상의 매매**라 할 것이다(대판 1992.4.24. 92다4673).

2. 환매권의 행사는 환매권자의 일방적 의사표시만으로 성립하는 것이지, 상대방인 사업시행자의 동의를 얻어야 하거나 그 의사 여하에 따라 그 효과가 좌우되는 것은 아니다. 따라서 **피청구인이 설사 청구인들의 환매권 행사를 부인하는 어떤 의사표시를 하였다 하더라도, 이는 환매권의 발생 여부 또는 그 행사의 가부에 관한 사법관계의 다툼을 둘러싸고 사전에 피청구인의 의견을 밝히고, 그 다툼의 연장인 민사소송절차에서 상대방의 주장을 부인하는 것에 불과**하므로, 그것을 가리켜 헌법소원심판의 대상이 되는 공권력의 행사라고 볼 수는 없다(헌재 1994.2.24. 92헌마283).

3. 공익사업을 위한 토지 등의 취득 및 보상에 관한 법률 제91조에 규정된 환매권은 상대방에 대한 의사표시를 요하는 형성권의 일종으로서 재판상이든 재판 외이든 위 규정에 따른 기간 내에 행사하면 매매의 효력이 생기는바, 이러한 **환매권의 존부에 관한 확인을 구하는 소송 및 같은 법 제91조 제4항에 따라 환매금액의 증감을 구하는 소송** 역시 **민사소송**에 해당한다(대판 2013.2.28. 2010두22368).

판례상 환매권의 법적 성질

기본	사권설
환매대금증감	① 구법: 당사자소송(공권설) ② 현행법: 민사소송(사권설)

환매권의 존부에 관한 확인을 구하는 소송 및 환매금액의 증감을 구하는 소송은 **민사소송**에 해당한다.

환매권의 행사

상대방에 대한 의사표시	환매권은 상대방에 대한 의사표시를 요하는 형성권의 일종으로서 환매의 의사표시가 상대방에게 도달한 때에 비로소 환매권 행사의 효력이 발생함이 원칙
환매금액의 지급	환매기간 내에 환매의 요건이 발생하면 환매권자가 지급받은 보상금에 상당한 금액을 사업시행자에게 미리 지급하고 일방적으로 의사표시를 함으로써 사업시행자의 의사와 관계없이 환매가 성립
사업시행자의 동의 불요	환매권의 행사는 환매권자의 일방적 의사표시만으로 성립하는 것이지, 상대방인 사업시행자의 동의를 얻어야 하거나 그 의사 여하에 따라 그 효과가 좌우되는 것은 아님.

(2) 형성권

① 환매는 환매기간 내에 환매의 요건이 발생하는 경우, 환매 대상 토지의 가격이 취득당시에 비하여 현저히 하락하거나 상승하였다고 하더라도, **환매권자는 수령한 보상금 상당액만을 사업시행자에게 미리 지급하고 일방적으로 매수의 의사표시를 함으로써 사업시행자의 의사(예 동의)와 관계없이 환매가 성립된다**(대판 2000.11.28. 99두3416 등).

② 따라서 환매권은 상대방에 대한 의사표시를 요하는 **형성권의 일종**으로서 환매의 의사표시가 상대방에게 도달한 때에 비로소 환매권 행사의 효력이 발생함이 원칙이다(대판 1999.4.9. 98다46945).

판례

1. 사업시행자가 공익사업을 위한 토지 등의 취득 및 보상에 관한 법률 소정의 절차에 따라 취득한 토지 등이 일정한 기간 내에 그 취득목적사업인 공공사업의 폐지·변경 등의 사유로 **그 공공사업에 이용될 필요가 없어졌다고 볼 만한 객관적인 사정이 발생하면 사업시행자의 주관적인 의사와는 관계없이 환매권자가 토지 등을 환매할 수 있다**고 보아야 할 것이다(대판 1995.2.10. 94다31310 ; 대판 1993.12.28. 93다34701).

2. 공익사업을 위한 토지 등의 취득 및 보상에 관한 법률 제91조에 의한 **환매는 환매기간 내에 환매의 요건이 발생하면 환매권자가 지급받은 보상금에 상당한 금액을 사업시행자에게 미리 지급하고 일방적으로 의사표시를 함으로써 사업시행자의 의사와 관계없이 환매가 성립**

사업시행자가 취득한 토지 등이 그 취득목적사업에 이용될 필요가 없어졌다고 볼 만한 객관적 사정이 발생하면 사업시행자의 주관적인 의사와는 관계없이 환매권자가 토지 등을 환매할 수 있다.

토지 등의 가격이 취득 당시에 비하여 현저히 변경되었더라도 당사자 간에 금액에 관하여 협의가 성립하거나 사업시행자 또는 환매권자가 그 금액의 증감을 법원에 청구하여 법원에서 그 금액이 확정되지 않는 한, 그 가격이 현저히 등귀한 경우이거나 하락한 경우이거나를 묻지 않고 환매권을 행사하기 위하여는 지급받은 보상금 상당액을 미리 지급하여야 한다.

하고, 토지 등의 가격이 취득 당시에 비하여 현저히 변경되었더라도 같은 법 제91조 제4항에 의하여 당사자 간에 금액에 관하여 협의가 성립하거나 사업시행자 또는 환매권자가 그 금액의 증감을 법원에 청구하여 법원에서 그 금액이 확정되지 않는 한, 그 가격이 현저히 등귀한 경우이거나 하락한 경우이거나를 묻지 않고 **환매권을 행사하기 위하여는 지급받은 보상금 상당액을 미리 지급하여야 하고 또한 이로써 족한 것**이며, 사업시행자는 소로써 법원에 환매대금의 증액을 청구할 수 있을 뿐 환매권 행사로 인한 소유권이전등기청구소송에서 환매대금증액청구권을 내세워 증액된 환매대금과 보상금 상당액의 차액을 지급할 것을 선이행 또는 동시이행의 항변으로 주장할 수 없다(대판 2006.12.21. 2006다49277).

3. 공익사업을 위한 토지 등의 취득 및 보상에 관한 법률에 의한 절차에 따라 국가 등에 의하여 협의취득된 토지의 전부 또는 일부가 취득일로부터 10년 이내에 당해 공공사업의 폐지·변경 기타의 사유로 인하여 필요 없게 되었을 때 취득 당시의 소유자 등에게 인정되는 같은 법 제91조 소정의 환매권은 당해 토지의 취득일로부터 10년 이내에 행사되어야 하고, 위 행사기간은 제척기간으로 보아야 할 것이며, 위 환매권은 재판상이든 재판 외이든 그 기간 내에 행사하면 되는 것이나, **환매권은 상대방에 대한 의사표시를 요하는 형성권의 일종으로서 환매의 의사표시가 상대방에게 도달한 때에 비로소 환매권 행사의 효력이 발생함이 원칙**이다(대판 1999.4.9. 98다46945).

사업시행자는 환매권 행사로 인한 소유권이전등기청구소송에서 환매대금증액청구권을 내세워 증액된 환매대금과 보상금 상당액의 차액을 지급할 것을 선이행 또는 동시이행의 항변으로 주장할 수 없다.

환매권은 상대방에 대한 의사표시를 요하는 형성권의 일종으로서 환매의 의사표시가 상대방에게 도달한 때에 비로소 환매권 행사의 효력이 발생함이 원칙이다.

4 환매권의 성립시기: 수용시

① 환매권의 성립시기에 대해서는 환매의 요건이 충족된 때라는 요건성립시설도 주장되고 있으나, 수용시 또는 임의매수시에 환매권이 성립된다는 **수용시설이 통설**이다.

② 수용시설에 의하면 환매의 요건은 환매권의 성립요건이 아니라 행사요건이 된다.

환매권은 수용시 또는 임의매수시에 성립된다. ⇨ 환매의 요건은 환매권의 행사요건(성립요건 ×)이다.

5 환매의 요건

공익사업을 위한 토지 등의 취득 및 보상에 관한 법률 제91조【환매권】 ① 공익사업의 폐지·변경 또는 그 밖의 사유로 취득한 토지의 전부 또는 일부가 필요 없게 된 경우 토지의 협의취득일 또는 수용의 개시일(이하 이 조에서 '취득일'이라 한다) 당시의 토지소유자 또는 그 포괄승계인(이하 '환매권자'라 한다)은 다음 각 호의 구분에 따른 날부터 10년 이내에 그 토지에 대하여 받은 보상금에 상당하는 금액을 사업시행자에게 지급하고 그 토지를 환매할 수 있다.

1. 사업의 폐지·변경으로 취득한 토지의 전부 또는 일부가 필요 없게 된 경우: 관계 법률에 따라 사업이 폐지·변경된 날 또는 제24조에 따른 사업의 폐지·변경 고시가 있는 날
2. 그 밖의 사유로 취득한 토지의 전부 또는 일부가 필요 없게 된 경우: 사업완료일

② 취득일부터 5년 이내에 취득한 토지의 전부를 해당 사업에 이용하지 아니하였을 때에는 제1항을 준용한다. 이 경우 환매권은 취득일부터 6년 이내에 행사하여야 한다.

③ 제74조 제1항에 따라 매수하거나 수용한 잔여지는 그 잔여지에 접한 일단의 토지가 필요 없게 된 경우가 아니면 환매할 수 없다.

협의취득일 또는 수용의 개시일(취득일)부터 '10년 이내에' 부분: 헌법불합치 결정

(1) 환매권자: 토지소유자 또는 포괄승계인

환매권자는 토지의 취득일(협의취득일 또는 수용의 개시일) 당시의 토지소유자 또는 그 포괄승계인에 한정한다.

① 환매권자는 취득일(협의취득일 또는 수용의 개시일) 당시의 토지소유자 또는 그 포괄승계인이다.

② **소유권자가 아닌 지상권자 등 다른 권리자나 포괄승계인(상속인·합병회사)이 아닌 매수인 등 특정승계인은 환매권자가 아니다.**

판례

환매권은 제3자에게 양도할 수 없고, 따라서 환매권의 양수인은 사업시행자로부터 직접 환매의 목적물을 환매할 수 없으며, 다만 환매권자가 사업시행자로부터 환매한 토지를 양도받을 수 있을 뿐이다.

공익사업을 위한 토지 등의 취득 및 보상에 관한 법률이 환매권을 인정하고 있는 입법취지에 비추어 볼 때 **환매권은 제3자에게 양도할 수 없고, 따라서 환매권의 양수인은 사업시행자로부터 직접 환매의 목적물을 환매할 수 없**으며, 다만 **환매권자가 사업시행자로부터 환매한 토지를 양도받을 수 있을 뿐**이라고 할 것이다(대판 2001.5.29. 2001다11567). 따라서 환매권자가 부동산에 관한 환매권을 제3자에게 양도하고 그 소유권이전등기에 필요한 서류를 교부한 경우, 이는 국가가 위 부동산을 원소유자(환매권양도인)에게 다시 환매할 경우 위 환매권양수인이 양도인 명의로 환매계약을 체결하여 그 환매대금을 납부하고 소유권이전등기를 마치면 양도인이 양수인 앞으로 소유권이전등기를 경료해 주기로 한 것으로 풀이될 수 있다(대판 1984.4.10. 81다239).

(2) 환매의 목적물: 토지소유권

환매의 목적물은 토지소유권에 한정되며, 토지에 관한 소유권 이외의 권리 및 토지 이외의 물건은 환매의 대상이 되지 않는다.

① 환매의 목적물은 토지의 전부 또는 일부, 즉 토지소유권이다.

② **토지 이외의 물건(건물·입목·토석 등)이나 토지소유권 이외의 권리는 환매의 대상이 되지 아니한다.**

판례

공용수용의 대상에는 모든 재산적 가치 있는 권리가 포함되나, 환매권의 경우 그 대상에 건물은 포함되지 않는다.

협의취득 내지 수용 후 당해 사업의 폐지나 변경이 있은 경우 환매권을 인정하는 대상으로 토지만을 규정하고 있는 법률 조항이 구 건물소유자의 재산권을 침해하지 않는다.

건물에 대해서는 그 존속가치를 보장하기 위하여 환매권을 인정하여야 할 필요성이 없거나 매우 적다. 따라서 건물에 대한 환매권을 인정하지 않는 입법이 자의적인 것이라거나 정당한 입법목적을 벗어난 것이라 할 수 없고, 이미 정당한 보상을 받은 건물소유자의 입장에서는 해당 건물을 반드시 환매받아야 할 만한 중요한 사익이 있다고 보기 어려우며, 건물에 대한 환매권이 부인된다고 해서 종전 건물소유자의 자유실현에 여하한 지장을 초래한다고 볼 수 없다. 즉, 입법자가 공익사업을 위한 토지 등의 취득 및 보상에 관한 법률 제91조 제1항에서 건물에 대한 환매권을 부인한 것은 헌법적 한계 내에 있는 입법재량권의 행사이므로 재산권을 침해하는 것이라 볼 수 없다(헌재 2005.5.26. 2004헌가10).

(3) 환매권의 행사요건

1) 행사사유

① 사업의 폐지·변경으로 취득한 토지의 전부 또는 일부가 필요 없게 된 경우

② 취득일부터 5년 이내에 취득한 토지의 전부를 해당 사업에 이용하지 아니한 경우(토지보상법 제91조 제2항)

판례

1. 환매권에 관하여 규정한 공익사업을 위한 토지 등의 취득 및 보상에 관한 법률 제91조 제1항에서 말하는 **'해당 사업'**이란 **토지의 협의취득 또는 수용의 목적이 된 구체적인 특정의 공익사업으로서 같은 법 제20조 제1항에 의한 사업인정을 받을 때 구체적으로 특정된 공익사업**을 말하고, 국토의 계획 및 이용에 관한 법률 제88조·제96조 제2항에 의해 도시계획시설사업에 관한 실시계획의 인가를 공익사업을 위한 토지 등의 취득 및 보상에 관한 법률 제20조 제1항의 사업인정으로 보게 되는 경우에는 그 실시계획의 인가를 받을 때 구체적으로 특정된 공익사업이 바로 같은 법 제91조 제1항에 정한 협의취득 또는 수용의 목적이 된 해당 사업에 해당한다. 또 위 규정에 정한 **해당 사업의 '폐지·변경'**이란 **해당 사업을 아예 그만두거나 다른 사업으로 바꾸는** 것을 말하고, **취득한 토지의 전부 또는 일부가 '필요 없게 된 때'**란 **사업시행자가 취득한 토지의 전부 또는 일부가 그 취득 목적 사업을 위하여 사용할 필요 자체가 없어진 경우**를 말하며, 협의취득 또는 수용된 토지가 필요 없게 되었는지 여부는 사업시행자의 주관적인 의사를 표준으로 할 것이 아니라 해당 사업의 목적과 내용, 협의취득의 경위와 범위, 해당 토지와 사업의 관계, 용도 등 제반 사정에 비추어 객관적·합리적으로 판단하여야 한다(대판 2010.9.30. 2010다30782 ; 대판 2019.10.31. 2018다233242). 즉 **'해당 사업의 폐지·변경 또는 그 밖의 사유로 인하여 취득한 토지의 전부 또는 일부가 필요 없게 된 경우'는 사업시행자의 주관적인 의사와는 관계없이 취득의 목적이 된 구체적인 특정의 공익사업이 폐지되거나 변경되는 등의 사유로 인하여 해당 토지가 더 이상 그 공익사업에 직접 이용될 필요가 없어졌다고 볼 만한 객관적인 사정이 발생한 경우**를 말한다(대판 2014.9.4. 2013다1457).

2. 〈**甲 지방자치단체가 도시계획시설(주차장)사업(이하 '주차장사업'이라고 한다)을 시행하면서 사업부지에 포함된 乙 등의 각 소유 토지를 협의취득한 후 공영주차장을 설치하였고, 그 후 위 토지를 포함한 일대 지역이 재정비촉진지구로 지정되어 공영주차장을 폐지하는 내용이 포함된 재정비촉진지구 변경지정 및 재정비촉진계획(이하 '재정비촉진계획'이라고 한다)이 고시되었으며, 이에 따라 재정비촉진구역 주택재개발정비사업(이하 '재개발사업'이라고 한다)의 사업시행인가가 고시되었는데,** 乙 등이 목적사업인 주차장사업에 필요 없게 되어 위 토지에 관한 환매권이 발생하였다고 주장하며 甲 지방자치단체를 상대로 환매권 상실로 인한 손해배상을 구한 사안〉 … **공영주차장을 폐지하기로 하는 내용이 포함된 재정비촉진계획이 고시되거나 위 토지 등에 관한 재개발사업의 사업시행인가가 고시되었다고 하더라도, 공영주차장이 여전히 종래의 주차장 용도로 사용되는 동안은 주차장으로서의 효용이나 공익상 필요가 현실적으로 소멸되었다고 볼 수 없으**므로, 재정비촉진계획의 고시나 재개발사업의 사업시행인가 고시만으로 위 토지가 객관적으로 주차장사업에 필요가 없게 되었다고 단정하기 어렵고, 나아가 위 재개발사업은 공익사업을 위한 토지 등의 취득 및 보상에 관한 법률 제4조 제5호의 공익사업으로서 '지방자치단체가 지정한 자가 임대나 양도의 목적으로 시행하는 주택의 건설 또는 택지의 조성에 관한 사업'에 해당한다고 볼 수 있으므로, 같은 법 제91조 제6항이 적용되어 공익사업의 변환에 따라 乙 등의 환매권 행사가 제한되는지 여부를 살폈어야 한다. 그럼에도 공영주차장을 폐지하기로 하는 내용이 포함된 재정비 촉진계획의 고시만으로 위 토지가 주차장사업에 필요 없게 되었고, 그 무렵 乙 등이 위 토지에 관한 환매권을 행사할 수 있었다고 본 원심판결은 심리미진 등의 잘못이 있다(대판 2019.10.31. 2018다233242).

OX 환매권은 '해당 사업의 폐지·변경 그 밖의 사유로 인하여 취득한 토지의 전부 또는 일부가 필요 없게 된 경우'에 행사할 수 있으며, 여기서 '해당 사업'이란 토지의 협의취득 또는 수용의 목적이 된 구체적인 특정 공익사업을 의미하는 것은 아니다. (×)

해당 사업의 폐지·변경 또는 그 밖의 사유로 인하여 취득한 토지의 전부 또는 일부가 필요 없게 된 경우'는 사업시행자의 주관적인 의사와는 관계없이 해당 토지가 더 이상 그 공익사업에 직접 이용될 필요가 없어졌다고 볼 만한 객관적인 사정이 발생한 경우를 말한다.

甲 지자체가 도시계획시설(주차장)사업을 시행하면서 사업부지에 포함된 乙 등의 각 소유 토지를 협의취득한 후 공영주차장을 설치하였고, 그 후 위 토지를 포함한 일대 지역이 재정비촉진지구로 지정되어 공영주차장을 폐지하는 내용이 포함된 재정비촉진지구 변경지정 및 재정비촉진계획이 고시되었으며, 이에 따라 재정비촉진구역 주택재개발정비사업의 사업시행인가가 고시된 경우, 공영주차장을 폐지하기로 하는 내용이 포함된 위 재정비촉진계획의 고시만으로 위 토지가 주차장사업에 필요 없게 되었다고 볼 수 없으므로 乙 등은 위 토지에 관하여 환매권을 행사할 수 없다.

2) **행사기간**

① **사업시행자의 통지가 있는 경우**: 환매권자가 사업시행자로부터 환매권의 통지를 받은 날 또는 공고를 한 날부터 6개월이다(토지보상법 제92조 제2항).

② **사업시행자의 통지가 없는 경우**

㉠ **사업의 폐지 · 변경으로 취득한 토지의 전부 또는 일부가 필요 없게 된 경우**: 관계 법률에 따라 사업이 폐지·변경된 날 또는 제24조에 따른 사업의 폐지·변경 고시가 있는 날로부터 10년 이내

㉡ **그 밖의 사유로 취득한 토지의 전부 또는 일부가 필요 없게 된 경우**: 사업완료일로부터 10년 이내

㉢ **토지의 전부를 해당 사업에 이용하지 아니한 때**: 취득일부터 6년 이내

공익사업을 위한 토지 등의 취득 및 보상에 관한 법률 제91조 제1항의 '10년 이내에' 부분은 헌법불합치결정되었다.

판례

공익사업을 위한 토지 등의 취득 및 보상에 관한 법률 제91조 제1항은 **'토지의 협의취득일 또는 수용의 개시일(이하 '취득일'이라 한다)부터 10년 이내'**로 환매권의 발생기간을 제한하고 있는데, 이것을 예외 없이 유지하게 되면 토지수용 등의 원인이 된 공익사업의 폐지 등으로 공공필요가 소멸하였음에도 단지 10년이 경과하였다는 사정만으로 환매권이 배제되는 결과가 초래될 수 있고, 위 제한이 추구하고자 하는 공익은 원소유자의 사익침해 정도를 정당화할 정도로 크다고 보기 어렵다. 따라서 위 법률조항 부분은 국민의 재산권을 침해하여 헌법에 위반된다. 다만 그 위헌성은 환매권의 발생기간을 제한한 것 자체에 있다기보다는 그 기간을 10년 이내로 제한한 것에 있으므로 **법원 기타 국가기관 및 지방자치단체는 입법자가 개정할 때까지 위 법률조항의 적용을 중지(헌법불합치결정)하여야 한다**(헌재 2020.11.26. 2019헌바131).

3) **환매가격**

환매가격은 해당 토지에 대하여 지급받은 보상금에 상당한 금액이고, 이 '보상금에 상당한 금액'의 지급은 환매권의 성립요건이 아니라 환매권의 행사요건이다.

① **원칙(보상금 상당액)**: 환매가격은 해당 토지에 대하여 지급받은 보상금에 상당한 금액이다(토지보상법 제91조 제1항). 이 **'보상금에 상당한 금액'의 지급은 환매권의 성립요건이 아니라 환매권 행사의 요건**이다(대판 1993.9.14. 92다56810).

환매 대상 토지의 가격이 취득 당시에 비해 현저히 하락하거나 상승하였다 해도 환매권자는 수령한 보상액 상당액만을 사업시행자에게 미리 지급하고 일방적으로 매수의 의사표시를 함으로써 사업시행자의 의사와 관계없이 환매가 성립된다.

환매가격인 '보상금에 상당한 금액'은 지급받은 보상금에 환매권 행사 당시까지의 법정이자를 가산한 금액을 말하는 것이 아니다.

판례

1. 공익사업을 위한 토지 등의 취득 및 보상에 관한 법률 제91조 제1항에 의하면 환매기간 내에 환매의 요건이 발생하는 경우, **환매 대상 토지의 가격이 취득 당시에 비하여 현저히 하락하거나 상승하였다고 하더라도, 환매권자는 수령한 보상금 상당액만을 사업시행자에게 미리 지급**하고 일방적으로 매수의 의사표시를 함으로써 사업시행자의 의사와 관계없이 환매가 성립된다(대판 2000.11.28. 99두3416).
2. 공익사업을 위한 토지 등의 취득 및 보상에 관한 법률 제91조 제1항 소정의 '보상금에 상당한 금액'이라 함은 같은 법에 따른 협의취득 당시 토지 등의 소유자가 사업시행자로부터 지급받은 보상금을 의미하며, 여기에 **환매권행사 당시까지의 법정이자를 가산한 금액을 말하는 것은 아니다**(대판 1994.5.24. 93누17225).

3. 공익사업을 위한 토지 등의 취득 및 보상에 관한 법률 제91조에 의한 환매는 **환매기간 내에 환매의 요건이 발생하면 환매권자가 지급받은 보상금에 상당한 금액을 사업시행자에게 미리 지급하고 일방적으로 의사표시를 함으로써 사업시행자의 의사와 관계없이 환매가 성립**한다. 따라서 환매기간 내에 환매대금 상당을 지급하거나 공탁하지 아니한 경우에는 환매로 인한 소유권이전등기청구를 할 수 없다(대판 2012.8.30. 2011다74109). 즉, 공익사업을 위한 토지 등의 취득 및 보상에 관한 법률 제91조에 의한 환매권의 경우 환매대금의 선이행을 명문으로 규정하고 있으므로 **환매대금 상당을 지급하거나 공탁하지 아니한 경우**는 **환매로 인한 소유권이전등기청구는 물론 환매대금의 지급과 상환으로 소유권이전등기를 구할 수 없다**(대판 1993.9.14. 92다56810).

4. 협의취득 또는 수용된 토지 중 일부가 필요 없게 되어 그 부분에 대한 환매권을 행사하는 경우와 같이 **환매 대상 토지부분의 정확한 위치와 면적을 특정하기 어려운 특별한 사정이 있는 경우**에는, 비록 **환매기간 만료 전에 사업시행자에게 미리 지급하거나 공탁한 환매대금이 나중에 법원의 감정 등을 통하여 특정된 토지부분에 대한 환매대금에 다소 미치지 못한다고 하더라도 그 환매대상인 토지부분의 동일성이 인정된다면 환매기간 경과 후에도 추가로 부족한 환매대금을 지급하거나 공탁할 수 있다**고 보아야 한다. 그리고 이러한 법리는 **환매권자가 명백한 계산 착오 등으로 환매대금의 아주 적은 일부를 환매기간 만료 전에 지급하거나 공탁하지 못한 경우**에도 **적용된다고 봄이 신의칙상 타당**하다(대판 2012.8.30. 2011다74109).

5. 환매권자가 **미리 지급하거나 공탁한 환매대금이 환매권자가 환매를 청구한 토지부분 전체에 대한 환매대금에는 부족하더라도 실제 환매대상이 될 수 있는 토지부분의 대금으로는 충분한 경우**에는 **그 부분에 대한 환매대금은 미리 지급된 것**으로 보아야지, **환매를 청구한 전체 토지와 대비하여 금액이 부족하다는 이유만으로 환매대상이 되는 부분에 대한 환매권의 행사마저 효력이 없다고 볼 것은 아니다**(대판 2012.8.30. 2011다74109).

> 환매대금 상당을 지급하거나 공탁하지 아니한 경우는 환매로 인한 소유권이전등기청구는 물론 환매대금의 지급과 상환으로 소유권이전등기를 구할 수 없다.

> 환매 대상 토지부분의 정확한 위치와 면적을 특정하기 어려운 특별한 사정이 있는 경우, 비록 환매기간 만료 전에 사업시행자에게 미리 지급한 환매대금이 나중에 법원의 감정 등을 통하여 특정된 토지부분에 대한 환매대금에 다소 미치지 못한다 해도 그 환매대상인 토지부분의 동일성이 인정된다면 환매기간 경과 후에도 추가로 부족한 환매대금을 지급할 수 있다.

> 환매권자가 미리 지급하거나 공탁한 환매대금이 환매권자가 환매를 청구한 토지부분 전체에 대한 환매대금에는 부족하더라도 실제 환매대상이 될 수 있는 토지부분의 대금으로는 충분한 경우에는 그 부분에 대한 환매대금은 미리 지급된 것으로 보아야 한다.

② 예외: 증감청구

공익사업을 위한 토지 등의 취득 및 보상에 관한 법률 제91조【환매권】 ④ 토지의 **가격이 취득일 당시에 비하여 현저히 변동**된 경우 사업시행자와 환매권자는 환매금액에 대하여 서로 협의하되, 협의가 성립되지 아니하면 그 금액의 증감을 법원에 청구할 수 있다.

> **OX** 공익사업을 위한 토지 등의 취득 및 보상에 관한 법률은 환매금액에 관하여 당사자 사이에 다툼이 있는 경우에 토지수용위원회와 법원에 그 증감을 청구할 수 있도록 이원화하였다. (×)

(4) 환매권의 대항력

공익사업을 위한 토지 등의 취득 및 보상에 관한 법률 제91조【환매권】 ⑤ 제1항부터 제3항까지의 규정에 따른 **환매권은 「부동산등기법」이 정하는 바에 따라 공익사업에 필요한 토지의 협의취득 또는 수용의 등기가 되었을 때에는 제3자에게 대항할 수 있다.**

> **OX** 환매권은 수용의 등기가 되어 있을 때에는 제3자에게 대항할 수 있다. (○)

판례

[1] 공익사업을 위한 토지 등의 취득 및 보상에 관한 법률 제91조 제5항은 협의취득 또는 수용의 목적물이 제3자에게 이전되더라도 협의취득 또는 수용의 등기가 되어 있으면 환매권자의 지위가 그대로 유지되어 환매권자는 환매권을 행사할 수 있고, 제3자에 대해서도 이를 주장할 수 있다는 의미이다.

> 협의취득 또는 수용의 목적물이 제3자에게 이전되더라도 협의취득 또는 수용의 등기가 되어 있으면 환매권자의 지위가 그대로 유지되어 환매권자는 환매권을 행사할 수 있고, 제3자에 대해서도 주장할 수 있다.

[2] 〈甲 지방자치단체가 도로사업 부지를 취득하기 위하여 乙 등으로부터 토지를 협의취득하여 소유권이전등기를 마쳤는데, 위 토지가 택지개발예정지구에 포함되자 이를 택지개발사업 시행자인 丙 공사에 무상으로 양도하였고, 그 후 택지개발예정지구 변경지정과 개발계획변경승인 및 실시계획승인이 고시되어 위 토지가 택지개발사업의 공동주택용지 등으로 사용된 사안〉 … **택지개발사업의 개발계획변경승인 및 실시계획승인이 고시됨으로써 토지가 도로사업에 더 이상 필요 없게 되어** 협의취득일 당시 **토지소유자였던 乙 등에게 환매권이 발생하였고, 그 후 택지개발사업에 토지가 필요하게 된 사정은 환매권의 성립이나 소멸에 아무런 영향을 미치지 않으며,** 위 토지에 관하여 甲 지방자치단체 앞으로 공공용지 협의취득을 원인으로 한 소유권이전등기가 마쳐졌으므로, 乙 등은 **환매권이 발생한 때부터 제척기간 도과로 소멸할 때까지 사이에 언제라도 환매권을 행사하고, 이로써 제3자에게 대항할 수 있다**(대판 2017.3.15. 2015다238963).

6 환매의 절차

OX 사업시행자는 환매할 토지가 생겼을 때에는 지체 없이 이를 환매권자에게 통지하여야 한다. (O)

공익사업을 위한 토지 등의 취득 및 보상에 관한 법률 제92조 【환매권의 통지 등】 ① 사업시행자는 제91조 제1항 및 제2항에 따라 **환매할 토지가 생겼을 때에는 지체 없이 그 사실을 환매권자에게 통지**하여야 한다. 다만, 사업시행자가 과실 없이 환매권자를 알 수 없을 때에는 대통령령으로 정하는 바에 따라 공고하여야 한다.
② 환매권자는 제1항에 따른 **통지를 받은 날 또는 공고를 한 날부터 6개월이 지난 후**에는 제91조 제1항 및 제2항에도 불구하고 환매권을 행사하지 못한다.

(1) 법적 의무로서의 통지·공고의무

통지·공고의무에 관한 규정은 단순한 선언적인 것이 아니라 사업시행자의 법적인 의무를 정한 것이다.

사업시행자가 원소유자 등에게 통지나 공고를 하지 아니하여 원소유자 등으로 하여금 환매권 행사기간이 도과되도록 하여 이로 인하여 환매권 행사가 불가능하게 되어 환매권 그 자체를 상실하게 하는 손해를 가한 때에는 원소유자 등에 대하여 불법행위를 구성한다.

원소유자 등의 환매권 상실로 인한 손해배상액은 환매권 상실 당시를 기준으로 한 목적물의 시가에서 환매권자가 환매권을 행사하였을 경우 반환하여야 할 환매가격을 공제한 금원이다.

판례

1. 공익사업을 위한 토지 등의 취득 및 보상에 관한 법률 제92조 제1항의 **통지·공고의무에 관한 규정은 단순한 선언적인 것이 아니라 사업시행자의 법적인 의무를 정한 것**이라고 보아야 할 것인바, **사업시행자가 위 통지나 공고를 하여야 할 의무가 있는데도 불구하고 이러한 의무에 위배한 채 원소유자 등에게 통지나 공고를 하지 아니하여, 원소유자 등으로 하여금 환매권행사기간이 도과되도록 하여 이로 인하여 법률에 의하여 인정되는 환매권 행사가 불가능하게 되어 환매권 그 자체를 상실하게 하는 손해를 가한 때에는 원소유자 등에 대하여 불법행위를 구성**한다(대판 2000.11.14. 99다45864). 마찬가지로 **사업시행자가 원소유자의 환매가능성이 존속하고 있는데도 통지·공고의무에 위배한 채 환매의 목적이 될 토지를 제3자에게 처분한 경우** 처분행위 자체는 유효하다 하더라도 적어도 원소유자에 대한 관계에서는 법률에 의하여 인정되는 **환매권 자체를 행사함이 불가능하도록 함으로써 환매권 자체를 상실시킨 것으로 되어 불법행위를 구성**한다(대판 1993.5.27. 92다34667).
2. 공익사업을 위한 토지 등의 취득 및 보상에 관한 법률상 **원소유자 등의 환매권 상실로 인한 손해배상액은 환매권 상실 당시를 기준으로 한 목적물의 시가에서 환매권자가 환매권을 행사하였을 경우 반환하여야 할 환매가격을 공제한 금원**이다. 환매권 상실 당시 환매목적

물의 감정평가금액이 같은 법 제91조 제1항에 정해진 '지급한 보상금'에 그때까지 사업과 관계없는 인근 유사토지의 지가변동률을 곱한 금액보다 **적거나 같을 때에는 감정평가금액에서 '지급한 보상금'을 공제하는 방법으로 계산하면 되지만,** 이를 **초과할 때에는 [환매권 상실 당시의 감정평가금액 – (환매권 상실 당시의 감정평가금액 – 지급한 보상금 × 지가상승률)]로 산정한 금액, 즉 '지급한 보상금'에 당시의 인근 유사토지의 지가상승률을 곱한 금액이 손해로 된다**(대판 2017.3.15. 2015다238963).

(2) 통지·공고의 법적 성질

공익사업을 위한 토지 등의 취득 및 보상에 관한 법률 제92조 제1항의 통지·공고는 단순히 환매권자에게 최고함에 지나지 않는 것이므로 사업시행자의 통지가 없더라도 환매권자는 환매권을 행사할 수 있다.

판례

공익사업을 위한 토지 등의 취득 및 보상에 관한 법률상 환매 대상 토지의 가격이 취득 당시에 비하여 현저히 변경된 경우 환매가격을 결정하기 위하여 사업시행자 또는 환매권자가 협의 및 재결신청을 할 수 있는 기간을 특별히 제한하지 않고 있는바, **환매권의 행사와 환매가격 결정을 위한 절차는 그 성질을 달리하는 것이므로** 같은 법 제92조 제2항에 의하여 **환매권의 행사기간이 통지를 받은 날로부터 6개월로 정하여져 있다고 하여 환매가격 결정을 위한 협의 및 재결 신청도 그 기간 내에 하여야 한다고 볼 것은 아니고, 또 환매 대상 토지가 수용되었다고 하더라도 환매 대상 토지 또는 환매권이 소멸하는 것이 아니라 단지 소유권이전등기의무만이 이행불능으로 되는 것이고 환매권자로서는 환매가 성립되었음을 전제로 사업시행자에 대하여 대상청구를 할 수 있으므로 여전히 환매가격 결정을 위한 협의 및 재결절차에 나아갈 수 있다**(대판 2000.11.28. 99두3416).

환매 대상 토지의 가격이 취득 당시에 비하여 현저히 변경된 경우, 환매가격 결정을 위한 협의 및 재결신청을 환매권의 행사기간 내에 하여야 하는 것은 아니다.

환매 대상 토지가 수용된 경우, 환매권자는 환매가격 결정을 위한 협의 및 재결절차에 나아갈 수 있다.

7 환매의 효과

① 환매권은 형성권이므로 환매권자의 일방적 의사표시에 의하여 사업시행자의 의사와 관계없이 법률효과가 발생한다. 즉 환매권을 행사하게 되면 사법상 매매계약의 효력이 발생한다(대판 1992.4.24. 92다4673).

② 다만, 환매권의 행사만으로 직접 소유권의 변동이 일어나는 것은 아니며 소유권이전등기청구권이라는 청구권만이 발생한다.

환매권을 행사하게 되면 사법상 매매계약의 효력이 발생한다.

판례

징발재산정리에 관한 특별조치법 제20조 소정의 환매권은 일종의 형성권으로서 위 환매권은 재판상이든 재판 외이든 그 제척기간 내에 이를 **일단 행사하면 그 형성적 효력으로 매매의 효력이 생기는 것이고** 그 후 다시 환매의 의사표시를 하였다고 하더라도 이미 발생한 환매의 효력에는 어떠한 영향을 미치는 것이 아니고, 또한 위 **환매권의 행사로 발생한 소유권이전등기청구권은 환매권을 행사한 때로부터 일반채권과 같이 민법 제162조 제1항 소정의 10년의 소멸시효기간이 진행된다**(대판 1992.10.13. 92다4666).

환매권 행사로 발생한 소유권이전등기청구권은 환매권을 행사한 때로부터 10년의 소멸시효기간이 진행된다.

8 공익사업의 변환

공익사업을 위한 토지 등의 취득 및 보상에 관한 법률 제91조 【환매권】 ⑥ 국가, 지방자치단체 또는 「공공기관의 운영에 관한 법률」 제4조에 따른 공공기관 중 대통령령으로 정하는 **공공기관이 사업인정을 받아 공익사업에 필요한 토지를 협의취득하거나 수용한 후 해당 공익사업이** 제4조 제1호부터 제5호까지에 규정된 **다른 공익사업([별표]에 따른 사업이 제4조 제1호부터 제5호까지에 규정된 공익사업에 해당하는 경우를 포함한다)으로 변경된 경우** 제1항 및 제2항에 따른 **환매권 행사기간은 관보에 해당 공익사업의 변경을 고시한 날부터 기산**한다. 이 경우 국가, 지방자치단체 또는 「공공기관의 운영에 관한 법률」 제4조에 따른 공공기관 중 대통령령으로 정하는 공공기관은 공익사업이 변경된 사실을 대통령령으로 정하는 바에 따라 환매권자에게 통지하여야 한다.

OX 공익사업변환제도에서 변환되는 새로운 사업은 공익사업을 위한 토지 등의 취득 및 보상에 관한 법률에 의하여 토지 등을 취득 또는 사용할 수 있는 모든 공익사업이다. (×)

OX 국가 등이 공익사업을 위하여 토지를 협의취득 또는 수용한 후 토지를 다른 공익사업으로 변경한 경우에는 중앙토지수용위원회의 공익사업의 변환결정을 거쳐 해당 토지를 다른 공익사업에 이용할 수 있다. (×)

(1) 의의

공익사업의 변환이란 공익사업에 필요한 토지를 협의취득 또는 수용한 후 해당 공익사업이 다른 공익사업으로 변경된 경우에 별도의 협의취득 또는 수용 없이 그 토지를 변경된 다른 공익사업에 이용하는 것을 말한다.

판례

사업인정을 받은 당해 공익사업의 폐지·변경으로 인하여 협의취득하거나 수용한 토지가 필요 없게 된 때라도 관련 규정에 의하여 공익사업의 변환이 허용되는 다른 공익사업으로 변경되는 경우에는 당해 토지의 원소유자 또는 그 포괄승계인에게 환매권이 발생하지 않는다.

1. 공익사업의 변환을 인정한 입법취지 등에 비추어 볼 때, 공익사업을 위한 토지 등의 취득 및 보상에 관한 법률 제91조 제6항은 **사업인정을 받은 당해 공익사업의 폐지·변경으로 인하여 협의취득하거나 수용한 토지가 필요 없게 된 때라도 위 규정에 의하여 공익사업의 변환이 허용되는 다른 공익사업으로 변경되는 경우**에는 **당해 토지의 원소유자 또는 그 포괄승계인에게 환매권이 발생하지 않는다는 취지를 규정한 것**이라고 보아야 하고, 위 조항에서 정한 "제1항 및 제2항의 규정에 의한 환매권 행사기간은 관보에 당해 공익사업의 변경을 고시한 날로부터 기산한다."는 의미는 **새로 변경된 공익사업을 기준으로 다시 환매권 행사의 요건을 갖추지 못하는 한 환매권을 행사할 수 없고 환매권 행사요건을 갖추어 제1항 및 제2항에 정한 환매권을 행사할 수 있는 경우에 그 환매권 행사기간은 당해 공익사업의 변경을 관보에 고시한 날로부터 기산한다는 의미**로 해석해야 한다(대판 2010.9.30, 2010다30782).

OX 판례에 의하면 공익사업의 변경 전과 변경 후의 사업주체가 동일하지 않으면 공익사업의 변환이 인정되지 않는다. (×)

2. 이른바 '공익사업의 변환'이 국가·지방자치단체 또는 공공기관이 사업인정을 받아 토지를 협의취득 또는 수용한 경우에 한하여, 그것도 사업인정을 받은 공익사업이 공익성의 정도가 높은 공익사업을 위한 토지 등의 취득 및 보상에 관한 법률 제4조 제1호부터 제5호까지에 규정된 다른 공익사업으로 변경된 경우에만 허용되도록 규정하고 있는 같은 법 제91조 제6항 등 관계 법령의 규정 내용이나 그 입법이유 등으로 미루어 볼 때, 같은 법 제91조 제6항 소정의 **'공익사업의 변환'이 국가·지방자치단체 또는 공공기관 등 사업시행자가 동일한 경우에만 허용되는 것으로 해석되지는 않는다**(대판 1994.1.25, 93다11760).

3. 공익사업을 위한 토지 등의 취득 및 보상에 관한 법률 제91조 제6항 전문은 당초의 공익사업이 공익성의 정도가 높은 다른 공익사업으로 변경되고 그 다른 공익사업을 위하여 토지를 계속 이용할 필요가 있을 경우에는, 환매권의 행사를 인정한 다음 다시 협의취득이나 수용 등의 방법으로 그 토지를 취득하는 번거로운 절차를 되풀이하지 않게 하기 위하여 이른바 '공익사업의 변환'을 인정함으로써 환매권의 행사를 제한하려는 것이다. 위 **제91조 제6항 전문 중 '해당 공익사업이 제4조 제1호부터 제5호까지에 규정된 다른 공익사업으로 변**

경된 경우' 부분에는 별도의 사업주체에 관한 규정이 없음에도 그 앞부분의 사업시행 주체에 관한 규정이 뒷부분에도 그대로 적용된다고 해석하는 것은 문리해석에 부합하지 않는다. 위 제91조 제6항의 입법취지와 문언, 민간기업이 관계 법률에 따라 허가·인가·승인·지정 등을 받아 시행하는 도로, 철도, 항만, 공항 등의 건설사업의 경우 공익성이 매우 높은 사업임에도 사업시행자가 민간기업이라는 이유만으로 공익사업의 변환을 인정하지 않는다면 공익사업변환제도를 마련한 취지가 무색해지는 점, 공익사업의 변환이 일단 같은 법 제91조 제6항에 정한 '국가·지방자치단체 또는 공공기관의 운영에 관한 법률 제4조에 따른 공공기관 중 대통령령으로 정하는 공공기관'이 협의취득 또는 수용한 토지를 대상으로 하고, 변경된 공익사업이 공익성이 높은 같은 법 제4조 제1~5호에 규정된 사업인 경우에 한하여 허용되므로 공익사업변환제도의 남용을 막을 수 있는 점을 종합해 보면, **변경된 공익사업이 같은 법 제4조 제1~5호에 정한 공익사업에 해당하면 공익사업의 변환이 인정되는 것이지, 변경된 공익사업의 시행자가 국가·지방자치단체 또는 일정한 공공기관일 필요까지는 없다**(대판 2015.8.19. 2014다201391).

'공익사업의 변환'은 변경된 공익사업이 토지보상법 제4조 제1~5호에 정한 공익사업에 해당하면 인정되는 것이지, 변경된 공익사업의 시행자가 국가·지방자치단체 또는 공공기관의 운영에 관한 법률 제4조에 따른 공공기관일 필요까지는 없다.

4. **공익사업을 위한 토지 등의 취득 및 보상에 관한 법률 제91조 제6항에 정한 공익사업의 변환은 같은 법 제20조 제1항의 규정에 의한 사업인정을 받은 공익사업이 일정한 범위 내의 공익성이 높은 다른 공익사업으로 변경된 경우에 한하여 환매권의 행사를 제한하는 것이므로, 적어도 새로운 공익사업에 관해서도 같은 법 제20조 제1항의 규정에 의해 사업인정을 받거나 또는 위 규정에 따른 사업인정을 받은 것으로 의제하는 다른 법률의 규정에 의해 사업인정을 받은 것으로 볼 수 있는 경우에만 공익사업의 변환에 의한 환매권 행사의 제한을 인정**할 수 있다(대판 2010.9.30. 2010다30782).

적어도 새로운 공익사업에 관해서도 사업인정을 받거나 또는 사업인정을 받은 것으로 의제하는 다른 법률의 규정에 의해 사업인정을 받은 것으로 볼 수 있는 경우에만 공익사업의 변환에 의한 환매권 행사의 제한을 인정할 수 있다.

5. 공익사업의 원활한 시행을 위한 무익한 절차의 반복 방지라는 '공익사업의 변환'을 인정한 입법취지에 비추어 볼 때, 만약 사업시행자가 협의취득하거나 수용한 당해 토지를 제3자에게 처분해 버린 경우에는 어차피 변경된 사업시행자는 그 사업의 시행을 위하여 제3자로부터 토지를 재취득해야 하는 절차를 새로 거쳐야 하는 관계로 위와 같은 공익사업의 변환을 인정할 필요성도 없게 되므로, **공익사업의 변환을 인정하기 위해서는 적어도 변경된 사업의 사업시행자가 당해 토지를 소유하고 있어야 한다.** 나아가 **공익사업을 위해 협의취득하거나 수용한 토지가 제3자에게 처분된 경우**에는 **특별한 사정이 없는 한 그 토지는 당해 공익사업에는 필요 없게 된 것**이라고 보아야 하고, **변경된 공익사업에 관해서도 마찬가지**이므로, 그 **토지가 변경된 사업의 사업시행자 아닌 제3자에게 처분된 경우**에는 **공익사업의 변환을 인정할 여지도 없다**(대판 2010.9.30. 2010다30782).

공익사업의 변환을 인정하기 위해서는 적어도 변경된 사업의 사업시행자가 당해 토지를 소유하고 있어야 한다.

공익사업을 위해 협의취득하거나 수용한 토지가 제3자에게 처분된 경우에는 특별한 사정이 없는 한 그 토지는 당해 공익사업에는 필요 없게 된 것이라고 보아야 하고, 변경된 공익사업에 관해서도 마찬가지이므로, 그 토지가 변경된 사업의 사업시행자 아닌 제3자에게 처분된 경우에는 공익사업의 변환을 인정할 여지도 없다.

6. 지방자치단체가 도시관리계획상 초등학교 건립사업을 위하여 학교용지를 협의취득하였으나 위 학교용지 인근에서 아파트 건설사업을 하던 주택건설사업시행자와 그 아파트 단지 내에 들어설 새 초등학교 부지와 위 학교용지를 교환하고 위 학교용지에 중학교를 건립하는 것으로 도시관리계획을 변경한 경우, 위 학교용지에 대한 협의취득의 목적이 된 당해 사업인 '초등학교 건립사업'의 폐지·변경으로 위 토지는 당해 사업에 필요 없게 되었고, 나아가 '중학교 건립사업'에 관하여 사업인정을 받지 않았을 뿐만 아니라 위 학교용지가 중학교 건립사업의 시행자 아닌 제3자에게 처분되었다면 공익사업의 변환도 인정할 수 없으므로 위 학교용지에 관하여 환매권을 행사할 수 있다(대판 2010.9.30. 2010다30782).

지방자치단체가 도시관리계획상 초등학교 건립사업을 위하여 학교용지를 협의취득하였으나 위 학교용지 인근에서 아파트 건설사업을 하던 주택건설사업 시행자와 그 아파트 단지 내에 들어설 새 초등학교 부지와 위 학교용지를 교환하고 위 학교용지에 중학교를 건립하는 것으로 도시관리계획을 변경한 경우, 위 학교용지에 관하여 환매권을 행사할 수 있다.

(2) 공익사업변환의 효과

공익사업의 폐지·변경으로 인해 협의취득 또는 수용한 토지가 원래의 공익사업에 필요 없게 된 때에도 공익사업의 변환이 인정되면 환매권을 행사할 수 없다.

제2항 공용제한

Ⅰ 서설

1 의의

공용제한이란 특정한 공익사업 등 복리행정상의 목적을 위하여 개인의 재산권에 가해지는 공법상의 제한을 말한다.

2 유사제도와의 구별

공용제한은 재산권에 대하여 일정한 제한을 가하는 것이므로, 재산권을 강제적으로 취득하는 공용수용이나 강제적으로 교환·분합하는 공용환지 및 공용환권과 구별된다.

Ⅱ 공용제한의 근거

① 공용제한은 반드시 법률의 근거가 있어야 한다.
② 공용제한에 관한 일반법은 없다.

① 공용제한은 개인의 재산권을 침해하는 것이기 때문에 반드시 법률의 근거가 있어야 한다(헌법 제37조 제2항).

② **공용제한에 관한 일반법은 없다.** 다만 공익사업을 위한 토지 등의 취득 및 보상에 관한 법률, 국토의 계획 및 이용에 관한 법률, 도로법, 하천법, 문화재보호법 등 개별 단행법에서 공용제한에 관한 규정을 두고 있다.

Ⅲ 공용제한의 유형

공물제한의 유형으로는 공물제한, 사용제한, 부담제한이 있다.

제3항 공용환지 · 공용환권

Ⅰ 공용환지

1 서설

(1) 의의

공용환지란 토지의 이용가치를 증진하기 위하여 일정한 지역 안에 있는 토지의 구획이나 형질을 변경한 후 토지에 관한 권리를 강제적으로 교환·분합하는 것을 말한다.

(2) 법적 근거

공용환지의 법적 근거로는 도시개발사업에 관한 도시개발법, 농어촌정비사업에 관한 농어촌정비법 등이 있다.

2 도시개발사업을 위한 환지

(1) 의의

도시개발사업이란 도시개발구역에서 주거, 상업, 산업, 유통, 정보통신, 생태, 문화, 보건 및 복지 등의 기능이 있는 단지 또는 시가지를 조성하기 위하여 시행하는 사업을 말한다(도시개발법 제2조 제1항 제2호).

(2) 도시개발구역의 지정

도시개발사업이 시행되기 위해서는 먼저 도시개발구역의 지정이 있어야 한다(도시개발법 제3조).

> **OX** 환지방식에 의한 도시개발사업을 시행하기 위해서는 먼저 도시개발구역이 지정되어야 한다. (O)

도시개발법 제3조 【도시개발구역의 지정 등】 ① 다음 각 호의 어느 하나에 해당하는 자는 계획적인 도시개발이 필요하다고 인정되는 때에는 도시개발구역을 지정할 수 있다.
1. **특별시장·광역시장·도지사·특별자치도지사**(이하 '시·도지사'라 한다)
2. 「지방자치법」 제175조에 따른 **서울특별시와 광역시를 제외한 인구 50만 이상의 대도시의 시장**(이하 '대도시 시장'이라 한다)

② 도시개발사업이 필요하다고 인정되는 지역이 둘 이상의 특별시·광역시·도·특별자치도(이하 '시·도'라 한다) 또는 「지방자치법」 제175조에 따른 서울특별시와 광역시를 제외한 인구 50만 이상의 대도시(이하 이 조 및 제8조에서 '대도시'라 한다)의 행정구역에 걸치는 경우에는 관계 시·도지사 또는 대도시 시장이 협의하여 도시개발구역을 지정할 자를 정한다.

③ **국토교통부장관**은 다음 각 호의 어느 하나에 해당하면 제1항과 제2항에도 불구하고 도시개발구역을 지정할 수 있다.
1. 국가가 도시개발사업을 실시할 필요가 있는 경우
2. 관계 중앙행정기관의 장이 요청하는 경우
3. 제11조 제1항 제2호에 따른 공공기관의 장 또는 같은 항 제3호에 따른 정부출연기관의 장이 대통령령으로 정하는 규모 이상으로서 국가계획과 밀접한 관련이 있는 도시개발구역의 지정을 제안하는 경우
4. 제2항에 따른 협의가 성립되지 아니하는 경우
5. 그 밖에 대통령령으로 정하는 경우

④ 시장(대도시 시장을 제외한다)·군수 또는 구청장(자치구의 구청장을 말한다)은 대통령령으로 정하는 바에 따라 시·도지사에게 도시개발구역의 지정을 요청할 수 있다.

제3조의2 【도시개발구역의 분할 및 결합】 ① 제3조에 따라 도시개발구역을 지정하는 자(이하 '지정권자'라 한다)는 도시개발사업의 효율적인 추진과 도시의 경관 보호 등을 위하여 필요하다고 인정하는 경우에는 도시개발구역을 **둘 이상의 사업시행지구로 분할하거나 서로 떨어진 둘 이상의 지역을 결합하여 하나의 도시개발구역으로 지정할 수 있다.**

(3) 시행자

도시개발법 제11조 【시행자 등】 ① 도시개발사업의 시행자는 다음 각 호의 자 중에서 **지정권자가 지정한다.** 다만, 도시개발구역의 전부를 환지방식으로 시행하는 경우에는 제5호의 토지소유자나 제6호의 조합을 시행자로 지정한다.

1. 국가나 지방자치단체
2. 대통령령으로 정하는 공공기관
3. 대통령령으로 정하는 정부출연기관
4. 「지방공기업법」에 따라 설립된 지방공사

5.~11. 〈생략〉

재개발조합의 조합원 자격 인정 여부에 관하여 다툼이 있는 경우 공법상의 당사자소송에 의하여 그 조합원 자격의 확인을 구할 수 있다.

판례

구 도시재개발법에 의한 재개발조합은 조합원에 대한 법률관계에서 적어도 특수한 존립목적을 부여받은 특수한 행정주체로서 국가의 감독하에 그 존립목적인 특정한 공공사무를 행하고 있다고 볼 수 있는 범위 내에서는 공법상의 권리의무관계에 서 있다. 따라서 **조합을 상대로 한 쟁송에 있어서 강제가입제를 특색으로 한 조합원의 자격 인정 여부에 관하여 다툼이 있는 경우에는 그 단계에서는 아직 조합의 어떠한 처분 등이 개입될 여지는 없으므로 공법상의 당사자소송에 의하여 그 조합원 자격의 확인을 구할 수 있다**(대판 전합 1996.2.15. 94다31235).

(4) 환지계획

OX 도시개발사업의 시행자는 도시개발사업을 환지방식에 의하여 시행하고자 하는 경우에는 환지계획을 작성하여야 한다. (○)

도시개발법 제28조 【환지계획의 작성】 ① 시행자는 도시개발사업의 전부 또는 일부를 환지방식으로 시행하려면 다음 각 호의 사항이 포함된 환지계획을 작성하여야 한다.

1. 환지설계
2. 필지별로 된 환지명세
3. 필지별과 권리별로 된 청산 대상 토지명세
4. 제34조에 따른 체비지(替費地) 또는 보류지(保留地)의 명세
5. 제32조에 따른 입체환지를 계획하는 경우에는 입체환지용 건축물의 명세와 제32조의3에 따른 공급 방법·규모에 관한 사항
6. 그 밖에 국토교통부령으로 정하는 사항

1) 의의

환지계획이란 도시개발사업이 완료될 경우에 행할 환지처분에 관한 계획을 말하는 것으로서, 환지처분의 내용을 정하는 것이다(도시개발법 제28조).

2) **법적 성질**

환지계획의 처분성을 인정함이 통설이나, **판례는 그 처분성을 부정**한다(대판 1999.8.20. 97누6889).

판례

환지예정지 지정이나 환지처분은 그에 의하여 직접 토지소유자 등의 권리의무가 변동되므로 이를 항고소송의 대상이 되는 처분이라고 볼 수 있으나, **환지계획은** 위와 같은 환지예정지 지정이나 환지처분의 근거가 될 뿐 그 자체가 직접 토지소유자 등의 법률상의 지위를 변동시키거나 또는 환지예정지 지정이나 환지처분과는 다른 고유한 법률효과를 수반하는 것이 아니어서 이를 **항고소송의 대상이 되는 처분에 해당한다고 할 수가 없다**(대판 1999.8.20. 97누6889).

환지계획은 항고소송의 대상이 되는 독립된 행정처분으로 볼 수 없다.

환지계획은 환지예정지 지정이나 환지처분의 근거가 될 뿐 고유한 법률효과를 수반하는 것이 아니어서 항고소송의 대상이 되는 처분에 해당하지 않는다.

3) **수립절차**

도시개발법 제29조【환지계획의 인가 등】 ① **행정청이 아닌 시행자가 제28조에 따라 환지계획을 작성한 경우에는 특별자치도지사·시장·군수 또는 구청장의 인가를 받아야 한다.**
③ **행정청이 아닌 시행자가 제1항에 따라 환지계획의 인가를 신청하려고 하거나 행정청인 시행자가 환지계획을 정하려고 하는 경우**에는 **토지소유자와 해당 토지에 대하여 임차권, 지상권, 그 밖에 사용하거나 수익할 권리**(이하 '임차권 등'이라 한다)**를 가진 자**(이하 '임차권자 등'이라 한다)**에게 환지계획의 기준 및 내용 등을 알리고** 대통령령으로 정하는 바에 따라 **관계 서류의 사본을 일반인에게 공람시켜야 한다.** 다만, 대통령령으로 정하는 경미한 사항을 변경하는 경우에는 그러하지 아니하다.
④ **토지소유자나 임차권자 등은** 제3항의 **공람기간에 시행자에게 의견서를 제출할 수 있으며, 시행자는 그 의견이 타당하다고 인정하면 환지계획에 이를 반영하여야 한다.**
⑤ 행정청이 아닌 시행자가 제1항에 따라 환지계획 인가를 신청할 때에는 제4항에 따라 제출된 의견서를 첨부하여야 한다.
⑥ 시행자는 제4항에 따라 **제출된 의견에 대하여 공람기일이 종료된 날부터 60일 이내에 그 의견을 제출한 자에게 환지계획에의 반영 여부에 관한 검토 결과를 통보하여야 한다.**

판례

구 토지구획정리사업법상 환지계획의 인가신청에 앞서 관계 서류를 공람시켜 토지소유자 등의 이해관계인으로 하여금 의견서를 제출할 기회를 주도록 규정하고 있는 것은 환지계획의 입안에 토지구획정리사업에 대한 다수의 이해관계인의 의사를 반영하고 그들 상호간의 이익을 합리적으로 조정하는 데 그 취지가 있다고 할 것이므로, 최초의 공람과정에서 이해관계인으로부터 의견이 제시되어 그에 따라 환지계획을 수정하여 인가신청을 하고자 할 경우에는 그 전에 다시 수정된 내용에 대한 공람절차를 거쳐야 한다고 봄이 위와 같은 제도의 취지에 부합하는 것이라고 할 것이고, 위와 같은 **재공람절차를 거치지 않고 인가받은 환지계획 및 이러한 환지계획에 따라 이루어진 환지예정지지정처분은 위법**하다(대판 2001.10.30. 99두11110 ; 대판 1999.8.20. 97누6889).

공람절차를 거치지 않고 인가받은 환지계획 및 이러한 환지계획에 따라 이루어진 환지예정지 지정처분은 위법하다.

4) 입체환지

> **도시개발법 제32조 【입체환지】** ① 시행자는 도시개발사업을 원활히 시행하기 위하여 특히 필요한 경우에는 토지 또는 건축물 소유자의 신청을 받아 건축물의 일부와 그 건축물이 있는 토지의 공유지분을 부여할 수 있다. 다만, 토지 또는 건축물이 대통령령으로 정하는 기준 이하인 경우에는 시행자가 규약·정관 또는 시행규정으로 신청대상에서 제외할 수 있다.
> ④ 제1항에 따른 **입체환지의 신청기간**은 제3항에 따라 **통지한 날부터 30일 이상 60일 이하**로 하여야 한다. 다만, 시행자는 제28조 제1항에 따른 환지계획의 작성에 지장이 없다고 판단하는 경우에는 20일의 범위에서 그 신청기간을 연장할 수 있다

5) 체비지

> **도시개발법 제34조 【체비지 등】** ① 시행자는 도시개발사업에 필요한 경비에 충당하거나 규약·정관·시행규정 또는 실시계획으로 정하는 목적을 위하여 **일정한 토지를 환지로 정하지 아니하고 보류지로 정할 수 있으며, 그 중 일부를 체비지로 정하여 도시개발사업에 필요한 경비에 충당할 수 있다.**
>
> **제42조 【환지처분의 효과】** ⑤ 제34조에 따른 **체비지는 시행자가**, 보류지는 환지계획에서 정한 자가 각각 **환지처분이 공고된 날의 다음날에 해당 소유권을 취득한다.** 다만, 제36조 제4항에 따라 **이미 처분된 체비지는 그 체비지를 매입한 자가 소유권이전등기를 마친 때에 소유권을 취득한다.**

(5) 환지예정지의 지정

OX 도시개발사업의 시행을 위하여 필요한 때에는 도시개발구역 안의 토지에 대하여 환지예정지를 지정할 수 있다. (○)

> **도시개발법 제35조 【환지예정지의 지정】** ① 시행자는 도시개발사업의 시행을 위하여 필요하면 **도시개발구역의 토지에 대하여 환지예정지를 지정할 수 있다.** 이 경우 종전의 토지에 대한 임차권자 등이 있으면 해당 환지예정지에 대하여 해당 권리의 목적인 토지 또는 그 부분을 아울러 지정하여야 한다.

1) 의의

도시개발사업이 완료되기 전에 환지처분이 행해진 것과 같이 새로운 토지에 대하여 권리를 행사할 수 있게 함으로써 권리관계의 불안정한 상태를 해소하려는 취지에서 마련된 제도가 환지예정지의 지정이다.

환지계획인가 후에 수정하고자 하는 환지계획의 내용에 대하여 토지소유자 등 이해관계인의 공람절차를 거치지 아니한 채 수정된 내용에 따라 한 환지예정지 지정처분은 당연무효이다.

판례

환지계획 인가 후에 당초의 환지계획에 대한 공람과정에서 토지소유자 등 이해관계인이 제시한 의견에 따라 **수정하고자 하는 내용에 대하여 다시 공람절차 등을 밟지 아니한 채 수정된 내용에 따라 한 환지예정지 지정처분은 환지계획에 따르지 아니한 것이거나 환지계획을 적법하게 변경하지 아니한 채 이루어진 것이어서 당연무효**라고 할 것이다(대판 1999.8.20. 97누6889).

2) 법적 성질

OX 환지예정지의 지정은 행정처분의 성질을 가지므로 이에 대한 행정소송이 인정된다. (○)

환지예정지 지정처분은 행정소송의 대상이 되는 상대방 있는 행정처분이다(대판 1965.6.22. 64누106 ; 대판 1999.8.20. 97누6889).

3) **지정의 효과**

> **도시개발법 제36조【환지예정지 지정의 효과】** ① 환지예정지가 지정되면 종전의 토지의 소유자와 임차권자 등은 환지예정지 지정의 효력발생일부터 환지처분이 공고되는 날까지 환지예정지나 해당 부분에 대하여 종전과 같은 내용의 권리를 행사할 수 있으며 종전의 토지는 사용하거나 수익할 수 없다.

OX 환지예정지가 지정되면 종전의 토지에 대한 소유자·임차권자 등은 환지예정지에 대하여 종전과 같은 내용의 권리를 행사할 수 있다. (O)

① **환지예정지의 지정이 곧바로 소유권의 변동을 초래하는 것은 아니다.**

② 즉, 종전의 토지소유자는 지정된 환지예정지에 대하여 사용·수익권을 취득할 뿐이며, 환지처분이 있기 전까지는 원래의 토지를 처분할 수 있다.

OX 환지예정지가 지정되면 종전의 토지와 환지예정지에 대한 소유권이 변동된다. (×)

판례

환지예정지의 사용·수익권은 환지예정지의 지정처분 당시의 상태하에서 그 예정지를 사용·수익할 수 있음에 불과하다. 즉 환지예정지의 사용·수익권은 환지예정지가 그 지정처분 당시 공지인 경우에는 이를 완전히 배타적으로 사용·수익할 수 있으되 그 지상에 종전부터의 건물 기타 공작물이 있는 토지인 경우에는 그것들이 존재하는 상태하에서 이를 사용·수익할 수 있음에 불과하다(대판 1970.4.28. 70다334).

환지예정지의 사용·수익권은 환지예정지의 지정처분 당시의 상태하에서 그 예정지를 사용·수익할 수 있음에 불과하다.

(6) 환지처분

1) **의의**

① 환지처분은 사업시행자가 환지계획에 따른 종전의 토지에 갈음하여 새로운 토지를 교부하고(환지교부), 그 가치에 과부족이 있을 경우에 청산금을 징수·교부(환지청산)하는 것을 말한다.

② 환지처분은 환지교부와 환지청산을 그 내용으로 한다.

OX 환지처분은 환지교부와 환지청산을 내용으로 한다. (O)

2) **법적 성질**

환지처분에 의하여 직접 토지소유자 등의 권리의무가 변동되므로 형성적 행정행위로서 처분성이 인정된다(대판 1999.8.20. 97누6889).

판례

1. **환지예정지 지정이나 환지처분은 그에 의하여 직접 토지소유자 등의 권리의무가 변동되므로 이를 항고소송의 대상이 되는 처분**이라고 볼 수 있다(대판 1999.8.20. 97누6889).
2. 구 도시재개발법의 각 규정에 의하면 재개발구역 안의 토지 또는 건물의 소유자가 관리처분계획의 정하는 바에 따라 재개발사업에 의하여 조성되거나 축조될 토지 또는 건축시설을 분양받기로 예정한 때에는 공사완료 후 분양처분이 있은 다음날에 소유권을 취득하는 토지 또는 건축시설은 구 토지구획정리사업법의 규정에 의한 환지로 보도록 되어 있으므로, **종전의 토지소유자에 대한 분양처분은 구 토지구획정리사업법의 규정에 의한 환지처분과 같이 항고소송의 대상이 되는 처분**이라고 할 것이다(대판 1989.9.12. 88누9763).

환지예정지 지정이나 환지처분은 항고소송의 대상이 되는 처분이다.

종전 토지소유자에 대한 분양처분은 항고소송의 대상이 되는 처분이다.

OX 행정관청에 의한 환지계획의 인가가 있으면 토지에 대한 소유권이 변동된다. (×)

OX 환지계획에 의하지 아니하거나 환지계획에 어긋나는 사항을 내용으로 하는 환지처분은 당연무효이다. (○)

환지처분이 고시되어 효력을 발생한 이상, 환지처분의 대상이 된 특정 토지에 대한 개별적인 환지가 지정되어 있어야만 환지처분에 따른 소유권 상실의 효과가 그 토지에 대하여 발생하는 것은 아니다.

환지를 정하거나 그 대상에서 제외한 경우 그 과부족분은 금전으로 청산하여야 한다.

청산금의 소멸시효기간: 5년

3) 환지처분의 효과

① 권리변동

도시개발법 제42조 【환지처분의 효과】 ① **환지계획에서 정하여진 환지는 그 환지처분이 공고된 날의 다음 날부터 종전의 토지로 보며, 환지계획에서 환지를 정하지 아니한 종전의 토지에 있던 권리는 그 환지처분이 공고된 날이 끝나는 때에 소멸한다.**
② 제1항은 행정상 처분이나 재판상의 처분으로서 종전의 토지에 전속하는 것에 관하여는 영향을 미치지 아니한다.
⑥ 제41조에 따른 **청산금은 환지처분이 공고된 날의 다음 날에 확정**된다.

판례

1. 환지처분의 내용은 모두 환지계획에 의하여 미리 결정되는 것이며 환지처분은 다만 환지계획구역에 대한 공사가 완료되기를 기다려서 환지계획에 정하여져 있는 바를 토지소유자에게 통지하고 그 뜻을 공고함으로써 효력이 발생되는 것이고, 따라서 **환지계획과는 별도의 내용을 가진 환지처분은 있을 수 없는 것이므로 환지계획에 의하지 아니하고 환지계획에도 없는 사항을 내용으로 하는 환지처분은 효력을 발생할 수 없다**(대판 1993.5.27. 92다14878 ; 대판 2007.1.11. 2005다70151).

2. 환지계획에서 환지를 정하지 아니한 종전의 토지에 있던 권리는 환지계획이 고시된 날의 다음 날에 소멸하는 것으로 보아야 하고, 개인 소유이던 어떤 토지가 구획정리사업의 환지처분에 의하여 소유권이 상실되었다고 하기 위해서는 그 토지가 구획정리사업구역 내의 토지로서 환지처분에 따른 '환지의 대상'에 포함되는 것임이 전제되어야 한다. 일단 **환지처분이 고시되어 효력을 발생한 이상**, 환지처분의 **대상이 된 특정 토지에 대한 개별적인 '환지'가 지정되어 있어야만 환지처분에 따른 소유권 상실의 효과가 그 토지에 대하여 발생하는 것은 아니다**(대판 2019.1.31. 2018다255105).

② 청산금

도시개발법 제41조 【청산금】 ① **환지를 정하거나 그 대상에서 제외한 경우 그 과부족분**(過不足分)은 종전의 토지(제32조에 따라 입체환지방식으로 사업을 시행하는 경우에는 환지 대상 건축물을 포함한다) 및 환지의 위치·지목·면적·토질·수리·이용상황·환경, 그 밖의 사항을 종합적으로 고려하여 **금전으로 청산하여야 한다.**

제47조 【청산금의 소멸시효】 청산금을 받을 권리나 징수할 권리를 **5년간 행사하지 아니하면 시효로 소멸**한다.

Ⅱ 공용환권

1 의의

공용환권이란 토지의 평면적·입체적 이용을 증진하기 위하여 특정한 토지에 관한 소유권 기타의 권리 및 지상의 시설물에 대한 권리를 권리자의 의사에 관계없이 강제적으로 변환(교환·분합)하는 것을 말한다.

판례

재건축조합이 재건축사업을 하면서 구 주택건설촉진법 제44조의3 제5항에 따라 준용되는 구 도시재개발법) 제33조부터 제45조까지 정한 관리처분계획인가와 이에 따른 분양처분의 고시 등의 절차 또는 **도시 및 주거환경정비법상의 관리처분계획인가와 이에 따른 이전고시 등의 절차를 밟았는지 여부에 따라 공용환권 여부가 달라진다.** 재건축조합이 이러한 **절차를 거쳐 신 주택이나 대지를 조합원에게 분양한 경우** 구 주택이나 대지에 관한 권리가 권리자의 의사와 관계없이 신 주택이나 대지에 관한 권리로 강제적으로 교환·변경되어 **공용환권된 것으로 볼 수 있다.** 그러나 이러한 **절차를 거치지 않은 채 조합원에게 신 주택이나 대지가 분양된 경우** 해당 조합원은 조합규약이나 분양계약에 따라 구 주택이나 대지와는 다른 신 주택이나 대지에 관한 소유권을 취득한 것에 불과할 뿐이고 구 주택이나 대지에 관한 소유권이 신 주택이나 대지에 관한 소유권으로 강제적으로 교환·변경되어 **공용환권된 것으로 볼 수는 없**으므로 양자 간에 동일성이 유지된다고 할 수 없다(대판 2020.9.3. 2019다272343).

재건축조합이 도시 및 주거환경정비법상의 관리처분계획인가와 이에 따른 이전고시 등의 절차를 거쳐 신 주택이나 대지를 조합원에게 분양한 경우 공용환권된 것으로 볼 수 있으나, 이러한 절차를 거치지 않은 채 조합원에게 신 주택이나 대지가 분양된 경우 공용환권된 것으로 볼 수 없다.

2 법적 근거

공용환권의 법적 근거에 관한 개별법으로는 도시 및 주거환경정비법이 대표적이다.

3 법적 성질

도시 및 주거환경정비법상 관리처분계획(환권계획)과 분양처분(환권처분)은 처분성이 인정된다.

판례

1. [1] 구 도시재개발법에 의한 재개발조합은 조합원에 대한 법률관계에서 적어도 특수한 존립목적을 부여받은 특수한 행정주체로서 국가의 감독하에 그 존립목적인 특정한 공공사무를 행하고 있다고 볼 수 있는 범위 내에서는 공법상의 권리의무관계에 서 있는 것이므로 분양신청 후에 정하여진 **관리처분계획(환권계획)의 내용에 관하여 다툼이 있는 경우**에는 **그 관리처분계획은 토지 등의 소유자에게 구체적이고 결정적인 영향을 미치는 것으로서 조합이 행한 처분에 해당하므로 항고소송의 방법으로 그 무효확인이나 취소를 구할 수 있다.**

   [2] 관리처분계획에 하자가 있어 그것이 무효로 되기 위해서는 그 하자가 중대하고도 명백할 것이 요구된다고 할 것인바, 비례율의 부당적용과 같이 관리처분계획에서 정한 청산금의 산정방법에 하자가 있는 경우라도 그러한 하자는 다른 특별한 사정이 없는 한 중대하고도 명백하다고 볼 수 없어 이러한 하자를 사유로 하여 관리처분계획을 무효로 볼 수는 없다(대판 2002.12.10. 2001두6333).

분양신청 후에 정하여진 관리처분계획(환권계획)의 내용에 관하여 다툼이 있는 경우에는 항고소송의 방법으로 그 무효확인이나 취소를 구할 수 있다.

관리처분계획에서 정한 청산금의 산정방법에 하자가 있는 경우 그 관리처분계획을 무효로 볼 수 없다.

> 종전의 토지소유자에 대한 분양처분(환권처분)은 항고소송의 대상이 되는 처분이다.

> **분양처분(환권처분)**
> ① 공법상 처분
> ② 공용환권
> ③ 대물적 처분

> 재개발사업시행자가 소유자를 오인하여 종전의 토지 또는 건축물의 소유자가 아닌 다른 사람에게 분양처분을 한 경우, 종전의 토지 또는 건축물의 진정한 소유자가 분양된 대지 또는 건축 시설의 소유권을 취득하고 이를 행사할 수 있다.

2. 구 도시재개발법의 각 규정에 의하면 재개발구역 안의 토지 또는 건물의 소유자가 관리처분계획(환권계획)의 정하는 바에 따라 재개발사업에 의하여 조성되거나 축조될 토지 또는 건축시설을 분양받기로 예정한 때에는 공사완료 후 분양처분이 있은 다음날에 소유권을 취득하는 토지 또는 건축시설은 구 토지구획정리사업법의 규정에 의한 환지로 보도록 되어 있으므로, **종전의 토지소유자에 대한 분양처분(환권처분)**은 구 토지구획정리사업법의 규정에 의한 **환지처분과 같이 항고소송의 대상이 되는 처분이라고 할 것이다**(대판 1989.9.12. 88누9763).

3. 구 도시재개발법에 의한 재개발사업에 있어서의 **분양처분(환권처분)**은 재개발구역 안의 종전의 토지 또는 건축물에 대하여 재개발사업에 의하여 조성되거나 축조되는 대지 또는 건축 시설의 위치 및 범위 등을 정하고 그 가격의 차액에 상당하는 금액을 청산하거나, 대지 또는 건축 시설을 정하지 않고 금전으로 청산하는 **공법상 처분**으로서, 그 처분으로 종전의 토지 또는 건축물에 관한 소유권 등의 권리를 강제적으로 변환시키는 이른바 **공용환권에 해당**하나, 분양처분 그 자체로는 권리의 귀속에 관하여 아무런 득상(得喪)·변동을 생기게 하는 것이 아니고, 한편 종전의 토지 또는 건축물에 대신하여 대지 또는 건축 시설이 정하여진 경우에는 분양처분의 고시가 있은 다음날에 종전의 토지 또는 건축물에 관하여 존재하던 권리관계는 분양받는 대지 또는 건축 시설에 그 동일성을 유지하면서 이행되는바, 이와 같은 경우의 **분양처분은 대인적 처분이 아닌 대물적 처분**이라 할 것이므로, **재개발사업시행자가 소유자를 오인하여 종전의 토지 또는 건축물의 소유자가 아닌 다른 사람에게 분양처분을 한 경우** 그러한 분양처분이 있었다고 하여 **그 다른 사람이 권리를 취득하게 되는 것은 아니며, 종전의 토지 또는 건축물의 진정한 소유자가 분양된 대지 또는 건축 시설의 소유권을 취득하고 이를 행사할 수 있다**(대판 1995.6.30. 95다10570).

공용부담법상 각 행정작용의 법적 성질

행정작용	법적 성질
사업인정	형성적 행정처분으로 특허(87누395)
사업인정의 고시	관념의 통지
협의	공법상 계약(통설) ↔ 사법상 계약(2001다44291)
재결	형성적 행정처분
잔여지수용청구권	형성권(99두11080)
환매권	공권설(다수설) ↔ 사권설(92다4673 ; 92헌마283)
환지계획	처분성 인정(통설) ↔ 처분성 부정(97누6889)
환지예정지 지정처분	행정처분(62누10)
환지처분	형성적 행정행위(97누6889)
관리처분계획(환권계획)	처분성 인정(2001두6333)
분양처분(환권처분)	형성적 행정행위(88누9763)

MEMO

제5장 재무행정법

제2편 특별행정작용법

제1절 개설

- 재무행정의 의의
- 재정의 내용(재정작용)

제2절 조세

- 서설
- 조세의 부과 · 징수 · 소멸
- 조세행정상의 권리구제

제3절 회계(會計)

제1절 개설

Ⅰ 재무행정의 의의

재무행정(재정)이란 국가 또는 지방자치단체가 그 존립과 활동에 필요한 재력을 취득하기 위하여 일반통치권에 기하여 국민에게 명령·강제하고, 그 취득한 재산 및 수입·지출을 관리하는 작용을 말한다.

Ⅱ 재정의 내용(재정작용)

1 재정권력작용

(1) 의미

재정권력작용이란 국가나 지방자치단체가 재력의 취득이라는 재정상의 목적을 위해 개인에게 명령하고 강제하는 권력적 작용을 말하며, 법적 근거를 필요로 한다.

재정권력작용의 종류
① 재정명령
② 재정처분
③ 재정상 실효성확보수단

(2) 종류

1) 재정상 행정입법(재정명령)

① 재정행정기관이 재정상의 목적을 위해 발하는 일반·추상적인 명령을 말한다.

② 이에는 법규명령으로서의 재정명령과 행정규칙으로서의 재정명령이 있다.

2) 재정상 행정행위(재정처분)

① 재정행정기관이 재정상의 목적을 위해 발하는 행정행위를 말한다.

② 이에는 재정하명(예 조세부과, 담배의 제조·판매금지), 재정허가(예 주류의 제조·판매허가, 담배의 수입·판매허가 등), 재정면제(예 조세면제, 관세면제 등) 등이 있다.

3) 재정상 실효성확보수단

① 재정작용에 있어서 상대방의 의무위반 내지 의무불이행을 방지하거나 사후에 이행하게 하는 수단을 말한다.

② 이에는 재정강제(재정상 강제집행, 재정상 즉시강제), 재정벌 등이 있다.

2 재정관리작용

(1) 의미

재정관리작용이란 국가나 지방자치단체가 취득한 재력을 비권력적으로 유지·관리하는 작용을 말하며, 일반적으로 '회계'라고 한다.

재정관리작용
① 수입·지출관리(현금회계)
② 재산관리(물품회계)

(2) 종류

1) 수입·지출관리(현금회계)

① 국가나 지방자치단체의 예산·회계에 관한 작용이다.

② 국가재정법, 국가회계법, 지방재정법, 공유재산 및 물품 관리법 등에서 규율하고 있다.

2) 재산관리(물품회계)

① 국가나 지방자치단체가 소유하고 있는 국·공유재산을 관리하는 작용이다.

② 부동산회계(국유재산법), 동산회계(물품관리법, 공유재산 및 물품 관리법), 채권회계(국가채권관리법, 지방재정법) 등이 있다.

제2절 조세

Ⅰ 서설

1 의의

조세란 국가 또는 지방자치단체가 그 경비에 충당할 재력의 취득을 위하여 과세권에 근거하여 법률이 정한 과세요건에 해당하는 모든 국민으로부터 반대급부 없이 무상으로 부과·징수하는 금전급부의무를 말한다.

2 조세법의 기본원칙

(1) 조세법률주의

1) 의의

① 조세법률주의는 조세의 부과·징수는 반드시 국회가 제정한 법률에 따라야 하며, 행정부가 법률에 근거 없이 일방적·자의적으로 조세를 부과·징수할 수 없다는 원칙이다(헌법 제59조).

② 조세법률주의는 '대표 없이는 과세 없다'는 사상에 기초하고 있다.

③ 조세법률주의의 내용으로는 과세요건법정주의, 과세요건명확주의, 소급과세금지의 원칙, 유추해석금지의 원칙, 합법성의 원칙 등이 있다.

판례

1. 조세법률주의는 조세평등주의와 함께 조세법의 기본원칙으로서, 법률의 근거 없이는 국가는 조세를 부과·징수할 수 없고 국민은 조세의 납부를 요구당하지 않는다는 원칙이다. 이러한 조세법률주의는 **조세는 국민의 재산권을 침해하는 것이 되므로, 납세의무를 성립시키는 납세의무자, 과세물건, 과세표준, 과세기간, 세율 등의 과세요건과 조세의 부과·징수절차는 모두 국민의 대표기관인 국회가 제정한 법률로써 이를 규정하여야 한다**는 과세요건법정주의와 아울러 **과세요건을 법률로 규정하였다고 하더라도 그 규정내용이 지나치게 추상적이고 불명확하면 과세관청의 자의적인 해석과 집행을 초래할 염려가 있으므로 그 규정내용이 명확하고 일의적이어야 한다**는 과세요건명확주의를 그 핵심적 내용으로 하고 있다. 결국 과세요건법정주의와 과세요건명확주의를 핵심내용으로 하는 조세법률주의의 이념은 과세요건을 법률로 명확하게 규정함으로써 국민의 재산권을 보장함과 동시에 국민의 경제생활에 법적 안정성과 예측가능성을 보장함에 있다(헌재 2012.5.31. 2009헌바123).

2. 헌법은 제38조에서 국민의 납세의 의무를 규정하는 한편 국민의 재산권 보장과 경제활동에 있어서의 법적 안정성을 위하여 그 제59조에서 조세법률주의를 선언하고 있는바, 오늘날의 **법치주의는 실질적 법치주의를 의미하므로 헌법상의 조세법률주의도 과세요건이 형식적 의미의 법률로 명확히 정해질 것을 요구**할 뿐 아니라, 조세법의 목적이나 내용이 기본권 보장의 헌법이념과 이를 뒷받침하는 헌법상의 제원칙에 합치되어야 하고, 나아가 조세법률은 조세평등주의에 입각하여 헌법 제11조 제1항에 따른 평등의 원칙에도 어긋남이 없어야 한다(헌재 1997.6.26. 93헌바49).

조세법률주의의 핵심 내용은 과세요건법정주의와 과세요건명확주의이다.

조세법률주의는 과세요건이 형식적 의미의 법률로 명확히 정해질 것을 요구할 뿐만 아니라 조세법의 목적이나 내용이 헌법상의 제원칙에 합치되어야 하고, 나아가 조세법률은 평등의 원칙에도 어긋남이 없어야 한다.

2) **과세요건법정주의**

① 과세요건법정주의란 **조세권 행사의 요건과 절차는** 국민의 대표기관인 국회가 제정한 법률로 규정하여야 한다는 원칙을 말한다.

② 법률로 정하여야 할 사항에는 **조세의 종목과 세율뿐만 아니라 납세의무자, 과세물건, 과세표준 등 모든 과세요건과 조세의 부과·징수절차도 포함**된다.

③ 이는 조세법률주의의 가장 핵심적인 내용이며, 따라서 조세법률관계에서는 합의 과세와 같은 사적자치의 원칙이 인정되지 않는다.

판례

1. 조세채권은 국가재정수입확보의 목적을 위하여 국세징수법상 우선권·자력집행권이 인정되는 권리로서 국민조세부담의 공평과 부당한 조세징수로부터 국민을 보호하기 위하여 조세법률주의의 원칙이 요구되기 때문에 **사적자치가 지배하는 사법상의 채권과는 달리 그 성립과 행사가 법률에 의하여서만 가능**하고 **사법상의 계약에 의하여 조세채무를 부담하거나 이것을 보증하게 하여 이들로부터 일반채권의 행사방법에 의하여 조세채권의 궁극적 만족을 실현하는 것은 허용될 수 없다**(대판 1976.3.23. 76다284 ; 대판 1988.6.14. 87다카2939).

2. 조세의 감면에 관한 규정은 조세의 부과·징수의 요건이나 절차와 직접 관련되는 것은 아니지만, 조세란 공공경비를 국민에게 강제적으로 배분하는 것으로서 납세의무자 상호간에는 조세의 전가관계가 있으므로 특정인이나 특정계층에 대하여 정당한 이유 없이 조세감면의 우대조치를 하는 것은 특정한 납세자군이 조세의 부담을 다른 납세자군의 부담으로 떠맡기는 것에 다름 아니므로 **조세감면의 근거** 역시 **법률로 정하여야만 하는 것이 국민주권주의나 법치주의의 원리에 부응하는 것**이다(헌재 1996.6.26. 93헌바2).

> 조세의 종목과 세율뿐만 아니라 납세의무자, 과세물건, 과세표준 등 모든 과세요건과 조세의 부과·징수절차도 법률로 정해야 한다.

> 사법상의 계약에 의하여 조세채무를 부담하거나 이것을 보증하게 하여 이들로부터 일반채권의 행사방법에 의하여 조세채권의 궁극적 만족을 실현하는 것은 허용될 수 없다.

> OX 조세를 부과·징수하기 위해서는 법률의 근거가 필요하지만 조세를 감면하기 위해서 법률의 근거가 필요한 것은 아니다. (×)

3) **과세요건명확주의(명확성의 원칙)**

명확성의 원칙이란 과세권의 발동을 위해서는 과세의 요건·절차 등을 미리 법률로써 명확히 정해야 한다는 원칙을 말한다.

판례

1. 헌법 제38조·제59조에서 채택하고 있는 조세법률주의의 원칙은 **과세요건과 징수절차 등 조세권행사의 요건과 절차**는 국민의 대표기관인 **국회가 제정한 법률로써 규정하여야 한다**는 것이나, **과세요건과 징수절차에 관한 사항을 명령·규칙 등 하위법령에 위임하여 규정하게 할 수 없는 것은 아니고**, 이러한 사항을 **하위법령에 위임하여 규정하게 하는 경우 구체적·개별적 위임만이 허용되며 포괄적·백지적 위임은 허용되지 아니하고**(과세요건법정주의), 이러한 **법률 또는 그 위임에 따른 명령·규칙의 규정은 일의적이고 명확하여야 한다**(과세요건명확주의)는 것이다(대결 1994.9.30. 94부18).

2. 조세나 부담금의 부과요건과 징수절차를 법률로 규정하였다고 하더라도 그 규정 내용이 지나치게 추상적이고 불명확하면 부과관청의 자의적인 해석과 집행을 초래할 염려가 있으므로 법률 또는 그 위임에 따른 명령·규칙의 규정은 일의적이고 명확해야 할 것이나, 법률규정은 일반성·추상성을 가지는 것이어서 법관의 법보충작용으로서의 해석을 통하여 그 의미가 구체화·명확화될 수 있으므로, **조세나 부담금에 관한 규정이 관련 법령의 입법취지와 전체적 체계 및 내용 등에 비추어 그 의미가 분명해질 수 있다면** 이러한 경우에도 **명확성을 결여하였다고 하여 위헌이라고 할 수는 없다**(대판 2007.10.26. 2007두9884).

> OX 과세요건·징수절차에 대하여는 조세법률주의의 원칙상 위임입법에 의한 규율이 허용되지 않는다. (×)

> OX 법률의 위임이 없이 명령 또는 규칙 등의 행정입법으로 과세요건 등에 관한 사항을 규정하는 것은 조세법률주의의 원칙에 반한다. (○)

> 조세나 부담금에 관한 규정이 관련 법령의 입법취지와 전체적 체계 및 내용 등에 비추어 그 의미가 분명해질 수 있다면 명확성을 결여하여 위헌이라고 할 수 없다.

4) 소급과세금지의 원칙(과세불소급의 원칙)

소급과세금지의 원칙이란 조세법규는 소급하여 적용될 수 없으며, 이미 조세를 납부할 의무가 성립한 소득·수익·재산·행위나 거래에 대해 신법을 적용할 수 없다는 원칙을 말한다.

> **국세기본법 제18조 【세법 해석의 기준 및 소급과세의 금지】** ② 국세를 납부할 의무(세법에 징수의무자가 따로 규정되어 있는 국세의 경우에는 이를 징수하여 납부할 의무)가 성립한 소득, 수익, 재산, 행위 또는 거래에 대해서는 그 성립 후의 새로운 세법에 따라 소급하여 과세하지 아니한다.
> ③ 세법의 해석이나 국세행정의 관행이 일반적으로 납세자에게 받아들여진 후에는 그 해석이나 관행에 의한 행위 또는 계산은 정당한 것으로 보며, 새로운 해석이나 관행에 의하여 소급하여 과세되지 아니한다.

판례

1. 소급과세금지의 원칙은 조세법령의 제정 또는 개정이나 과세관청의 법령에 대한 해석 또는 처리지침 등의 변경이 있은 경우 **그 효력발생 전에 종결한 과세요건사실에 대하여 당해 법령 등을 적용할 수 없다**는 것이지, **그 이전부터 계속되어 오던 사실이나 그 이후에 발생한 과세요건사실에 대하여 새로운 법령 등을 적용하는 것을 제한하는 것은 아니다**(대판 2004.3.26. 2001두10790).

2. **시(市)세의 과세 또는 면제에 관한 조례가 납세의무자에게 불리하게 개정된 경우**에 있어서 납세의무자의 기득권 내지 신뢰보호를 위하여 **특별히 경과규정을 두어 납세의무자에게 유리한 종전 조례를 적용하도록 하고 있는 경우에는 종전 조례를 적용해야 할 것이지만, 개정 조례 부칙에서 '종전의 규정을 개정 조례 시행 후에도 계속 적용한다'는 경과규정을 두지 아니한 이상,** 다른 특별한 사정이 없는 한 법률불소급의 원칙상 **개정 전후의 조례 중에서 납세의무가 성립한 당시에 시행되는 조례를 적용하여야 하고,** 이는 구 조례가 실효되고 이를 대체한 새로운 조례가 제정된 경우에도 마찬가지라 할 것이다(대판 2010.11.11. 2008두5773).

OX 판례에 의하면 과거 과세대상이 되지 않던 것에 대하여 사업연도 도중에 법규 등의 변경으로 부과처분을 하면 소급과세금지의 원칙에 위배된다. (×)

OX 판례는 기간과세세목의 1과세연도 중에 법률이 개정된 경우, 당해 과세연도 초에 소급하여 과세하는 것은 소급과세금지의 원칙에 저촉된다고 보았다. (×)

시(市)세의 과세 또는 면제에 관한 조례가 납부의무자에게 불리하게 개정된 경우 개정 조례 부칙에서 종전의 규정을 개정 조례 시행 후에도 계속 적용한다는 경과규정을 두지 아니한 이상, 다른 특별한 사정이 없는 한 개정 전후의 조례 중에서 납세의무가 성립한 당시에 시행되는 조례를 적용하여야 한다.

5) 유추해석금지의 원칙(엄격해석의 원칙)

유추해석금지의 원칙이란 조세행정기관이나 법관이 세법을 유추하거나 확장해석하여 납세자에게 불이익하게 적용할 수 없다는 원칙을 말한다.

판례

1. 조세법률주의 원칙상 과세요건이나 비과세요건 또는 조세감면요건을 막론하고 조세법규의 해석은 특별한 사정이 없는 한 법문대로 해석할 것이고, **합리적 이유 없이 확장해석하거나 유추해석하는 것은 허용되지 아니하며,** 특히 **감면요건규정 가운데 명백히 특혜규정이라고 볼 수 있는 것은 엄격하게 해석**하는 것이 조세공평의 원칙에도 부합한다(대판 2020.6.11. 2017두36953).

OX 조세법규의 해석에 있어서 유추나 확장해석에 의하여 납세의무를 확대하는 것은 허용되지 아니하지만, 조세의 감면 또는 징수유예의 경우에는 그러하지 아니하다. (×)

2. 조세법률주의의 원칙상 조세법규의 해석은 특별한 사정이 없는 한 법문대로 해석하여야 하고 합리적 이유 없이 확장해석하거나 유추해석하는 것은 허용되지 않지만, 법규 상호 간의 해석을 통하여 그 의미를 명백히 할 필요가 있는 경우에는 조세법률주의가 지향하는 법적 안정성 및 예측가능성을 해치지 않는 범위 내에서 입법 취지 및 목적 등을 고려한 합목적적 해석을 하는 것은 불가피하다. 또한 **세법의 개정이 있을 경우에는 개정 전후의 법 중에서 납세의무가 성립될 당시의 세법을 적용하여야 하나, 세법이 납세의무자에게 불리하게 개정되면서 납세의무자의 기득권 내지 신뢰보호를 위하여 특별히 경과조치를 두어 납세의무자에게 유리한 구법을 적용하도록 정하고 있는 경우**에는 **구법이 적용되어야 한다**(대판 2020.7.29. 2019두56333).

세법이 납세의무자에게 불리하게 개정되었으나 경과규정을 두어 납세의무자에게 유리한 구법을 적용하도록 정하고 있는 경우, 구법이 적용되어야 한다.

6) **합법성의 원칙**

합법성의 원칙이란 조세법은 강행규정이므로 과세요건이 충족되는 경우에 과세관청은 법에 따라 조세를 징수하여야 하며 임의로 조세를 감면하거나 징수하지 아니할 재량은 없다는 원칙을 말한다.

OX 합법성의 원칙은 과세요건이 충족되면 과세관청은 조세를 감면하거나 징수하지 않을 재량이 없으며 법률이 정한 세액을 징수하여야 된다는 원칙이다. (○)

7) **조세법률주의의 예외**

① **예외적으로 관세와 지방세의 일정한 사항은 조약과 조례로 정할 수 있다.**

② 관세의 부과·징수도 법률에 의하는 것이 원칙이나, 조약에 특별한 규정이 있는 때에는 그에 의한다(관세법 제78조 등).

③ 지방세기본법은 지방세에 대하여도 세목·세율 등에 필요한 사항을 조례로 정하도록 하고 있다.

관세과는 조약으로 정할 수 있고, 지방세의 세목·세율 등은 조례로 정하여야 한다.

> **지방세기본법 제5조 【지방세의 부과·징수에 관한 조례】** ① 지방자치단체는 지방세의 세목, 과세대상, 과세표준, 세율, 그 밖에 부과·징수에 필요한 사항을 정할 때에는 이 법 또는 지방세관계법에서 정하는 범위에서 **조례로 정하여야 한다.**

(2) 조세공평(평등)의 원칙

조세공평의 원칙이란 모든 국민은 담세력에 따라 균등하게 조세를 부담한다는 원칙을 말한다.

OX 조세부과는 일반국민에게 그 자력에 따라 균등하게 부과하는 것이 원칙이다. (○)

(3) 과잉금지의 원칙(조세비례의 원칙)

과잉금지의 원칙이란 공권력이 필요 이상으로 세금을 과도하게 부과·징수해서는 아니된다는 원칙을 말한다.

(4) 실질과세의 원칙

> **국세기본법 제14조 【실질과세】** ① 과세의 대상이 되는 소득, 수익, 재산, 행위 또는 거래의 귀속이 명의일 뿐이고 사실상 귀속되는 자가 따로 있을 때에는 사실상 귀속되는 자를 납세의무자로 하여 세법을 적용한다.
> ② 세법 중 과세표준의 계산에 관한 규정은 소득, 수익, 재산, 행위 또는 거래의 명칭이나 형식과 관계없이 그 실질 내용에 따라 적용한다.

OX 과세의 대상이 되는 소득, 수익, 재산, 행위 또는 거래의 귀속이 명의뿐이고 사실상 귀속되는 자가 따로 있는 때에는 명의자를 납세의무자로 하여 세법을 적용한다. (×)

① 실질과세의 원칙이란 과세물건에 대한 명목상의 귀속 여하에 관계없이 실질적인 과세물건의 귀속자를 납세의무자로 하여 조세를 부과하여야 한다는 원칙을 말한다.

② 실질과세의 원칙은 명목과세의 원칙에 대응하는 원칙이다.

실질과세의 원칙은 헌법상의 기본이념인 평등의 원칙을 조세법률관계에 구현하기 위한 실천적 원리이다.

실질과세의 원칙은 조세법의 기본원리인 조세법률주의와 대립관계에 있는 것이 아니라 상호보완적이고 불가분적인 관계에 있다.

세금부과처분의 취소소송에서 소득의 귀속 명의와 실질 귀속의 괴리 여부가 다투어지는 경우에도 과세요건 사실에 대한 증명책임은 원칙적으로 과세관청에 있다.

판례

1. 국세기본법 제14조 제1항·제2항이 천명하고 있는 **실질과세의 원칙**은 **헌법상의 기본이념인 평등의 원칙을 조세법률관계에 구현하기 위한 실천적 원리**로서, 조세의 부담을 회피할 목적으로 과세요건사실에 관하여 실질과 괴리되는 비합리적인 형식이나 외관을 취하는 경우에 그 형식이나 외관에 불구하고 실질에 따라 담세력이 있는 곳에 과세함으로써 부당한 조세회피행위를 규제하고 과세의 형평을 제고하여 조세정의를 실현하고자 하는 데 주된 목적이 있다. 이는 **조세법의 기본원리인 조세법률주의와 대립관계에 있는 것이 아니라 조세법규를 다양하게 변화하는 경제생활관계에 적용함에 있어 예측가능성과 법적 안정성이 훼손되지 않는 범위 내에서 합목적적이고 탄력적으로 해석함으로써 조세법률주의의 형해화를 막고 실효성을 확보한다는 점에서 조세법률주의와 상호보완적이고 불가분적인 관계에 있다**고 할 것이다(대판 전합 2012.1.19. 2008두8499).
2. 국세기본법 제14조 제1항에 따라 과세의 대상이 되는 소득의 귀속이 명의일 뿐이고 사실상 귀속되는 자가 따로 있는 때에는 소득의 실질귀속자가 납세의무를 진다. **세금부과처분의 취소소송에서 과세요건 사실에 대한 증명책임**은 **원칙적으로 과세관청에 있고**, 이는 **소득의 귀속 명의와 실질 귀속의 괴리 여부가 다투어지는 경우**에도 **마찬가지**이다(대판 2018.6.28. 2018두35025).

(5) 근거과세의 원칙

① 근거과세의 원칙이란 납세의무자가 세법에 따라 장부를 갖추어 기록하고 있는 경우에는 해당 국세 과세표준의 조사와 결정은 그 장부와 이와 관계되는 증거자료에 의하여야 한다는 원칙을 말한다(국세기본법 제16조 제1항).

② 근거과세는 인정과세(추계과세)에 대응하는 개념이다.

(6) 신의성실의 원칙

신의성실의 원칙이란 납세자의 의무이행과 세무공무원의 직무수행은 신의에 따라 성실하게 하여야 한다는 원칙을 말한다(국세기본법 제15조).

(7) 신뢰보호의 원칙

신뢰보호의 원칙이란 국민의 조세행정에 대한 신뢰가 보호받을 만한 것인 때에는 조세행정권은 그에 반하여 행위할 수 없다는 원칙을 말한다(국세기본법 제18조 제3항).

(8) 그 밖의 원칙

1) 수입확보의 원칙

OX 조세법은 국가 또는 지방자치단체에게 조세부과권·강제징수권·조세범처벌권 등의 강력한 권한을 부여하고 있는데, 이는 조세법상 수입확보의 원칙과 관련이 있다. (○)

① 조세는 국가 또는 지방자치단체의 존립과 활동에 필요한 재력을 확보하는 데 목적이 있으므로 조세수입을 확실하게 실현하여야 한다.

② 이를 위하여 조세법은 국가 또는 지방자치단체에게 조세부과권·강제징수권·조세범처벌권 등의 권한을 부여하고 있다.

2) **능률의 원칙**

① 조세수입의 확보는 최소의 경비로 능률적으로 행하여져야 한다.

② 예컨대, 신고납부방식·원천징수 등은 능률적 조세수입을 확보하기 위한 것이다.

3) **영구세주의**

① 법률의 개폐가 없는 한 당해 법률에 의하여 계속 과세할 수 있다.

② 영구세주의는 1년세주의에 대응하는 것이다.

OX 공평부담의 원칙과 영구세주의는 조세법의 기본원칙이나, 시장경제의 원칙과 직접세주의는 그 기본원칙이 아니다. (○)

Ⅱ 조세의 부과·징수·소멸

1 조세의 부과

(1) 과세권자와 납세의무자

1) **과세권자**

① 과세권, 즉 조세부과권은 국가(국세)나 지방자치단체(지방세)에게 있다.

② 국세의 과세권자는 세무서장·세관장이 되는 것이 원칙이다(국세징수법 제9조, 관세법 제4조 참조).

③ 지방세의 과세권자는 지방자치단체의 장(서울특별시장·광역시장·도지사·시장·군수·구청장 등)과 그로부터 과세권을 위임받은 공무원이다(지방세기본법 제4조, 제6조).

OX 조세부과권은 국가, 지방자치단체에게 있다. (○)

OX 지방세의 과세권자는 지방자치단체의 장이다. (○)

2) **납세의무자**

① 납세의무자란 국가 또는 지방자치단체에 대하여 세법에 따라 국세·지방세를 납부할 의무가 있는 자를 말한다(국세기본법 제2조 제9호, 지방세기본법 제2조 제11호).

납세의무자에는 외국인을 포함한 자연인, 법인을 막론하고 일반통치권인 과세권의 지배를 받는 자가 모두 포함된다.

판례

조세채권은 국세징수법에 의하여 우선권 및 자력집행권 등이 인정되는 권리로서 사적자치가 인정되는 사법상의 채권과 그 성질을 달리할 뿐 아니라, 부당한 조세징수로부터 국민을 보호하고 조세부담의 공평을 기하기 위하여 그 성립과 행사는 법률에 의해서만 가능하고 법률의 규정과 달리 당사자가 그 내용 등을 임의로 정할 수 없으며, 조세채무관계는 공법상의 법률관계로서 그에 관한 쟁송은 원칙적으로 행정소송법의 적용을 받고, 조세는 공익성과 공공성 등의 특성을 갖는다는 점에서도 사법상의 채권과 구별된다. 따라서 **조세에 관한 법률이 아닌 사법상 계약에 의하여 납세의무 없는 자에게 조세채무를 부담하게 하거나 이를 보증하게 하여** 이들로부터 조세채권의 종국적 만족을 실현하는 것은 앞서 본 조세의 본질적 성격에 반할 뿐 아니라 과세관청이 과세징수상의 편의만을 위해 법률의 규정 없이 조세채권의 성립 및 행사 범위를 임의로 확대하는 것으로서 **허용될 수 없다**(대판 2017.8.29. 2016다224961).

사법상 계약에 의하여 납세의무 없는 자에게 조세채무를 부담하게 하는 것은 허용되지 않는다.

② 납세의무자에는 자연인(외국인 포함)·법인을 막론하고 일반통치권인 과세권의 지배를 받는 자는 모두 포함된다.

③ 그러나 대한민국의 영토 안에 있더라도 과세권의 지배를 받지 않는 자(예 치외법권을 가진 자)에 대하여는 조세를 부과할 수 없다.

3) **제2차 납세의무자**

① 제2차 납세의무자란 **납세자가 납세의무를 이행할 수 없는 경우에 납세자를 갈음하여 납세의무를 지는 자**를 말한다(국세기본법 제2조 제11호, 지방세기본법 제2조 제1항 제13호).

② 제2차 납세의무자에는 **청산인·출자자·법인·사업양수인** 등이 있다(국세기본법 제38조~제41조, 지방세기본법 제46조~제49조).

제2차 납세의무는 주된 납세의무에 대하여 부종성, 보충성을 갖는다.

③ 제2차 납세의무는 **주된 납세의무와는 별개의 의무로서 주된 납세의무에 대하여 부종적이고 보충적인 성질을 갖는 의무이다**(대판 1969.12.23. 67누146).

판례

제2차 납세의무는 주된 납세의무의 범위를 넘어서 성립할 수 없다.

1. 제2차 납세의무는 주된 납세의무의 존재를 전제로 하는 것이므로 거기에 주종의 관계가 있고 **주된 납세의무의 범위를 넘어서 성립할 수 없으며** 또 주된 납세의무에 대하여 생긴 사유는 원칙으로 제2차 납세의무에도 영향이 미치게 되는 이른바 부종성을 가진다(대판 1979.11.13. 79누270 ; 대판 2009.1.15. 2006두14926).

주된 납세의무가 체납된 이상 그 징수부족액의 발생은 반드시 주된 납세의무자에 대하여 현실로 체납처분을 집행하여 부족액이 구체적으로 생기는 것을 요하지 아니하고, 다만 체납처분을 하면 객관적으로 징수부족액이 생길 것으로 인정되면 족하다.

2. 제2차 납세의무가 성립하기 위하여는 주된 납세의무에 징수부족액이 있을 것을 요건으로 하지만 일단 **주된 납세의무가 체납된 이상 그 징수부족액의 발생은 반드시 주된 납세의무자에 대하여 현실로 체납처분을 집행하여 부족액이 구체적으로 생기는 것을 요하지 아니하고**, 다만 체납처분을 하면 객관적으로 징수부족액이 생길 것으로 인정되면 족하다(대판 1996.2.23. 95누14756 ; 대판 2004.5.14. 2003두10718).

3. **국세기본법 제40조에 규정된 법인의 제2차 납세의무제도의 취지 및 그 적용 요건은 엄격하게 해석하여야 하는지 여부(적극)**
국세기본법 제40조에 규정된 법인의 제2차 납세의무제도는 원래의 납세의무자인 출자자의 재산에 대해 체납처분을 하여도 징수하여야 할 조세에 부족이 있다고 인정되는 경우에 사법질서를 어지럽히는 것을 최소화하면서도 실질적으로 출자자와 동일한 이해관계에 의해 지배되는 법인으로 하여금 보충적으로 납세의무를 지게 함으로써 조세징수를 확보하고 실질적 조세평등을 이루기 위한 것이다. 그러나 이러한 법인의 제2차 납세의무는 출자자와 법인이 독립된 권리의무의 주체임에도 예외적으로 본래의 납세의무자가 아닌 제3자인 법인에 출자자의 체납액에 대하여 보충적인 성질의 납세의무를 부과하는 것이고, 또한 조세법규의 해석은 엄격하게 하여야 하므로 그 적용 요건을 엄격하게 해석하여야 한다(대판 2020.9.24. 2016두38112).

제2차 납세의무자 지정처분: 행정처분(×)

④ 제2차 납세의무자의 지정처분은 항고소송의 대상이 되는 행정처분이라 할 수 없다(대판 1995.9.15. 95누6632).

(2) **과세요건**

1) **과세물건**

① 과세물건이란 법령상 조세가 부과되는 대상을 말한다.

② 과세물건에는 ㉠ 소득(예 소득세), ㉡ 재산(예 재산세·농지세), ㉢ 경제상 거래행위(예 등록세·인지세), ㉣ 소비행위(예 주세) 등이 있다.

2) **과세표준**

① 과세표준이란 세법에 따라 직접적으로 세액산출의 기초가 되는 과세대상의 수량·면적 또는 가액을 말한다(국세기본법 제2조 제14호, 지방세기본법 제2조 제5호).

② 과세표준의 결정방법에는 수량에 의한 경우(예 주세의 경우에서 주량)와 금액에 의한 경우(예 소득세의 경우에서 소득액)가 있다.

판례

[1] 신고납세가 아닌 **부과과세의 방법에 의하여 과세되는 소득세에 있어서 소득 내지 과세표준신고라는 것은 세무관청이 소득세부과처분을 하는 데 있어서 하나의 참고자료로 될 뿐 세액을 확정한다든가 신고한 납세의무자를 기속한다든가 하는 등의 효력이 생기는 것은 아니다.**

[2] 과세관청이 사실관계를 오인하여 과세처분을 한 경우에 일반적으로 잘못된 과세자료에 의한 사실관계의 오인은 객관적으로 명백하지 아니한 경우가 허다하므로 당연무효라고 보기 어려운 경우가 많을 것이나, **사실관계오인의 근거가 된 과세자료가 외형상 상태성을 결여하거나 또는 객관적으로 그 성립이나 내용의 진정을 인정할 수 없는 것임이 명백한 경우에는 이러한 과세자료만을 근거로 과세소득을 인정하여 행한 과세처분은 그 하자가 중대할 뿐 아니라 객관적으로도 명백하여 무효라고 보아야 한다**(대판 1988.3.8. 88누49 ; 대판 1987.3.10. 86누566).

부과과세의 방법에 의하여 과세되는 소득세에 있어서 소득 내지 과세표준신고는 세액을 확정한다든가 신고한 납세의무자를 기속한다는 등의 효력이 생기는 것은 아니다.

사실관계오인의 근거가 된 과세자료가 외형상 상태성을 결여하거나 또는 객관적으로 그 성립이나 내용의 진정을 인정할 수 없는 것임이 명백한 경우, 이러한 과세자료만을 근거로 과세소득을 인정하여 행한 과세처분은 무효이다.

3) **세율**

① 세율이란 세액의 산정을 위하여 과세표준에 곱하는 비율을 말한다.

② 종량세나 법정세(예 인지세)의 경우에는 일정한 금액으로 표현되고, 종가세의 경우에는 백분비 또는 천분비로 표현된다.

③ 세율을 정하는 방법에는 과세표준인 수량이나 금액의 다과에 관계없이 언제나 동일한 세율이 적용되는 **비례세율**(예 주세, 부가가치세 등)과 과세표준인 수량이나 금액의 증가에 따라 누진적으로 높은 세율이 적용되는 **누진세율**이 있다.

(3) 납세의무의 성립시기와 확정

1) 납세의무의 성립시기

국세기본법 제21조【납세의무의 성립시기】 ① 국세를 납부할 의무는 이 법 및 세법에서 정하는 과세요건이 충족되면 성립한다.

② 제1항에 따른 국세를 납부할 의무의 성립시기는 다음 각 호의 구분에 따른다.

1. 소득세·법인세: 과세기간이 끝나는 때. 다만, 청산소득에 대한 법인세는 그 법인이 해산을 하는 때를 말한다.
2. 상속세: 상속이 개시되는 때
3. 증여세: 증여에 의하여 재산을 취득하는 때

납세의무(조세채무)는 법률이 정한 과세요건이 충족되면 과세관청의 특별한 행위를 기다리지 아니하고 당연히 성립한다. 예컨대 국세기본법 제21조, 지방세기본법 제34조 등에서 납세의무의 성립시기를 규정하고 있다.

납세의무는 법정요건이 충족되면 당연성립

판례

국세기본법 제21조 제2항 제1호에 의하여 원천징수하는 소득세에 대한 징수의무자의 납부의무는 원칙적으로 소득금액을 지급하는 때에 성립하면서 그 세액이 확정되고, 이에 대응하는 수급자의 수인의무의 성립시기도 이와 같으므로(대판 2019.5.16. 2015다35270), **지급자가 소득금액의 지급시기 전에 미리 원천세액을 징수·공제할 수는 없다.** 그러나 소득의 지급이 의제되는 등으로 원천징수의무자의 납부의무가 성립한 후 소득금액 지급 전에 원천징수해야 할 소득세 등을 지급자가 실제 납부하였다면, 그와 같이 실제로 납부한 정당한 세액은 지급할 소득금액에서 미리 공제할 수 있다(대판 2014.10.27. 2013다36347).

원천징수 대상 소득의 지급자가 소득금액의 지급시기 전에 원천세액을 징수·공제할 수 없는 것이 원칙이다.

2) 납세의무의 확정

국세기본법 제22조 【납세의무의 확정】 ① 국세는 이 법 및 세법에서 정하는 절차에 따라 그 세액이 확정된다.

② 다음 각 호의 국세는 납세의무자가 과세표준과 세액을 정부에 신고했을 때에 확정된다. 다만, 납세의무자가 과세표준과 세액의 신고를 하지 아니하거나 신고한 과세표준과 세액이 세법이 정하는 바에 맞지 아니한 경우에는 정부가 과세표준과 세액을 결정하거나 경정하는 때에 그 결정 또는 경정에 따라 확정된다.

1. 소득세
2. 법인세
3. 부가가치세

OX 원천징수하는 소득세 또는 법인세, 인지세는 납세의무가 성립하는 때에 특별한 절차 없이 그 세액이 확정된다. (○)

납세의무의 확정은 이미 발생되어 있는 조세채권을 확정하는 것이므로 그 법적 성질은 확인행위이다.

납세의무의 확정: 확인행위

판례

1. **부과납세방식의 국세**에 있어서는 **과세관청이 조사 확인한 과세표준과 세액을 부과결정한 때에 납세의무가 구체적으로 확정되는 것**이나, 그 확정의 효력은 납세의무자에게 그 결정이 고지된 때에 발생한다(대판 1984.2.28. 83누674).
2. 취득세와 같은 **신고납부방식의 조세**의 경우에는 **원칙적으로 납세의무자가 스스로 과세표준과 세액을 정하여 신고하는 행위에 의하여 납세의무가 구체적으로 확정되고,** 납부행위는 신고에 의하여 확정된 구체적 납세의무의 이행으로 하는 것이며, 지방자치단체는 그와 같이 확정된 조세채권에 기하여 납부된 세액을 보유한다. 따라서 납세의무자의 신고행위가 중대하고 명백한 하자로 인하여 당연무효로 되지 아니하는 한 그것이 바로 부당이득에 해당한다고 할 수 없다(대판 2014.4.10. 2011다15476 ; 대판 2009.4.23. 2006다81257).
3. **신고납부방식의 조세**는 원칙적으로 납세의무자가 스스로 과세표준과 세액을 정하여 신고하는 행위에 의하여 납세의무가 구체적으로 확정된다. 따라서 **납세의무를 이행하지 아니한다고 하여 과세관청이 신고된 세액에 납부불성실가산세를 더하여 납세고지를 하였더라도,** 이는 **신고에 의하여 확정된 조세채무의 이행을 명하는 징수처분과 가산세의 부과처분 및 징수처분이 혼합된 처분일 뿐**이다(대판 2014.4.24. 2013두27128).

부과납세방식의 국세는 과세관청이 과세표준과 세액을 부과결정한 때에 납세의무가 구체적으로 확정되나, 확정의 효력은 그 결정이 고지된 때에 발생한다.

신고납부방식의 조세는 원칙적으로 납세의무자가 스스로 과세표준과 세액을 정하여 신고하는 행위에 의하여 납세의무가 구체적으로 확정된다.

신고납세방식의 조세에서 납세의무를 이행하지 아니하여 과세관청이 신고된 세액에 납부불성실가산세를 더하여 납세고지를 한 경우, 이는 조세채무의 이행을 명하는 징수처분과 가산세부과처분 및 징수처분이 혼합된 처분일 뿐이다.

4. 양도소득세는 기간과세의 원칙이 적용되어 당해 과세기간이 끝나야 납세의무가 성립하고, 당해 과세기간 중에 발생한 양도소득을 모두 합산하여 과세표준과 세액을 산출하여 총괄적으로 신고함으로써 구체적 납세의무가 확정된다(대판 2020.6.11. 2017두40235).

5. 원천징수의무자인 법인에 대한 소득금액변동통지는 원천징수의무자인 법인의 납세의무에 직접 영향을 미치는 조세행정처분으로서, **원천징수의무자인 법인은 소득금액변동통지서를 받은 날에 그 통지서에 기재된 소득의 귀속자에게 당해 소득금액을 지급한 것으로 의제되어 그때 원천징수하는 소득세 또는 법인세의 납세의무가 성립함과 동시에 확정**된다(대판 2013.9.26. 2011두12917).

6. 제2차 납세의무는 **주된 납세의무자의 체납 등 그 요건에 해당하는 사실의 발생에 의하여 추상적으로 성립하고 납부통지에 의하여 고지됨으로써 구체적으로 확정되는 것**이고, **제2차 납세의무자 지정처분만으로는 아직 납세의무가 확정되는 것이 아니**므로 그 지정처분은 항고소송의 대상이 되는 행정처분이라고 할 수 없다(대판 1995.9.15. 95누6632).

양도소득세는 해당 과세기간이 끝나야 납세의무가 성립하고, 그 과세기간 중에 발생한 양도소득을 모두 합산하여 과세표준과 세액을 산출하여 총괄적으로 신고함으로써 구체적 납세의무가 확정된다.

원천징수의무자인 법인은 소득금액변동통지서를 받은 날에 그 통지서에 기재된 소득의 귀속자에게 당해 소득금액을 지급한 것으로 의제되어 그때 원천징수하는 소득세 또는 법인세의 납세의무가 성립함과 동시에 확정된다.

제2차 납세의무는 주된 납세의무자의 체납 등 그 요건에 해당하는 사실의 발생에 의하여 추상적으로 성립하고 납부통지에 의하여 고지됨으로써 구체적으로 확정되는 것이다.

(4) 조세부과처분의 형식

국세징수법 제9조【납세의 고지 등】 ① 세무서장은 국세를 징수하려면 납세자에게 그 국세의 과세기간, 세목, 세액 및 그 산출 근거, 납부기한과 납부장소를 적은 납세고지서를 발급하여야 한다.

지방세징수법 제12조【납세의 고지 등】 ① 지방자치단체의 장은 지방세를 징수하려면 납세자에게 그 지방세의 과세연도·세목·세액 및 그 산출근거·납부기한과 납부장소를 구체적으로 밝힌 문서(전자문서를 포함한다)로 고지하여야 한다.

① 조세부과처분은 특별한 규정에 의하여 구술로 할 수 있는 경우(예 관세법 제43조의 현장수납)를 제외하고는 서면(납세고지서)으로 하는 것이 원칙이다.

② 조세부과처분은 재정상의 명령적 행위로서 재정하명에 해당한다.

③ **세액의 산출근거 등 기재사항을 누락한 납세고지서에 의한 납세고지는 위법하다**(대판 1984.5.9. 84누116 ; 대판 2010.11.11. 2008두5773).

조세부과처분
① 서면 원칙
② 재정하명

OX 결정세액이 적법한 이상 납세고지서에 산출근거를 불기재하였다는 이유로 한 부과처분이 위법한 것은 아니다. (×)

(5) 조세채무의 이행

① 조세는 원칙적으로 현금(금전)으로 납부하여야 하나, 납세자의 편의를 위해 물납이 인정(예 상속세 및 증여세법 제73조)되기도 한다. 즉, 물납제도는 조세의 현금납부원칙에 대한 예외로서 인정되는 것이다(대판 2013.4.11. 2010두19942).

② 신고납세방식의 조세에 있어서 과세관청이 납세의무자의 신고에 따라 세액을 수령하는 것은 사실행위에 불과할 뿐 이를 부과처분으로 볼 수는 없다(대판 1997.7.22. 96누8321).

조세채무의 이행: 금전(원칙) + 물납

신고납세방식의 조세에 있어서 과세관청의 신고에 따른 세액 수령: 사실행위(○), 부과처분(×)

2 납세의무의 승계

(1) 법인의 합병으로 인한 납세의무의 승계

국세기본법 제23조 【법인의 합병으로 인한 납세의무의 승계】 법인이 합병한 경우 합병 후 존속하는 법인 또는 합병으로 설립된 법인은 합병으로 소멸된 법인에 부과되거나 그 법인이 납부할 국세 및 체납처분비를 납부할 의무를 진다.

(2) 상속으로 인한 납세의무의 승계

국세기본법 제24조 【상속으로 인한 납세의무의 승계】 ① **상속이 개시된 때에 그 상속인 또는 「민법」 제1053조에 규정된 상속재산관리인은 피상속인에게 부과되거나 그 피상속인이 납부할 국세 및 체납처분비를 상속으로 받은 재산의 한도에서 납부할 의무를 진다.**
⑥ 피상속인에게 한 처분 또는 절차는 제1항에 따라 상속으로 인한 납세의무를 승계하는 상속인이나 상속재산관리인에 대해서도 효력이 있다.

판례

원래 상속을 포기한 자는 상속포기의 소급효에 의하여 상속개시 당시부터 상속인이 아니었던 것과 같은 지위에 놓이게 되는 점(민법 제1042조), 상속세 및 증여세법 제3조 제1항은 상속세에 관하여는 상속포기자도 상속인에 포함되도록 규정하고 있으나 이는 사전증여를 받은 자가 상속을 포기함으로써 상속세 납세의무를 면하는 것을 방지하기 위한 것으로서, 국세기본법 제24조 제1항에 의한 납세의무 승계자와 상속세 및 증여세법 제3조 제1항에 의한 상속세 납세의무자의 범위가 서로 일치하여야 할 이유는 없는 점, 조세법률주의의 원칙상 과세요건은 법률로써 명확하게 규정하여야 하고 조세법규의 해석에 있어서도 특별한 사정이 없는 한 법문대로 해석하여야 하며 합리적 이유 없이 확장해석하거나 유추해석하는 것은 허용되지 않는 점 등을 종합하여 보면, **적법하게 상속을 포기한 자**는 국세기본법 제24조 제1항이 **피상속인의 국세 등 납세의무를 승계하는 자로 규정하고 있는 '상속인'에는 포함되지 않는다**고 보아야 한다(대판 2013.5.23. 2013두1041).

적법하게 상속을 포기한 자는 국세기본법 제24조 제1항이 피상속인의 국세 등 납세의무를 승계하는 자로 규정하고 있는 '상속인'에 포함되지 않는다.

3 납부의무의 소멸

(1) 소멸사유

국세기본법 제26조 【납부의무의 소멸】 국세 및 체납처분비를 납부할 의무는 다음 각 호의 어느 하나에 해당하는 때에 소멸한다.
1. 납부·충당되거나 부과가 취소된 때
2. 제26조의2에 따라 국세를 부과할 수 있는 기간에 국세가 부과되지 아니하고 그 기간이 끝난 때
3. 제27조에 따라 국세징수권의 소멸시효가 완성된 때

(2) 제척기간

① 국세를 부과할 수 있는 제척기간은 원칙적으로 국세를 부과할 수 있는 날부터 5년으로 한다(국세기본법 제26조의2).

② 국세부과의 **제척기간이 지난 다음에 이루어진 부과처분은 당연무효**이다(대판 2020.6.11. 2017두40235 ; 대판 2018.12.13. 2018두128).

③ 국세부과의 제척기간은 납세의무자와 과세관청의 법률관계에 중대한 영향을 미치므로 기산일은 일률적으로 정하여야 할 필요성이 크다(대판 2020.6.11. 2017두40235).

(3) 소멸시효

> **국세기본법 제27조【국세징수권의 소멸시효】** ① 국세의 징수를 목적으로 하는 국가의 권리는 이를 행사할 수 있는 때부터 다음 각 호의 구분에 따른 기간 동안 행사하지 아니하면 소멸시효가 완성된다.
> 1. 5억 원 이상의 국세: 10년
> 2. 제1호 외의 국세: 5년
>
> ② 제1항의 소멸시효에 관하여는 이 법 또는 세법에 특별한 규정이 있는 것을 제외하고는 「민법」에 따른다.
>
> **제28조【소멸시효의 중단과 정지】** ① 제27조에 따른 소멸시효는 다음 각 호의 사유로 중단된다.
> 1. 납세고지
> 2. 독촉 또는 납부최고
> 3. 교부청구
> 4. 압류

① 민법 제168조 제1호가 소멸시효의 중단사유로 규정하고 있는 '청구'도 그것이 허용될 수 있는 경우라면 국세기본법 제27조 제2항에 따라 국세징수권의 소멸시효 중단사유가 될 수 있다(대판 2020.3.2. 2017두41771).

② 국가 등 과세주체가 당해 **확정된 조세채권의 소멸시효 중단을 위하여 납세의무자를 상대로 제기한 조세채권존재확인의 소는 공법상 당사자소송**에 해당한다(대판 2020.3.2. 2017두41771).

과세주체가 확정된 조세채권의 시효중단을 위해 제기한 조세채권존재확인소송: 공법상 당사자소송

판례

1. 조세에 관한 소멸시효가 완성되면 국가의 조세부과권과 납세의무자의 납세의무는 당연히 소멸한다 할 것이므로 **소멸시효 완성 후에 부과된 부과처분은 납세의무 없는 자에 대하여 부과처분을 한 것으로서 그와 같은 하자는 중대하고 명백하여 그 처분의 효력은 당연무효이다**(대판 1985.5.14. 83누655 ; 대판 1988.3.22. 87누1018).

2. 국세기본법 제28조 제3항에 열거된 국세징수권의 소멸시효 정지사유 가운데 '과세전적부심사청구에 따른 심리기간'이 규정되어 있지 아니하고, 민법에도 그와 같은 취지의 규정이 없는 점 등에 비추어 보면, **납세의무자가 과세전적부심사를 청구함에 따라 적부심의 심리가 진행 중이라고 하여 국세징수권의 소멸시효가 진행되지 아니한다고 볼 수 없다**(대판 2016.12.1. 2014두8650).

조세에 관한 소멸시효의 완성 후에 부과된 부과처분은 납세의무 없는 자에 대하여 부과처분을 한 것으로서 당연무효이다.

납세의무자가 과세전적부심사를 청구함에 따라 적부심의 심리가 진행 중인 경우에도 국세징수권의 소멸시효는 진행된다.

Ⅲ 조세행정상의 권리구제

1 과세전적부심사

OX 국세기본법은 일종의 사전구제제도로서 과세전적부심사제도를 규정하고 있다. (○)

OX 세무조사 결과에 대한 서면통지 또는 일정한 과세예고통지를 받은 자는 통지를 받은 날부터 30일 이내에 통지를 한 세무서장이나 지방국세청장에게 통지 내용의 적법성에 관한 심사를 청구할 수 있다. (○)

국세기본법 제81조의15【과세전적부심사】 ① 세무서장 또는 지방국세청장은 다음 각 호의 어느 하나에 해당하는 경우에는 미리 납세자에게 그 내용을 서면으로 통지(이하 '과세예고통지'라 한다)하여야 한다.

1. 세무서 또는 지방국세청에 대한 지방국세청장 또는 국세청장의 업무감사 결과(현지에서 시정조치하는 경우를 포함한다)에 따라 세무서장 또는 지방국세청장이 과세하는 경우
2. 세무조사에서 확인된 것으로 조사대상자 외의 자에 대한 과세자료 및 현지 확인조사에 따라 세무서장 또는 지방국세청장이 과세하는 경우
3. 납세고지하려는 세액이 100만원 이상인 경우. 다만, 「감사원법」 제33조에 따른 시정요구에 따라 세무서장 또는 지방국세청장이 과세처분하는 경우로서 시정요구 전에 과세처분 대상자가 감사원의 지적사항에 대한 소명안내를 받은 경우는 제외한다.

② 다음 각 호의 어느 하나에 해당하는 통지를 받은 자는 **통지를 받은 날부터 30일 이내**에 통지를 한 세무서장이나 지방국세청장에게 **통지 내용의 적법성에 관한 심사**(이하 '과세전적부심사'라 한다)를 청구할 수 있다. 다만, 법령과 관련하여 국세청장의 유권해석을 변경하여야 하거나 새로운 해석이 필요한 경우 등 대통령령으로 정하는 사항에 대해서는 국세청장에게 청구할 수 있다.

1. 제81조의12에 따른 **세무조사 결과에 대한 서면통지**
2. 그 밖에 대통령령으로 정하는 **과세예고통지**

③ 다음 각 호의 어느 하나에 해당하는 경우에는 제2항을 적용하지 아니한다.

1. 「국세징수법」 제14조에 규정된 납기 전 징수의 사유가 있거나 세법에서 규정하는 수시부과의 사유가 있는 경우
2. 「조세범처벌법」 위반으로 고발 또는 통고처분하는 경우
3. 세무조사 결과 통지 및 과세예고 통지를 하는 날부터 국세부과 제척기간의 만료일까지의 기간이 3개월 이하인 경우
4. 그 밖에 대통령령으로 정하는 경우

④ 과세전적부심사청구를 받은 세무서장, 지방국세청장 또는 국세청장은 각각 **국세심사위원회의 심사를 거쳐 결정을 하고 그 결과를 청구를 받은 날부터 30일 이내에 청구인에게 통지하여야** 한다.

⑤ 과세전적부심사청구에 대한 결정은 다음 각 호의 구분에 따른다.

1. 청구가 이유 없다고 인정되는 경우: 채택하지 아니한다는 결정
2. 청구가 이유 있다고 인정되는 경우: 채택하거나 일부 채택하는 결정. 다만, 구체적인 채택의 범위를 정하기 위하여 사실관계 확인 등 추가적으로 조사가 필요한 경우에는 제2항 각 호의 통지를 한 세무서장이나 지방국세청장으로 하여금 이를 재조사하여 그 결과에 따라 당초 통지 내용을 수정하여 통지하도록 하는 재조사 결정을 할 수 있다.
3. 청구기간이 지났거나 보정기간에 보정하지 아니한 경우: 심사하지 아니한다는 결정

⑧ 제2항 각 호의 어느 하나에 해당하는 통지를 받은 자는 과세전적부심사를 청구하지 아니하고 통지를 한 세무서장이나 지방국세청장에게 통지받은 내용의 전부 또는 일부에 대하여 과세표준 및 세액을 조기에 결정하거나 경정결정해 줄 것을 신청할 수 있다. 이

경우 해당 세무서장이나 지방국세청장은 신청받은 내용대로 즉시 결정이나 경정결정을 하여야 한다.

판례

1. 국세기본법 및 구 국세기본법 시행령이 과세예고 통지의 대상으로 삼고 있지 않다거나 과세전적부심사를 거치지 않고 곧바로 과세처분을 할 수 있거나 과세전적부심사에 대한 결정이 있기 전이라도 과세처분을 할 수 있는 예외사유로 정하고 있다는 등의 특별한 사정이 없는 한, **과세관청이 과세처분에 앞서 필수적으로 행하여야 할 과세예고 통지를 하지 아니함으로써 납세자에게 과세전적부심사의 기회를 부여하지 아니한 채 과세처분을 하였다면,** 이는 납세자의 절차적 권리를 침해한 것으로서 과세처분의 효력을 부정하는 방법으로 통제할 수밖에 없는 **중대한 절차적 하자가 존재하는 경우에 해당하므로 과세처분은 위법하고**(대판 2016.4.15. 2015두52326), **과세예고 통지 후 과세전적부심사청구나 그에 대한 결정이 있기도 전에 과세처분을 하는 것**은 원칙적으로 과세전적부심사 이후에 이루어져야 하는 과세처분을 그보다 앞서 함으로써 과세전적부심사제도 자체를 형해화시킬 뿐만 아니라 과세전적부심사결정과 과세처분 사이의 관계 및 불복절차를 불분명하게 할 우려가 있으므로, 그와 같은 과세처분은 납세자의 절차적 권리를 침해하는 것으로서 **절차상 하자가 중대하고도 명백하여 무효**이다(대판 2016.12.27. 2016두49228).

> 과세관청이 과세예고 통지를 하지 아니함으로써 납세자에게 과세전적부심사의 기회를 부여하지 아니한 채 과세처분을 한 경우, 그 과세처분은 위법하다.

> 과세관청이 과세예고 통지 후 과세전적부심사청구나 그에 대한 결정이 있기 전에 과세처분을 한 경우, 특별한 사정이 없는 한 절차상 하자가 중대·명백하여 무효이다.

2. 국세기본법 제81조의15 제3항 각 호는 긴급한 과세처분의 필요가 있다거나 형사절차상 과세관청이 반드시 과세처분을 할 수밖에 없는 등의 일정한 사유가 있는 경우에는 과세전적부심사를 거치지 않아도 된다고 규정하고 있는데, **과세관청이 감사원의 감사 결과 처분지시 또는 시정요구에 따라 과세처분을 하는 경우라도** 국가기관 간의 사정만으로는 납세자가 가지는 절차적 권리의 침해를 용인할 수 있는 사유로 볼 수 없고, 처분지시나 시정요구가 납세자가 가지는 절차적 권리를 무시하면서까지 긴급히 과세처분을 하라는 취지도 아니므로, 위와 같은 사유는 **과세관청이 과세예고 통지를 생략하거나 납세자에게 과세전적부심사의 기회를 부여하지 아니한 채 과세처분을 할 수 있는 예외사유에 해당한다고 할 수 없다**(대판 2016.4.15. 2015두52326).

> 과세관청이 감사원의 감사결과 처분지시 또는 시정요구에 따라 과세처분을 하는 경우라도, 과세예고 통지를 생략하거나 납세자에게 과세전적부심사의 기회를 부여하지 아니한 채 과세처분을 할 수 있는 예외사유에 해당하지 않는다.

3. 과세전적부심사제도는 과세처분 이후의 사후적 구제제도와는 별도로 과세처분 이전의 단계에서 납세자의 주장을 반영함으로써 권리구제의 실효성을 높이기 위하여 마련된 사전적 구제제도이기는 하지만, 조세부과의 제척기간이 임박한 경우에는 이를 생략할 수 있는 등 과세처분의 필수적 전제가 되는 것은 아닐 뿐만 아니라 납세자에게 신용실추, 자력상실 등의 사정이 발생하여 납기 전 징수의 사유가 있는 경우에도 조세징수권의 조기 확보를 위하여 그 대상이나 심사의 범위를 제한할 필요가 있다. 이에 따라 국세기본법 제81조의15 제2항·제3항, 국세기본법 시행령 제63조의14 제4항 등은 과세전적부심사를 청구할 수 없는 사유 또는 과세전적부심사청구에 대한 결정이 있을 때까지 과세처분을 유보하지 않아도 되는 사유의 하나로 '납기 전 징수의 사유가 있는 경우'를 규정하고 있는데, **과세전적부심사청구 당시에는 '납기 전 징수의 사유'가 발생하지 아니하여 과세전적부심사청구가 허용된 경우라도 그 후 '납기 전 징수의 사유'가 발생하였다면** 세무서장 등은 **과세전적부심사에 대한 결정이 있기 전이라도 과세처분을 할 수 있다**고 할 것이고, 세무서장 등이 국세기본법 제81조의15 제3항에서 규정한 **과세전적부심사청구에 대한 결정 및 통지의 기한**(과세전적부심사청

> 과세전적부심사청구 시에는 '납기 전 징수의 사유'가 발생하지 않아 과세전적부심사청구가 허용되었으나 그 후 납기 전 징수의 사유가 발생한 경우, 과세전적부심사 결정이 있기 전이라도 과세처분을 할 수 있고, 과세전적부심사청구에 대한 결정 및 통지의 기한을 넘겨 결정이나 통지를 하지 않던 중 납기 전 징수의 사유가 발생한 경우에도 마찬가지이다.

구를 받은 날부터 30일)을 넘겨 그 결정이나 통지를 하지 않던 중 '납기 전 징수의 사유'가 발생한 경우라고 하여 달리 볼 것은 아니다(대판 2012.10.11. 2010두19713).

2 행정쟁송

(1) 행정심판

1) 행정심판법의 적용배제

국세기본법 제56조 【다른 법률과의 관계】 ① 제55조에 규정된 처분에 대해서는 「행정심판법」의 규정을 적용하지 아니한다. 다만, 심사청구 또는 심판청구에 관하여는 「행정심판법」 제15조, 제16조, 제20조부터 제22조까지, 제29조, 제36조 제1항, 제39조, 제40조, 제42조 및 제51조를 준용하며, 이 경우 '위원회'는 '국세심사위원회', '조세심판관회의' 또는 '조세심판관합동회의'로 본다.

① 조세의 부과·처분에 관한 행정심판에 대해서는 행정심판법의 적용이 배제되고(국세기본법 제56조 제1항), 국세기본법·관세법·지방세법이 적용된다.

② 다만, **행정심판법 중 일부 조항만이 적용된다**(국세기본법 제56조 제1항 단서).

2) 이의신청

국세기본법 제66조 【이의신청】 ① 이의신청은 대통령령으로 정하는 바에 따라 불복의 사유를 갖추어 **해당 처분을 하였거나 하였어야 할 세무서장**에게 하거나 **세무서장을 거쳐 관할 지방국세청장**에게 하여야 한다. 다만, 다음 각 호의 경우에는 관할 지방국세청장(제2호의 경우 과세처분한 세무서장의 관할 지방국세청장)에게 하여야 하며, 세무서장에게 한 이의신청은 관할 지방국세청장에게 한 것으로 본다.

1. **지방국세청장의 조사에 따라 과세처분을 한 경우**
2. 세무서장에게 제81조의15에 따른 과세전적부심사를 청구한 경우

② 세무서장은 이의신청의 대상이 된 처분이 지방국세청장이 조사·결정 또는 처리하였거나 하였어야 할 것인 경우에는 **이의신청을 받은 날부터 7일 이내에 해당 신청서에 의견서를 첨부하여 해당 지방국세청장에게 송부하고 그 사실을 이의신청인에게 통지하여야 한다.**

③ 제1항에 따라 지방국세청장에게 하는 이의신청을 받은 세무서장은 **이의신청을 받은 날부터 7일 이내에 해당 신청서에 의견서를 첨부하여 지방국세청장에게 송부하여야 한다.**

④ 제1항 및 제2항에 따라 **이의신청을 받은 세무서장과 지방국세청장은 각각 국세심사위원회의 심의를 거쳐 결정**하여야 한다.

⑦ 제6항에서 준용하는 제65조 제1항의 결정은 이의신청을 받은 날부터 30일 이내에 하여야 한다. 다만, 이의신청인이 제8항에 따라 송부받은 의견서에 대하여 이 항 본문에 따른 결정기간 내에 항변하는 경우에는 이의신청을 받은 날부터 60일 이내에 하여야 한다.

⑧ 제1항의 신청서를 받은 세무서장 또는 제1항부터 제3항까지의 신청서 또는 의견서를 받은 지방국세청장은 지체 없이 이의신청의 대상이 된 처분에 대한 의견서를 이의신청인에게 송부하여야 한다. 이 경우 의견서에는 처분의 근거·이유, 처분의 이유가 된 사실 등이 구체적으로 기재되어야 한다.

OX 이의신청을 받은 세무서장과 지방국세청장은 각각 조세심판원에 해당 이의신청을 송부하여 결정하게 하여야 한다. (×)

관할 지방국세청장에게 이의신청을 하기 전에 세무서장을 거치도록 하여, 행정심판법과 달리 처분청경유주의를 채택하고 있다.

3) **심사청구**

국세기본법 제55조【불복】 ① 이 법 또는 세법에 따른 처분으로서 위법 또는 부당한 처분을 받거나 필요한 처분을 받지 못함으로 인하여 권리나 이익을 침해당한 자는 이 장의 규정에 따라(즉, 심사청구 또는 심판청구를 하여) 그 처분의 취소 또는 변경을 청구하거나 필요한 처분을 청구할 수 있다. 다만, 다음 각 호의 처분에 대해서는 그러하지 아니하다.

1. 「조세범 처벌절차법」에 따른 통고처분
2. 「감사원법」에 따라 심사청구를 한 처분이나 그 심사청구에 대한 처분
3. 이 법 및 세법에 따른 과태료 부과처분

③ 제1항과 제2항에 따른 처분이 국세청장이 조사·결정 또는 처리하거나 하였어야 할 것인 경우를 제외하고는 그 처분에 대하여 심사청구 또는 심판청구에 앞서 이 장의 규정에 따른 이의신청을 할 수 있다.

⑤ 이 장의 규정에 따른 **심사청구 또는 심판청구에 대한 처분**에 대해서는 **이의신청, 심사청구 또는 심판청구를 제기할 수 없다.** 다만, 제65조 제1항 제3호 단서(제81조에서 준용하는 경우를 포함한다)의 재조사결정에 따른 처분청의 처분에 대해서는 해당 재조사결정을 한 재결청에 대하여 심사청구 또는 심판청구를 제기할 수 있다.

⑥ 이 장의 규정에 따른 이의신청에 대한 처분과 제65조 제1항 제3호 단서(제66조 제6항에서 준용하는 경우를 말한다)의 재조사결정에 따른 처분청의 처분에 대해서는 이의신청을 할 수 없다.

⑨ 동일한 처분에 대해서는 **심사청구와 심판청구를 중복하여 제기할 수 없다.**

제61조【청구기간】 ① 심사청구는 **해당 처분이 있음을 안 날(처분의 통지를 받은 때에는 그 받은 날)부터 90일 이내에 제기**하여야 한다.

② **이의신청을 거친 후 심사청구를 하려면 이의신청에 대한 결정의 통지를 받은 날부터 90일 이내에 제기**하여야 한다. 다만, 제66조 제7항에 따른 결정기간 내에 결정의 통지를 받지 못한 경우에는 결정의 통지를 받기 전이라도 그 결정기간이 지난 날부터 심사청구를 할 수 있다.

제62조【청구절차】 ① 심사청구는 대통령령으로 정하는 바에 따라 불복의 사유를 갖추어 해당 처분을 하였거나 하였어야 할 **세무서장을 거쳐**(처분청경유주의를 채택) 국세청장에게 하여야 한다.

※ 관세법 제119조 이하에서도 동일 취지의 규정을 두고 있음.

> **OX** 감사원법에 의하여 심사청구를 한 처분이나 그 심사청구에 대한 처분도 국세기본법 제55조 제1항의 처분에 포함된다. (×)

> **OX** 동일한 처분에 대하여 국세청장에 대한 심사청구와 조세심판원에 대한 심판청구를 중복하여 청구할 수 없다. (○)

> **OX** 조세부과처분에 대하여 행정소송을 제기하기 전에 심사청구 후 심판청구를 거쳐야 한다. (×)

4) **심판청구**

국세기본법 제67조【조세심판원】 ① 심판청구에 대한 결정을 하기 위하여 **국무총리 소속**으로 조세심판원을 둔다.

제68조【청구기간】 ① 심판청구는 **해당 처분이 있음을 안 날(처분의 통지를 받은 때에는 그 받은 날)부터 90일 이내**에 제기하여야 한다.

② 이의신청을 거친 후 심판청구를 하는 경우의 청구기간에 관하여는 제61조 제2항을 준용한다.

> **OX** 국세기본법상 심판청구는 조세심판원장에게 하여야 한다. (×)

OX 국세징수에 대한 불복이 있을 때, 세무서장을 거쳐 중앙행정심판위원회에 심판청구를 하여야 한다. (×)

OX 조세심판관회의는 담당 조세심판관 3분의 1 이상의 출석으로 개의하고, 출석 조세심판관 과반수의 찬성으로 의결한다. (×)

제69조 【청구절차】 ① 심판청구를 하려는 자는 대통령령으로 정하는 바에 따라 불복의 사유 등이 기재된 심판청구서를 그 처분을 하였거나 하였어야 할 세무서장이나 조세심판원장에게 제출하여야 한다. 이 경우 심판청구서를 받은 세무서장은 이를 지체 없이 조세심판원장에게 송부하여야 한다.

제72조 【조세심판관회의】 ① 조세심판원장은 심판청구를 받으면 이에 관한 조사와 심리를 담당할 주심조세심판관 1명과 배석조세심판관 2명 이상을 지정하여 조세심판관회의를 구성하게 한다.

③ 조세심판관회의는 담당 **조세심판관 3분의 2 이상의 출석으로 개의하고, 출석조세심판관 과반수의 찬성으로 의결**한다.

④ 조세심판관회의는 **공개하지 아니한다.** 다만, 조세심판관회의의 의장이 필요하다고 인정할 때에는 공개할 수 있다.

제78조 【결정 절차】 ① 조세심판원장이 심판청구를 받았을 때에는 조세심판관회의가 심리를 거쳐 결정한다. 다만, 심판청구의 대상이 대통령령으로 정하는 금액에 미치지 못하는 소액이거나 경미한 것인 경우나 청구기간이 지난 후에 심판청구를 받은 경우에는 조세심판관회의의 심리를 거치지 아니하고 주심조세심판관이 심리하여 결정할 수 있다.

② 제1항에 따른 조세심판관회의의 의결이 다음 각 호의 어느 하나에 해당하여 조세심판원장이 필요하다고 인정하는 경우에는 조세심판관합동회의가 심리를 거쳐 결정한다.

1. 해당 심판청구사건에 관하여 세법의 해석이 쟁점이 되는 경우로서 이에 관하여 종전의 조세심판원 결정이 없는 경우
2. 종전에 조세심판원에서 한 세법의 해석·적용을 변경하는 경우
3. 조세심판관회의 간에 결정의 일관성을 유지하기 위한 경우
4. 그 밖에 국세행정이나 납세자의 권리·의무에 중대한 영향을 미칠 것으로 예상되는 등 대통령령으로 정하는 경우

제79조 【불고불리, 불이익변경금지】 ① 조세심판관회의 또는 조세심판관합동회의는 제81조에서 준용하는 제65조에 따른 결정을 할 때 심판청구를 한 처분 외의 처분에 대해서는 그 처분의 전부 또는 일부를 취소 또는 변경하거나 새로운 처분의 결정을 하지 못한다.

② 조세심판관회의 또는 조세심판관합동회의는 제81조에서 준용하는 제65조에 따른 결정을 할 때 심판청구를 한 처분보다 청구인에게 불리한 결정을 하지 못한다.

(2) 감사원에 대한 심사청구

OX 국세징수에 대한 불복이 있을 때, 감사원에 심사청구를 할 수 있다. (○)

감사원법 제43조 【심사의 청구】 ① 감사원의 감사를 받는 자의 직무에 관한 처분이나 그 밖에 「감사원규칙」으로 정하는 행위에 관하여 이해관계가 있는 자는 감사원에 그 심사의 청구를 할 수 있다.

② 제1항의 심사청구는 「감사원규칙」으로 정하는 바에 따라 청구의 취지와 이유를 적은 심사청구서로 하되 청구의 원인이 되는 처분이나 그 밖의 행위를 한 **기관(이하 '관계기관'이라 한다)의 장을 거쳐**(처분청경유주의를 채택) 이를 제출하여야 한다.

③ 제2항의 경우에 청구서를 접수한 관계기관의 장이 이를 **1개월 이내에 감사원에 송부하지 아니한 경우**에는 그 **관계기관을 거치지 아니하고** 감사원에 직접 심사를 청구할 수 있다.

제46조 【심사청구에 대한 결정】 ① 감사원은 심사의 청구가 제43조 및 제44조와 감사원규칙으로 정하는 요건과 절차를 갖추지 못한 경우에는 이를 각하한다. 이해관계인이 아닌 자가 제출한 경우에도 또한 같다.
② 감사원은 심리 결과 심사청구의 이유가 있다고 인정하는 경우에는 **관계기관의 장에게 시정이나 그 밖에 필요한 조치를 요구하고**, 심사청구의 이유가 없다고 인정한 경우에는 이를 기각한다.
③ 제1항 및 제2항의 결정은 특별한 사유가 없으면 그 청구를 접수한 날부터 3개월 이내에 하여야 한다.

① 감사원법에 의하여 심사청구를 한 처분이나 그 심사청구에 대한 처분에 대하여는 국세기본법상 심사청구 또는 심판청구를 제기할 수 없고(국세기본법 제55조 제1항), 직접 행정소송을 제기하여야 한다.

② 따라서 **감사원에 대한 심사청구는 행정심판으로 인정된다**(대판 1991.2.26. 90누7944).

③ 감사원은 심리 결과 심사청구의 이유가 있다고 인정하는 경우에는 관계기관의 장에게 시정이나 그 밖에 필요한 조치를 요구할 수 있을 뿐 당해 처분을 직접 취소 또는 변경할 수는 없다(감사원법 제46조 제2항).

(3) 행정소송

1) 행정심판전치주의

① 위법한 국세(관세)부과처분에 대한 행정소송은 심사청구 또는 심판청구와 그에 대한 결정을 거치지 아니하면 이를 제기할 수 없다(국세기본법 제56조 제2항, 관세법 제120조 제2항).

국세기본법 제56조 【다른 법률과의 관계】 ① 제55조에 규정된 처분에 대해서는 「행정심판법」의 규정을 적용하지 아니한다. 다만, 심사청구 또는 심판청구에 관하여는 「행정심판법」 제15조, 제16조, 제20조부터 제22조까지, 제29조, 제36조 제1항, 제39조, 제40조, 제42조 및 제51조를 준용하며, 이 경우 '위원회'는 '국세심사위원회', '조세심판관회의' 또는 '조세심판관합동회의'로 본다.
② 제55조에 규정된 위법한 처분에 대한 **행정소송**은 「행정소송법」 제18조 제1항 본문, 제2항 및 제3항에도 불구하고 이 법에 따른 **심사청구 또는 심판청구와 그에 대한 결정을 거치지 아니하면 제기할 수 없다.** 다만, 심사청구 또는 심판청구에 대한 제65조 제1항 제3호 단서(제81조에서 준용하는 경우를 포함한다)의 재조사결정에 따른 처분청의 처분에 대한 행정소송은 그러하지 아니하다.
③ 제2항 본문에 따른 행정소송은 「행정소송법」 제20조에도 불구하고 심사청구 또는 심판청구에 대한 결정의 통지를 받은 날부터 90일 이내에 제기하여야 한다. 다만, 제65조 제2항 또는 제81조에 따른 결정기간에 결정의 통지를 받지 못한 경우에는 결정의 통지를 받기 전이라도 그 결정기간이 지난 날부터 행정소송을 제기할 수 있다.
④ 제2항 단서에 따른 행정소송은 「행정소송법」 제20조에도 불구하고 다음 각 호의 기간 내에 제기하여야 한다.

OX 국세기본법상 위법한 국세의 부과·징수에 대하여는 불복의 사유를 갖추어 해당 처분을 하였거나 하였어야 할 세무서장을 거쳐서, 국세청장에 대한 심사청구 또는 조세심판원장에 대한 심판청구 중 택일하여 청구한 후에 그에 대한 결정을 받은 후 행정소송을 제기한다. (O)

1. 이 법에 따른 심사청구 또는 심판청구를 거치지 아니하고 제기하는 경우: 재조사 후 행한 처분청의 처분의 결과 통지를 받은 날부터 90일 이내. 다만, 제65조 제5항(제81조에서 준용하는 경우를 포함한다)에 따른 처분기간(제65조 제5항 후단에 따라 조사를 연기하거나 조사기간을 연장하거나 조사를 중지한 경우에는 해당 기간을 포함한다)에 처분청의 처분 결과 통지를 받지 못하는 경우에는 그 처분기간이 지난 날부터 행정소송을 제기할 수 있다.
2. 이 법에 따른 심사청구 또는 심판청구를 거쳐 제기하는 경우: 재조사 후 행한 처분청의 처분에 대하여 제기한 심사청구 또는 심판청구에 대한 결정의 통지를 받은 날부터 90일 이내. 다만, 제65조 제2항(제81조에서 준용하는 경우를 포함한다)에 따른 결정기간에 결정의 통지를 받지 못하는 경우에는 그 결정기간이 지난 날부터 행정소송을 제기할 수 있다.

⑤ 제55조 제1항 제2호의 심사청구를 거친 경우에는 이 법에 따른 심사청구 또는 심판청구를 거친 것으로 보고 제2항을 준용한다.

⑥ 제3항의 기간은 불변기간으로 한다.

판례

1. 조세행정에 있어서 2개 이상의 같은 목적의 행정처분이 단계적·발전적 과정에서 이루어진 것으로서 서로 내용상 관련이 있다든지, 조세행정소송 계속 중에 그 대상인 과세처분을 과세관청이 변경하였는데 위법사유가 공통된다든지, 동일한 행정처분에 의하여 수인이 동일한 의무를 부담하게 되는 경우에 선행처분에 대하여 또는 그 납세의무자들 중 1인이 적법한 전심절차를 거친 때와 같이, 국세청장과 조세심판원으로 하여금 기본적 사실관계와 법률문제에 대하여 다시 판단할 수 있는 기회를 부여하였을 뿐더러 납세의무자로 하여금 굳이 또 전심절차를 거치게 하는 것이 가혹하다고 보이는 등 **정당한 사유가 있는 때에는 납세의무자가 전심절차를 거치지 아니하고도 과세처분의 취소를 청구하는 행정소송을 제기할 수 있다**고 할 것이나, 그와 같은 **정당한 사유가 없는 경우**에는 **전심절차를 거치지 아니한 채 과세처분의 취소를 청구하는 행정소송을 제기하는 것은 부적법하다**(대판 2014.12.11. 2012두20618).

2. 이의신청 등에 대한 결정의 한 유형으로 실무상 행해지고 있는 재조사결정은 처분청으로 하여금 하나의 과세단위의 전부 또는 일부에 관하여 당해 결정에서 지적된 사항을 재조사하여 그 결과에 따라 과세표준과 세액을 경정하거나 당초 처분을 유지하는 등의 후속 처분을 하도록 하는 형식을 취하고 있다. 이에 따라 재조사결정을 통지받은 이의신청인 등은 그에 따른 후속 처분의 통지를 받은 후에야 비로소 다음 단계의 쟁송절차에서 불복할 대상과 범위를 구체적으로 특정할 수 있게 된다. 이와 같은 재조사결정의 형식과 취지, 그리고 행정심판제도의 자율적 행정통제기능 및 복잡하고 전문적·기술적 성격을 갖는 조세법률관계의 특수성 등을 감안하면, 재조사결정은 당해 결정에서 지적된 사항에 관해서는 처분청의 재조사결과를 기다려 그에 따른 후속 처분의 내용을 이의신청 등에 대한 결정의 일부분으로 삼겠다는 의사가 내포된 변형결정에 해당한다고 볼 수밖에 없다. 그렇다면 재조사결정은 처분청의 후속 처분에 의하여 그 내용이 보완됨으로써 이의신청 등에 대한 결정으로서의 효력이 발생한다고 할 것이므로, **재조사결정에 따른 심사청구기간이나 심판청구기간 또는 행정소송의 제소기간**은 이의신청인 등이 **후속 처분의 통지를 받은 날부터 기산된다고 봄이 타당하다**(대판 전합 2010.6.25. 2007두12514).

정당한 사유가 있는 때에는 납세의무자가 전심절차를 거치지 아니하고도 과세처분의 취소를 청구하는 행정소송을 제기할 수 있다.

재결청의 재조사결정에 따른 심사청구기간이나 심판청구기간 또는 행정소송의 제소기간은 이의신청인 등이 후속 처분의 통지를 받은 날부터 기산된다.

② 지방세의 경우 종래의 필요적 전치주의를 규정하고 있던 지방세법의 규정에 대한 위헌결정(헌재 2001.6.28. 2000헌바30)으로 인하여, **행정심판을 거치지 않고 곧바로 항고소송을 제기할 수 있었다.** 그런데 최근 개정된 지방세기본법 제98조 제3항은 "위법한 지방세 부과처분에 대한 행정소송은 이 법에 따른 심판청구와 그에 대한 결정을 거치지 아니하면 제기할 수 없다."라고 규정하여 다시 국세와 마찬가지로 필요적 전치주의를 채택하고 있다.

> **지방세기본법 제98조 【다른 법률과의 관계】** ③ 제89조에 규정된 **위법한 처분에 대한 행정** 소송은 「행정소송법」 제18조 제1항 본문, 같은 조 제2항 및 제3항에도 불구하고 **이 법에 따른 심판청구와 그에 대한 결정을 거치지 아니하면 제기할 수 없다.** 다만, 심판청구에 대한 재조사결정(제100조에 따라 심판청구에 관하여 준용하는 「국세기본법」 제65조 제1항 제3호 단서에 따른 재조사 결정을 말한다)에 따른 처분청의 처분에 대한 행정소송은 그러하지 아니하다.

③ **감사원법에 따른 심사청구를 거친 경우**에는 국세기본법에 따른 심사청구 또는 심판청구를 거친 것으로 보고 행정소송을 제기할 수 있다(국세기본법 제56조 제5항). 따라서 다른 행정심판절차를 거칠 필요가 없다.

감사원의 심사청구를 거친 경우에는 다른 행정심판절차를 거칠 필요 없이 바로 행정소송을 제기할 수 있다.

2) 경정처분의 경우 취소소송의 대상

> **국세(지방세)기본법 제22조의3(제36조) 【경정 등의 효력】** ① 세법(지방세관계법)에 따라 **당초 확정된 세액을 증가시키는 경정은 당초 확정된 세액에 관한** 이 법 또는 세법(지방세관계법)에서 규정하는 **권리·의무관계에 영향을 미치지 아니한다.**
> ② 세법(지방세관계법)에 따라 **당초 확정된 세액을 감소시키는 경정은 그 경정으로 감소되는 세액 외의 세액에 관한** 이 법 또는 세법(지방세관계법)에서 규정하는 **권리·의무관계에 영향을 미치지 아니한다.**

① 증액경정처분

판례

1. 국세기본법 제22조의3의 시행 이후에도 **증액경정처분이 있는 경우, 당초 신고나 결정은 증액경정처분에 흡수됨으로써 독립한 존재가치를 잃게 된다고 보아야 하므로, 원칙적으로는 당초 신고나 결정에 대한 불복기간의 경과 여부 등에 관계없이 증액경정처분만이 항고소송의 심판대상이 되고,** 납세의무자는 그 항고소송에서 당초 신고나 결정에 대한 위법사유도 함께 주장할 수 있다고 해석함이 타당하다(대판 2009.5.14. 2006두17390).

2. 과세표준과 세액을 증액하는 증액경정처분은 당초 납세의무자가 신고하거나 과세관청이 결정한 과세표준과 세액을 그대로 둔 채 탈루된 부분만을 추가로 확정하는 처분이 아니라 당초신고나 결정에서 확정된 과세표준과 세액을 포함하여 전체로서 하나의 과세표준과 세액을 다시 결정하는 것이므로, 당초신고나 결정에 대한 불복기간의 경과 여부 등에 관계없이 오직 증액경정처분만이 항고소송의 심판대상이 되는 점, 증액경정처분의 취소를 구하는 항고소송에서 증액경정처분의 위법 여부는 그 세액이 정당한 세액을 초과하는지 여부에 의하여 판단하여야 하고 당초신고에 관한 과다신고사유나 과세관청의 증액경정사유는 증액경정처분의 위법성을 뒷받침하는 개개의 위법사유에 불과한 점, 경정청구나 부과처분

증액경정처분이 있는 경우 증액경정처분만이 항고소송의 대상이 되고, 납세의무자는 그 항고소송에서 당초 신고나 결정에 대한 위법사유도 함께 주장할 수 있다.

에 대한 항고소송은 모두 정당한 과세표준과 세액의 존부를 정하고자 하는 동일한 목적을 가진 불복수단으로서 납세의무자로 하여금 과다신고사유에 대하여는 경정청구로써, 과세관청의 증액경정사유에 대하여는 항고소송으로써 각각 다투게 하는 것은 납세의무자의 권익보호나 소송경제에도 부합하지 않는 점 등에 비추어 보면, **납세의무자는 증액경정처분의 취소를 구하는 항고소송에서 과세관청의 증액경정사유뿐만 아니라 당초 신고에 관한 과다신고사유도 함께 주장하여 다툴 수 있다**고 할 것이다(대판 전합 2013.4.18, 2010두11733).

3. 증액경정처분이 있는 경우 당초처분은 증액경정처분에 흡수되어 소멸하고, **소멸한 당초처분의 절차적 하자는 존속하는 증액경정처분에 승계되지 아니한다**(대판 2010.6.24, 2007두16493).

납세의무자는 증액경정처분의 취소를 구하는 항고소송에서 과세관청의 증액경정사유뿐만 아니라 당초신고에 관한 과다신고사유도 함께 주장하여 다툴 수 있다.

증액경정처분이 있는 경우 소멸한 당초처분의 절차적 하자는 존속하는 증액경정처분에 승계되지 아니한다.

② **감액경정처분**: 당초 부과처분 중 경정결정에 의하여 취소되지 않고 남은 부분

판례

감액경정처분은 당초의 신고 또는 부과처분과 별개인 독립의 과세처분이 아니라 그 실질은 당초의 신고 또는 부과처분의 변경이고 그에 의하여 세액의 일부취소라는 납세자에게 유리한 효과를 가져오는 처분이므로, 그 경정결정으로도 아직 취소되지 않고 남아 있는 부분이 위법하다 하여 다투는 경우 **항고소송의 대상은 당초 신고나 부과처분 중 경정결정에 의하여 취소되지 않고 남은 부분이며**, 감액경정결정이 항고소송의 대상이 되는 것은 아니다(대판 1996.11.15, 95누8904).

감액경정결정으로도 아직 취소되지 않고 남아 있는 부분이 위법하다 하여 다투는 경우 항고소송의 대상은 당초 신고나 부과처분 중 경정결정에 의하여 취소되지 않고 남은 부분이다.

3 과오납반환청구

(1) 의의

국세기본법 제51조 【국세환급금의 충당과 환급】 ① 세무서장은 납세의무자가 국세 및 체납처분비로서 납부한 금액 중 **잘못 납부하거나 초과하여 납부한 금액**이 있거나 세법에 따라 환급하여야 할 환급세액(세법에 따라 환급세액에서 공제하여야 할 세액이 있을 때에는 공제한 후에 남은 금액을 말한다)이 있을 때에는 **즉시 그 잘못 납부한 금액, 초과하여 납부한 금액 또는 환급세액을 국세환급금으로 결정하여야 한다.** 이 경우 착오납부·이중납부로 인한 환급청구는 대통령령으로 정하는 바에 따른다.

OX 국세기본법에 따르면, 납세자의 착오로 인하여 부과처분에서 정해진 조세액을 초과하여 납부한 경우에는 환급받을 수 없다. (×)

과오납반환청구란 납세의무자가 납부할 금액을 초과하여 납부(과납)하거나 착오에 의하여 납부의무가 없는 금액을 납부(오납)한 경우(국세기본법 제51조 제1항)에, 법률상 조세로서 납부해야 할 원인이 없음에도 불구하고 납부된 금전임을 이유로 부당이득에 기한 반환을 청구하는 것을 말한다.

(2) 과오납반환(환급)청구권의 성질

판례

1. 국세환급금에 관한 국세기본법 제51조 제1항, 부가가치세 환급에 관한 부가가치세법 제24조, 같은 법 시행령 제72조의 각 규정은 정부가 이미 부당이득으로서 그 존재와 범위가 확정되어 있는 과오납부액이나 환급세액이 있는 때에는 납세자의 환급신청을 기다릴 것 없이 이를 즉시 반환하는 것이 정의와 공평에 합당하다는 법리를 선언하고 있는 것이므로, **이미 그 존재와 범위가 확정되어 있는 과오납부액이나 환급세액은 납세자가 부당이득의 반환을 구하는 민사소송으로 그 환급을 청구할 수 있다**(대판 1997.10.10. 97다26432 ; 대판 2015.8.27. 2013다212639).
2. 부가가치세법령의 내용, 형식 및 입법 취지 등에 비추어 보면, 납세의무자에 대한 국가의 부가가치세 환급세액 지급의무는 그 납세의무자로부터 어느 과세기간에 과다하게 거래징수된 세액 상당을 국가가 실제로 납부받았는지와 관계없이 부가가치세법령의 규정에 의하여 직접 발생하는 것으로서, 그 법적 성질은 정의와 공평의 관념에서 수익자와 손실자 사이의 재산상태 조정을 위해 인정되는 부당이득반환의무가 아니라 부가가치세법령에 의하여 그 존부나 범위가 구체적으로 확정되고 조세 정책적 관점에서 특별히 인정되는 공법상 의무라고 봄이 타당하다. 그렇다면 납세의무자에 대한 국가의 부가가치세 환급세액 지급의무에 대응하는 **국가에 대한 납세의무자의 부가가치세 환급세액 지급청구는 민사소송이 아니라 행정소송법 제3조 제2호에 규정된 당사자소송의 절차에 따라야 한다**(대판 전합 2013.3.21. 2011다95564).

> 실무상 조세과오납환급청구소송은 민사소송이다.

> 납세의무자에 대한 국가의 부가가치세 환급세액 지급의무에 대응하는 국가에 대한 납세의무자의 부가가치세 환급세액 지급청구는 민사소송이 아니라 당사자소송의 절차에 따라야 한다.

(3) 청구권자

판례

1. 원천징수세제에 있어 원천징수의무자가 원천납세의무자로부터 원천징수 대상이 아닌 소득에 대하여 세액을 징수·납부하였거나 징수하여야 할 세액을 초과하여 징수·납부하였다면, 이로 인한 **환급청구권**은 **원천납세의무자가 아닌 원천징수의무자에게 귀속되는 것**인바, 이는 원천징수의무자가 원천납세의무자에 대한 관계에서는 법률상 원인 없이 이익을 얻은 것이라 할 것이므로 원천납세의무자는 원천징수의무자에 대하여 환급청구권 상당액을 부당이득으로 구상할 수 있다(대판 2003.3.14. 2002다68294 ; 대판 2002.11.8. 2001두8780).
2. 부가가치세의 납세의무자는 사업자이므로 재화 또는 용역을 공급받는 거래상대방은 재정학상 사실상의 담세자로서의 지위를 갖고 있을 뿐 조세법상 납세의무자로서의 지위에 있는 것은 아니다. 또한 당해 사건에서, 국가가 부가가치세 상당의 이익을 얻은 것은 납세의무자의 부가가치세 신고·납부행위로 인한 것이지, 납세의무자가 이러한 신고·납부행위 이전에 거래상대방으로부터 부가가치세 상당 금원을 거래징수한 행위로 인한 것이 아니다. 따라서 **부가가치세 신고행위가 무효임을 전제로 하여 국가를 상대로 부당이득반환청구를 할 수 있는 자는 부가가치세를 신고·납부한 납세의무자라 할 것**이고, **청구인과 같이 납세의무자로부터 용역을 공급받은 자로서는 국가를 피고로 하여 직접 과오납된 부가가치세 상당액의 부당이득반환청구를 할 수 없다** 할 것이다(헌재 2010.6.24. 2009헌바147).

> 원천징수의 경우 국가 등에 대한 환급청구권자는 원천납세의무자가 아니라 원천징수의무자이다.

> 부가가치세 신고행위가 무효임을 전제로 하여 국가를 상대로 부당이득반환청구를 할 수 있는 자는 부가가치세를 신고·납부한 납세의무자이다.

3. 조세환급금은 조세채무가 처음부터 존재하지 않거나 그 후 소멸하였음에도 불구하고 국가가 법률상 원인 없이 수령하거나 보유하고 있는 부당이득에 해당하고, 환급가산금은 그 부당이득에 대한 법정이자로서의 성질을 가진다. 부당이득반환의무는 일반적으로 기한의 정함이 없는 채무로서, 수익자는 이행청구를 받은 다음 날부터 이행지체로 인한 지연손해금을 배상할 책임이 있다. 그러므로 **납세자가 조세환급금에 대하여 이행청구를 한 이후에는 법정이자의 성질을 가지는 환급가산금청구권 및 이행지체로 인한 지연손해금청구권이 경합적으로 발생하고, 납세자는 자신의 선택에 좇아 그중 하나의 청구권을 행사할 수 있다**(대판 전합 2018.7.19. 2017다242409).

납세자가 조세환급금에 대하여 이행청구를 한 이후에는 환급가산금청구권과 지연손해금청구권이 경합적으로 발생하고, 납세자는 그 중 하나의 청구권을 선택하여 행사할 수 있다.

(4) 국세환급청구권의 소멸시효

OX 국세기본법상 국세환급청구권의 소멸시효는 10년이다. (×)

국세기본법 제54조 【국세환급금의 소멸시효】 ① 납세자의 국세환급금과 국세환급가산금에 관한 권리는 행사할 수 있는 때부터 **5년간 행사하지 아니하면 소멸시효가 완성된다.**

제3절 회계(會計)

I 서설

1 회계의 의의

회계란 국가나 지방자치단체가 취득한 재력을 유지·관리하는 비권력적인 작용, 즉 재정관리작용을 말한다.

2 회계의 종류

> **국가재정법 제4조 【회계구분】** ① 국가의 회계는 일반회계와 특별회계로 구분한다.
> ② 일반회계는 조세수입 등을 주요 세입으로 하여 국가의 일반적인 세출에 충당하기 위하여 설치한다.
> ③ 특별회계는 국가에서 특정한 사업을 운영하고자 할 때, 특정한 자금을 보유하여 운용하고자 할 때, 특정한 세입으로 특정한 세출에 충당함으로써 일반회계와 구분하여 회계처리할 필요가 있을 때에 법률로써 설치하되, [별표 1]에 규정된 법률에 의하지 아니하고는 이를 설치할 수 없다.

3 회계법의 특성

(1) 행정내부법성

① 회계법은 행정내부법적인 성격을 강하게 갖는다. 즉, 회계법은 대체로 행정기관의 내부적 규율에 관한 규정을 많이 가지고 있다.

② 그러나 국민의 권리·의무에 직접 관련된 사항을 규정하는 경우도 있다.

(2) 원칙적 임의법규성

① 회계는 기본적으로 행정내부적인 작용이고, 따라서 회계법은 임의법규가 일반적이다.

② 그러나 강행법규적 성질을 갖는 회계법도 적지 아니하다.

OX 회계에 관한 법은 모두 임의법규에 속한다. (×)

(3) 사법에 대한 특칙성

① 회계법 가운데에는 사법에 대한 특칙으로서의 성질을 가진 것이 많이 있다(예 시효·하자담보에 관한 규정 등).

② 특칙규정이 있는 경우에는 그에 따라야 하지만, 특칙이 없는 경우에는 원칙적으로 사법의 규정이 적용되게 된다.

> **국가재정법 제96조 【금전채권·채무의 소멸시효】** ① 금전의 급부를 목적으로 하는 국가의 권리로서 시효에 관하여 다른 법률에 규정이 없는 것은 5년 동안 행사하지 아니하면 시효로 인하여 소멸한다.
> ② 국가에 대한 권리로서 금전의 급부를 목적으로 하는 것도 또한 제1항과 같다.

③ 금전의 급부를 목적으로 하는 국가의 권리의 경우 소멸시효의 중단·정지 그 밖의 사항에 관하여 다른 법률의 규정이 없는 때에는 「민법」의 규정을 적용한다. 국가에 대한 권리로서 금전의 급부를 목적으로 하는 것도 또한 같다
④ 법령의 규정에 따라 국가가 행하는 납입의 고지는 시효중단의 효력이 있다.

4 회계법의 법원

① 회계는 대체로 국가나 지방자치단체의 내부에서 이루어지는 작용이므로, 회계에 관한 사항은 반드시 법률의 근거를 요하는 것은 아니다. 그러나 회계에 관한 사항이 경우에 따라서는 국민의 권리·의무와 관련을 맺을 수도 있으므로 여러 회계 관련 법규가 마련되어 있다.

② 국가의 회계 관련 법원으로는 국가회계법·국가재정법·국가를 당사자로 하는 계약에 관한 법률·국유재산법·물품관리법 등이 있고, 지방자치단체의 회계 관련 법원으로는 지방자치법·지방재정법·공유재산 및 물품 관리법 등이 있다.

OX 국가의 회계관계법의 법원으로는 국가재정법, 국가를 당사자로 하는 계약에 관한 법률, 국유재산법, 물품관리법, 국가채권관리법 등이 있다. (○)

OX 지방자치단체의 회계에 관한 법원이 될 수 있는 것은 지방자치법, 지방재정법 등이다. (○)

Ⅱ 현금회계

1 의의

① 현금회계란 국가 또는 지방자치단체의 현금수지에 관한 예산·출납 및 결산을 총칭하는 것을 말한다.

② 현금회계의 목적은 수입·지출의 균형을 유지하고 그 정확성을 기하여 회계의 문란을 미연에 방지하려는 데에 있다.

OX 재정관리작용은 재산의 관리와 수입·지출의 관리를 내용으로 하는데, 수입·지출의 관리를 현금회계라고 한다. (○)

2 현금회계의 일반원칙

(1) 예산총계주의(총계예산주의)

국가재정법 제17조 【예산총계주의】 ① 한 회계연도의 모든 수입을 세입으로 하고, 모든 지출을 세출로 한다.
② 제53조에 규정된 사항을 제외하고는 세입과 세출은 모두 예산에 계상하여야 한다.

① 예산총계주의는 세입과 세출은 모두 예산에 계상하여야 한다는 원칙이다(국가재정법 제17조 제2항).

② 예산총계주의는 **순계예산주의에 대응하는 개념**이다.

OX 순계예산주의는 현행법이 취하고 있는 현금회계의 원칙이 아니다. (○)

(2) 통일국고주의(회계총괄의 원칙)

조세 그 밖의 정부에 속하는 모든 수입을 하나의 국고에 납입시키고, 모든 지출은 반드시 하나의 국고에서 지출하게 하는 원칙이다(국고금관리법 제7조).

(3) 단일예산주의(회계통일의 원칙)

① 국가의 수입·지출을 단일의 회계로 통일하여 처리하는 원칙이다.

② 이 원칙에 대하여는 두 가지의 예외가 있다. 즉, ㉠ 특정한 목적을 위하여 일반회계로부터 분리하여 독립적으로 경리하는 특별회계와, ㉡ 일단 확정된 예산에 대한 추가예산과 경정예산이 그것이다.

OX 특별회계는 단일예산주의에 대한 예외이다. (○)

(4) 기업회계의 원칙

① 회계거래, 즉 재산의 증감 및 변동을 그 발생사실에 따라 계리하는 원칙이다.

② 이 원칙은 특별회계에 관한 것이다.

(5) 회계연도구분의 원칙 및 회계연도독립의 원칙

1) 회계연도구분의 원칙

① 회계연도구분의 원칙은 회계정리의 명확과 수지의 균형을 도모하기 위해 국가의 수입·지출은 일정한 기간을 구분하여 그 기간을 단위로 경리하는 원칙이고, 그 기간을 회계연도라고 한다.

② 국가의 회계연도는 매년 1월 1일에 시작하여 12월 31일에 종료한다(국가회계법 제5조, 국가재정법 제2조).

국가재정법 제7조【국가재정운용계획의 수립 등】 ① 정부는 재정운용의 효율화와 건전화를 위하여 매년 해당 회계연도부터 5회계연도 이상의 기간에 대한 재정운용계획(이하 '국가재정운용계획'이라 한다)을 수립하여 회계연도 개시 120일 전까지 국회에 제출하여야 한다.

2) 회계연도독립의 원칙

① 회계연도독립의 원칙은 회계연도의 경비는 그 연도의 세입 또는 수입으로 충당하여야 한다는 원칙이다(국가재정법 제3조).

② 이 원칙에 대하여는 계속비(국가재정법 제23조), 명시이월비(국가재정법 제24조), 지난 연도 수입·지출(국고금관리법 제14조, 제28조) 등의 예외가 있다.

OX 각 회계연도의 경비는 그 연도의 세입 또는 수입으로 충당하여야 한다. (○)

(6) 회계기관분립의 원칙

국고금관리법 제13조【징수기관과 수납기관의 분립】 수입징수관은 수입금출납공무원의 직무를 겸할 수 없다. 다만, 대통령령으로 정하는 특별한 사유가 있는 경우에는 직무를 겸할 수 있다.

제27조【지출기관과 출납기관의 분립】 재무관, 지출관 및 출납공무원의 직무는 서로 겸할 수 없다. 다만, 기금의 경우에는 대통령령으로 정하는 바에 따라 지출관과 출납공무원의 직무를 겸할 수 있다.

① 회계정리의 공정을 보장하고 그 문란을 방지하기 위하여 수입·지출을 명하는 기관과 현금출납을 관장하는 기관을 분리시키는 원칙이다(국고금관리법 제13조, 제27조).

② 이 원칙의 표현으로는 수입징수관과 지출관의 겸임금지(국고금관리법 제13조, 제27조), 재무관·지출관 및 출납공무원의 상호 겸임금지(국고금관리법 제27조) 등을 들 수 있다.

OX 회계기관통합의 원칙은 현금회계의 일반원칙이 아니다. (○)

OX 징수기관과 수납기관의 통합의 원칙은 국가재정법상의 재정 내지 예산에 관한 원칙이 아니다. (○)

(7) 건전재정주의

국가재정법 제18조【국가의 세출재원】 국가의 세출은 국채·차입금(외국정부·국제협력기구 및 외국법인으로부터 도입되는 차입자금을 포함한다) **외의 세입을 그 재원으로 한다.** 다만, 부득이한 경우에는 국회의 의결을 얻은 금액의 범위 안에서 국채 또는 차입금으로써 충당할 수 있다

재정수지의 건전을 도모하기 위하여 세출재원을 제한하는 원칙이다(국가재정법 제18조 참조).

3 예산과 결산

(1) 예산

1) 의의

예산이란 정부에 의하여 편성되어 국회의 심의·결정으로 성립된 1회계연도 중의 세입·세출의 예정계산서를 말한다.

2) 예산의 내용

국가재정법 제19조【예산의 구성】 예산은 예산총칙·세입세출예산·계속비·명시이월비 및 국고채무부담행위를 총칭한다.

제26조【성인지 예산서의 작성】 ① 정부는 예산이 여성과 남성에게 미칠 영향을 미리 분석한 보고서(이하 '성인지 예산서'라 한다)를 작성하여야 한다.
② 성인지(性認知) 예산서에는 성평등 기대효과, 성과목표, 성별 수혜분석 등을 포함하여야 한다.

OX 정부는 성인지(性認知) 예산서제도를 채택하고 있지 않다. (×)

3) 예산의 편성

국가재정법 제6조【독립기관 및 중앙관서】 ① 이 법에서 독립기관이라 함은 국회·대법원·헌법재판소 및 중앙선거관리위원회를 말한다.

제32조【예산안의 편성】 기획재정부장관은 제31조 제1항의 규정에 따른 예산요구서에 따라 예산안을 편성하여 국무회의의 심의를 거친 후 대통령의 승인을 얻어야 한다.

제33조【예산안의 국회제출】 정부는 제32조의 규정에 따라 대통령의 승인을 얻은 예산안을 회계연도 개시 120일 전까지 국회에 제출하여야 한다.

제40조【독립기관의 예산】 ① 정부는 독립기관의 예산을 편성할 때 해당 독립기관의 장의 의견을 최대한 존중하여야 하며, 국가재정상황 등에 따라 조정이 필요한 때에는 해당 독립기관의 장과 미리 협의하여야 한다.
② 정부는 제1항의 규정에 따른 협의에도 불구하고 독립기관의 세출예산요구액을 감액하고자 할 때에는 국무회의에서 해당 독립기관의 장의 의견을 들어야 하며, 정부가 독립기관의 세출예산요구액을 감액한 때에는 그 규모 및 이유, 감액에 대한 독립기관의 장의 의견을 국회에 제출하여야 한다.

제41조【감사원의 예산】 정부는 감사원의 세출예산요구액을 감액하고자 할 때에는 국무회의에서 감사원장의 의견을 들어야 한다.

4) **예산의 효력**

① 세입예산은 단순한 세입의 예측표에 불과하며, 그 자체로서는 아무런 구속력도 가지지 않는다. 따라서 세입예산은 당해 회계연도에 있어서 세입을 개관할 수 있도록 한다는 의미를 가질 뿐이다.

② 세출예산은 세입예산과는 달리 지출목적 · 지출금액 및 지출시기의 세 가지 점에서 관계기관에 대한 구속력을 가진다.

5) **예산의 종류**

> **국가재정법 제22조 【예비비】** ① 정부는 예측할 수 없는 예산 외의 지출 또는 예산초과지출에 충당하기 위하여 일반회계 예산총액의 100분의 1 이내의 금액을 예비비로 세입세출예산에 계상할 수 있다. 다만, 예산총칙 등에 따라 미리 사용목적을 지정해 놓은 예비비는 본문에도 불구하고 별도로 세입세출예산에 계상할 수 있다.
> ② 제1항 단서에도 불구하고 공무원의 보수 인상을 위한 인건비 충당을 위하여는 예비비의 사용목적을 지정할 수 없다.
>
> **제23조 【계속비】** ① 완성에 수년이 필요한 공사나 제조 및 연구개발사업은 그 경비의 총액과 연부액(年賦額)을 정하여 미리 국회의 의결을 얻은 범위 안에서 수년도에 걸쳐서 지출할 수 있다.
> ② 제1항의 규정에 따라 국가가 지출할 수 있는 연한은 그 회계연도부터 5년 이내로 한다. 다만, 사업규모 및 국가재원 여건을 고려하여 필요한 경우에는 예외적으로 10년 이내로 할 수 있다.
> ③ 기획재정부장관은 필요하다고 인정하는 때에는 국회의 의결을 거쳐 제2항의 지출연한을 연장할 수 있다.
>
> **제89조 【추가경정예산안의 편성】** ① 정부는 다음 각 호의 어느 하나에 해당하게 되어 이미 확정된 예산에 변경을 가할 필요가 있는 경우에는 추가경정예산안을 편성할 수 있다.
> 1. 전쟁이나 대규모 재해(「재난 및 안전관리 기본법」 제3조에서 정의한 자연재난과 사회재난의 발생에 따른 피해를 말한다)가 발생한 경우
> 2. 경기침체, 대량실업, 남북관계의 변화, 경제협력과 같은 대내 · 외 여건에 중대한 변화가 발생하였거나 발생할 우려가 있는 경우
> 3. 법령에 따라 국가가 지급하여야 하는 지출이 발생하거나 증가하는 경우
>
> ② 정부는 국회에서 추가경정예산안이 확정되기 전에 이를 미리 배정하거나 집행할 수 없다.

6) **예산의 집행**

① **예산의 배정 및 목적 외 사용금지**

각 중앙관서의 장으로부터 예산배정요구서를 제출받은 기획재정부장관이 예산을 배정한다(국가재정법 제42조, 제43조). 각 중앙관서의 장은 세출예산이 정한 목적 외에 경비를 사용할 수 없다(국가재정법 제45조).

OX 각 중앙관서의 장은 세출예산이 정한 목적 외에 경비를 사용할 수 있다. (×)

② 예산의 전용 · 이용 등

국가재정법 제46조 【예산의 전용】 ① 각 중앙관서의 장은 예산의 목적범위 안에서 재원의 효율적 활용을 위하여 대통령령이 정하는 바에 따라 **기획재정부장관의 승인을 얻어 각 세항 또는 목의 금액을 전용할 수 있다.** 이 경우 사업 간의 유사성이 있는지, 재해대책 재원 등으로 사용할 시급한 필요가 있는지, 기관운영을 위한 필수적 경비의 충당을 위한 것인지 여부 등을 종합적으로 고려하여야 한다.
② 각 중앙관서의 장은 제1항에도 불구하고 회계연도마다 기획재정부장관이 위임하는 범위 안에서 각 세항 또는 목의 금액을 자체적으로 전용할 수 있다.

제47조 【예산의 이용 · 이체】 ① **각 중앙관서의 장은 예산이 정한 각 기관 간 또는 각 장·관·항 간에 상호 이용(移用)할 수 없다.**

제48조 【세출예산의 이월】 ① 매 회계연도의 세출예산은 다음 연도에 이월하여 사용할 수 없다.
③ 제1항에도 불구하고 계속비의 연도별 연부액 중 당해 연도에 지출하지 못한 금액은 계속비사업의 완성연도까지 계속 이월하여 사용할 수 있다.

제49조 【예산성과금의 지급 등】 ① 각 중앙관서의 장은 예산의 집행방법 또는 제도의 개선 등으로 인하여 수입이 증대되거나 지출이 절약된 때에는 이에 기여한 자에게 성과금을 지급할 수 있으며, 절약된 예산을 다른 사업에 사용할 수 있다.

제51조 【예비비의 관리와 사용】 ① **예비비는 기획재정부장관이 관리한다.**

> **OX** 각 중앙관서의 장은 예산이 정한 각 기관 간 또는 각 장·관·항 간에 상호 이용을 절대 할 수 없다. (×)

> **OX** 각 중앙관서의 장은 일정한 경우 성과금을 지급할 수 있다. (○)

③ **수입**: 세입예산은 구속력이 없으므로 예산에서 정한 세입을 징수·수납하기 위해서는 별도의 법령의 근거를 필요로 한다.

④ 지출

㉠ 지출원인행위

국고금관리법 제19조 【지출의 총괄과 관리】 기획재정부장관은 **지출에 관한 사무를 총괄**하고, **중앙관서의 장은 그 소관 지출원인행위**(국고금 지출의 원인이 되는 계약이나 그 밖의 행위를 말한다)**와 지출에 관한 사무를 관리**한다.

제20조 【지출원인행위의 준칙】 지출원인행위는 **중앙관서의 장이 법령이나 「국가재정법」 제43조에 따라 배정된 예산 또는 기금운용계획의 금액 범위에서 하여야** 한다.

제21조 【지출원인행위의 위임】 ① **중앙관서의 장은 대통령령으로 정하는 바에 따라 소속 공무원에게 위임하여 지출원인행위를 하게 할 수 있다.**
② 제1항에 따른 지출원인행위의 위임은 중앙관서의 장이 소속 관서에 설치된 직위를 지정하는 것으로 갈음할 수 있다.

> **OX** 지출원인행위는 각 중앙관서의 장이 관리한다. (○)

ⓐ 지출원인행위란 국고금 지출의 원인이 되는 계약이나 그 밖의 행위를 말하는데, 대부분은 계약이다.

ⓑ 지출원인행위가 되는 계약은 원칙적으로 국가(지방자치단체)를 당사자로 하는 계약에 관한 법률에 의하여 규율된다.

> **OX** 지출원인행위는 대부분 계약이다. (○)

> **OX** 지출원인행위가 되는 계약은 물품관리법에 의하여 규율되고 있다. (×)

ⓛ 지출의 절차

국고금관리법 제22조【지출의 절차】 ① **중앙관서의 장 또는 제21조에 따라 위임받은 공무원**(이하 '**재무관**'이라 한다)이 그 소관 세출예산 또는 기금운용계획에 따라 지출하려는 경우에는 대통령령으로 정하는 바에 따라 소속 중앙관서의 장이 임명한 공무원(이하 '**지출관**'이라 한다)에게 지출원인행위 관계 서류를 보내야 한다.
② 지출관의 임명은 중앙관서의 장이 소속 관서에 설치된 직위를 지정하는 것으로 갈음할 수 있다.
③ 지출원인행위에 따라 지출관이 지출을 하려는 경우에는 대통령령으로 정하는 바에 따라 채권자 또는 법령에서 정하는 바에 따라 국고금의 지급사무를 수탁하여 처리하는 자(이하 '채권자 등'이라 한다)의 계좌로 이체하여 지급하여야 한다.
④ 지출관은 정보통신의 장애나 그 밖의 불가피한 사유로 제3항에 따른 방법으로 지급할 수 없는 경우에는 대통령령으로 정하는 바에 따라 현금 등을 채권자에게 직접 지급할 수 있다.

OX 각 중앙관서의 장의 위임을 받아 지출원인행위를 담당하는 공무원을 재무관이라 한다. (O)

ⓒ 지출의 제한

국고금관리법 제23조【지출의 제한】 지출관은 채권자 등을 수취인으로 하는 경우 외에는 지출을 할 수 없다. 다만, 출납공무원에게 자금을 교부하는 경우에는 그러하지 아니하다.

ⓔ 지출기관과 출납기관의 분리

국고금관리법 제27조【지출기관과 출납기관의 분립】 재무관, 지출관 및 출납공무원의 직무는 서로 **겸할 수 없다.** 다만, 기금의 경우에는 대통령령으로 정하는 바에 따라 지출관과 출납공무원의 직무를 겸할 수 있다.

(2) 결산

1) 결산보고서의 작성

국가회계법 제13조【결산의 수행】 ① **중앙관서의 장**은 회계연도마다 제14조·제15조 및 제15조의2에 따라 그 소관에 속하는 일반회계·특별회계 및 기금을 통합한 **결산보고서(이하 '중앙관서결산보고서'라 한다)를 작성하여야 한다.**
② 중앙관서의 장이 아닌 기금관리주체는 회계연도마다 제14조·제15조 및 제15조의2(세입세출결산에 관한 부분은 제외한다)에 따라 기금에 관한 결산보고서(이하 '기금결산보고서'라 한다)를 작성하여 소관 중앙관서의 장에게 제출하여야 한다. 이 경우 기금운용규모 등을 고려하여 대통령령으로 정하는 기준에 해당하는 기금은 기금결산보고서에 「공인회계사법」 제23조에 따른 회계법인의 감사보고서를 첨부하여야 한다.
③ **기획재정부장관**은 회계연도마다 **중앙관서결산보고서를 통합하여 국가의 결산보고서(이하 '국가결산보고서'라 한다)를 작성한 후 국무회의의 심의를 거쳐 대통령의 승인을 받아야** 한다.

① 중앙관서의 장(2월 말) ⇨ ② 기획재정부장관(4월 10일) ⇨ ③ 감사원(5월 20일) ⇨ ④ 정부의 국회제출(5월 31일)

2) 결산보고서의 제출

국가재정법 제57조 【성인지 결산서의 작성】 ① 정부는 여성과 남성이 동등하게 예산의 수혜를 받고 예산이 성차별을 개선하는 방향으로 집행되었는지를 평가하는 **보고서(이하 '성인지 결산서'라 한다)를 작성하여야** 한다.
② 성인지 결산서에는 집행실적, 성평등 효과분석 및 평가 등을 포함하여야 한다.

제58조 【중앙관서결산보고서의 작성 및 제출】 ① 각 중앙관서의 장은 「국가회계법」에서 정하는 바에 따라 회계연도마다 작성한 결산보고서(이하 **'중앙관서결산보고서'라 한다)를 다음 연도 2월 말일까지 기획재정부장관에게 제출하여야** 한다.

제59조 【국가결산보고서의 작성 및 제출】 기획재정부장관은 「국가회계법」에서 정하는 바에 따라 회계연도마다 작성하여 대통령의 승인을 받은 **국가결산보고서를 다음 연도 4월 10일까지 감사원에 제출하여야** 한다.

제60조 【결산검사】 감사원은 제59조에 따라 제출된 **국가결산보고서를 검사하고 그 보고서를 다음 연도 5월 20일까지 기획재정부장관에게 송부하여야** 한다.

제61조 【국가결산보고서의 국회제출】 정부는 제60조에 따라 **감사원의 검사를 거친 국가결산보고서를 다음 연도 5월 31일까지 국회에 제출하여야** 한다.

3) 감사원의 결산확인과 검사사항

① 결산의 확인

감사원법 제21조 【결산의 확인】 감사원은 회계검사의 결과에 따라 국가의 세입·세출의 결산을 확인한다.

② 검사사항

감사원법 제22조 【필요적 검사사항】 ① 감사원은 다음 각 호의 사항을 **검사한다.**
1. 국가의 회계
2. 지방자치단체의 회계
3. 한국은행의 회계와 국가 또는 지방자치단체가 자본금의 2분의 1 이상을 출자한 법인의 회계
4. 다른 법률에 따라 감사원의 회계검사를 받도록 규정된 단체 등의 회계

② 제1항과 제23조에 따른 회계검사에는 수입과 지출, 재산(물품·유가증권·권리 등을 포함한다)의 취득·보관·관리 및 처분 등의 검사를 포함한다.

제23조 【선택적 검사사항】 감사원은 필요하다고 인정하거나 국무총리의 요구가 있는 경우에는 다음 각 호의 사항을 **검사할 수 있다.**
1. 국가기관 또는 지방자치단체 외의 자가 국가 또는 지방자치단체를 위하여 취급하는 국가 또는 지방자치단체의 현금·물품 또는 유가증권의 출납
2. 국가 또는 지방자치단체가 직접 또는 간접으로 보조금·장려금·조성금 및 출연금 등을 교부하거나 대부금 등 재정 원조를 제공한 자의 회계
3. 제2호에 규정된 자가 그 보조금·장려금·조성금 및 출연금 등을 다시 교부한 자의 회계
4. **국가 또는 지방자치단체가 자본금의 일부를 출자한 자의 회계**
5. 제4호 또는 제22조 제1항 제3호에 규정된 자가 출자한 자의 회계

OX 국가가 일부 출자한 기관의 회계는 감사원의 필요적 검사사항에 해당한다. (×)

6. 국가 또는 지방자치단체가 채무를 보증한 자의 회계
7. 「민법」 또는 「상법」 외의 다른 법률에 따라 설립되고 그 임원의 전부 또는 일부나 대표자가 국가 또는 지방자치단체에 의하여 임명되거나 임명 승인되는 단체 등의 회계
8. 국가, 지방자치단체, 제2호부터 제6호까지 또는 제22조 제1항 제3호·제4호에 규정된 자와 계약을 체결한 자의 그 계약에 관련된 사항에 관한 회계
9. 「국가재정법」 제5조의 적용을 받는 기금을 관리하는 자의 회계
10. 제9호에 따른 자가 그 기금에서 다시 출연 및 보조한 단체 등의 회계

(3) 세계잉여금 등의 처리

국가재정법 제90조【세계잉여금 등의 처리】 ① 일반회계 예산의 세입 부족을 보전하기 위한 목적으로 해당 연도에 이미 발행한 국채의 금액 범위에서는 해당 연도에 예상되는 초과 조세수입을 이용하여 국채를 우선 상환할 수 있다. 이 경우 세입·세출 외로 처리할 수 있다.

② 매 회계연도 세입세출의 결산상 **잉여금 중 다른 법률에 따른 것과 제48조의 규정에 따른 이월액을 공제한 금액**(이하 '**세계잉여금**'이라 한다)은 「지방교부세법」 제5조 제2항의 규정에 따른 **교부세의 정산** 및 「지방교육재정교부금법」 제9조 제3항의 규정에 따른 **교부금의 정산**에 사용할 수 있다.

③ 제2항의 규정에 따라 **사용한 금액을 제외한 세계잉여금은 100분의 30 이상**을 「공적자금상환기금법」에 따른 **공적자금상환기금에 우선적으로 출연**하여야 한다.

④ 제2항 및 제3항의 규정에 따라 **사용하거나 출연한 금액을 제외한 세계잉여금은 100분의 30 이상을 다음 각 호의 채무를 상환하는 데 사용**하여야 한다.

1. 국채 또는 차입금의 원리금
2. 「국가배상법」에 따라 확정된 국가배상금
3. 「공공자금관리기금법」에 따른 공공자금관리기금의 융자계정의 차입금(예수금을 포함한다)의 원리금. 다만, 2006년 12월 31일 이전의 차입금(예수금을 포함한다)에 한정한다.
4. 그 밖에 다른 법률에 따라 정부가 부담하는 채무

⑤ 제2항부터 제4항까지의 규정에 따라 **사용하거나 출연한 금액을 제외한 세계잉여금은 추가경정예산안의 편성에 사용**할 수 있다.

⑥ 제2항부터 제4항까지의 규정에 따른 세계잉여금의 사용 또는 출연은 그 세계잉여금이 발생한 다음 연도까지 그 회계의 세출예산에 관계없이 이를 하되, 국무회의의 심의를 거쳐 대통령의 승인을 얻어야 한다.

⑦ 제2항부터 제5항까지의 규정에 따른 세계잉여금의 사용 또는 출연은 다른 법률의 규정에 불구하고 「국가회계법」 제13조 제3항에 따라 국가결산보고서에 대한 대통령의 승인을 얻은 때부터 이를 할 수 있다.

⑧ 세계잉여금 중 제2항부터 제5항까지의 규정에 따라 **사용하거나 출연한 금액을 공제한 잔액은 다음 연도의 세입에 이입**하여야 한다.

세계잉여금의 처리
① 교부세 및 교부금의 정산에 사용 ⇨ ② 잔액 30% 이상을 공적자금상환기금에 우선 출연 ⇨ ③ 잔액 30% 이상을 국채·차입금의 원리금이나 확정된 국가배상금 등의 채무상환에 사용 ⇨ ④ 잔액 추가경정예산안의 편성에 사용 ⇨ ⑤ 잔액 다음 연도의 세입에 이입

제6장 군사행정법

제2편 특별행정작용법

제1절 개설

- 군사행정의 개념
- 군사행정의 기본원칙

제2절 군정조직

- 군정기관
- 군공무원

제3절 군정작용

군사관리작용

군사권력작용

제1절 개설

I 군사행정의 개념

1 군사행정의 의의

① 군사행정(군정)이란 국가가 국토방위의 목적을 실현하기 위하여 일반통치권에 의거해 병력을 취득·관리·유지하며, 이를 사용하는 모든 작용을 말한다(광의의 군정).

② 군정은 성질상 사회목적적이 아니라 국가목적적인 행정작용에 속한다.

군정: 국가목적적인 행정작용

2 군사행정작용과 법률의 유보

① 군사행정의 영역에서 발동되는 국가권력인 군정권의 행사는 통상 국민의 자유와 재산에 침해를 가져온다.

② 따라서 군사행정작용에는 법률의 근거가 필요하다.

군사행정작용: 법률의 근거 필요

3 다른 행정작용과의 구분

① 군사행정작용은 새로운 정치·경제·사회·문화질서의 형성을 위한 것이 아니라 국가 그 자체의 안전을 보장하기 위한 소극적인 작용인 점에서 복리행정작용과 구분된다.

② 그리고 보호의 대상이 국가 그 자체인 점에서 그 보호의 대상이 사회질서인 경찰행정작용과 구분된다.

II 군사행정의 기본원칙

군사행정의 기본원칙
① 국제평화주의
② 민주군정의 원칙
③ 병정통합주의
④ 군의 정치적 중립성
⑤ 민간우위(문민통제)의 원칙

1 국제평화주의

헌법은 전문에서 국제평화주의를 헌법상의 원칙으로 선언하고, 그 구체화로 침략전쟁의 부인(헌법 제5조 제1항)과 조국의 평화적 통일(헌법 제4조·제66조 제3항·제92조 제1항)을 천명하고 있다.

2 민주군정의 원칙

헌법은 국군의 조직과 편성에 대한 법정주의(헌법 제74조 제2항)와 선전포고·국군의 해외파견에 대한 국회동의권(헌법 제60조 제2항) 등 군사행정에도 국민의 대표기관인 국회의 개입을 결부시킴으로써 민주주의 원칙이 반영되도록 하고 있다.

3 병정통합주의(兵政統合主義)

① 군사행정은 병력의 취득·관리·유지작용인 협의의 군정(軍政)과 현실적으로 병력을 사용하는 용병작전작용인 군령(軍令)을 내용으로 하는데, 양자에 대한 관장기관의 동일 여부에 따라 병정분리주의와 병정통합주의가 있다.

② 병정분리주의란 군정은 일반행정기관이 관장하나 군령은 국가원수 직속의 별도의 독립적인 기관이 관장하는 제도이고, 병정통합주의란 군정과 군령 모두를 일반행정기관이 관장함으로써 행정작용의 한 부분으로서 시행하는 제도를 말한다.

③ 헌법상 대통령은 행정수반의 지위에서 국군통수권(헌법 제74조)을 가지므로 국군최고사령관으로서 국군을 지휘·통솔한다. 즉, **헌법은 병정통합주의를 채택하고 있다.**

OX 병정분리주의는 우리나라 군정의 기본원칙에 해당한다. (×)

4 군의 정치적 중립성

① 국군은 국민의 군대이지 집권당의 군대라든지 일부 국민의 군대가 아니다. 따라서 국군은 정치적으로 중립적인 지위에서 그 임무를 수행하여야 하는 것이다(헌법 제5조 제2항).

② 이는 군사행정이 정치적으로 무색투명하여야 함을 의미한다.

5 민간우위(문민통제)의 원칙

① 헌법과 법률은 군의 정치적 중립성을 보장하기 위한 규정을 두고 있다.

② 즉 군인은 현역을 면한 후가 아니면 국무총리·국무위원으로 임명될 수 없다(헌법 제86조 제3항, 제87조 제4항).

③ 또 군인은 정치적 행위가 금지되며(군인복무규율 제18조), 군인이 정치단체에 가입하거나 정치적 의견을 공표하거나 정치운동을 하면 처벌된다(군형법 제94조).

제2절 군정조직

Ⅰ 군정기관

① 군정기관이란 군정작용을 할 수 있는 권한을 갖는 행정기관을 말한다.
② 군정기관은 행정부의 수반인 대통령을 정점으로 하여 국무총리·국방부장관·합동참모의장·각군참모총장과 각군참모총장의 예하부대로 이루어져 있다.
③ 또한 국무회의와 국가안전보장회의도 대통령의 자문기관으로서 군정기관의 일종이며, 국방부장관의 보좌기관인 합동참모본부와 합동참모회의도 군정기관에 속한다.

Ⅱ 군공무원

① 군공무원이란 군정기관의 구성원으로서 계속하여 군무에 복무하는 공무원을 말한다.
② 군공무원에는 군인과 군무원이 있고, 그 중 군무원은 특정직 공무원이다.

제3절 군정작용

Ⅰ 군사관리작용

① 군사관리작용은 군조직 내부에 있어서 '군의 조직편성'과 '군의 유지·관리' 등을 하는 비권력적 작용을 말한다.

② 군사관리작용은 군 내부에서의 특별행정법관계의 작용 또는 사경제적 작용에 속하는 경우가 대부분이다.

Ⅱ 군사권력작용

1 의의

① 군사권력작용이란 국가방위의 목적을 위하여 국민에게 일반통치권에 의하여 명령·강제하는 권력적 작용을 말한다.

② 이는 국민에게 병역의무를 과하거나, 군비의 확충을 위하여 인적 부담과 물적 부담을 과하는 것을 내용으로 한다.

2 병역(兵役)

(1) 병역의무의 개념

① 병역의무란 국가의 복무명령이 있을 경우에 군대의 구성원으로서 군에 복무할 국민의 의무를 말한다. 즉 국가의 군복무명령이 있을 때에 이에 응할 의무가 병역의무인 것이다.

② 따라서 병역의무는 현실적인 군복무를 의미하는 것이 아니라 국가로부터 군복무의 명령을 받을 수 있는 법률상의 지위를 의미하고, 그 결과 **예비군복무의무와 민방위응소의무도 이에 포함된다.**

③ 병역의무의 면제도 단순한 현실적 복역의 면제 외에 전혀 국가로부터 복역명령을 받지 않을 것을 포함하는 의미로 사용하는 경우도 있다.

판례

병역의무는 **다른 사람에 의한 대체적 이행이 불가능한 일신전속적 의무**이기 때문에 병역우대조치의 남발은 그에 의하여 병역감경을 받는 특정한 병역의무자들의 병역부담을 다른 병역의무자들에게 전가하는 결과를 가져와 병역평등의 이념에 반하고 국민의 국방의식을 저하시킬 수 있으므로 입법자는 병역감경대상자를 설정함에 있어서 합리적인 기준에 따라 병역감경이 절실하거나 시급하다고 인정되는 사람으로 그 범위를 최소화할 필요성이 있다(헌재 2005.9.29. 2004헌마804).

OX 병역의무에 예비군복무의무·민방위응소의무는 포함되지 않는다. (×)

OX 병역의무의 면제는 단순한 현실적 복역의 면제 외에도 전혀 국가로부터 복역명령을 받지 않을 것도 포함되는 의미로 사용되는 경우도 있다. (○)

OX 병역의무는 일신전속적인 것으로서 대체할 수 없다. (○)

OX 병역의무는 헌법이 규정한 국방의무의 구체적인 표현의 하나이다. (○)

(2) 병역의무의 근거

① 병역의무는 국방의무(헌법 제39조)의 구체적 표현의 하나로서 국방의무 중 가장 중심적인 부분을 이루는 것이다.

② 병역의무에 관한 일반법으로는 병역법이 있다.

(3) 병역의 종류

병역법 제5조【병역의 종류】 ① 병역은 다음 각 호와 같이 구분한다.

1. **현역**: 다음 각 목의 어느 하나에 해당하는 사람
   가. 징집이나 지원에 의하여 입영한 병
   나. 이 법 또는 「군인사법」에 따라 현역으로 임용 또는 선발된 장교·준사관·부사관 및 군간부후보생
2. **예비역**: 다음 각 목의 어느 하나에 해당하는 사람
   가. 현역을 마친 사람
   나. 그 밖에 이 법에 따라 예비역에 편입된 사람
3. **보충역**: 다음 각 목의 어느 하나에 해당하는 사람
   가. 병역판정검사 결과 현역 복무를 할 수 있다고 판정된 사람 중에서 병력수급(兵力需給) 사정에 의하여 현역병입영 대상자로 결정되지 아니한 사람
   나. 다음의 어느 하나에 해당하는 사람으로 복무하고 있거나 그 복무를 마친 사람
      1) 사회복무요원
      3) 예술·체육요원
      4) 공중보건의사
      5) 병역판정검사전담의사
      7) 공익법무관
      8) 공중방역수의사
      9) 전문연구요원
      10) 산업기능요원
   다. 그 밖에 이 법에 따라 보충역에 편입된 사람
4. **병역준비역**: 병역의무자로서 현역·예비역·보충역 또는 전시근로역이 아닌 사람
5. **전시근로역**: 다음 각 목의 어느 하나에 해당하는 사람
   가. 병역판정검사 또는 신체검사 결과 현역 또는 보충역 복무는 할 수 없으나 전시근로소집에 의한 군사지원업무는 감당할 수 있다고 결정된 사람
   나. 그 밖에 이 법에 따라 전시근로역에 편입된 사람
6. 대체역: 병역의무자 중 「대한민국헌법」이 보장하는 양심의 자유를 이유로 현역, 보충역 또는 예비역의 복무를 대신하여 병역을 이행하고 있거나 이행할 의무가 있는 사람으로서 「대체역의 편입 및 복무 등에 관한 법률」에 따라 대체역에 편입된 사람

② 예비역에 편입된 사람은 예비역의 장교·준사관·부사관 또는 병으로, 보충역에 편입된 사람은 보충역의 장교·준사관·부사관 또는 병으로, 전시근로역에 편입된 사람은 전시근로역의 부사관 또는 병으로 구분한다.

(4) 징집·소집

① '징집'이란 국가가 병역의무자에게 현역에 복무할 의무를 부과하는 행정행위를 말하는데(병역법 제2조 제1항 제1호), 이는 병역판정검사를 거쳐 행한다.

② 병역법은 강제징병주의를 원칙으로 하면서(병역법 제3조 제1항), 지원병제도도 보충적으로 인정하고 있다(병역법 제20조 제1항).

③ '소집'이란 국가가 병역의무자 또는 지원에 의한 병역복무자(제3조 제1항 후단에 따라 지원에 의하여 현역에 복무한 여성을 말한다) 중 예비역, 보충역, 전시근로역 또는 대체역에 대하여 현역복무 외의 군복무의무 또는 공익 분야에서의 복무의무를 부과하는 것을 말한다(병역법 제2조 제1항 제2호).

OX 병역법은 강제징병주의를 취하고 있으나, 지원병제도를 배제하는 것은 아니다. (○)

3 군사부담(軍事負擔)

(1) 군사부담의 개념

① 군사부담이란 국토방위라는 군사행정상의 목적을 위하여 국가가 국민에 대하여 그의 신체나 재산에 대하여 일정한 부담을 과하는 것을 말한다.

② 이는 군사행정상의 목적을 위한 것이라는 점에서 복리행정목적을 위한 것인 공용부담과 다르다.

(2) 군사부담의 근거

군사부담은 법률에 의해 직접 부과되거나 법률에 근거한 행정처분에 의하여 부과된다. 즉 반드시 법적 근거가 있어야 한다.

(3) 군사부담의 종류

1) 징발

① 징발은 전시·사변 또는 이에 준하는 비상사태하에서 군작전을 수행하기 위하여 필요한 토지·물자·시설 또는 권리에 일정한 보상을 지급하면서 부담(수용 또는 사용)을 과하는 것이다(징발법 제1조).

② 징발은 물적 군사부담의 성질을 갖는다.

③ 징발에 관한 일반법으로 징발법이 있다.

징발법 제19조 【보상】 ① 소모품인 동산을 징발하였을 때에는 정당한 대가를 징발대상자에게 보상한다.
② 비소모품인 동산이나 부동산을 징발하였을 때에는 정당한 사용료를 지급한다.
③ 제14조 단서의 경우, 징발대상자에게 손실이 있을 때에는 그 손실을 보상한다. 다만, 그 손실이 천재지변, 전쟁, 그 밖의 불가항력으로 인한 경우에는 예외로 한다.
④ 권리를 징발하였을 때에도 정당한 사용료를 지급한다.
⑤ 제2항과 제4항에 따른 사용료는 매 사용연도분을 그 다음 해에 지급하고, 제3항에 따른 보상은 징발이 해제되는 날부터 2년 이내에 지급한다. 다만, 보상금지급이 지연되는 경우에는 대통령령으로 정하는 법정이자율 이상의 이율에 따른 이자를 더하여 지급하여야 한다.

OX 소모품인 동산을 징발한 때에는 정당한 대가를 징발대상자에게 보상하고, 비소모품인 동산이나 부동산 혹은 권리를 징발한 때에는 정당한 사용료를 지급하여야 한다. (○)

제14조【원상회복】 징발물은 소모품인 동산을 제외하고는 원상을 유지하여야 하며, 징발이 해제되어 징발대상자에게 반환할 때에는 원상으로 반환하여야 한다. 다만, 징발대상자가 원상회복을 원하지 아니하거나 멸실, 그 밖의 사유로 원상회복을 할 수 없을 때에는 예외로 한다.

제20조【보상 제외】 징발물이 **국유재산 또는 공유재산인 경우**에는 제19조에도 불구하고 보상을 하지 아니한다.

제21조【보상기준】 ① **징발물에 대한 사용료 등은 해당 사용연도나 징발 해제 당시의 표준지의 공시지가 또는 실제 거래가격 등을 기준으로 평가한 적정가격으로 정한다.**

제24조【징발보상심의회】 ① 보상요율의 사정과 그 조정을 하기 위하여 국방부에 징발보상심의회를 둔다.

③ 보상에 관하여 이의가 있는 자는 대통령령으로 정하는 바에 따라 징발보상심의회에 재심을 청구할 수 있다. 다만, 징발보상심의회는 재심청구를 받은 날부터 60일 이내에 재심 결정을 하여야 한다.

OX 보상금에 대하여 이의가 있는 자는 징발보상심의회의 재심절차를 거치지 않고 바로 징발보상금지급청구의 소를 제기할 수 있다. (×)

제24조의2【전치주의】 징발보상금지급청구의 소는 국방부장관의 징발보상금지급결정의 통지를 받고 제24조 제3항에 따른 **재심절차를 거친 후가 아니면 제기할 수 없다.** 다만, 제19조 제5항 본문에서 규정하는 기한까지 징발보상금지급결정의 통지가 없거나 재심청구를 한 날부터 60일이 지난 경우에는 그러하지 아니하다.

2) **군사제한**

① 군사제한이란 군사행정의 목적을 위하여 국민에게 일정한 작위·부작위·수인의 의무를 부과하는 것을 말한다.

② 현행 법제상 군사제한과 관련된 법률로는 군사기지 및 군사시설 보호법, 방어해면법 등을 들 수 있다.

MEMO

해커스공무원
gosi.Hackers.com

부록

판례 색인

대법원

헌법재판소

MEMO

MEMO

MEMO

2024 최신개정판

해커스공무원
황남기 행정법각론 기본서

개정 3판 1쇄 발행 2024년 6월 11일

지은이	황남기 편저
펴낸곳	해커스패스
펴낸이	해커스공무원 출판팀
주소	서울특별시 강남구 강남대로 428 해커스공무원
고객센터	1588-4055
교재 관련 문의	gosi@hackerspass.com 해커스공무원 사이트(gosi.Hackers.com) 교재 Q&A 게시판 카카오톡 플러스 친구 [해커스공무원 노량진캠퍼스]
학원 강의 및 동영상강의	gosi.Hackers.com
ISBN	979-11-7244-154-8 (13360)
Serial Number	03-01-01

저작권자 © 2024, 황남기
이 책의 모든 내용, 이미지, 디자인, 편집 형태는 저작권법에 의해 보호받고 있습니다.
서면에 의한 저자와 출판사의 허락 없이 내용의 일부 혹은 전부를 인용, 발췌하거나 복제, 배포할 수 없습니다.

공무원 교육 1위,
해커스공무원 **gosi.Hackers.com**
해커스공무원

- **해커스공무원 학원 및 인강**(교재 내 인강 할인쿠폰 수록)
- 해커스 스타강사의 **공무원 행정법 무료 특강**
- '회독'의 방법과 공부 습관을 제시하는 **해커스 회독증강 콘텐츠**(교재 내 할인쿠폰 수록)
- 정확한 성적 분석으로 약점 극복이 가능한 **합격예측 온라인 모의고사**(교재 내 응시권 및 해설강의 수강권 수록)

한경비즈니스 2024 한국품질만족도 교육(온·오프라인 공무원학원) 1위

공무원 교육 1위* 해커스공무원

* [공무원 교육 1위 해커스공무원] 한경비즈니스 2024 한국품질만족도 교육(온·오프라인 공무원학원) 1위

공무원 수강료 최대 300% 환급

합격할 때까지 **평생 무제한 패스**

해커스공무원 기출보카
어플 이용권 무료

7급 PSAT
기본서 3권 제공

* 교재 포함형 패스 구매시 제공

7급 합격생들이 극찬한 그 강좌!
PSAT 전 강좌 무료 제공

7급·군무원 응시자격 단기 달성
토익, 지텔프, 한능검 강좌 무료

실제 시험 유사성 100% 출제
합격예측 모의고사 무료 제공

모든 직렬별 수험정보를
한 권에 모아 담은
공무원 합격로드맵 무료 제공

* PDF 제공

* [환급] 최초수강기간 내 합격 시, 제세공과금 본인부담 / [평생] 불합격 인증 시 1년씩 연장